BECOMING
MOJA HISTORIA

BECOMING
MOJA HISTORIA

MICHELLE OBAMA

PRZEŁOŻYŁ DARIUSZ ŻUKOWSKI

Wszystkim osobom, które pomogły mi się stać kobietą, którą jestem:

tym, którzy mnie wychowali – Fraserowi, Marian, Craigowi
i mojej rozległej rodzinie,

kręgowi moich silnych towarzyszek,
na które zawsze mogłam liczyć,

moim lojalnym, oddanym współpracownikom,
z których zawsze byłam i jestem dumna.

Miłościom mojego życia:

Malii i Sashy, moim najcenniejszym fasolkom
dającym mi powód do istnienia

i wreszcie Barackowi, który zawsze obiecywał mi interesującą podróż.

Spis treści

Przedmowa

Marzec 2017

W DZIECIŃSTWIE MIAŁAM ZWYCZAJNE PRAGNIENIA. Chciałam mieć psa. Chciałam mieszkać w domu ze schodami, w którym całe dwa piętra zajmuje jedna rodzina. Chciałam też mieć, sama nie wiem czemu, czterodrzwiowe kombi zamiast dwudrzwiowego buicka, który był dumą i radością mojego ojca. Kiedy mnie pytano, kim zostanę, gdy dorosnę, odpowiadałam, że pediatrą. Dlaczego? Bo uwielbiałam małe dzieci, a ponadto szybko zauważyłam, że dorosłym podoba się taka odpowiedź. „Ojej, chcesz być lekarką! Świetny wybór!". W tamtych czasach nosiłam kucyki, dyrygowałam starszym bratem i choćby się paliło i waliło, zawsze dostawałam piątki w szkole. Byłam ambitna, choć nie do końca wiedziałam, co chcę osiągnąć. Dziś sądzę, że pytanie: „Kim zostaniesz, gdy dorośniesz?", które dorośli zadają dzieciom, jest zupełnie nie na miejscu. Tak jakby dorastanie mogło się zakończyć. Jakby w pewnym momencie człowiek kimś się stawał i koniec.

Do tej pory w życiu byłam już prawniczką. Byłam wiceprezeską szpitala i dyrektorką organizacji non profit wspierającej młodych w budowaniu udanej kariery. Byłam czarną dziewczyną z klasy pracującej w prestiżowym, w większości białym, koledżu. W najróżniejszych gronach bywałam jedyną kobietą i jedyną Afroamerykanką. Byłam narzeczoną, zestresowaną młodą matką, pogrążoną w żałobie córką. Wreszcie byłam też pierwszą damą Stanów Zjednoczonych Ameryki, wykonując zawód, który oficjalnie nie jest zawodem, lecz umożliwił mi dotarcie do większej liczby ludzi, niż mogłabym sobie wymarzyć. Praca ta stawiała przede mną wyzwania i uczyła pokory, dodawała skrzydeł i przygniatała, a czasem wszystko to jednocześnie. Dopiero zaczynam przepracowywać wydarzenia ostatnich lat. Od chwili, gdy w 2006 roku mój mąż po raz pierwszy wspomniał o kandydowaniu na prezydenta, po pewien chłodny poranek tej zimy, kiedy wraz z Melanią Trump wsiadłam do limuzyny, by towarzyszyć jej podczas uroczystości inauguracji jej męża, tak wiele się zdarzyło.

Ameryka ukazuje pierwszej damie swoje skrajne oblicza. Bywałam na przyjęciach charytatywnych w prywatnych domach, które wyglądały jak muzea, i w takich, w których wanny wykonano z kamieni szlachetnych. Odwiedzałam zrozpaczone rodziny, które straciły wszystko w huraganie „Katrina", ale dziękowały losowi, że mają przynajmniej sprawną lodówkę i kuchenkę. Spotykałam ludzi płytkich i hipokrytów, lecz także nauczycieli, żony wojskowych oraz wiele innych osób zdumiewająco głębokiego i silnego ducha. Spotykałam się też z wieloma dziećmi z całego świata, które dawały mi uśmiech i nadzieję. Jak to dobrze, że udaje im się zapomnieć o mojej funkcji, gdy tylko zaczynamy wspólnie kopać w ogródku.

Od kiedy raczej niechętnie wkroczyłam w życie publiczne, wychwalano mnie jako najpotężniejszą kobietę świata i szykanowano, nazywając „wojowniczą czarną kobietą". Miałam czasem ochotę spytać krytykantów, która z tych trzech rzeczy doskwiera im najmocniej: „wojownicza", „czarna" czy „kobieta"? Uśmiechałam się do obiektywów, stojąc obok ludzi, którzy lżyli mojego męża w ogólnokrajowej telewizji, ale i tak chcieli zrobić sobie z nim pamiątkowe zdjęcie do postawienia na kominku. Ponoć w czeluściach internetu znaleźć można strony, które kwestionują każdy aspekt mojego życia – nawet płeć. Pewien urzędujący amerykański kongresmen otwarcie żartował z mojego tyłka.

Bywało, że takie rzeczy mnie bolały. Wpadałam w furię. Ale najczęściej zbywałam je śmiechem.

Nie wiem wszystkiego o Ameryce, o życiu, o tym, co przyniesie przyszłość. Znam jednak siebie. Mój ojciec Fraser nauczył mnie ciężko pracować, często się śmiać i dotrzymywać słowa. Moja matka Marian pokazała mi, jak samodzielnie myśleć i korzystać z własnego głosu. W naszym zatłoczonym mieszkanku na South Side w Chicago pokazali mi, że należy doceniać wartość historii: naszej rodziny, mojej własnej, kraju. Nawet jeśli bywa brzydka lub niedoskonała. Nawet jeśli odcisnęła głębsze piętno, niżbyśmy chcieli. Twojej historii nikt ci nie odbierze. Należy do ciebie.

Przez osiem lat mieszkałam w Białym Domu – instytucji mającej więcej schodów, niż byłabym w stanie zliczyć, plus windy, kręgielnię i florystę na pełny etat. Sypiałam w łożu zaścielonym włoską pościelą. Posiłki przygotowywał nam zespół światowej klasy kucharzy, a podawali zawodowcy wyszkoleni lepiej niż kelnerzy w dowolnej pięciogwiazdkowej restauracji czy hotelu. Uzbrojeni agenci Secret Service o pokerowych twarzach i ze słuchawką w uchu stali pod drzwiami, starając się jak najmniej ingerować w nasze życie rodzinne. W końcu udało nam się prawie oswoić z osobliwym splendorem nowego domu oraz nieustanną cichą obecnością innych osób.

To na korytarzach Białego Domu nasze córki grały w piłkę, a na Południowym Trawniku wspinały się na drzewa. To w Gabinecie Traktatowym Barack siadał późno w nocy i przeglądał sprawozdania oraz szkice przemówień. I to tam Sunny, jeden z naszych psów, czasami robiła kupę na dywan. Wychodziłam czasem na Balkon Trumana, skąd przyglądałam się, jak turyści pozują z kijkami do selfie i zaglądają przez żelazny płot, próbując dojrzeć, co się dzieje wewnątrz. W niektóre dni wręcz się dusiłam na myśl o tym, że z powodów bezpieczeństwa nie wolno otwierać okien i nie mogę zażyć świeżego powietrza, nie robiąc przy tym sporego zamieszania. Innym razem stałam zafascynowana pięknem kwitnących białych magnolii za oknem, codzienną krzątaniną towarzyszącą rządzeniu krajem, majestatem wojskowych powitań. Bywały dni, tygodnie i miesiące, kiedy nie cierpiałam polityki. Zdarzały się też chwile, gdy piękno naszego kraju i jego mieszkańców poruszało mnie tak bardzo, że zapierało mi dech w piersiach.

A potem – koniec. Choć widzisz, że się zbliża, a ostatnie tygodnie wypełniają emocjonalne pożegnania, kluczowy dzień rozmywa się w pamięci. Dłoń na Biblii, powtarzane słowa przysięgi. Meble jednego prezydenta zostają wyniesione, a następnego – wniesione w ich miejsce. W ciągu paru godzin wszystkie szafy zostają opróżnione i napełnione ponownie. I tak po prostu nowi lokatorzy – ludzie o innym temperamencie, innych marzeniach – kładą głowy na nowych poduszkach. A gdy to wszystko się kończy, gdy po raz ostatni opuszczasz progi najsławniejszego adresu świata, musisz pod wieloma względami odnaleźć siebie na nowo.

Pozwolę sobie zacząć od pewnego drobnego zdarzenia. Byłam wówczas w naszym ceglanym domu, do którego niedawno się wprowadziliśmy. Stoi przy spokojnej uliczce niecałe cztery kilometry od poprzedniego. Wciąż się urządzamy. Rozkład mebli w głównym salonie mamy taki sam jak w Białym Domu. Pokoje wypełniają pamiątki przypominające nam, że to wszystko działo się naprawdę: rodzinne zdjęcia z Camp David, gliniane naczynia podarowane mi przez studentów rdzennych Amerykanów, książka z autografem Nelsona Mandeli. Tamten wieczór wyróżniał się jednak tym, że poza mną nikogo w domu nie było. Barack wyjechał w podróż. Sasha poszła się spotkać z przyjaciółką. Malia była w Nowym Jorku, gdzie mieszka i pracuje, kończąc roczną przerwę przed rozpoczęciem koledżu. Byłam tylko ja, nasze dwa psy i dom – tak cichy i pusty, jaki nie był od lat.

Zrobiłam się głodna. W towarzystwie psów zeszłam na parter. Otworzyłam lodówkę, sięgnęłam po opakowanie chleba i włożyłam dwie kromki do tostera. Wyjęłam talerz z szafki. Wiem, że może się to wydawać dziwne, ale wziąć talerz, nie słysząc, że ktoś chce mnie wyręczyć, i w samotności przyglądać się brązowiejącym kromkom

– to było dla mnie prawie jak powrót do dawnego życia. A może w ten sposób rozpoczynało się to nowe.

Ostatecznie nie zrobiłam zwykłych tostów, tylko tost z serem. Przełożyłam kromki do mikrofalówki, rozpuszczając między nimi tłusty, ciągnący się cheddar. Następnie zabrałam talerz do ogrodu z tyłu domu. Nie musiałam nikomu mówić, że wychodzę. Po prostu to zrobiłam. Byłam boso i w szortach. Chłód zimy w końcu ustąpił. Krokusy właśnie przebijały się przez warstwę ziemi na klombiku wzdłuż ceglanego muru na tyłach parceli. Powietrze pachniało wiosną. Usiadłam na schodkach werandy, czując ciepło słońca wciąż uwięzione w stopniu pod moimi stopami. Z oddali dobiegło szczekanie, a moje psy zaczęły nasłuchiwać zdezorientowane. Uświadomiłam sobie, że ten dźwięk musi im się wydawać zaskakujący, zważywszy na to, że w Białym Domu nie mieliśmy żadnych sąsiadów, nie wspominając o żyjących gdzieś obok psach. Dla nich wszystko było tu nowe. Gdy pobiegły węszyć w ogrodzie, ja w półmroku jadłam tosty, napawając się wspaniałą samotnością. Nie myślałam o grupce strażników z bronią siedzących niecałe sto metrów ode mnie w specjalnie wybudowanym w tym celu pomieszczeniu w naszym garażu ani o tym, że wciąż nie mogę przejść się ulicą bez kilku ochroniarzy. Nie myślałam o nowym prezydencie ani nawet o starym.

Zamiast tego zaczęłam rozmyślać o tym, że za kilka minut wrócę do domu, umyję talerz i pójdę się położyć, a wcześniej być może otworzę okno, by poczuć wiosenną bryzę – jakie to będzie cudowne! Uzmysłowiłam sobie, że dzięki tej ciszy mam wreszcie prawdziwą szansę, by oddać się refleksji. Jako pierwsza dama pod koniec pracowitego tygodnia ledwie pamiętałam, co działo się na jego początku. Teraz jednak czas płynął inaczej. Moje córki, które wprowadziły się do Białego Domu z lalkami Polly Pocket, kocykiem o imieniu Kocyk i pluszowym tygryskiem o imieniu Tygrysek, dziś są nastolatkami, młodymi kobietami, mają własne plany i mówią własnym głosem. Mój mąż na swój sposób stara się dostosować do życia po Białym Domu i wejść w nowy rytm. A ja siedzę tu, w tym nowym domu, i mam wiele do opowiedzenia.

BECOMING

Moja historia

1.

PRZEZ ZNACZNĄ CZĘŚĆ DZIECIŃSTWA słuchałam dźwięku usiłowań. Miał postać kiepskiej – a przynajmniej amatorskiej – muzyki dobiegającej przez deski podłogi w moim pokoju. *Plink, plink, plink* – na dole uczniowie szkoły fortepianowej mojej babci ciotecznej Robbie powoli i mozolnie uczyli się gam. Moja rodzina mieszkała w chicagowskiej dzielnicy South Shore w schludnym ceglanym bungalowie należącym do Robbie i jej męża Terry'ego. Rodzice wynajmowali piętro, a Robbie i Terry mieszkali na parterze. Robbie, ciotka mojej matki, przez wiele lat okazywała jej wielką szczodrość, ale mnie przerażała. Surowa i poważna, prowadziła chór w miejscowym kościele, a ponadto była znaną w okolicy nauczycielką gry na fortepianie. Nosiła wygodne buty na obcasie, a na łańcuszku na szyi zawieszała okulary do czytania. Uśmiechała się przebiegle, ale w przeciwieństwie do mojej matki nie doceniała sarkazmu. Czasem słyszałam, jak strofuje uczniów, bo nie ćwiczą dość dużo, albo ich rodziców, bo zbyt późno przywożą dzieci na lekcje.

„Dobrej nocy!" – wykrzykiwała czasem w środku dnia z takim samym ładunkiem irytacji, jakby wołała „na litość boską!". Najwyraźniej mało kto potrafił sprostać jej oczekiwaniom.

Jednak ćwiczenia usiłujących tego dokonać osób stały się muzycznym podkładem mojego życia. Popołudniami i wieczorami słyszałam plumkanie klawiszy. Czasami panie z kościoła przychodziły poćwiczyć hymny, których nabożne melodie przenikały przez wszystkie ściany. Zgodnie z ustalonymi przez Robbie zasadami uczniowie mogli pracować tylko nad jednym utworem równocześnie. Siedząc w swoim pokoju, słyszałam, jak nuta po nucie niepewnie starają się zasłużyć na awans z dziecięcej piosenki *Hot Cross Buns* na *Kołysankę* Brahmsa, co udawało im się dopiero po wielu próbach. Muzyka była nie tyle irytująca, ile nieustanna. Wsączała się schodami oddzielającymi naszą część domu od tej na dole. Napływała latem przez otwarte okna, akompaniując moim myślom, gdy bawiłam się lalkami Barbie albo budowałam małe królestwa z klocków. Ulgę odczuwałam tylko wtedy, gdy ojciec wracał do domu z wcześniejszej zmiany w zakładzie uzdatniania wody, włączał mecz Cubsów i podkręcał głośność akurat na tyle, by zagłuszyć melodie.

Na South Side w Chicago kończyły się lata sześćdziesiąte. Cubsi nie grali źle, ale też nieszczególnie dobrze. Sadowiłam się na kolanach rozpartego w fotelu taty i słuchałam, jak opowiada, że drużyna przechodzi właśnie kryzys końca sezonu albo że Billy Williams, który mieszkał tuż za rogiem przy Constance Avenue, genialnie uderza z lewej. Tymczasem w realiach pozabaseballowych Ameryka przechodziła właśnie ogromną zmianę o nieprzewidywalnych konsekwencjach. Zamordowano Kennedych. Zastrzelono Martina Luthera Kinga jr., kiedy stał na balkonie hotelu w Memphis, człowieka, którego działalność powodowała rozruchy w całym kraju, w tym też w Chicago. Na krajowej konwencji Partii Demokratycznej w 1968 roku doszło do rozlewu krwi, kiedy w Grant Park, piętnaście kilometrów na północ od naszego domu, policja użyła gazu łzawiącego i zaczęła bić pałkami ludzi demonstrujących przeciw wojnie z Wietnamem. Tymczasem białe rodziny wyprowadzały się masowo z miast, kuszone wizją przedmieść, gdzie obiecywano im lepsze szkoły, więcej przestrzeni i zapewne także więcej bieli.

Ja jednak zbytnio się tym nie przejmowałam. Bawiłam się lalkami i klockami, miałam rodziców oraz brata, który sypiał w pokoju jakiś metr ode mnie. Rodzina była całym moim światem. Mama wcześnie nauczyła mnie czytać – zabierała mnie do publicznej biblioteki, gdzie odczytywałam na głos słowa ze stron książek. Ojciec codziennie wychodził do pracy ubrany w niebieski uniform pracownika miejskiego, lecz wieczorami pokazywał nam, na czym polega miłość do jazzu i sztuki. Jako chłopiec chodził na zajęcia do Art Institute of Chicago, a w liceum malował i rzeźbił. Poza tym w szkole trenował pływanie i boks, a w dorosłym życiu śledził chyba wszystkie pokazywane w telewizji rozgrywki, od golfa po hokej. Lubił patrzeć na mistrzowskie wyczyny silnych ludzi. Gdy mój brat Craig zainteresował się koszykówką, ojciec kładł monety na szczycie framugi kuchennych drzwi i zachęcał go, by do nich doskakiwał.

Wszystko, co ważne, znajdowało się w obrębie pięciu przecznic – mieszkania babci i kuzynów, kościół na rogu ze szkółką niedzielną, do której niezbyt regularnie uczęszczaliśmy, stacja benzynowa, dokąd mama wysyłała mnie czasem po paczkę newportów, i sklep monopolowy, w którym poza alkoholem sprzedawano też paczkowany chleb, cukierki i mleko. W gorące letnie noce Craig i ja zasypialiśmy przy dźwiękach okrzyków kibiców dobiegających z pobliskiego parku, gdzie wieczorami grała liga softballu, a za dnia my chodziliśmy po drabinkach na placu zabaw i graliśmy w berka z innymi dziećmi.

Craig jest niecałe dwa lata starszy ode mnie. Ma łagodne spojrzenie i optymizm mojego ojca oraz odziedziczoną po matce nieugiętość. Zawsze trzymaliśmy się razem między innymi za sprawą niezachwianego, chociaż dość niewytłumaczalnego oddania, jakie od samego początku żywił wobec swojej młodszej siostrzyczki. Mam stare czarno-białe zdjęcie całej naszej czwórki na sofie: ja siedzę na kolanach uśmiechniętej mamy, a Craig ojca, który ma minę poważną i dumną. Jesteśmy ubrani jak do kościoła lub może na ślub. Mam około ośmiu miesięcy, jestem pyzatym zabijaką w pieluszce i odprasowanej białej sukience. Wyglądam tak, jakbym właśnie chciała zsunąć się mamie z kolan, a w obiektyw patrzę morderczym wzrokiem. Craig, mały dżentelmen w krawaciku i marynarce, wydaje się bardzo przejęty. Ma dwa lata, a już wygląda jak wcielenie braterskiej czujności i odpowiedzialności – wyciąga rękę w moją stronę i trzyma mnie za pulchny nadgarstek.

Kiedy zrobiono to zdjęcie, mieszkaliśmy naprzeciwko rodziców ojca w bloku w Parkway Gardens, osiedlu tanich modernistycznych budynków na South Side. Powstało w latach pięćdziesiątych w ramach walki z powojennym niedoborem mieszkań, a zbudowała je spółdzielnia mieszkaniowa z myślą o czarnych rodzinach z klasy pracującej. Później, pod miażdżącym jarzmem ubóstwa i wojen gangów, podupadło, stając się jedną z najbardziej niebezpiecznych okolic w mieście. Jednak na długo przedtem, gdy byłam jeszcze niemowlakiem, moi rodzice, którzy poznali się jako nastolatki i pobrali, mając po dwadzieścia kilka lat, przyjęli propozycję przeprowadzki do domu Robbie i Terry'ego w przyjemniejszej dzielnicy kilka kilometrów na południe.

Przy Euclid Avenue nasze dwie rodziny żyły pod jednym, niezbyt obszernym dachem. Sądząc po rozkładzie wnętrza, pierwsze piętro zaprojektowano prawdopodobnie z myślą o starzejących się teściach właścicieli – jednej lub dwóch osobach – ale naszej czteroosobowej rodzinie udało się w nim jakoś rozlokować. Rodzice spali we własnej sypialni, natomiast Craig i ja dzieliliśmy większe pomieszczenie, które zapewne pierwotnie pomyślano jako salon. Później, gdy trochę podrośliśmy, mój dziadek Purnell Shields, ojciec matki, zapalony, jeśli nie szczególnie utalentowany stolarz, zwiózł trochę tanich płyt pilśniowych i skonstruował prowizoryczną ściankę, którą podzielił to wnętrze na dwa półprywatne pokoje. Wyposażył je w plastikowe harmonijkowe drzwi, przed którymi urządził małą wspólną przestrzeń do zabawy, gdzie trzymaliśmy zabawki i książki.

Uwielbiałam swój pokoik. Mieściło się w nim spore łóżko i wąskie biureczko. Na łóżku trzymałam wszystkie pluszaki, które co wieczór w ramach pokrzepiającego rytuału starannie układałam sobie wokół głowy. Craig po drugiej stronie ścianki prowadził niemal lustrzane życie: łóżko przycisnął do ścianki działowej równolegle do mojego. Ścianka była tak cienka, że mogliśmy w nocy rozmawiać, leżąc w łóżkach i przerzucając się zwiniętymi w kulkę skarpetkami, celując w dwudziestocentymetrową lukę pod sufitem.

Tymczasem część domu, w której żyła ciotka Robbie, przypominała mauzoleum - wszystkie meble pokrywała ochronna folia, zimna i lepka w dotyku, kiedy odważyłam się na niej usiąść. Na półkach stały porcelanowe figurki, których nie wolno mi było dotykać. Przesuwałam dłonią nad zestawem szklistych pudli o uroczych mordkach, po czym cofałam ją w obawie przed gniewem Robbie. Gdy nie odbywały się lekcje, na parterze panowała martwa cisza. Telewizor nigdy nie bywał włączony, radio zawsze milczało. Nie jestem nawet pewna, czy tych dwoje w ogóle ze sobą rozmawiało. Mąż Robbie nazywał się właściwie William Victor Terry, ale nie wiedzieć czemu, zawsze zwracaliśmy się do niego po nazwisku. Terry, dystyngowany mężczyzna, codziennie ubrany w trzyczęściowy garnitur, prawie nigdy się nie odzywał - żył jak cień.

Zaczęłam postrzegać parter i piętro jako dwa odrębne światy rządzone zasadami zrodzonymi ze skrajnie odmiennych temperamentów. U nas na górze niepodzielnie panował hałas. Craig i ja rzucaliśmy się piłką i ganialiśmy po mieszkaniu. Spryskiwaliśmy parkiet w korytarzu pastą do podłóg Pledge, by móc wykonywać na skarpetkach dalsze i szybsze ślizgi kończące się często uderzeniem w ścianę. W kuchni organizowaliśmy mecze bokserskie przy użyciu dwóch par rękawic, które ojciec podarował nam na Gwiazdkę wraz z dostosowanymi do naszych warunków instrukcjami, jak porządnie bić sierpowym. Wieczorami całą rodziną graliśmy w gry planszowe, opowiadaliśmy sobie różne historie i kawały albo puszczaliśmy płyty Jackson 5 na zestawie stereo. Kiedy Robbie miała dość, kategorycznym gestem pstrykała kilka razy przełącznikiem przy schodach, który wyłączał światło także w naszym korytarzu na piętrze - w ten prawie uprzejmy sposób kazała nam się uspokoić.

Robbie i Terry byli starszymi ludźmi. Dorastali w innej epoce i borykali się z innymi problemami. Widzieli rzeczy, których nie doświadczyli nasi rodzice, a o których Craig i ja, rozkrzyczane dzieci, nie mieliśmy wręcz zielonego pojęcia. Powtarzała nam to matka, kiedy narzekaliśmy na tetryków z dołu. Nie znaliśmy historii ich życia, a każdy człowiek na świecie dźwiga jarzmo swoich doświadczeń – należy o tym pamiętać i to uszanować. Jak się dowiedziałam wiele lat później, Robbie pozwała do sądu Uniwersytet Northwestern za dyskryminację, ponieważ po zapisaniu się tam w 1943 roku na zajęcia z muzyki chóralnej nie dostała miejsca w kobiecym akademiku. Zamiast tego przyznano jej prawo do lokum w kamienicy w centrum miasta przeznaczonej, jak jej powiedziano, „dla kolorowych". W tym czasie Terry pracował jako portier kolejowy w firmie Pullman na nocnych trasach pasażerskich łączących Chicago z innymi miastami. Był to prestiżowy, choć niezbyt dochodowy zawód, obsadzony wyłącznie przez czarnych mężczyzn w nieskazitelnych uniformach, którzy nosili bagaże, podawali posiłki, pastowali buty i na wszystkie inne sposoby opiekowali się pasażerami pociągów.

Lata po przejściu w stan spoczynku Terry wciąż żył tak, jakby w każdej chwili był gotów wrócić do wykonywania oficjalnych obowiązków: chodził nieskazitelnie ubrany, okazywał uniżoną postawę i nigdy nie forsował własnego zdania, a przynajmniej ja tego nie zauważyłam. Sprawiał wrażenie, jakby w ramach radzenia sobie z emeryturą porzucił cząstkę siebie. Przyglądałam się, jak ze starannie podwiniętymi rękawami, w oksfordach, szelkach i fedorze z cienkim rondem strzyże trawnik w upalne letnie dni. Oddawał się przyjemnościom życia, wypalając dokładnie jednego papierosa dziennie i wypijając dokładnie jeden koktajl miesięcznie, lecz nawet wtedy nie rozluźniał się tak jak moi rodzice po szklaneczce whisky albo butelce piwa Schlitz, na które pozwalali sobie parę razy w miesiącu. Skrycie pragnęłam, by Terry zaczął mówić, dzielić się sekretami. Byłam pewna, że zna mnóstwo ciekawych historii o miastach, które odwiedzał, albo o tym, jak elegancko – a może wprost przeciwnie – zachowywali się bogaci ludzie w pociągach. Ale on milczał jak zaklęty. Nie wiem dlaczego, ale nigdy o niczym nie opowiadał.

MIAŁAM MOŻE CZTERY LATA, kiedy postanowiłam zacząć uczyć się gry na fortepianie. Craig, wówczas w pierwszej klasie, co tydzień schodził na lekcje pianina do Robbie i wracał bez widocznych obrażeń. Uznałam więc, że jestem gotowa. Byłam zresztą przekonana, że po tylu godzinach wsłuchiwania się w brzdąkanie innych dzieci poduczyłam się już trochę przez osmozę. Muzyka wypełniała mi głowę. Chciałam tylko zejść, zademonstrować surowej babci ciotecznej swój talent i bez wysiłku zostać jej najlepszą uczennicą.

Pianino Robbie stało w małym kwadratowym pokoju na tyłach domu blisko okna na podwórze. W jednym rogu był kwiat w doniczce, w drugim – stolik, przy którym uczniowie wypełniali zeszyty z nutami. Podczas lekcji babcia siedziała sztywno wyprostowana na wysokim tapicerowanym krześle, wystukując palcem rytm, i z przechyloną głową uważnie wychwytywała wszystkie pomyłki. Czy się jej bałam? Nie bardzo, choć faktycznie miała w sobie coś przerażającego – emanowała z niej sztywna dyscyplina, z jaką nigdy dotąd się nie zetknęłam. Od każdego dziecka zasiadającego przy klawiaturze oczekiwała doskonałości. Zamierzałam przeciągnąć ją na swoją stronę, może nawet w jakimś sensie podbić. Zawsze czułam się przy niej tak, jakbym miała coś do udowodnienia.

Podczas pierwszej lekcji moje nogi zwisały z taboretu, zbyt krótkie, by sięgnąć podłogi. Robbie wręczyła mi mój pierwszy dziecięcy podręcznik do muzyki, czym się bardzo rozentuzjazmowałam, po czym pokazała mi, jak prawidłowo trzymać ręce nad klawiaturą.

– No dobrze, a teraz uważaj! – napomniała mnie, zanim jeszcze zaczęłyśmy. – Znajdź środkowe C.

Gdy jesteś dzieckiem, klawiatura fortepianu wydaje się mieć tysiąc klawiszy. Wpatrujesz się w czarno-biały przestwór rozpościerający się daleko poza zasięg twoich małych ramion. Jak się wkrótce dowiedziałam, środkowe C jest punktem centralnym. Wyznacza linię demarkacyjną między zasięgiem lewej i prawej ręki – między kluczem wiolinowym i basowym. Wystarczy położyć kciuk na środkowym C, a cały układ klawiatury staje się oczywisty. Klawisze pianina Robbie różniły się między sobą nieznacznie odcieniami i fakturą – tu i ówdzie kawałeczki kości słoniowej odpadły, dlatego klawiatura wyglądała jak popsute uzębienie. Na szczęście środkowemu C brakowało całego narożnika – uszczerbił się fragment wielkości mojego paznokcia – dzięki czemu za każdym razem potrafiłam je szybko znaleźć.

Gra na fortepianie spodobała mi się. Siedząc przed nim, czułam się tak naturalnie, jakbym nigdy nic innego nie robiła. W mojej rodzinie, zwłaszcza po stronie matki, było wielu muzyków i melomanów. Wuj grał w profesjonalnym zespole. Kilka ciotek śpiewało w kościelnych chórach. Sama Robbie, poza udziałem w chórze i prowadzeniem zajęć, kierowała tak zwanymi warsztatami operetkowymi, czyli niskobudżetową szkółką muzyki teatralnej dla dzieci mieszczącą się w przyziemiu kościoła, do której uczęszczałam wraz z Craigiem w niedzielne poranki. Jednak godność muzycznego guru w naszej rodzinie piastował mój dziadek Shields, stolarz amator, młodszy brat Robbie. Był beztroskim, brzuchatym mężczyzną o zaraźliwym śmiechu i postrzępionej, przetykanej siwizną brodzie. Gdy byłam młodsza, mieszkał w chicagowskim West Side, więc dostał u mnie przydomek Westside. Tego roku, w którym zaczęłam lekcje pianina, przeprowadził się jednak do naszej części miasta, toteż sumiennie zmieniliśmy mu przezwisko na Southside.

Kilka dekad wcześniej, kiedy moja matka była nastolatką, Southside i babcia zaczęli żyć w separacji. Teraz mieszkał z moją ciotką Carolyn, starszą siostrą mamy, i moim wujkiem Steve'em, jej najmłodszym bratem, zaledwie dwie przecznice od nas w przytulnym parterowym domu. W całości przystosował go do słuchania muzyki, instalując kolumny głośnikowe w każdym pomieszczeniu, nawet w łazience. W jadalni skonstruował skomplikowany system szafek na sprzęt stereo, który w dużej mierze pozyskał na wyprzedażach garażowych. Miał dwa niedopasowane gramofony, rozklekotany magnetofon szpulowy i półki zastawione zbieranymi przez lata płytami.

Southside nie ufał wielu rzeczom na tym świecie. Był kimś w rodzaju klasycznego podstarzałego wyznawcy teorii spiskowych. Nie ufał dentystom, więc prawie nie miał zębów. Nie ufał policji. Często nie ufał białym ludziom – był wnukiem niewolnika z Georgii i wczesne dzieciństwo przeżył w Alabamie za czasów obowiązywania ustaw Jima Crowa[1], nim przeprowadził się do Chicago w latach dwudziestych. Gdy urodziły mu się dzieci, postanowił za wszelką cenę zapewnić im bezpieczeństwo, więc straszył je prawdziwymi i wyimaginowanymi historiami o tym, co może się przytrafić czarnym dzieciom, jeśli zapuszczą się do nieodpowiedniej dzielnicy. Pouczał je też, że mają unikać policji.

Antidotum na troski była dla niego muzyka, przy której się odprężał i która odpędzała jego demony. W dniu stolarskiej wypłaty lubił czasem sobie pofolgować i kupował nowy album. Regularnie organizował przyjęcia rodzinne, na których trzeba było głośno rozmawiać, bo zawsze dominowała muzyka rycząca z zestawu stereo. W domu Southside'a świętowaliśmy większość ważnych rodzinnych wydarzeń – odpakowywaliśmy prezenty świąteczne w akompaniamencie Elli Fitzgerald i zdmuchiwaliśmy urodzinowe świeczki do utworów Coltrane'a. Według mojej matki Southside w młodości postanowił napełnić jazzem siedmioro swoich dzieci, toteż o wschodzie słońca budził wszystkich wokół, włączając jedną z płyt na pełny regulator.

Jego miłość do muzyki była zaraźliwa. Gdy tylko przeniósł się do naszej dzielnicy, spędzałam w jego domu całe popołudnia. Na chybił trafił wyjmowałam płyty z półek i włączałam je na gramofonie,

---

[1] Prawa Jima Crowa – lokalne ustawy wprowadzane w południowych stanach od końca wojny secesyjnej, których celem było przeciwdziałanie integracji rasowej. Podtrzymywały segregację m.in. w przestrzeni publicznej, transporcie, wojsku i edukacji. Ostatnie z nich oficjalnie zniesiono w 1965 roku. (Wszystkie przypisy pochodzą od tłumacza).

za każdym razem przeżywając inną fascynującą przygodę. Choć byłam mała, nie zabraniał mi niczego dotykać. Później kupił mi moją pierwszą płytę – *Talking Book* Stevie'ego Wondera – którą trzymałam w jego domu na specjalnej półeczce z moimi ulubionymi nagraniami. Jeśli zgłodniałam, robił mi szejka mlecznego albo smażył całego kurczaka i razem słuchaliśmy Arethy, Milesa czy Billie. W moich oczach Southside był wielki jak niebo. A niebo wyobrażałam sobie jako miejsce pełne jazzu.

W DOMU NADAL STARAŁAM SIĘ muzycznie rozwijać. Przy pianinie Robbie szybko nauczyłam się gam – ta osmoza chyba naprawdę działała – i ćwiczyłam czytanie nut *a vista* z zeszytów, które mi dawała. Musiałam grać na jej pianinie, ponieważ nie mieliśmy własnego, i robiłam to, kiedy wszyscy skończyli już lekcje muzyki. Często zaciągałam na dół mamę, by siedząc na wysokim krześle, przysłuchiwała się mojej grze. Nauczyłam się jednej piosenki z podręcznika, potem kolejnej. Zapewne nie grałam lepiej ani pewniej niż inni uczniowie, ale miałam motywację. Uczenie się było dla mnie magiczne. Czerpałam z niego jakąś energetyzującą satysfakcję. Cieszyło mnie odkrycie prostego związku między intensywnością ćwiczeń a własnymi osiągnięciami. Ponadto wyczułam w Robbie jakiś rodzaj uczuć – emocji pogrzebanych zbyt głęboko, by można je nazwać przyjemnością, lecz lekkich i pogodnych, które emanowały z niej, gdy zdołałam bezbłędnie zagrać cały utwór albo gdy prawą ręką wystukiwałam melodię, a lewą zagrywałam akord. Dostrzegałam kątem oka, że usta Robbie leciutko się rozchylały, a palec wystukujący rytm niemal podskakiwał do taktu.

Okazało się, że był to nasz miesiąc miodowy. Możliwe, że ciągnąłby się dłużej, gdybym nie była taka ciekawska i bardziej szanowała jej metody pedagogiczne. Ale podręcznik był gruby, a moje postępy po opanowaniu początkowych piosenek tak powolne, że się zniecierpliwiłam i zaczęłam zaglądać na kolejne strony. Ale nie dwie czy trzy

– zapuszczałam żurawia głęboko w tom, czytałam tytuły bardziej wymagających utworów i zaczynałam je po trosze grać podczas własnych ćwiczeń. Kiedy w końcu z dumą zagrałam jedną z owych piosenek przed Robbie, nauczycielka wybuchła, podsumowując moje osiągnięcia jadowitym „dobrej nocy!". Dała mi burę tak samo jak wielu innym uczniom przede mną. Ja chciałam tylko nauczyć się więcej i szybciej, ale dla niej była to zbrodnia granicząca ze zdradą. Robbie nie była zadowolona, ani odrobinę.

Nie pozwoliłam się jednak zdominować. Już jako dziecko lubiłam konkretne odpowiedzi i racjonalne dyskusje z logicznymi argumentami. Miałam duszę prawniczki, a może wręcz dyktatorki, jak twierdził mój brat, którego często wyganiałam ze wspólnej strefy zabawy. Kiedy byłam przekonana, że dobrze coś rozumiem, nie dawałam się zbyć. I w ten sposób doszło do gwałtownej, ognistej, hardej konfrontacji między mną a moją cioteczną babcią.

– Dlaczego się na mnie gniewasz o to, że chciałam się nauczyć nowej piosenki?

– Nie jesteś na nią gotowa. W ten sposób nie uczy się gry na pianinie.

– Ale ja jestem gotowa. Przecież właśnie ją zagrałam.

– Tak się nie robi.

– Ale dlaczego?

Lekcje pianina zamieniły się w walkę tytanów – ja nie zamierzałam się stosować do ustalonych zasad, a Robbie ani myślała uznać zalet mojego swobodnego podejścia do podręcznika. Zmagałyśmy się tak tydzień po tygodniu. Obie byłyśmy uparte. Ja obstawałam przy swoim, ona przy swoim. Pomiędzy tymi dyskusjami grałam na fortepianie, a Robbie słuchała i dawała mi wiele wskazówek. Uważałam, że jej zasługi dla moich postępów są niewielkie. Ona z kolei sądziła, że to ja w niewielkim stopniu przyczyniłam się do zdobycia nowych umiejętności. Lecz mimo to kontynuowałyśmy lekcje.

Na górze moi rodzice i Craig uważali to za bardzo zabawne. Śmiali się przy kolacji, kiedy nad spaghetti z klopsikami opisywałam swoje bitwy z Robbie, wciąż rozjuszona. Craig nie miał z babcią żadnych problemów – był radosnym dzieciakiem, grał piosenki według podręcznika i nie wkładał w naukę zbyt wiele wysiłku. Rodzice nie stawali ani po mojej stronie, ani po stronie Robbie. Ogólnie rzecz biorąc, raczej nie ingerowali w moje pozaszkolne życie, uważając, że i brat, i ja powinniśmy sami rozwiązywać własne problemy. Stali na stanowisku, że ich rola sprowadza się do słuchania nas i kiedy trzeba, podtrzymywania na duchu w czterech ścianach domu. O ile inni rodzice mogliby zrugać dziecko za sprzeciwianie się starszym, o tyle moi się nie wtrącali. Mama pomieszkiwała czasem u Robbie, odkąd skończyła szesnaście lat, stosując się do wszystkich skomplikowanych reguł, które ta narzucała, i niewykluczone, że w głębi ducha cieszyła się, kiedy podważałam autorytet babci. Gdy dziś patrzę wstecz, sądzę, że rodzice doceniali moją zapalczywość, i jestem im za to wdzięczna. Chcieli podtrzymać płonący we mnie ogień.

RAZ DO ROKU ROBBIE ORGANIZOWAŁA ELEGANCKI RECITAL swoich uczniów przed zebraną publicznością. Do dziś nie wiem, jak udało jej się to załatwić, ale koncert odbywał się w sali ćwiczeń muzycznych Uniwersytetu Roosevelta – wytwornym kamiennym budynku w śródmieściu przy Michigan Avenue, tuż obok chicagowskiej filharmonii. Denerwowałam się na samą myśl o przekroczeniu tego progu. Nasze mieszkanie przy Euclid Avenue leżało jakieś piętnaście kilometrów na południe od Chicago Loop, dzielnicy pełnej lśniących wieżowców i zatłoczonych chodników, która wydawała mi się miejscem z innego świata. Moja rodzina wyprawiała się do centrum tylko kilka razy w roku, by odwiedzić Art Institute albo zobaczyć sztukę teatralną. Całą czwórką jechaliśmy tam wówczas niczym astronauci w kapsule buicka mojego taty.

Ojciec cieszył się z każdego pretekstu do jazdy. Uwielbiał swój samochód – jasnobrązowego dwudrzwiowego buicka electrę 225, któremu nadał dumną nazwę Krążownik. Dbał, by był wypolerowany i nawoskowany, zabierał go na przeglądy na stację Sears, gdzie kontrolowano zbieżność kół i wymieniano olej, z taką samą nabożną regularnością, z jaką mama prowadziła nas do pediatry na badania okresowe. My też kochaliśmy Krążownik. Miał elegancką sylwetkę i wąskie tylne światła stopu, co nadawało mu efektowny, futurystyczny wygląd. W środku był obszerny jak dom. Mogłam w nim prawie stanąć i sięgnąć dłońmi atłasowej wyściółki sufitu. W tamtych czasach nie trzeba było zapinać pasów, więc przez większość podróży Craig i ja swawoliliśmy z tyłu, wtykając głowy między przednie fotele, ilekroć chcieliśmy spytać o coś rodziców. Przez połowę czasu opierałam się podbródkiem o fotel kierowcy i wysuwałam naprzód głowę, by widzieć dokładnie to samo co tata.

Samochód dodatkowo pogłębiał więź między nami, gdyż dzięki niemu mogliśmy jednocześnie rozmawiać i podróżować. Wieczorami po kolacji Craig i ja prosiliśmy tatę, by zabrał nas na przejażdżkę. W letnie wieczory dla rozrywki jechaliśmy do kina samochodowego na południowy zachód od naszej dzielnicy, żeby obejrzeć któryś z filmów z cyklu o planecie małp. Parkowaliśmy buicka o zmierzchu i szykowaliśmy się do seansu. Mama rozdawała nam przygotowaną w domu kolację – panierowanego kurczaka z talarkami ziemniaczanymi – a Craig i ja jedliśmy wprost z trzymanych na kolanach pojemników na tylnej kanapie, pamiętając, by wycierać palce w chusteczki, a nie w siedzenia.

Dopiero wiele lat później uświadomiłam sobie, ile prowadzenie tego samochodu znaczyło dla mojego ojca. Już jako dziecko rozumiałam poczucie wolności, którego doznawał za kółkiem, i przyjemność, jaką czerpał z dźwięku idealnie pracującego silnika oraz szumu opon na doskonale wyregulowanych kołach. Miał trzydzieści kilka lat, kiedy lekarz poinformował go, że dziwna słabość, którą zaczął odczuwać w nodze, to początek długiej, prawdopodobnie bolesnej drogi ku inwalidztwu, ponieważ pewnego dnia wskutek tajemniczego procesu degeneracji neuronów w mózgu i rdzeniu kręgowym prawdopodobnie straci zdolność chodzenia. Nie pamiętam dokładnej daty, ale przypuszczam, że buick pojawił się w jego życiu mniej więcej w tym samym czasie co stwardnienie rozsiane. I choć nigdy nam tego nie wyznał, samochód w jakimś sensie dodawał mu otuchy.

Rodzice nie rozwodzili się zbyt długo nad diagnozą. Wyszukiwarka Google, z której wyskoczyłaby oszałamiająca liczba tabel, statystyk i medycznych objaśnień dających lub odbierających nadzieję, miała się pojawić dopiero za kilkadziesiąt lat. Zresztą nie sądzę, by ojciec miał ochotę je oglądać. Chociaż wychował się w wierzącej rodzinie, nie modlił się o ratunek. Nie szukał też alternatywnych terapii ani żadnych guru, nie zrzucał winy na niedobre geny. W naszej rodzinie mamy z dawna utrwalony nawyk wypierania i zapominania złych wiadomości tuż po ich otrzymaniu. Nie wiadomo, od jak dawna ojciec czuł się źle, zanim poszedł na badania, ale podejrzewam, że od kilku miesięcy, jeśli nie lat. Nie lubił chodzić do lekarza. Nie chciał się skarżyć na dolegliwości. Był człowiekiem, który akceptuje rzeczywistość i po prostu szedł naprzód.

Pamiętam, że w dniu mojego wielkiego recitalu fortepianowego poruszał się już, lekko kulejąc – lewa noga nie potrafiła nadążyć za prawą. We wszystkich moich wspomnieniach ojciec jest już w pewnej mierze niepełnosprawny, choć wówczas wzbranialiśmy się przed używaniem tego słowa. Wiedziałam tylko, że mój tata porusza się trochę wolniej niż inni ojcowie. Czasem widziałam, że przystaje, nim wejdzie na schody, jakby musiał przemyśleć poszczególne ruchy przed ich wykonaniem. Gdy jechaliśmy na zakupy do supermarketu, on siadał na ławce i zadowolony pilnował toreb albo ucinał sobie krótką drzemkę, gdy reszta rodziny chodziła po sklepie.

W drodze na recital usiadłam z tyłu buicka. W ładnej sukience, skórzanych bucikach i z włosami uczesanymi w kucyki po raz pierwszy w życiu poczułam, jak oblewa mnie zimny pot. Denerwowałam się występem, choć w mieszkaniu Robbie katowałam moją piosenkę do upadłego. Craig także był w garniturze, gotów zagrać własny utwór. On jednak nie przejmował się debiutem. Mało tego – zasnął na tylnej kanapie samochodu. Leżał z rozchylonymi ustami i błogim, niczym niezmąconym wyrazem twarzy. Cały Craig. Zawsze podziwiałam go za ten wewnętrzny spokój. Już wówczas grał w dziecięcej drużynie koszykówki, która organizowała mecze w każdy weekend, i pewnie to pozwoliło mu opanować tremę związaną z publicznymi występami.

Ojciec przeważnie zajeżdżał tak blisko celu, jak się tylko dało, i był skłonny zapłacić więcej za parking, byle mieć jak najmniejszy odcinek do przejścia na chwiejnych nogach. Tamtego dnia bez trudu znaleźliśmy Uniwersytet Roosevelta i ruszyliśmy schodami w górę do ogromnej, rozbrzmiewającej echem sali, w której miał się odbyć recital. Czułam się w niej malutka. Miała eleganckie, sięgające od podłogi do sufitu okna, z których widać było obszerne trawniki Grant Park i białe grzywy fal na jeziorze Michigan w oddali. Stalowoszare krzesła ustawione w równych rzędach z wolna zajmowały stremowane dzieci i wyczekujący rodzice. Z przodu na podwyższonej scenie stały dwa fortepiany salonowe, pierwsze, jakie w życiu widziałam, z wielkimi uchylonymi klapami przypominającymi krucze skrzydła. Robbie uwijała się po sali w sukni w kwieciste wzory niczym królowa balu – czy może raczej królowa-matka – pilnując, by wszyscy jej uczniowie dostali właściwe nuty. Kiedy nadeszła pora występów, uciszyła salę.

Nie pamiętam, w jakiej kolejności graliśmy tamtego dnia. Wiem tylko, że kiedy przyszła moja kolej, wstałam i zachowując jak najelegantszą postawę, ruszyłam na scenę. Weszłam po schodkach i usiadłam przy jednym z lśniących fortepianów. Byłam znakomicie przygotowana. Choć uważałam Robbie za osobę oschłą i sztywną, przyswoiłam sobie jej umiłowanie dyscypliny. Znałam swój utwór tak dobrze, że nie musiałam o nim myśleć. Wystarczyło, bym zaczęła poruszać rękami.

A jednak pojawił się pewien kłopot, co odkryłam dokładnie w chwili, gdy zawiesiłam swoje małe dłonie nad klawiaturą. Okazało się, że fortepian jest w idealnym stanie, dokładnie odkurzony i doskonale nastrojony, a jego osiemdziesiąt osiem klawiszy przypomina nieskazitelną czarno-białą wstęgę. Tyle że ja nie nawykłam do tak perfekcyjnych instrumentów. Nigdy przy podobnym nie siedziałam. Całe swoje fortepianowe doświadczenie nabyłam w pokoiku muzycznym Robbie z rachityczną rośliną w doniczce i oknem na małe podwórko. Jedynym instrumentem, na którym grałam, było dalekie od doskonałości pianino z rzędem rozchwierutanych pożółkłych klawiszy, wśród których znajdowało się też charakterystycznie wyszczerbione środkowe C. Dla mnie tym właśnie było pianino. Tak samo dzielnica była moją dzielnicą, ojciec – ojcem, a życie – życiem. Innego nie znałam.

Raptem, gdy intensywnie wpatrywałam się w idealnie wypolerowane klawisze fortepianu, wszystkie identyczne w moich oczach, przytłoczyła mnie świadomość widowni. Nie miałam pojęcia, jak ułożyć dłonie. Ze ściśniętym gardłem i walącym sercem spojrzałam na salę w poszukiwaniu kojącej twarzy matki, próbując stłumić wszelkie oznaki paniki. Lecz zamiast niej dostrzegłam postać, która wstała z pierwszego rzędu i zaczęła się powoli ku mnie zbliżać. To była Robbie. W owym czasie często się ze sobą sprzeczałyśmy i widziałam w niej niemal wroga. Jednak w chwili mojej słabości stanęła nad moim ramieniem niczym anioł. Może spostrzegła, jak bardzo byłam zagubiona. Może zauważyła, że po raz pierwszy w życiu milcząco ukazała mi się różnorodność świata. A może po prostu chciała przyspieszyć koncert. Tak czy inaczej, bez słowa delikatnie położyła palec na środkowym C, żebym wiedziała, jak zacząć. Chwilę potem, posyłając mi ledwie dostrzegalny uśmiech zachęty, odwróciła się i zostawiła mnie samą na scenie, bym zagrała swój utwór.

2.

GDY JESIENIĄ 1969 ROKU POSZŁAM DO ZERÓWKI PRZY SZKOLE PODSTAWOWEJ BRYN MAWR, na moją korzyść działały dwie rzeczy: po pierwsze, umiałam już czytać proste słowa, a po drugie, w drugiej klasie uczył się mój powszechnie lubiany brat. Szkoła, trzypiętrowy ceglany budynek z frontowym podwórzem, znajdowała się zaledwie kilka ulic od naszego domu przy Euclid. By do niej dotrzeć, wystarczył dwuminutowy spacerek lub, jeśli się było Craigiem, minuta biegu.

Od razu polubiłam zerówkę, podobnie jak nauczycielkę, drobniutką białą damulkę o nazwisku Burroughs, która wydawała mi się prastara, choć w rzeczywistości miała może pięćdziesiąt kilka lat. Pełna słonecznego blasku sala o wielkich oknach wyposażona była w kolekcję lalek do zabawy i stojącą pod tylną ścianą ogromną tekturową makietę domu. Zaprzyjaźniłam się z wieloma dziećmi, które podobnie jak ja bardzo lubiły chodzić do zerówki. Uważałam, że dobrze sobie radzę z czytaniem. W domu, dzięki karcie bibliotecznej mamy, przebrnęłam przez dziecięce książeczki o Dicku i Jane, toteż ucieszyłam się na wieść, że naszym pierwszym zadaniem jako zerowiaczków będzie nauczenie się czytania nowych zestawów słów. Dostaliśmy do nauki listę nazw kolorów: „czarny", „czerwony", „niebieski", „zielony", „biały",

„pomarańczowy", „fioletowy". W sali pani Burroughs unosiła tekturową kartkę i prosiła każde dziecko z osobna, by przeczytało wypisane na czarno słowo. Patrzyłam, jak dziewczynki i chłopcy, których dopiero poznawałam, kolejno wstają i z większym lub mniejszym powodzeniem borykają się z tymi słówkami. Przy pierwszej porażce uczeń siadał. Miało to być pewnie coś w rodzaju zabawy, tak jak zabawą bywają konkursy ortograficzne, lecz dało się w niej zauważyć początek podziału na lepszych i gorszych, a dzieci, które nie potrafiły przejść dalej niż „czarny", zwieszały ramiona z poczuciem beznadziei. Był rok 1969 w szkole publicznej na chicagowskim South Side. Nikt jeszcze nie mówił o poczuciu własnej wartości czy nastawieniu na rozwój. Jeśli w domu zapewniono dziecku lepszy start, w szkole było nazywane „bystrym" czy „utalentowanym", co pozwalało mu budować pewność siebie. Takie korzyści szybko się kumulowały. Dwojgiem najinteligentniejszych dzieci w mojej grupie były Teddy, chłopiec pochodzenia koreańskiego, oraz Afroamerykanka Chiaka. W przyszłych latach oboje nieustannie znajdowali się na szczycie listy najbardziej utalentowanych.

Bardzo chciałam im dorównać. Gdy przyszła moja kolej czytania słów z tekturek, wstałam skoncentrowana na zadaniu i bez trudu przeszłam przez „czarny", „zielony" i „niebieski". „Fioletowy" zajął mi kilka chwil, „pomarańczowy" okazał się trudny. Na „białym" kompletnie się zacięłam – natychmiast zaschło mi w gardle, nie umiałam zmusić ust, by ułożyły się w słowa, a mózg szaleńczo buksował w miejscu. Po prostu mnie zatkało. Kolana miałam jak z waty, ledwie trzymałam się na nogach. Lecz zanim się pode mną ugięły, pani Burroughs kazała mi siadać. I wtedy to słowo wskoczyło mi do głowy, tak jasne, proste i kompletne: „biały". „Biaaały". Przecież to „biały".

Leżąc tej nocy w łóżku z pluszakami wokół głowy, nie potrafiłam myśleć o niczym innym. Literowałam to słowo w milczeniu od początku i od końca, rugając się za własną głupotę. Wstyd ciążył mi jak brzemię, którego nigdy nie zdołam zrzucić, choć wiedziałam, że rodzice wcale nie będą martwić się tym, że nie potrafię poprawnie odczytać wszystkich kart. Po prostu chciałam się wykazać. A może nie chciałam, by uznano mnie za mało zdolną. Byłam pewna, że nauczycielka już mnie zaszufladkowała jako tę, która nie potrafi czytać albo, co gorsza, wcale się nie stara. Ogarnęła mnie obsesja na punkcie gwiazdek ze złotej folii, które pani Burroughs tego dnia wręczyła Teddy'emu i Chiace – mogli je nosić na piersi jako oznakę osiągnięć, a może symbol, że w przeciwieństwie do całej naszej reszty są przeznaczeni do rzeczy wielkich. Udało im się przecież bez zająknienia przeczytać wszystkie karty z kolorami.

Następnego ranka w zerówce poprosiłam o jeszcze jedną szansę.

Pani Burroughs odmówiła, oznajmiając radosnym głosem, że przechodzimy już do kolejnych zadań. Ja jednak się uparłam.

Szkoda mi dzieci, które musiały się przyglądać, jak po raz drugi mierzę się z kartami – tym razem czytałam je wolniej, po wymówieniu każdego słowa celowo robiłam króciutką przerwę na złapanie oddechu i nie pozwoliłam swojemu mózgowi się zaciąć. Zatriumfowałam: przeszłam przez „czarny", „pomarańczowy", „fioletowy", a zwłaszcza „biały". To ostatnie słowo niemal wykrzyczałam, jeszcze zanim zobaczyłam litery na karcie. Chcę myśleć, że mała czarna dziewczynka, która zdobyła się na odwagę, by walczyć o swoje prawa, zrobiła na pani Burroughs wrażenie. Nie wiem, czy Teddy i Chiaka w ogóle to zauważyli. Szybko odebrałam nagrodę i tego popołudnia wracałam do domu z dumnie podniesioną głową i złotą gwiazdką przypiętą do piersi.

W DOMU ŻYŁAM W ŚWIECIE DRAMATÓW I INTRYG, pochłonięta wciąż rozwijającą się operą mydlaną z udziałem moich lalek. Były w niej porody, walki klanów i zdrady. Była nadzieja, nienawiść, a czasem seks. Po zajęciach, a przed kolacją, siadałam we wspólnej strefie zabaw przed pokojami moim i Craiga, po czym rozkładałam na podłodze lalki Barbie i tworzyłam scenariusze wydarzeń równie – moim zdaniem – realistyczne jak samo życie. Czasami wrzucałam też w fabułę żołnierzyki Craiga. Ubranka dla lalek trzymałam w dziecięcej plastikowej walizeczce z kwietnymi nadrukami. Każda Barbie i każdy żołnierzyk miały własny charakter. Do zabawy włączyłam również zużyte klocki z literami, których moja mama przed laty używała, by nauczyć nas alfabetu. One także miały imiona i życie wewnętrzne.

Rzadko wychodziłam na dwór, by pobawić się po lekcjach z dziećmi z sąsiedztwa, i rzadko zapraszałam do domu koleżanki i kolegów ze szkoły między innymi dlatego, że byłam pedantyczna i nie chciałam, żeby ktoś ruszał moje lalki. Chodziłam czasem do domów innych dziewczynek i bywałam świadkiem przerażających scen: widziałam Barbie z odciętymi włosami albo twarzami pomazanymi markerami. Ponadto dowiedziałam się, że relacje między dziećmi są bardzo zawikłane. Choć na placu zabaw wszyscy z pozoru ładnie się bawią, za kulisami tkwią uwikłani w tyranię zmieniających się hierarchii i sojuszy. Były tam królowe roju, byli oprawcy i naśladowcy. Nie należałam do dzieci nieśmiałych, ale nie potrzebowałam w pozaszkolnym życiu takich skomplikowanych układów. Zamiast tego całą energię przeznaczałam na to, by wieść prym w małym światku naszej wspólnej strefy zabaw. Jeśli pojawił się Craig i miał czelność choćby poruszyć jeden klocek, zaczynałam krzyczeć. Nie wahałam się go nawet zdzielić, gdy było to konieczne – przeważnie biłam go piąstką w środek pleców. Lalki i klocki polegały na mnie, a ja pieczołowicie obdarzałam je istnieniem, wywołując jeden po drugim kolejne osobiste kryzysy. Jak każde dobre bóstwo, patrzyłam, jak cierpią i jak wzrastają.

W międzyczasie przez okno swojego pokoju obserwowałam prawdziwe życie na Euclid Avenue. Późnymi popołudniami przyglądałam się, jak pan Thompson, wysoki Afroamerykanin mający naprzeciw nas kamienicę o trzech mieszkaniach, pakuje gitarę basową na tył cadillaca i rusza na występ w jednym z klubów jazzowych. Patrzyłam, jak Mendozowie, nasi meksykańscy sąsiedzi, wracają do siebie furgonetką wypakowaną drabinami po długim dniu malowania domów, a przy płocie witają ich rozszczekane psy.

W naszej dzielnicy mieszkali ludzie z klasy średniej o różnych kolorach skóry. Dla dzieci rasa się nie liczyła – bawiły się z każdym, kto akurat był na dworze i miał na to ochotę. Do grona moich przyjaciółek należały Rachel, której mama była biała i mówiła z brytyjskim akcentem, Susie, dziewczynka o kręconych rudych włosach, oraz wnuczka Mendozów, która czasem przyjeżdżała do dziadków w odwiedziny. Każde z naszych nazwisk było z innej parafii – Kansopant, Abuasef, Yacker, Robinson – i byliśmy za mali, by sobie uświadomić, że świat wokół nas szybko się zmienia. W 1950 roku, piętnaście lat przed przeprowadzką moich rodziców do South Shore, dzielnica ta była w 96 procentach zamieszkana przez białych. Kiedy w 1981 roku wyjeżdżałam na studia do koledżu, 96 procent mieszkańców było czarnych.

Craig i ja wychowywaliśmy się omywani wzburzonymi falami zmian społecznych. W otaczających nas kwartałach żyły rodziny żydowskie, imigranckie, białe i czarne, osoby, którym się powodziło, oraz takie, które sobie nie radziły. Ludzie dbali o trawniki i doglądali swoich pociech. Wystawiali czeki Robbie, by uczyła ich dzieci gry na pianinie. Przypuszczam, że moja rodzina plasowała się wśród tych uboższych w dzielnicy. Nie znaliśmy wielu takich, które jak my, gnieżdżący się na piętrze u Robbie i Terry'ego, nie miały własnego domu. Na South Shore nie upowszechniły się jeszcze trendy zauważalne w innych dzielnicach, z których bogatsi mieszkańcy już dawno wyprowadzili się na przedmieścia i gdzie firmy plajtowały jedna po drugiej, co prowadziło do ogólnej zapaści. Zmiany te jednak powoli nadciągały i zaczynaliśmy dostrzegać ich skutki, zwłaszcza w szkole.

W drugiej klasie panował chaos – gromada niesfornych dzieci rzucała się gumkami do mazania, co ani w Craiga, ani moim dotychczasowym doświadczeniu nie było normalne. Wyglądało na to, że nauczycielka nie potrafi nad nimi zapanować – że wręcz nie lubi dzieci. Co gorsza, nikogo chyba nie obchodził jej brak kompetencji. Uczniowie traktowali to jak wymówkę, by łobuzować, a nauczycielka najwyraźniej myślała o nas jak najgorzej. W jej oczach byliśmy klasą „złych dzieci", ale przecież nikt nami nie pokierował, nikt nas nie zorganizował, a do tego byliśmy skazani na ponurą, ciemną salkę w szkolnej piwnicy. Spędzane w niej godziny okrutnie się dłużyły. Siedziałam zmarkotniała przy biurku na krześle o barwie zielonych wymiocin – oficjalny kolor lat siedemdziesiątych – niczego się nie ucząc i wyczekując długiej przerwy, podczas której będę mogła pójść do domu i poskarżyć się mamie.

Kiedy w dzieciństwie coś mnie rozgniewało, prawie zawsze biegłam do mamy, żeby się wyżalić. Gdy wściekałam się na nową nauczycielkę, słuchała cierpliwie, mówiąc: „Ojejku" albo: „Naprawdę?". Nigdy nie pochwalała moich wybuchów, ale poważnie traktowała sytuacje, które mnie frustrowały. Inna matka mogłaby uznać, że nie warto stawać okoniem, tylko kazałaby dziecku dalej chodzić do szkoły i przynosić dobre stopnie. Lecz moja rozumiała problem. Widziała różnicę między dziecięcym naburmuszeniem a autentycznym cierpieniem. Nic mi nie mówiąc, odwiedzała szkołę i prowadziła zakulisowy lobbing, dzięki któremu wraz z kilkorgiem innych uczniów o dobrych wynikach zaliczyliśmy całą serię testów i po mniej więcej tygodniu zostaliśmy na stałe przeniesieni piętro wyżej do jasnej, dobrze zorganizowanej trzeciej klasy prowadzonej przez uśmiechniętą, konkretną nauczycielkę, dobrze znającą się na swoim fachu.

Ta zmiana, choć drobna, przeobraziła moje życie. Wówczas nie zastanawiałam się, jaki los spotka te wszystkie dzieci, które pozostały w piwnicy z niekompetentną nauczycielką. Dziś, jako dorosła, wiem, że dzieci już w bardzo wczesnym wieku dostrzegają, kiedy dorośli ich nie doceniają i nie angażują się w ich rozwój. Gniew, który się w nich wówczas budzi, może się przejawiać jako krnąbrność. Trudno jednak je winić. To nie są „złe dzieci". One po prostu starają się przetrwać w złej sytuacji. Jednak wtedy po prostu się cieszyłam, że udało mi się uciec. Wiele lat później dowiedziałam się, że moja matka, osoba cicha, lecz z natury skłonna do ironii i zwykle najbardziej szczera w każdym towarzystwie, pewnego razu poszła spotkać się z nauczycielką drugiej klasy i tak uprzejmie, jak potrafiła, powiedziała jej, że nie powinna uczyć dzieci, lecz raczej pracować w sklepie na kasie.

Z BIEGIEM CZASU MAMA ZACZĘŁA MNIE ZACHĘCAĆ do wychodzenia na podwórko i zabaw z dziećmi z sąsiedztwa. Liczyła, że nauczę się brylować w towarzystwie niczym mój brat. Jak już wspominałam, gdy Craig brał się do czegoś, w jego wykonaniu rzeczy trudne wyglądały na proste. Stawał się właśnie coraz większą sensacją na boisku do koszykówki, był energiczny, zręczny i szybko rósł. Z czasem ojciec zaczął go namawiać, by szukał sobie jak najtrudniejszych przeciwników, toteż Craig samodzielnie jeździł w odległe zakątki miasta, aby grać z najlepszymi dziećmi w Chicago. Tymczasem jednak stawiał czoła naszym lokalnym talentom. Szedł z piłką na drugą stronę ulicy do Rosenblum Park, mijał drabinki i huśtawkę, na których lubiłam się bawić, po czym przekraczał niewidzialną granicę, znikając za zasłoną drzew w odległej części parku, gdzie znajdowały się boiska do kosza. Tamten rejon zawsze jawił mi się jako otchłanny, tajemny, ciemny las pełen pijaków, bandytów i przestępczych sprawek, ale Craig skorygował moje wyobrażenie, twierdząc, że tak naprawdę ludzie tam nie są wcale źli.

Dzięki koszykówce mój brat przełamywał wszelkie bariery. Nauczył się zagadywać nieznajomych, kiedy chciał się włączyć do gry. Nauczył się dogryzać większym, szybszym przeciwnikom na boisku, rzucając uszczypliwe, choć przyjazne docinki. Sport pomógł mu też zdemaskować różne mity o mieszkańcach dzielnicy i panujących w niej stosunkach, dzięki czemu przekonał się o słuszności życiowego credo mojego taty, że ludzie są w większości dobrzy, o ile dobrze się ich traktuje. Nawet podejrzane typki, które kręciły się wokół sklepu monopolowego na rogu, cieszyły się na widok Craiga – wołali go po imieniu i przybijali z nim piątkę, gdy przechodził.

– Skąd ty ich znasz? – pytałam z niedowierzaniem.

– Bo ja wiem? Po prostu mnie kojarzą – odpowiadał, wzruszając ramionami.

Miałam dziesięć lat, gdy w końcu dojrzałam do decyzji, by także zacząć spacerować po okolicy. Kierowała mną głównie nuda. Było lato, skończyła się szkoła. Razem z Craigiem jeździłam codziennie nad jezioro Michigan na miejski obóz rekreacyjny w nadbrzeżnym parku, ale wracaliśmy do domu o szesnastej i wciąż mieliśmy do zagospodarowania kilka godzin. Nie interesowałam się już tak bardzo lalkami, a w pozbawionym klimatyzacji mieszkaniu późnymi popołudniami panował nieznośny upał. Zaczęłam towarzyszyć Craigowi w wędrówkach po osiedlu i spotykałam dzieci, których nie miałam okazji poznać w szkole. Po drugiej stronie uliczki za naszym domem było malutkie osiedle spółdzielni mieszkaniowej Euclid Parkway, na które składało się piętnaście domów zbudowanych wokół wspólnego spłachetka zieleni. Był to wolny od samochodów raj: mnóstwo dzieci grało w softball, skakało przez dwie skakanki albo po prostu siedziało na schodkach i gadało. Ale zanim zdołałam zawrzeć znajomość z rówieśniczkami, musiałam przejść test. Przybrał postać DeeDee, dziewczyny z pobliskiej szkoły katolickiej. Była wysportowana i ładna, ale nieustannie się dąsała i przewracała oczami. Często siadała na schodkach rodzinnego domu razem z inną, bardziej lubianą dziewczyną o imieniu Deneen.

Deneen zawsze odnosiła się do mnie przyjaźnie, ale DeeDee najwyraźniej mnie nie lubiła. Nie wiem dlaczego. Ilekroć przychodziłam na Euclid Parkway, rzucała półgębkiem różne nieprzyjemne uwagi, jakby samo moje przybycie psuło wszystkim dzień. Z biegiem lata jej komentarze stawały się coraz głośniejsze. Czułam się zniechęcona. Uświadomiłam sobie, że stoję przed wyborem. Mogłam nadal grać rolę nowej dziewczynki, nad którą inni się pastwią, mogłam dać sobie spokój z osiedlem Parkway i wrócić do domu i swoich zabawek, albo mogłam spróbować zyskać szacunek DeeDee. Z tą ostatnią opcją wiązało się pytanie: czy powinnam porozmawiać z DeeDee i postarać się przekonać ją do siebie słowami, uprawiając coś w rodzaju dziecięcej dyplomacji, czy po prostu ją uciszyć?

Kiedy następnym razem DeeDee rzuciła komentarz pod moim adresem, skoczyłam ku niej, przywołując wszystkie nauki ojca na temat skutecznego zadawania ciosów. Runęłyśmy na ziemię, bijąc się i wywijając nogami. Wszystkie dzieci z Euclid Parkway natychmiast otoczyły nas ciasnym kręgiem, a w ich okrzykach słychać było podniecenie i sztubacką żądzę krwi. Nie pamiętam, kto nas rozdzielił - może Deneen, może mój brat, a może któryś z przywołanych rodziców - ale po bójce uświadomiłam sobie, że przeszłam coś w rodzaju chrztu bojowego. Zostałam oficjalnie zaakceptowana jako członkini osiedlowego plemienia. DeeDee ani mnie nie stała się żadna krzywda, byłyśmy tylko brudne i zdyszane. Nigdy nie zostałyśmy bliskimi koleżankami, ale przynajmniej zyskałam jej szacunek.

BUICK OJCA NADAL BYŁ NASZYM SCHRONIENIEM i oknem na świat. Krążyliśmy nim w niedziele i letnie wieczory po mieście bez konkretnego celu. Czasem zajeżdżaliśmy do dzielnicy na południe od nas znanej jako Pill Hill - Pigułkowe Wzgórze - ponieważ mieszkało tam wielu afroamerykańskich lekarzy. Była to jedna z piękniejszych i bogatszych części South Side, w której na podjazdach przed domami stały po dwa samochody, a w ogródkach bujnie rozkwitały kolorowe kwiaty.

Mój ojciec był podejrzliwy względem bogatych ludzi. Nie podobali mu się tacy, co zadzierali nosa, i nie palił się do posiadania własnego domu. Był taki moment, kiedy wraz z mamą rozważali zakup domu niedaleko bungalowu Robbie i pewnego razu pojechali obejrzeć go w towarzystwie agenta nieruchomości, lecz ostatecznie nie zdecydowali się na transakcję. Byłam wówczas jej gorącą zwolenniczką. Uważałam, że mieszkanie w wielopiętrowym domu będzie bardzo nobilitujące. Ojciec zachowywał jednak wrodzoną podejrzliwość, brał pod uwagę wady tego rozwiązania i wiedział, że powinniśmy zostawić sobie trochę oszczędności na czarną godzinę. „Nie chcielibyście, żeby posiadanie domu nas zrujnowało", powtarzał nam, wyjaśniając, że niektórzy ludzie inwestują wszystkie oszczędności i jeszcze się zapożyczają, by kupić ładny dom, ale tym samym pozbawiają się wszelkiej swobody.

Rodzice rozmawiali z nami jak z dorosłymi. Nie pouczali nas, lecz na poważnie rozważali każde zadane pytanie, nawet niedojrzałe. Nigdy nie kończyli dyskusji na odczepnego. Czasem rozmawialiśmy godzinami, bo Craig i ja zadręczaliśmy ich pytaniami o wszystko, czego nie rozumieliśmy. Jako małe dzieci pytaliśmy: „Dlaczego ludzie chodzą do toalety?" albo: „Po co komu praca?", a gdy nam to wyjaśnili, zasypywaliśmy ich pytaniami do odpowiedzi. Jedno z moich pierwszych sokratejskich zwycięstw zaczęło się od pytania: „Dlaczego musimy jeść jajka na śniadanie?", co otworzyło dyskusję o konieczności spożywania białka. Spytałam wówczas, czy w maśle orzechowym nie ma go dość, i po dalszej debacie mama musiała zrewidować swoje poglądy na temat jajek, które niezbyt lubiłam. Przez kolejnych dziewięć lat robiłam sobie na śniadanie uczciwie wywalczone kanapki z grubą warstwą masła orzechowego i dżemu, nawet nie tykając jajek.

Gdy dorastaliśmy, rozmawialiśmy też na temat narkotyków, seksu, wyborów życiowych, rasy, nierówności i polityki. Rodzice nie spodziewali się, że będziemy święci. Ojciec stwierdził, że seks jest i powinien być radosny. Nie owijali też w bawełnę trudnych życiowych tematów. Na przykład pewnego lata Craig dostał nowy rower i pojechał nim na wschód ku jezioru Michigan, po czym skręcił na asfaltową dróżkę wzdłuż plaży Rainbow, gdzie czuć już wiejącą od wody bryzę. Wkrótce jednak policjant zatrzymał go, oskarżył o kradzież i nie chciał przyjąć do wiadomości, że młody czarny chłopiec mógł w uczciwy sposób wejść w posiadanie nowego roweru. (Policjanta, który też był Afroamerykaninem, bezlitośnie zrugała później nasza matka i zmusiła go, by przeprosił Craiga). Rodzice wyjaśnili nam, że było to niesprawiedliwe, lecz niestety powszechne zdarzenie. Kolor skóry narażał nas na przykrości. Był czymś, z czym zawsze będziemy musieli się w życiu liczyć.

Zabierając nas na przejażdżki po Pill Hill, ojciec chciał w nas chyba rozbudzić ambicję i pokazać, co może nam dać porządne wykształcenie.

Rodzice całe życie spędzili na obszarze kilku kilometrów kwadratowych Chicago, ale nie mieli złudzeń, że losy Craiga i moje potoczą się podobnie. Nim się pobrali, przez krótki czas chodzili do publicznych koledżów, ale porzucili je na długo przed uzyskaniem licencjatu. Matka chciała zostać nauczycielką, w końcu jednak uznała, że lepszym wyjściem będzie zatrudnienie się w charakterze sekretarki. Ojcu po prostu skończyły się pieniądze na czesne, więc wstąpił do wojska. Nikt z jego rodziny nie namawiał go do powrotu do szkoły, a on nie miał nikogo, na kim mógłby się wzorować, aspirując do lepszego życia. Służył przez dwa lata, przenoszony z jednego garnizonu do drugiego. Dawniej marzył co prawda o ukończeniu koledżu i karierze artysty, lecz szybko zarzucił te plany i za zarobione pieniądze postanowił pomóc młodszemu bratu w uzyskaniu dyplomu architekta.

Teraz, zbliżając się do czterdziestki, skupił się na oszczędzaniu pieniędzy dla nas, swoich dzieci. Nasza rodzina nie miała popaść w ruinę przez kupno zbyt drogiego domu, bo żadnego nie kupiła. Ojciec rozumował praktycznie – wiedział, że ma skąpe zasoby, a być może także niewiele czasu przed sobą. Gdy nie jeździł samochodem, podpierał się laską przy chodzeniu. Nim skończyłam podstawówkę, laskę zastąpiła kula, a później dwie. Ojciec postrzegał degeneracyjną chorobę, która niszczyła jego mięśnie i nerwy, jako osobiste wyzwanie. Sądził, że musi stawić mu czoła sam, w milczeniu.

Naszej rodzinie wystarczyły skromne przyjemności. Gdy Craig i ja przynosiliśmy dobre oceny, rodzice świętowali, zamawiając pizzę z naszej ulubionej pizzerii Italian Fiesta. W upalne dni kupowaliśmy lody w pudełku – pół litra mieszanki z czekoladą, masłem z nerkowców i czeremchą – które wystarczały nam na wiele dni. Co roku urządzano Festyn Powietrza i Wody, a wówczas pakowaliśmy rzeczy na piknik i jechaliśmy na północ wzdłuż jeziora Michigan na odgrodzony półwysep, gdzie znajdowała się stacja uzdatniania wody, w której pracował ojciec. Była to jedna z kilku okazji w roku, kiedy otwierano jej bramy dla rodzin pracowników i wpuszczano nas na trawnik nad jeziorem.

Widok na śmigające nad wodą formacje myśliwców był stąd dużo lepszy niż z każdej willi przy Lake Shore Drive.

Każdego lipca tata brał urlop w stacji uzdatniania, gdzie nadzorował kotły, i pakowaliśmy się do buicka razem z ciotką i kilkorgiem kuzynostwa. W siedmioro jechaliśmy przez kilka godzin naszym dwudrzwiowym samochodem. Wyjeżdżaliśmy z Chicago drogą Skyway, mijaliśmy południowy kraniec jeziora Michigan i sunęliśmy dalej aż do miasteczka White Cloud w stanie Michigan, gdzie znajdował się kurort Dukes Happy Holiday Resort. Mieli tam pokój gier, automat z butelkowanymi napojami oraz, co było dla nas najważniejsze, wielki basen. Wynajmowaliśmy domek z małą kuchnią i spędzaliśmy dnie na pluskaniu się w wodzie.

Rodzice rozpalali grilla, palili papierosy i grali w karty z ciotką, ale ojciec robił też sobie długie przerwy, by posiedzieć z nami w basenie. Był przystojnym facetem z wąsem opadającym po obu stronach ust niczym sierp. Jego wydatną pierś i mocne ramiona znaczyły sznury mięśni – pamiątka po dawnej karierze sportowej. Podczas tych długich, spędzanych w basenie popołudniowych godzin pływał, śmiał się i podrzucał nasze małe ciałka w górę, nie musząc się przejmować słabnącymi nogami.

CZASEM NIE SPOSÓB DOSTRZEC SYGNAŁÓW UPADKU, zwłaszcza gdy zachodzi w najbliższym otoczeniu. Kiedy wraz z Craigiem każdego września wracaliśmy do szkoły Bryn Mawr, na podwórku pojawiało się coraz mniej białych dzieci. Część przeniosła się do pobliskiej szkoły katolickiej, lecz wiele całkiem wyprowadziło się z dzielnicy. Początkowo wydawało się, że uciekają tylko białe rodziny, ale w końcu to także się zmieniło. Wyjeżdżali już wszyscy, którzy mogli sobie na to pozwolić. Większość wyprowadzek następowała nieoczekiwanie i bez wyjaśnienia. Zobaczyliśmy znak NA SPRZEDAŻ na trawniku domu Yackerów i ciężarówkę przeprowadzkową przed domem Teddych. Wiedzieliśmy, co się szykuje.

Największy cios spadł na moją matkę prawdopodobnie wtedy, gdy jej przyjaciółka Vilma Stewart oznajmiła, że wraz z mężem wpłaciła pierwszą ratę na dom na podmiejskim osiedlu Park Forest. Stewartowie mieli dwoje dzieci i mieszkali dwie przecznice od nas przy Euclid Avenue. Podobnie jak my wynajmowali mieszkanie. Pani Stewart miała szelmowskie poczucie humoru i głośny, zaraźliwy śmiech, co zjednało jej sympatię mojej matki. Spotykały się i wymieniały przepisami, a przy tym nigdy nie należały do plotkarskiego kręgu towarzyskiego złożonego z innych pań domu. Syn pani Stewart, Donny, był rówieśnikiem Craiga i chłopcem równie wysportowanym jak on, dzięki czemu natychmiast się zaprzyjaźnili. Córka Stewartów, Pamela, była już nastolatką, więc mnie nie interesowała, chociaż ogólnie rzecz biorąc, nastolatki wydawały mi się dość intrygujące. Nie pamiętam zbyt wyraźnie pana Stewarta – wiem, że był kierowcą ciężarówki dostawczej w jednej z wielkich sieci piekarskich w Chicago. Zarówno on, jak i jego żona oraz dzieci mieli najjaśniejszy odcień skóry, jaki widziałam u Afroamerykanów.

Nie miałam pojęcia, jakim sposobem udało im się zarobić na dom na przedmieściu. Park Forest należało do pierwszych w pełni zaplanowanych osiedli w kraju. Nie było zwykłą dzielnicą, lecz miasteczkiem przeznaczonym dla trzydziestu tysięcy mieszkańców, wyposażonym w centra handlowe, kościoły, szkoły i parki. Założono je w 1948 roku i pod wieloma względami stanowiło wzór podmiejskiego mieszkalnictwa, które symbolizowały masowo produkowane domy i jednakowe parcele jak wykrojone foremką do ciastek. Początkowo wprowadzono tam limit czarnych mieszkańców, lecz w czasach przenosin Stewartów restrykcje te już nie obowiązywały.

Niedługo po przeprowadzce Stewartowie zaprosili nas do siebie. Umówiliśmy się na dzień, kiedy ojciec miał wolne. Bardzo się ekscytowaliśmy tą wizytą. Miała to być dla nas zupełnie nowa przygoda i szansa obejrzenia słynnego przedmieścia. We czworo ruszyliśmy buickiem na południe za miasto i po czterdziestu minutach podróży autostradą skręciliśmy w zjazd obok sterylnego centrum handlowego. Chwilę później, kierując się wskazówkami pani Stewart, kluczyliśmy krętymi uliczkami wśród prawie identycznych kwartałów. Park Forest było jak miniaturowe miasteczko, szablonowo zabudowane skromnymi domkami w ranczerskim stylu o dachach krytych szarą dachówką i podwórzach od frontu, na których rosły młode drzewka i krzewy.

– Dlaczego ludzie chcą mieszkać tak daleko? – dociekał mój ojciec, rozglądając się znad deski rozdzielczej. Zgadzałam się z nim – to było niedorzeczne. Jak okiem sięgnąć, nie widziałam żadnych dużych drzew na miarę wielkiego dębu rosnącego za oknem mojego pokoju. W Park Forest wszystko było nowe, a każdy kawałek przestrzeni obszerny i bezludny. Brakowało sklepu monopolowego z kręcącymi się przed nim typkami. Nie słyszeliśmy roztrąbionych samochodów ani policyjnych syren. Z żadnej kuchni nie dobiegała muzyka. Wyglądało na to, że okna wszystkich domów są zatrzaśnięte na głucho.

Craig zapamiętał tę wizytę jak wycieczkę do raju, głównie dlatego, że przez cały dzień na obszernych placykach pod błękitnym niebem grał w koszykówkę z Donnym Stewartem i nową paczką kumpli z przedmieścia. Moi rodzice przyjemnie spędzili czas ze Stewartami, a ja chodziłam za Pamelą i gapiłam się na jej włosy, jasną skórę i biżuterię. Zjedliśmy razem obiad.

Pożegnaliśmy się dopiero wieczorem. Wyszliśmy od Stewartów o zmroku i podeszliśmy do krawężnika, gdzie tata zaparkował samochód. Craig był spocony po grze i ledwie trzymał się na nogach. Ja też byłam zmęczona i chciałam już wracać do domu. Nie wiem czemu, ale to osiedle mnie niepokoiło. Nie zostałam fanką przedmieścia, choć nie potrafiłam powiedzieć, co dokładnie mi w nim nie odpowiadało.

Ponieważ prawie wszyscy ludzie na ulicach w nowej dzielnicy Stewartów byli biali, mama powiedziała:

– Ciekawe, czy dopiero po naszej wizycie ludzie się zorientowali, że oni są czarni.

Zastanawiała się, czy jako ewidentni Afroamerykanie z South Side nie zdradziliśmy przypadkiem ich koloru skóry, przyjeżdżając na parapetówkę. Nawet jeśli Stewartowie nie zamierzali ukrywać swojej rasy, zapewne nie rozmawiali o niej z nowymi sąsiadami. Nie naruszali w żaden sposób panującej na osiedlu atmosfery obyczajowej. W każdym razie do czasu naszych odwiedzin.

Czy ktoś patrzył na mojego ojca, gdy tamtego wieczora szliśmy do samochodu? Czy jakaś postać w mroku obserwowała nas zza zasłony, ciekawa, co się wydarzy? Nigdy się tego nie dowiem. Pamiętam tylko, że gdy ojciec zbliżył się do drzwi od strony kierowcy, lekko zesztywniał. Ktoś zadrapał karoserię jego ukochanego buicka – zrobił paskudną cienką rysę ciągnącą się przez całe drzwi aż po tylne światło. Zrobiono to kluczem albo kamieniem i na pewno nieprzypadkowo.

Jak wspominałam, mój ojciec miał stoickie usposobienie: nigdy się nie skarżył, czy to na drobnostki, czy na poważne problemy, z uśmiechem traktował przeciwności losu, a kiedy lekarz postawił mu diagnozę będącą praktycznie wyrokiem śmierci, po prostu żył dalej, jak gdyby nigdy nic. Rysę na samochodzie przyjął z podobnym spokojem. Nawet gdyby mógł kogoś ukarać lub gdyby wiedział, w które drzwi zacząć walić, i tak by tego nie zrobił.

– No niech to szlag – powiedział tylko, po czym otworzył drzwiczki.

Wracając do miasta, nie rozmawialiśmy zbyt wiele o tym incydencie. Może byliśmy zanadto wyczerpani, żeby się z nim mierzyć. Tak czy inaczej, zobaczyliśmy przedmieście i mieliśmy go dość. Ojciec musiał następnego dnia pojechać takim poharatanym samochodem do pracy i jestem pewna, że mu się to nie podobało. Lecz rysa nie pozostała w chromie zbyt długo. W pierwszej wolnej chwili tata pojechał do zakładu Sears i kazał ją usunąć.

3.

W PEWNYM MOMENCIE MÓJ ZWYKLE beztroski brat zaczął się zamartwiać. Nie potrafię dokładnie określić, kiedy ani dlaczego się to zaczęło, wiem tylko, że Craig – chłopiec, który ze wszystkimi na osiedlu przybijał piątkę i każdego pytał, jak leci, a jeśli tylko miał wolny kwadrans, ucinał sobie drzemkę – stał się nerwowy i czujny, jakby przeczuwał nadciągającą apokalipsę. Wieczorami w naszym mieszkaniu analizował różne scenariusze wydarzeń, które nam, reszcie rodziny, wydawały się niedorzeczne. Z obawy, że straci wzrok, zaczął nosić po domu opaskę na oczy, by nauczyć się poruszać po omacku w salonie i kuchni. Bojąc się utraty słuchu, uczył się języka migowego. Najwyraźniej bał się również amputacji, ponieważ mozolił się z posiłkami i zadaniami domowymi z prawą ręką zawiązaną za plecami. W końcu nigdy nic nie wiadomo.

Największy i chyba najbardziej uzasadniony lęk Craiga budził ogień. W Chicago regularnie wybuchały pożary spowodowane między innymi tym, że właściciele niszczejących kamienic pozwalali budynkom popaść w ruinę, a gdy trawił je ogień, chętnie inkasowali pieniądze z ubezpieczenia. Ponadto wykrywacze dymu dopiero wchodziły na rynek i ludzie z klasy pracującej wciąż nie mogli sobie na nie pozwolić. Z tych powodów w gęstej chicagowskiej zabudowie pożary wybuchały nieustannie – ogień na chybił trafił niszczył domy i ludzkie istnienia. Mój dziadek Southside przeniósł się do naszej dzielnicy, gdy pożar pochłonął jego stary dom na West Side – na szczęście nikt wówczas nie ucierpiał. (Według relacji mojej matki Southside stał na chodniku przed płonącym budynkiem i krzyczał na strażaków, by nie polewali jego cennej kolekcji płyt jazzowych). Niedawno zaś, w katastrofie niemal zbyt monstrualnej, by mój młody umysł zdołał się z nią pogodzić, jeden z moich kolegów z piątej klasy – Lester McCullom, chłopiec o anielskiej buzi i wielkim afro, który mieszkał za rogiem przy 74 ulicy – zginął w pożarze domu wraz z bratem i siostrą uwięziony przez szalejący żywioł w sypialni na piętrze.

Wtedy też po raz pierwszy brałam udział w stypie. Wszystkie dzieciaki z okolicy łkały w domu pogrzebowym, a w tle cicho grała płyta zespołu Jackson 5. Dorośli tkwili jak porażeni, niezdolni się modlić ani wypowiadać pokrzepiających frazesów w obliczu pozostałej po dzieciach pustki. Przed pomieszczeniem stały trzy zamknięte trumny, a na wieku każdej oprawiona w ramkę fotografia uśmiechniętego dziecka. Pani McCullom, która wraz z mężem zdołała wyskoczyć oknem z płonącego budynku, siedziała przed nimi tak przybita i zgnębiona, że trudno było nawet na nią patrzeć.

Jeszcze przez wiele dni poczerniały szkielet domu McCullomów syczał i się zapadał, umierając dużo wolniej niż jego młodzi mieszkańcy. Ciężki zapach dymu spowijał całą dzielnicę.

Z biegiem czasu niepokój Craiga rósł. W szkole nauczyciele prowadzili ćwiczenia ewakuacyjne, a my cierpliwie uczyliśmy się zasad ochrony przeciwpożarowej: „Stań, padnij, tocz się". W efekcie Craig postanowił zwiększyć poziom bezpieczeństwa także w domu: sam siebie mianował rodzinnym kierownikiem ewakuacji, a mnie – swoją zastępczynią. Podczas ćwiczeń byłam gotowa oczyszczać drogi ewakuacyjne i dyrygować rodzicami, jeśli trzeba. Nie sądziliśmy, że realnie grozi nam pożar, po prostu mieliśmy obsesję na punkcie gotowości pożarowej. Zresztą zawsze woleliśmy myśleć z wyprzedzeniem. Nasza rodzina była nie tylko punktualna, lecz wręcz przyjeżdżała wcześniej na wszystkie wydarzenia, chcąc oszczędzić ojcu problemów z poszukiwaniem miejsca parkingowego blisko budynku lub dobrych miejsc na trybunach podczas meczów koszykówki Craiga. Nauczyliśmy się, że nad tym, co od nas w życiu zależy, warto panować.

I dlatego my, dzieci, badaliśmy możliwe drogi ewakuacyjne, zastanawiając się, czy w wypadku pożaru udałoby się doskoczyć z okna do rosnącego przed domem dębu albo na dach sąsiada. Przewidywaliśmy kolejność wydarzeń, gdyby w kuchni zapalił się olej do smażenia lub w razie uderzenia pioruna w dach. Craig i ja nie baliśmy się o mamę w nagłej sytuacji. Była drobna, zręczna i należała do tych osób, które pod wpływem adrenaliny potrafią dźwignąć samochód, by uwolnić dziecko. Trudniej nam się rozmawiało o niepełnosprawności taty – rozumieliśmy oczywiście, choć nie mówiliśmy tego na głos, że on nie będzie skakał razem z nami przez okno, a ostatni raz widzieliśmy, jak biega, ładnych parę lat temu.

Zdawaliśmy sobie sprawę, że gdyby zdarzyło się coś strasznego, akcja ratunkowa nie przebiegałaby tak sprawnie jak na filmach, które pokazywano nam na zajęciach pozalekcyjnych. To nie ojciec zarzuciłby nas sobie na ramię z herkulesową gracją i wyniósł w bezpieczne miejsce. Mógłby to zrobić co najwyżej Craig, który lata później znacznie go przerósł, lecz wówczas był chłopcem o wąskich ramionach i patykowatych nogach, świadomym tego, że jakiekolwiek heroiczne wyczyny z jego strony wymagać będą praktyki. To dlatego podczas naszych rodzinnych ćwiczeń przeciwpożarowych zaczął wymyślać najgorsze możliwe scenariusze – kazał ojcu kłaść się na podłodze i leżeć bezwładnie niczym wór ziemniaków, jak gdyby stracił przytomność, nawdychawszy się dymu.

– Rany julek – mawiał tata, kręcąc głową. – Naprawdę musimy to robić?

Nie nawykł do bezsilności. Odsuwał od siebie jej wizję, starannie dbając o samochód, płacąc na czas wszystkie rachunki, unikając tematu postępującej choroby i nie opuszczając ani jednego dnia w pracy. Wprost przeciwnie – wolał być podporą dla innych. Jeśli nie mógł pomóc fizyczną pracą, służył wsparciem emocjonalnym i przewodnictwem intelektualnym. Dlatego też sporą satysfakcję sprawiało mu pełnienie funkcji kapitana okręgu wyborczego Partii Demokratycznej. Piastował to stanowisko przez wiele lat między innymi dlatego, że od pracowników miejskich niemal bezwzględnie oczekiwano lojalnej służby aparatowi partyjnemu. Choć w pewnym sensie go do niej zmuszono, tata i tak kochał tę pracę, co zdumiewało moją mamę, zważywszy na to, ile czasu pochłaniała. W weekendy odwiedzał okoliczne dzielnice, by porozmawiać z wyborcami, w czym niekiedy towarzyszyłam mu bez entuzjazmu. Parkowaliśmy samochód i ruszaliśmy uliczkami pełnymi skromnych bungalowów. Kiedy się zbliżaliśmy, jakaś pochylona wdowa albo brzuchaty robotnik fabryczny z puszką piwa Michelob w ręku zerkali na nas przez moskitierę w drzwiach. Często rozpromieniali się na widok ojca, który stał z szerokim uśmiechem na werandzie, podpierając się laską.

– No proszę, Fraser! – wołali. – Ale niespodzianka! Zapraszam do środka.

Nigdy tego nie lubiłam, ponieważ wówczas musieliśmy już wejść do domu. A to z kolei znaczyło, że całe sobotnie popołudnie przepadnie – ja usiądę na stęchłej sofie albo przy kuchennym stole z puszką 7up w ręku, podczas gdy mój ojciec będzie wysłuchiwał wieści – głównie narzekań – które później przekaże wybieralnemu szefowi okręgu. Kiedy gdzieś nie odbierano śmieci, nie odśnieżano ulicy albo nie załatano dziur w drodze, mój ojciec przyjeżdżał, by wysłuchać skarg. Miał za zadanie sprawić, by ludzie czuli, że Partia Demokratyczna się nimi zajmuje, i by zagłosowali na nią podczas wyborów. Ku mojemu rozczarowaniu nigdy nie przyspieszał toku spotkań. Jego własny czas, jak twierdził, był darem ofiarowywanym innym ludziom. Pomrukiwał z aprobatą, oglądając zdjęcia ładnych wnuków, cierpliwie chłonął plotki lub długie litanie skarg zdrowotnych i rozumiejąco kiwał głową, słuchając opowieści o ciągłym braku pieniędzy. Gdy w końcu się żegnaliśmy, obejmował starsze panie, zapewniając, że zrobi, co w jego mocy, by się przydać i rozwiązać te problemy, które można rozwiązać.

Mój tata wierzył we własną zaradność. Czerpał z niej dumę. To dlatego nawet podczas udawanego kryzysu w trakcie ćwiczeń pożarowych w domu nie chciał leżeć bezczynnie jak rekwizyt. Nie zamierzał w żadnych okolicznościach stanowić dla kogoś ciężaru i być nieprzytomną ofiarą na podłodze. Jednak w głębi ducha rozumiał chyba, że dla nas – zwłaszcza dla Craiga – to było ważne. Kiedy prosiliśmy, by się położył, spełniał nasze żądania. Najpierw przyklękał, potem siadał, wreszcie posłusznie kładł się na dywanie salonu. Wymieniał znaczące spojrzenia z mamą, dla której to wszystko było raczej zabawne, jakby chciał powiedzieć: „Ech, te diabelskie dzieciaki".

Z westchnieniem zamykał oczy i czekał, aż Craig chwyci go mocno pod pachami, rozpoczynając akcję ratunkową. Następnie wraz z matką przyglądałyśmy się, jak mój brat nie bez wysiłku i dość niezręcznie ciągnie prawie osiemdziesiąt kilogramów ojcowskiego ciężaru przez wyimaginowane piekło szalejące w jego nastoletnim umyśle. Ciągnął ojca po podłodze, okrążał sofę i w końcu docierał do schodów.

W tym punkcie Craig dochodził do wniosku, że zdoła zwlec ojca schodami w dół i bezpiecznie wyciągnąć go przez drzwi na zewnątrz. Ojciec nigdy nie pozwalał mu przećwiczyć tej ostatniej części operacji. Łagodnym tonem mówił: „Dobrze, już wystarczy", po czym wstawał, nim Craig zdążył go ściągnąć po schodach. Lecz mały i duży mężczyzna zawarli milczące porozumienie. Gdyby doszło do katastrofy, akcja ratunkowa nie byłaby ani łatwa, ani przyjemna. I oczywiście nikt nie mógł zagwarantować, że ją przeżyjemy. Ale przynajmniej mieliśmy plan.

STOPNIOWO STAWAŁAM SIĘ CORAZ ŚMIELSZA, chętniej spotykałam się z innymi i mierzyłam z nieokiełznanym światem. Moją naturalną skłonność do unikania chaosu i spontaniczności zmniejszyły w jakimś stopniu długie wizyty u wyborców, na które jeździłam razem z ojcem, oraz inne weekendowe wypady do mnóstwa ciotek, wujów i kuzynów, u których siedzieliśmy w chmurach dymu z grilla na podwórku albo ganialiśmy się z dziećmi z innej dzielnicy.

Moja matka była jednym z siedmiorga dzieci w rodzinie, a ojciec najstarszym z pięciorga. Krewni mamy spotykali się często w domu Southside'a za rogiem – wabiła ich jego kuchnia, partyjki wista i żywiołowy, głośny jazz. Southside przyciągał nas wszystkich jak magnes. Nigdy nie ufał światu poza obrębem własnego podwórka. Martwił się głównie o nasze bezpieczeństwo i dobrobyt, więc całą energię wkładał w stworzenie miejsca, w którym zawsze będziemy najedzeni i rozbawieni, dzięki czemu nigdy nawet nie pomyślimy o wyprowadzce. Sprawił mi nawet psa – przyjacielskiego rudego kundelka w typie owczarka, którego nazwaliśmy Rex. Mama nie pozwoliła mu mieszkać w naszym domu, ale ilekroć odwiedzaliśmy Southside'a, kładłam się na podłodze z twarzą wtuloną w miękkie futro psiaka i słuchałam, jak stuka ogonem w podłogę za każdym razem, gdy Southside przechodzi obok. Dziadek rozpieszczał tego psa tak samo jak mnie – jedzeniem, miłością i pobłażliwością. Była to jego milcząca, gorąca prośba, byśmy go nigdy nie opuszczali.

Tymczasem rodzina mojego ojca żyła rozsiana po całym regionie South Side. Składał się na nią szeroki wachlarz babć ciotecznych i dalekich kuzynów oraz kilkoro odległych krewnych o niejasnych koneksjach z resztą rodziny. Wszystkich ich czasem odwiedzaliśmy. Dzielnice, przez które przejeżdżaliśmy, oceniałam po liczbie drzew przy ulicy – w tych biedniejszych często nie rosły żadne. W oczach mojego ojca każdy zaliczał się do grona krewnych. Weselał na widok wuja Calio, szczupłego, drobnego mężczyzny o falujących włosach, który wyglądał jak Sammy Davis jr. i prawie zawsze był pijany. Uwielbiał swoją ciotkę Verdelle żyjącą z ośmiorgiem dzieci w zaniedbanym bloku niedaleko autostrady Dana Ryana w dzielnicy, w której panowały zupełnie inne zasady przetrwania niż u nas, co szybko z Craigiem pojęliśmy.

W niedzielne popołudnia całą czwórką wybieraliśmy się najczęściej do Parkway Gardens, gdzie w zasięgu dziesięciu minut jazdy mieszkali rodzice taty, których nazywaliśmy Dandy i Babka. Żyli z trojgiem młodszego rodzeństwa mojego ojca, Andrew, Carletonem i Francescą, którzy byli od niego o dziesięć lat młodsi, więc przypominali raczej naszych braci i siostrę niż wujków i ciotkę. Z kolei mój tata był im bardziej jak ojciec niż brat – zawsze służył radą, a gdy potrzebowali, wsuwał do ręki parę banknotów. Francesca była inteligentna, piękna i czasem pozwalała mi czesać swoje długie włosy. Andrew i Carleton mieli po dwadzieścia parę lat i byli niesamowicie trendy. Nosili dzwony i golfy. Mieli skórzane kurtki i dziewczyny, rozmawiali o Malcolmie X oraz „mocy zaklętej w soulu". Craig i ja godzinami przesiadywaliśmy w ich pokoju na tyłach mieszkania, chłonąc ten styl.

Mój dziadek, także Fraser Robinson, był zdecydowanie mniej zabawny. W patriarchalnej pozie zaciągał się cygarem, siedząc z otwartą gazetą na kolanach w fotelu obok telewizora ryczącego wiadomościami. W niczym nie przypominał mojego ojca. Dandy'ego wszystko irytowało. Drażniły go codzienne nagłówki, światowe wydarzenia z telewizyjnych relacji i młodzi czarni mężczyźni – „leniuchy", jak ich nazywał – którzy kręcą się bez celu po osiedlu, szkodząc opinii Afroamerykanów. Krzyczał na telewizję. Krzyczał na moją babkę, łagodną, cichą, pobożną kobietę o imieniu LaVaughn. (Dla jej upamiętnienia rodzice dali mi tak na drugie imię). Za dnia babka sprawnie zarządzała dochodową księgarnią religijną w dzielnicy Far South Side, lecz po godzinach przy dziadku stawała się tak potulna, że zdumiewało to nawet mnie, małą dziewczynkę. Gotowała mu, wysłuchiwała jego niekończących się narzekań i nie mówiła nic na swoją obronę. Choć byłam młoda, milczenie i bierność mojej babci w relacji z Dandym bardzo mi doskwierały.

Według mojej matki tylko ja z całej rodziny potrafiłam mu się przeciwstawić, kiedy krzyczał. Robiłam to regularnie jeszcze w dzieciństwie, a później przez wiele następnych lat, po części dlatego, że babka sama nie umiała się bronić, co mnie rozjuszało, po części dlatego, że wszyscy inni w jego obecności milkli, a po części – bo kochałam go w takim samym stopniu, w jakim mnie irytował. Rozumiałam jego zaciętość – sama ją po nim odziedziczyłam, choć miałam nadzieję, że w moim przypadku nie przybiera tak obcesowych form. Zresztą Dandy bywał czasem łagodny, choć tylko przez mgnienie. Czule głaskał mnie po karku, gdy siadałam przy fotelu u jego stóp. Uśmiechał się, gdy ojciec powiedział żart albo jedno z nas, dzieci, użyło szczególnie wyrafinowanego słowa podczas rozmowy. Lecz potem coś go znowu rozdrażniało i zaczynał warczeć.

„Dandy, przestań na wszystkich krzyczeć" – mówiłam. Albo: „Nie bądź niedobry dla babci". Pytałam też często: „Właściwie co cię tak rozwścieczyło?".

Odpowiedź na to pytanie była prosta, choć zarazem skomplikowana. Sam Dandy nigdy nic mi nie wyjaśniał, tylko naburmuszony wzruszał ramionami i wracał do gazety. Kiedy wracaliśmy do domu, rodzice próbowali mi to wytłumaczyć.

Dandy pochodził z regionu Lowcountry w Południowej Karolinie i dorastał w wilgotnym portowym miasteczku Georgetown, gdzie niegdyś tysiące niewolników pracowało na ogromnych plantacjach, zbierając ryż i indygo, na których bogacili się ich właściciele. Mój urodzony w 1912 roku dziadek był wnukiem niewolników, synem robotnika fabrycznego i najstarszym z dziesięciorga dzieci w rodzinie. Za sprawą swej bystrości i inteligencji zyskał przydomek „Profesor" i od wczesnych lat życia zaczął marzyć, że pewnego dnia pójdzie do koledżu. Jednak nie tylko był czarnym chłopcem z biednej rodziny, ale także dorastał w epoce Wielkiego Kryzysu. Po ukończeniu liceum znalazł pracę w tartaku, wiedząc, że jeśli zostanie w Georgetown, jego możliwości zawsze będą ograniczone. Kiedy tartak zamknięto, jak wielu Afroamerykanów jego pokolenia ruszył na północ do Chicago wraz z falą tak zwanej wielkiej migracji, podczas której przez pięć dekad sześć milionów czarnych z Południa przeniosło się do wielkich miast Północy, uciekając przed uciskiem rasowym i licząc na zatrudnienie w przemyśle.

Gdyby wszystko potoczyło się jak w historiach o realizacji amerykańskiego snu, Dandy, który przybył do Chicago na początku lat trzydziestych, znalazłby dobrą pracę, a potem dostałby się do koledżu. Rzeczywistość była jednak inna. O posadę nie było łatwo, między innymi dlatego, że zarządcy niektórych wielkich fabryk w mieście woleli zatrudniać imigrantów z Europy niż Afroamerykanów. Dandy wziął, co było – zajmował się ustawianiem kręgli w kręgielni i dorabiał jako złota rączka. Z biegiem czasu zmniejszył swoje aspiracje – zarzucił marzenia o koledżu, chciał jednak pójść na kurs i zostać elektrykiem. Ale i to szybko okazało się niemożliwe. Żeby pracować jako elektryk (albo hutnik, stolarz czy hydraulik) u któregoś z wielkich chicagowskich pracodawców, trzeba było mieć legitymację związkową. Czarni prawie nigdy ich nie dostawali.

Ta forma dyskryminacji zaważyła na losach całych pokoleń Afroamerykanów, w tym wielu mężczyzn z mojej rodziny. Prowadziła do zmniejszenia ich dochodów, szans oraz, co za tym idzie, aspiracji. Bez członkostwa w związku zawodowym Southside nie mógł pracować jako stolarz dla żadnej z większych firm budowlanych, które gwarantowały regularne wypłaty i zatrudnienie przy długotrwałych przedsięwzięciach. Mój wuj Terry, mąż Robbie, z tego samego powodu zarzucił karierę hydraulika i został portierem Pullmana. Miałam także wuja Pete'a ze strony matki, który, ponieważ nie mógł wstąpić do związku zawodowego taksówkarzy, jeździł nielicencjonowanym busem, rozwożąc pasażerów po niebezpiecznych osiedlach West Side, dokąd normalne taksówki nie chciały się zapuszczać. Byli to inteligentni, pełni sił mężczyźni, którym odmówiono dostępu do dobrze płatnej pracy, co z kolei sprawiło, że nie mogli kupić domu, posłać dzieci do koledżu czy oszczędzać na stare lata. Bolało ich to, że zostali odrzuceni, że pracują poniżej kwalifikacji, że muszą patrzeć, jak biali ludzie awansują, gdy oni stoją w miejscu, że czasem muszą szkolić nowych pracowników mających w przyszłości zostać ich szefami. I każdy z nich, choć w różnym stopniu, odczuwał z tego powodu frustrację i nieufność: bo nigdy do końca nie wiesz, za kogo cię mają inni.

Jednak życie Dandy'ego nie potoczyło się całkiem źle. W kościele na South Side poznał moją babkę i w końcu znalazł pracę dzięki rządowemu programowi walki z bezrobociem Works Progress Administration, w ramach którego podczas wielkiego kryzysu zatrudniano niewykwalifikowanych robotników do publicznych prac budowlanych. Później przez trzydzieści lat pracował na poczcie, a wreszcie przeszedł na emeryturę i dostawał świadczenia na tyle wysokie, że mógł z wygodnego fotela godzinami krzyczeć na leniuchów w telewizji.

Dorobił się pięciorga dzieci równie bystrych i zdyscyplinowanych jak on. Nomenee, jego drugie dziecko, ukończyła Harvard Business School. Andrew został konduktorem, a Carleton – inżynierem. Francesca pracowała przez pewien czas jako dyrektorka kreatywna w reklamie, a później została nauczycielką w podstawówce. Jednak Dandy nie potrafił dostrzec w dokonaniach dzieci jakiejś formy własnego sukcesu. Każdej niedzieli przy kolacji w Parkway Gardens obserwowaliśmy, jak boryka się z gorzkim osadem własnych strzaskanych marzeń.

PYTANIA, KTÓRE ZADAWAŁAM DANDY'EMU, były trudne i nie dało się na nie odpowiedzieć. Wkrótce dowiedziałam się, że takich spraw jest wiele. W moim własnym życiu zaczęły pojawiać się zagadki, których nie potrafiłam łatwo rozwiązać. Na jedną z nich zwróciła mi uwagę pewna odległa kuzynka, której imienia nie pamiętam. Bawiłyśmy się na podwórku przed bungalowem jednej z babć ciotecznych mieszkającej na zachód od nas. Należała do grona dalszych krewnych i czasem przychodziła, gdy moi rodzice przyjeżdżali z wizytą. Gdy dorośli żartowali w kuchni nad filiżanką kawy, Craig i ja siedzieliśmy na dworze z innymi dziećmi, które przyjechały wraz z nimi. Czasem takie wymuszone koleżeństwo bywało kłopotliwe, lecz przeważnie dobrze się bawiliśmy. Craig prawie zawsze znikał, żeby pograć w koszykówkę. Ja skakałam przez podwójną skakankę albo próbowałam włączyć się do rozmowy.

Pewnego letniego dnia, gdy miałam może dziesięć lat, siedziałam na schodku i rozmawiałam z grupką rówieśniczek. Wszystkie miałyśmy kucyki, nosiłyśmy szorty i zabijałyśmy czas. O czym dyskutowałyśmy? O wszystkim i o niczym – o szkole, o starszych braciach, o mrówczym kopcu przy domu.

W pewnym momencie jedna z dziewczynek, moja odległa kuzynka, spojrzała na mnie z ukosa i powiedziała ze swadą:

– Dlaczego ty mówisz jak biała dziewczyna?

Pytanie było zadziorne i miało mnie obrazić albo przynajmniej sprowokować, lecz jednocześnie kuzynka naprawdę chciała poznać odpowiedź. Poruszyła sprawę niejasną dla nas obu. Mimo pokrewieństwa wydawało się, że pochodzimy z dwóch różnych światów.

– Wcale tak nie mówię – odparłam. Byłam oburzona tym stwierdzeniem, a jednocześnie przerażona na widok spojrzeń, które zaczęły mi teraz posyłać pozostałe koleżanki.

Wiedziałam jednak, do czego się odnosiła. Choć zaprzeczyłam, ewidentnie miała rację. Ja i Craig faktycznie wysławialiśmy się inaczej niż niektórzy nasi krewni. Rodzice wpoili nam, że należy dbać o dykcję. Kazali mówić „powiedziałam" zamiast „pedziaam", „sobie" a nie „se". Uczyli nas starannie kończyć słowa. Kupili nam słownik oraz komplet tomów Encyklopedii Britannica z pozłacanymi literami na grzbietach, który stał na półce przy schodach. Ilekroć mieliśmy jakieś pytanie na temat świata, idei czy zdarzenia historycznego, kazali nam do niej sięgać. Dandy także o to dbał – gdy chodziliśmy do niego w odwiedziny, skrupulatnie poprawiał naszą gramatykę albo napominał, byśmy starannie wymawiali słowa. Mieliśmy dzięki temu przekroczyć wszelkie bariery i więcej osiągnąć. Taki był plan. Zachęcano nas do tego. Mieliśmy być inteligentni i z tego dumni. Przejawiało się to w naszej mowie.

Taka postawa mogła też jednak nastręczać kłopotów. Pewien sposób mówienia – „po białemu", jak by to ujęli niektórzy – uważano za zdradę, zadzieranie nosa, zaprzeczanie własnej kulturze. Wiele lat później wyszłam za mąż za człowieka, którego kolor skóry jest dla jednych jasny, dla innych ciemny i który mówi jak czarny Hawajczyk wykształcony na uczelni z Ivy League, a wychowany w rodzinie ze średniej klasy w Kansas. Widziałam, jakie zaniepokojenie wywoływał w całym kraju zarówno wśród białych, jak i czarnych – jedni i drudzy chcieli upla sować go w ramach własnej grupy etnicznej, a gdy się to nie udawało, reagowali frustracją. Ameryka stawiała Barackowi Obamie takie same pytania, które kuzynka nieświadomie postawiła mnie tamtego dnia na werandzie: czy ty się pod kogoś nie podszywasz? Czy ja ci mogę zaufać?

Przez resztę dnia starałam się z nią już raczej nie rozmawiać, ponieważ zniechęciła mnie jej wroga postawa, lecz zarazem zależało mi na tym, by postrzegała mnie jako osobę autentyczną, nie zaś kogoś, kto popisuje się jakąś przewagą. Nie byłam pewna, jak się zachowywać. Jednocześnie przez cały czas słyszałam rozmowy rodziców dobiegające z kuchni, ich swobodny, głośny śmiech rozbrzmiewający na podwórzu. Przyglądałam się bratu, który zapamiętał się w grze z grupą chłopców na rogu ulicy. Wszyscy poza mną wydawali się dobrze dopasowani do reszty. Dziś, gdy spoglądam wstecz i przypominam sobie dyskomfort, jaki wtedy czułam, uświadamiam sobie, jak poważnym wyzwaniem jest pogodzenie tego, kim się jest, z tym, skąd się pochodzi i dokąd chce się dojść. Widzę także, że wciąż byłam daleka od odnalezienia własnego głosu.

4.

W SZKOLE MIELIŚMY CODZIENNIE GODZINNĄ PRZERWĘ obiadową. Ponieważ moja mama nie pracowała, a mieszkaliśmy blisko, przeważnie wracałam do domu w towarzystwie czterech czy pięciu innych dziewczynek. Bezustannie gadając, rozkładałyśmy się na kuchennej podłodze, żeby pograć w hacle i pooglądać *Wszystkie moje dzieci*, podczas gdy mama rozdawała kanapki. Posiadanie kręgu bliskich, pogodnych przyjaciółek – bezpiecznego azylu kobiecej mądrości – stało się dla mnie odtąd ważne w życiu. W naszym obiadowym klubie obgadywałyśmy wszystko, co zdarzyło się od rana w szkole – niesnaski z nauczycielami czy bezsensowne według nas zadania domowe. Opinie formułowałyśmy komisyjnie. Uwielbiałyśmy Jackson 5, nie byłyśmy za to pewne, co myśleć o The Osmonds. Wydarzyła się afera Watergate, ale żadna z nas jej nie rozumiała. Wielu starych facetów mówiło coś do mikrofonów w Waszyngtonie, który dla nas był po prostu dalekim miastem pełnym białych budynków i białych ludzi.

Moja matka bardzo chętnie się nami zajmowała. Dawało jej to możliwość podglądania naszego świata. Gdy moje przyjaciółki i ja plotkowałyśmy, ona stała obok w milczeniu, zajęta jakimiś obowiązkami domowymi, wcale nie ukrywając tego, że przysłuchuje się każdemu słowu. W mojej rodzinie przy czterech osobach stłoczonych na osiemdziesięciu metrach kwadratowych i tak nikt nie mógł zaznać prywatności. Zresztą rzadko jej potrzebowaliśmy. Craig, który nagle zainteresował się dziewczynami, zaczął rozmawiać przez telefon za zamkniętymi drzwiami łazienki, a skręcany kabel telefoniczny rozciągał się niczym struna prowadząca do gniazdka w kuchennej ścianie.

Na liście chicagowskich szkół Bryn Mawr plasowała się mniej więcej pośrodku. Segregacja ekonomiczna i rasowa trwała w dzielnicy South Shore jeszcze przez całe lata siedemdziesiąte, co sprawiło, że populacja uczniów stawała się w coraz większym stopniu czarna i coraz uboższa. Przez jakiś czas działał w mieście ruch na rzecz integracji, w ramach którego do szkoły przywożono autobusami szkolnymi nowe dzieci, ale rodzice uczniów z Bryn Mawr skutecznie się temu przeciwstawili, twierdząc, że lepiej przeznaczyć te pieniądze na ulepszenie samej szkoły. Jako dziecko nie bardzo mnie obchodziło, czy urządzenia szkolne są w dobrym stanie albo czy wśród uczniów pozostał jeszcze ktoś biały. Prowadzono tam osiem roczników oraz zerówkę, więc w ostatnich klasach znałam już doskonale każdy włącznik światła, tablicę czy pękniętą płytkę w korytarzu. Znałam prawie wszystkich nauczycieli i większość uczniów. Dla mnie Bryn Mawr była praktycznie przedłużeniem domu.

Gdy szłam do siódmej klasy, popularny wśród Afroamerykanów tygodnik „Chicago Defender" opublikował zjadliwy felieton na temat szkoły. Twierdzono w nim, że w ciągu kilku lat Bryn Mawr, dawniej jedna z najlepszych szkół publicznych w mieście, zmieniła się w „obskurny slums", w którym panuje „mentalność getta". Nasz dyrektor, doktor Lavizzo, natychmiast odpowiedział listem do wydawcy pisma, w którym bronił społeczności rodziców i uczniów, twierdząc, że felieton „jest haniebnym kłamstwem mającym jedynie na celu wywołanie poczucia klęski i exodusu".

Doktor Lavizzo był okrągłym, wesołym mężczyzną z fryzurą afro rozdymającą się na boki wokół łysiny. Większość czasu spędzał w gabinecie obok głównych drzwi wejściowych. Z lektury jego listu jasno wynika, że dokładnie rozumiał, z jakim zjawiskiem walczy. Przekonanie o porażce przychodzi znacznie wcześniej, niż można zauważyć jej realne efekty. Przejawia się w postaci braku wiary w siebie rodzącego się z bezsilności i podsycanego przez strach wywoływany niekiedy celowo. Wspomniane w artykule „poczucie klęski" toczyło już moją dzielnicę – dorośli nie radzili sobie finansowo, a w dzieciach powstawało przekonanie, że ich życie nigdy się nie zmieni. Całe rodziny przyglądały się, jak lepiej sytuowani sąsiedzi wyprowadzają się na przedmieście albo przenoszą dzieci do szkół katolickich. South Shore nieustannie penetrowali bezwzględni agenci nieruchomości, którzy namawiali właścicieli domów do ich sprzedaży i ucieczki, póki wciąż jeszcze można. Sugerowali tym samym, że nadciąga wielka klęska – nieodwołalna, już pochłaniająca dzielnicę katastrofa. Mogłeś zostać w walącym się gmachu albo z niego uciec. Posługiwali się słowem, którego każdy się bał: „getto". Rzucali je jak płonącą zapałkę.

Moja mama nie poddawała się panice. Mieszkała na South Shore już od dziesięciu lat i miała tam pozostać przez kolejne czterdzieści. Nie wierzyła defetystom, a jednocześnie wydawała się równie odporna na idealizm podszyty czczymi obietnicami. Była twardo stąpającą po ziemi realistką, rozwiązywała te problemy, które mogła rozwiązać.

W Bryn Mawr została jedną z najaktywniejszych członkiń komitetu rodzicielskiego – pomagała zbierać fundusze na nowe wyposażenie sal, organizowała kolacje na cześć zasłużonych nauczycieli i lobbowała na rzecz utworzenia specjalnej klasy dla szczególnie uzdolnionych uczniów z różnych roczników. Ten ostatni pomysł podsunął jej doktor Lavizzo, który zrobił doktorat z pedagogiki w trybie wieczorowym i badał nową metodę nauczania polegającą na grupowaniu uczniów według umiejętności, a nie wieku. Jej celem było zebranie bystrzejszych dzieci, by razem mogły uczyć się szybciej.

Był to kontrowersyjny pomysł, który określano mianem niedemokratycznego, co można *de facto* zarzucić wszystkim programom dla wyjątkowo utalentowanych dzieci. Jednak metoda ta upowszechniała się w całym kraju i sama korzystałam z niej przez ostatnie trzy lata nauki w Bryn Mawr. Uczyłam się w grupie około dwudziestu uczniów z różnych klas. Zajęcia odbywały się w oddzielnej, wielofunkcyjnej sali. Mieliśmy własne przerwy, lunch, zajęcia z muzyki i WF-u. Otrzymywaliśmy specjalne przywileje, na przykład co tydzień wybieraliśmy się do publicznego koledżu na warsztaty pisania albo sekcję szczurów w tamtejszej pracowni biologicznej. W szkole dawano nam wiele zindywidualizowanych zadań. Każde z nas określało własne cele i rozwijało się w najwłaściwszym dla niego tempie.

Do opieki nad nami wyznaczono zaangażowanych nauczycieli – najpierw pana Martineza, potem pana Bennetta, łagodnych, pogodnych Afroamerykanów, którzy brali pod uwagę to, co mamy do powiedzenia. Mieliśmy wyraźne poczucie, że szkoła w nas zainwestowała, dzięki czemu, jak sądzę, staraliśmy się jej nie zawieść i wyrobiliśmy sobie wyższą samoocenę. Zindywidualizowane nauczanie podsycało moje skłonności do współzawodnictwa. Uczyłam się intensywnie i skrycie porównywałam z rówieśnikami, gdy omawialiśmy własne postępy w różnych dziedzinach, od dzielenia pod kreską po wstęp do algebry, od pisania pojedynczych akapitów po całe artykuły naukowe. Było to dla mnie niczym gra. I jak każde zaangażowane w jakąś grę dziecko czułam się najlepiej, gdy wygrywałam.

OPOWIADAŁAM MAMIE O WSZYSTKICH szkolnych wydarzeniach. Pierwszą relację otrzymywała w porze lunchu, drugą, pospieszną, po południu, kiedy wpadałam do domu, rzucałam plecak na podłogę i zaczynałam polowanie na przekąski. Dziś nie potrafię nawet powiedzieć, jak moja matka spędzała te godziny, bo jak to dzieci mają w zwyczaju, skupiałam się na swoich sprawach i jej o to nie pytałam. Nie wiem, o czym rozmyślała ani jak się czuła w roli tradycyjnej pani domu, niepracującej w żadnym innym zawodzie. Wiem tyle, że kiedy przychodziłam, w lodówce zawsze było jedzenie, i to nie tylko dla mnie, ale też dla moich przyjaciółek. Wiem, że gdy jechaliśmy na wycieczkę, mama zawsze zgłaszała się na ochotnika jako opiekunka. Gdy wybieraliśmy się do koledżu albo do zoo, wsiadała z nami do autobusu w ładnej sukience i z ciemną szminką na ustach.

Nasz domowy budżet był skromny, ale nie rozmawialiśmy o jego ograniczeniach. Mama zawsze potrafiła nam zrekompensować wszelkie niedostatki. Sama robiła sobie manikiur i farbowała włosy (pewnego razu przypadkiem na zielono), a nowe ubrania nosiła tylko wtedy, gdy dostała je w prezencie urodzinowym od taty. Nigdy nie miała cieszyć się bogactwem, lecz była zaradna. Gdy byliśmy mali, czarodziejsko przeistaczała stare skarpetki w pacynki wyglądające dokładnie tak jak Muppety. Robiła na szydełku serwety stołowe. Szyła mi większość ubrań, przynajmniej aż do gimnazjum, kiedy nagle metka z napisem „Gloria Vanderbilt" i wizerunkiem łabędzia zaczęła mieć ogromne znaczenie, a wówczas poprosiłam ją, by przestała.

Co pewien czas zmieniała wystrój w salonie – przykrywała sofę nową kapą, odkurzała ramki ze zdjęciami i dyplomami wiszące na ścianach. Gdy robiło się ciepło, rozpoczynała rytualne wiosenne porządki na wszystkich frontach: czyściła meble, prała zasłony, demontowała okiennice burzowe, by wymyć szyby i parapety, po czym w ich miejsce wkładała moskitiery, dzięki czemu do naszego małego, dusznego mieszkania wpadało wiosenne powietrze. Później szła na dół do mieszkania Robbie i Terry'ego i tam także sprzątała. Pomagała im zwłaszcza od czasu, gdy się zestarzeli i nie byli już tak sprawni jak dawniej. Do dziś, ilekroć poczuję zapach środka Pine-Sol, natychmiast ogarnia mnie optymizm.

Przed świętami Bożego Narodzenia mama stawała się szczególnie kreatywna. Pewnego roku obudowała nasz kanciasty metalowy grzejnik tekturą z nadrukiem cegieł, łącząc zszywkami jej kawałki w taki sposób, że powstał udawany kominek wraz z biegnącym do sufitu przewodem kominowym, paleniskiem i półką na bibeloty. Następnie poprosiła tatę – nadwornego artystę w rodzinie – by pomalował na pomarańczowo paski cienkiego papieru ryżowego, które po podświetleniu żarówką wyglądały prawie jak płomienie. W sylwestra dla podtrzymania tradycji kupowała wyjątkowy koszyk z przysmakami pełen kawałków żółtych serów, wędzonych ostryg w puszce i różnych odmian salami. Zapraszała Francescę, siostrę taty, by przyszła pograć z nami w gry planszowe. Na kolację zamawialiśmy pizzę, a później przez resztę wieczoru elegancko raczyliśmy się przekąskami: mama puszczała w obieg talerz parówek w cieście, smażonych krewetek i krakersów Ritz zapiekanych w masie serowej. O północy każde z nas dostawało mały kieliszek szampana.

Moja matka miała zdolności rodzicielskie, które z perspektywy czasu uważam za genialne i wprost niemożliwe do naśladowania. Opierały się na zachowywaniu absolutnej, zenistycznej neutralności. Matki niektórych moich przyjaciółek przejmowały się ich porażkami i sukcesami, jakby przytrafiały się im samym, a z kolei innych były tak zaabsorbowane własnym życiem, że prawie w ogóle nie zwracały uwagi na dzieci. Moja mama była po prostu zrównoważona. Nie wydawała pochopnych sądów i nie angażowała się w nasze sprawy zbyt pospiesznie. Zamiast tego sprawdzała, jak się czujemy, i odgrywała rolę dobrotliwego świadka naszych zmagań i triumfów. Gdy działo się źle, nie użalała się zbytnio nad nami. Kiedy dokonaliśmy czegoś wielkiego, chwaliła nas i dzieliła naszą radość, ale nigdy przesadnie, aby walka o jej aprobatę nie stała się celem naszych wysiłków.

Rady, których nam udzielała, były konkretne i praktyczne. „Nie musisz lubić swojej nauczycielki – powiedziała mi pewnego dnia, gdy po powrocie do domu zaczęłam narzekać – ale ona zna się na matematyce, a ty musisz się jej nauczyć. Skup się na tym i nie przejmuj niczym więcej".

Bardzo kochała Craiga i mnie, ale nie wychowywała nas pod kloszem. Mieliśmy się usamodzielnić. „Nie wychowuję małych dzieci – powtarzała nam. – Wychowuję dorosłych". Wraz z ojcem raczej dawała nam wskazówki, niż narzucała reguły. Jako nastolatki nigdy nie musieliśmy wracać do domu na określoną godzinę. Pytała nas: „Jak sądzisz, o której powinnaś dzisiaj wrócić?", po czym ufała, że dotrzymamy słowa.

Craig opowiada czasem historię o tym, jak w ósmej klasie pewna dziewczyna, która mu się podobała, zaprosiła go do domu, w zawoalowany sposób dając do zrozumienia, że nie będzie jej rodziców.

Mój brat przeżywał rozterki, czy powinien iść, czy nie – kusiła go ta okazja, lecz wiedział, że postąpiłby wówczas podstępnie i niehonorowo, a rodzice nigdy by tego nie pochwalili. Na początku wyznał więc mamie część prawdy, twierdząc, że co prawda idzie na spotkanie z dziewczyną, ale umówili się w parku. Jednak poczucie winy na samą myśl o kłamstwie drążyło go tak bardzo, że w końcu wyznał matce plan schadzki w pustym domu. Spodziewał się – a może wręcz miał nadzieję – że się rozgniewa i zabroni mu iść.

Ale ona tego nie zrobiła. Nie mogłaby. To nie było w jej stylu.

Wysłuchała go, ale nie podjęła za niego decyzji. Zamiast tego z beztroskim wzruszeniem ramion skazała go na dalsze cierpienia. „Zrób tak, jak uważasz, że będzie najlepiej", powiedziała, po czym wróciła do mycia naczyń albo składania ubrań.

W ten sposób mama uczyła nas samodzielności. W głębi ducha na pewno wiedziała, że Craig podejmie słuszną decyzję. Dziś rozumiem, że we wszystkich swoich decyzjach kierowała się przekonaniem, iż jej celem jest uczynić z nas dorosłych ludzi. Decyzje podejmowaliśmy na własną rękę. Sami musieliśmy kierować własnym życiem – nie mogła tego robić za nas.

GDY SKOŃCZYŁAM CZTERNAŚCIE LAT, zaczęłam się uważać za w połowie dorosłą – może nawet w dwóch trzecich. Dostałam pierwszy okres, co natychmiast z ekscytacją ogłosiłam wszystkim domownikom, bo tak to już było w naszej rodzinie. Dziecięcy stanik zastąpiłam nowym, troszkę bardziej kobiecym, co także mnie ekscytowało. Zamiast wracać do domu na lunch, jadałam z kolegami i koleżankami w sali pana Bennetta. Zamiast przychodzić w sobotę do domu

Southside'a, by słuchać płyt jazzowych i bawić się z Reksem, mijałam go na rowerze i jechałam do bungalowu przy Oglesby Avenue, gdzie mieszkały siostry Gore.

Były to moje najlepsze przyjaciółki, a przy tym też trochę idolki. Diane chodziła ze mną do klasy, Pam była rok młodsza. Obie były piękne – Diane miała jasną skórę, Pam ciemniejszą – i pełne naturalnej, niewymuszonej gracji. Nawet ich młodsza o kilka lat siostra Gina emanowała dojrzałą kobiecością właściwą dziewczętom z jej rodziny. W ich domu żyło niewielu mężczyzn. Ojciec z nimi nie mieszkał i rzadko o nim wspominano. Starszy brat dziewczyn raczej nie wchodził nam w drogę. Pani Gore, wesoła, atrakcyjna kobieta, pracowała na pełny etat. Miała toaletkę pełną flakoników perfum, puderniczek i rozmaitych słoiczków, które mnie, wychowanej przez skromną, praktyczną matkę, wydawały się egzotyczne niczym klejnoty. Uwielbiałam spędzać u nich czas. Bez końca rozmawiałyśmy z Pam i Diane o chłopakach, którzy nam się podobali. Nakładałyśmy błyszczyk i przymierzałyśmy nawzajem swoje ubrania, odkrywając na przykład, że niektóre spodnie lepiej podkreślają nasze krągłości. W tamtych dniach wiele czasu spędzałam, bujając w obłokach – siedziałam samotnie w pokoju, słuchałam muzyki i wyobrażałam sobie, jak tańczę powoli z jakimś miłym chłopcem, albo wyglądałam przez okno, licząc, że zakocham się w kimś, kto będzie przejeżdżał rowerem przez moją dzielnicę. Wielkim szczęściem było więc dla mnie poznanie dwóch sióstr, z którymi mogłam przebrnąć przez tamte lata.

Do domu Gore'ów nie wpuszczano chłopaków, ale kręcili się wokół niego jak muchy. Jeździli w tę i we w tę po chodniku. Siadali na schodach domu z nadzieją, że Diane albo Pam wyjdzie i z nimi poflirtuje. Zabawnie było patrzeć, jak wyczekują, choć nie byłam pewna, czemu właściwie to robili. Gdzie się obejrzałam, wszyscy się zmieniali. Chłopcy ze szkoły nagle wyrośli, zrobili się niezdarni i niespokojni, zaczęli mówić niższym głosem. Tymczasem niektóre z moich koleżanek sprawiały wrażenie, jakby miały już osiemnaście lat – chodziły w króciutkich szortach i odkrywających plecy topach, emanując pewnością siebie i nonszalancją, jakby poznały jakiś sekret i żyły na innej płaszczyźnie egzystencji, podczas gdy cała nasza reszta trwała w niepewności i osłupieniu i chwiejąc się na źrebięcych nóżkach, czekała na powołanie do świata dorosłych, wciąż dla nas niedostępnego, czego żadna ilość błyszczyka nie mogła na razie zmienić.

Jak wiele dziewcząt odkryłam ograniczenia narzucane mi przez własną cielesność na długo przedtem, nim zaczęłam wyglądać jak kobieta. Poruszałam się już po dzielnicy na własną rękę i byłam mniej zależna od rodziców. Dojeżdżałam miejskim autobusem na wieczorne zajęcia w Mayfair Academy przy 79 ulicy, gdzie trenowałam taniec jazzowy i akrobatykę. Czasem wychodziłam, by pozałatwiać różne sprawy na prośbę mamy. Z nowo odkrytą swobodą wiązały się jednak nowe zagrożenia. Nauczyłam się patrzeć wprost przed siebie, gdy mijałam grupę mężczyzn na rogu, i nie reagować, gdy gapili się na moje piersi i nogi. Wiedziałam, że muszę ignorować zaczepne pogwizdywania pod moim adresem. Nauczyłam się, które kwartały naszej dzielnicy są bardziej niebezpieczne od innych. I rozumiałam, że nigdy nie powinnam chodzić nocą sama.

Moi rodzice, zważywszy na to, że mieszkali teraz z dwojgiem dorastających nastolatków, zdecydowali się na spore zmiany w naszym domu. Odnowili tylną werandę obok kuchni i przerobili ją na pokój dla Craiga, który chodził już do drugiej klasy liceum. Rozmontowali cienką ściankę działową, którą wiele lat wcześniej postawił Southside, po czym przeniosłam się do pokoju rodziców, a oni do dawnego pokoju dziecięcego, dzięki czemu po raz pierwszy ja i mój brat mieliśmy przestrzeń tylko dla siebie. Moja nowa sypialnia była bajeczna – miałam tam błękitno-białe poszewki na poduszki i narzutę na łóżko, nowy granatowy dywan i białe łoże jak dla księżniczki z dopasowaną do niego toaletką i lampką. Była to niemal identyczna kopia wnętrza z całostronicowego zdjęcia w katalogu Searsa, którego wyposażenie bardzo mi się spodobało. Craigowi i mnie podłączono poza tym własną końcówkę linii telefonicznej. Ja dostałam telefon jasnoniebieski i dopasowany do nowej stylistyki, natomiast Craig, jak na mężczyznę przystało, czarny. Odtąd osobiste rozmowy mogliśmy prowadzić prawie prywatnie.

I właśnie przez telefon umówiłam się na pierwszy prawdziwy pocałunek. Chłopak miał na imię Ronnell. Nie chodził do mojej szkoły ani nawet nie mieszkał w pobliżu, ale śpiewał w Chicagowskim Chórze Dziecięcym z moją koleżanką z klasy Chiaką. Za jej pośrednictwem uznaliśmy, że się lubimy. Nasze rozmowy telefoniczne były trochę niezręczne, ale nie przejmowałam się tym. Podobało mi się, że się komuś podobam. Ilekroć zadzwonił telefon, przebiegał mnie prąd nadziei. Może dzwoni Ronnell? Nie przypomnę już sobie, które z nas zaproponowało, żebyśmy pewnego popołudnia spotkali się przed moim domem i zobaczyli, jak to jest z tym całowaniem, pamiętam jednak, że nie owijaliśmy niczego w bawełnę. Nie zamierzaliśmy „randkować" czy „chodzić ze sobą". Umawialiśmy się na całowanie. I oboje nie mogliśmy się doczekać.

W ten sposób na kamiennej ławce przy bocznych drzwiach domu wśród kwietnych klombów babci ciotecznej doskonale widocznych z południowych okien zatraciłam się w wilgotnym pocałunku z Ronnellem. Nie zatrzęsła się ziemia i nie było w tym nic szczególnie natchnionego, ale sprawiało mi frajdę. Zaczynałam sobie uświadamiać, że przebywanie w towarzystwie chłopaków może być miłe. Przesiadywanie na trybunach sal gimnastycznych, by oglądać grającego Craiga, w coraz mniejszym stopniu odczuwałam jako siostrzany obowiązek. Bo czym innym była koszykówka, jeśli nie przeglądem fajnych chłopaków? Zakładałam najbardziej obcisłe dżinsy i kilka dodatkowych bransoletek, a czasem też zabierałam jedną z sióstr Gore, żeby poprawić swoją widoczność na trybunach, po czym z radością podziwiałam każdą minutę spektaklu – pot, skoki, szarże, celne rzuty i okrzyki, tętniąca męskość i wszystkie jej sekrety na pełnym widoku. Kiedy pewnego wieczora chłopak z licealnej drużyny, schodząc z boiska, uśmiechnął się do mnie, natychmiast odwzajemniłam uśmiech. Miałam wrażenie, że stoję u progu przyszłości.

Moje przywiązanie do rodziców stopniowo słabło – coraz rzadziej opowiadałam im wszystko, co tylko przyszło mi do głowy. Siedziałam w milczeniu na tylnej kanapie buicka, kiedy wracaliśmy z meczów koszykówki, pełna uczuć zbyt głębokich i poplątanych, bym mogła się nimi dzielić. Pogrążałam się w samotnych emocjach okresu dojrzewania, przekonana, że otaczający mnie dorośli nigdy niczego podobnego nie przeżywali.

Czasem w nocy po umyciu zębów wychodziłam z łazienki, a dom spowijała ciemność – światła w salonie i kuchni już powyłączano, wszyscy wycofali się do swoich pokojów. Spod drzwi pokoju Craiga dobiegał blask i wiedziałam, że odrabia lekcje. Dostrzegałam migotanie telewizji w pokoju rodziców i słyszałam, jak cicho rozmawiają i z czegoś się śmieją. Podobnie jak nigdy nie zastanawiałam się nad tym, jak to jest być matką i gospodynią domową na pełny etat, tak też nie myślałam o istocie małżeństwa. Związek moich rodziców wydawał mi się oczywisty. Był fundamentem, na którym opierało się życie całej naszej czwórki.

Znacznie później mama powiedziała mi, że co roku z nadejściem wiosny, gdy chicagowskie powietrze się ocieplało, zastanawiała się nad opuszczeniem mojego ojca. Nie wiem, czy były to poważne zamiary. Nie wiem, czy myślała o tym przez godzinę, przez cały dzień czy większą część wiosny, ale było to dla niej żywe wyobrażenie, krzepiąca, może wręcz energetyzująca wizja, której rozsnuwanie przypominało rytuał.

Dziś rozumiem, że nawet szczęśliwe małżeństwo może bywać utrapieniem i że stanowi kontrakt, który należy raz po raz odnawiać – nawet w milczeniu, nawet w samotności. Przypuszczam, że mama nie rozmawiała otwarcie z ojcem o swoich wątpliwościach i żalach i raczej nie opowiadała mu o alternatywnym życiu, które wyobrażała sobie w takich momentach. Czy widziała się na jakiejś tropikalnej wyspie? Z innym mężczyzną, w innym domu? A może w narożnym biurze zamiast przy dzieciach? Nie wiem tego i choć pewnie mogłabym ją spytać – ma dziś ponad osiemdziesiąt lat – nie ma to już chyba znaczenia.

Jeśli nigdy nie spędziliście zimy w Chicago, pozwólcie, że ją opiszę: na sto dni nad miastem zamyka się pokrywa ołowianego nieba. Znad jeziora wieje zimny, zjadliwy wiatr. Śnieg pada na tysiąc różnych sposobów – zwala się ciężko z nocnego nieba albo zacina skośnie za dnia, przybiera postać przygnębiającej słoty albo wirów bajkowego pyłu. Najczęściej towarzyszy mu lód, i to w dużych ilościach – jego skorupa pokrywa chodniki i okna samochodów, które trzeba skrobać. Odgłos tego skrobania – *hrak, hrak, hrak* – rozlega się rankiem, gdy ludzie odśnieżają auta przed wyruszeniem do pracy. Wtulających twarz w szalik dla ochrony przed wiatrem sąsiadów nie da się rozpoznać pod wieloma warstwami ciepłej odzieży. Miejskie pługi przewalają się ciężko ulicami, zbijając śnieg w brudne zaspy, aż nie pozostaje ani odrobina nieskazitelnej bieli.

W końcu jednak nadchodzi zmiana. Zaczyna się powolny odwrót zimy. Bywa subtelny, zwiastuje go powiew wilgotnego powierza lub prześwitujące zza chmur niebo. Najpierw czujesz go w sercu – nachodzi cię wrażenie, że zima chyba się kończy. Początkowo nie bardzo w to wierzysz, ale stopniowo nabierasz pewności. Bo słońce świeci już na dobre, na drzewach pojawiają się pierwsze małe pączki, a sąsiedzi zdejmują grube kurtki. Może nawet twoje myśli owiewa podmuch świeżego wiatru i postanawiasz zdemontować okiennice burzowe, popsikać szyby sprejem do mycia, przetrzeć parapety. I pozwalasz sobie na rozmyślanie o szansach utraconych przez małżeństwo z tym człowiekiem, przez życie w tym domu, z tymi dziećmi.

Może przez cały dzień zastanawiasz się nad nowym życiem, ale w końcu z powrotem montujesz okiennice i wylewasz pachnącą chlorem wodę z wiadra do zlewu. I może teraz powraca pewność, bo znów nadeszła wiosna, a ty podjęłaś decyzję i znów postanowiłaś zostać.

5.

Moja matka wróciła jednak do pracy – stało się to w czasie, kiedy ja zaczęłam liceum. Wystrzeliła z domu i naszej dzielnicy wprost w gęste, pełne wieżowców serce Chicago, gdzie objęła funkcję asystentki dyrektora zarządzającego w banku. Kupiła eleganckie ubranie i każdego ranka łapała autobus na północ przy Jeffery Boulevard lub wsiadała do buicka mojego taty, jeśli przypadkiem zaczynali o tej samej godzinie. Praca była dla niej przyjemną odmianą życiową, a dla naszej rodziny także w jakimś stopniu finansową koniecznością. Rodzice opłacali czesne Craiga w szkole katolickiej. Zaczynał myśleć o koledżu, a ja planowałam zacząć studia niedługo po nim.

Mój brat zamienił się już w męskiego olbrzyma, sportowca o nogach jak niesamowite sprężyny. Miał opinię jednego z najlepszych koszykarzy w mieście. W domu bardzo dużo jadł. Osuszał kilkulitrowe butle mleka, pochłaniał za jednym razem ogromne pizze i po kolacji, ale przed snem, często wrzucał jeszcze coś na ząb. Nadal potrafił przełączać się między stanami pełnego luzu i głębokiego skupienia. Miał spore grono przyjaciół i dostawał dobre stopnie, a przy tym zwracał uwagę jako sportowiec. Zjeździł Środkowy Zachód z drużyną letniej ligi rekreacyjnej, w której występowała wschodząca gwiazda koszykówki Isiah Thomas, późniejszy zawodnik NBA zapisany w Galerii Sławy. Jeszcze zanim Craig poszedł do liceum, kontaktowało się z nim kilku trenerów z najlepszych publicznych szkół w Chicago, którzy chcieli widzieć go w swoich drużynach. Ich mecze przyciągały spore, hałaśliwe tłumy, lecz także łowców talentów z koledżów. Moi rodzice byli jednak przekonani, że Craig nie powinien poświęcać rozwoju intelektualnego na rzecz krótkotrwałej sławy licealnego gwiazdora.

Szkoła Mount Carmel, zaangażowana w rozgrywki mocnej katolickiej ligi koszykówki i prowadząca rygorystyczny program nauczania, wydawała się najlepszą opcją, wartą tysiąca dolarów, który wykładali moi rodzice. Nauczycielami Craiga byli księża w brązowych sutannach i należało się do nich zwracać per „ojcze". Około 80 procent uczniów w jego klasie było białych i wielu pochodziło z irlandzkich rodzin katolickich mieszkających w peryferyjnych dzielnicach białej klasy pracującej. Kiedy kończył pierwszą klasę, starały się już o niego pierwszoligowe drużyny z koledżów, z których niejeden zapewne pozwoliłby mu studiować za darmo. Rodzice byli jednak przekonani, że nie ma sensu się spieszyć i należy wybrać najlepszą możliwą uczelnię. Zamierzali wziąć na siebie wszelkie koszty.

Na szczęście moje liceum kosztowało nas tyle co cena biletów autobusowych. Udało mi się dostać do jednej z pierwszych szkół integracyjnych[2] w Chicago – Whitney M. Young High School – zbudowanej w zaniedbanej wówczas okolicy na zachód od Loop. Po zaledwie kilku latach istnienia liceum to miało zadatki na jedną z najlepszych szkół publicznych w mieście. Jego patron, Whitney Young, był aktywistą walczącym o prawa obywatelskie. Powstało w 1975 roku jako pozytywna alternatywa wobec przymusowej rejonizacji[3] i leżało na granicy między pół-

---

[2] Szkoły integracyjne (*magnet schools*) powstały w latach siedemdziesiątych jako jedna z form przeciwdziałania segregacji rasowej. Opierają się na ideach edukacji otwartej, zindywidualizowanej i zorientowanej na dobrostan dzieci. Wiele z nich prowadzi rozszerzony program w jednej wyspecjalizowanej dziedzinie.

[3] W połowie lat pięćdziesiątych w ramach walki z segregacją rasową w Stanach wiele okręgów szkolnych wdrożyło program rejonizacji polegający na przypisywaniu poszczególnych dzieci do określonych, czasem odległych od miejsca zamieszkania szkół publicznych w celu ich rasowej dywersyfikacji. Były do nich przewożone autobusami szkolnymi (stąd określenie *forced busing* – przymusowe przewożenie).

nocnymi i południowymi dzielnicami miasta. Ta równościowa utopia z postępową kadrą nauczycielską i nowym wyposażeniem miała przyciągać utalentowanych uczniów o różnych kolorach skóry. Chicagowskie kuratorium oświaty określiło parytety rasowe, tak by 40 procent uczniów było czarnych, 40 procent – białych, a 20 procent – latynoskich i innych. W rzeczywistości jednak liczby te wyglądały inaczej. Gdy przyszłam do tego liceum, około 80 procent uczniów miało inny kolor skóry niż biały.

Już sama podróż do szkoły pierwszego dnia dziewiątej klasy była dla mnie jak autobusowa odyseja w nieznane – dziewięćdziesiąt minut nerwowej jazdy dwoma liniami z przesiadką w centrum. Wygrzebałam się tego ranka z łóżka o piątej i włożyłam nowe ubranie oraz ładne kolczyki, choć nie byłam pewna, jak zostaną odebrane u celu mojej wyprawy. Pożegnałam się z rodzicami, nie wiedząc, czy pod koniec dnia będę jeszcze sobą. Liceum miało wszakże moc przeobrażania ludzi. A Whitney Young było dla mnie ziemią nieznaną.

Zabudowania szkolne wydały mi się niezwykłe i nowoczesne – nigdy niczego podobnego nie widziałam. Były to trzy klockowate gmachy, z których dwa łączyła efektowna przeszklona przewiązka nad Jackson Boulevard. Klasy starannie zaprojektowano na planie otwartym. Jeden budynek przeznaczono w całości na zajęcia artystyczne – były tam specjalne sale do próby chóru i zespołów muzycznych, zajęcia fotograficzne i garncarskie. Cały kompleks przypominał świątynię edukacji. Uczniowie napływali przez główne wejście, zapaleni do nauki już od pierwszego dnia.

W Whitney Young uczyło się około tysiąca dziewięciuset dzieci. W moich oczach wszyscy wyglądali na starszych i bardziej pewnych siebie, niż ja kiedykolwiek będę, wydawali się doskonale władać każdą najmniejszą szarą komórką własnego mózgu i byli podbudowani każdą prawidłowo zaznaczoną odpowiedzią w zestandaryzowanym teście wielokrotnego wyboru, który rozwiązywali wszyscy uczniowie w Chicago. Rozglądając się wokół, czułam się malutka. W Bryn Mawr należałam do najstarszych dzieci, a teraz w liceum – do najmłodszych. Gdy wysiadałam z autobusu, spostrzegłam, że wiele dziewcząt poza plecakami nosi prawdziwe damskie torebki.

Gdybym miała stworzyć listę wszystkich swoich wątpliwości związanych z nauką w liceum, na pierwszym miejscu znalazłaby się ta: czy jestem wystarczająco dobra? To pytanie dręczyło mnie przez pierwszy miesiąc, choć stopniowo zaczynałam się przyzwyczajać do planu zajęć, wstawania przed świtem i nawigowania wśród budynków w poszukiwaniu właściwej sali. Whitney Young dzieliło się na pięć „domów", z których każdy stanowił bazę dla swoich członków i zapewniał im własny kąt w ogromnej szkole. Ja trafiłam do Złotego Domu prowadzonego przez asystenta dyrektora, pana Smitha. Traf chciał, że mieszkał on kilka ulic od nas. Od wielu lat wykonywałam dla niego i jego rodziny różne drobne prace, od opieki nad dziećmi, przez udzielanie im lekcji pianina, po podejmowanie prób wyszkolenia ich nietresowalnego szczeniaka. Spotkanie pana Smitha w szkole trochę mnie pokrzepiło – był jak pomost między Whitney Young a moją dzielnicą – ale nie zmniejszyło wątpliwości.

Z naszej okolicy tylko kilkoro dzieci dostało się do tego liceum. Należały do nich między innymi moja sąsiadka i przyjaciółka Terri Johnson, Chiaka, z którą chodziłam do klasy i po koleżeńsku współzawodniczyłam już w zerówce, a także jeden czy dwóch chłopaków. Część z nas dojeżdżała rankiem do szkoły – najczęściej samodzielnie – autobusem miejskim i w podobny sposób wracała po południu do domu. Po raz pierwszy poruszałam się po mieście bez dyskretnej ochrony starszego brata. Craig z uśmiechem i pewnym krokiem przecierał dotąd przede mną wszystkie ścieżki. W Bryn Mawr zmiękczał nauczycieli swoją dobrotliwością, a na podwórku był szanowany i lubiany. Roztaczał świetlistą aurę, w którą wystarczyło mi tylko wejść. Zawsze i wszędzie byłam młodszą siostrą Craiga Robinsona.

Teraz jednak zostałam po prostu Michelle Robinson – bez Craiga. W Whitney Young musiałam zaczynać od zera. Początkowo przyjęłam strategię milczącego obserwowania nowych koleżanek i kolegów z klasy. Chciałam lepiej poznać te dzieciaki. Na razie wiedziałam o nich tylko jedno: były inteligentne. Ewidentnie bystre. Uzdolnione w różnych dziedzinach. Najinteligentniejsze w mieście. Ale czy i ja nie byłam inteligentna? Przecież chyba my wszystkie – ja, Terri i Chiaka – trafiłyśmy do tego liceum, bo byłyśmy równie inteligentne jak oni?

Nie znałam odpowiedzi na to pytanie. Wcale nie byłam pewna, czy im dorównujemy.

Wiedziałam, że jesteśmy najlepszymi uczniami z przeciętnej, w większości czarnej szkoły położonej w przeciętnej, w większości czarnej dzielnicy. A jeśli nie byliśmy dość dobrzy? Jeżeli mimo wszystkich wysiłków okaże się, że jesteśmy zaledwie najlepsi z najgorszych?

Takie wątpliwości dręczyły mnie podczas zajęć organizacyjnych, pierwszych lekcji biologii i angielskiego czy niezręcznych zapoznawczych rozmów z nowymi koleżankami i kolegami w stołówce. *Nie dość dobra. Nie dość dobra.* Kompleksy związane z pochodzeniem rzutowały na moją samoocenę. To było jak złośliwa komórka, która będzie się dzielić i dzielić bez końca, jeśli jej jakoś nie powstrzymam.

OKAZAŁO SIĘ, ŻE CHICAGO JEST MIASTEM DUŻO WIĘKSZYM, niż przypuszczałam. Dowiedziałam się tego podczas przejazdów, które zajmowały mi trzy godziny dziennie. Wsiadałam na 75 ulicy, po czym autobus ruszał trasą przystanków w labirynt małych uliczek i czasem był tak zatłoczony, że musiałam stać.

Za oknem powoli przesuwał się krajobraz South Side i miałam wrażenie, że oglądam tę część miasta prawie w całości. Sklepiki na rogu i grill-bary wciąż były zamknięte w szarym świetle wczesnego ranka. Jechaliśmy na północ ku Jeffery, później na zachód 76 ulicą i znów na północ. Autobus poruszał się zygzakowatym szlakiem, stając na przystankach, by zabrać nowych pasażerów. Mijaliśmy dzielnice Jackson Park Highlands oraz Hyde Park, gdzie za potężną bramą z kutego żelaza rozpościerał się kampus University of Chicago. Po całych wiekach takiej jazdy w końcu wyjeżdżaliśmy na szosę Lake Shore i zwiększywszy prędkość, podążaliśmy wzdłuż łuku wybrzeża jeziora Michigan na północ ku centrum.

Jedno wiem na pewno – podróży autobusem nie da się nijak przyspieszyć. Wsiadasz, a potem musisz ją jakoś przetrwać. Każdego ranka przesiadałam się w centrum przy Michigan Avenue w maksymalnym natężeniu godziny szczytu i łapałam autobus jadący Van Buren Street na zachód, gdzie przynajmniej miałam ciekawszy widok, ponieważ mijaliśmy gmachy banków o wysokich złoconych drzwiach i szykownych hoteli, przed którymi stali portierzy. Obserwowałam przez okno mężczyzn i kobiety w eleganckich ubraniach – garnitury, garsonki, spódniczki, stukające szpilki – którzy z kawą w ręku spieszyli do pracy w aurze wyniosłości. Wtedy jeszcze nie wiedziałam, że takich ludzi nazywa się wykwalifikowanymi specjalistami. Nie zastanawiałam się, jaki dyplom ta czy tamta osoba musiała uzyskać, żeby dostać posadę w jednym z korporacyjnych zamków przy Van Buren, podobała mi się jednak determinacja wypisana na ich twarzach.

W szkole w milczeniu gromadziłam strzępki informacji, starając się określić własną pozycję w świecie nastoletniej inteligencji. Dotąd moje kontakty z dzieciakami z innych dzielnic ograniczały się do odwiedzin u kuzynostwa oraz wyjazdów na miejskie obozy letnie na plaży Rainbow, gdzie każdy pochodził z niezbyt zamożnej rodziny mieszkającej w jednej z części South Side. W Whitney Young poznałam młodzież z North Side – północnej części Chicago jawiącej mi się niczym ciemna strona Księżyca, o której nigdy nie myślałam i do której nie miałam powodu się zapuszczać. Szczególnie zaintrygowało mnie istnienie afroamerykańskiej elity. Większość moich nowych przyjaciół z liceum była czarna, ale jak się okazało, nie oznaczało to wcale, że łączy nas wspólnota doświadczeń. Rodzice wielu z nich byli prawnikami czy lekarzami i znali się dzięki członkostwu w klubie afroamerykańskiej elity Jack and Jill. Ich dzieci wyjeżdżały na wakacje i wycieczki, na które trzeba było zabrać paszport. Rozmawiały o rzeczach zupełnie mi obcych, takich jak letnie praktyki i tradycyjnie czarne koledże. Rodzice jednego z moich czarnych znajomych z klasy, który pilnie się uczył i zawsze był dla wszystkich miły, założyli wielką firmę dystrybuującą produkty kosmetyczne, a ich rodzina mieszkała w jednym z najszykowniejszych wieżowców w centrum.

Tak wyglądał mój nowy świat. Nie znaczy to, że w szkole wszyscy byli bogaci czy szczególnie wyrafinowani. Wiele dzieci przyjeżdżało z dzielnic podobnych do mojej i miało znacznie większe problemy niż te, z którymi ja się borykałam. Lecz pierwsze miesiące w Whitney Young pozwoliły mi dostrzec coś, co wcześniej było dla mnie niewidzialne: machinę uprzywilejowania i koneksji, sieć na wpół ukrytych drabin i pomostów, które wisiały nad naszymi głowami i mogły zaprowadzić nas – lecz tylko wybranych – na sam szczyt.

NA PIERWSZYM ŚWIADECTWIE MIAŁAM całkiem niezłe oceny, podobnie jak na drugim. W pierwszej i drugiej klasie zaczęłam zdobywać podobną pewność siebie, jaką miałam w Bryn Mawr. Z każdym drobnym dokonaniem i każdą porażką, której udało mi się uniknąć, pozbywałam się odrobiny dręczących mnie wątpliwości. Lubiłam większość nauczycieli. Nie obawiałam się zgłaszać do odpowiedzi. W Whitney Young bystrość umysłu nie była czymś, czego należało się wstydzić. Zakładano, że wszyscy uczniowie planują naukę w koledżu, więc nie trzeba było ukrywać inteligencji z obawy, że ktoś oskarży cię o akcent białej dziewczyny.

Uwielbiałam wszystkie przedmioty, które wymagały pisania, natomiast cierpiałam na matematyce. Jakoś radziłam sobie z francuskim. Niektórzy koledzy i koleżanki zawsze wyprzedzali mnie o krok lub dwa i zdawało się, że wszelkie sukcesy osiągają bez wysiłku, ale postanowiłam się tym nie przejmować. Zauważyłam, że ucząc się kilka godzin dłużej, często mogę im dorównać. Nie dostawałam samych piątek, ale zawsze się starałam i w niektóre semestry przynosiłam prawie idealne świadectwo.

Craig zaczął tymczasem studia na Princeton University i opuścił pokój na przerobionej werandzie przy Euclid Avenue, pozostawiając prawie dwumetrową, dziewięćdziesięciokilogramową wyrwę w naszym życiu. W lodówce było teraz znacznie mniej mięsa i mleka, a linii telefonicznej nie zajmowały już dziewczyny, które dzwoniły, żeby z nim pogadać. Dobre uczelnie starały się go zwerbować, obiecując stypendia i życie gwiazdora koszykówki, ale za namową rodziców wybrał Princeton, który co prawda więcej kosztował, lecz ich zdaniem dawał lepsze szanse. Mój ojciec pękał z dumy, gdy na drugim roku Craig wywalczył miejsce w podstawowym składzie tamtejszej drużyny koszykówki. Choć tata chodził z trudem i wspierał się na dwóch kulach, wciąż lubił jeździć samochodem. Sprzedał starego buicka i kupił nowego – także model 225, tym razem w kolorze głębokiego metalicznego bordo. Bywało, że kiedy miał wolne od pracy w wodociągach, jechał nawet dwanaście godzin przez Indianę, Ohio, Pensylwanię i New Jersey, by obejrzeć któryś z meczów Craiga.

Z powodu długich dojazdów do szkoły rzadziej widywałam rodziców i gdy teraz patrzę wstecz, sądzę, że pewnie był to dla nich samotny okres. Musieli z pewnością się przyzwyczaić do nowej sytuacji. Dłużej przebywałam poza domem niż w domu. Ponieważ dziewięćdziesięciominutowe stanie w autobusie było męczące, Terri Johnson i ja wymyśliłyśmy, że będziemy wychodzić kwadrans wcześniej na autobus jadący w przeciwnym kierunku. Jechałyśmy kilka przystanków na południe do mniej zaludnionego osiedla, przechodziłyśmy na drugą stronę, po czym wsiadałyśmy do autobusu zdążającego na północ, który w tym miejscu był znacznie mniej zatłoczony niż po dotarciu do przystanku przy 75 ulicy, gdzie dawniej rozpoczynałyśmy podróż. Zadowolone z własnej pomysłowości szybko zajmowałyśmy wolne miejsca i przez całą drogę rozmawiałyśmy albo się uczyłyśmy.

Docierałam zmęczona do domu o osiemnastej czy nawet dziewiętnastej, po czym jadłam szybką kolację, podczas której rozmawiałam z rodzicami o wydarzeniach dnia. Lecz gdy tylko pozmywaliśmy naczynia, szłam odrabiać zadania domowe. Często zabierałam swoje podręczniki do zakątka z encyklopedią przy schodach prowadzących do mieszkania Robbie i Terry'ego, gdzie miałam ciszę i spokój.

Moi rodzice nigdy ani słowem nie wspomnieli o obciążeniach finansowych związanych z opłacaniem czesnego, ale wiedziałam, że nie jest im łatwo. Kiedy nauczycielka francuskiego zapowiedziała, że podczas przerwy semestralnej organizuje wycieczkę do Paryża dla uczniów, którzy mogą sobie na to pozwolić, nawet nie wspominałam o tym w domu. Tym między innymi różniłam się od dzieci z klubu Jack and Jill, z których wiele było teraz moimi przyjaciółmi. Miałam kochającą, dobrą rodzinę, pieniądze na autobus wożący mnie na drugi koniec miasta i ciepły posiłek po powrocie. Nie zamierzałam prosić rodziców o nic więcej.

Jednak pewnego wieczora rodzice poprosili, żebym przyszła i z nimi porozmawiała. Wyglądali na zdziwionych. Moja mama dowiedziała się o wycieczce do Francji od mamy Terri Johnson.

– Dlaczego nam o tym nie powiedziałaś? – spytała.

– Bo to za drogo.

– Ale to my o tym decydujemy, Michie – powiedział mój tata łagodnym, niemal urażonym tonem. – A jak możemy zadecydować, jeśli nawet o niczym nie wiemy?

Popatrzyłam na nich, nie wiedząc, co powiedzieć. Mama spojrzała na mnie łagodnie. Ojciec przebrał się już z roboczego kombinezonu w białą koszulę. Wówczas mieli po czterdzieści parę lat, a małżeństwem byli od dwudziestu. Żadne z nich nigdy nie spędziło wakacji w Europie. Nie jeździli na plażę, nie chodzili do restauracji. Nie mieli domu na własność. Ja i Craig byliśmy ich największą inwestycją. Wszystko szło w nas.

Kilka miesięcy później wsiadłam do samolotu z nauczycielką i kilkanaściorgiem innych uczniów z Whitney Young. Zamieszkaliśmy w hostelu, zwiedziliśmy Luwr i wieżę Eiffla. Kupowaliśmy *crêpes au fromage* od ulicznych sprzedawców i spacerowaliśmy brzegiem Sekwany.

Nasz francuski był na takim poziomie, jakiego można się spodziewać po grupce licealistów z Chicago, ale przynajmniej próbowaliśmy się nim posługiwać. Gdy tamtego dnia samolot ruszył na pas startowy, popatrzyłam przez okno na zabudowania lotniska, wiedząc, że moja matka stoi za którąś z czarnych szyb w zimowej kurtce i macha mi na pożegnanie. Pamiętam moment, gdy z szokująco głośnym dźwiękiem ruszyły silniki. Zaraz potem potoczyliśmy się po pasie, a kiedy kabina przechyliła się skośnie w górę, siła przyspieszenia naparła mi na pierś, wciskając mnie w fotel w tej dziwnej chwili tuż przed wzniesieniem się w przestworza.

ZWYCZAJEM LICEALISTÓW NA CAŁYM ŚWIECIE lubiliśmy się wałęsać po okolicy. Gadaliśmy hałaśliwie, łażąc ulicami. W dni, gdy lekcje kończyły się wcześniej albo nie mieliśmy dużo zadań domowych, całą grupą wychodziliśmy z Whitney Young i szliśmy do galerii handlowej Water Tower Place w śródmieściu. Jeździliśmy schodami ruchomymi, wydawaliśmy pieniądze na popcorn i zajmowaliśmy stoliki w McDonaldzie znacznie dłużej, niż było potrzeba na zjedzenie skromnych posiłków, które zamawialiśmy. Oglądaliśmy modne dżinsy i torebki w sklepie Marshall Field's obserwowani przez ochroniarzy, którym wydawaliśmy się podejrzani. Czasem szliśmy do kina.

Byliśmy szczęśliwi – szczęśliwi wolnością, szczęśliwi wspólnym towarzystwem, szczęśliwi, bo miasto zdawało się lśnić znacznie jaśniej w te dni, kiedy nie musieliśmy myśleć o szkole. Byliśmy dziećmi miasta uczącymi się jego ścieżek.

Spędzałam wiele czasu z koleżanką z klasy Santitą Jackson, która rankiem wsiadała do autobusu przy Jeffery kilka przystanków po mnie. Była moją najlepszą przyjaciółką w liceum. Miała piękne ciemne oczy i pełne policzki, a przy tym, choć była szesnastolatką, emanowała z niej głęboka mądrość. Zapisywała się na wszystkie możliwe fakultety i doskonale je zaliczała. Nosiła sukienki, gdy wszyscy inni chodzili w dżinsach, i śpiewała tak klarownym, mocnym głosem, że kilka lat później ruszyła w trasę z Robertą Flack jako chórzystka. Można też było z nią poważnie porozmawiać, i to uwielbiałam w niej najbardziej. Tak jak ja wariowała i wygłupiała się w większej grupie, ale gdy zostawałyśmy same, poruszałyśmy głębokie, istotne tematy – dwie filozofujące dziewczyny, które próbują rozwiązać wielkie i małe zagadki życia. Kładłyśmy się na podłodze jej pokoju na piętrze białego domu w stylu Tudorów w Jackson Park Highlands, zamożniejszej części South Shore, i godzinami rozmawiałyśmy o tym, co nas drażni, dokąd zmierza nasze życie i co rozumiemy z tego świata, a czego nie pojmujemy. Była dobrą słuchaczką i wnikliwą rozmówczynią, a ja starałam się jej odwdzięczać tym samym.

Ojciec Santity był sławny. Ten bezdyskusyjny fakt ważył na jej życiu. Była córką wielebnego Jesse'ego Jacksona, zaangażowanego politycznie baptystycznego pastora, którego wpływy coraz bardziej rosły. Blisko współpracował z Martinem Lutherem Kingiem jr. i sam także zyskał rozgłos na krajowej scenie politycznej na początku lat siedemdziesiątych jako założyciel organizacji Operation PUSH, która walczyła o prawa dla zaniedbywanych przez władze Afroamerykanów. W czasie gdy uczyłyśmy się w liceum, został wręcz celebrytą. Miał charyzmę i szerokie koneksje, wciąż wyjeżdżał. Przemierzał kraj, hipnotyzował tłumy, nawoływał czarnych, by przełamali krzywdzące ich stereotypy i sięgnęli po władzę polityczną, której tak długo im odmawiano. Głosił, że dzięki własnej nieustępliwości i przebojowości urosną w siłę. „Wyrzućmy ziele! Posiejmy nadzieję!" – wołał do widowni. Pod jego wpływem uczniowie podpisywali obietnicę, że zamiast siedzieć przed telewizorem, każdego wieczora poświęcą dwie godziny na naukę, a rodzice – że będą się angażować w wychowywanie dzieci. Dawał odpór poczuciu klęski, które panowało w wielu afroamerykańskich społecznościach. Nawoływał, by przestać się nad sobą użalać i wziąć przyszłość w swoje ręce. „Nikt, ale to nikt – krzyczał – nie jest zbyt biedny, by nie mógł wyłączyć telewizora na dwie godziny dziennie!".

Odwiedziny u Santity bywały emocjonujące. Jej przestronny, choć trochę zabałaganiony dom, w którym żyło pięcioro dzieci, wypełniały ciężkie wiktoriańskie meble i zabytkowe szklane naczynia kolekcjonowane przez Jacqueline, mamę Santity. Pani Jackson, jak się do niej zwracałam, była duszą towarzystwa i miała głośny śmiech. Nosiła kolorowe luźne ubrania i przy wielkim stole w jadalni serwowała posiłki każdemu, kto się pojawił – w większości byli to członkowie tak zwanego Ruchu, czyli biznesmeni, politycy i poeci oraz plejada najróżniejszych sław, od piosenkarzy po sportowców.

Gdy wielebny Jackson nie podróżował, dom przenikała innego rodzaju energia. Nikt nie przejmował się codziennymi obowiązkami, a rozmowy toczyły się do późnej nocy. Przychodzili i wychodzili doradcy. Wciąż coś planowano. Inaczej niż w moim domu przy Euclid, gdzie życie toczyło się w sposób uporządkowany i przewidywalny, a rodzice skupiali się głównie na tym, byśmy byli szczęśliwi i pięli się ku sukcesom, Jacksonowie wydawali się pochłonięci sprawami większymi, bardziej nieprzewidywalnymi i z pewnością istotniejszymi dla świata. Angażowali się w życie społeczne, mieli rozległe kontakty i ważną misję. Santitę i jej rodzeństwo wychowywano do aktywności politycznej. Wiedzieli, co i jak bojkotować. Chodzili na marsze, popierając sprawy, o które walczył ich ojciec. Jeździli razem z nim po świecie, odwiedzając miejsca takie jak: Izrael i Kuba, Nowy Jork i Atlanta. Stawali na scenie przed ogromnymi tłumami, ucząc się żyć pod presją i wśród kontrowersji, jakie wywoływało to, że ich ojciec był czarnoskórą osobą publiczną. Wielebnego Jacksona otaczali ochroniarze – wielcy, milczący mężczyźni podróżujący razem z nim. Wówczas nie za bardzo do mnie docierało, że grożono mu śmiercią.

Santita uwielbiała tatę i była dumna z jego pracy, lecz starała się także żyć własnym życiem. Obie w pełni popierałyśmy ideę wzmacniania charakteru czarnej młodzieży w całej Ameryce, lecz także bardzo nam zależało, by zdążyć do Water Tower Place przed końcem wyprzedaży trampek K-Swiss. Często prosiłyśmy o podwiezienie albo pożyczałyśmy samochód. Ponieważ my mieliśmy tylko jeden na dwoje pracujących rodziców, większe szanse dawał dom Jacksonów, którzy dysponowali zarówno kombi z drewnianą okładziną na bokach, jak i małym sportowym autem. Niekiedy zabierałyśmy się do miasta z członkami Ruchu albo innymi gośćmi, którzy nieustannie wpadali do mieszkania i zaraz z niego wychodzili. W ten sposób nie decydowałyśmy jednak o terminach przejażdżek. Mimowolnie otrzymałam wtedy pierwszą lekcję na temat życia politycznego: harmonogramów i planów nigdy nie da się w pełni zrealizować. Stałam na krawędzi tego wiru i czułam jego siłę. Santita i ja często musiałyśmy czekać z powodu nieprzewidzianych opóźnień związanych z pracą jej ojca – spotkanie się przedłużało, samolot wciąż krążył nad lotniskiem lub po drodze do miasta okazywało się, że trzeba jeszcze w ostatniej chwili załatwić kilka spraw w paru miejscach. Zamierzałyśmy wrócić do domu po lekcjach albo wybrać się do galerii handlowej, tymczasem trafiałyśmy na wiec polityczny na West Side albo godzinami przesiadywałyśmy uwięzione w kwaterze Operation PUSH w Hyde Park.

Pewnego dnia wraz z gronem zwolenników Jesse'ego Jacksona szłyśmy w paradzie z okazji Dnia Buda Billikena. Impreza ta, którą nazwano na cześć fikcyjnej postaci z dawnego cyklu artykułów prasowych, jest jedną z najwspanialszych tradycji chicagowskiej South Side i odbywa się w sierpniu. To wielkie widowisko – trasa pochodu pełnego orkiestr marszowych i platform ma ponad trzy kilometry i biegnie Martin Luther King jr. Drive przez serce afroamerykańskiej dzielnicy nazywanej niegdyś Czarnym Pasem, lecz później przechrzczonej na Bronzeville. Paradę z okazji Dnia Buda Billikena – święto afroamerykańskiej dumy – zorganizowano po raz pierwszy w 1929 roku. Dla każdego lokalnego lidera czy polityka uczestnictwo w niej było i wciąż jest praktycznie obowiązkowe.

Wówczas tego nie dostrzegałam, ale wir wokół ojca Santity kręcił się coraz szybciej. Jesse Jackson za kilka lat miał oficjalnie wystartować w wyborach na prezydenta Stanów Zjednoczonych, co oznaczało, że gdy chodziłyśmy do liceum, na pewno rozważał już ten pomysł. Musiał zebrać pieniądze, nawiązywać relacje. Wyścig prezydencki, o czym dziś dobrze wiem, jest zadaniem, które pochłania cały czas i energię wszystkich zaangażowanych w niego osób. Dobre kampanie przygotowują wyborczy grunt na całe lata przed dniem głosowania. Jesse Jackson zamierzał wystartować w wyborach w 1984 roku i zostać drugim Afroamerykaninem, który rozpoczął poważną kampanię prezydencką po kongresmence Shirley Chishlom, która bez powodzenia ubiegała się o najwyższy urząd w 1972 roku. Sądzę, że podczas tamtej parady zaczynał już przynajmniej myśleć o starcie w wyborach.

Mnie jednak nie podobało się takie wystawienie na widok publiczny i maszerowanie w piekącym słońcu wśród balonów i piszczałek, puzonów i tłumów wiwatujących ludzi. Panowała radosna, wręcz upajająca atmosfera, ale polityka wydawała mi się przerażająca. Po pierwsze, należałam do osób, które lubią porządek i chcą mieć wszystko zorganizowane, a o ile potrafiłam stwierdzić, polityka wyglądała zupełnie inaczej. Nie planowałam udziału w paradzie. Jeśli dobrze pamiętam, wraz z Santitą w ogóle nie chciałyśmy na nią jechać. Zaciągnięto nas tam w ostatniej chwili – może zrobiła to jej matka lub ojciec, a może dopadł nas któryś z członków Ruchu, zanim zaczęłyśmy realizować inne pomysły na wypełnienie sobie dnia. Uwielbiałam jednak Santitę, a ponadto byłam posłusznym dzieckiem, które przeważnie słuchało dorosłych, więc się zgodziłam. Rzuciłam się w sam środek żywiołowej, wirującej, głośnej parady z okazji Dnia Buda Billikena.

Gdy tego wieczora wróciłam do domu, zastałam matkę roześmianą.

– Właśnie widziałam cię w telewizji – powiedziała.

Oglądała wiadomości i zobaczyła mnie obok Santity – machałam i uśmiechałam się, krocząc w tłumie. Mamę rozbawiło pewnie moje zdenerwowanie. Widać było po mnie, że robię coś, co nie do końca mi odpowiada.

GDY NADSZEDŁ CZAS WYBORU KOLEDŻU, Santita i ja zainteresowałyśmy się uczelniami na Wschodnim Wybrzeżu. Santita pojechała na dni otwarte do Harvardu, ale wróciła rozczarowana, bo chociaż chciała żyć na własny rachunek, odpowiedzialny za rekrutację urzędnik zaczął ją nękać w związku z działalnością polityczną jej ojca. Ja spędziłam weekend u Craiga w Princeton i stwierdziłam, że mój brat żyje w produktywnym rytmie treningów koszykówki, zajęć akademickich i odpoczynku w ośrodku studenckim dla osób z mniejszości etnicznych. Kampus był wielki i piękny: uczelnię należącą do Ivy League - Ligi Bluszczowej - faktycznie spowijał bluszcz, a koledzy Craiga wydawali się sympatyczni. Po tej wizycie nie zamierzałam się już zbyt długo zastanawiać. Żaden z członków mojej najbliższej rodziny i tak nie miał większej styczności z koledżem, więc dalsze debaty czy poszukiwania wydawały się pozbawione sensu. Zresztą zawsze było tak, że to, co odpowiadało Craigowi, podobało się również mnie, a cokolwiek udało mu się osiągnąć, ja także potrafiłam wypracować. I tak Princeton znalazł się na pierwszym miejscu listy interesujących mnie koledżów.

Na początku ostatniej klasy liceum poszłam na obowiązkowe pierwsze spotkanie z doradczynią edukacyjną, którą mi przydzielono.

Nie potrafię o niej wiele powiedzieć, ponieważ celowo i niemal natychmiast wyparłam z pamięci całe to zdarzenie. Nie pamiętam, ile miała lat, jakiej była rasy ani jak na mnie patrzyła tamtego dnia, kiedy weszłam do jej gabinetu, dumna z faktu, że ukończę szkołę w gronie 10 procent najlepszych uczniów, że w ostatniej klasie zostałam wybrana na skarbnika, że przyjęto mnie do National Honor Society[4] i że niemal całkowicie zdołałam pokonać niepewność, z jaką wkraczałam w progi Whitney Young. Nie pamiętam, czy przejrzała moje papiery przed czy po tym, jak oznajmiłam, że następnej jesieni zamierzam zdawać do Princeton, gdzie studiuje mój brat.

Niewykluczone, że podczas naszego krótkiego spotkania doradczyni powiedziała coś motywującego lub pomocnego, ale dziś już sobie tego

---

[4] Krajowa organizacja zrzeszająca najlepszych licealistów w oparciu o ich wyniki w nauce, zdolności przywódcze, bezinteresowną służbę na rzecz innych i nieskazitelny charakter.

nie przypomnę. Ponieważ – słusznie czy nie – w głowie utkwiło mi tylko jedno jej zdanie.

– Nie jestem pewna – powiedziała doradczyni ze zdawkowym pobłażliwym uśmiechem – czy nadajesz się do Princeton.

Ocena ta była równie szybka, co lekceważąca. Zapewne oparła ją na pobieżnym przejrzeniu moich ocen i wyników testów. Przypuszczam, że robiła to całymi dniami – rutynowo szacowała uczniów, informując ich, do czego się nadają, a do czego nie. Jestem pewna, że we własnym mniemaniu po prostu kierowała się realistyczną oceną. Nie podejrzewam, by po naszej rozmowie zastanawiała się nad nią jeszcze choćby przez chwilę.

Lecz, jak wspominałam, poczucie klęski pojawia się dużo wcześniej niż jej faktyczne oznaki. Odniosłam wrażenie, że skazano mnie na porażkę, zanim choćby spróbowałam zmierzyć się z wyzwaniem. Tamta kobieta radziła mi zmniejszyć własne ambicje, co stało w sprzeczności ze wszystkimi naukami, jakie odebrałam od rodziców.

Gdybym jej uwierzyła, moja pewność siebie runęłaby i znów zadręczałabym się wątpliwościami w rytm starego refrenu: *nie dość dobra, nie dość dobra.*

Lecz po trzech latach spędzonych w towarzystwie ambitnych dzieci z Whitney Young uświadomiłam sobie własną wartość. Nie zamierzałam pozwolić na to, by opinia jednej osoby podważyła moją samoocenę. Zmieniłam więc metodę, ale nie cel. Wysłałam aplikację do Princeton oraz kilku innych szkół, nie korzystając już więcej z pomocy doradczyni. Zamiast tego poprosiłam o nią człowieka, który faktycznie mnie znał – zastępcę dyrektora i mojego sąsiada pana Smitha. On nie tylko dostrzegał moje mocne strony, lecz także oddawał mi pod opiekę własne dzieci. Zgodził się napisać mi list rekomendacyjny.

Miałam szczęście poznać w życiu wielu niezwykłych ludzi sukcesu – światowych przywódców, wynalazców, muzyków, astronautów, sportowców, profesorów, przedsiębiorców, artystów i pisarzy, pionierów medycyny i naukowców. Niektóre z tych osób (nie dość wiele z nich) były kobietami. Niektóre (nie dość wiele) – Afroamerykanami lub osobami o kolorze skóry innym niż biały. Niektóre urodziły się biedne lub wiodły życie, jakie wielu z nas uznałoby za pełne niesprawiedliwych przeciwności losu, a jednak działały tak skutecznie, jakby świat im we wszystkim sprzyjał. Oto, czego się dowiedziałam: każda z tych osób napotkała na swojej drodze kogoś, kto w nią wątpił. Niektórym wciąż towarzyszą ogromne rzesze krytyków i pesymistów krzyczących „a nie mówiłem!" przy każdej ich najmniejszej pomyłce czy błędnym kroku. Ten hałas nigdy nie milknie. Znani mi ludzie, którzy odnieśli największy sukces, nauczyli się to ignorować. Opierają się na osobach, które w nich wierzą, i po prostu idą naprzód.

Tamtego dnia, wychodząc z gabinetu doradczyni edukacyjnej w Whitney Young, byłam wściekła – ucierpiało głównie moje ego. W tamtej chwili opanowała mnie jedna myśl: *ja ci jeszcze pokażę*.

Potem się jednak uspokoiłam i wróciłam do pracy. Nie oczekiwałam wcale, że dostanie się do koledżu będzie łatwe, ale uczyłam się pracować w skupieniu i wierzyłam w to, że sama tworzę własną historię. Postanowiłam ją opisać w eseju wstępnym do koledżu. Zamiast udawać, że zjadłam wszystkie rozumy, a w porośniętych bluszczem murach Princeton na pewno będę czuć się jak u siebie, napisałam o chorobie ojca i o tym, że moja rodzina nie ma żadnych doświadczeń w sferze edukacji akademickiej. Nie wstydziłam się przyznać, że będzie to dla mnie trudna próba. Zważywszy na moje pochodzenie, mogłam tylko próbować.

I ostatecznie chyba rzeczywiście utarłam nosa doradczyni edukacyjnej, bo sześć czy siedem miesięcy później do naszej skrzynki pocztowej przy Euclid Avenue trafił list z powiadomieniem, że przyjęto mnie do Princeton. Tamtego wieczora wraz z rodzicami świętowaliśmy przy pizzy z baru Italian Fiesta. Zadzwoniłam do Craiga i wykrzyczałam wspaniałe nowiny do słuchawki. Następnego dnia zapukałam do pana Smitha, by powiedzieć, że mnie przyjęto, i podziękować za wsparcie. Nie poszłam do gabinetu doradczyni, żeby ją poinformować, jak bardzo się myliła i że jednak nadaję się do Princeton. Uznałam, że w gruncie rzeczy nie muszę niczego jej udowadniać. Najważniejsze było udowodnić to samej sobie.

6.

LATEM 1981 ROKU TATA ZAWIÓZŁ MNIE DO PRINCETON równymi drogami łączącymi stan Illinois z New Jersey. Było to coś więcej niż zwykła podróż ojca i córki. Przyłączył się do nas mój chłopak David. Zaproszono mnie do udziału w trzytygodniowym kursie wprowadzającym, którego celem było „wyrównanie szans przygotowawczych" części nowych studentów, aby zdołali lepiej zapoznać się z funkcjonowaniem koledżu. Nie wiem dokładnie, według jakich kryteriów nas wybrano i które zapisy w naszych dokumentach przekonały władze uczelni, że potrzebny będzie nam kurs z czytania listy lektur lub zaawansowane ćwiczenia z rozkładu budynków, lecz Craig dwa lata wcześniej też brał udział w tym programie i stwierdziłam, że może mi to pomóc. Spakowałam więc walizki, pożegnałam się z mamą – żadna z nas się nie rozkleiła – i wsiadłam do auta.

Pragnęłam wyjechać jak najszybciej również dlatego, że kilka poprzednich miesięcy spędziłam przy taśmie produkcyjnej, sklejając ogromnym pistoletem na klej okładki książek w małej introligatorni w centrum Chicago. Była to deprymująca robota przez osiem godzin dziennie i pięć dni w tygodniu, która wyraźnie mi uświadomiła, że pójście do koledżu to naprawdę dobry pomysł. W tej firmie była zatrudniona mama Davida i to ona załatwiła nam obojgu pracę. Przez całe lato pracowaliśmy ramię w ramię, co pozwoliło mi jakoś przetrwać ten okres. David był inteligentnym, łagodnym, wysokim i przystojnym chłopakiem, o dwa lata ode mnie starszym. Zaprzyjaźnił się z Craigiem kilka lat wcześniej podczas meczów na osiedlowym boisku koszykarskim w Rosenblum Park, do których się przyłączał przy okazji odwiedzin u krewnych mieszkających w Euclid Parkway. W końcu zaczęliśmy się spotykać. W trakcie roku szkolnego David studiował w koledżu w innym stanie, co było o tyle korzystne, że jego obecność nie odciągała mnie od nauki. Jednak podczas przerw semestralnych i w wakacje odwiedzał mamę mieszkającą w odległej południowo-zachodniej części miasta i prawie codziennie przyjeżdżał po mnie swoim samochodem.

David miał swobodne maniery i był bardziej dorosły niż wszyscy moi dotychczasowi chłopcy. Siadywał na sofie i oglądał mecze z moim ojcem. Żartował z Craigiem i prowadził uprzejme rozmowy z mamą. Chodziliśmy na prawdziwe randki – jadaliśmy w restauracji Red Lobster, którą wówczas uważaliśmy za ekskluzywną, i wybieraliśmy się do kina. Wygłupialiśmy się i paliliśmy trawkę w jego samochodzie. Za dnia w introligatorni przy pistoletach na klej tak długo rzucaliśmy żarcikami, aż nam się kończyły i popadaliśmy w przyjemne odrętwienie. Sama praca nas zbytnio nie interesowała, chodziło tylko o to, by zarobić na szkołę. I tak niedługo miałam wyjechać z miasta i nie zamierzałam nigdy wracać do introligatorni. W pewnym sensie już mnie tam nie było – myślami byłam w Princeton.

I tak, gdy na początku sierpnia nasze trio – ojciec, córka i jej chłopak – zjechało z drogi numer 1 w szeroką zadrzewioną aleję prowadzącą na kampus, byłam gotowa na rozpoczęcie roku. Gotowa zanieść swoje dwie walizki do letniego akademika. Gotowa poznać innych studentów (głównie ludzi z mniejszości etnicznych i ubogich rodzin plus kilkoro sportowców). Gotowa posmakować stołówkowego jedzenia, zapamiętać plan kampusu i rozpracować każdą listę zadanych mi lektur. Byłam na miejscu. Wylądowałam. Miałam siedemnaście lat i moje życie właśnie się rozpoczynało.

Pozostawał tylko jeden problem – był nim David, który odkąd przekroczyliśmy granicę stanu Pensylwania, zaczął się robić coraz bardziej smętny. Kiedy wyjmowaliśmy moje walizki z bagażnika, widziałam, że już czuje się samotny. Spotykaliśmy się od ponad roku. Wyznawaliśmy sobie miłość, lecz działo się to w kontekście Euclid Avenue, restauracji Red Lobster i boiska w Rosenblum Park. Było to uczucie przywiązane do miejsca, które właśnie opuściłam. Mój ojciec jak zwykle potrzebował dłuższej chwili, by wysiąść z samochodu i stabilnie oprzeć się na kulach, a my w tym czasie staliśmy bez słowa w zapadającym mroku i patrzyliśmy na romb nieskazitelnej trawy przed murowaną twierdzą mojego akademika. Chyba docierało do nas obojga, że nie omówiliśmy pewnych ważnych spraw i mamy rozbieżne poglądy na temat tego, czy żegnamy się tylko chwilowo, czy nasz związek z przyczyn geograficznych właśnie się rozpada. Czy będziemy się odwiedzać? Pisać listy miłosne? Czy zechcemy ciężko pracować nad utrzymaniem tego, co nas łączy?

David czułym gestem chwycił mnie za rękę. Byłam zdezorientowana. Wiedziałam, czego chcę, ale nie potrafiłam znaleźć słów. Miałam nadzieję, że pewnego dnia poczuję tak odurzającą miłość do mężczyzny, że porwie mnie niczym tsunami opisywane w najlepszych historiach miłosnych. Moi rodzice zakochali się w sobie jako nastolatki. Ojciec zabrał nawet mamę na studniówkę. Wiedziałam więc, że szkolna miłość może być prawdziwa i trwała. Chciałam wierzyć, że napotkam mężczyznę, który stanie się dla mnie wszystkim – atrakcyjnego i solidnego, o tak silnym charakterze, że pod jego wpływem będę skłonna zreorganizować własne plany.

Ale nie był to człowiek, który teraz przede mną stał.

Mój ojciec w końcu przerwał ciszę, w której się pogrążyliśmy, mówiąc, że czas zanieść moje rzeczy do akademika. Dla siebie i Davida zarezerwował pokój w motelu. Zamierzali wyruszyć z powrotem do Chicago następnego ranka.

Na parkingu mocno uściskałam ojca. Zawsze miał silne ramiona, ponieważ za młodu boksował i pływał, teraz zaś trenował je, chodząc o kulach.

– Dobrze się sprawuj, Miche – powiedział, wypuszczając mnie z objęć. W jego twarzy nie dostrzegałam żadnych emocji poza dumą.

Później wsiadł do samochodu, uprzejmie dając nam odrobinę prywatności.

Staliśmy na chodniku w niezręcznym milczeniu, nie wiedząc, co robić. Moje serce wezbrało uczuciem, a David nachylił się i mnie pocałował. Ta część naszego związku zawsze była przyjemna.

A jednak wiedziałam. Wiedziałam, że gdy tak stoję, obejmując tego życzliwego chłopaka z Chicago, któremu autentycznie na mnie zależało, tuż za nami zaczyna się oświetlona alejka biegnąca poza parking w stronę kompleksu na wzgórzu, który za kilka minut stanie się moim nowym środowiskiem, nowym światem. Niepokoiłam się, jak to będzie po raz pierwszy w życiu zamieszkać poza domem, z dala od rzeczywistości, jaką znałam. W głębi ducha rozumiałam, że najlepiej będzie się od niej odciąć i nie zabierać żadnego bagażu. Następnego dnia David zadzwonił do mnie do akademika z pytaniem, czy moglibyśmy się spotkać na szybki posiłek albo ostatni spacer po mieście, zanim wyjedzie, a ja odparłam nieskładnie, że już spadło na mnie wiele obowiązków i że chyba nam się nie uda. Poprzedniej nocy pożegnaliśmy się naprawdę i na zawsze. Pewnie mogłam mu to w tamtej chwili otwarcie powiedzieć, ale stchórzyłam, wiedząc, że to zrani i jego, i mnie. Zamiast tego po prostu pozwoliłam mu odejść.

OKAZAŁO SIĘ, ŻE MUSZĘ SIĘ wiele dowiedzieć o życiu, a w każdym razie o życiu na kampusie Princeton na początku lat osiemdziesiątych. Po kilku ekscytujących tygodniach letniego kursu przygotowawczego w otoczeniu kilkudziesięciu osób, które sprawiały na mnie przyjazne, znajome wrażenie, oficjalnie zaczął się semestr jesienny i uczelnię zalała rzesza studentów. Przeniosłam się do nowego akademika – trzyosobowego pokoju w Pyne Hall – i obserwowałam przez okno z drugiego piętra, jak na kampus napływa kilka tysięcy w większości białych studentów niosących magnetofony, kołdry i szafki na ubrania.

Niektórzy przyjeżdżali limuzynami. Jedna dziewczyna nawet dwoma, i to tymi długimi, by pomieścić wszystkie swoje rzeczy.

W Princeton było mnóstwo białych i mnóstwo mężczyzn. Nie ma sensu zaprzeczać faktom. Na kampusie było prawie dwa razy więcej mężczyzn niż kobiet. Na moim roku studiowało mniej niż 9 procent Afroamerykanów. O ile podczas kursu przygotowawczego zdołaliśmy się poczuć trochę jak u siebie, o tyle teraz stanowiliśmy rażącą anomalię niczym ziarnka maku w misce ryżu. Liceum Whitney Young było co prawda dość różnorodne etnicznie, ale nigdy dotąd nie należałam do żadnej społeczności całkowicie zdominowanej przez białych. Nigdy nie odznaczałam się w tłumie czy klasie kolorem skóry. Było to – przynajmniej na początku – denerwujące i nieprzyjemne, jakby wrzucono mnie do dziwnego, nowego terrarium przeznaczonego dla jakiegoś innego rodzaju zwierząt.

Jednak – jak to ja – szybko się przystosowałam do tego otoczenia. Niektóre jego aspekty powitałam z ulgą. Nikt na przykład nie obawiał się tu zbytnio przemocy. Studenci zostawiali otwarte pokoje, nie przypinali rowerów, a złote kolczyki kładli po prostu na zlewie w łazience akademika. Wydawali się bezwzględnie ufać światu i sądzić, że ciągły postęp to rzecz pewna. Ja musiałam dopiero nawyknąć do takiego myślenia. Przez lata uważnie strzegłam swojego dobytku w autobusie wożącym mnie do liceum i z powrotem. Wracając wieczorami Euclid Avenue, trzymałam klucz wystający między palcami zaciśniętej dłoni jak szpic, gdyby trzeba się było bronić.

Wyglądało na to, że jedyne, czym należy się przejmować w Princeton, jest nauka. Wszystko inne zaprojektowano z myślą o dobrostanie studentów. Menu śniadaniowe w stołówce zawierało pięć pozycji do wyboru. Mogliśmy siadać pod rozłożystymi dębami albo grać we frisbee na obszernych trawnikach, by rozładować stres. Główna biblioteka przypominała europejską katedrę o wysokim sklepieniu i blatach z twardego, lśniącego drewna, na których mogliśmy rozłożyć podręczniki i uczyć się w ciszy. Byliśmy chronieni, rozpieszczani, obsługiwani.

Stopniowo uświadomiłam sobie, że wielu studentów nie zna innego życia.

Rzeczywistość tę opisywał nowy język, który musiałam opanować. Na czym polegają grupy dyskusyjne? Czym jest przerwa przedegzaminacyjna? Nikt mi nie wyjaśnił, jak wygląda „przedłużona" pościel, którą wymieniono na liście rzeczy do przywiezienia, dlatego kupiłam zbyt krótką i przez pierwszy rok spałam ze stopami na plastikowej powierzchni materaca. Wyjątkowo dużo musiałam się też dowiedzieć na temat sportu. Wychowano mnie w kulturze futbolu amerykańskiego, koszykówki i baseballa, lecz jak się okazało, na Wschodnim Wybrzeżu oferowano studentom znacznie więcej. W modzie był lacrosse. W modzie był hokej na trawie. Grywało się nawet w squasha. Dziecko z South Side wszystko to przyprawiało o zawrót głowy. „Wiosłujesz w zespole?". Co to w ogóle znaczyło?

Miałam tylko jedną przewagę, i to tę samą co wtedy, gdy szłam do zerówki: byłam młodszą siostrą Craiga Robinsona. Craig, teraz na trzecim roku, był jednym z najlepszych zawodników w uczelnianej drużynie. Kibice jak zawsze go uwielbiali. Nawet ochroniarze na kampusie witali się z nim po imieniu. Wiódł bujne życie, a mnie udało się trochę w nie wejść. Poznałam jego kumpli z drużyny i przyjaciół. Pewnego wieczora poszłam z nim na kolację poza kampus do eleganckiego domu jednego z kibiców. Przy stole ujrzałam zaskakujący widok: była nim potrawa, której zjedzenie, jak wiele innych rzeczy w Princeton, wymagało lekcji dobrych manier. Na białym porcelanowym talerzu leżał najeżony zielony karczoch.

Craig załatwił sobie na rok świetne warunki mieszkaniowe: nie płacił czynszu, ponieważ pełnił funkcję dozorcy w Centrum Trzeciego Świata, czyli niefortunnie nazwanej, lecz mającej dobre intencje organizacji uczelnianej, której zadanie polegało na wspieraniu niebiałych studentów. (Dopiero dwadzieścia lat później została przemianowana na Centrum Równości i Porozumienia Międzykulturowego imienia Carla A. Fieldsa, który był pierwszym afroamerykańskim dziekanem Princeton). Ośrodek ten mieścił się w ceglanym budynku na rogu Prospect Avenue, gdzie stały głównie wspaniałe kamienne rezydencje oraz kluby restauracyjne w stylu Tudorów, które tutaj odgrywały rolę bractw studenckich.

Centrum Trzeciego Świata – większość nas posługiwała się skrótem CTŚ – szybko stało się dla mnie drugim domem. Odbywały się tam imprezy i dawano darmowe posiłki. Ochotnicy pomagali w zadaniach domowych. Było sporo przestrzeni do swobodnych spotkań. Podczas letniego kursu przygotowawczego szybko zaprzyjaźniłam się z kilkoma osobami i wielu z nas wpadało do CTŚ w wolnej chwili. Była wśród nich Suzanne Alele – wysoka, szczupła dziewczyna o gęstych brwiach i szykownych ciemnych włosach spływających na plecy lśniącymi falami. Urodziła się w Nigerii, a wychowała w Kingston na Jamajce, lecz jej rodzina przeprowadziła się do Maryland, gdy Suzanne była nastolatką. Być może dlatego nie czuła się przywiązana do żadnej konkretnej tożsamości kulturowej. Bardzo ją lubiano. Uśmiechała się szeroko i mówiła z lekkim wyspiarskim akcentem, który brzmiał wyraźniej, kiedy bywała zmęczona lub lekko pijana. Roztaczała wokół siebie aurę karaibskiej promienności i lekkości ducha, która wyróżniała ją wśród rzesz studentów Princeton. Nie bała się chodzić na imprezy, na których nikogo nie znała. Choć studiowała na kierunku medycznym, zapisała się na zajęcia z garncarstwa i tańca tylko z tego prostego powodu, że sprawiały jej radość.

Później, gdy byłyśmy na drugim roku, Suzanne poświęciła się kolejnemu zajęciu: postanowiła brać udział w sprawdzianach w klubie restauracyjnym Cap and Gown. „Sprawdzian" ma w Princeton specyficzne znaczenie: chodzi o proces towarzyskiej weryfikacji nowych członków przez kluby. Uwielbiałam historie, które Suzanne przynosiła z klubowych bankietów i imprez, ale sama nie interesowałam się sprawdzianami. Dobrze się czułam w społeczności czarnych i latynoskich studentów, których poznałam przez CTŚ, i nie miałam nic przeciw pozostawaniu na marginesie towarzyskiej sceny Princeton. Nasza grupka była niewielka, ale trzymała się razem. Podczas posiłków siadaliśmy w dziesięć lub więcej osób przy stole i swobodnie żartowaliśmy. Nasze kolacje trwały czasem parę godzin, co przypominało długie rodzinne posiłki, na które schodziliśmy się do domu Southside'a.

Administracji Princeton nie podobało się, jak sądzę, że niebiali studenci na ogół trzymali się ze sobą. Liczyła na to, że wymieszają się z innymi i będą z nimi współżyć w wypełnionej różnorodnością harmonii, co podniesie jakość uniwersyteckiego życia dla wszystkich. To szlachetny cel. Przypuszczam, że z punktu widzenia uczelni idealna sytuacja wyglądałaby jak zdjęcie z ulotki koledżu, na której uśmiechnięci studenci pracują i bawią się w zróżnicowanych, wieloetnicznych grupach. Ale ponieważ na kampusach koledżów biali studenci są wciąż liczniejsi niż ci o innym kolorze skóry, ciężar asymilacji do dziś spoczywa w znacznej mierze na barkach osób należących do mniejszości. Wiem z doświadczenia, że to trudne.

Czarni przyjaciele w Princeton byli mi bardzo potrzebni. Udzielaliśmy sobie nawzajem pomocy i wsparcia. Wielu z nas przyjechało do koledżu, nie zdając sobie nawet sprawy z własnego gorszego położenia. Stopniowo dowiadywaliśmy się, że nasi nowi koledzy mieli korepetycje przed maturą i przedmioty na poziomie koledżu w liceum albo mieszkali w bursie, dzięki czemu nie mieli trudności z przywyknięciem do życia poza domem. Przypominało to pierwszy w życiu recital fortepianowy, podczas którego wchodzisz na scenę i raptem uświadamiasz sobie, że dotąd nie grałeś na żadnym innym instrumencie poza pianinem z wyszczerbionymi klawiszami. Twój cały świat się wywraca, ale każą ci się dostosować, pokonać wątpliwości i grać na tym samym poziomie co wszyscy.

Nie jest to nieosiągalne – studenci z grup nieuprzywilejowanych i mniejszościowych borykają się z podobnymi wyzwaniami przez cały czas – lecz wymaga samozaparcia. Potrzeba go bardzo wiele, by stawić czoła sytuacji, w której jest się jedynym czarnym w auli lub jednym z nielicznych podczas prób teatralnych albo rozgrywek sportowych. Potrzeba wysiłku i wyjątkowej pewności siebie, by się odezwać w takich warunkach i nie obawiać reakcji sali. To dlatego każdego wieczora ja i moi przyjaciele z poczuciem ulgi spotykaliśmy się na kolacji. To dlatego spędzaliśmy wspólnie tyle godzin na żartach i śmiechu.

Moje dwie białe współlokatorki w Pyne Hall były przemiłe, ale nie bywałam w akademiku na tyle często, by zawrzeć z nimi głębszą przyjaźń. Prawdę mówiąc, miałam niewielu białych przyjaciół. Gdy patrzę wstecz, dochodzę do wniosku, że stało się tak poniekąd z mojej winy. Byłam ostrożna. Wolałam unikać niewiadomych. Czasem trudno ująć w słowa atmosferę, którą się po prostu wyczuwa – niewypowiedziane, lecz jednoznaczne sygnały, że to nie jest miejsce dla ciebie. Subtelne oznaki, że nie warto ryzykować, że lepiej trzymać się wśród swoich i nie wystawiać głowy.

Cathy, jedna z moich współlokatorek, wiele lat później wystąpiła w mediach i z zażenowaniem opowiedziała historię, o której nie miałam pojęcia, kiedy razem mieszkałyśmy. Otóż jej matka, nauczycielka z Nowego Orleanu, była oburzona tym, że córce wyznaczono czarną współlokatorkę, i nękała władze uczelni, by nas rozdzieliły. Ta kobieta również udzieliła wywiadu, w którym potwierdziła całą historię i uzupełniła ją o dodatkowy kontekst. Wychowywała się w rodzinie, w której określenie „czarnuch" należało do codziennego słownika, a jej dziadek szeryf chwalił się, że przepędził kolorowych ze swojego miasteczka. Dlatego była „przerażona", jak to ujęła, że będę mieszkać z jej córką.

Wówczas wiedziałam tylko tyle, że w połowie pierwszego roku Cathy wyprowadziła się z naszej trójki do jedynki. Na szczęście nie miałam pojęcia dlaczego.

W PRINCETON OTRZYMYWAŁAM WSPARCIE FINANSOWE, którego warunkiem było podjęcie przeze mnie pracy dającej się połączyć ze studiami. Dostałam całkiem dobrą posadę – byłam asystentką dyrektorki CTŚ. Pomagałam jej przez mniej więcej dziesięć godzin tygodniowo po zajęciach. Siedziałam przy biurku obok Loretty, sekretarki na pełny etat, i pisałam na maszynie notatki służbowe, odbierałam telefon albo odpowiadałam na pytania studentów, którzy chcieli zrezygnować z jakiegoś kursu czy dostawać bloczki obiadowe. Słoneczne, pełne niedopasowanych mebli biuro we frontowym narożniku budynku przypominało raczej wnętrze mieszkania niż instytucję. Uwielbiałam tam przychodzić, uwielbiałam pracę biurową i poczucie satysfakcji, kiedy udało mi się zrealizować jakieś drobne zadanie organizacyjne. Przede wszystkim jednak uwielbiałam swoją szefową, Czerny Brasuell.

Czerny była inteligentną, piękną Afroamerykanką z Nowego Jorku. Miała zaledwie trzydzieści lat, szybko się poruszała, nosiła dzwony oraz sandały na koturnie i zawsze rzucała cztery czy pięć nowych pomysłów. Dla niebiałych studentów w Princeton była najwyższą mentorką – naszą supermodną, elokwentną obrończynią – za co ją powszechnie doceniano. Zajmowała się jednocześnie wieloma rzeczami: lobbowała u władz uniwersytetu na rzecz bardziej inkluzywnej polityki rasowej, pośredniczyła w załatwianiu spraw i realizowaniu potrzeb poszczególnych studentów, a ponadto wciąż miała nowe pomysły, jak możemy polepszyć nasz los. Zawsze była dokądś spóźniona, wybiegała pędem przez frontowe drzwi Centrum ze stertą dokumentów pod pachą, papierosem w ustach i torebką przewieszoną przez ramię, wykrzykując po drodze polecenia do mnie i Loretty. Nigdy wcześniej nie miałam tak bliskiego kontaktu z żadną niezależną, pasjonującą się swoją pracą kobietą, i przebywanie przy niej było dla mnie bardzo inspirujące. Była zarazem samotną matką wychowującą przemiłego, mądrego chłopca o imieniu Jonathan, którym często się opiekowałam.

Czerny dostrzegła we mnie potencjał, mimo że ewidentnie brakowało mi życiowego doświadczenia. Traktowała mnie jak dorosłą – pytała o zdanie i uważnie słuchała, gdy relacjonowałam kłopoty, z jakimi przychodzili studenci, lub administracyjne przeszkody, które napotykali. Wydawała się zdeterminowana, by dodać mi odwagi. Często zadawała mi pytania zaczynające się od: „Czy ty kiedyś...?". Czy kiedyś na przykład czytałam coś Jamesa Cone'a? Czy kiedyś podawałam w wątpliwość sens inwestycji prowadzonych przez uczelnię w Republice Południowej Afryki? Czy zastanawiałam się kiedyś, co można zrobić, by skuteczniej werbować studentów z grup mniejszościowych? W większości przypadków odpowiedź brzmiała „nie", ale gdy tylko Czerny poruszyła jakąś sprawę, natychmiast ją zgłębiałam.

Pewnego dnia zapytała: „Czy byłaś kiedyś w Nowym Jorku?". Znów odparłam, że nie, lecz ona szybko temu zaradziła. Pewnego sobotniego ranka razem z Jonathanem i jeszcze jednym kolegą z CTŚ wsiedliśmy do jej samochodu i Czerny ruszyła z kopyta w stronę Manhattanu, przez całą drogę gadając i paląc papierosy. Mieliśmy wrażenie, że wraz z przebytymi kilometrami rozprasza się jakaś niewidzialna aura, a napięcie znika, gdy otoczone białymi płotami stadniny wokół Princeton ustępują miejsca zakorkowanym autostradom, a następnie wieżom drapaczy chmur na horyzoncie przed nami. Nowy Jork był domem Czerny, tak jak Chicago było moim. Człowiek nie uświadamia sobie, jak bardzo się przywiązał do swojego miejsca, aż musi je opuścić, odciąć korzenie, stać się drewienkiem na falach obcego oceanu.

Niebawem znalazłyśmy się w tętniącym sercu Nowego Jorku i płynęłyśmy w strumieniu żółtych taksówek i trąbiących aut. Czerny wciskała gaz do dechy na zielonym i hamowała dosłownie w ostatniej sekundzie na widok czerwonego światła. Nie pamiętam dokładnie, co robiliśmy tamtego dnia – wiem, że jedliśmy pizzę. Obejrzeliśmy Rockefeller Center, przejechaliśmy przez Central Park i zobaczyliśmy Statuę Wolności z uniesioną w geście nadziei pochodnią. Jednak nasza wizyta miała głównie wymiar praktyczny. Załatwiając różne sprawy, Czerny odzyskiwała energię. Miała rzeczy do odebrania i przekazania. Parkowała na drugiego przy zatłoczonych ulicach, wywołując nawałnicę gniewnych klaksonów, i biegła do tego czy innego budynku, gdy cała nasza reszta czekała bezsilnie w samochodzie. Nowy Jork mnie przytłoczył. Był zupełnie inny niż Chicago: rozpędzony, hałaśliwy, niecierpliwy. Lecz Czerny w nim ożywała – nie przeszkadzali jej piesi przechodzący gdzie bądź przez ulicę ani smród moczu i gnijących przy krawężniku śmieci.

– Masz prawko, prawda? – spytała, a gdy pokiwałam głową, oznajmiła: – Super. Siadaj za kółkiem. Objedź powolutku ten kwartał. Albo dwa. Będę za pięć minut, obiecuję.

Popatrzyłam na nią jak na wariatkę. Bo faktycznie chyba nią była, skoro uważała, że dam radę jeździć po Manhattanie – ja, niedoświadczona nastolatka, całkiem obca w tym nieokiełznanym mieście i we własnym odczuciu zupełnie niezdolna do prowadzenia samochodu w przedwieczornym ruchu z jej synem jako pasażerem, i to nie wiadomo jak długo. Jednak moje wahanie tylko ją sprowokowało. Cechę tę zawsze miałam już przypisywać nowojorczykom. To instynktowny, natychmiastowy opór przed ograniczeniami w myśleniu. Wyskoczyła z auta, nie pozostawiając mi innego wyboru, jak ruszyć naprzód. *Pogódź się z tym i poddaj się życiu* – taka była jej nauka.

W TYM OKRESIE NIEUSTANNIE SIĘ UCZYŁAM. Studiowałam przedmioty akademickie, chodząc na zajęcia i odrabiając zadania w cichym pokoju w Centrum Trzeciego Świata lub w bibliotecznej pracowni. Uczyłam się trafnie formułować myśli na piśmie i krytycznie myśleć. Przypadkowo, choć byłam na pierwszym roku, zapisałam się na zaawansowany kurs z teologii i jakoś przez niego przebrnęłam z dobrym stopniem, nie śpiąc po nocach i pisząc na ostatnią chwilę esej zaliczeniowy. Było to karkołomne zadanie, ale ostatecznie dobrze na mnie podziałało, ponieważ udowodniłam sobie, że za pomocą ciężkiej pracy potrafię się wykaraskać z prawie każdego kłopotu. Może i miałam braki, kiedy przyjechałam tu prosto z publicznego liceum, ale wyglądało na to, że potrafię je nadrobić, jeżeli odpowiednio się przyłożę, poproszę o pomoc, gdy mi jej potrzeba, i nauczę się pracować w odpowiednim rytmie bez odkładania rzeczy na potem.

Mimo wszystko jednak jako osoba czarnoskóra nie mogłam nie odczuć piętna akcji afirmatywnej[5]. Niektórzy studenci, a nawet wykładowcy, spoglądali na nas z góry, jakby chcieli powiedzieć: „Wiem, dlaczego ktoś taki jak ty tutaj trafił". Były to deprymujące sytuacje, nawet jeśli w niektórych przypadkach uprzedzenia innych tylko sobie wyobrażałam. Zasiewały ziarno zwątpienia. Czy faktycznie byłam tylko częścią eksperymentu społecznego?

Z wolna przekonywałam się jednak, że na uczelni faworyzowane są także inne grupy. Jako członkowie mniejszości etnicznych najbardziej rzucaliśmy się w oczy, lecz okazało się, że specjalną dyspensę dostaje wiele grup studentów, których oceny bądź osiągnięcia nie spełniają przyjętych kryteriów. Uniwersytet wcale nie rządził się wyłącznie merytorycznymi zasadami. Ułatwiony start mieli na przykład sportowcy. Łatwiej było też studentom dziedziczącym osiągnięcia rodziców, których ojcowie lub dziadkowie grali w drużynie Tigers albo ufundowali budowę akademika lub biblioteki. Dowiedziałam się również, że bogactwo wcale nie zabezpiecza przed porażką. Wszędzie wokół widziałam studentów, którzy nie dawali rady – białych, czarnych, uprzywilejowanych albo i nie. Niektórych uwiódł czar codziennych imprez, niektórzy załamali się pod wpływem stresu, usiłując podołać jakimś wygórowanym akademickim ideałom, a jeszcze inni byli po prostu leniwi albo czuli się w koledżu tak obco, że musieli go porzucić. Swoje zadanie widziałam następująco: trzymać się, dostawać najlepsze stopnie, na jakie mnie stać, i jakoś przez to przejść.

Na drugim roku, gdy zamieszkałam w jednym pokoju z Suzanne, nauczyłam się lepiej organizować sobie czas. Zdołałam bardziej przywyknąć do tego, że bywam jedną z niewielu niebiałych studentek na

---

[5] Program rządowy rozpoczęty w USA w latach 60. w celu ułatwienia osobom pochodzącym z mniejszości etnicznych (później także kobietom) dostępu do edukacji i pracy m.in. przez obniżanie kryteriów na egzaminach wstępnych lub rezerwowanie stałej liczby miejsc dla osób z grup defaworyzowanych.

sali wykładowej. Starałam się zachować pewność siebie, kiedy w rozmowie na ćwiczeniach dominowali studenci mężczyźni, co się często zdarzało. Słysząc ich wypowiedzi, uświadomiłam sobie, że nie są wcale inteligentniejsi od całej naszej reszty. Byli po prostu bardziej śmiali, ponieważ od wieków takich jak oni niosła fala uprzywilejowania, a historia nigdy nie podważyła ich poczucia wyższości.

Niektórzy z moich przyjaciół doświadczyli swojej odmienności boleśniej niż ja. Mój kolega Derrick wspominał, że niektórzy biali studenci nie chcieli mu ustąpić drogi, gdy szedł chodnikiem. Inna koleżanka pewnego wieczora zaprosiła na urodziny sześcioro przyjaciół do swojego pokoju w akademiku, lecz szybko została zgarnięta do gabinetu dziekana i poinformowana, że jej biała współlokatorka źle się czuje w towarzystwie „dużych czarnych chłopaków". My, studenci należący do mniejszości, byliśmy w Princeton tak nieliczni, że nasza obecność zawsze rzucała się w oczy. Dla mnie oznaczało to, że muszę się przykładać do pracy mocniej niż inni i zrobić wszystko, co w mojej mocy, by dorównać bardziej uprzywilejowanym osobom, a nawet je prześcignąć. Podobnie jak w Whitney Young, tak i tutaj moją gorliwość pobudzała ambicja, żeby „im wszystkim pokazać". O ile w liceum czułam, że reprezentuję własną dzielnicę, o tyle w Princeton byłam przedstawicielką mojej rasy. Ilekroć zabrałam głos w sali albo dobrze zdałam egzamin, w głębi ducha liczyłam, że udało mi się udowodnić jej wartość.

Zauważyłam, że Suzanne nie przemęcza się intelektualnie. Patrząc na jej niepraktyczne, chaotyczne podejście do życia, przezwałam ją Olewka. Większość decyzji – z kim się spotykać czy na jaki kurs się zapisać – podejmowała głównie na podstawie tego, czy będzie fajnie. Jeśli nie było – szybko rezygnowała. Kiedy ja wstępowałam do Organizacji Jedności Afroamerykańskiej, ona biegała na bieżni i wstąpiła do drużyny futbolowej, bo można tam było spotkać miłych, wysportowanych chłopaków. Za pośrednictwem klubu restauracyjnego poznała wielu białych, bogatych przyjaciół, w tym autentyczną nastoletnią gwiazdę filmową oraz pewną Europejkę, o której krążyła plotka, że jest księżniczką.

Rodzice naciskali trochę na Suzanne, by kształciła się na lekarkę, ale ona ostatecznie zrezygnowała z tego pomysłu, bo kolidował z przyjemnościami. W pewnym momencie była nawet zagrożona wydaleniem za słabe wyniki w nauce, ale tym też nie bardzo się przejęła. Ja byłam Shirley, ona – Laverne, ja Bertem, ona Erniem. Nasz pokój odzwierciedlał ideologiczną walkę, którą toczyłyśmy: część Suzanne była pobojowiskiem pełnym porozrzucanych ubrań i papierów, moja – wzorem porządku.

– Naprawdę musisz to robić? – pytałam, patrząc, jak Suzanne po powrocie z treningu biegowego zdejmuje przepocony dres i po drodze pod prysznic rzuca go na podłogę między czyste ubrania i niedokończone eseje, gdzie miał leżeć przez cały następny tydzień.

– Co takiego? – dziwiła się z szerokim uśmiechem.

Czasem, żeby móc klarownie myśleć, musiałam odciąć się od jej chaosu. Nieraz miałam ochotę na nią krzyknąć, ale nigdy tego nie zrobiłam. Suzanne była, kim była. Nie zamierzała się zmieniać. Gdy za bardzo wchodziła w moją przestrzeń, zgarniałam jej rzeczy i bez komentarza rzucałam na jej łóżko.

Dziś widzę, że Suzanne także mnie inspirowała – dzięki niej zrozumiałam, że nie każdy musi segregować papiery w oznaczonych i alfabetycznie posortowanych teczkach, mało tego, nie każdy potrzebuje papierów. Wiele lat później zakochałam się w mężczyźnie, który tak jak Suzanne trzymał swoje rzeczy w stertach na podłodze i nigdy, przenigdy nie odczuwał żadnego impulsu, by je poukładać. Dzięki Suzanne nauczyłam się z nim żyć, co udaje mi się zresztą do dziś. Tego właśnie – a może przede wszystkim – osoba ze skłonnościami do sprawowania kompulsywnej kontroli nad wszystkimi aspektami rzeczywistości uczy się w miniaturowym obcym wszechświecie koledżu: żyć można na wiele sposobów.

CZY MYŚLAŁAŚ KIEDYŚ O TYM – spytała mnie Czerny pewnego dnia – żeby zorganizować jakieś małe zajęcia pozaszkolne dla dzieci?

Uznałam, że zadaje to pytanie z poczucia winy. Z biegiem czasu tak bardzo przywiązałam się do Jonathana, który chodził teraz do podstawówki, że wiele popołudni spędziłam z nim u boku, wędrując po kampusie, grając w duecie na kiepsko nastrojonym pianinie w CTŚ lub czytając książki na zapadniętej sofie. Czerny płaciła mi za poświęcony czas, ale chyba sądziła, że to nie wystarczy.

– Mówię poważnie – kontynuowała. – Wielu wykładowców bardzo by się ucieszyło, gdyby mieli tu pozaszkolną opiekę dla dzieci. Mogłabyś ją prowadzić u nas, w ośrodku. Może spróbuj i zobacz, jak to wyjdzie.

Czerny zajęła się szeptaną reklamą i już wkrótce miałam pod opieką grupki trojga lub czworga maluchów. Należały do czarnych pracowników administracji i wykładowców z Princeton, którzy w swoim środowisku także stanowili drobną mniejszość i jak my wszyscy często zaglądali do CTŚ.

Godziny mijały mi w zawrotnym tempie. Opiekując się dziećmi, o wszystkim zapominałam – znikał szkolny stres, przestawałam się zamartwiać swoimi problemami, żyłam chwilą. Jako dziewczynka całymi dniami bawiłam się w „mamę" lalek. Udawałam, że wiem, jak je ubrać i nakarmić, czesałam je i z czułością naklejałam im plastry na plastikowe kolana. Teraz zajmowałam się prawdziwymi dziećmi i choć nie były równie posłuszne jak lalki, opieka nad nimi dawała mi więcej satysfakcji, niż się spodziewałam. Wracałam do akademika po paru godzinach spędzonych na doglądaniu dzieciaków wyczerpana, ale szczęśliwa.

Mniej więcej raz w tygodniu wyczekiwałam jakiejś spokojniejszej chwili, podnosiłam słuchawkę i wykręcałam numer naszego mieszkania przy Euclid. Jeśli ojciec pracował na poranną zmianę, zastawałam go w domu późnym popołudniem. Siedział – jak sobie wyobrażałam – w fotelu z nogami na pufie, oglądał telewizję i czekał, aż moja mama wróci z pracy. Jeżeli dzwoniłam wieczorami, to zwykle ona odbierała. Szczegółowo relacjonowałam obojgu rodzicom swoje życie w koledżu niczym osadnik z Dzikiego Zachodu opowiadający o wydarzeniach na dalekiej prerii. Dzieliłam się wszystkim: począwszy od tego, że nie lubię nauczycielki francuskiego, przez psoty dzieci, którymi się opiekowałam, po historię o moim i Suzanne zauroczeniu pewnym czarnym studentem inżynierii o hipnotyzującym spojrzeniu zielonych oczu, który – choć wytrwale śledziłyśmy każdy jego ruch – zdawał się nas prawie nie zauważać.

Tata chichotał podczas naszych rozmów. „Naprawdę?", mawiał. „No proszę!". Albo: „Może ten inżynierek nie zasługuje na żadną z was".

Gdy kończyłam mówić, ojciec przekazywał mi lokalne nowiny. Dandy przeprowadził się wraz z babcią z powrotem do Georgetown, miasteczka w Południowej Karolinie, z którego pochodził, i babcia czuła się trochę samotna. Opowiadał, że mama bierze nadgodziny, by pomóc Robbie, która miała teraz ponad siedemdziesiąt lat, była wdową i zmagała się z wieloma problemami zdrowotnymi. Nigdy nie wspominał o własnej chorobie, choć wiedziałam, że postępuje. Pewnego razu zobaczyłam na własne oczy to, o czym nigdy nie rozmawialiśmy przez telefon. Rodzice przyjechali do Princeton na sobotni mecz koszykówki, w którym grał Craig. Zaparkowali na wielkim parkingu pod halą sportową Jadwin, a wówczas ojciec niechętnie przesiadł się na wózek inwalidzki i pozwolił mamie, by wprowadziła go do środka.

Trudno mi było patrzeć na chorego ojca. Nie mogłam tego znieść. Poczytałam o stwardnieniu rozsianym w bibliotece Princeton, skserowałam kilka artykułów z czasopism medycznych i wysłałam je rodzicom. Próbowałam ich skłonić, by umówili się na wizytę u specjalisty, ale oni – zwłaszcza ojciec – nie chcieli o tym słyszeć. Gdy chodziłam do koledżu, spędziliśmy wiele godzin na rozmowach telefonicznych, lecz jego zdrowie było jedynym tematem, którego nie chciał poruszać.

Gdy pytałam, jak się czuje, odpowiadał: „Dobrze". I to wszystko.

Jego głos mnie pokrzepiał. Nie wyczuwałam w nim śladu cierpienia czy skargi, wyłącznie dobry humor, łagodność i odrobinkę jazzu. Był mi potrzebny jak tlen. Dodawał sił i to mi wystarczało. Zanim się rozłączyliśmy, ojciec zawsze pytał, czy czegoś mi potrzeba – na przykład pieniędzy – ale nigdy nie odpowiedziałam twierdząco.

7.

Z BIEGIEM CZASU DOM ZACZĄŁ MI SIĘ WYDAWAĆ coraz bardziej odległym miejscem, niemal krainą z wyobraźni. Podczas studiów w koledżu utrzymywałam kontakt z kilkorgiem przyjaciół z liceum, zwłaszcza z Santitą, która ostatecznie poszła na Howard University w Waszyngtonie. Pojechałam ją odwiedzić w pewien długi weekend. Jak zawsze dużo się śmiałyśmy i prowadziłyśmy poważne rozmowy. Kampus tamtejszej uczelni był położony w mieście („Dziewczyno, tyś się wcale nie wyniosła z dzielni!", podkpiwałam, gdy ogromny szczur przebiegł obok nas pod jej akademikiem), a populacja jego studentów, prawie dwa razy większa niż w Princeton, składała się niemal wyłącznie z osób czarnych. Zazdrościłam Santicie, że nie czuje izolacji rasowej – nie musiała codziennie mierzyć się z przykrymi realiami pozostawania w mniejszości – ale i tak po powrocie cieszyłam się na widok szmaragdowych trawników i kamiennych sklepień Princeton, nawet jeśli studiowało tam niewiele osób o pochodzeniu podobnym do mojego.

Za główny kierunek obrałam socjologię i dostawałam dobre oceny. Zaczęłam się spotykać z pewnym futbolistą, inteligentnym i spontanicznym chłopakiem, który lubił się bawić. Do pokoju, który dzieliłam z Suzanne, dołączyła teraz Angela Kennedy, szczupła, rozgadana dziewczyna z Waszyngtonu. Miała wariackie, błyskotliwe poczucie humoru, a z rozśmieszania nas zrobiła sobie zabawę. Choć była Afroamerykanką z miasta, ubierała się jak filmowa panienka z dobrego domu – nosiła oksfordy i różowe sweterki i jakimś cudem zawsze wyglądała nieskazitelnie.

Choć pochodziłam z innego świata, teraz całe moje życie przeniosło się do tego, w którym do największych zmartwień należały wyniki egzaminów wstępnych na prawo i rozgrywek w squasha. Między tymi dwoma rzeczywistościami panowało nieusuwalne napięcie. W liceum, gdy ktoś pytał, skąd jestem, odpowiadałam: „z Chicago", ale by było jasne, że nie należę do tych bogatych dzieci z północnych przedmieść w rodzaju Evanston czy Winnetka, które niezgodnie z prawdą przypisują sobie chicagowskie pochodzenie, dodawałam – niekiedy z dumą czy wręcz prowokacyjnie – „z South Side". Wiedziałam, że jeśli ta nazwa budzi jakieś skojarzenia, to najprawdopodobniej ze stereotypowym obrazem czarnego getta, bo gdy w wiadomościach pokazywano nasze osiedla, najczęściej towarzyszyły temu informacje o walkach gangów i napaściach. Lecz i w tym przypadku, choć może nie do końca świadomie, starałam się swoją postawą reprezentować lepszy wizerunek. Miałam nie mniejsze prawo należeć do Princeton niż wszyscy inni. I pochodziłam z South Side w Chicago. Czułam, że to ważne, by głośno o tym mówić.

Dla mnie dzielnica ta diametralnie się różniła od jej telewizyjnego obrazu. Była domem. Domem przy Euclid Avenue z wypłowiałym dywanem, niskimi sufitami i ojcem wypoczywającym w fotelu. Malutkim podwórkiem z klombami kwitnących kwiatów Robbie i kamienną ławką, gdzie całe wieki temu całowałam się z chłopcem o imieniu Ronnell. Ten dom, jak i cała moja przeszłość, łączył się pajęczymi nićmi z miejscem, w którym teraz byłam.

W Princeton mieliśmy krewną – młodszą siostrę Dandy'ego, na którą mówiliśmy ciocia Sis. Była prostą, pogodną kobietą mieszkającą w prostym, słonecznym domu na skraju miasta. Nie wiem, co ją przygnało do Princeton, lecz mieszkała tam od dawna – wykonywała prace domowe dla miejscowych rodzin i nigdy nie wyzbyła się akcentu z Georgetown, który przypominał po trosze zaciąganie z Lowcountry, a po trosze śpiewną mowę z Gullah. Podobnie jak Dandy ciocia Sis wychowała się w Georgetown, miasteczku, które zapamiętałam z dzieciństwa, ponieważ kilka razy wybraliśmy się tam latem. Pamiętam, że było duszno i gorąco, dęby spowijała kurtyna oplączki, na bagnach rosły cyprysy, a starzy mężczyźni łowili ryby w mulistych potokach. W Georgetown były owady, ogromne chmary owadów, które bzyczały i furkotały w wieczornym powietrzu jak małe helikoptery.

Podczas odwiedzin mieszkaliśmy u naszego dziadka stryjecznego Thomasa, jeszcze jednego brata Dandy'ego. Był jowialnym dyrektorem miejscowego liceum. Zabierał mnie do szkoły, pozwalał usiąść przy swoim biurku i łaskawie kupował mi słoiczek masła orzechowego, jeśli wzgardziłam ogromnym śniadaniem złożonym z boczku, krakersów i kaszki kukurydzianej, które ciocia Dot, jego żona, serwowała nam co rano. Jednocześnie uwielbiałam i nie znosiłam wyjazdów na Południe, ponieważ wszystko było tam zupełnie inne niż w znanym mi świecie. Na drogach za miastem mijaliśmy bramy farm, które niegdyś były niewolniczymi plantacjami, a tutaj stanowiły tak oczywisty element otoczenia, że nikt nawet o nich nie wspominał. U naszych odległych kuzynów w rozpadającej się leśnej chacie przy samotnej bitej dróżce jedliśmy cielęcinę. Jeden z nich zabrał Craiga na pole i pokazał mu, jak się strzela. Później w nocy w domu wuja Thomasa głęboka cisza zakłócana jedynie cykaniem świerszczy w drzewach nie pozwalała nam zasnąć.

Wspomnienie szumu tych owadów i poskręcanych gałęzi dębów pulsowało niczym drugie serce w naszej pamięci jeszcze długo po powrocie na Północ. Już jako dziecko zrozumiałam, że południowe stany są ze mną jakoś splecione i stanowią istotną część mojego dziedzictwa. Ojciec jeździł tam regularnie, by spotykać się z krewnymi. Zew Południa był tak silny, że Dandy chciał wrócić do Georgetown, mimo że jako młody mężczyzna musiał stamtąd uciec. Kiedy w końcu faktycznie powrócił, to wcale nie po to, by zamieszkać nad rzeką w idyllicznym domku z białym płotem i schludnym podwórzem, ale (o czym się przekonałam, gdy razem z Craigiem pojechaliśmy go odwiedzić) w pozbawionym wyrazu domu z wykrojnika przy zatłoczonym centrum handlowym.

Południe nie było rajem, ale coś dla nas znaczyło. Czuliśmy tam przyciągającą i odpychającą moc historii, a głębokiemu doznaniu swojskości towarzyszyła pamięć o zawikłanych, okropnych dziejach. Wiele osób, które znałam w Chicago – koleżanki i koledzy z Bryn Mawr czy Whitney Young – miało podobne doświadczenia, lecz nie dyskutowaliśmy o nich otwarcie. Po prostu każdego roku niektóre dzieci jechały „na Południe" i niekiedy spędzały tam całe wakacje, bawiąc się z odległymi kuzynami w Georgii, Luizjanie lub Missisipi. Możliwe, że ich dziadkowie lub inni krewni brali udział w wielkiej migracji na Północ, tak jak Dandy, który wyjechał z Południowej Karoliny, oraz jego matka, która opuściła Alabamę. I było więcej niż prawdopodobne, że ludzie ci, tak jak ja, byli potomkami niewolników.

Podobne doświadczenia miało też wielu moich przyjaciół z Princeton, ale zaczynałam rozumieć, że w Ameryce można być czarnym na wiele sposobów. Poznawałam młodzież z miast Wschodniego Wybrzeża o portorykańskich, kubańskich i dominikańskich korzeniach. Krewni Czerny pochodzili z Haiti. Mój dobry przyjaciel David Maynard urodził się w bogatej rodzinie na Bahamach. Znałam też Suzanne z nigeryjskim aktem urodzenia i grupką uwielbianych ciotek na Jamajce. Wszyscy się różniliśmy, a nasze linie rodowe ginęły w pomroce dziejów lub po prostu o nich nie pamiętaliśmy. Nie rozmawialiśmy o swoim pochodzeniu. Bo i po co? Byliśmy młodzi, myśleliśmy tylko o przyszłości, choć nie mieliśmy pojęcia, co nas czeka.

Raz lub dwa razy w roku ciotka Sis zapraszała mnie i Craiga na kolację do swojego domu po drugiej stronie Princeton. Nakładała nam na talerze góry ociekających sosem, tłustych żeberek z parującą kapustą, a my podawaliśmy sobie nawzajem koszyk pełen starannie pokrojonego kukurydzianego chleba, którego kromki grubo smarowaliśmy masłem.

Dolewała nam niemożliwie słodką herbatę do filiżanek i nakłaniała, byśmy brali dokładki, a potem kolejne. O ile pamiętam, nigdy nie rozmawialiśmy z nią o istotnych sprawach. Spędzaliśmy tam godzinę lub dwie na uprzejmej wymianie błahostek przy gorącym posiłku rodem z Południowej Karoliny, który pałaszowaliśmy z wdzięcznością znudzeni stołówkowym jedzeniem. W cioci Sis widziałam po prostu grzeczną, uczynną starszą panią. Otrzymaliśmy jednak od niej dar, który potrafiłam docenić dopiero po latach: opowiadała nam o przeszłości – naszej, swojej, naszego ojca i dziadka – a my nie przerywaliśmy jej historii żadnymi komentarzami. Po prostu jedliśmy, pomagaliśmy zmywać, a następnie z pełnymi brzuchami i poczuciem wdzięczności wracaliśmy na kampus.

TO WSPOMNIENIE, NIEDOKŁADNE I SUBIEKTYWNE jak wszystkie wspomnienia, dawno temu wsunęłam do kieszeni pamięci niczym kamyk podniesiony na plaży. Rzecz działa się na drugim roku koledżu i dotyczyła Kevina, mojego chłopaka futbolisty.

Kevin pochodzi z Ohio i jest niewiarygodnym połączeniem wysokiego wzrostu, miłego usposobienia i męskiej dzikości. Gra w drużynie Tigers na pozycji tylnego obrońcy, jest szybki i nieustraszony w szarży, lecz jednocześnie uczy się na lekarza. Podobnie jak mój brat studiuje dwa lata wyżej ode mnie i niedługo skończy koledż. Gdy się uśmiecha, odsłania uroczą drobną przerwę między zębami, a ja czuję się przy nim wyjątkowa. Oboje jesteśmy zajęci i mamy różne grona przyjaciół, ale lubimy spędzać ze sobą czas. W weekendy kupujemy pizzę i jadamy brunch. Kevin lubi jeść między innymi dlatego, że jako sportowiec musi utrzymywać odpowiednią wagę, lecz także dlatego, że posiłek to jedyna okazja, kiedy potrafi usiedzieć w miejscu – jest niespokojny, wiecznie niespokojny i spontaniczny, co uważam za czarujące.

– Chodź, pójdźmy w jedno miejsce – mówi pewnego dnia. Może rozmawiamy właśnie przez telefon, a może jesteśmy już razem, kiedy wpada na ten pomysł. Tak czy inaczej, wkrótce siedzimy w jego małym czerwonym miejskim samochodzie i jedziemy przez kampus ku odległemu, rzadko zabudowanemu skrawkowi uczelnianych terenów. Skręcamy w nieuczęszczaną bitą drogę. W New Jersey jest wiosna, trwa ciepły, jasny dzień, nad nami rozpościera się czyste niebo.

Czy rozmawiamy? Trzymamy się za ręce? Nie pamiętam, ale czuję się swobodna i lekka, a minutę później Kevin wciska hamulec i samochód staje. Zatrzymuje się przy obszernej łące – wysoka trawa jest wiotka i po zimie przypomina słomę, ale przerastają ją drobne dzikie kwiatki. Kevin wysiada.

– Chodź! – mówi, zachęcając mnie gestem do wyjścia.

– Co będziemy robić?

Patrzy na mnie, jakby to było oczywiste.

– Pobiegamy po łące.

I tak robimy. Biegniemy przez łąkę. Docieramy do jej skraju i zawracamy, wymachując ramionami jak dzieci, przerywając ciszę radosnymi okrzykami. Brniemy przez suchą trawę i przeskakujemy kwiaty. Może na początku ten pomysł nie był dla mnie oczywisty, ale teraz już jest. *Trzeba biegać po łąkach*! *To jasne i proste*!

Wsiadamy z powrotem do samochodu, zdyszani i upojeni, przepełnieni dziecinną radością.

Tak zapamiętałam ten drobny, niewiele znaczący moment. Wciąż jest ze mną, choć cały jego czar polegał na naszym głupkowatym zachowaniu. W tamtej chwili zdołałam na moment oderwać się od poważnych spraw, które zajmowały mnie na co dzień. Mimo że byłam towarzyska, chodziłam na wspólne obiady, a podczas imprez w Centrum Trzeciego Świata starałam się zawładnąć parkietem, nieustannie koncentrowałam się na swoim nadrzędnym planie. Chociaż zachowywałam się jak beztroski dzieciak z koledżu, żyłam niczym ukrywająca się dyrektorka korporacji, potajemnie, lecz niezmiennie skupiona na realizacji celu i odhaczaniu każdego punktu harmonogramu. W głowie zawsze miałam listę rzeczy do zrobienia. Szacowałam cele, analizowałam wyniki, zliczałam sukcesy. Kiedy tylko napotykałam jakieś wyzwanie, stawiałam mu czoła. Realizacja jednego zadania prowadziła do kolejnego. Tak właśnie żyje dziewczyna, która nie potrafi przestać pytać, „czy jestem dość dobra?", i wciąż próbuje sobie udowodnić, że jest.

Tymczasem Kevin był człowiekiem, który unikał trudnych zadań i wręcz się w tym lubował. Kiedy on i Craig kończyli Princeton, ja zaliczałam drugi rok. Mój brat przeprowadził się do Manchesteru w Anglii, gdzie rozpoczął karierę zawodowego koszykarza. Sądziłam, że Kevin pójdzie na uczelnię medyczną, ale on zboczył z tej drogi i postanowił zostać maskotką drużyny.

Tak, to nie pomyłka. Za cel obrał drużynę Cleveland Browns, nie ubiegał się jednak o pozycję zawodnika, lecz wielkookiego sztucznego zwierzaka o szeroko rozwartej paszczy imieniem Chomps. Naprawdę mu zależało. To było jego marzenie – kolejna łąka do przebiegnięcia, bo w końcu czemu nie? Tamtego lata Kevin przejechał nawet sześćset kilometrów ze swojego domu pod Cleveland do Chicago. Zrobił to nie tylko po to, by się ze mną spotkać, lecz także dlatego – co mi wyznał zaraz po przyjeździe – że właśnie w Chicago aspirująca ludzka maskotka mogła znaleźć odpowiedni futrzasty kostium na zbliżające się przesłuchanie. Przez całe popołudnie jeździliśmy po sklepach, oglądając kostiumy i wybierając na tyle obszerny, by dało się w nim wykonać przerzut gimnastyczny. Nie pamiętam już, czy tego dnia Kevin w końcu znalazł swoje idealne zwierzęce przebranie. Nie jestem pewna, czy dostał pracę maskotki, aczkolwiek później faktycznie został lekarzem – w dodatku bardzo dobrym – i ożenił się z inną dziewczyną z Princeton z mojego rocznika.

Wówczas jednak myślałam o nim źle – co, jak dziś sądzę, było niesprawiedliwe – ponieważ uznałam, że zboczył z drogi. Nie potrafiłam zrozumieć, dlaczego po zdobyciu tak kosztownego wykształcenia w Princeton nie zamierza natychmiast przekuć go w karierę, jaką mogło mu zapewnić. Dlaczego chciał zostać podskakującym psem, skoro mógł zdawać na uczelnię medyczną?

Tak wtedy myślałam. W mojej naturze, jak wspominałam, leżało odhaczanie punktów planu i maszerowanie w rytm powtarzających się wyzwań i rezultatów. Sumiennie kroczyłam ustaloną ścieżką choćby dlatego, że w naszej rodzinie (poza Craigiem) nikt nigdy nią nie szedł. Gdy sama planowałam przyszłość, nie rozważałam zbyt egzotycznych opcji. Innymi słowy, myślałam już o uczelni prawniczej.

Życie na Euclid Avenue nauczyło mnie – czy wręcz zmusiło – by o czasie i pieniądzach myśleć oszczędnie i praktycznie. Najmocniej naruszyłam tę zasadę, gdy postanowiłam spędzić pierwszą część lata po drugim roku, pracując prawie za darmo jako opiekunka na obozie letnim w Hudson Valley pod Nowym Jorkiem, gdzie zajmowałam się dziećmi z miasta, które po raz pierwszy przyjechały do lasu. Uwielbiałam tę pracę, ale po skończeniu obozu byłam praktycznie spłukana i zależna finansowo od rodziców w większym stopniu, niżbym chciała. Choć ani razu mi tego nie wypomnieli, przez kolejne lata dręczyło mnie z tego powodu poczucie winy.

Również tamtego lata ludzie, których kochałam, zaczęli umierać. Robbie, moja babcia cioteczna, surowa nauczycielka fortepianu, odeszła w czerwcu, pozostawiając w spadku dom przy Euclid moim rodzicom, dzięki czemu pierwszy raz w życiu zostali właścicielami nieruchomości. Miesiąc później zmarł Southside – jego z dawna ugruntowany pogląd, że lekarzom nie można ufać, uniemożliwił odpowiednio wczesną terapię raka płuc. Po pogrzebie dziadka ogromna rodzina mojej matki wraz z przyjaciółmi i sąsiadami zeszła się do jego przytulnego małego domu. Ogarnęła mnie tęsknota za przeszłością, gdy uświadomiłam sobie, że już go nie ma. Dla mnie, żyjącej w hermetycznym młodym świecie koledżu, było to niezwykle ostre doznanie. Na uczelni nie doświadczałam tak głębokich przeżyć, nie czułam powolnego obrotu pokoleniowych kół. Moi kuzyni z dzieciństwa dorośli, ciotki się zestarzały. Pojawiły się nowe dzieci i nowi współmałżonkowie. Z domowego systemu stereo w jadalni dobiegał głośny jazz i jedliśmy obiad z potraw przyniesionych przez ukochanych krewnych Southside'a – pieczoną szynkę, słodkie galaretki i zapiekankę. Ale jego samego nie było. Bolało mnie to, lecz czas popychał nas wszystkich naprzód.

. . .

KAŻDEJ WIOSNY KAMPUS PRINCETON najeżdżali korporacyjni werbownicy, biorąc na celownik kończących koledż studentów. Gdy kolega albo koleżanka z roku, która normalnie chodziła w poszarpanych dżinsach i wyciągniętej na wierzch koszuli, raptem przemierzała kampus w prążkowanej garsonce, oznaczało to, że czeka ją kariera w manhattańskim wieżowcu. To zawodowe różnicowanie zachodziło bardzo szybko – bankierzy, prawnicy, lekarze i dyrektorzy przyszłości szybko podążali ku kolejnej trampolinie, czy był nią uniwersytet, czy intratny próbny etat w firmie z listy pięciuset najbogatszych. Jestem pewna, że niektórzy z nas szli za głosem serca, by znaleźć pracę w edukacji, humanistyce czy organizacji pozarządowej lub też w Korpusie Pokoju czy wojsku, lecz znałam bardzo niewiele takich osób. Absorbowała mnie wspinaczka po własnej drabinie – wytrzymałej, praktycznej i wycelowanej prosto w górę.

Gdybym się nad tym dłużej zastanowiła, na pewno uświadomiłabym sobie, że presja nauki, prac zaliczeniowych oraz egzaminów wypaliła mnie i zajęcie się czymś innym dla odmiany dobrze by mi zrobiło. Zamiast tego zdałam egzamin LSAT[6], napisałam licencjat i rozpoczęłam sumienną drogę wzwyż na kolejny szczebel, aplikując do najlepszych uczelni prawniczych w kraju. Uważałam się za inteligentną, analityczną i ambitną. Wychowywałam się, prowadząc ogniste debaty z rodzicami przy obiadowym stole. Potrafiłam rozłożyć każdą argumentację na czynniki pierwsze, aby dotrzeć do jej teoretycznego sedna, i szczyciłam się tym, że podczas konfrontacji nigdy się nie poddaję. Czy to nie takimi właśnie rzeczami zajmują się prawnicy? Tak sądziłam.

Dziś mogę wyznać, że kierował mną nie tylko rozsądek, lecz także odruchowe pragnienie aprobaty ze strony innych. Jako dziecko skrycie

[6] Zestandaryzowany ogólnokrajowy test wiedzy, którego zdanie jest wymagane u kandydatów na studia prawnicze.

pławiłam się w ciepłych uczuciach, które płynęły ku mnie, ilekroć oznajmiłam nauczycielce, sąsiadowi albo którejś z przyjaciółek Robbie z chóru kościelnego, że zamierzam zostać pediatrą. *Ojej, to wspaniale!* – mówiły ich miny, a ja promieniałam. Profesorowie, krewni czy przypadkowo poznani ludzie pytali, co chcę robić dalej, a gdy odpowiadałam, że zamierzam iść na prawo – a konkretnie na Harvard Law School – zalewała mnie fala ich akceptacji. Chwalono mnie już za samo dostanie się na uniwersytet, choć tak naprawdę zostałam przyjęta cudem z listy rezerwowej. Ale udało się. Ludzie tak na mnie patrzyli, jakbym już prawie zmieniła świat.

Gdy człowiek zanadto się przejmuje opinią innych, wkracza na określoną ścieżkę – taką spod znaku „Ojej, to wspaniale!" – na której pozostaje bardzo długo. Chroni ona przed zbaczaniem z ustalonej trasy czy choćby samą myślą, by zboczyć, ponieważ szacunek innych wydaje się za to zbyt wysoką ceną. Może się zdarzyć, że spędzisz trzy lata w Massachusetts, studiując prawo konstytucyjne i debatując nad relatywnymi korzyściami, jakie w sprawach antymonopolowych płynęły z porozumień pionowych o charakterze wyłączającym. Są ludzie, których to naprawdę interesuje, ale ty do nich nie należysz. Możesz przez te trzy lata poznać przyjaciół, których będziesz kochać i szanować na wieki, ludzi autentycznie powołanych do zgłębiania bezbarwnych tajników prawa, lecz ty tego powołania nie słyszysz. Nie odczuwasz tej pasji, ale w żadnym wypadku nie będziesz się z tego powodu gorzej uczyć. Żyjesz jak zawsze zgodnie z rytmem wyzwań i rezultatów i będziesz się wspinać coraz wyżej, aż stwierdzisz, że poznałaś już odpowiedzi na wszystkie pytania, w tym na to najważniejsze: *Czy jestem dość dobra*? *Tak. Tak, jestem.*

A potem osiągnięcia zyskują namacalną postać. Sięgasz ku kolejnemu szczeblowi drabiny – tym razem jest to praca z konkretną pensją w świetnej chicagowskiej kancelarii prawnej Sidley & Austin. Wracasz tam, gdzie zaczęłaś, do miasta, gdzie się urodziłaś, ale teraz pracujesz na czterdziestym siódmym piętrze wieżowca w śródmieściu z szerokim dziedzińcem i rzeźbą od frontu. Mijałaś go jako dziecko z South Side, jeżdżąc do szkoły autobusem i obserwując przez okno w milczeniu ludzi, który energicznie maszerowali do swoich tytanicznych wyzwań. Teraz jesteś jedną z nich. Własnym wysiłkiem wygramoliłaś się z tego autobusu, pokonałaś ten dziedziniec i wsiadłaś w windę jadącą ku górze tak cicho, że wydaje się szybować. Zostałaś przyjęta do plemienia. W wieku dwudziestu pięciu lat masz już posadę asystentki. Zarabiasz więcej, niż kiedykolwiek zarabiali twoi rodzice. Masz uprzejmych, wykształconych i w większości białych współpracowników. Nosisz kostium od Armaniego, a sklep winiarski przysyła ci co miesiąc dostawę wyselekcjonowanych win. Regularnie spłacasz raty kredytów studenckich, a po pracy chodzisz na aerobik. Kupujesz sobie saaba, bo cię na niego stać.

Czy coś tu jest nie tak? Nie wydaje się. Jesteś teraz prawniczką. Wzięłaś wszystkie dary, które kiedykolwiek otrzymałaś – miłość rodziców, wiarę nauczycieli, muzykę Southside'a i Robbie, posiłki ciotki Sis, słówka wpajane przez Dandy'ego – i przekułaś je w to życie. Ukończyłaś wspinaczkę. Do twoich zadań, poza analizowaniem abstrakcyjnych przypadków naruszeń prawa własności intelektualnej na zlecenie wielkich korporacji, należy teraz również wdrażanie do pracy kolejnego szeregu młodych prawników werbowanych przez firmę. Starszy partner prosi cię, byś zaopiekowała się przez lato praktykantem, który ma się niebawem pojawić, a ty odpowiadasz: oczywiście, nie ma problemu. Musisz się nauczyć, jak ogromną moc zmieniania rzeczywistości ma zwykłe „tak". Nie wiesz jeszcze, że wraz z otrzymaniem notatki potwierdzającej przydzielenie praktykanta pod opiekę jakaś niewidzialna, głęboko ukryta linia tektoniczna twojego życia z wolna się pogłębia, a to, co stabilne, powoli zaczyna się kruszyć. Przy twoim nazwisku zapisano drugie – to ponoć jakiś przebojowy student prawa, który pnie się po własnej drabinie. Jest czarny jak ty i też skończył Harvard. Poza tym nie wiesz o nim nic – znasz tylko jego nazwisko, a ono w dodatku brzmi dziwnie.

8.

BARACK OBAMA SPÓŹNIŁ SIĘ DO PRACY pierwszego dnia praktyk. Siedziałam w moim biurze na czterdziestym siódmym piętrze, czekając na niego, ale i nie czekając. Jak większość prawników, którzy nie mają jeszcze za sobą roku pracy, byłam nieustannie zajęta. Przesiadywałam w Sidley & Austin długimi godzinami i często jadłam zarówno obiad, jak i kolację przy biurku, walcząc z nieustającą rzeką dokumentów pisanych w precyzyjnym, starannym żargonie prawniczym. Czytałam notatki, pisałam notatki, redagowałam cudze notatki. Na tym etapie uważałam się już za osobę trójjęzyczną. Znałam swobodny język, jakim posługiwano się na patiach w South Side, oraz elegancki dialekt Ivy League, a teraz dodatkowo mówiłam po prawniczemu. Przydzielono mnie do grupy roboczej do spraw marketingu i własności intelektualnej, która miała w firmie opinię bardziej swobodnej i kreatywnej niż inne. Działo się tak pewnie dlatego, że część czasu poświęcaliśmy sprawom reklamy. Do moich zadań należało między innymi przeglądanie nadesłanych przez klientów scenariuszy reklam telewizyjnych i radiowych, by sprawdzić, czy nie naruszają kryteriów ustalonych przez Federalną Komisję Łączności. Później otrzymałam też zaszczyt opieki prawnej nad Dinozaurem Barneyem. (Tak, to właśnie w kancelarii prawnej oznaczało „swobodę i kreatywność").

Niestety, jako młodsza prawniczka nie pracowałam zbyt wiele z klientami, a przecież pochodziłam z rodziny Robinsonów i wychowałam się w hałaśliwym licznym gronie krewnych, ojciec zaś wpoił mi instynktowną miłość do tłumnych zgromadzeń. Bardzo brakowało mi interakcji z ludźmi. By nie czuć się samotna, żartowałam sobie z moją asystentką Lorraine, znakomicie zorganizowaną, o kilka lat ode mnie starszą wesołą Afroamerykanką, która siedziała przed moim biurem i odbierała telefony. Utrzymywałam przyjazne zawodowe relacje z niektórymi starszymi partnerami i skwapliwie korzystałam z każdej okazji, by pogadać z innymi młodymi prawnikami, lecz ogólnie rzecz biorąc, każdy był przeładowany pracą i nie chciał marnować ani minuty dającej się rozliczyć w dolarach. A więc przeważnie siedziałam przy biurku sam na sam z dokumentami.

Jeśli musiałam już gdzieś spędzać siedemdziesiąt godzin w tygodniu, moje przyjemne biuro nieźle się do tego nadawało. Miałam skórzany fotel, lśniące biurko z orzechowca i szerokie, wychodzące na południowy zachód okna. Za galimatiasem dzielnicy biznesowej widziałam białe grzywy fal jeziora Michigan, na których latem unosiły się jasne cętki jachtów. Jeżeli popatrzyłam pod odpowiednim kątem, widziałam linię wybrzeża i wąski pasek South Side z domami o nisko opadających dachach oraz rozrzuconymi tu i ówdzie skupiskami drzew. Z tego miejsca dzielnice wyglądały na spokojne i niemal zabawkowe, lecz rzeczywistość w wielu przypadkach była inna. Część South Side opustoszała wskutek plajty licznych firm i wyprowadzek kolejnych rodzin. Huty, dawniej zapewniające stabilne zatrudnienie, zwalniały tysiące osób. Kokainowa epidemia, która niszczyła afroamerykańskie społeczności w miastach takich jak Detroit i Nowy Jork, dopiero docierała do Chicago, lecz już okazywała swoją niszczycielską siłę. Gangi walczyły o udział w rynku, werbując młodych chłopców do ulicznego handlu narkotykami, co choć niebezpieczne, było znacznie bardziej opłacalne niż uczęszczanie do szkoły. Liczba zabójstw w mieście zaczynała wzrastać i był to zwiastun kolejnych nadchodzących kłopotów.

W Sidley dobrze zarabiałam, lecz myślałam pragmatycznie i gdy chodzi o mieszkanie, postanowiłam zadowolić się tym, co mam. Od zakończenia studiów prawniczych mieszkałam w swoim starym domu w dzielnicy South Shore, która wciąż była w większości wolna od gangów i narkotyków. Rodzice przeprowadzili się na dół do dawnego mieszkania Robbie i Terry'ego, ja zaś skorzystałam z ich zaproszenia i zajęłam mieszkanie na górze, gdzie miałam pokój jako dziecko. Wstawiłam tam białą sofę, a na ścianach zawiesiłam oprawione jedwabie z batikowymi nadrukami. Co pewien czas wystawiałam rodzicom czek, który mniej więcej pokrywał moje opłaty. Trudno było to nazwać płaceniem czynszu, ale oni twierdzili, że więcej nie potrzeba. Choć miałam osobne wejście do swojego mieszkania, najczęściej wychodziłam i wracałam z pracy tylnymi kuchennymi drzwiami w mieszkaniu rodziców. Robiłam tak nie tylko dlatego, że prowadziły bezpośrednio do garażu, lecz także dlatego, że wciąż byłam i zawsze będę jedną z Robinsonów: choć uważałam się teraz za niezależną młodą profesjonalistkę w kostiumie i z saabem, jaką zawsze pragnęłam zostać, samotność mi nie służyła, toteż walczyłam z nią, zaglądając codziennie do rodziców. Tamtego ranka objęłam ich na do widzenia, po czym pospiesznie wyszłam, wsiadłam do samochodu i w ulewnym deszczu ruszyłam do pracy. I, co warto zaznaczyć, pojawiłam się w niej p u n k t u a l n i e.

Popatrzyłam na zegarek.

– Idzie ten facet? – zawołałam do Lorraine.

Westchnęła głośno.

– Ani słychu, dziewczyno – odpowiedziała. Ewidentnie ją to bawiło. Wiedziała, że spóźnialstwo doprowadza mnie do pasji. Uważałam je wyłącznie za przejaw pychy.

Barack Obama zdołał już narobić sporo szumu w naszej firmie. Dopiero skończył pierwszy rok prawa, a my dotychczas braliśmy na wakacyjny staż tylko studentów drugiego roku. Wieść jednak niosła, że jest wyjątkowy. Podobno jedna z wykładowczyń na Harvardzie – córka partnera zarządzającego naszej firmy – stwierdziła, że nigdy nie spotkała tak utalentowanego studenta prawa. Kilka sekretarek, które go widziały, gdy przyszedł na rozmowę w sprawie pracy, twierdziło, że jest nie tylko błyskotliwy, lecz także wcale nie brzydki.

Mnie to nie przekonywało. Wiedziałam z doświadczenia, że wystarczy ubrać dowolnego czarnego półinteligenta w garnitur, żeby biali wpadali w zachwyt. Wątpiłam, by cały ten szum wokół niego miał pokrycie w rzeczywistości. Obejrzałam też sobie jego zdjęcie w uzupełnionych na sezon letni aktach pracowniczych – niezbyt pochlebny, kiepsko oświetlony portret szeroko uśmiechniętego chłopaka, który miał w sobie coś z kujona – i pozostałam obojętna. W jego biogramie wyczytałam, że pochodził z Hawajów, więc był kujonem egzotycznym. Poza tym niczym się nie wyróżniał. Zaskoczył mnie tylko kilka tygodni wcześniej, kiedy zgodnie z zasadami firmy wykonałam do niego krótki telefon, by się przedstawić. Zdziwił mnie głos, który usłyszałam w słuchawce – głęboki, wręcz seksowny baryton, nijak niepasujący do zdjęcia w aktach.

Minęło dalsze dziesięć minut, nim zapowiedział się w recepcji na naszym piętrze. Wyszłam go powitać i zobaczyłam, że siedzi na sofie – a więc to on, Barack Obama, facet w ciemnym garniturze, wciąż trochę mokrym od deszczu. Uśmiechnął się niezręcznie, przeprosił za spóźnienie i uścisnął mi dłoń. Miał szeroki uśmiech, a przy tym był wyższy i szczuplejszy, niż sobie wyobrażałam – na pewno nie lubował się w jedzeniu i ewidentnie nie nawykł jeszcze do noszenia biznesowych garniturów. Jeśli wiedział, że poprzedza go opinia gwiazdora, nie dawał tego po sobie poznać. Gdy prowadziłam go korytarzami naszego biura i zapoznawałam z prozą życia kancelarii, prezentując dział redakcji dokumentów, ucząc obsługi ekspresu do kawy oraz objaśniając system rozliczania przepracowanych godzin, on był cichy, okazywał szacunek i uważnie mnie słuchał. Po około dwudziestu minutach zaprowadziłam go do starszego partnera, który miał być jego bezpośrednim przełożonym podczas wakacyjnych praktyk, po czym wróciłam do swojego biurka.

Później tego dnia zabrałam Baracka na lunch do eleganckiej restauracji w lobby naszego wieżowca, w której roiło się od starannie uczesanych bankierów i prawników pałaszujących lunche w cenach wystawnych kolacji. Korzystałam z przywilejów wiążących się z funkcją opiekunki praktykanta: mogłam zjeść posiłek poza biurem, i to dobry, a w dodatku na koszt firmy. Moje zadanie polegało głównie na tym, by ułatwiać Barackowi relacje z innymi. Miał być zadowolony z pracy, mieć się do kogo zwrócić w razie potrzeby i poczuć związek z zespołem. Wszystko to stanowiło początek dłuższego procesu uwodzenia: kancelaria mogła zechcieć go zatrudnić na pełny etat, gdy już zrobi dyplom. Tak samo traktowano wszystkich praktykantów.

Bardzo szybko uświadomiłam sobie, że Barack prawie w ogóle nie będzie potrzebował mojej opieki. Był ode mnie o trzy lata starszy – wkrótce miał skończyć dwadzieścia osiem lat. W przeciwieństwie do mnie po obronie licencjatu na Columbii, a przed rozpoczęciem studiów prawniczych, przez kilka lat pracował. Co osobliwe, bez cienia wahania utrzymywał obrany w życiu kierunek, choć początkowo trudno mi było zrozumieć, dlaczego z niego nie zbacza. W porównaniu z moim własnym marszem ku sukcesowi od Princeton, przez Harvard, po biurko na czterdziestym siódmym piętrze Barack meandrował pomiędzy nieprzystającymi do siebie światami. Przy lunchu dowiedziałam się, że był człowiekiem ze wszech miar hybrydowym – synem czarnego mężczyzny z Kenii i białej kobiety z Kansas, którzy pobrali się w młodości, lecz ich małżeństwo nie przetrwało długo. Urodził się i wychował w Honolulu, lecz cztery lata dzieciństwa spędził na puszczaniu latawców i chwytaniu świerszczy w Indonezji. Po liceum poszedł do raczej niewymagającego Occidental College w Los Angeles, gdzie spędził dwa lata, potem zaś przeniósł się do Columbii, gdzie, jak sam stwierdził, w ogóle nie zachowywał się jak dzieciak z koledżu zachłyśnięty Manhattanem i latami osiemdziesiątymi, raczej przypominał szesnastowiecznego mnicha: czytał ambitną literaturę i prace filozoficzne w brudnym mieszkanku przy 109 ulicy, pisał kiepską poezję, a w niedziele pościł.

Śmialiśmy się oboje z tych historii i opowiadaliśmy sobie o naszej przeszłości oraz o tym, co pchnęło nas ku prawu. Barack był poważny, lecz miał dystans do siebie. Zachowywał się żywiołowo, jednak myślał w wyrafinowany sposób. Było to dziwne, intrygujące połączenie. Zaskoczył mnie też świetną znajomością Chicago.

Barack był pierwszą osobą w kancelarii Sidley, która znała zakłady fryzjerskie, bary z grillem i bogobojne afroamerykańskie parafie dzielnicy Far South Side. Zanim poszedł na prawo, pracował przez trzy lata w Chicago jako animator inicjatyw społecznych, zarabiając dwanaście tysięcy dolarów rocznie w organizacji pozarządowej, która łączyła wspólnoty kościelne w sieć. Jego zadanie polegało na odbudowie dzielnic i przyciąganiu pracodawców. Jak powiadał: dwa kroki wstecz, jeden naprzód. Przez kilka tygodni planował spotkanie mieszkańców, a przychodziło dziesięć osób. Jego wysiłki podkopywali szefowie związków zawodowych oraz zwykli ludzie, zarówno czarni, jak i biali. Z czasem odniósł jednak kilka drobnych zwycięstw i to go trochę zmotywowało. Poszedł na prawo, powiedział, ponieważ pracując u podstaw ze wspólnotami mieszkańców, przekonał się, że istotna zmiana społeczna wymaga nie tylko działań w terenie, lecz także lepszej polityki społecznej i zaangażowania ze strony rządu.

Choć wcześniej powątpiewałam w jego zalety, które tak zachwalano, wkrótce zaczęłam podziwiać Baracka za pewność siebie i szczerość intencji. Był niebanalny, niekonwencjonalny i osobliwie elegancki. Ani razu nie pomyślałam jednak, że mogłabym z nim pójść na randkę. Po pierwsze, byłam w kancelarii jego mentorką. Po drugie, niedawno postanowiłam całkowicie zerwać z randkowaniem, ponieważ byłam tak zaabsorbowana pracą, że nie zamierzałam trwonić energii na cokolwiek innego. Wreszcie po trzecie i najgorsze, Barack po obiedzie zapalił papierosa i już samo to wystarczyło, żeby zdusić we mnie wszelkie zainteresowanie, gdybym jakieś wykazywała.

Będzie po prostu dobrym praktykantem na lato, pomyślałam.

. . .

PRZEZ KILKA KOLEJNYCH TYGODNI wypracowaliśmy pewną rutynę. Późnym popołudniem Barack przechodził korytarzem i padał w jeden z foteli w moim biurze, jakby znał mnie od lat. Czasem sama miałam takie wrażenie. Swobodnie żartowaliśmy, myśleliśmy podobnie. Spoglądaliśmy na siebie porozumiewawczo, kiedy ludzie dookoła nas szaleli ze stresu albo gdy partnerzy w kancelarii rzucali protekcjonalne czy niedorzeczne komentarze. Nie mówiliśmy o tym, ale było oczywiste, że łączy nas kolor skóry, a w naszej firmie, która zatrudniała ponad czterystu prawników, pracowało tylko pięcioro Afroamerykanów. Chętnie więc ze sobą przebywaliśmy, co było nietrudne do zrozumienia.

Barack nie przypominał typowego praktykanta pracusia (jakim byłam ja dwa lata wcześniej w tej samej kancelarii), który zapamiętale buduje znajomości i drży o to, czy kiedyś otrzyma świętego Graala etatu. Spacerował po biurze pełen spokojnego dystansu, co chyba tylko zwiększało jego urok. Już teraz zapraszano go na ważne zebrania starszych partnerów. Już teraz pytano go o zdanie we właśnie dyskutowanych sprawach. Pewnego dnia na początku lata napisał trzydziestostronicowy raport na temat zarządzania korporacjami, tak drobiazgowy i niepodważalny, że natychmiast przeszedł do legendy. Kim jest ten facet? – każdy zadawał sobie to pytanie.

– Przyniosłem ci kopię – powiedział Barack pewnego dnia, z uśmiechem przesuwając ów raport ku mnie po blacie.

– Dzięki – odparłam, biorąc dokument. – Chętnie przeczytam.

Gdy wyszedł, włożyłam raport do szuflady.

Czy wiedział, że go nie przeczytałam? Pewnie się domyślił. Wręczył mi go niemal na zasadzie żartu. Należeliśmy do wydziałów specjalizujących się w innych zagadnieniach i zakres naszych lektur zawodowych w ogóle się nie pokrywał. Sama miałam dość własnych dokumentów do przeczytania. On zaś nie musiał się starać, by zrobić na mnie wrażenie. Już się zaprzyjaźniliśmy, byliśmy towarzyszami broni. Co najmniej raz w tygodniu, czasem częściej, jedliśmy razem lunch, za którą to przyjemność zawsze wystawialiśmy rachunek firmie Sidley & Austin. Stopniowo coraz więcej się o sobie dowiadywaliśmy. On wiedział, że mieszkam pod jednym dachem z rodzicami i że w Harvardzie byłam najszczęśliwsza, pracując w Biurze Pomocy Prawnej. Ja wiedziałam, że pochłaniał prace z dziedziny filozofii politycznej jak wakacyjne czytadła i prawie wszystkie zaskórniaki wydawał na książki. Wiedziałam, że jego ojciec zginął w wypadku samochodowym w Kenii, a on pojechał tam w podróż, by lepiej tego człowieka zrozumieć. Wiedziałam, że uwielbia koszykówkę, biega długie dystanse w weekendy i tęskni za przyjaciółmi i rodziną z O'ahu. Wiedziałam, że dawniej miał dużo dziewczyn, ale teraz z żadną się nie spotyka.

Uznałam, że temu ostatniemu problemowi mogłabym zaradzić. W moim chicagowskim życiu bynajmniej nie brakowało utalentowanych czarnych kobiet do wzięcia. Choć pracowałam jak mrówka, lubiłam spotkania towarzyskie. Miałam przyjaciół w Sidley i z czasów liceum, znajomych poznanych dzięki kontaktom zawodowym oraz za pośrednictwem Craiga, który niedawno się ożenił i pracował w Chicago jako bankier inwestycyjny. Nasza wesoła koedukacyjna gromadka spotykała się w wolnych chwilach w tym czy innym barze w centrum miasta oraz w weekendy na długie, obfite posiłki. Studiując prawo, umawiałam się z paroma chłopakami, ale po powrocie do Chicago nie poznałam nikogo wyjątkowego i nie interesowało mnie to. Jasno dawałam do zrozumienia wszystkim, w tym potencjalnym adoratorom, że priorytetem jest dla mnie kariera. Miałam jednak mnóstwo koleżanek, które szukały okazji do randkowania.

Pewnego wieczora na początku lata zabrałam Baracka do baru w centrum miasta, gdzie często spotykałam się z przyjaciółmi, na nieoficjalną comiesięczną imprezę w trakcie *happy hours* dla czarnych wykwalifikowanych zawodowców. Zauważyłam, że przebrał się po pracy

– miał teraz na sobie biały lniany blezer, który wyglądał jak wyjęty prosto z serialu *Policjanci z Miami*. No cóż…

Nie dało się zaprzeczyć, że mimo osobliwego poczucia stylu Barack był świetną partią. Przystojny, zrównoważony, u progu kariery. Wysportowany, interesujący i uprzejmy. Czy można chcieć czegoś więcej? Wkroczyłam pewnie do baru, przekonana, że zarówno jemu, jak i wszystkim paniom wyświadczam przysługę. Prawie od razu znalazła się przy nim moja znajoma, piękna, energiczna kobieta pracująca w finansach. Zauważyłam, że rozmawiając z Barackiem, natychmiast się ożywiła. Zadowolona, że wszystko idzie dobrze, zamówiłam drinka i poszłam porozmawiać z innymi znajomymi.

Dwadzieścia minut później zerknęłam w stronę Baracka usidlonego przez finansistkę, która bezustannie monologowała. Rzucił mi spojrzenie z prośbą o ratunek. Ale przecież był dorosłym człowiekiem. Sam mógł sobie poradzić.

– Wiesz, o co ona spytała? – zagaił mnie następnego dnia w moim biurze wciąż z lekkim niedowierzaniem w głosie. – Spytała, czy lubię jeździć. Miała na myśli jazdę konno. – Dodał, że rozmawiali też o jej ulubionych filmach, ale i tu raczej nie znaleźli wspólnego tematu.

Barack był intelektualistą, co dla wielu ludzi okazywało się chyba zbyt trudne do zniesienia. (Tak zresztą określiła go tamta znajoma, kiedy się znowu spotkałyśmy). Nie lubił imprezować i pewnie powinnam była zawczasu wziąć to pod uwagę. Mój świat wypełniali pełni aspiracji, ciężko pracujący ludzie zaabsorbowani własną karierą. Mieli nowe samochody, kupowali pierwsze mieszkania i lubili o tym rozmawiać przy martini po pracy. Barack wolał spędzić wieczór w samotności, czytając o miejskiej polityce mieszkaniowej. Pracując jako animator działań społecznych, przez wiele tygodni i miesięcy wysłuchiwał ludzi opisujących swoje niedole. Zaczynałam rozumieć, że jego przekonanie o ważnej roli nadziei i awansu społecznego ma zupełnie inne podstawy i wynika ze znacznie głębszych doświadczeń niż nasze.

Był taki czas, powiedział mi, gdy żył w swobodniejszy, bardziej zwariowany sposób. Przez pierwsze dwadzieścia lat życia nosił przydomek Barry. Jako nastolatek palił trawkę u porośniętego bujną roślinnością podnóża wulkanicznych gór wyspy O'ahu. W Occidental College dał się ponieść opadającej już wówczas fali lat siedemdziesiątych, słuchał Hendrixa i Stonesów. Na pewnym etapie życia pogodził się ze swoim pełnym nazwiskiem – Barack Hussein Obama – oraz skomplikowaną tożsamością człowieka białego i czarnego zarazem, Afrykanina i Amerykanina. Był skromny i żył skromnie, miał jednak świadomość siły własnego umysłu, dzięki której wkroczył do uprzywilejowanego świata. Widziałam, że było to dla niego istotne. Czasem zachowywał się beztrosko i żartował, ale nigdy nie opuszczało go poczucie misji. Dążył do czegoś, choć jeszcze nie wiedział, dokąd to dążenie go zaprowadzi. Ja natomiast wiedziałam, że nie ma nic wspólnego z imprezami. Podczas następnego spotkania w pubie w *happy hours* pozwoliłam mu zostać w biurze.

GDY BYŁAM DZIECKIEM, moi rodzice palili papierosy. Robili to wieczorem, siedząc w kuchni i rozmawiając o spędzonym w pracy dniu. Zapalali je też później przy zmywaniu naczyń i czasem otwierali przy tym okno, żeby wpuścić trochę świeżego powietrza. Palili niewiele, ale regularnie, i nie zamierzali tego zmieniać, nawet gdy badania naukowe jednoznacznie wykazały, że to bardzo źle wpływa na zdrowie.

Ich nałóg doprowadzał mnie i Craiga do furii. Demonstracyjnie kaszlaliśmy, kiedy zapalali papierosy. Potajemnie niszczyliśmy im zapasy. Jako dzieci zdołaliśmy zdjąć nienapoczęty wagon newportów z półki i postanowiliśmy wszystkie zniszczyć, łamiąc je kolejno nad zlewem, tak jak się łuska fasolę. Innym razem zanurzyliśmy końcówki papierosów w pikantnym sosie i włożyliśmy je z powrotem do paczki. Dawaliśmy rodzicom wykłady o raku płuc, opisując potworne filmy, jakie pokazywano nam w szkole na zajęciach z ochrony zdrowia

– obrazy płuc palaczy, wyschniętych, czarnych jak węgiel, wieszczące zagnieżdżoną w piersi śmierć. Dla kontrastu wyświetlano też płuca różowiutkie, zdrowe i nieskażone dymem. Decyzja, by nie palić, była tak oczywista, że ich postępowanie wydawało nam się wprost niedorzeczne. Dobre–złe. Zdrowy–chory. To ty decydujesz o swojej przyszłości. Rodzice sami nas tego uczyli. A jednak palili przez wiele lat, nim w końcu postanowili rzucić.

Barack palił w podobnym stylu jak oni – po posiłkach, podczas przechadzki ulicą albo gdy się denerwował i chciał dać zajęcie rękom. W 1989 roku nałóg ten był znacznie popularniejszy i bardziej rozpowszechniony w życiu społecznym niż dziś. Badania o szkodliwości biernego palenia dopiero zaczynały się pojawiać. Palono w restauracjach, w biurach i na lotniskach. A przecież oglądałam te filmy. W mniemaniu zarówno moim, jak i każdej rozsądnej osoby, jaką znałam, palenie było prostą drogą ku śmierci.

Barack doskonale wiedział, co o tym sądziłam. Nasza przyjaźń opierała się na szczerości i obojgu nam to odpowiadało.

– Dlaczego ktoś tak inteligentny jak ty robi coś tak głupiego? – rzuciłam jeszcze tego samego dnia, kiedy się poznaliśmy, gdy zobaczyłam, jak zapala po wspólnym lunchu. Nie owijałam tematu w bawełnę.

Pamiętam, że wzruszył tylko ramionami, przyznając mi rację. Nie zamierzał się sprzeczać czy podawać żadnych wyrafinowanych argumentów. Palenie było jedynym tematem, w związku z którym logika zdawała się go całkowicie zawodzić.

Choć chyba nie byłam skłonna się do tego przyznać, coś między nami zaczęło się zmieniać. Jeśli danego dnia byliśmy zbyt zajęci, by się zobaczyć, zastanawiałam się, co u niego słychać. Próbowałam stłumić poczucie zawodu, kiedy nie pojawiał się w drzwiach mojego biura. Maskowałam przed samą sobą radość, którą odczuwałam, gdy w nich stawał. Coś do niego czułam, ale były to uczucia uśpione i głęboko skryte, aby nie utrudniały mi kariery i realizacji przyszłych celów.

Nie pozwalałam sobie na żadne rozterki. Zbierałam bardzo dobre roczne oceny pracownicze. Miałam szansę zostać wspólniczką w kancelarii i to przed ukończeniem trzydziestu dwóch lat. Niczego więcej nie było mi trzeba - a przynajmniej to sobie wmawiałam.

Mogłam więc ignorować rodzące się między nami uczucie, ale on nie zamierzał.

- Myślę, że powinniśmy gdzieś razem wyjść - powiedział Barack pewnego popołudnia, gdy kończyliśmy obiad.

- My, razem? - Udałam zdumienie, że taka myśl mogła mu przyjść do głowy. - Mówiłam ci, że nie chodzę na randki. Poza tym jestem twoją opiekunką.

Zaśmiał się ironicznie.

- Jakby to cokolwiek znaczyło. Nie jesteś moją przełożoną - powiedział. - Poza tym całkiem mi się podobasz.

Barack miał w zwyczaju uśmiechać się od ucha do ucha. Był szarmancki i rozsądny w zabójczo pociągających proporcjach. W ciągu kolejnych dni wiele razy podawał mi argumenty na rzecz randki. Pasowaliśmy do siebie. Rozśmieszaliśmy się. Oboje byliśmy singlami, a w dodatku inne osoby, które spotykaliśmy, prawie od razu przestawały nas interesować. Nikt w firmie, twierdził, nie będzie miał nam za złe, że się spotykamy. Mogą to wręcz uznać za korzystne. Przypuszczał, że partnerzy będą chcieli go zatrzymać w kancelarii. Nasz związek zwiększyłby szansę, że przyjmie tę pracę.

- Czyli mam być przynętą? - powiedziałam ze śmiechem. - Pochlebiasz sobie.

Z biegiem lata firma zorganizowała kilka imprez i wyjazdów dla pracowników. Puszczano wówczas w obieg listę, na którą wpisać się mógł każdy chętny do udziału. Pewnego razu było to wspólne wyjście na *Nędzników* wystawianych w teatrze niedaleko biura. Wpisałam nas oboje na listę, co było zupełnie normalne, zważywszy na to, że ja byłam młodszą konsultantką, a on praktykantem pod moją pieczą. Spodziewano się, że będziemy wspólnie chodzić na firmowe spotkania. Miałam wszakże dopilnować, by z Sidley & Austin wyniósł miłe, dobre doświadczenia. To było moje główne zadanie.

Siedzieliśmy obok siebie w teatrze, wyczerpani po dniu ciężkiej pracy. Kurtyna się uniosła i aktorzy zaczęli śpiewać, roztaczając szarą, ponurą wizję Paryża. Nie wiem, czy to wina mojego nastroju, czy samej sztuki, ale francuskie cierpienia, którymi epatowano mnie przez kolejną godzinę, całkiem mnie przygwoździły. Jęki i łańcuchy. Bieda i gwałty. Niesprawiedliwość i opresja. Miliony ludzi na całym świecie zakochały się w tym musicalu, ja jednak wierciłam się w fotelu, próbując jakoś uśmierzyć udrękę odczuwaną przy każdym refrenie.

Gdy zaczęła się przerwa i zapalono światła, ukradkiem zerknęłam na Baracka. Siedział pogrążony w fotelu ze skronią wspartą na palcu i twarzą bez wyrazu.

– Jak ci się podoba? – zapytałam.

Spojrzał na mnie z ukosa.

– Okropne, prawda?

Zaśmiałam się z ulgą – mieliśmy takie samo zdanie.

Wyprostował się.

– A może się stąd urwiemy? – zaproponował. – Możemy po prostu wyjść.

W normalnych okolicznościach nie zgodziłabym się. To nie było w moim stylu. Bardzo się przejmowałam zdaniem innych prawników – co sobie pomyślą na widok naszych pustych miejsc? Zresztą zawsze zależało mi na tym, by dokończyć wszystko, co zaczęłam, i doprowadzić sprawy do samiutkiego finału, nawet jeśli chodziło o oglądanie przyciężkiego musicalu na Broadwayu w piękny środowy wieczór. Tak funkcjonowała moja wewnętrzna perfekcjonistka. Znosiłam katusze dla zachowania pozorów. Teraz jednak byłam z kimś, kto kierował się innymi zasadami.

Unikając znajomych z pracy, w tym pozostałych opiekunów wraz z ich praktykantami, którzy z ożywieniem wymieniali górnolotne spostrzeżenia, wymknęliśmy się z teatru w balsamiczne powietrze wieczoru. Z fioletowego nieba wyciekała resztka dziennego światła. Westchnęłam z ulgą tak namacalną, że Barack się roześmiał.

– To gdzie teraz? – spytałam.

– Może na drinka?

Ruszyliśmy w stronę pobliskiego baru. Szliśmy jak zwykle: ja krok przed nim. Barack, jak na Hawajczyka przystało, chodził w sposób swobodny i zrelaksowany, nie zamierzając tego zmieniać, nawet gdy go proszono, by się pospieszył, a może wręcz zwłaszcza wtedy. Ja z kolei maszerowałam energicznie nawet w wolnych chwilach i trudno mi było zwolnić. Pamiętam, że tamtego wieczora próbowałam się jednak kontrolować i chodzić odrobinę spokojniej, aby słyszeć, co do mnie mówi, bo zaczynałam sobie uświadamiać, że jego słowa są dla mnie ważne.

Aż do tamtego momentu starannie budowałam własne życie – zaginałam i składałam każdy jego odstający czy nierówny fragment, jakbym tworzyła precyzyjną figurę z origami o ściśle dopasowanych krawędziach. Wkładałam w to dużo pracy. Efekt napawał mnie dumą. Lecz figura była delikatna. Wystarczyło, że papier w jednym rożku trochę się rozsunął, a zaczynałam się denerwować. Jeśli dodatkowo w innym miejscu trochę się przekrzywił, zaczynałam wątpić w całą ścieżkę kariery, którą z rozmysłem kroczyłam, i we wszystkie wartości, które się dla mnie liczyły. Dziś sądzę, że właśnie dlatego byłam tak ostrożna i nie chciałam, by się do mnie zbliżył. On był jak wiatr, który mógł całą tę strukturę zniszczyć.

Dzień czy dwa później Barack spytał, czy mogłabym go podwieźć na weekendowego grilla dla wakacyjnych praktykantów w domu jednego ze starszych partnerów nad jeziorem w bogatej północnej dzielnicy. Pamiętam, że tamtego dnia niebo było jasne, a wody jeziora błyszczały tuż przy brzegu starannie przystrzyżonego trawnika. Kelner roznosił poczęstunki, z kolumn stereo dobiegała głośna muzyka, a goście chwalili wysmakowany przepych domu. Ci żyjący w dobrobycie i bez większych trosk ludzie byli niczym żywa ilustracja sukcesu, który można osiągnąć, gdy człowiek całkowicie poświęci się pracy. Wiedziałam, że

Barack wciąż nie jest pewny, co chce robić w życiu i jaki kierunek kariery obrać. Do tematu pieniędzy podchodził z dystansem. Podobnie jak ja nigdy ich nie miał, lecz też mu na nich nie zależało. Zdecydowanie wolał być skuteczny niż bogaty, ale wciąż nie wiedział, jak to osiągnąć.

Weszliśmy w grono imprezowiczów. Choć nie byliśmy parą, i tak większość czasu spędzaliśmy razem, dryfując od jednej grupki znajomych do drugiej, popijając piwo i lemoniadę, jedząc hamburgery i sałatkę ziemniaczaną z plastikowych talerzyków. Rozdzielaliśmy się, a później znów się odnajdowaliśmy. Działo się to zupełnie naturalnie. Barack flirtował ze mną, a ja z nim. Kilku mężczyzn zaczęło grać w koszykówkę i przyglądałam się, jak wchodzi na boisko w klapkach, by się przyłączyć. Z każdym pracownikiem firmy potrafił znaleźć wspólny język. Do sekretarek zwracał się po imieniu. Wszyscy go lubili, od starszych, staroświeckich prawników po ambitne młode byczki, z którymi właśnie grał w kosza. *To dobry człowiek*, pomyślałam, patrząc, jak rzuca piłkę koledze.

Ponieważ w liceum i koledżu naoglądałam się koszykówki, potrafiłam od razu rozpoznać dobrego gracza, i Barack szybko przeszedł mój sprawdzian. Grał energicznie, ale sprytnie, a jego szczupłe ciało poruszało się szybko, emanując siłą, której wcześniej nie dostrzegałam. Był zwinny i pełen gracji nawet w swoim hawajskim obuwiu. Stałam, udając, że słucham czyjejś nad wyraz uprzejmej żony, lecz spojrzenie miałam utkwione w Baracku. Po raz pierwszy widok, jaki prezentował ten dziwnie wszechstronny człowiek, tak mną poruszył.

Gdy wracaliśmy wczesnym wieczorem do miasta, poczułam dyskomfort, jakby ktoś zaszczepił we mnie ziarenko tęsknoty. Był lipiec. Barack miał opuścić firmę w sierpniu i wrócić do swojego uczelnianego życia. Z pozoru nic się nie zmieniło – wciąż jak zawsze wygłupialiśmy się i plotkowaliśmy o tym, co kto powiedział na grillu – ale czułam ciepło pnące się po kręgosłupie. Czułam jego obecność tuż obok siebie w ciasnej przestrzeni mojego samochodu. Łokieć trzymał na podłokietniku, kolano w zasięgu mojej dłoni. Gdy jechaliśmy łukiem Lake

Shore Drive na południe, mijając rowerzystów i biegaczy na pieszych ścieżkach, prowadziłam sama ze sobą milczącą dyskusję. Czy to mogłoby się udać bez zaangażowania? Jak bardzo zaszkodzi mi to w pracy? Nic nie było jasne – nie wiedziałam, co jest akceptowalne, kto się dowie i czy ktoś w ogóle się przejmie. Ku własnemu zaskoczeniu zrozumiałam jednak, że mam dość czekania, aż wszystko stanie się jasne.

Barack mieszkał w Hyde Park, podnajmując mieszkanie od przyjaciela. Zanim wjechaliśmy do jego dzielnicy, atmosfera napięcia między nami wyraźnie zgęstniała, jakby miało się wreszcie wydarzyć coś nieuniknionego albo przewidywalnego. A może tylko to sobie wyobrażałam? Może wykonałam zbyt wiele uników? Może się poddał i teraz postrzegał mnie już tylko jako dobrą, wierną przyjaciółkę – dziewczynę w saabie z klimą, która zawsze może go gdzieś podwieźć?

Zatrzymałam samochód przed jego domem, wciąż mając w głowie mętlik. Minęła niezręczna chwila ciszy, gdy każde z nas czekało, aż to drugie zacznie pożegnanie. Barack przechylił głowę i powiedział:

– A może skoczymy na lody?

Wtedy zrozumiałam, że gra trwa, i jak rzadko kiedy postanowiłam żyć chwilą, zamiast myśleć. Było ciepłe, letnie popołudnie w mieście, które kochałam. Powietrze miękko muskało moją skórę. Nieopodal jego mieszkania była cukiernia Baskin-Robbins. Wzięliśmy dwa lody włoskie na wynos i jedliśmy je, siedząc na krawężniku. Siedzieliśmy blisko siebie z podciągniętymi kolanami, przyjemnie zmęczeni po całym dniu poza domem, i w milczeniu szybko jedliśmy, starając się zdążyć, zanim lody się roztopią. Być może Barack wyczytał coś w mojej twarzy albo zachowaniu, może odkrył, że wszystko we mnie się rozluźnia i rozpuszcza.

Popatrzył na mnie z ciekawością i cieniem uśmiechu.

– Czy mogę cię pocałować? – spytał.

Po tych słowach nachyliłam się ku niemu i nagle wszystko stało się jasne.

Nasza historia

9.

GDY TYLKO OTWORZYŁAM SIĘ na uczucia do Baracka, zalały mnie ogromną falą – były jak potężne uderzenie pożądania, wdzięczności, spełnienia i poczucia cudowności. Wszelkie moje wątpliwości na temat życia, kariery, a nawet samego Baracka rozwiały się po tym pierwszym pocałunku, zastąpione pragnieniem, by lepiej poznać tego mężczyznę i jak najszybciej wszystkiego się o nim dowiedzieć.

Może dlatego, że za miesiąc miał wracać na Harvard, nie traciliśmy czasu na niezobowiązujący etap związku. Nie byłam gotowa, by mój chłopak sypiał pod jednym dachem z moimi rodzicami, więc jeździłam na noc do niego. Mieszkał w małym mieszkanku nad sklepem przy hałaśliwym odcinku 53 ulicy. Człowiek, od którego je podnajmował, był studentem prawa na University of Chicago i wyposażył je, jak na dobrego studenta przystało, w niedopasowane meble z wyprzedaży garażowych. Był tam mały stół, kilka rozchwierutanych krzeseł i wielki materac na podłodze. Na wszystkich płaskich powierzchniach, w tym sporej części podłogi, piętrzyły się książki i gazety Baracka. Wieszał marynarki na oparciach kuchennych krzeseł, a w lodówce nie miał prawie nic. Mieszkanie nie było przytulne, ale ponieważ teraz na wszystko patrzyłam przez pryzmat naszego błyskawicznie rozwijającego się romansu, czułam się tam jak w domu.

Barack mnie intrygował. Nie przypominał żadnego mężczyzny, z jakim się wcześniej spotykałam, głównie dlatego, że wydawał się pewny siebie. Otwarcie okazywał uczucia. Mówił mi, że jestem piękna. Sprawiał, że dobrze się przy nim czułam. Był dla mnie niczym jednorożec – tak niezwykły, że prawie nierealny. Nigdy nie opowiadał o sprawach materialnych, takich jak kupno domu, samochodu czy nawet nowych butów. Większość pieniędzy przeznaczał na książki, które były dla niego jak relikwie zapewniające umysłowi balast. Czytał do późna w nocy, często jeszcze długo po tym, jak poszłam już spać – prace historyczne i biografie, ale też Toni Morrison. Codziennie czytał kilka gazet od deski do deski. Śledził najnowsze recenzje książek, wyniki ligi amerykańskiej i obrady radnych z South Side. Potrafił z równą pasją opowiadać o wyborach w Polsce, jak i o tym, które filmy krytyk Roger Ebert zjechał i dlaczego.

Ponieważ nie mieliśmy klimatyzacji, musieliśmy spać przy otwartych oknach, próbując schłodzić nagrzane mieszkanie. Za chłód płaciliśmy hałasem. W tamtych czasach 53 ulica huczała od nocnej aktywności i jeździły po niej nisko zawieszone auta ze zdemontowanymi tłumikami. Mniej więcej co godzinę zza okna dobiegało nas wycie policyjnych syren albo krzyki kogoś, kto wyładowywał swój gniew strumieniem bluzgów, wyrywając mnie ze snu. Mnie to niepokoiło, ale nie Baracka. Zdążyłam się już przekonać, że w przeciwieństwie do mnie był bardziej oswojony z brutalnością świata, gotowy się z nią zmierzyć bez lęku. Pewnej nocy obudziłam się i zobaczyłam, że wpatruje się w sufit, a na jego profilu kładzie się blask ulicznych latarni. Wyglądał na zmartwionego, jakby rozmyślał nad czymś bardzo osobistym. Czy chodziło o nasz związek? O śmierć ojca?

– Hej, o czym tak myślisz? – szepnęłam.

Odwrócił się ku mnie z zakłopotanym uśmiechem.

– To nic takiego – powiedział. – Zastanawiałem się tylko nad nierównościami dochodowymi.

W ten właśnie sposób, co sobie stopniowo uświadamiałam, funkcjonował umysł Baracka. Absorbowały go wielkie, abstrakcyjne problemy i nabrał wariackiego przekonania, że będzie potrafił je rozwiązać. Muszę przyznać, że było to dla mnie coś nowego. Do tej pory obracałam się wśród ludzi, których co prawda także zajmowały ważne rzeczy, lecz przede wszystkim skupiali się na własnej karierze i zapewnieniu dobrobytu rodzinie. Barack był po prostu inny. Zmagał się z codziennymi problemami, ale jednocześnie, zwłaszcza w nocy, jego myśli zataczały znacznie szersze kręgi.

Większość czasu wciąż spędzaliśmy oczywiście w pracy, otoczeni luksusową martwotą biur kancelarii Sidley & Austin, gdzie każdego ranka otrząsałam się z zamyślenia i wracałam do roli młodszej partnerki, sumiennie rozprawiając się ze stertami papierów i prośbami klientów, których nigdy w życiu nie spotkałam. Barack zajmował się tymczasem własnymi dokumentami w kilkuosobowym dziale na tym samym piętrze, a partnerzy, na których zrobił wielkie wrażenie, coraz usilniej mu nadskakiwali.

Z powodów obyczajowych nalegałam, żebyśmy nie obnosili się z naszym rozkwitającym związkiem przed współpracownikami, lecz niezbyt dobrze nam to wychodziło. Lorraine, moja asystentka, uśmiechała się do Baracka znacząco, ilekroć pojawił się w moim biurze. Przyłapano nas publicznie pierwszego wieczora, kiedy krótko po pierwszym pocałunku już jako para postanowiliśmy się wybrać do Art Institute, a później na film Spike'a Lee *Rób, co należy* w Water Tower Place. W kolejce po popcorn wpadliśmy tam na jednego z najstarszych partnerów w firmie, Newta Minowa, i jego żonę Josephine. Przywitali się z nami serdecznie, wręcz z aprobatą, i nie powiedzieli ani słowa na temat tego, że byliśmy tam razem. Ale wszystko się wydało.

W tamtym okresie praca wydawała nam się wręcz przeszkodą – czymś, z czym trzeba się uporać, zanim będziemy mogli znów paść sobie w ramiona. Poza biurem bezustannie rozmawialiśmy, spacerując po Hyde Park w krótkich spodenkach i T-shirtach, a także przy posiłkach, które wydawały się nam krótkie, choć w rzeczywistości ciągnęły się godzinami. Przedyskutowaliśmy mocne strony każdego albumu

Steviego Wondera, a w następnej kolejności Marvina Gaye'a. Byłam oczarowana. Uwielbiałam powolny rytm jego mowy i to, jak mruży oczy, gdy powiem coś śmiesznego. Zaczynało mi się podobać powolne chodzenie bez przejmowania się terminami.

Każdy dzień przynosił drobne odkrycia: ja byłam fanką Cubsów, on - White Soxów. Ja przepadałam za zapiekanką makaronową, on jej nie znosił. Lubił mroczne, dramatyczne filmy, podczas gdy ja uwielbiałam komedie romantyczne. Był leworęczny i miał staranny charakter pisma, ja zaś gryzmoliłam prawą ręką jak kura pazurem. W ciągu miesiąca przed jego powrotem do Cambridge dzieliliśmy się wszystkimi możliwymi wspomnieniami i przypadkowymi spostrzeżeniami, opowiadając sobie o naszych dziecięcych wygłupach, młodzieńczych gafach i nieudanych początkowych romansach, które ostatecznie skierowały nas ku sobie. Baracka szczególnie intrygował okres mojego dorastania - życie przy Euclid Avenue, które z roku na rok i z dekady na dekadę wciąż pozostawało takie samo, rozpięte między skrajnymi punktami nierozerwalnego kwadratu: ja, Craig, mama i tata. Pracując jako animator społeczności, Barack spędził wiele czasu w kościołach, dzięki czemu zaczął rozumieć siłę zorganizowanej religii, lecz jednocześnie nie był szczególnie przywiązany do tradycji. Małżeństwo, powiedział mi na wczesnym etapie związku, było jego zdaniem niepotrzebnym, przereklamowanym konwenansem.

Nie przypominam sobie, bym tego lata przedstawiła go rodzicom, ale Craig twierdzi, że to zrobiłam. Ponoć pewnego wieczora przyszliśmy razem do domu przy Euclid Avenue. Craig także był tam wówczas z wizytą i wraz z rodzicami siedział na frontowej werandzie. Barack, wspomina, wydawał się przyjacielski i pewny siebie. Porozmawiał z nimi kilka minut, po czym zabrałam go do siebie na górę, żeby wziąć coś z mieszkania.

Ojciec od razu go polubił, ale nie dawał mu większych szans. Był przecież świadkiem tego, jak u bram Princeton rzucam mojego chłopaka z liceum, Davida. Pamiętał, że zerwałam z Kevinem, futbolistą z koledżu, gdy tylko zobaczyłam go w kudłatym stroju maskotki. Rodzice wiedzieli, że nie ma sensu przywiązywać się do moich chłopaków. Wychowali mnie w taki sposób, bym była panią własnego losu, i tak właśnie postępowałam. Wiele razy powtarzałam im, że energię i czas poświęcam na ważniejsze sprawy i nie ma w moim życiu miejsca na jakiegokolwiek mężczyznę.

Według Craiga mój ojciec pokręcił głową i się zaśmiał, patrząc, jak odchodzę z Barackiem.

– Fajny chłopak – powiedział. – Szkoda, że to długo nie potrwa.

JEŚLI MOJA RODZINA WPISYWAŁA SIĘ W KWADRAT, rodzina Baracka tworzyła jakąś bardziej skomplikowaną, transoceaniczną figurę. Spędził wiele lat na rozszyfrowywaniu jej konturów. Jego matka, Ann Dunham, miała siedemnaście lat i studiowała w hawajskim koledżu, gdy w 1960 roku zakochała się w kenijskim studencie Baracku Obamie. Małżeństwo było krótkie i zagmatwane – okazało się, że jej nowy mąż ma już żonę w Nairobi. Po rozwodzie Ann wyszła za jawajskiego geologa Lolo Soetoro i przeprowadziła się do Dżakarty wraz z małym Barackiem Obamą – tym moim – który miał wówczas sześć lat.

Barack powiedział mi, że w Indonezji czuł się szczęśliwy i miał dobre relacje z ojczymem, ale jego matce nie podobał się niski poziom szkoły, do której chodził. W 1971 roku Ann Dunham wysłała syna z powrotem na O'ahu, by tam zamieszkał z jej rodzicami i uczęszczał do prywatnej szkoły. Była wolnym duchem i przez lata podróżowała między Hawajami a Indonezją. Poza jedną dłuższą wizytą na Hawajach ojciec Baracka – człowiek o równie potężnym umyśle, co problemie alkoholowym – był nieobecny w jego życiu i w nie niezaangażowany.

A jednak Barack dorastał otoczony miłością. Dziadkowie z O'ahu mieli fioła na punkcie zarówno jego, jak i jego młodszej siostry Mai. Jego matka, choć większość czasu spędzała w Dżakarcie, okazywała mu miłość i wspierała go z oddali. Barack wspominał też czule swoją przyrodnią siostrę Aumę z Nairobi. Wychowywał się w znacznie mniej stabilnych warunkach niż ja, ale nie rozpaczał z tego powodu. Sam decydował o swoim losie. Dzieje jego rodziny sprawiły, że nauczył się polegać na sobie i, co ciekawe, stał się niepoprawnym optymistą. Skoro mimo nietypowych doświadczeń z okresu dorastania zdołał tak się rozwinąć, uznał, że stać go na jeszcze więcej.

Pewnego parnego wieczora towarzyszyłam mu z wizytą u starego przyjaciela, który poprosił o przysługę. Dawniej współpracowali przy animacji inicjatyw społecznych i dziś człowiek ten spytał, czy Barack zechciałby poprowadzić szkolenie w czarnej parafii w Roseland w dzielnicy Far South Side, którą dotknęło bezrobocie wywołane zamknięciem hut w połowie lat osiemdziesiątych. Dla Baracka był to miły, jednodniowy powrót do dawnego zajęcia w części Chicago, w której już kiedyś pracował. Gdy weszliśmy do kościoła, wciąż ubrani w firmowe garnitury, uświadomiłam sobie, że w gruncie rzeczy nie bardzo wiem, czym zajmuje się animator. Zeszliśmy schodami do niskiego, oświetlonego jarzeniówkami przyziemia, gdzie prawie piętnaścioro parafian – w większości kobiet – siedziało na składanych krzesełkach, wachlując się z gorąca. Pomieszczenie to za dnia pełniło najwyraźniej funkcję żłobka. Zajęłam miejsce na tyłach sali, a Barack stanął przed zgromadzonymi i się przywitał.

W ich oczach był pewnie młodym wilczkiem z jakiejś kancelarii. Widziałam, że ludzie go szacowali, próbując określić, czy jest jakimś zadufanym w sobie outsiderem, czy może faktycznie ma im coś do zaoferowania. Dobrze znałam tę atmosferę. Dorastając, chodziłam na warsztaty operetkowe w Afrykańskim Episkopalnym Kościele Metodystycznym niewiele różniącym się od tego. Kobiety w sali przypominały panie śpiewające w chórze Robbie lub te, które przyniosły zapiekankę na stypę po śmierci Southside'a. Miały dobre intencje i dbały o swoją wspólnotę. Były to często samotne matki lub babki, kobiety, które zawsze zaoferują pomoc, gdy nikt inny się do tego nie kwapi.

Barack powiesił marynarkę na oparciu krzesła, zdjął zegarek i położył go na blacie przed sobą, by kontrolować czas. Po przedstawieniu się przez prawie godzinę moderował rozmowę, podczas której prosił ludzi, by podzielili się swoimi historiami i problemami z życia okolicy. On także opowiedział swoją historię, podkreślając doświadczenia związane z animowaniem życia społeczności. Jego zadanie polegało na tym, by ich przekonać, że losy nas wszystkich się splatają, a niezadowolenie można przekuć w twórczą energię. Nawet oni, powiedział, ta mała grupka zebrana w kościele w dzielnicy, o której świat zdawał się nie pamiętać, mogą zyskać realną siłę polityczną. Ostrzegł, że wymaga to wiele wysiłku. Trzeba będzie stworzyć strategię, wysłuchać sąsiadów, budować zaufanie w miejscach, gdzie go nierzadko brakuje. Trzeba będzie prosić nieznajomych o poświęcenie odrobiny czasu albo drobnej cząstki wypłaty. Dziesiątki, jeśli nie setki razy usłyszy się odmowę, zanim ktoś powie „tak", co pozwoli doprowadzić do realnych zmian. (Wydaje się, że na tym właśnie polegała lwia część pracy animatora). Zapewnił ich jednak, że mogą zyskać wpływ na rzeczywistość. Sam widział, jak to działało – choć nie zawsze gładko – na spółdzielczym osiedlu Altgeld Gardens, gdzie grupa osób podobna do tej zdołała zarejestrować nowych wyborców, nakłonić mieszkańców do spotkania z miejską administracją w celu usunięcia toksycznego azbestu i przekonać urzędników burmistrza, aby sfinansowali lokalny ośrodek szkolenia zawodowego.

Przysadzista kobieta obok mnie kołysząca na kolanie niemowlaka nie ukrywała sceptycyzmu. Taksowała Baracka wzrokiem, miała wysuniętą żuchwę i wydęte usta, jakby mówiła: *A kto dał ci prawo mówić nam, co mamy robić?*

Ale ani ten sceptycyzm, ani piętrzące się problemy nie zbijały go z tropu. Barack był przecież jednorożcem ukształtowanym przez niezwykłe imię, osobliwe dziedzictwo, niejednorodne pochodzenie etniczne, nieobecnego ojca, wyjątkowy umysł. Nawykł do tego, że prawie wszędzie, gdzie się pojawiał, musiał coś komuś udowadniać.

Nie dawał łatwych recept, bo nie było tu na nie miejsca. Roseland otrzymało wiele druzgocących ciosów, począwszy od exodusu białych mieszkańców przez upadek przemysłu stalowego i zapaść szkolnictwa po rozkwit handlu narkotykami. Barack powiedział mi, że jako animator miejskich społeczności zawsze musiał się mierzyć z głębokim znużeniem ludzi – zwłaszcza Afroamerykanów – i cynizmem zrodzonym z tysiąca małych rozczarowań. Rozumiałam to. Dostrzegałam podobne zjawiska we własnej dzielnicy, a nawet rodzinie. Zgorzknienie, brak wiary. Przejawiali je obaj moi dziadkowe, a umacniał każdy zarzucony cel życiowy i każdy kompromis, na jaki musieli się zgodzić. Dręczyły nauczycielkę drugiej klasy w Bryn Mawr, której na dobrą sprawę przestało zależeć, by nas czegoś nauczyć. Kierowały sąsiadem, który zrezygnował z koszenia trawnika i nie pilnował własnych dzieci. Efektem takiego nastawienia był każdy śmieć porzucony na trawniku miejscowego parku i każdy gram alkoholu wypijanego jeszcze przed nastaniem wieczoru. A także to, że tak wiele rzeczy, w tym i nas samych, uważaliśmy za nie do naprawienia.

Barack nie pouczał mieszkańców Roseland ani nie próbował ich sobie zjednać, ukrywając swój uprzywilejowany status czy zachowując się „jak czarny". Parafianie byli pełni obaw i sfrustrowani, pozbawieni praw i kompletnie bezsilni, on natomiast dość bezkompromisowo odwracał strzałkę zmian w przeciwnym kierunku.

Sama nigdy nie przejmowałam się zbytnio ciemnymi stronami afroamerykańskiego życia. Wychowano mnie, bym myślała pozytywnie. Żyłam otoczona miłością rodziny, a rodzice dbali o to, abym osiągnęła w życiu sukces. Razem z Santitą Jackson chodziłam na wiece Operation PUSH i słuchałam, jak jej ojciec wzywa czarnych, by pamiętali o swej dumie. Postanowiłam wyjść poza własną dzielnicę, patrzeć w przyszłość i pokonywać wszelkie trudności. Udało mi się to. Zdobyłam dwa stopnie naukowe na uczelniach z Ivy League. Zabierałam głos na spotkaniach decydentów w Sidley & Austin. Rodzice i dziadkowie byli ze mnie dumni. Gdy jednak słuchałam Baracka, zaczęłam rozumieć, że nadzieja w jego rozumieniu jest znacznie potężniejsza niż moja. Samodzielnie wydostać się z beznadziejnego miejsca to jedno. Czymś całkiem innym jest to miejsce odmienić.

Znów ogarnęło mnie poczucie zupełnej wyjątkowości Baracka. Wokół mnie zebrane w kościele kobiety zaczęły coraz chętniej potakiwać, puentując jego wypowiedzi wyrazami aprobaty: „Aha, aha", „święta prawda!".

Pod koniec wystąpienia Barack zaczął mówić z większą werwą. Nie był kaznodzieją, ale jak kaznodzieja roztaczał wizję. Próbował nas skłonić do zaangażowania. Przedstawił wybór, przed którym, jak stwierdził, stoimy: poddać się albo pracować na rzecz zmiany. „Co będzie dla nas lepsze? – pytał zebranych. – Pogodzimy się z tym, jak jest, czy spróbujemy walczyć o świat taki, jaki być powinien?".

Zapożyczył tę frazę z książki, którą czytał, gdy zaczynał pracę animatora. Zapamiętałam ją na wiele lat. Nie wiem, czy coś mogło lepiej wyrazić jego aspiracje. *Świat taki, jaki być powinien.*

Siedząca obok mnie kobieta z niemowlakiem na kolanach wybuchnęła. „Tak jest!" – zawołała głośno, ostatecznie przekonana. „Amen!".

Amen, pomyślałam. Bo ja także dałam się przekonać.

PRZED WYJAZDEM NA UCZELNIĘ w połowie sierpnia Barack wyznał mi miłość. Uczucie rozkwitło między nami tak szybko i naturalnie, że nie zapamiętałam tamtej chwili jako nadzwyczajnej. Nie pamiętam, kiedy i w jakich okolicznościach się to stało. Po prostu w czuły, szczery sposób wyraził uczucie, które nas oboje zaskoczyło. Choć znaliśmy się dopiero od kilku miesięcy i choć miłość wydawała się czymś niepraktycznym – kochaliśmy się.

Teraz jednak musieliśmy się zmierzyć z perspektywą życia w odległości prawie półtora tysiąca kilometrów od siebie. Barack miał przed sobą jeszcze dwa lata studiów, po których zamierzał osiąść w moim mieście. Nie oczekiwał, że porzucę swoje chicagowskie życie. Jako wciąż dość nowa pracownica kancelarii Sidley rozumiałam, że następny etap mojej kariery będzie kluczowy – to, czy zostanę partnerem, zależeć będzie od moich osiągnięć. Ponieważ sama także studiowałam prawo, wiedziałam, jak bardzo zajęty będzie Barack. Został prezesem

„Harvard Law Review", studenckiego miesięcznika, który uważano za jedno z najlepszych czasopism o tematyce prawnej w kraju. Był to zaszczyt, lecz praca w redakcji na pełny etat poważnie obciążała i tak mocno napięty jego plan studiów.

Co to dla nas oznaczało? Byliśmy skazani na telefon. W roku 1989 nie nosiło się jeszcze telefonów w kieszeni. Nie dało się wysłać SMS-a. Nie można było przesłać buziaka za pomocą emotki. Rozmowy wymagały wolnego czasu z obu stron. Te osobiste prowadziło się przeważnie w domu wieczorem, kiedy człowiek był już ledwie żywy i marzył tylko o tym, by pójść spać.

Przed wyjazdem Barack powiedział mi, że wolałby pisać listy.

„Nie lubię się z telefonami" – oznajmił. Jakby to rozwiązywało problem. Nie, niczego nie rozwiązało.

Rozmawialiśmy przez całe lato. Nie zamierzałam teraz powierzyć naszej miłości powolnym usługom pocztowym. Była to kolejna drobna różnica między nami: Barack chętniej wyrażał uczucia na piśmie. Wychował się na listach – przychodziły w cieniutkich kopertach poczty lotniczej od jego matki z Indonezji. Ja tymczasem wolałam kontakty twarzą w twarz – wychowałam się na niedzielnych obiadach u Southside'a, gdzie, żeby zostać usłyszanym, czasem trzeba było krzyczeć.

Cała nasza rodzina dużo paplała. Tata, który niedawno zamienił samochód na specjalnego vana z udogodnieniami dla niepełnosprawnych, wciąż chętnie przyjeżdżał w odwiedziny do kuzynostwa. Przyjaciele, sąsiedzi i kuzyni kuzynów, którzy regularnie zjawiali się na Euclid Avenue, siadali w salonie przy fotelu mojego ojca i opowiadali mu różne historie albo prosili o radę. Nawet David, mój były chłopak z liceum, przyjeżdżał czasem o coś zapytać. Tata równie chętnie korzystał z telefonu. Przez wiele lat prawie codziennie dzwonił do mojej mieszkającej w Południowej Karolinie babki, by zapytać o nowiny.

Poinformowałam Baracka, że jeśli nasz związek ma się utrzymać, powinien jednak oswoić się z telefonem. „Jeśli nie będę mogła z tobą rozmawiać – oznajmiłam – to może znajdę sobie kogoś gotowego mnie wysłuchać". Oczywiście żartowałam, ale tylko trochę.

W ten sposób Barack musiał się przeprosić z telefonem. Jesienią rozmawialiśmy tak często, jak tylko się dało. Tkwiliśmy uwięzieni we własnych odrębnych światach i zajęciach, ale i tak dzieliliśmy się wszystkimi drobnymi zdarzeniami dnia. Narzekaliśmy na ogrom spraw z zakresu prawa podatkowego spółek, które musiał przeanalizować, albo śmialiśmy się z tego, że postanowiłam chodzić na aerobik po pracy, by wypocić biurowe frustracje. Mimo upływu miesięcy, pozostawaliśmy niezmienni i pewni w swoich uczuciach. Związek z Barackiem stał się dla mnie jeszcze jedną rzeczą w życiu, która nie budziła wątpliwości.

W kancelarii włączono mnie do zespołu zajmującego się rekrutacją nowych pracowników i otrzymałam zadanie prowadzenia rozmów kwalifikacyjnych ze studentami Harvard Law School starającymi się o praktyki wakacyjne. W gruncie rzeczy chodziło o to, by ich zwabić. Pamiętam, że jeszcze jako studentka poznałam moc i pokusę przemysłu prawa korporacyjnego, kiedy wręczono mi segregator grubości słownika ze spisem wszystkich kancelarii w kraju, informując, że każda z nich chętnie zatrudni prawnika po Harvardzie. Wydawało się, że z harwardzkim dyplomem można pracować w dowolnym mieście i zajmować się dowolną dziedziną prawa, czy będzie to wielobranżowy gigant w Dallas, czy wąsko wyspecjalizowana nowojorska firma. Jeśli któryś z pracodawców cię interesował, mogłeś poprosić o rozmowę na terenie kampusu. Jeżeli poszła dobrze, oferowano ci „przelotkę", czyli bilet lotniczy, pokój w pięciogwiazdkowym hotelu i kolejne spotkania w siedzibie firmy, po których następowała szykowna kolacja z winem w towarzystwie rekruterów takich jak ja. Podczas studiów sama także skorzystałam z przelotek do San Francisco i Los Angeles, po części dlatego, żeby zorientować się w sprawie praktyk w kancelariach obsługujących show-biznes, a po części dlatego, że nigdy wcześniej nie byłam w Kalifornii.

Teraz w Sidley, gdy sama pełniłam funkcję rekruterki, moim celem było wyselekcjonowanie inteligentnych i dobrze zmotywowanych studentów, lecz spoza grona białych mężczyzn. W zespole rekrutacyjnym była tylko jedna Afroamerykanka poza mną – starsza partnerka Mercedes Laing. Miała dziesięć lat więcej ode mnie i stała się moją przyjaciółką oraz mentorką. Podobnie jak ja zrobiła dwa dyplomy na uczelniach Ivy League i regularnie zasiadała w gronach osób zupełnie od niej różnych. Zgadzałyśmy się, że nie można ani do tego nawyknąć, ani na to pozwalać. Podczas zebrań rekrutacyjnych zapalczywie – i jak z pewnością niektórzy sądzili bezczelnie – domagałam się, by firma szerzej zarzuciła sieć podczas poszukiwań młodych talentów. Dotychczas od dawna stosowana metoda polegała na tym, by kontaktować się ze studentami z wybranych uczelni – głównie Harvardu, Stanford, Yale, Northwestern, University of Chicago i University of Illinois – gdzie większość pracujących w kancelarii prawników uzyskała dyplomy. Powstawało sprzężenie zwrotne: starsze pokolenie prawników zatrudniało kolejne o bardzo podobnych doświadczeniach życiowych, co dławiło wszelką różnorodność. By jednak oddać sprawiedliwość Sidley & Austin, z tym problemem mierzyły się wszystkie większe kancelarie w kraju (inna sprawa, czy starały się mu zaradzić). Badanie przeprowadzone w owym czasie przez pismo „National Law Journal" wykazało, że w dużych firmach prawniczych odsetek afroamerykańskich pracowników wynosi niecałe trzy procent, a partnerów – mniej niż jeden.

Aby jakoś złagodzić te nierówności, proponowałam, by odezwać się do studentów z innych państwowych uczelni oraz tradycyjnie czarnych koledżów, takich jak Howard University. Gdy zespół rekrutacyjny zbierał się w gabinecie w Chicago, by przeglądać CV kandydatów, sprzeciwiałam się za każdym razem, gdy jakiegoś studenta automatycznie odrzucano, bo w indeksie miał czwórkę albo nie uczestniczył w dość prestiżowym programie licencjackim. Jeśli chcieliśmy poważnie podejść do zatrudniania prawników z grup mniejszościowych, twierdziłam, powinniśmy patrzeć na kandydatów bardziej całościowo. Należy wziąć pod uwagę raczej to, jak wykorzystali swoje życiowe szanse, niż tylko szacować, na jak wysoki szczebel elitarnej drabiny akademickiej zdołali się wspiąć. Nie chodziło bynajmniej o obniżenie wysokich standardów firmy, lecz o to, że gdy trzymamy się bardzo sztywnych, staroświeckich metod oceniania potencjału nowych prawników, naszej uwadze umykają osoby, które mogłyby przyczynić się do sukcesu firmy. Innymi słowy, powinniśmy rozmawiać z większą liczbą studentów, zamiast ich z góry skreślać.

Dlatego też bardzo lubiłam jeździć do Cambridge. Miałam dzięki temu wpływ na to, którzy studenci zostaną zaproszeni na rozmowę. Był to także, rzecz jasna, świetny pretekst, by widywać się z Barackiem. Gdy zjawiłam się tam po raz pierwszy, przyjechał po mnie swoim bananowożółtym datsunem o pionowo ściętej masce, którego kupił z drugiej ręki, nie mogąc sobie pozwolić na nic lepszego za studenckie pieniądze. Przekręcił kluczyk w stacyjce i silnik zaterkotał, a auto szarpnęło gwałtownie, po czym zaczęło głośno, regularnie dygotać, potrząsając nami w fotelach. Popatrzyłam na Baracka z niedowierzaniem.

– Ty naprawdę tym jeździsz? – spytałam, przekrzykując hałas.

Rzucił mi figlarny uśmiech spod znaku „spokojnie, nad wszystkim panuję", który mnie zawsze rozbrajał.

– Daj mu minutkę albo dwie – powiedział, wrzucając bieg. – Zaraz przestanie tak trząść. – Po kilku kolejnych minutach, gdy skręcił w ruchliwą ulicę, dodał: – A przy okazji, lepiej nie patrz pod nogi.

Ale ja już zdążyłam zobaczyć to, co chciał przede mną ukryć – wyżartą przez rdzę dziurę wielkości dłoni w podłodze, przez którą widziałam przemykający pod nami asfalt.

Już wtedy wiedziałam, że życie z Barackiem nigdy nie będzie nudne. Raczej bananowożółte i ekscytujące. Zrozumiałam też wówczas, że ten człowiek prawdopodobnie nigdy się nie dorobi.

Barack mieszkał w spartańskiej kawalerce w Sommerville, lecz na czas wyjazdów rekrutacyjnych Sidley rezerwowało mi pokój w luksusowym Charles Hotel obok kampusu, gdzie spaliśmy w gładkiej, wykwintnej pościeli, a Barack, który rzadko sobie gotował, mógł zjeść porządny ciepły posiłek przed porannymi zajęciami. Wieczorami siadał w moim pokoju i się uczył. Zabawnie wyglądał w grubym hotelowym szlafroku frotté.

Tamtego roku polecieliśmy do Honolulu na Boże Narodzenie. Nigdy wcześniej nie byłam na Hawajach, ale coś mi mówiło, że mi się tam spodoba. W końcu urodziłam się w Chicago, gdzie zima trwa do kwietnia, a łopata do odśnieżania jest standardowym wyposażeniem samochodu. Posiadałam niepokojąco dużo wełnianej odzieży. Zimowe wyjazdy w ciepłe miejsca zawsze budziły we mnie wakacyjne emocje. W koledżu pojechałam raz na Bahamy z Davidem, kolegą z klasy, który stamtąd pochodził, a innym razem na Jamajkę z Suzanne. W obu tych przypadkach rozkoszowałam się miękkim dotykiem powietrza na skórze, a bliskość oceanu napawała mnie wielką radością. Może nieprzypadkowo ciągnęło mnie do ludzi, którzy wychowali się na wyspach.

W Kingston Suzanne zabierała mnie na plaże z drobnym białym piaskiem, gdzie skakałyśmy przez jadeitowe fale. Fachowo prowadziła nas przez ruchliwy targ, przekomarzając się ze sprzedawcami.

– Chwyć to! – wołała do mnie, nie próbując ukrywać lokalnego akcentu, i rozentuzjazmowana wręczała mi kawałeczek grillowanej ryby, smażone bataty, łodygi trzciny cukrowej albo cząstkę mango. Domagała się, żebym wszystkiego spróbowała i w pełni sobie uzmysłowiła, za jak wiele rzeczy można pokochać to miejsce.

Nie inaczej było z Barackiem. Choć żył już od ponad dekady na kontynencie, Hawaje wciąż miały dla niego wielkie znaczenie. Chciał, żebym wszystko zobaczyła, począwszy od rozłożystych palm rosnących wzdłuż ulic Honolulu przez łuk plaży Waikiki po zieloną barierę wzgórz okalających miasto. Mieszkaliśmy przez tydzień w mieszkaniu wynajętym od przyjaciół jego rodziny i codziennie chodziliśmy nad ocean, by pływać i wylegiwać się w słońcu. Poznałam Mayę, przyrodnią siostrę Baracka, miłą, bystrą dziewiętnastolatkę studiującą w nowojorskim koledżu Barnard. Miała okrągłą buzię, wielkie brązowe oczy i ciemne włosy opadające skłębionymi lokami na ramiona. Poznałam dziadków Baracka, Madelyn i Stanleya Dunhamów, czyli „Toot i Grampsa", jak ich nazywał. Mieszkali wciąż w tym samym bloku, w którym go wychowywali, w małym mieszkaniu udekorowanym indonezyjskimi tkaninami przysyłanymi od lat przez Ann.

Poznałam także samą Ann, pulchną energiczną kobietę o ciemnych, zmierzwionych włosach i szczęce równie mocno zarysowanej jak u Baracka. Nosiła masywną srebrną biżuterię, jasną sukienkę z batiku i mocne sandały, w sam raz dla antropolożki. Traktowała mnie przyjaźnie i wypytywała o przeszłość oraz pracę. Uwielbiała swojego syna – wręcz go czciła – i chętnie korzystała z każdej okazji, by z nim usiąść i porozmawiać. Streściła mu swoją dysertację, a potem wymieniali się rekomendacjami książkowymi jak starzy przyjaciele, którzy się dawno nie widzieli.

Wszyscy krewni wciąż nazywali go Barry, co wydawało mi się bardzo urocze. Jego dziadkowie, choć opuścili rodzinny dom w Kansas w latach czterdziestych, przypominali mi – zgodnie z opisem Baracka – parę ze Środkowego Zachodu, która nagle znalazła się w obcym świecie. Gramps, człowiek duży i niedźwiedziowaty, opowiadał zwariowane dowcipy. Toot, tęga siwowłosa kobieta, która awans po awansie doszła do stanowiska wicedyrektorki miejscowego banku, robiła nam na lunch kanapki z tuńczykiem. Wieczorami przygotowywała krakersy Ritz z sardynkami w charakterze przekąski, a kolację podawała w aluminiowych tackach, aby wszyscy mogli przy jedzeniu oglądać telewizję lub grać w scrabble. Tworzyli skromną rodzinę z klasy średniej, pod wieloma względami przypominającą moją.

Wszystko to zarówno mnie, jak i Baracka wprawiło w przyjemny nastrój. Choć tak się różniliśmy, stanowiliśmy ciekawie dopasowaną parę. Wzajemny pociąg i swoboda, jaką w swoim towarzystwie czuliśmy, znajdowały tu wytłumaczenie.

Na Hawajach intelektualna strona Baracka ustępowała miejsca zrelaksowanej części jego osobowości. Był w domu. A dom to miejsce, gdzie nie musiał nikomu niczego udowadniać. Cały czas się dokądś spóźnialiśmy, ale nie miało to znaczenia – nawet dla mnie. Bobby, kolega Baracka z liceum, który zarabiał jako rybak, zabrał nas pewnego dnia na łódź, żeby tak po prostu popływać i ponurkować z rurką. Wówczas zobaczyłam Baracka tak odprężonego, jak jeszcze nigdy wcześniej: wypoczywał pod błękitnym niebem z piwem w dłoni w towarzystwie starego przyjaciela, nie przejmując się najświeższymi wiadomościami, lekturami na zajęcia czy problemem nierówności dochodów. Na wygrzanej słońcem wyspie mieliśmy czas wyłącznie dla siebie, o co dotąd zawsze było trudno.

Bardzo wiele moich przyjaciółek oceniało potencjalnych partnerów po powierzchownych cechach, takich jak wygląd czy perspektywy finansowe. Jeżeli okazywało się, że wybrany mężczyzna nie potrafi się komunikować albo przyznać do niedoskonałości, uznawały najwyraźniej, że czas lub małżeństwo załatwią te problemy. Lecz Barack pojawił się w moim życiu w pełni ukształtowany. Już podczas pierwszej rozmowy zauważyłam, że nie wstydzi się okazywania lęku czy słabości i ceni szczerość. W pracy dostrzegłam jego skromność i umiejętność poświęcenia na rzecz sprawy.

A teraz na Hawajach ujrzałam kolejne cechy jego osobowości. Wieloletnie przyjaźnie z kolegami z liceum wskazywały, że potrafi budować trwałe relacje. W jego przywiązaniu do matki, osoby o silnym charakterze, widziałam głęboki szacunek dla kobiet i ich niezależności. Nie musieliśmy o tym otwarcie rozmawiać, bym zrozumiała, że będzie potrafił żyć z partnerką realizującą własne pasje i mówiącą własnym głosem. Tego nie da się nauczyć, gdy związek już trwa, i nie można wypracować czy zmienić nawet z pomocą miłości. Otwierając przede mną swój świat, Barack pokazał mi wystarczająco dużo, bym mogła stwierdzić, jakim będzie partnerem życiowym.

Pewnego popołudnia wynajęliśmy samochód i pojechaliśmy na północny brzeg O'ahu, gdzie usiedliśmy na miękkiej wstędze plaży i przyglądaliśmy się surferom przecinającym ogromne fale. Siedzieliśmy tam przez wiele godzin, pogrążeni w rozmowie, podczas gdy fale nakładały się jedna na drugą, aż słońce opadło tuż nad horyzont, a inni plażowicze spakowali się i poszli do domu. Wciąż rozmawialiśmy, gdy niebo poróżowiało, sfioletowiało i w końcu pociemniało. Pojawiły się komary i zrobiliśmy się głodni. Choć przyjechałam na Hawaje, by zerknąć w przeszłość Baracka, teraz siedzieliśmy na skraju oceanicznego przestworu, dyskutując o różnych wersjach przyszłości – w jakim domu pewnego dnia chcielibyśmy zamieszkać, jakimi rodzicami chcielibyśmy zostać. Taka rozmowa, takie spekulacje wydawały się dość śmiałe, lecz zarazem dodawały otuchy, bo może nigdy nie przestaniemy rozmawiać, może będziemy prowadzić tę rozmowę do końca życia?

PO POWROCIE DO CHICAGO, znów oddzielona od Baracka, wciąż czasem chodziłam na spotkania podczas *happy hour*, choć rzadko zostawałam do późna. Jego zamiłowanie do czytania obudziło we mnie mola książkowego. Lubiłam teraz spędzić sobotni wieczór na sofie przy lekturze dobrej książki.

Kiedy mi się nudziło, dzwoniłam do starych znajomych. Choć byłam w poważnym związku, przyjaciółki wciąż dawały mi poczucie stabilności. Santita Jackson podróżowała po kraju z Robertą Flack jako chórzystka, ale rozmawiałyśmy, kiedy tylko się dało. Mniej więcej rok wcześniej siedziałam z rodzicami w salonie przed telewizorem i pękałam z dumy, gdy oglądaliśmy, jak Santita z rodzeństwem przedstawia ojca na Krajowej Konwencji Partii Demokratycznej 1988. Wielebny Jackson poprowadził solidną kampanię prezydencką – podczas wyborów wstępnych wygrał w kilkunastu stanach, zanim scedował nominację do funkcji kandydata demokratów na Michaela Dukakisa. Podczas kampanii w rodzinach takich jak nasza budził głęboką nadzieję na zmiany i wielki entuzjazm, choć w gruncie rzeczy wiedzieliśmy, że ma znikome szanse.

Regularnie rozmawiałam z Verną Williams, bliską przyjaciółką ze studiów prawniczych, która jeszcze do niedawna mieszkała w Cambridge.

Spotkała Baracka kilka razy i bardzo go polubiła, choć droczyła się ze mną, że skoro pozwalam mężczyźnie swojego życia palić papierosy, to najwyraźniej obniżyłam oczekiwania. Z Angelą Kennedy wciąż znajdowałyśmy powody do śmiechu, mimo że pracowała teraz jako nauczycielka w New Jersey, jednocześnie opiekując się małym synem i próbując zachować równowagę w obliczu powolnego rozpadu małżeństwa. Gdy się poznałyśmy, byłyśmy trzpiotkami z koledżu, a teraz zamieniłyśmy się w dorosłe kobiety z dorosłymi problemami. Czasem, kiedy to sobie uświadomiłyśmy, nie mogłyśmy powstrzymać rozbawienia.

Tymczasem Suzanne pozostała takim samym wolnym duchem jak w czasach, gdy dzieliłyśmy pokój w Princeton. Bardziej lub mniej nieoczekiwanie pojawiała się w moim życiu i znikała, wciąż oceniając mijające dni po przyjemności, jaką jej dały. Bywało, że nie rozmawiałyśmy przez długi czas, lecz w chwili spotkania bez trudu podejmowałyśmy wątek naszej przyjaźni. Wciąż nazywałam ją Olewką, a ona mnie Miche. Nasze światy różniły się jak wtedy, gdy chodziła na klubowe imprezy, a brudną bieliznę wkopywała pod łóżko, ja zaś kolorowymi pisakami oznaczałam notatki z kursu socjologii dla zaawansowanych. Już wtedy Suzanne była dla mnie jak siostra, której życie mogłam obserwować wyłącznie z daleka, z drugiego brzegu dzielących nas przepastnych różnic. Była niesamowicie irytująca, urocza i zawsze dla mnie ważna. Prosiła mnie o rady tylko po to, by je zupełnie zignorować. Czy popełniłabym błąd, umawiając się z piosenkarzem pop, który jest już trochę znany, ale lata za spódniczkami? No pewnie! Ale ona i tak postępowała po swojemu, bo w końcu czemu nie? Najbardziej mnie rozeźliła, gdy po koledżu zrezygnowała z biznesowej uczelni z Ivy League, ponieważ uznała, że z jej ukończeniem wiązałoby się zbyt dużo pracy, a za mało frajdy. Zamiast tego zrobiła magisterkę na niezbyt stresującej uczelni państwowej, co wydawało mi się wówczas przejawem lenistwa.

Decyzje Suzanne postrzegałam czasem jako afront wobec mojego stylu życia – pochwałę luzu i braku ambicji. Dziś muszę przyznać, że oceniałam ją niesprawiedliwie, choć wtedy wydawało mi się, że mam rację.

Wkrótce po tym, jak zaczęłam spotykać się z Barackiem, zadzwoniłam do Suzanne, by zwierzyć się jej ze swoich uczuć wobec niego. Bardzo się ucieszyła, słysząc mnie tak szczęśliwą – w końcu szczęście uważała za najważniejszą wartość w życiu. Sama także miała nowinę: zamierzała rzucić pracę informatyczki w Banku Rezerwy Federalnej i wyjechać na wakacje, ale nie na parę tygodni, tylko wiele miesięcy. Razem z matką wybierały się w przygodową podróż dookoła świata. Bo dlaczego nie?

Nie mam pojęcia, czy Suzanne już wtedy podświadomie czuła, że coś niepokojącego dzieje się z komórkami jej ciała i choroba skrycie przejmuje nad nimi władzę. Wiem tyle, że jesienią 1989 roku, kiedy ja nosiłam skórzane szpilki i przesiadywałam na długich, nudnych zebraniach w Sidley, Suzanne wraz z matką starały się w Kambodży nie rozlać curry na swoje letnie sukienki i tańczyły o świcie na wspaniałych promenadach Tadż Mahal. Kiedy ja przeglądałam rachunki, odbierałam pranie i obserwowałam, jak więdnące liście opadają z drzew przy Euclid Avenue, Suzanne przemierzała gorący, wilgotny Bangkok w tuk-tuku, krzycząc – jak to sobie wyobrażałam – z radości. Tak naprawdę nie mam pojęcia, jak wyglądały jej podróże ani dokąd jeździła, bo nie należała do osób, które wysyłają pocztówki czy utrzymują częsty kontakt. Była zbyt zajęta życiem, pochłanianiem wszystkiego, co świat jej oferował.

Kiedy wróciła do domu w Maryland i znalazła chwilę, by do mnie zadzwonić, podzieliła się jednak całkiem inną nowiną, tak mroczną i odległą od mojego wyobrażenia o jej życiu, że wręcz nie mogłam w nią uwierzyć.

– Mam raka – powiedziała mi głosem schrypniętym z emocji. – I to rozległego.

Lekarze właśnie zdiagnozowali u niej złośliwego chłoniaka, który zaczynał już pożerać narządy. Opisała mi plan leczenia, licząc, że może okaże się skuteczne, ale byłam zbyt przejęta, by zapamiętać szczegóły. Zanim się rozłączyła, powiedziała, że jakimś okrutnym zrządzeniem losu jej matka także poważnie zachorowała.

Chyba nigdy nie wierzyłam, że życie jest sprawiedliwe, ale zawsze uważałam, że z każdego problemu można znaleźć wyjście. Rak Suzanne podważył to moje przekonanie i zadał cios moim ideałom. Bo choć jeszcze nie wszystko dokładnie przemyślałam, miałam już jakieś wyobrażenie na temat własnej przyszłości. Stworzyłam plan, którego trzymałam się ściśle od pierwszego roku koledżu, realizowałam go punkt po punkcie.

Dla siebie i Suzanne zaplanowałam, co następuje: będziemy sobie nawzajem druhnami na weselach. Nasi mężowie, choć zupełnie różni, i tak się polubią. W tym samym czasie urodzą nam się dzieci i będziemy razem jeździć na wycieczki na Jamajkę. Choć pozostanę nieco krytyczna wobec jej metod wychowawczych, a ona – moich, dzieci każdej z nas, dorastając, będą w tej drugiej widziały swoją ulubioną, zabawną ciotkę. Ja będę kupować jej dzieciakom książki na urodziny, a ona moim – drążki pogo. Będziemy się razem śmiać, dzielić sekrety, przewracać oczami, słysząc, co ta druga nawyczyniała, aż pewnego dnia odkryjemy, że zamieniłyśmy się w dwie staruszki, od zawsze najlepsze przyjaciółki, zdumione, gdzie też się podział cały ten czas.

Był to dla mnie świat taki, jaki powinien być.

GDY PATRZĘ WSTECZ, NIEZWYKŁE wydaje mi się to, że tamtej zimy i wiosny po prostu pracowałam. Byłam prawniczką, a prawnicy pracują. Pracowaliśmy nieustannie. Byliśmy warci tyle, ile przepracowane przez nas godziny. Powtarzałam sobie, że nie mam wyboru. Że praca jest ważna. I każdego ranka stawiałam się w centrum Chicago w korporacyjnym mrowisku znanym jako One First National Plaza. Z pochyloną głową nabijałam godziny.

W Maryland Suzanne mierzyła się z chorobą. Borykała się z wizytami lekarskimi i operacjami, próbując jednocześnie zajmować się matką, która także walczyła ze złośliwym nowotworem, zupełnie niezwiązanym, jak twierdzili lekarze, z chorobą córki. To był pech, zrządzenie złego losu, sytuacja tak wynaturzona, że na samą myśl o niej przechodziły mnie ciarki. Reszta rodziny Suzanne nie żyła ze sobą zbyt blisko z wyjątkiem jej dwóch ulubionych kuzynek, które pomagały tyle, ile mogły. Angela przyjeżdżała czasem z New Jersey w odwiedziny, ale musiała łączyć obowiązki matki niemowlaka z pracą. Poprosiłam Vernę, przyjaciółkę z uniwersytetu, żeby w moim imieniu zaglądała czasem do Suzanne. Obie kobiety spotkały się kilka razy, gdy studiowałyśmy na Harvardzie, i traf chciał, że Verna mieszkała teraz w Silver Spring – od domu Suzanne dzielił ją tylko parking.

Wiedziałam, że proszę Vernę o wiele, zważywszy na to, że sama niedawno straciła ojca i zmagała się z żałobą. Była jednak prawdziwą przyjaciółką i osobą pełną empatii. Pewnego majowego dnia zadzwoniła do mnie do biura, by zrelacjonować odwiedziny u Suzanne.

– Uczesałam ją – powiedziała.

To, że Suzanne nie potrafiła się sama uczesać, powinno było powiedzieć mi wszystko, ale ja odgrodziłam się murem od prawdy. W głębi ducha jej nie akceptowałam. Żyłam z przekonaniem, że zdrowie Suzanne się poprawi, choć wszystko wskazywało na to, że to płonne nadzieje.

Angela zadzwoniła do mnie w czerwcu i od razu przeszła do sedna.

– Miche, jeśli chcesz ją odwiedzić – powiedziała – to lepiej nie zwlekaj.

Na tym etapie Suzanne leżała już w szpitalu. Była zbyt słaba na rozmowę, na przemian traciła i odzyskiwała przytomność. Moja nadzieja runęła. Odłożyłam słuchawkę i kupiłam bilet lotniczy. Poleciałam na wschód, wsiadłam do taksówki, weszłam do szpitala, pojechałam windą na odpowiednie piętro, przemierzyłam korytarz, odnalazłam właściwy pokój i zobaczyłam ją w łóżku. Angela i jedna z kuzynek doglądały jej w milczeniu. Okazało się, że matka Suzanne zmarła zaledwie kilka dni wcześniej, a teraz Suzanne była w śpiączce. Angela się przesunęła, bym mogła przysiąść na skraju łóżka.

Wpatrywałam się w Suzanne, w jej idealną, szczupłą twarz i miedzianobrązową skórę, czerpiąc osobliwe pocieszenie z widoku jej młodzieńczych, gładkich policzków i dziewczęcej linii ust. Co dziwne, wcale nie wyglądała na wyniszczoną przez chorobę. Ciemne włosy miała wciąż lśniące i długie – ktoś zaplótł je w dwa warkocze sięgające niemal do pasa. Jej wysportowane nogi biegaczki leżały skryte pod kołdrą. Wyglądała młodo, jak cudowna, piękna dwudziestosześciolatka, która po prostu na chwilę przysnęła.

Żałowałam, że nie przyjechałam wcześniej. Żałowałam, że w trakcie naszej urywanej przyjaźni tyle razy wypominałam jej błędy, podczas gdy w rzeczywistości być może postępowała słusznie. Nieoczekiwanym pokrzepieniem napełniła mnie myśl, że tak często lekceważyła moje rady. Cieszyłam się, że nie harowała na dyplom z jakiejś tam ekskluzywnej szkoły biznesowej. Że dla czystej frajdy zmarnowała weekend z trochę już sławnym gwiazdorem pop. Że udało jej się razem z mamą obejrzeć wschód słońca nad Tadż Mahal. Suzanne potrafiła żyć tak, jak ja nie umiałam.

Tego dnia trzymałam jej wiotką dłoń w swojej i patrzyłam, jak jej pierś unosi się coraz słabiej, a przerwy między wdechami się wydłużają. W pewnym momencie pielęgniarka poważnie skinęła głową. To się działo naprawdę. Suzanne nas opuszczała. W umyśle mi pociemniało. Żadna głębsza refleksja nie przychodziła mi do głowy. Nie doznałam żadnego objawienia na temat życia czy utraty. Czułam co najwyżej gniew.

Stwierdzić, że to nie *fair*, iż Suzanne zachorowała i zmarła w wieku dwudziestu sześciu lat, to za mało. Ale taka była okrutna, zimna rzeczywistość. Kiedy w końcu odeszłam od jej ciała leżącego w szpitalnej sali, myślałam tylko: „Jej już nie ma, a ja wciąż jestem". Po korytarzu chodzili ludzie w szlafrokach, znacznie starsi i z pozoru bardziej chorzy niż Suzanne, a jednak ciągle żywi. Wróciłam samolotem do Chicago, przejechałam ruchliwą autostradą, wsiadłam do windy na moje piętro w biurowcu. Widziałam zadowolonych z siebie ludzi w samochodach, ludzi spacerujących chodnikiem w letnich ubraniach, ludzi siedzących bezczynnie w kawiarniach i pracujących przy biurkach. Nikt z nich nie wiedział, co przytrafiło się Suzanne. Najwyraźniej nie zdawali sobie sprawy, że oni także mogą w każdej chwili umrzeć. To, że świat po prostu toczył się dalej, wydawało mi się nienormalne. I że są tutaj ci wszyscy ludzie z wyjątkiem mojej Suzanne.

10.

TEGO LATA ZACZĘŁAM PROWADZIĆ DZIENNIK. Kupiłam czarny, oprawny w płótno zeszyt z fioletowymi kwiatami na okładce i trzymałam go obok łóżka. Zabierałam go na wyjazdy biznesowe, w które wysyłała mnie kancelaria. Nie pisałam codziennie ani nawet co tydzień. Sięgałam po pióro, gdy miałam czas i energię, by uporządkować swoje splątane emocje. Robiłam kilka wpisów w ciągu tygodnia, a potem odkładałam dziennik na miesiąc albo dłużej. Nie odczuwałam szczególnej pasji do eksplorowania swojego życia wewnętrznego. Zapisywanie własnych myśli było dla mnie czymś nowym – nawykiem przejętym chyba po części od Baracka, dla którego pisanie miało wymiar terapeutyczny i porządkujący. Prowadził pamiętniki ze zmienną regularnością przez wiele lat.

Barack przyjechał z Harvardu do Chicago na letnie wakacje. Tym razem nie podnajmował żadnego mieszkania, tylko od razu wprowadził się do mnie na Euclid Avenue. Oznaczało to nie tylko, że w końcu na dobre dowiemy się, jak się nam razem mieszka jako parze, ale również to, że Barack dużo bliżej pozna moją rodzinę. Rozmawiał o sporcie z moim tatą, kiedy ten wychodził na zmianę w oczyszczalni. Czasem pomagał przynieść mamie zakupy z garażu. Podobało mi się to. Craig ocenił już charakter Baracka w najbardziej przenikliwy i dogłębny sposób, jaki znał: zaprosił go do gry w weekendowym szaleńczym meczu z gromadką kumpli, z których większość należała dawniej do uczelnianych drużyn. Zrobił to właściwie na moją prośbę. Jego zdanie na temat Baracka dla mnie się liczyło, a mój brat potrafił dobrze ocenić człowieka, zwłaszcza gdy z nim zagrał. Barack zdał egzamin. Sprawnie się rusza na parkiecie, stwierdził Craig, i potrafi dobrze podać, ale przy tym nie boi się rzucać na kosz, gdy nikt go nie pilnuje. „Nie przetrzymuje piłki – powiedział – ale gra z ikrą".

Barack przyjął posadę letniego praktykanta w firmie w centrum niedaleko biur Sidley, lecz tym razem nie mógł zostać w Chicago zbyt długo. Wybrano go na prezesa „Harvard Law Review" na nadchodzący rok akademicki, co oznaczało, że będzie odpowiedzialny za wydanie ośmiu numerów tego trzystustronicowego pisma. Musiał więc wrócić wcześniej do Cambridge, by już zacząć pracę. Każdego roku wielu studentów zażarcie walczyło o tę posadę. Wszystkie kandydatury starannie sprawdzano i poddawano głosowaniu osiemdziesięcioosobowego studenckiego grona redakcyjnego. Wybór na stanowisko redaktora naczelnego był wielkim osiągnięciem. Okazało się zarazem, że Barack otrzymał tę funkcję jako pierwszy Afroamerykanin w stutrzyletniej historii pisma, co „The New York Times" uznał za tak ważny symbol zmian, że opublikował na ten temat artykuł opatrzony zdjęciem uśmiechniętego Baracka w szaliku i zimowej kurtce.

Innymi słowy, mój chłopak był grubą rybą. Na tym etapie mógł przebierać w doskonale płatnych ofertach pracy, ale zamiast tego po uzyskaniu dyplomu zamierzał zająć się prawami obywatelskimi, mimo że w ten sposób spłacenie jego kredytów studenckich musiałoby potrwać dwa razy dłużej. Praktycznie każdy jego znajomy namawiał go, by poszedł w ślady wielu poprzednich szefów „Review" i starał się o staż w Sądzie Najwyższym, który później niemal na pewno zaowocowałby etatem. On jednak nie był zainteresowany. Chciał mieszkać w Chicago. Myślał o napisaniu książki o stosunkach rasowych w Ameryce i planował, jak twierdził, znaleźć pracę zgodną z wyznawanymi wartościami, a to oznaczało, że raczej nie skończy w prawie spółek handlowych. Kierował własnym rozwojem z pewnością siebie, która mnie wręcz zdumiewała.

Wrodzona pewność siebie Baracka była oczywiście godna podziwu, ale prawdę mówiąc, na co dzień wcale nie żyło mi się z nią łatwo. Jego silne poczucie celu nie zanikało ani na chwilę, nawet wtedy, gdy kładliśmy się spać czy siadaliśmy do śniadania. I było czymś, do czego musiałam nawyknąć. Choć wcale się z nim nie obnosił, było niezwykle żywe. Wobec jego zdecydowania oraz przekonania, że zdoła choć trochę zmienić świat, siłą rzeczy czułam się nieco zagubiona. Przy jego poczuciu misji moje własne, czy tego chciał, czy nie, bladło.

To właśnie dlatego zaczęłam prowadzić dziennik. Na pierwszej stronie starannym pismem objaśniłam moje powody:

Po pierwsze, nie mam pojęcia, co chcę dalej robić w życiu. Kim chcę się stać? Co dać od siebie światu?

Po drugie, mój związek z Barackiem robi się bardzo poważny i muszę lepiej zrozumieć samą siebie.

Ten mały, ozdobiony kwiatowymi wzorami zeszyt przetrwał kilka dziesięcioleci i wiele przeprowadzek. Przez osiem lat stał na półce w mojej garderobie w Białym Domu. Dopiero niedawno wyjęłam go z pudełka, aby spróbować przypomnieć sobie siebie z okresu, gdy byłam młodą prawniczką. Dziś, kiedy czytam te zdania, dokładnie rozumiem, co miałam na myśli, a co dobra doradczyni zawodowa zapewne potrafiłaby zdiagnozować od razu. Ja po prostu nie znosiłam pracy prawnika. Nie nadawałam się do niej. Choć odnosiłam spore sukcesy, czułam się pusta. Przyznać się do tego było bardzo trudno, zważywszy na to, ile starań włożyłam w swoją karierę i jak wielkie miałam długi. Zaślepiona chęcią wykazania się i zrobienia wszystkiego jak najlepiej nie zauważyłam, że obrałam złą drogę.

Po drugie, głęboko i na zabój zakochałam się w mężczyźnie, którego wielki intelekt i ambicje zagrażały moim. Nadciągały niczym ogromna fala z silnym prądem wstecznym. Nie zamierzałam przed nią uciekać – za bardzo kochałam Baracka i zbyt mocno zaangażowałam się już w związek z nim – ale potrzebowałam jak najszybciej stanąć na własnych nogach.

Oznaczało to, że muszę znaleźć nowy zawód. I ze zdumieniem odkryłam, że nie mam żadnego konkretnego pomysłu na siebie. Przez wszystkie lata edukacji nie udało mi się odnaleźć żadnej pasji, którą mogłabym przekuć w dającą poczucie spełnienia pracę. W młodości niczemu się nie poświęciłam. Zrozumiałam, że dojrzałość Baracka jest efektem jego kilkuletniej pracy animatora społecznego, a nawet roku, który spędził zaraz po koledżu, wykonując niezbyt rozwijające zajęcie researchera w firmie konsultingowej na Manhattanie. Zdążył więc już czegoś spróbować, poznał wielu ludzi i określił swoje priorytety. Ja tymczasem tak panicznie bałam się porażki i tak bardzo zależało mi na szacunku innych oraz samodzielności finansowej, że bezrefleksyjnie wpakowałam się w prawo.

W ciągu jednego roku zyskałam Baracka, a straciłam Suzanne. Oba te wydarzenia uderzyły we mnie z taką siłą, że zupełnie straciłam poczucie bezpieczeństwa. Nagła śmierć przyjaciółki uświadomiła mi, że pragnę w życiu więcej radości, ale również to, że chcę się zajmować istotnymi rzeczami. Nie mogłam dłużej tkwić w samozadowoleniu. Za ten mętlik w głowie winiłam Baracka, ale zarazem byłam mu wdzięczna. „Gdyby zabrakło w moim życiu człowieka, który nieustannie pyta, co mną kieruje i co mi doskwiera, czy sama zadawałabym sobie takie pytania?" – pisałam w dzienniku.

Rozmyślałam o tym, czym mogę się zajmować i jakie mam umiejętności. Czy mogłabym być nauczycielką? Pracować w administracji koledżu? A może dobrym pomysłem byłoby prowadzenie jakichś zajęć pozaszkolnych podobnych tym, które organizowałam na życzenie Czerny w Princeton, lecz w sposób bardziej profesjonalny? Interesowała mnie praca dla jakiejś fundacji lub organizacji non profit. Chciałam pomagać dzieciom z gorszym startem życiowym. Zastanawiałam się, czy znajdę taką pracę, która angażowałaby mnie intelektualnie, a zarazem pozostawiała dość wolnego czasu na wolontariat, obcowanie ze sztuką lub posiadanie dzieci. Ogólnie rzecz biorąc, chciałam żyć pełnią życia i czuć się spełniona. Wypisałam tematy, które mnie interesowały: edukacja, ciąże nastolatek, poczucie własnej wartości u Afroamerykanów. Wiedziałam, że szlachetniejsze zajęcie będzie się pewnie wiązać z niższymi zarobkami. Bardziej otrzeźwiła mnie druga lista, na której zapisałam konieczne wydatki, czyli to, co zostało do opłacenia po rezygnacji z luksusów, na jakie pozwalałam sobie z korporacyjną pensją – comiesięcznych dostaw wina czy członkostwa w klubie fitness. Miesiąc w miesiąc spłacałam 600 dolarów kredytów studenckich i 407 dolarów raty za samochód, wydawałam pieniądze na jedzenie, paliwo i ubezpieczenie, a gdybym chciała wyprowadzić się z domu rodziców, musiałabym się dodatkowo liczyć z czynszem w wysokości około 500 dolarów.

Zmiana nie była niemożliwa, ale też jej perspektywa nie rysowała się zbyt różowo. Zaczęłam rozpytywać o pracę w kancelariach obsługujących show-biznes, sądząc, że być może jest interesująca, a przy tym nie odczułabym tak boleśnie spadku zarobków. W głębi ducha czułam jednak narastającą pewność, że prawo nie jest dla mnie. Pewnego razu natknęłam się na artykuł w „New York Timesie", w którym pisano, że u amerykańskich prawników – zwłaszcza kobiet – szczególnie często obserwuje się objawy zmęczenia i stresu oraz brak satysfakcji życiowej. „Jakie to przygnębiające" – odnotowałam w dzienniku.

WIĘKSZĄ CZĘŚĆ SIERPNIA SPĘDZIŁAM w wynajętej sali konferencyjnej w waszyngtońskim hotelu, gdzie mnie wysłano, bym pomogła przygotować pewną sprawę. Sidley & Austin reprezentowała konglomerat chemiczny Union Carbide w procesie antymonopolowym związanym ze sprzedażą jednego z przedsiębiorstw należących do tej firmy. Byłam w Waszyngtonie trzy tygodnie, ale prawie nie zobaczyłam miasta. Nieustannie przesiadywałam w pokoju ze współpracownikami z Sidley, otwierałam pudełka dostarczane z głównej siedziby klienta i przeglądałam tysiące stron nadesłanych dokumentów.

Może nie wyglądam na osobę, którą relaksuje analizowanie prawnych aspektów handlu poliuretanami, ale tak właśnie było. Wciąż tkwiłam w zawodzie prawniczki, lecz specyfika tej sprawy i zmiana scenerii sprawiły, że przestałam chwilowo zadawać sobie dręczące mnie od niedawna poważne pytania.

Ostatecznie sprawa firmy chemicznej została załatwiona polubownie, co znaczyło, że większość mojej analizy dokumentów zdała się na nic. Tak wyglądały nieprzyjemne realia branży prawnej – czasem trzeba się było przygotować na proces, do którego w końcu nie dochodziło. Wieczorem, gdy leciałam do Chicago, ogarnęła mnie paraliżująca świadomość, że za chwilę wrócę do codzienności i znów pochłonie mnie mętlik.

Moja mama była uprzejma przyjechać po mnie na lotnisko O'Hare. Już sam jej widok mnie pokrzepił. Miała pięćdziesiąt kilka lat i pracowała na pełny etat w śródmiejskim banku, który, jak mówiła, składał się z grupki facetów przy biurkach, tkwiących w bankowości tylko dlatego, że to samo robili ich ojcowie. Moja matka była przebojowa. Nie tolerowała głupców. Nosiła krótką fryzurę i proste ubrania. Emanowała kompetencją i spokojem. Podobnie jak w czasach, gdy Craig i ja byliśmy dziećmi, tak i teraz nie wtrącała się w nasze osobiste sprawy. Jej miłość miała praktyczną formę. Przyjeżdżała na lotnisko, kiedy wracaliśmy z podróży. Podwoziła nas i karmiła, kiedy byliśmy głodni. Jej wewnętrzna równowaga stanowiła mój azyl, schronienie, do którego zawsze mogłam uciec.

Jadąc przez centrum w stronę domu, westchnęłam głęboko.

– Wszystko w porządku? – spytała mama.

Spojrzałam na nią w półmroku autostrady.

– Sama nie wiem – zaczęłam. – Po prostu...

I nagle wypłynęła ze mnie fala uczuć. Powiedziałam matce, że nie jestem zadowolona z pracy, a nawet z wybranego zawodu – że mało tego, jestem w nim bardzo nieszczęśliwa. Opowiedziałam o dręczących mnie niepokojach i o tym, że chcę jakiejś głębokiej życiowej zmiany, ale martwię się, że zabraknie mi pieniędzy. Opowiedziałam o wszystkim, co mnie boli.

– Po prostu nie czuję się spełniona – zakończyłam.

Dziś rozumiem, co musiała pomyśleć moja matka, która od dziewięciu lat pracowała głównie po to, by pomóc sfinansować mi koledż, a wcześniej latami wstrzymywała się od pracy, aby mieć czas na szycie moich szkolnych ubrań, gotowanie oraz pranie ojcu, przez osiem godzin dziennie obserwującemu mierniki w kotłowni ośrodka uzdatniania wody, żeby utrzymać rodzinę. Moja mama, kobieta, która przyjechała po mnie na lotnisko i pozwalała mi mieszkać za darmo na piętrze swojego domu, a następnego dnia musiała wstać o świcie, by pomóc niepełnosprawnemu ojcu wyszykować się do pracy, z pewnością nie powinna wysłuchiwać marudzenia o niespełnieniu.

Jestem pewna, że uważała je za fanaberie bogaczy. Nie sądzę, by moi rodzice przez trzydzieści lat małżeństwa choć raz dyskutowali o takich sprawach.

Mimo wszystko matka mnie nie osądzała. Wygłaszanie kazań czy opowiadanie o własnych poświęceniach nie było w jej stylu. W milczeniu akceptowała wszystkie moje wybory. Tym razem posłała mi tylko krzywy uśmiech, włączyła kierunkowskaz, by zjechać z autostrady w kierunku naszej dzielnicy, i się zaśmiała.

– Skoro już pytasz mnie o zdanie – powiedziała – to najpierw zarób pieniądze, a potem martw się o spełnienie.

MAMY SKŁONNOŚĆ DO AKCEPTOWANIA PEWNYCH FAKTÓW, a ignorowania innych. Przez kolejnych sześć miesięcy po cichu próbowałam odnaleźć sens życia bez dokonywania gwałtownych zmian. W kancelarii spotkałam się z partnerem odpowiedzialnym za mój wydział i poprosiłam o przydzielanie mi trudniejszych zadań. Starałam się koncentrować na projektach, które wydawały mi się wartościowe, w tym na werbowaniu bardziej zróżnicowanego grona letnich praktykantów. W międzyczasie przeglądałam w gazecie ogłoszenia o pracy i sumiennie poszerzałam krąg znajomości o ludzi niezwiązanych z prawem. Uznałam, że w ten czy inny sposób w końcu wypracuję poczucie spełnienia.

W domu przy Euclid Avenue czułam się bezsilna wobec choroby ojca. Bez żadnego powodu zaczęły mu puchnąć stopy. Jego skóra dziwnie pociemniała i wystąpiły na niej plamki. Mimo to, ilekroć pytałam, jak się czuje, uparcie powtarzał to samo, co od wielu lat:

– Nic mi nie jest – odpowiadał, jakby w ogóle nie było o czym gadać. Zaraz potem zmieniał temat.

W Chicago znów nastała zima. Rankiem budziły mnie dźwięki skrobaczek sąsiadów czyszczących oblodzone szyby samochodów. Wiało, śnieg zbijał się w zaspy. Słońce świeciło blado i słabo. Przez okno biura na czterdziestym siódmym piętrze widziałam lodową pustynię na jeziorze Michigan i ołowiane niebo nad nią. Ubierałam się w wełnę i marzyłam o roztopach. Na Środkowym Zachodzie, jak już wspominałam, zima oznacza wyczekiwanie. Na ustąpienie mrozów, na śpiew ptaków, na pierwszego fioletowego krokusa, który przebije się spod śniegu. Zanim to się stanie, trzeba po prostu jakoś się trzymać.

Mój ojciec nie tracił poczucia humoru. Craig wpadał czasem na rodzinny obiad. Siedzieliśmy przy stole i żartowaliśmy jak zawsze, tyle że teraz towarzyszyła nam jego żona Janis. Była to wesoła, ambitna kobieta, która pracowała w centrum miasta jako analityk systemów telekomunikacyjnych. I jak wszyscy uwielbiała mojego ojca. Craig służył tymczasem za chodzącą reklamę wyśnionej kariery w wielkomiejskim biznesie, jaką można zrobić po Princeton. Kończył podyplomówkę i pracował jako wiceprezes Continental Bank. Wraz z Janis kupili przyjemny apartament w wieżowcu w dzielnicy Hyde Park. Nosił szyte na miarę garnitury, a na obiady przyjeżdżał porsche 944 turbo. Wtedy tego nie wiedziałam, lecz wszystkie te sukcesy wcale go nie uszczęśliwiły. Podobnie jak ja zaczynał przeżywać kryzys i w kolejnych latach zmagał się z pytaniami, czy jego praca ma sens i czy osiągnięcia, za którymi czuje się zmuszony podążać, są tymi, których faktycznie pragnie.

Ponieważ jednak wiedzieliśmy, że ojciec był bardzo podekscytowany naszymi sukcesami, przy obiedzie nigdy nie opowiadaliśmy o swoich wątpliwościach.

W chwili pożegnania na koniec wizyty Craig posyłał mojemu ojcu ostatnie zmartwione spojrzenie i jak zawsze pytał go o zdrowie, na co tamten wzruszał ramionami i odpowiadał wesoło: „Nic mi nie jest".

Braliśmy tę odpowiedź za dobrą monetę zapewne dlatego, że nie burzyła naszej upragnionej życiowej stabilności. Ojciec od wielu lat żył ze stwardnieniem rozsianym i zawsze twierdził, że wszystko z nim w porządku. Nie kwestionowaliśmy tego, chociaż jego stan wyraźnie się pogarszał. Wszystko w porządku, mówiliśmy sobie, bo przecież codziennie wstaje do pracy. Wszystko w porządku, bo wszyscy widzieliśmy, że tego wieczora wziął dokładkę pieczeni. Wszystko w porządku, o ile nie przyjrzeć się uważniej jego stopom.

Odbyłam z mamą kilka napiętych rozmów, próbując dociec, dlaczego ojciec nie chce pójść do lekarza. Ale ona, podobnie jak ja, nakłaniała go tyle razy i tyle razy spotkała się z odmową, że się poddała. Jego zdaniem lekarze nigdy nie mieli dobrych wieści, więc trzeba ich unikać. Uwielbialiśmy rozmawiać, ale nigdy o jego zdrowiu. Uważał to za egoistyczne. Chciał sobie radzić po swojemu. Aby rozwiązać problem spuchniętych stóp, poprosił moją matkę, by po prostu kupiła mu większe buty robocze.

Jego upór w sprawie wizyty u lekarza nie osłabł w styczniu i lutym. Tata poruszał się powoli i z bólem, wspierając się na aluminiowym chodziku. Często przystawał, by zaczerpnąć tchu. Rankiem coraz więcej czasu zajmowało mu przejście z łóżka do łazienki, z łazienki do kuchni, a wreszcie z kuchni do tylnych drzwi i zejście trzema schodkami do garażu, skąd wyruszał samochodem do pracy. Choć w domu było z nim coraz gorzej, twierdził, że w pracy daje sobie radę. Jeździł akumulatorowym wózkiem od kotła do kotła i był dumny z tego, że jest niezastąpiony. Przez dwadzieścia sześć lat nie opuścił ani jednej zmiany. Kiedy któryś z kotłów zaczynał się przegrzewać, ojciec był jednym z zaledwie kilku pracowników mających dość doświadczenia, by sprawnie i szybko zapobiec katastrofie. Zaczął nawet ubiegać się o awans, co dobrze obrazowało jego optymizm.

Mama i ja próbowałyśmy pogodzić to, co nam mówił, z tym, co same widziałyśmy. Było to coraz trudniejsze. Wieczorami w domu ojciec spędzał dużo czasu przed telewizorem, oglądając mecze bejsbolowe i hokejowe z fotela, w którym półleżał osłabiony i wyczerpany. Zauważyłyśmy, że puchną mu nie tylko nogi, lecz także szyja. Z tego powodu w jego głos wkradł się dziwny chrobot.

Pewnego wieczora w końcu wspólnie postanowiliśmy coś z tym zrobić. Craig nigdy nie potrafił odgrywać złego gliny, a mama uparła się, że nie zamierza zrywać zawieszenia broni w kwestii zdrowia ojca. W takich sytuacjach rola twardego negocjatora prawie zawsze przypadała mnie. Powiedziałam ojcu, że z uwagi na nas wszystkich powinien zwrócić się po pomoc i że zamierzam rano umówić go do lekarza. Ojciec zgodził się niechętnie, obiecując, że pójdzie, jeśli go zapiszę na wizytę. Skłoniłam go także, by pospał do późna i porządnie wypoczął.

Tej nocy poszłyśmy z mamą spać z poczuciem ulgi, że w końcu udało nam się wywrzeć na niego jakiś wpływ.

OJCIEC UPIERAŁ SIĘ JEDNAK PRZY SWOIM. Odpoczynek był dla niego formą porażki. Kiedy rano zeszłam na parter, mama wyjechała już do pracy, natomiast tata siedział przy kuchennym stole z opartym obok chodzikiem. Był ubrany w granatowy pracowniczy kombinezon i z wysiłkiem wkładał buty. Zamierzał iść do pracy.

– Tato – powiedziałam – myślałam, że trochę odpoczniesz. Będziesz miał wizytę lekarską…

Wzruszył ramionami.

– Wiem, kochanie – powiedział głosem zduszonym wskutek opuchlizny szyi – ale w tej chwili dobrze się czuję.

Źródłem jego uporu było wielkie poczucie dumy i dlatego nie potrafiłam się na niego gniewać. Nie dało się go odwieść od powziętego zamiaru. Rodzice wychowali nas tak, byśmy sami załatwiali własne sprawy, a więc musiałam mu zaufać, że on także będzie potrafił dopilnować swoich, nawet jeśli z trudem wkładał już buty. Pozwoliłam mu zatem decydować o sobie. Głęboko pogrzebałam swoje zmartwienia, pocałowałam tatę i wróciłam na górę, żeby przygotować się do pracy. Postanowiłam zadzwonić później do mamy do biura i powiedzieć jej, że musimy obmyślić jakąś nową strategię, by w końcu skłonić ojca do odpoczynku.

Usłyszałam szczęk zamykających się tylnych drzwi. Kilka minut później wróciłam do pustej kuchni. Chodzik ojca stał obok wyjścia. Pod wpływem impulsu popatrzyłam przez szerokokątny wizjer, z którego było widać tylną werandę i dróżkę do garażu. Sądziłam, że nie zobaczę już jego vana.

Ale samochód tam był, podobnie jak ojciec. Ubrany w zimową kurtkę i czapkę siedział tyłem do wizjera. Najwyraźniej stanąwszy na schodach, stwierdził, że musi usiąść. Dostrzegłam wyczerpanie w pozycji jego ciała, skrzywieniu głowy i ciężkim geście, z jakim opierał się o drewnianą balustradę. To nie była żadna zapaść – po prostu wyglądał na zbyt zmęczonego, by dalej iść. Najwyraźniej próbował zebrać siły, by wrócić do domu.

Zdałam sobie sprawę, że obserwuję go w chwili całkowitej porażki.

Musiał czuć się bardzo samotny, żyjąc przez dwadzieścia sześć lat z taką chorobą i nie pozwalając sobie na jedno słowo skargi, gdy jego ciało powoli, nieuchronnie się poddawało. Widząc go w takim stanie na werandzie, poczułam ból, jakiego nigdy wcześniej nie doświadczyłam. Chciałam wybiec na zewnątrz i pomóc mu wrócić do ciepłego domu. Stłumiłam jednak ten odruch, ponieważ wiedziałam, że w ten sposób zadałabym kolejny cios jego godności. Wzięłam głęboki oddech i odeszłam od drzwi.

Spotkam się z nim, kiedy wróci, pomyślałam. Pomogę mu zdjąć robocze buty, podam szklankę wody i podprowadzę do fotela. Oboje zgodzimy się w milczeniu, że od tej pory będzie musiał zaakceptować choćby niewielką pomoc.

Po powrocie na górę do swojego mieszkania nasłuchiwałam dźwięków z werandy. Odczekałam pięć minut, potem kolejne, a w końcu znów zeszłam na parter i popatrzyłam przez wizjer, by się upewnić, że ojcu udało się dźwignąć na nogi. Weranda była już pusta. Mój ojciec, na przekór opuchliźnie i wszystkim dolegliwościom, przemógł się jakoś, zszedł po schodach, przemierzył zalodzoną ścieżkę, wsiadł do vana i teraz był już pewnie w połowie drogi do stacji oczyszczania wody. Nie zamierzał się poddawać.

OD PARU MIESIĘCY zastanawialiśmy się z Barackiem nad małżeństwem. Byliśmy ze sobą od półtora roku i wyglądało na to, że naszej miłości nic nie jest w stanie naruszyć. Barack kończył ostatni semestr na Harvardzie i był bardzo pochłonięty pracą w „Law Review", ale wkrótce zamierzał przyjechać do Chicago, zdać egzamin adwokacki stanu Illinois i poszukać pracy. Zaplanowaliśmy, że wprowadzi się do mnie na Euclid Avenue – tym razem na stałe. To był kolejny powód, dla którego nie mogłam się doczekać końca zimy.

O naszych poglądach na małżeństwo rozmawialiśmy dotąd tylko w kategoriach teoretycznych i czasem martwiło mnie, że tak bardzo się pod tym względem różnimy. Dorastałam w przekonaniu, że małżeństwo jest czymś oczywistym, czymś, czego mogę oczekiwać od przyszłości. Podobnie było z posiadaniem dzieci – przyuczałam się do tego już jako dziewczynka, sumiennie opiekując się lalkami. Barack nie sprzeciwiał się małżeństwu, ale też nieszczególnie się do niego spieszył. Nasza miłość była dla niego najważniejsza. Stanowiła fundament pełnego, szczęśliwego życia we dwoje, nieważne, czy z obrączkami, czy bez.

Nasze poglądy wzięły się, rzecz jasna, z wychowania. W rodzinie Baracka małżeństwo okazało się rzeczą ulotną. Jego matka dwukrotnie wychodziła za mąż i dwukrotnie się rozwodziła, a jednak nie przeszkodziło jej to w karierze ani nie odbiło się negatywnie na dzieciach. Moi rodzice natomiast pobrali się wcześnie i na całe życie. Każdą decyzję podejmowali wspólnie, do każdego przedsięwzięcia przystępowali razem. Przez trzydzieści lat pożycia prawie żadnej nocy nie spędzili osobno.

Czego w takim razie pragnęliśmy jako para? Zależało nam na nowoczesnym partnerskim związku, który będzie odpowiadał nam obojgu. On postrzegał małżeństwo jako wypełnione miłością przymierze dwojga osób, które, choć żyją ze sobą, nie muszą rezygnować z własnych niezależnych marzeń czy ambicji. Ja widziałam je raczej jako kompletne zjednoczenie, przeobrażenie dwóch istnień w jedno i uznanie dobra rodziny za wartość ważniejszą od wszystkich innych planów czy celów. Nie chodziło mi jednak o to, by naśladować życie rodziców. Nie zamierzałam zawsze mieszkać w jednym domu, pracować w jednej firmie i nigdy nie zabiegać o czas dla siebie. Podobała mi się jednak wieloletnia stabilność ich związku. „Rozumiem wartość posiadania własnych spraw, ambicji i marzeń – pisałam w dzienniku – ale nie zgadzam się z tezą, że człowiek może je realizować kosztem swojego związku".

Uznałam, że rozgryziemy ten temat, kiedy Barack wróci do Chicago, pogoda znów się ociepli i będziemy mogli razem spędzać weekendy. Wystarczyło tylko poczekać, choć czekanie było trudne. Pragnęłam stałości. Z salonu w moim mieszkaniu dobiegał mnie czasem pomruk rozmów, które rodzice prowadzili piętro niżej. Słyszałam, jak matka śmieje się z żartu czy historii opowiedzianej przez ojca. Słyszałam, jak wyłączają telewizor i szykują się do snu. Miałam dwadzieścia siedem lat i w tym momencie przede wszystkim pragnęłam poczucia pełni. Chciałam chwycić wszystko, co kocham, i przytwierdzić trwale do ziemi. O utracie dowiedziałam się już dość, by wiedzieć, że jeszcze przyjdzie mi się z nią mierzyć.

CHOĆ TO JA UMÓWIŁAM ojca na wizytę lekarską, moja matka ostatecznie skłoniła go, by na nią poszedł. Zabrano go tam karetką. Stopy tak bardzo mu spuchły i sprawiały tyle bólu, że – jak to ujął – czuł się, jakby stąpał po szpilkach. Gdy nadszedł czas wizyty, nie potrafił ustać na nogach. Tamtego dnia byłam w pracy, lecz mama później wszystko mi opowiedziała. Tatę wyniosło z domu dwóch krzepkich sanitariuszy, a on próbował z nimi po drodze żartować.

Zabrano go od razu do kliniki przy University of Chicago. Później nastał ciąg zmarnowanych dni w medycznym czyśćcu – pobieranie krwi, badanie ciśnienia, nietknięte jedzenie na talerzu, obchody lekarzy wraz ze świtą. Tymczasem ojciec wciąż puchł. Twarz i szyja mu nabrzmiały, głos stracił siłę. Oficjalna diagnoza brzmiała: „zespół Cushinga" i nie było jasne, czy choroba ma związek ze stwardnieniem rozsianym, czy nie. Tak czy inaczej, było już za późno na leczenie ambulatoryjne. System hormonalny ojca był całkowicie rozregulowany. Prześwietlenie wykazało, że ma w gardle narośl, i to tak dużą, że niemal go dławi.

– Nie wiem, jak mi to umknęło – powiedział do lekarza z autentycznym zdumieniem w głosie, jakby aż do tego momentu nie zauważył żadnego symptomu i jakby przez tygodnie, miesiące i lata nie ignorował narastających dolegliwości.

Moja mama, Craig, Janis i ja na zmianę przyjeżdżaliśmy do szpitala, by przy nim być. Pojawialiśmy się i wyjeżdżaliśmy, a lekarze pompowali w niego leki, podpinali kroplówki i podłączali urządzenia. Staraliśmy się zrozumieć, co specjaliści do nas mówią, ale nie bardzo nam się to udawało. Poprawialiśmy ojcu poduszki i opowiadaliśmy o meczach koszykówki w koledżu albo o pogodzie, wiedząc, że słucha, lecz jest zbyt wyczerpany, by odpowiedzieć. W rodzinie zawsze wszystko mieliśmy zaplanowane, ale tego, co się teraz działo, nie potrafiliśmy wpisać w żaden harmonogram. Mój ojciec z wolna od nas odpływał, pogrążając się w jakimś niewidzialnym oceanie. Przywoływaliśmy go z powrotem, wspominając dawne czasy, co sprawiało, że w jego oczach zapalały się iskierki. Pamiętasz Krążownik i nasze letnie wypady do kina samochodowego, kiedy siadaliśmy na ogromnej tylnej kanapie? Pamiętasz rękawice bokserskie, które nam podarowałeś, albo basen w Dukes Happy Holiday Resort? Robiłeś rekwizyty na warsztaty operetkowe babci Robbie, pamiętasz? A obiady w domu Dandy'ego? A jak mama usmażyła nam krewetki na sylwestra?

Pewnego wieczora zajrzałam do szpitala i zastałam ojca całkiem samego – mama poszła już do domu, a pielęgniarki siedziały w dyżurce. W pokoju i na całym piętrze panowała cisza. Był pierwszy tydzień marca, śnieg dopiero co stopniał i zdawało się, że miasto już zawsze będzie mokre. Tata był w szpitalu od dziesięciu dni. Miał pięćdziesiąt pięć lat, ale wyglądał jak starzec o pożółkłych oczach i ramionach zbyt ciężkich, by nimi poruszyć. Nie spał, ale nie potrafił mówić z powodu opuchlizny albo wzruszenia – nigdy już się tego nie dowiem.

Usiadłam na krześle przy jego łóżku i patrzyłam, jak z wysiłkiem oddycha. Ujęłam jego dłoń i ją ścisnęłam, aby dodać mu otuchy. Patrzyliśmy na siebie w milczeniu. Mieliśmy sobie tyle do powiedzenia, choć z drugiej strony – wszystko już zostało powiedziane. Musieliśmy się zmierzyć z ostatnią rzeczą. Zbliżał się koniec. Ojciec nie wyzdrowieje. Nie zobaczy całej reszty mojego życia. Już nie będzie dawał mi poczucia stabilności, otuchy, codziennej radości. Łzy zaczęły mi płynąć po policzkach.

Ze spojrzeniem wciąż we mnie utkwionym ojciec uniósł moją dłoń i raz po raz zaczął całować jej wnętrze. W ten sposób mówił: „Cichutko, nie płacz". Wyrażał żal, wyrażał wiele intensywnych uczuć, lecz także jakąś spokojniejszą, głębszą myśl, którą chciał mi przekazać. Całując moją dłoń, mówił mi, że kocha mnie całym sercem i jest dumny z kobiety, jaką się stałam. Mówił, że wie, iż powinien był pójść do lekarza dużo wcześniej. Prosił o wybaczenie. Żegnał się.

Tamtej nocy zostałam przy nim, aż zasnął, po czym wyszłam ze szpitala w lodowatą ciemność i pojechałam do domu przy Euclid Avenue, w którym mama pogasiła już światła. Zostałyśmy same, tylko ja i ona, czekając na niepewną przyszłość przed nami. O świcie już go nie było. Mój ojciec – Fraser Robinson III – doznał ataku serca i zmarł tamtej nocy, oddawszy nam absolutnie wszystko.

11.

PO ŚMIERCI BLISKIEJ OSOBY TRUDNO, bardzo trudno jest żyć. Ból może cię dopaść, gdy idziesz korytarzem albo otwierasz lodówkę, wkładasz skarpetki lub myjesz zęby. Jedzenie przestaje smakować. Barwy szarzeją. Muzyka sprawia cierpienie, podobnie jak wspomnienia. Gdy spoglądasz na coś pięknego – fioletowe niebo o zmierzchu albo plac zabaw pełen dzieci – jeszcze głębiej odczuwasz stratę. Żałobę po części przeżywa się samotnie.

Dzień po śmierci ojca pojechałam z mamą i Craigiem do zakładu pogrzebowego na South Side, by wybrać trumnę i zaplanować pochówek. By „dokonać niezbędnych ustaleń", jak to mówią w takich zakładach. Nie pamiętam szczegółów wizyty, wiem jednak, że każde z nas było zszokowane i odgrodzone od pozostałych murem samotnie przeżywanej rozpaczy. Mimo wszystko musieliśmy wziąć udział w obscenicznym rytuale wyboru odpowiedniej skrzynki, w której pochowamy ojca, i wtedy też po raz pierwszy i ostatni w dorosłym życiu pokłóciłam się z Craigiem.

Wszystko sprowadzało się do jednego: ja chciałam kupić najbardziej wyszukaną i najdroższą z dostępnych w zakładzie trumien, wyposażoną we wszystkie możliwe rączki i poduszki. Nie potrafiłam uzasadnić tej decyzji. Myślę, że chciałam to zrobić, ponieważ już nic więcej nie mogłam. Wiedziałam, że pragmatyczna strona mojego charakteru nie pozwoli mi czerpać szczególnego pocieszenia z banalnych, choć wypowiadanych w dobrej wierze kondolencji, którymi ludzie mieli nas zasypywać kilka dni później na pogrzebie. Nie pokrzepiała mnie wizja, że tata odszedł do lepszego miejsca albo że obcuje z aniołami. Uważałam, że po prostu zasługuje na ładną trumnę.

Tymczasem Craig nalegał, byśmy wybrali jeden z podstawowych modeli – skromny, praktyczny i nic ponadto. Twierdził, że to pasuje do osobowości naszego ojca. Inna trumna byłaby zbyt krzykliwa.

Najpierw dyskutowaliśmy spokojnie, lecz wkrótce wybuchnęliśmy. Uprzejmy szef zakładu udawał, że nie słucha, a matka po prostu wpatrywała się w nas nieustępliwie zza mgły własnej żałoby.

Krzyczeliśmy na siebie z powodów, które nie miały nic wspólnego z wyborem trumny. Żadnemu z nas nie zależało nawet na tym, by postawić na swoim. Ostatecznie zdecydowaliśmy się na kompromis – trumnę nie nazbyt prostą ani zanadto efektowną – i nigdy więcej nie wracaliśmy do tego tematu. Powodem naszej niedorzecznej, skandalicznej kłótni było to, że w obliczu śmierci cały świat wydaje się niedorzeczny i skandaliczny.

Później odwieźliśmy mamę na Euclid Avenue. Cała nasza trójka usiadła przy kuchennym stole na parterze, zmęczona i sposępniała. Widok czwartego pustego krzesła jeszcze bardziej nas przygnębił. Zaczęliśmy łkać. Siedzieliśmy tak długo, pociągając nosami, aż nie mieliśmy już sił dalej płakać. Moja mama, która przez cały dzień niewiele mówiła, raptem się odezwała:

– Spójrzcie tylko na nas… – powiedziała żałosnym tonem.

Lecz w jej słowach była także pewna lekkość. My, Robinsonowie – wypominała nam w ten sposób matka – zamieniliśmy się w żałosnych, zapłakanych, zasmarkanych nieszczęśników, którzy nawet we własnej kuchni siedzą zbolali i bezsilni. Czy zapomnieliśmy, kim jesteśmy? Czy ojciec nas tego nie nauczył? Tymi czterema krótkimi słowami przywołała nas do porządku i wyrwała z otchłani samotności, tak jak tylko ona potrafi.

Mama popatrzyła na mnie, a ja na Craiga i nagle ogarnęła nas wesołość. Wiedzieliśmy, że w takiej chwili najpierw roześmiałaby się osoba, po której zostało już tylko puste krzesło. Mimo to zaczęliśmy chichotać, a po chwili śmialiśmy się do rozpuku. Wiem, że może się to wydawać dziwne, ale śmiech wychodził nam dużo lepiej niż płacz. Ojciec wolałby, żebyśmy się śmiali, więc nie zamierzaliśmy się powstrzymywać.

STRATA OJCA UŚWIADOMIŁA MI wyraźnie, że nie mam czasu na bezczynne rozmyślanie, co zrobić z życiem. W chwili śmierci ojciec miał zaledwie pięćdziesiąt pięć lat. Suzanne – dwadzieścia sześć. Dostałam prostą lekcję: życie jest krótkie i nie wolno go marnować. Nie chciałam, aby został po mnie tylko stos kancelaryjnych notatek i znaki towarowe, które pomogłam zastrzec. Byłam przekonana, że mam światu coś więcej do zaoferowania. Nadszedł czas, by wykonać ruch.

Wciąż niepewna, dokąd chciałabym trafić, napisałam na maszynie listy motywacyjne i rozesłałam je do różnych ludzi w Chicago. Zwróciłam się do szefów fundacji, organizacji non profit działających na rzecz lokalnej społeczności i dużych uczelni. Ofertę kierowałam głównie do działów prawnych, jednak nie dlatego, że zależało mi na dalszej pracy prawniczki, ale ponieważ uznałam, iż to one prędzej odpowiedzą na moje CV. I rzeczywiście wiele osób odpowiedziało – zapraszano mnie na lunche i spotkania, nawet jeśli firma czy instytucja nie mogła zaoferować mi żadnego stanowiska. Wiosną i latem 1991 roku nawiązywałam kontakt ze wszystkimi, którzy mogli mi służyć radą. Zależało mi nie tyle na znalezieniu pracy, ile zorientowaniu się w dostępnych na rynku ofertach oraz sprawdzeniu, jak sobie radzą inni. Zrozumiałam, że kolejny etap mojej podróży nie rozpocznie się sam, a tytuły prestiżowych uczelni nie zamienią się automatycznie w satysfakcjonujące zajęcie. Wejście na ścieżkę właściwej kariery, w przeciwieństwie do znalezienia jakiejkolwiek pracy, wymaga głębszego namysłu i podjęcia wysiłku większego niż przejrzenie katalogu pracodawców na uczelni.

Będę musiała kombinować i uczyć się nowych rzeczy. Raz za razem opowiadałam nowo poznanym osobom o swoich zawodowych dylematach, wypytując o specyfikę ich zawodu i kontakty. Stawiałam sprawę otwarcie: chciałam się dowiedzieć, co mogłaby robić prawniczka, która nie chce dłużej zajmować się prawem.

Pewnego popołudnia odwiedziłam biuro niejakiego Arta Sussmana, sympatycznego i pomocnego radcy prawnego z University of Chicago. Okazało się, że moja matka przepracowała u niego rok jako sekretarka, przepisując na maszynie dyktowane teksty i opiekując się dokumentacją prawną wydziału. Działo się to, zanim zatrudniła się w banku, gdy ja byłam w drugiej klasie liceum. Arta zdziwiło, że nigdy nie przyszłam odwiedzić mamy w pracy – mało tego, nigdy dotąd nie weszłam nawet na teren nieskazitelnego gotyckiego kampusu uniwersytetu, choć dorastałam kilka kilometrów od niego.

Szczerze mówiąc, nie miałam okazji, by tam jeździć. W szkole nie organizowano wycieczek na kampus. Jeżeli odbywały się tam jakieś otwarte dla miejscowej społeczności wydarzenia, gdy byłam dzieckiem, moja rodzina o nich nie wiedziała. Nikt z grona naszych przyjaciół czy choćby znajomych tam nie studiował. University of Chicago było elitarną uczelnią i dla większości osób, które znałam w dzieciństwie, „elitarna" znaczyło „nie dla nas". Jej szare kamienne gmachy dosłownie stały odwrócone plecami do okalających kampus uliczek. Ojciec, przejeżdżając obok uniwersytetu samochodem, przewracał tylko oczami na widok studentów przechodzących gdzie popadnie przez Ellis Avenue i zastanawiał się, jak to możliwe, że tacy mądrzy ludzie nie nauczyli się chodzić po pasach.

Tak jak wielu mieszkańców South Side mieliśmy mętne i wybiórcze wyobrażenie o chicagowskim uniwersytecie, mimo że moja mama przepracowała tam z satysfakcją rok. Gdy wraz z Craigiem zaczęliśmy myśleć o koledżu, nawet nie wzięliśmy pod uwagę University of Chicago. Nie wiedzieć czemu, za bardziej przystępny uznaliśmy Princeton.

Art nie dowierzał własnym uszom.

– Naprawdę nigdy tu nie byłaś? – spytał. – Ani razu?

– Nie, nigdy.

Gdy powiedziałam to na głos, poczułam dziwny zastrzyk energii. Do tej pory się nad tym nie zastanawiałam, lecz teraz doszłam do wniosku, że byłabym idealną studentką University of Chicago – gdyby tylko przepaść między mieszkańcami a światem uczelni nie była tak wielka. Gdybym ja wiedziała o tej szkole, a ona o mnie. Zastanawiając się nad tym, poczułam jakieś małe wewnętrzne drgnienie, jakby nieoczekiwanie obudziło się we mnie poczucie misji. To, skąd pochodziłam i jak pokierowałam swoim życiem, dawało mi wyjątkową perspektywę, która mogła się w tej sytuacji przydać. Uświadomiłam sobie, że jako czarna mieszkanka South Side dostrzegam problemy, o których istnieniu Art Sussman nawet nie wie.

Wkrótce miałam dostać szansę pracy dla uniwersytetu i przez kilka lat mierzyć się ze sprawą relacji uczelni z lokalną społecznością. Zaczęło się od tego, że Art uprzejmie zaproponował, że pokaże moje CV paru osobom.

– Myślę, że powinnaś porozmawiać z Susan Sher – powiedział i tym samym nieświadomie zapoczątkował przedziwną reakcję łańcuchową wydarzeń. Susan była starsza ode mnie o blisko piętnaście lat. Do niedawna pełniła funkcję partnerki w wielkiej kancelarii, lecz porzuciła świat korporacji, do czego i ja się przymierzałam. Wciąż jednak zajmowała się prawem w urzędzie miasta. Miała szarobłękitne oczy oraz jasną skórę, która pasowałaby wiktoriańskiej królowej, choć wybuchy śmiechu często kończyła szelmowskim parsknięciem. Łączyła łagodność z pewnością siebie, była kobietą sukcesu i wkrótce miała zostać moją przyjaciółką na lata.

– Mogłabym cię zatrudnić od ręki – stwierdziła, kiedy w końcu się spotkałyśmy – ale właśnie mi powiedziałaś, że już nie chcesz być prawniczką.

W tej sytuacji Susan zaproponowała, że przedstawi mnie pewnej osobie w ratuszu. Z dzisiejszej perspektywy sądzę, że musiała to być kolejna interwencja przeznaczenia. W ten sposób poznałam następną uciekinierkę z korporacyjnego statku, podobną do mnie córę dzielnicy South Side z ciągotami do służby publicznej, która miała zmienić bieg mojego życia, i to niejednokrotnie.

– Musisz koniecznie poznać Valerie Jarrett – powiedziała Susan.

Valerie niedawno objęła funkcję zastępczyni szefa gabinetu burmistrza Chicago i miała szerokie koneksje w afroamerykańskiej społeczności miasta. Podobnie jak Susan dzięki sile inteligencji po uczelni prawniczej dostała posadę w prestiżowej firmie, lecz wykazała dość życiowego dystansu, by zrozumieć, że woli robić coś innego. Zatrudniła się w ratuszu głównie z inspiracji postacią Harolda Washingtona, którego wybrano na pierwszego afroamerykańskiego burmistrza Chicago w 1983 roku, kiedy ja studiowałam w koledżu. Washington był elokwentnym politykiem o żywiołowym usposobieniu. Moi rodzice uwielbiali go za to, że nawet nieformalne przemówienie potrafił okrasić cytatami z Szekspira, a entuzjazm, z jakim pałaszował panierowanego kurczaka na dzielnicowych imprezach w South Side, przeszedł wręcz do legendy. Lecz co najważniejsze, głęboki niesmak budziła w nim nienaruszalna dotąd maszyneria od dawna rządzących miastem demokratów. Przyznawali lukratywne kontrakty swoim politycznym sponsorom, a czarnych wykorzystywali do służby na rzecz partii, rzadko kiedy oferując im objęcie wybieralnych stanowisk.

Washington oparł kampanię na obietnicy reformy systemu politycznego miasta oraz rewitalizacji zaniedbanych dzielnic. Wybory wygrał minimalną przewagą. Miał wyzywający styl i temperament zuchwalca. Potrafił rozłożyć przeciwnika na łopatki elokwencją i siłą intelektu. Był błyskotliwym czarnym superbohaterem. Regularnie i bez strachu konfrontował się ze starą gwardią rady miejskiej – w większości białą – i zwłaszcza wśród czarnej populacji miasta miał opinię żywej legendy – człowieka, który w objęciu urzędu upatruje szansy na upowszechnienie postępowych idei. Był także jednym z pierwszych idoli Baracka, który przyjechał do Chicago w 1985 roku pracować jako animator społeczności.

Valerie także dała się porwać Washingtonowi. Miała trzydzieści jeden lat, gdy w 1987 roku dołączyła do sztabu burmistrza na początku jego drugiej kadencji. Była już wówczas matką małej dziewczynki i wkrótce miała się rozwieść, a zatem obniżka wynagrodzenia związana z przejściem z odpicowanej kancelarii do ratusza przypadała u niej na wyjątkowo niekorzystny moment. Kilka miesięcy po rozpoczęciu pracy doszło do tragedii: Harold Washington doznał nagłego ataku serca i zmarł przy biurku trzydzieści minut po przeprowadzeniu konferencji prasowej na temat mieszkań dla ubogich. Okres urzędowania jego zastępcy, również Afroamerykanina, był dość krótki. Wyborcy zagłosowali na Richarda M. Daleya, syna poprzedniego burmistrza Richarda J. Daleya, człowieka uznawanego powszechnie za ojca chrzestnego chicagowskiego nepotyzmu, co afroamerykańska społeczność miasta uznała za szybki i przykry powrót dawnego białego układu do miejskiej polityki.

Valerie, choć miała zastrzeżenia do nowej administracji, postanowiła zostać w ratuszu – przeniosła się z działu prawnego bezpośrednio do biura burmistrza. Cieszyła się, że tam pracuje, choćby ze względu na różnorodność, którą wprowadzała. Powiedziała mi, że przejście z obsługi prawnej spółek do administracji publicznej było dla niej wielką ulgą. Odczuła je jak orzeźwiający przeskok z wymuskanego, odrealnionego świata spraw ekskluzywnych firm, które rozpatrywano na najwyższych piętrach wieżowców, do prawdziwej, nieupiększonej rzeczywistości.

Gmach rady miejskiej i władz hrabstwa Chicago to dziesięciopiętrowy granitowy monolit o płaskim dachu, zajmujący cały kwartał pomiędzy ulicami Clark i La Salle na północ od dzielnicy Loop. W porównaniu z otaczającymi go wieżowcami jest przysadzisty, lecz ogromne kolumny korynckie od frontu oraz wielkie, brzmiące echem marmurowe korytarze przydają mu majestatu. Władze hrabstwa zajmują wschodnie skrzydło budynku, władze miasta – zachodnie. Mieszczą się tam między innymi biura burmistrza, radnych miejskich i sekretarza rady. Kiedy pewnego upalnego dnia poszłam do Valerie na rozmowę o pracę, z pewnym zaniepokojeniem, lecz i satysfakcją stwierdziłam, że ratusz wypełniają tłumy.

Były tam pary czekające na ślub i chętni do zarejestrowania samochodu. Byli ludzie, którzy przyszli złożyć skargę na dziury w drodze, właścicieli kamienic, ciągi wodno-kanalizacyjne i wszystko, co ich zdaniem miasto powinno naprawić. Były dzieci w wózkach spacerowych i staruszki na wózkach inwalidzkich. Byli dziennikarze i lobbyści, a także bezdomni szukający schronienia przed słońcem. Na chodniku przed budynkiem gromada aktywistów wymachiwała transparentami i wykrzykiwała slogany, choć już nie pamiętam, co to za sprawa tak ich poruszyła. Wiem tylko, że ten przaśny kontrolowany chaos urzędu w równym stopniu mnie zaskoczył, co urzekł. Ratusz należał do ludzi. Podobnej hałaśliwej atmosfery, w jakiej zwykli obywatele załatwiają swoje przyziemne sprawy, nigdy nie odczuwałam w Sidley.

Valerie wykroiła dla mnie dwadzieścia minut ze swojego planu zajęć, lecz ostatecznie rozmawiałyśmy przez półtorej godziny. Była szczupłą Afroamerykanką o jasnym odcieniu skóry, ubraną w pięknie skrojoną garsonkę. Nie spuszczając ze mnie spojrzenia brązowych oczu, opowiadała cichym, kojącym głosem o funkcjonowaniu miasta – a wiedziała na ten temat chyba wszystko. Lubiła swoją pracę, ale nie ukrywała wiążących się z nią biurokratycznych problemów. Jej postawa sprawiła, że natychmiast się odprężyłam. Wiele lat później Valerie powiedziała mi, że ku jej zdumieniu tamtego dnia udało mi się odwrócić typowy przebieg rozmowy o pracę – podałam jej co prawda garść podstawowych informacji o sobie, ale głównie to ja zachłannie wypytywałam ją o wszystkie najdrobniejsze doświadczenia związane z jej zajęciem oraz relacje ze współpracownikami. Zamierzałam wybadać, czy ta praca będzie się dla mnie nadawać, ona zaś chciała wiedzieć, czy to ja się w niej sprawdzę.

Gdy dziś wspominam tamten dzień, jestem pewna, że przede wszystkim korzystałam z – jak mi się zdawało – rzadkiej okazji do rozmowy z osobą o bardzo podobnej przeszłości edukacyjnej i zawodowej do mojej, która jednak wyprzedzała mnie o kilka lat na ścieżce kariery. Valerie ujęła mnie wyjątkowym spokojem, zdecydowaniem i mądrością. Była kimś, od kogo można się wiele nauczyć i kogo warto się trzymać. Zrozumiałam to natychmiast.

Zanim rozmowa dobiegła końca, zaoferowała mi pracę asystentki burmistrza Daleya, którą mogłabym zacząć od razu. Nie musiałabym dłużej praktykować prawa. Otrzymywałabym pensję w wysokości sześćdziesięciu tysięcy dolarów rocznie, czyli mniej więcej połowę tego, co dostawałam w Sidley & Austin. Valerie zasugerowała jednak, bym się nie spieszyła, lecz poważnie zastanowiła, czy jestem gotowa na taką zmianę. Tę decyzję musiałam podjąć sama. Na własną odpowiedzialność wykonać skok w nieznane.

Nie należałam do osób wysoko ceniących administrację miejską. Jako Afroamerykanka dorastająca w South Side, czarnej części miasta, nie pokładałam zbytniej wiary w politykę. Przeważnie stanowiła narzędzie opresji czarnych, za pomocą którego izolowano nas i wykluczano, nie dopuszczano do dobrej edukacji, dobrego zatrudnienia i dobrych wynagrodzeń. Moi dziadkowie żyli w czasach obowiązywania strasznych praw Jima Crowa, byli dyskryminowani na rynku mieszkaniowym i ogólnie rzecz biorąc, nie ufali żadnym władzom. (Jak pewnie pamiętacie, Southside uważał, że nawet dentysta się na niego zawziął). Mój ojciec, który przez większość życia pracował dla miasta, został w gruncie rzeczy zmuszony do służby w charakterze kapitana okręgu wyborczego, jeśli chciał choćby myśleć o awansie. Choć lubił pracować ze społecznością, zawsze mierził go panujący w ratuszu nepotyzm.

A tymczasem ja rozważałam zatrudnienie się w tym właśnie miejscu. Nie podobała mi się perspektywa niższej pensji, ale ta praca mnie zaintrygowała. Znów poczułam wewnętrzne drgnienie, nęcącą pokusę przyszłości zupełnie innej niż ta, którą dla siebie zaplanowałam. Byłam już prawie gotowa na skok w nieznane, lecz pozostała jeszcze jedna sprawa do uzgodnienia. Nie żyłam już samotnie. Kiedy Valerie zadzwoniła do mnie kilka dni później, by spytać, co postanowiłam, odparłam, że wciąż jeszcze się namyślam. I zadałam jej ostatnie, dość chyba dziwaczne pytanie: „Czy mogłabym przedstawić ci mojego narzeczonego?".

W TYM MIEJSCU POWINNAM zawrócić, przebiec myślą przez upalne dni lata i cofnąć się ku wspomnieniom ciężkiej mgły, w której pogrążyliśmy się na długie miesiące po śmierci ojca. Barack przyleciał do Chicago, by tak długo, jak mógł, towarzyszyć mi w dniach po pogrzebie, lecz później musiał wrócić, aby dokończyć rok akademicki na Harvardzie. Późnym majem, po ukończeniu studiów, spakował się, sprzedał bananowożółtego datsuna, przyleciał ponownie i na dobre padł mi w ramiona w domu przy 7436 South Euclid Avenue. Kochałam go. Czułam się kochana przez niego. Przez prawie dwa lata wytrwaliśmy w związku na odległość, a teraz ostatecznie mieliśmy ten dystans skrócić do zera. Oznaczało to, że znów będziemy mogli wylegiwać się razem w łóżku w weekendy, czytać gazety, wychodzić na brunche i dzielić się każdym spostrzeżeniem. Mogliśmy jadać razem kolacje nie tylko w poniedziałki, ale i we wtorki, w środy i czwartki. Mogliśmy jeździć na zakupy i składać pranie przed telewizorem. Kiedy, jak to się wciąż często zdarzało, zaczynałam płakać z żalu po śmierci ojca, Barack przytulał mnie i całował w czubek głowy.

Poczuł ulgę, gdy skończył prawo, i zależało mu na tym, by jak najszybciej porzucić abstrakcyjną domenę wiedzy akademickiej na rzecz zajęć bardziej absorbujących i zakotwiczonych w rzeczywistości. Udało mu się sprzedać nowojorskiemu wydawcy swoją książkę o stosunkach rasowych i tożsamości, co dla człowieka tak jak on zakochanego w literaturze było ogromnym zaszczytem. Dostał zaliczkę i rok na dokończenie tekstu.

Barack jak zawsze miał wiele możliwości. Zapewniła mu je reputacja, jaką sobie wyrobił – znakomite rekomendacje od profesorów i artykuł w „New York Timesie" o jego wyborze na prezesa „Harvard Law

Review". University of Chicago zaproponowało mu bezpłatny roczny staż oraz własny gabinet, w którym mógłby pisać książkę, a później może także objąć funkcję adiunkta i prowadzić zajęcia na wydziale prawa. Moi współpracownicy w Sidley & Austin, wciąż mając nadzieję, że Barack wróci na pełny etat, zaoferowali mu miejsce do nauki na osiem tygodni poprzedzających egzamin adwokacki, który miał zdawać w lipcu. On sam rozważał także zatrudnienie w Davis, Miner, Barnhill & Galland, małej kancelarii zajmującej się prawami obywatelskimi i mieszkaniowymi, której prawnicy utrzymywali bliskie relacje z Haroldem Washingtonem, co Barackowi bardzo się podobało.

Związek z człowiekiem, który uważał swoje możliwości za nieograniczone i nie marnował czasu ani energii na rozmyślania, czy kiedyś się wyczerpią, bardzo dobrze wpływał na moją równowagę duchową. Barack na wszystko, co miał, ciężko i sumiennie pracował, ale nie odhaczał kolejnych sukcesów i nie mierzył swojego postępu według osiągnięć innych ludzi, jak to robiło wielu moich znajomych, a czasem także ja sama. Niekiedy wydawał się cudownie nieświadomy wielkiego wyścigu szczurów, który trwał wszędzie wokół niego, ani presji do posiadania różnych materialnych dóbr – począwszy od przyzwoitego samochodu po dom z ogródkiem na przedmieściach albo efektowny apartament w dzielnicy Loop – jaką odczuwało wielu trzydziestoparoletnich prawników. Już wcześniej zauważyłam w nim te cechy, lecz odkąd zamieszkaliśmy razem, a ja przygotowywałam się do pierwszego poważnego zakrętu w życiu, zaczęłam je doceniać jeszcze bardziej.

Krótko mówiąc, Barack wciąż potrafił wierzyć i ufać, kiedy inni utracili tę zdolność. Kierował się prostym, budującym przekonaniem, że jeśli będzie się trzymał własnych zasad, wszystko jakoś się ułoży. Odbyłam już tyle ostrożnych i rozsądnych rozmów z wieloma osobami na temat tego, jak porzucić karierę, w której, gdy spojrzeć obiektywnie, odnosiłam spore sukcesy. Raz za razem dostrzegałam troskę i niepokój w twarzach ludzi, kiedy opowiadałam, że jeszcze nie spłaciłam kredytów studenckich i nie kupiłam domu. Wciąż pamiętałam postawę ojca, który specjalnie zdecydował się na skromne życie i unikał ryzyka, by zapewnić nam stabilność. W uszach dzwoniła mi rada matki: „Najpierw się dorób, potem myśl o szczęściu". Mój niepokój zwiększało też głębokie pragnienie, ważniejsze od wszelkich materialnych aspiracji: wiedziałam, że raczej wcześniej niż później będę chciała mieć dzieci. Jak miałoby mi się to udać, skoro zamierzałam rzucić dotychczasową pracę i zacząć od nowa w całkiem nowej branży?

Po przyjeździe do Chicago Barack miał na mnie kojący wpływ. Łagodził moje obawy, słuchał, jak wyliczam wszystkie swoje zobowiązania finansowe, i zapewniał, że także chce mieć dzieci. Rozumiał, że nie jesteśmy w stanie wszystkiego zaplanować, zwłaszcza że żadne z nas nie chciało utknąć w przewidywalnej, wygodnej karierze prawnika. Jednak z pewnością nie byliśmy biedni, a przyszłość rysowała się tym ciekawiej, że nie potrafiliśmy jej dokładnie przewidzieć.

To on jako jedyny radził mi, bym podjęła śmiałą decyzję, przestała się zamartwiać i zaczęła robić to, co mnie uszczęśliwi. Aprobował ten krok w nieznane, bo wiedział, że niewiadoma mnie nie zabije, choć stało to w sprzeczności z przekonaniami większości członków rodziny Shieldsów-Robinsonów aż po pokolenie Dandy'ego i Southside'a.

Nie martw się, mówił. Dasz radę. Jakoś sobie poradzimy.

POWIEM TERAZ KILKA SŁÓW O EGZAMINIE ADWOKACKIM: to przykry, obowiązkowy rytuał przejścia, który musi zaliczyć każdy świeżo upieczony prawnik, jeśli chce uprawiać zawód. Choć jego treść i forma różnią się nieco między poszczególnymi stanami, powszechnie uważa się go za dwudniową, dwunastogodzinną drogę przez piekło, podczas której pytają cię o wszystko, od prawa umów po zawiłości transakcji z zabezpieczeniem rzeczowym. Podobnie jak Barack ja również musiałam zdać ten egzamin, tyle że trzy lata wcześniej, latem, po ukończeniu Harvardu. Byłam już wtedy w Sidley i od dwóch miesięcy harowałam długimi godzinami, tak jak haruje każdy w pierwszym roku pracy w kancelarii. Jednocześnie chodziłam na seminarium przygotowawcze i przedzierałam się przez przerażająco gruby tom przykładowych testów.

Tego samego lata Craig zaplanował ślub z Janis w Denver, skąd pochodziła. Panna młoda poprosiła mnie, żebym została jej druhną, a ja rzuciłam się w to zadanie chętnie i natychmiast, pewnie między innymi dlatego, że dopiero co wygramoliłam się z siedmioletniej wyżymaczki Princeton i Harvardu. Zachwycałam się sukniami ślubnymi i pomagałam planować wieczór panieński. Robiłam wszystko, by uświetnić ten szczególny dzień. Innymi słowy, znacznie bardziej ekscytowała mnie wizja ożenku brata niż wkuwanie przesłanek uznania czynu za niedozwolony.

Działo się to w dawnych czasach, gdy wyniki egzaminów przysyłano pocztą. Tamtej jesieni, już po egzaminie i ślubie brata, zadzwoniłam pewnego dnia z pracy do ojca, by spytać, czy było coś w skrzynce. Tak, było. Może jakiś list do mnie? Owszem, list. Czy nadawcą jest palestra stanu Illinois? Rzeczywiście, tak właśnie napisano na kopercie. Poprosiłam, by ją otworzył. Usłyszałam szelest papieru, a potem nastąpiła długa chwila okropnego wyczekiwania.

Nie zdałam.

Nigdy wcześniej nie oblałam żadnego egzaminu, chyba że liczyć zerówkę, gdzie nie udało mi się odczytać słowa „biały" z trzymanego przez nauczycielkę kartonika. A jednak pokpiłam egzamin adwokacki. Ogarnął mnie wstyd i poczucie, że zawiodłam wszystkich, którzy mnie uczyli, wspierali i zatrudniali. Nie nawykłam do ponoszenia porażek. Przeważnie przygotowywałam się aż za dobrze, zwłaszcza do ważnych wyzwań, lecz tym razem zawiodłam. Dziś sądzę, że stał za tym brak entuzjazmu, który odczuwałam przez całe studia, wypalona nauką i znudzona zagadnieniami – jak sądziłam – abstrakcyjnymi i nieżyciowymi. Wolałam spędzać czas wśród ludzi, a nie książek, i to dlatego w koledżu najwięcej satysfakcji przynosił mi wolontariat w uczelnianym Biurze Pomocy Prawnej, gdzie pomagałam studentom otrzymać ubezpieczenie społeczne czy przeciwstawić się właścicielowi podupadającej kamienicy, który nie dbał o jej stan.

Jednak mimo wszystko porażka mnie przybiła. Jej gorzki smak czułam miesiącami, choć wielu współpracowników z Sidley pocieszało mnie, że oni też oblali za pierwszym razem. Później tej jesieni porządnie przysiadłam fałdów, ponownie przystąpiłam do egzaminu i zaliczyłam go bez trudu. Ostatecznie poza moją zranioną dumą tamta porażka nie miała żadnego znaczenia.

Jej wspomnienie sprawiło jednak, że kilka lat później ze szczególną uwagą przyglądałam się Barackowi szykującemu się do egzaminu. Chodził na seminarium i nosił ze sobą tomy testów, ale nie otwierał ich tak często, jak powinien, a w każdym razie jak ja bym to robiła, wiedząc to, co wiem teraz. Nie zamierzałam go jednak nagabywać ani ostrzegać przykładem własnego niepowodzenia. Mieliśmy zupełnie inny typ intelektu. Jego umysł przypominał walizkę z wycinkami albo komputer zdolny w każdej chwili wyrzucać z siebie odpowiednie fakty. Nazywałam go „informatorem", bo każdy argument w rozmowie potrafił poprzeć statystyką. Wydawało się, że ma prawie fotograficzną pamięć. Nie martwiłam się o to, czy zda, lecz on także się tym nie przejmował, co trochę mnie irytowało.

Postanowiliśmy więc świętować przed czasem – tego samego dnia, w którym zdawał, czyli 31 lipca 1991 roku. Zarezerwowaliśmy stolik w restauracji Gordon w centrum miasta. Należała do naszych ulubionych – miała oświetlenie w stylu art déco i nieskazitelne, białe obrusy, a w menu pozycje takie jak kawior na karczochach w cieście. Trwała pełnia lata, a my byliśmy szczęśliwi.

W Gordon zawsze zamawialiśmy pełny obiad z deserem. Wzięliśmy martini i zakąski. Wybraliśmy dobre wino na aperitif. Rozmawialiśmy o tym i owym, rozluźnieni, w nieco sentymentalnym nastroju. Pod koniec posiłku Barack się uśmiechnął i zaczął temat małżeństwa. Wziął mnie za rękę i powiedział, że choć kocha mnie z całego serca, naprawdę nie widzi w tym sensu. Krew natychmiast uderzyła mi do głowy. Było tak, jakby raptem wdusił przycisk – wielki, migający, czerwony przycisk, jeden z tych, które można znaleźć na panelu kontrolnym w elektrowni atomowej otoczony znakami ostrzegawczymi i planami ewakuacji. Serio? Teraz będziemy to przerabiać?

A jednak właśnie na to się zanosiło. Wielokrotnie omawialiśmy sprawę ewentualnego małżeństwa i nic się nie zmieniało. Ja byłam tradycjonalistką, Barack nie. Najwidoczniej żadne z nas nie miało dać się przekonać. Jednak to nas – dwojga prawników – nie powstrzymywało od okazjonalnego podejmowania tematu z wielkim zaangażowaniem. W otoczeniu mężczyzn w sportowych marynarkach i kobiet w eleganckich sukienkach z całej siły próbowałam zapanować nad głosem.

– Skoro oboje jesteśmy zaangażowani – powiedziałam tonem tak spokojnym, na jaki potrafiłam się zdobyć – to czemu tego nie sformalizować? Czy to jakoś uderzyłoby w twoją godność?

Dalej ruszyliśmy ścieżką przećwiczonych argumentów. Czy małżeństwo ma jakieś znaczenie? Jakie? Co było ze mną nie tak? Jaka przyszłość nas czekała, skoro nie potrafiliśmy się porozumieć w tej sprawie? Nie tyle się kłóciliśmy, ile raczej polemizowaliśmy w prawniczym stylu. Wymienialiśmy argumenty i kontrargumenty, analizowaliśmy je i rozbieraliśmy na czynniki pierwsze, choć ewidentnie to ja bardziej się emocjonowałam. I to ja więcej mówiłam.

W pewnym momencie kelner przyniósł srebrną paterę deserową. Postawił ją przede mną i uniósł pokrywę. Byłam tak rozgniewana, że przez chwilę nie zwracałam na nią uwagi, lecz gdy w końcu spojrzałam w dół, zamiast torciku czekoladowego ujrzałam ciemne aksamitne pudełko. Wewnątrz był pierścionek z diamentem.

Barack patrzył na mnie z rozbawieniem. Podszedł mnie. To wszystko był podstęp. Dobrą chwilę zajęło mi otrząśnięcie się z gniewu, ale w końcu ogarnęła mnie radość pomieszana ze zdumieniem. Postanowił mnie wkurzyć, bo wiedział, że ma ostatnią okazję w naszym wspólnym życiu, by wdać się w tę niedorzeczną sprzeczkę. A teraz sprawa została zamknięta. Przyklęknął na jednym kolanie i drżącym od emocji głosem szczerze zapytał, czy wyświadczę mu ten honor i zostanę jego żoną. Dowiedziałam się później, że zawczasu porozmawiał z moją matką i bratem, aby uzyskać ich zgodę. Kiedy powiedziałam „tak", goście w restauracji zaczęli bić brawo.

Przez minutę czy dwie jak oniemiała wpatrywałam się w pierścionek na palcu. Spojrzałam na Baracka, by się upewnić, że to się dzieje naprawdę. Kompletnie mnie zaskoczył. W pewnym sensie oboje wygraliśmy.

– To powinno cię uciszyć – powiedział lekkim tonem.

POWIEDZIAŁAM „TAK" BARACKOWI, a nieco później – Valerie Jarrett, przyjmując propozycję pracy w ratuszu. Postanowiłam zrealizować swój plan zapoznania jej z Barackiem i w tym celu zorganizowałam kolację, przy której mogliśmy porozmawiać.

Zrobiłam to z kilku powodów. Po pierwsze, polubiłam Valerie. Wywarła na mnie wielkie wrażenie i niezależnie od spraw zawodowych zależało mi na tym, aby ją lepiej poznać. Wiedziałam, że Barack także będzie pod wrażeniem. Przede wszystkim jednak chciałam, by wysłuchał jej historii. Podobnie jak on spędziła dzieciństwo w innym kraju – w jej przypadku był to Iran, gdzie jej ojciec pracował jako lekarz – i wróciła do Stanów, by zdobyć wykształcenie, co pozwoliło jej zyskać podobnie klarowny ogląd rzeczywistości, jaki dostrzegałam u Baracka. Barack nie był przekonany, czy moje zatrudnienie w ratuszu jest dobrym pomysłem. Tak jak Valerie inspirował się postacią burmistrza Harolda Washingtona, lecz znacznie mniej podobał mu się staroświecki establishment, którego uosobieniem był Richard M. Daley. Przemawiał przez niego animator społeczności: nawet za rządów Washingtona toczył zaciekłe, często bezowocne boje z miejską administracją o pozyskanie choćby najmniejszego wsparcia dla oddolnych inicjatyw społecznych. Choć bardzo wspierał moje aspiracje zawodowe, w głębi ducha martwił się pewnie, że praca u Daleya ostatecznie mnie rozczaruje i pozbawi pewności siebie.

Valerie była najlepszą osobą, której mógł opowiedzieć o swoich wątpliwościach. Wywróciła do góry nogami całe swoje życie, by pracować u Washingtona, po czym prawie natychmiast go straciła. W przyszłości sama miałam ostrzegać ludzi w całej Ameryce przed takim postępowaniem, które doprowadziło do powstania próżni po Washingtonie: w Chicago popełniliśmy błąd, ponieważ nadzieją na przeprowadzenie reform obarczyliśmy jednego człowieka, zaniedbując przy tym budowę aparatu politycznego, aby wesprzeć jego wizję. Wyborcy, zwłaszcza liberałowie i Afroamerykanie, widzieli w Washingtonie rycerza na białym koniu, symbol, zbawcę, który odmieni rzeczywistość. W godny podziwu sposób znosił ciężar ich oczekiwań, inspirując ludzi takich jak Barack i Valerie do porzucenia sektora prywatnego na rzecz pracy z lokalnymi wspólnotami i służby publicznej. Lecz po jego śmierci większość energii, którą wyzwolił w ludziach, po prostu się rozproszyła.

Valerie zastanawiała się, czy nie zrezygnować z pracy w biurze burmistrza, lecz ostatecznie uznała, że zostając, dokonała dobrego wyboru. Miała poparcie Daleya i wiedziała, że przydaje się miastu. Wcześniej była lojalna raczej wobec zasad wyznawanych przez Harolda Washingtona niż wobec niego samego. Inspiracja nie wystarczy – musi być poparta ciężką pracą. Ja i Barack podzielaliśmy ten pogląd. Podczas tamtej kolacji poczułam, że zawarliśmy sojusz: Valerie Jarrett na trwałe weszła do naszego życia. Choć żadne z nas nie powiedziało tego na głos, wiedzieliśmy, że będziemy się wspierać przez lata.

BYLIŚMY JUŻ ZARĘCZENI, ja zmieniłam pracę, a Barack przeszedł do starającej się o niego kancelarii Davis, Miner, Barnhill & Galland, która zajmowała się problematyką społeczną. Pozostało nam tylko jedno: wybraliśmy się na wakacje, a raczej coś w rodzaju pielgrzymki. Pewnej środy pod koniec sierpnia wylecieliśmy z Chicago i po długim oczekiwaniu we Frankfurcie wsiedliśmy w samolot, który po kolejnych ośmiu godzinach tuż przed świtem wylądował w Nairobi. Gdy wyszliśmy na płytę lotniska skąpaną w świetle kenijskiego księżyca, poczuliśmy się jak w innym świecie.

Byłam już na Jamajce i Bahamach oraz kilkakrotnie w Europie, lecz nigdy dotąd nie znalazłam się tak daleko od domu. Natychmiast poczułam obcość Nairobi - czy raczej moją w nim obcość - choć dzień jeszcze się nie zaczął. Z biegiem czasu i kolejnych podróży bardzo polubiłam to doznanie, kiedy nowe miejsce tak gwałtownie i bezpretensjonalnie ukazuje swoje oblicze. Powietrze ma inną gęstość niż to, do którego się nawykło, i niesie trudne do określenia zapachy: delikatny aromat drzewnego dymu czy może spalin albo słodycz kwitnących drzew. Wschodzi to samo słońce, ale wygląda odrobinę inaczej.

Auma, przyrodnia siostra Baracka o rok od niego starsza, przywitała nas serdecznie na lotnisku. Spotkała się z nim zaledwie kilkakrotnie, po raz pierwszy sześć lat wcześniej, kiedy odwiedziła Chicago, lecz łączyła ich mocna więź. Matka Aumy, Grace Kezia, była w ciąży, kiedy Barack Obama senior wyjechał z Nairobi na studia na Hawaje w 1959 roku, zostawiając także pod jej opieką syna Abongo, który wówczas był niemowlakiem. Po powrocie do Kenii w połowie lat sześćdziesiątych Barackowi seniorowi i Kezii urodziło się jeszcze dwoje kolejnych dzieci.

Auma miała hebanową skórę, śnieżnobiałe zęby i ogromny, kojący uśmiech. Mówiła z wyraźnym brytyjskim akcentem. Po podróży do Kenii ledwie byłam w stanie się odezwać ze zmęczenia, lecz jadąc do śródmieścia na tylnej kanapie jej rozklekotanego garbusa, spostrzegłam, jak bardzo jej uśmiech i kształt głowy przypomina mi Baracka. Przejawiała też właściwą całej rodzinie inteligencję - wychowała się w Kenii, dokąd często wracała, ale poszła na studia w Niemczech i teraz robiła tam doktorat. Płynnie mówiła po angielsku, niemiecku, w suahili oraz luo, miejscowym języku używanym przez jej rodzinę. Podobnie jak my do Nairobi przyjechała tylko z wizytą.

Auma załatwiła nam miejsce do mieszkania - pustą, spartańsko urządzoną kawalerkę przyjaciółki w nijakim ceglanym bloku, który pomalowano jaskraworóżową farbą. Przez pierwszych kilka dni różnica czasu tak dawała nam się we znaki, że funkcjonowaliśmy na pół gwizdka. A może działało tak na nas tempo życia w Nairobi, mieście kierującym się zupełnie inną logiką niż Chicago. Na ulicach i zbudowanych w brytyjskim stylu rondach tłoczyli się piesi, rowerzyści, samochody i *matatus* – wszędobylskie rozchybotane prywatne autobusy pomalowane w jaskrawe grafiki i religijne wezwania, przygniecione górą przymocowanych do dachu bagaży i tak szczelnie wypełnione pasażerami, że niektórzy jechali na zewnątrz pojazdu niebezpiecznie uczepieni uchwytów.

Dotarłam do Afryki. Była ekscytująca, wyczerpująca i zupełnie dla mnie nowa. Jasnoniebieski volkswagen Aumy był tak stary, że często trzeba go było popchnąć, by wskoczył bieg. Nierozważnie kupiłam nowe białe tenisówki na wyjazd i przed końcem dnia po całym tym pchaniu zrobiły się cynamonowobrązowe od pyłu stołecznych ulic.

Barack już wcześniej odwiedził Nairobi i czuł się tam dość swojsko. Ja poruszałam się niezręcznie jak turystka i byłam świadoma, że choć mamy czarną skórę, pozostajemy outsiderami. Czasami ludzie gapili się na nas na ulicy. Oczywiście nie przypuszczałam, że od razu wtopimy się w tłum, choć ruszałam w podróż kierowana naiwnym przeświadczeniem, że poczuję jakąś instynktowną więź z kontynentem, który od dzieciństwa jawił mi się jako mityczna ojczyzna, a samo przybycie tam ofiaruje mi poczucie pełni. Lecz Afryka oczywiście nie była nam nic dłużna. Afroamerykanin w Afryce doznaje intrygującego poczucia zawieszenia między dwoma światami. We mnie ta kraina wywołała natomiast trudny do określenia smutek – wrażenie, że nie mam korzeni ani tu, ani tam.

Kilka dni później wciąż czułam się w Nairobi obco i oboje walczyliśmy z bólem gardła. W dodatku się pokłóciliśmy, nie pamiętam już o co. Choć Kenia nas zachwycała, byliśmy też zmęczeni, co prowadziło do sprzeczek, a w końcu wywołanych drobnostkami awantur. „Jestem wściekła na Baracka – zapisałam w dzienniku. – Czuję, że nie mamy ze sobą nic wspólnego". Na tym zakończyłam notatkę. Miarą mojej frustracji jest zaś długie, gniewne rozdarcie biegnące przez resztę strony.

Jak każda docierająca się para dopiero uczyliśmy się kłócić. Nie robiliśmy tego często, a kiedy nam się zdarzało, powodem były drobnostki – nagromadzone żale, które wypływały na wierzch z powodu zmęczenia lub stresu u jednego z nas albo obojga. Tak, czasem się kłóciliśmy. A ja zwykle krzyczę, kiedy się wściekam. Gdy ogarnia mnie złość, odczuwam ją tak intensywnie, jakby ogień przepływał mi przez kręgosłup, i eksploduję z taką siłą, że później nawet nie pamiętam, co mówiłam. Barack dla odmiany zwykle pozostaje chłodny i racjonalny, a jego słowa płyną elokwentnym (i dlatego irytującym) potokiem. Bardzo długo – całe lata – uczyliśmy się siebie nawzajem, pamiętając, że każde z nas jest sumą genów oraz skłonności odziedziczonych po rodzicach i dziadkach. Z biegiem czasu nauczyliśmy się wyrażać swoje pretensje i radzić sobie z okazjonalnymi wybuchami furii. Dziś nasze kłótnie są znacznie mniej dramatyczne – zwykle szybko dochodzimy do porozumienia i zawsze pamiętamy o łączącej nas miłości, choćby jej okazywanie w danej chwili nie było łatwe.

Zbudziliśmy się następnego ranka pod błękitnym niebem Nairobi pełni energii, lepiej przystosowani do różnicy czasu i z poczuciem, że znów jesteśmy sobą i jak zawsze szczęśliwi. Spotkaliśmy się z Aumą na stacji kolejowej w centrum, po czym wsiedliśmy do pociągu o zasłoniętych szczebelkami oknach, by ruszyć na zachód do rodzinnego domu Obamów. Gdy siedziałam przy oknie w przedziale pełnym Kenijczyków, z których jedni wieźli w koszach żywe kurczaki, a inni – sporej wielkości meble kupione w stolicy, znów uderzyło mnie, jak bardzo dziwne stało się moje życie spędzane dotąd przy biurku w wielkomiejskiej kancelarii. Ten siedzący przy mnie mężczyzna o zagadkowym uśmiechu i dziwnym nazwisku pojawił się pewnego dnia w moim gabinecie i tak cudownie wywrócił je na nice. Siedziałam przyklejona do okna, obserwując rozległą dzielnicę Kibera, największy slums Afryki pełen niskich prowizorycznych domów o blaszanych dachach, błotnistych dróg i rynsztoków. Do tej pory nie widziałam takiej biedy i nie potrafiłam jej sobie wyobrazić.

Jechaliśmy pociągiem przez kilka godzin. Barack w końcu otworzył książkę, ale ja wciąż siedziałam zapatrzona w okno – slumsy ustąpiły miejsca jaskrawozielonej wsi, a rozklekotany pociąg sunął dalej na północ aż do miasteczka Kisumu, w którym cała nasza trójka wysiadła wprost w równikowy upał. Ostatnią część podróży odbyliśmy trzęsącym się *matatu* przez pola kukurydzy do wioski Kogelo, gdzie mieszkała babka Baracka i Aumy.

Na zawsze zapamiętam bordową gliniastą ziemię w tej części Kenii – była tak gęsta, że zdawała się niemal przedwieczna, a unoszący się znad niej pył pokrywał skórę i włosy dzieci wykrzykujących ku nam słowa powitania z obu stron drogi. Pamiętam, że byłam spocona i spragniona, gdy pieszo pokonywaliśmy ostatni odcinek trasy do osady babki Baracka, która od wielu lat mieszkała w dobrze utrzymanym betonowym domu, uprawiając przyległy do niego ogródek warzywny i zajmując się kilkoma krowami. Nazywano ją babcią Sarą. Była niską, krępą kobietą o mądrych oczach i ustach okolonych zmarszczkami od śmiechu. Nie mówiła po angielsku, znała tylko luo, i powiedziała, że sprawiliśmy jej wielką przyjemność, jadąc tak daleko, by się z nią spotkać. Czułam się przy niej bardzo wysoka. Oglądała mnie zaskoczonym, badawczym spojrzeniem, jakby chciała zrozumieć, skąd się wzięłam i jak do tego doszło, że raptem stanęłam w drzwiach jej domu. Jedno z pierwszych pytań, które mi zadała, brzmiało: „Które z twoich rodziców jest białe?".

Zaśmiałam się i przy pomocy Aumy wyjaśniłam, że jestem czarna do szpiku kości, a w Ameryce chyba nie ma czarniejszych ode mnie.

Babcię Sarę to rozbawiło. Śmiała się prawie ze wszystkiego i podkpiwała z Baracka, że ten nie zna jej języka. Jej skłonność do śmiechu była wręcz zdumiewająca. Z nadejściem wieczoru zabiła dla nas kurczaka i zrobiła gulasz, który podała z *ugali*, papką kukurydzianą. W międzyczasie krewni i sąsiedzi zachodzili, by się z nami przywitać i pogratulować nam zaręczyn. Z wdzięcznością pochłaniałam jedzenie, gdy słońce gasło, a nad pozbawioną elektryczności wioską zapadała noc. Na niebie zajaśniały gwiazdy. To, że znalazłam się w tym miejscu, wydawało się cudem. Dzieliłam łóżko z Barackiem, wsłuchując się w dźwięk cykad hałasujących w kukurydzianych polach wszędzie wokół nas i szelesty niewidocznych zwierząt. Pamiętam poczucie nabożnego lęku na myśl o ogromie ziemi i nieba, przed którym chronił nas ten przytulny domek. Miałam nową pracę, narzeczonego i powiększoną rodzinę, obejmującą nawet przychylną mi kenijską babcię. Zostałam wyrwana z własnego świata i na razie wszystko szło całkiem nieźle.

12.

POBRALIŚMY SIĘ Z BARACKIEM w pewną słoneczną październikową sobotę 1992 roku w obecności ponad trzystu przyjaciół i członków rodziny zebranych w Trinity United Church of Christ w South Side. Wesele było wielkie i takie być musiało. Jeśli chcieliśmy je zorganizować w Chicago, nie mogliśmy skrócić listy zaproszonych. Moje korzenie sięgały zbyt głęboko. Miałam kuzynów, oni mieli własnych, ci z kolei mieli dzieci, a ja nie mogłam nikogo pominąć. Wszyscy ci ludzie nadali dniu naszego ślubu wagi i sprawili, że był bardzo radosny.

Przyszło młodsze rodzeństwo mojego ojca. Rodzina matki stawiła się w komplecie. Pojawili się moi przyjaciele ze szkoły, sąsiedzi, znajomi z Princeton, koledzy i koleżanki z Whitney Young. W organizacji ślubu pomagała mi pani Smith, żona asystenta dyrektora liceum, która wciąż mieszkała niedaleko nas przy Euclid Avenue, natomiast pan i pani Thompsonowie z naprzeciwka grali później tego dnia na weselu ze swym jazz-bandem. Santita Jackson, żywiołowa, w czarnej sukni z głębokim dekoltem, była moją druhną. Zaprosiłam dawnych współpracowników z Sidley i nowych z ratusza. Przyszli partnerzy z firmy Baracka, a także jego przyjaciele z czasów pracy animatora. Paczka jego hałaśliwych hawajskich kumpli z liceum wesoło mieszała się z kenijskimi krewnymi, którzy nosili jaskrawe kolorowe kapelusze ze wschodniej

Afryki. Gramps – dziadek Baracka – zmarł niestety poprzedniej zimy na nowotwór, lecz do Chicago przyjechały jego matka i babka, podobnie jak Auma i Maya, przyrodnie siostry Baracka z różnych kontynentów, które łączyło przywiązanie do brata. Obie nasze rodziny spotkały się po raz pierwszy i panowała bardzo radosna atmosfera.

Otaczała nas miłość – eklektyczna i wielokulturowa miłość w wydaniu Obamów oraz dobrotliwa miłość Robinsonów sięgająca korzeniami głęboko w tkankę South Side. W kościelnych ławach obie te miłości splotły się w jedno uczucie. Mocno trzymałam Craiga pod ramię, kiedy prowadził mnie do ołtarza. Gdy dotarliśmy do pierwszego rzędu ławek, uchwyciłam spojrzenie matki – wyglądała jak królowa w długiej do ziemi czarno-białej sukni z cekinami, którą razem wybierałyśmy, podbródek miała uniesiony, a w oczach błyszczała jej duma. Wciąż cierpiałyśmy po stracie ojca, ale się nie poddawałyśmy. Wiedziałyśmy, że tego właśnie by chciał.

Barack obudził się tamtego ranka z paskudnym przeziębieniowym bólem głowy, który w cudowny sposób zniknął, gdy tylko przyjechał do kościoła. Teraz uśmiechał się do mnie z blaskiem w oczach, stojąc przy ołtarzu w wypożyczonym smokingu i nowych wypolerowanych butach. Małżeństwo wciąż było dla niego sprawą znacznie bardziej tajemniczą niż dla mnie, lecz przez czternaście miesięcy narzeczeństwa wykazywał wobec niego wyłącznie entuzjazm. Wszystko zaplanowaliśmy bardzo starannie. Barack, który początkowo oznajmił, że nie interesują go szczegóły oprawy wydarzenia, ostatecznie – co dało się przewidzieć – z upodobaniem i zapałem opiniował każdy detal, od ułożenia kwiatów po rodzaj kanapeczek czekających na gości w Ośrodku Kultury South Side, do którego mieli się udać za mniej więcej godzinę. Wybraliśmy też piosenkę ślubną, którą w akompaniamencie pianisty swoim oszałamiającym głosem zaśpiewała Santita.

Był to kawałek Steviego Wondera zatytułowany *You and I (We Can Conquer the World)* (Ty i ja możemy podbić świat). Po raz pierwszy usłyszałam go w trzeciej lub czwartej klasie podstawówki, kiedy

Southside podarował mi album *Talking Book* – moją pierwszą, bardzo dla mnie cenną płytę. Pozwalał mi ją odtwarzać, ilekroć przychodziłam w odwiedziny. Nauczył mnie dbać o płyty winylowe, czyścić ich rowki z kurzu i delikatnie opuszczać igłę gramofonu dokładnie tam, gdzie miała się znaleźć. Przeważnie zostawiał mnie samą, abym mogła na własną rękę nauczyć się wszystkiego, co album ma do przekazania, a ja zwykle robiłam to, wykrzykując z pełną siłą swoich dziewczęcych płuc słowa piosenki: „Wiem, że możemy podbić świat / Naszą miłością, ty i ja, ty i ja…".

Miałam wtedy dziewięć lat. Nic nie wiedziałam o miłości, zaangażowaniu czy podbijaniu świata. Potrafiłam tylko snuć fantastyczne marzenia o tym, czym ta miłość może być i kto taki pojawi się pewnego dnia, by dać mi siłę. Może Michael Jackson? José Cardenal z drużyny Cubsów? Ktoś przypominający tatę? Nijak nie potrafiłam sobie wyobrazić tego człowieka, który stanie się „ty" dla mojego „ja".

A teraz staliśmy tu razem.

Trinity Church miał reputację kościoła pełnego energii i uduchowionego. Barack zaczął do niego chodzić, kiedy pracował jako animator społeczności, a ostatnio oboje oficjalnie się tam zapisaliśmy, idąc w ślady wielu przyjaciół – młodych, wykwalifikowanych Afroamerykanów z Chicago. Ślubu udzielał nam tamtejszy pastor Jeremiah Wright, który miał opinię zapaleńca wygłaszającego płomienne kazania na temat sprawiedliwości społecznej. Przywitał naszych przyjaciół i rodzinę, po czym uniósł obrączki, by wszyscy mogli je obejrzeć. Elokwentnie mówił o znaczeniu aktu zawarcia związku małżeńskiego, którego świadkiem jest troskliwa wspólnota ludzi doskonale znających zarówno Baracka, jak i mnie.

Wtedy poczułam moc owej chwili i znaczenie rytuału. Staliśmy tam z wciąż niezapisaną kartą przyszłości, z każdą niewiadomą wciąż przed nami ukrytą, i trzymając się za ręce, wypowiedzieliśmy słowa przysięgi.

Cokolwiek nas czekało, szliśmy ku temu razem. Zaangażowałam wszystkie siły, by zaplanować ten dzień i bardzo się przejmowałam, czy całe wydarzenie wypadnie dość elegancko, lecz teraz zrozumiałam, że tym, co się naprawdę liczy i co zapamiętam na zawsze, jest nasz uścisk dłoni. Poczułam się pewnie jak nigdy dotąd. Wierzyłam w ten związek i w tego mężczyznę. Złożenie przysięgi okazało się najprostszą rzeczą na świecie. Patrząc Barackowi w twarz, wiedziałam, że on czuje to samo co ja. Żadnemu z nas nie popłynęły łzy ani nie zadrżał głos. Jeśli już, czuliśmy się odrobinę frywolnie. Chwilę po przysiędze zebraliśmy kilkuset świadków naszego ślubu i poszliśmy na wesele. Jedliśmy, piliśmy i tańczyliśmy aż po radosne wyczerpanie.

MIESIĄC MIODOWY MIELIŚMY SPĘDZIĆ na relaksującej, spokojnej podróży samochodem po północnej Kalifornii. Dzień po ślubie polecieliśmy do San Francisco, kilka dni posiedzieliśmy w Napie, po czym ruszyliśmy drogą numer 1 do Big Sur, by czytać książki, gapić się na niebieską misę oceanu i oczyścić umysł. Było cudownie, mimo że przeziębienie na dobre dopadło Baracka, a błotne kąpiele w ogóle nas nie odprężały i wydawały się raczej obrzydliwe.

Po roku ciężkiej pracy mieliśmy wielką ochotę na odpoczynek. Barack pierwotnie zamierzał spędzić kilka miesięcy przed ślubem na kończeniu książki i pracy w swojej nowej kancelarii, ale musiał te plany raptownie przerwać. Na początku 1992 roku skontaktowali się z nim liderzy bezpartyjnej organizacji Project VOTE!, która za cel miała zwiększenie wyborczej frekwencji osób pochodzących z mniejszości w tych stanach, w których ich udział zawsze był niski. Zapytali, czy Barack zechciałby poprowadzić chicagowskie biuro organizacji, aby zmobilizować czarnych wyborców przed listopadowym głosowaniem. Szacowano, że około czterystu tysięcy Afroamerykanów ma do niego prawo, lecz pozostaje niezarejestrowanych[7]. Większość z nich mieszkała w Chicago lub okolicy.

[7] W większości stanów przed wyborami na szczeblu stanowym i federalnym wyborcy muszą się zarejestrować w urzędzie na dwa do czterech tygodni przed wyborami, co prowadzi do obniżenia frekwencji wśród osób z grup nieuprzywilejowanych. (Od 1993 roku istnieje wiele ułatwień związanych z rejestracją, w tym w niektórych stanach możliwość rejestracji w chwili głosowania lub przez internet).

Płaca była żałosna, ale zadanie odwoływało się do najważniejszych dla Baracka wartości. W 1983 roku podobna akcja wyborczej mobilizacji doprowadziła do wygranej Harolda Washingtona. W 1992 roku stawka znów była wysoka: kolejna afroamerykańska kandydatka, Carol Moseley Braun, zaskoczyła wszystkich, rzutem na taśmę zdobywając demokratyczną nominację do Senatu, i szykowała się do trudnej walki w wyborach powszechnych. Tymczasem Bill Clinton miał się zmierzyć z George'em H.W. Bushem w zmaganiach o fotel prezydencki. Nie można było pozwolić, by głosy osób należących do mniejszości się zmarnowały.

Stwierdzić, że Barack energicznie zabrał się do pracy, to za mało. Celem Project VOTE! było rejestrowanie nowych wyborców w Illinois w oszałamiającym tempie dziesięciu tysięcy nazwisk tygodniowo. Praca ta przypominała animację inicjatyw społecznych, którą się wcześniej zajmował. Uczestnicy projektu wiosną i latem odwiedzili wiele przykościelnych salek, chodzili od domu do domu i rozmawiali z niezarejestrowanymi wyborcami. Barack regularnie kontaktował się z liderami społeczności i w nieskończoność wiercił dziurę w brzuchu bogatym darczyńcom, którzy pomagali sfinansować produkcję reklam radiowych i ulotek informacyjnych rozdawanych w czarnych dzielnicach i osiedlach komunalnych. Przekaz organizacji był jednoznaczny i czytelny: głos to siła. Jeśli chcesz zmiany, nie zostawaj w domu w dniu wyborów.

Wieczorami Barack wracał do mieszkania przy Euclid Avenue i padał na sofę, cuchnąc papierosami, które wciąż popalał, gdy mnie przy nim nie było. Wydawał się zmęczony, ale nigdy zrezygnowany. Sumiennie podliczał zarejestrowanych wyborców: w pełni lata tygodniowa średnia wynosiła aż siedem tysięcy osób, ale i tak nie udawało się zrealizować celu. Barack obmyślał strategie, jak dotrzeć z komunikatem do kolejnych wyborców, zmobilizować więcej wolontariuszy i znaleźć grupy ludzi, których jeszcze nie odkryli. Wyzwania te przypominały mu układanie kostki Rubika – można było im podołać, jeśli tylko ustawiło się odpowiednie elementy we właściwym porządku. Powiedział mi, że najtrudniej jest dotrzeć do ludzi młodych, w wieku od osiemnastu do trzydziestu lat, bo w ogóle nie wierzą administracji.

Tymczasem ja całkowicie się jej oddałam. Od roku pracowałam z Valerie w biurze burmistrza, pełniąc funkcję łączniczki między kilkoma departamentami, w tym zdrowia i usług społecznych. Zakres moich obowiązków był szeroki, a w samej pracy chodziło o pomaganie ludziom, co dawało mi energię i niemal nigdy nie nużyło. O ile dawniej spędzałam dnie, pisząc notatki w cichym gabinecie z miękkim dywanem i widokiem na jezioro, o tyle teraz przesiadywałam w pokoju bez okna na jednym z najwyższych pięter ratusza, przez który nieustannie przelewała się hałaśliwa fala obywateli.

Przekonałam się, że sprawy administracyjne są skomplikowane i nie ma im końca. Chodziłam z jednego spotkania z szefostwem departamentu na drugie, pracowałam ze sztabami miejskich komitetów, a czasem jeździłam do różnych odległych dzielnic, by zbadać skargę, którą ten czy inny mieszkaniec wystosował do burmistrza. Moje misje dotyczyły powalonych drzew do usunięcia, rozmowy z miejscowymi pastorami, którym doskwierał ruch uliczny lub rzadki odbiór śmieci, albo reprezentowanie burmistrza podczas wydarzeń dzielnicowych. Raz musiałam przerwać szarpaninę na pikniku dla seniorów w North Side. Moje obowiązki w najmniejszym stopniu nie przypominały pracy korporacyjnego prawnika i dlatego tak mnie fascynowały. Poznawałam Chicago z nieodkrytej dotąd strony.

Uczyłam się też innych wartościowych rzeczy. Wiele czasu spędzałam z Susan Sher i Valerie Jarrett, dwoma pewnymi siebie kobietami, które zawsze prezentowały głęboko ludzką postawę. Susan prowadziła spotkania z gracją i niewzruszonym opanowaniem. Valerie nigdy nie obawiała się wyrazić swojego zdania w sali pełnej zadufanych w sobie mężczyzn i podczas dyskusji sprawnie przeciągała ludzi na swoją stronę. Przypominała pędzący meteor i było jasne, że zajdzie daleko. Krótko przed moim ślubem dostała awans na stanowisko szefowej komisji planowania i rozwoju gospodarczego miasta, a mnie zaproponowała posadę zastępczyni. Miałam ją objąć zaraz po powrocie z miesiąca miodowego.

Częściej widywałam Valerie niż Susan, lecz obie uważnie obserwowałam, podobnie jak dawniej przyglądałam się działaniom Czerny, mojej mentorki z koledżu. Te kobiety znały siłę swojego głosu i nie obawiały się go używać. Kiedy trzeba było, emanowały radością lub okazywały pokorę, ale nigdy nie dawały się zbić z tropu różnym samochwałom i nie rozcieńczały siły swojej argumentacji. Co ważne, obie były pracującymi matkami. Ten aspekt ich życia także pilnie śledziłam, wiedząc, że i ja pewnego dnia zechcę mieć dzieci. Valerie nigdy nie miała problemu z wyjściem ze spotkania, kiedy dzwoniono ze szkoły w sprawie jej córki. Susan również wychodziła czasem z pracy w środku dnia, jeśli syn miał wysoką gorączkę albo występował w przedszkolnym przedstawieniu. Dzieci były dla nich absolutnie najważniejsze, nawet jeśli musiały z ich powodu przerwać chwilowo pracę. Nie próbowały jej ściśle oddzielać od życia domowego, jak to robili mężczyźni pracujący w Sidley. Nie wiem nawet, czy byłyby w stanie, zważywszy na to, że borykały się z matczynymi obowiązkami jako rozwódki, co nastręczało im różnych problemów emocjonalnych i finansowych. Nie dążyły do perfekcji, lecz i tak zawsze udawało im się znakomicie wykonać powierzone zadania. Łączyła je głęboka przyjaźń i okazywały sobie wsparcie, co także robiło na mnie spore wrażenie. Odrzuciły wszelkie maski i były po prostu sobą – cudownymi, silnymi kobietami, od których mogłam się wiele nauczyć.

PO POWROCIE ZE SPĘDZONEGO W KALIFORNII miesiąca miodowego Baracka i mnie czekała zarówno dobra, jak i zła wiadomość. Tą pierwszą był wynik listopadowych wyborów, który zapowiadał falę dobrych zmian. Bill Clinton wygrał ze znaczną przewagą, po zaledwie jednej kadencji odsuwając od władzy prezydenta Busha. Carol Moseley Braun także odniosła zdecydowane zwycięstwo i została pierwszą afroamerykańską senatorką. Baracka szczególnie ucieszyła wieść, że frekwencja okazała się rewelacyjna: sam Project VOTE! zarejestrował ponad sto dziesięć tysięcy nowych wyborców, a szeroko prowadzona kampania na rzecz udziału w wyborach także przyczyniła się do zwiększenia liczby głosujących.

Po raz pierwszy od dekady ponad pół miliona czarnoskórych wyborców z Chicago poszło na wybory i dowiodło, że ma moc zbiorowego wpływania na politykę. Był to jasny komunikat dla prawodawców i przyszłych polityków, w który po śmierci Harolda Washingtona część ludzi, jak się zdawało, przestała wierzyć: głosy Afroamerykanów się liczą. Ignorowanie ich czy lekceważenie ich potrzeb i problemów będzie kosztownym politycznym błędem. Również sama afroamerykańska społeczność otrzymała sygnał, że się liczy, a postęp jest możliwy. Te wydarzenia napawały Baracka otuchą. Choć praca, którą wykonał, była wyczerpująca, nauczył się dzięki niej wiele o złożonym systemie politycznym miasta. Upewnił się też, że posiada zdolności organizacyjne pozwalające mu na podjęcie większych wyzwań. Współpracował z liderami inicjatyw oddolnych, zwykłymi obywatelami i wybranymi urzędnikami, jakimś cudownym sposobem dopinając swego. Kilka gazet odnotowało niezwykły wpływ działań Project VOTE! Dziennikarz z czasopisma „Chicago" opisał Baracka jako „wysokiego, sympatycznego pracoholika", twierdząc, że pewnego dnia sam powinien wystartować w wyborach, co Barack po prostu zbył wzruszeniem ramion.

Była też jednak zła wiadomość: ten wysoki, sympatyczny pracoholik, którego właśnie poślubiłam, przeoczył termin oddania książki. Tak bardzo pochłonęło go rejestrowanie wyborców, że zdołał złożyć tylko część maszynopisu. Po powrocie do domu agent Baracka poinformował nas, że wydawca unieważnił umowę i Barack musi zwrócić zaliczkę w wysokości czterdziestu tysięcy dolarów.

Jeśli go to przeraziło, nie okazał przede mną paniki. Ja sama wdrażałam się właśnie do nowych obowiązków w ratuszu, które obejmowały znacznie więcej zebrań z zarządem planowania przestrzennego, a mniej pikników z seniorami niż na poprzednim stanowisku. Choć nie pracowałam tak długo jak w kancelarii, codzienny zgiełk sprawiał, że wieczorami byłam wymęczona i niezbyt chętna mierzyć się z problemami w domu. Wolałam raczej nalać sobie lampkę wina, odłączyć zwoje mózgowe i oglądać telewizję na sofie. Jeśli obsesyjne zaangażowanie Baracka w Project VOTE! czegoś mnie nauczyło, to tego, że nie powinnam się martwić kłopotami mojego męża, bo przejmowałam się nimi bardziej niż on sam. O ile mnie chaos pobudzał, o tyle Baracka wręcz rozsadzał. Był niczym żonglujący talerzami cyrkowiec – jeśli robiło się zbyt spokojnie, odbierał to jako sygnał, by zwiększyć tempo. Zorientowałam się, że notorycznie bierze na siebie za dużo zobowiązań i angażuje się w kolejne projekty, nie mierząc sił na zamiary. Zgodził się na przykład zasiąść w zarządzie kilku organizacji non profit i wykładać na część etatu na University of Chicago w nadchodzącym semestrze wiosennym, a jednocześnie planował zatrudnić się w kancelarii w pełnym wymiarze godzin.

Pozostawała jeszcze sprawa książki. Agent zapewniał, że zdoła sprzedać tytuł innemu wydawcy, o ile Barack szybko skończy pierwszą wersję tekstu. Ponieważ jeszcze nie zaczął pracy na uczelni, a kancelaria, która i tak czekała już od roku, by go zatrudnić na pełny etat, zaaprobowała takie rozwiązanie, wymyślił idealny sposób wybrnięcia z kłopotów: będzie pisał w odosobnieniu i z dala od codziennego zgiełku w jakiejś odległej chatce, gdzie zdoła skupić się wyłącznie na jednej sprawie. Był to ekwiwalent całonocnego pisania eseju zaliczeniowego na ostatnią chwilę w koledżu, tyle że ta praca miała mu zająć kilka miesięcy. Zaczął rozwijać tę wizję pewnego wieczora jakieś sześć tygodni po naszym ślubie, po czym spuentował ją wiadomością, że jego matka wyszukała mu idealny domek. Tak naprawdę to już go dla niego wynajęła. Był tani, cichy i stał przy plaży. W Sanurze. Czyli miasteczku na indonezyjskiej wyspie Bali piętnaście tysięcy kilometrów ode mnie.

. . .

TO BRZMI TROCHĘ JAK KIEPSKI DOWCIP, PRAWDA? Co się stanie, gdy samotnik indywidualista ożeni się z towarzyską, kochającą życie rodzinne kobietą, która nie znosi samotności?

Odpowiedź brzmi chyba tak samo jak rozwiązanie prawie każdego małżeńskiego problemu, nieważne, kim się jest i jak wyglądają szczegóły, trzeba się jakoś dostosować do sytuacji. Skoro małżeństwo jest na zawsze, to właściwie nic innego nie pozostaje.

I tak na początku 1993 roku Barack poleciał na Bali, by spędzić prawie pięć tygodni sam na sam z własnymi myślami i pracować nad manuskryptem książki *Odziedziczone marzenia. Spadek po moim ojcu*. Zapełniał starannym pismem żółte kartki notesów i klarował swoje idee podczas codziennych powolnych spacerów wśród palm i szumu fal. Ja tymczasem zostałam w domu i po dawnemu żyłam nad mieszkaniem matki przy Euclid Avenue, a kolejna ołowiana chicagowska zima lakierowała drzewa i chodniki warstwą lodu. Szukałam sobie zajęć, widywałam się z przyjaciółmi, wieczorami chodziłam na treningi. Podczas regularnych spotkań z ludźmi w pracy i w mieście używałam czasem dziwnego nowego określenia: „mój mąż". *Mój mąż i ja chcielibyśmy kupić dom. Mój mąż jest pisarzem i kończy książkę*. Było to dziwne i cudowne. Przywoływało wspomnienie nieobecnego przy mnie człowieka. Bardzo tęskniłam za Barackiem, ale starałam się racjonalnie wyjaśnić sobie tę sytuację. Rozumiałam, że choć dopiero co się pobraliśmy, taka przerwa była chyba najlepszym rozwiązaniem.

Barack zabrał chaos związany z pracą nad książką daleko od domu, aby tam go opanować. Być może zrobił to przez wzgląd na mnie, żeby mi ten bałagan nie przeszkadzał. Musiałam pamiętać, że wyszłam za niesztampowego myśliciela. Radził sobie ze swoimi problemami w najrozsądniejszy i najskuteczniejszy sposób, jaki przyszedł mu do głowy, nawet jeśli z pozoru wyglądało to na tropikalne wakacje czy miesiąc miodowy z samym sobą (jak go nazywałam w momentach szczególnie doskwierającej samotności), na który wybrał się zaraz po miesiącu miodowym ze mną.

Ty i ja, ty i ja, ty i ja. Uczyliśmy się dostosowywać, na zawsze splatać w jedno trwałe „my". Nawet jeśli byliśmy tymi samymi ludźmi co dawniej, tą samą parą od lat, obecnie mieliśmy nowe etykietki i musieliśmy sobie poradzić z nową tożsamością. On był moim mężem. Ja – jego żoną. Oznajmiliśmy to sobie nawzajem i całemu światu w kościele. Wydawało się, że zakres naszych zobowiązań wobec siebie wzrósł.

Dla wielu osób, w tym dla mnie, słowo „żona" nie jest czymś błahym. Ma historyczne konotacje. W oczach ludzi dorastających jak ja w latach sześćdziesiątych i siedemdziesiątych żony jawiły się jako pewien gatunek białych kobiet z telewizyjnych sitcomów – radosnych, ufryzowanych i spiętych gorsetem. Siedziały w domu, rozpieszczały dzieci i zawsze miały na kuchence naszykowany obiad. Czasem nalewały sobie sherry albo flirtowały ze sprzedawcą odkurzaczy, ale na tym wszelkie podniety się kończyły. Na ironię zakrawał fakt, że oglądałam te programy w naszym salonie przy Euclid Avenue, gdy moja pracująca w domu matka bez słowa skargi przygotowywała kolację, a gładko ogolony ojciec odpoczywał po dniu pracy. Związek moich rodziców był równie tradycyjny jak te w telewizji. Barack żartuje sobie nawet czasem, że moja rodzina przypominała czarną wersję *Leave It to Beaver*, serialu o idealnej amerykańskiej rodzinie, z udziałem Robinsonów z South Side, równie statecznych i nieskazitelnych co telewizyjni Cleaverowie z Mayfield, choć, rzecz jasna, biedniejszych – niebieski kombinezon miejskiego pracownika, mojego ojca, zastępował tu garnitur pana Cleavera. Barack robił to porównanie z nutką zazdrości w głosie, ponieważ jego dzieciństwo przebiegało zupełnie inaczej, aczkolwiek także stało w kontrze do głęboko zakorzenionych stereotypów na temat Afroamerykanów, którzy ponoć mieszkają głównie w rozbitych rodzinach i nie są zdolni do realizacji typowych dla klasy średniej marzeń o stabilnym życiu spełnianych przez naszych białych sąsiadów.

Ja sama w dzieciństwie wolałam *The Mary Tyler Moore Show* i z fascynacją pochłaniałam wszystkie odcinki. Mary miała pracę, modne ciuchy i świetne włosy. Była niezależna, zabawna i w przeciwieństwie do innych pań z telewizji mierzyła się z ciekawymi problemami. Prowadziła rozmowy, które nie dotyczyły dzieci czy domu. Nie pozwalała Lou Grantowi sobie rozkazywać i nie miała obsesji na punkcie znalezienia męża. Emanowała z niej młodzieńcza werwa, choć zarazem była dojrzała. W czasach na długo przed internetem, kiedy świat prezentowano nam prawie wyłącznie za pośrednictwem telewizji, takie sprawy miały znaczenie. Dla inteligentnej dziewczyny o kiełkującym przekonaniu, że nie chce ograniczyć się do roli pani domu, Mary Tyler Moore była boginią.

A teraz, w wieku dwudziestu dziewięciu lat, żyłam w tym samym mieszkaniu, w którym wtedy oglądałam telewizję i jadłam posiłki przygotowane przez cierpliwą, bezinteresowną Marian Robinson. Dostałam bardzo wiele – wykształcenie, poczucie własnej wartości, arsenał ambicji – i zdawałam sobie sprawę, że to głównie zasługa matki. Nauczyła mnie czytać, nim poszłam do zerówki, pomagała mi literować słowa ze stron książeczek *Dick and Jane*, kiedy siedziałam skulona niczym kocię na jej kolanach w bibliotece. Gotowała nam pełnowartościowe posiłki, domagając się, byśmy zjedli brukselkę i brokuły. Uszyła mi nawet suknię na bal maturalny, na litość boską! Obdarowywała nas nieustannie i wszystko nam oddała. Własną tożsamość zbudowała wokół rodziny. Dziś już rozumiałam, że godziny spędzone na opiece nade mną i Craigiem były godzinami, których nie poświęciła sobie.

Jednak za wspaniałe dary, które otrzymałam w życiu, płaciłam teraz cenę, jaką był komfort psychiczny. Wychowano mnie tak, bym była pewna siebie, nie uznawała żadnych granic i wierzyła, że mogę osiągnąć dosłownie wszystko, czego zapragnę. A pragnęłam wszystkiego. Bo, mówiąc słowami Suzanne, czemu nie? Chciałam żyć wystrzałowo i robić karierę jak Mary Tyler Moore, a jednocześnie skłaniałam się ku ustabilizowanej, pełnej poświęceń i na pozór bezbarwnej roli typowej żony i matki. Chciałam mieć zarówno życie rodzinne, jak i zawodowe, lecz zarazem jakoś sprawić, by jedno nie stłamsiło drugiego. Miałam nadzieję, że pójdę w ślady matki, a zarazem, że będę od niej zupełnie różna. Samo rozważanie tych spraw było dziwne i mieszało mi w głowie. Czy mogę mieć wszystko? Czy faktycznie tego chcę? Nie miałam pojęcia.

Tymczasem Barack wrócił z Bali cały opalony i z torbą pełną notesów – izolację przekuł w literackie zwycięstwo. Książka była właściwie skończona. Po kilku miesiącach jego agent sprzedał ją nowemu wydawcy, spłacił stare długi i zaplanował publikację. Dla mnie ważniejsze było to, że już kilka godzin po powrocie Baracka wróciliśmy do przyjemnego rytmu życia nowożeńców. Był w domu, skończył z samotnością, trafił znów do mojego świata. *Mój mąż.* Śmiał się z moich żartów, pytał, jak minął mi dzień, i całował mnie na dobranoc.

W ciągu następnych miesięcy wspólnie gotowaliśmy, pracowaliśmy, żartowaliśmy i robiliśmy plany. Pod koniec wiosny zdołaliśmy na tyle uporządkować nasze finanse, że kupiliśmy apartament. Przeprowadziliśmy się z 7436 South Euclid Avenue do pięknego amfiladowego mieszkania w Hyde Park o drewnianych podłogach i z kaflowanym kominkiem. Był to kolejny punkt zwrotny w naszym życiu. Za namową Baracka raz jeszcze zmieniłam pracodawcę: pożegnałam się z ratuszem, Valerie i Susan, by w końcu poświęcić się pracy w organizacji pozarządowej, która zawsze mnie intrygowała, oraz roli liderki, dzięki czemu mogłam się rozwijać. Wciąż jeszcze nie zdecydowałam o wielu rzeczach w moim życiu – nie rozwiązałam zagadki, jak być jednocześnie Mary i Marian – lecz na razie te poważniejsze zagadnienia przesunęłam na dalszy plan, gdzie trwały w uśpieniu. Uznałam, że zmartwienia mogą poczekać, bo teraz liczyło się nasze „my" i byliśmy szczęśliwi. A gdy jest szczęście, można ruszyć w dowolnym kierunku.

13.

W NOWEJ PRACY CZUŁAM SIĘ NIEPEWNIE. Zatrudniono mnie w roli dyrektorki wykonawczej w nowo utworzonej filii organizacji Public Allies, która zresztą sama także była prawie nowa. Zarządzałam więc czymś w rodzaju start-upu wewnątrz start-upu i miałam pracować w dziedzinie, w której nie miałam doświadczenia zawodowego. Organizacja powstała zaledwie rok wcześniej w Waszyngtonie z inicjatywy Vanessy Kirsch i Katriny Browne, które dopiero co skończyły koledż i chciały pomagać ludziom zainteresowanym karierą w służbie publicznej oraz organizacjach pozarządowych. Barack spotkał się z nimi na konferencji i wszedł w skład zarządu organizacji, a pewnego dnia zaproponował założycielkom, by skontaktowały się ze mną w sprawie pracy.

Model działania Public Allies przypominał ten stosowany w Teach for America, wówczas zresztą dość nowy: organizacja werbowała utalentowanych młodych ludzi, oferowała im intensywne szkolenie ze wsparciem zaangażowanych mentorów, po czym zatrudniała na płatnych stażach w instytucjach działających na rzecz społeczności i agencjach publicznych z nadzieją, że się w nich rozwiną i wesprą je swoimi umiejętnościami. Ogólniejszy cel całego przedsięwzięcia polegał na tym, aby nasi rekruci, których nazywaliśmy Sojusznikami, po wyposażeniu w niezbędne doświadczenie zyskali motywację do pracy w organizacjach non profit lub sektorze publicznym także w dalszych latach życia, tworząc w ten sposób nowe pokolenie liderów społeczności.

Ta idea bardzo do mnie przemawiała. Wciąż pamiętałam, że na ostatnim roku studiów na Princeton większość z nas poszła na egzaminy MCAT i LSAT bądź na rozmowy kwalifikujące do stażu w korporacjach, ani przez chwilę (przynajmniej w moim przypadku) nie biorąc pod uwagę zatrudnienia w jednej z bardzo wielu instytucji czy organizacji działających na rzecz społeczeństwa, a może wręcz nie uświadamiając sobie ich istnienia. Public Allies zamierzało to naprawić i poszerzyć horyzont myślenia młodych ludzi o własnej karierze. Szczególnie jednak podobało mi się to, że jej założycielkom w mniejszym stopniu zależało na przeszczepianiu absolwentów z Ivy League do miejscowych społeczności, w większym zaś – na odnajdywaniu i rozwijaniu potencjału, który już tam istniał. Nie potrzebowałeś koledżu, by zostać Sojusznikiem. Wystarczył dyplom ukończenia liceum lub GED[8], wiek między siedemnastym a trzydziestym rokiem życia oraz wykazanie pewnych zdolności przywódczych, nawet jeśli do tej pory zbytnio się z nich nie korzystało.

Public Allies skupiało się na tym, by znajdować, wspierać i wdrażać do pracy obiecujące talenty. Jego celem było odkrywanie młodych ludzi, których najlepsze cechy w innym przypadku mogły zostać przeoczone, i dawanie im szansy na dokonanie czegoś istotnego. Dla mnie była to niemal praca marzeń. Po tylu miesiącach tęsknego spoglądania w stronę South Side z okna gabinetu w Sidley na czterdziestym siódmym piętrze wreszcie miałam okazję wykorzystania swojej wiedzy. Byłam pewna, że dzielnice takie jak moja są dosłownie kopalnią ukrytych talentów, ja zaś będę wiedziała, jak je znaleźć.

Gdy rozmyślałam o swojej nowej pracy, często wspominałam dzieciństwo, a zwłaszcza tygodnie spędzone w pełnym latających ołówków

---

[8] Egzamin potwierdzający wiedzę ogólną i umiejętności na poziomie maturalnym.

piekle drugiej klasy Bryn Mawr. Kiedy mama zdołała w końcu zebrać środki, by mnie stamtąd wyciągnąć, czułam tylko ulgę i wdzięczność wobec losu. Lecz o ile od tamtego momentu szczęście zdawało się coraz bardziej mi sprzyjać i narastać jak śnieżna kula, o tyle ponad dwadzieścioro dzieci utknęło tam na dobre, zdane na łaskę niedbającej o nie i pozbawionej wszelkiej motywacji nauczycielki. Wcale nie byłam bystrzejsza niż którekolwiek z nich. Ja po prostu miałam tę przewagę, że się za mną wstawiono. Jako dorosła, zwłaszcza gdy chwalono mnie za różne osiągnięcia, często wracałam do tamtego epizodu, rozpamiętując działanie dziwnego, okrutnego przypadku. Tamci drugoklasiści, choć niczym nie zawinili, stracili rok edukacji. Zobaczyłam już dość, by wiedzieć, że nawet małe braki mogą rosnąć jak śnieżna kula.

W Waszyngtonie założycielki Public Allies wyszkoliły piętnaścioro Sojuszników, którzy podjęli pracę w różnych organizacjach w całym mieście. Zebrały także dość funduszy, by otworzyć filię w Chicago, stając się jedną z pierwszych organizacji, które skorzystały z rządowego finansowania w ramach programu rozwoju społeczeństwa obywatelskiego AmeriCorps zainicjowanego za prezydentury Clintona. I właśnie wtedy pojawiłam się ja, w równej mierze podekscytowana, co zaniepokojona. Jednak podczas negocjowania warunków pracy dotarło do mnie coś, co chyba powinno być oczywiste od samego początku w przypadku organizacji non profit: nie mogłam liczyć na wysokie zarobki. Początkowo zaoferowano mi sumę znacznie niższą niż ta, którą dostawałam w chicagowskim ratuszu i która równała się połowie pensji z kancelarii Sidley, więc po prostu nie było mnie stać na tę pracę. Wtedy doznałam kolejnego olśnienia na temat niektórych organizacji pozarządowych, zwłaszcza start-upów, takich jak Public Allies, prowadzonych przez młodych ludzi: wielu spośród ich wielkodusznych, niezmordowanych, gorliwych pracowników w przeciwieństwie do mnie mogło sobie jednak pozwolić na ten zawód, ponieważ ich cnoty podbudowała uprzywilejowana sytuacja życiowa – na przykład nie mieli do spłacenia kredytów studenckich albo mogli spodziewać się spadku.

Stało się dla mnie jasne, że jeśli zechcę przystąpić do tego plemienia, będę musiała trochę ponegocjować, prosząc o dokładnie taką sumę, jaka pozwoli mi się utrzymać, choć i tak znacznie wyższą od aktualnej propozycji Public Allies. Tak po prostu wyglądały realia mojego życia. Nie mogłam się wstydzić własnych potrzeb. Co miesiąc wciąż spłacałam 600 dolarów kredytu studenckiego, musiałam ponosić bieżące wydatki, a w dodatku mój mąż sam jeszcze nie spłacił studiów. Liderki organizacji nie mogły wręcz uwierzyć, gdy podałam im całkowitą sumę kredytu, jaki zaciągnęłam, by skończyć studia, oraz wynikającą z niej wysokość miesięcznej raty. Mimo to z werwą zabrały się do pozyskiwania dodatkowych funduszy, dzięki czemu w końcu mogłam dołączyć do zespołu.

Od razu wzięłam się do roboty. Chciałam jak najlepiej wykorzystać daną mi szansę. Była to dla mnie na dobrą sprawę pierwsza możliwość zbudowania czegoś od podstaw: to ja, a nie mój szef czy ktokolwiek inny, byłam niemal całkowicie odpowiedzialna za sukces lub fiasko przedsięwzięcia. Wiosnę 1993 roku spędziłam, intensywnie pracując nad założeniem biura i zatrudnieniem niewielkiego personelu, tak by jesienią mieć już zwerbowaną grupkę Sojuszników. Znaleźliśmy tani lokal biurowy w budynku przy Michigan Avenue i pozyskaliśmy za darmo mnóstwo używanych krzeseł i stolików od firmy konsultingowej, która właśnie przeprowadziła renowację wnętrz.

Jednocześnie uruchomiłam chyba wszystkie koneksje, które Barack i ja mieliśmy w Chicago, szukając pieniędzy i osób skłonnych finansować nas długofalowo, nie wspominając o ludziach pracujących w sektorze publicznym, którzy zgodziliby się przyjąć Sojusznika na roczny staż. Valerie Jarrett pomogła mi stworzyć takie stanowiska w biurze burmistrza oraz miejskim wydziale zdrowia, gdzie Sojusznicy mieli pracować nad dzielnicowymi planami szczepienia dzieci. Barack uruchomił swoją sieć animatorów społeczności, dzięki czemu zyskaliśmy pomoc prawną, promocję i wsparcie edukacyjne. Wielu partnerów z kancelarii Sidley wypisało nam czeki i przedstawiło poważnym sponsorom.

Jednak najbardziej ekscytującą częścią tej pracy było dla mnie odnajdywanie samych Sojuszników. Przy pomocy głównego wydziału organizacji ogłaszaliśmy się na kampusach koledżów w całym kraju, a zarazem poszukiwaliśmy lokalnych talentów. Wraz z zespołem odwiedzałam koledże publiczne i niektóre duże miejskie szkoły w Chicago. Chodziliśmy od drzwi do drzwi na komunalnym osiedlu Cabrini-Green, bywaliśmy na spotkaniach wspólnot mieszkańców i tworzyliśmy projekty z myślą o samotnych matkach. Każdą napotkaną osobę, od pastora przez nauczyciela po menedżera miejscowego McDonalda, prosiliśmy o wskazanie najbardziej obiecujących młodych ludzi, których zna. Kto jest tu liderem? Kto jest gotów na większe wyzwania? To właśnie takie osoby staraliśmy się zachęcić do zgłaszania się do naszego programu. Prosiliśmy, żeby na minutę zapomniały o wszelkich przeszkodach, które uniemożliwiają im aktywność obywatelską. Obiecywaliśmy, że nasza organizacja zrobi co w jej mocy, by je usunąć, niezależnie od tego, czy chodziło o kupno biletu miesięcznego, czy opłacenie opieki nad dzieckiem.

Jesienią umieściliśmy grupę dwadzieściorga siedmiorga Sojuszników na stażach w rozmaitych instytucjach Chicago, od ratusza przez agencję pomocy społecznej na South Side po alternatywne liceum Latino Youth w Pilsen. Sojusznicy tworzyli zróżnicowaną, energiczną grupę ludzi pełnych ideałów i aspiracji, pochodzących z rozmaitych środowisk. Byli wśród nich między innymi: dawny członek gangu, kobieta o latynoamerykańskich korzeniach, która dorastała w południowo-zachodniej dzielnicy Chicago i poszła na Harvard, inna kobieta nieco po dwudziestce wychowująca dziecko w komunalnym blokowisku Robert Taylor Homes, a jednocześnie oszczędzająca na koledż, oraz dwudziestosześciolatek z Grand Boulevard, który rzucił liceum, ale uczył się samodzielnie dalej z wypożyczanych w bibliotece książek, by później wrócić do szkoły i ją skończyć.

W każdy piątek wszyscy Sojusznicy zbierali się w jednym z biur naszej organizacji i przez cały dzień opowiadali o swoich doświadczeniach, rozmawiali i uczestniczyli w profesjonalnie prowadzonych warsztatach edukacyjnych. Uwielbiałam te dni. Uwielbiałam zgiełk, który wypełniał salę, kiedy wszyscy się schodzili, rzucali plecaki pod ścianę, zdejmowali kolejne warstwy zimowej odzieży i siadali w kręgu. Uwielbiałam pomagać im w rozwiązywaniu różnych problemów, czy chodziło o opanowanie Excela, czy wybór ubrania do pracy biurowej lub zebranie się na odwagę, by opowiedzieć o swoich pomysłach w pokoju pełnym lepiej wykształconych, pewnych siebie ludzi. Czasem musiałam przekazać któremuś z Sojuszników nieprzychylną opinię. Jeśli dochodziły mnie wieści, że spóźnia się do pracy albo nie traktuje swoich obowiązków poważnie, z całą surowością oświadczałam, że spodziewamy się po nim czegoś więcej. Kiedy Sojusznicy byli sfrustrowani kiepską organizacją spotkań wspólnot lub nastawieniem trudnych klientów w instytucjach, w których pracowali, radziłam im, by zachowali właściwą perspektywę, i przypominałam, że im samym powodzi się stosunkowo dobrze.

Przede wszystkim jednak cieszyliśmy się z każdej okazji, kiedy udało nam się czegoś nauczyć albo coś zmienić. A zdarzało się to często. Nie wszyscy Sojusznicy mieli w przyszłości pracować w organizacji pozarządowej albo sektorze publicznym i nie każdy zdołał przekroczyć bariery wynikające z nieuprzywilejowanej pozycji społecznej, lecz z fascynacją obserwowałam, jak wielu zwerbowanych przez nas ludzi odnosiło sukces i poświęciło się służbie na rzecz dobra wspólnego. Niektórzy weszli nawet w skład zespołu Public Allies. Część do dziś działa w agencjach rządowych lub ogólnokrajowych organizacjach non profit. Dwadzieścia pięć lat po jej powstaniu Public Allies wciąż prężnie funkcjonuje – ma filie w Chicago i kilkunastu innych miastach, a wyszkolonych przez nią ludzi są tysiące. Świadomość, że odegrałam w tym pewną rolę i pomogłam stworzyć coś trwałego, jest jednym z najbardziej satysfakcjonujących uczuć w całej mojej karierze.

Zajmowałam się organizacją Public Allies niczym wyczerpana, lecz dumna młoda matka. Szłam spać, myśląc, co jeszcze należy zrobić, i otwierałam rankiem oczy, mając już w głowie listę spraw do załatwienia na dany dzień, tydzień czy miesiąc. Po wyszkoleniu wiosną pierwszej grupy dwadzieściorga siedmiorga Sojuszników jesienią powitaliśmy następną, czterdziestoosobową, i od tego momentu wciąż się rozwijaliśmy. Gdy patrzę wstecz, myślę, że była to najlepsza praca, jaką wykonywałam: nieustannie dawała mi energię, a na każde małe zwycięstwo – czy to znalezienie dobrego stażu hiszpańskojęzycznej osobie, czy rozwianie czyichś lęków co do pracy w nieznanej dzielnicy – musiałam się solidnie napracować.

Po raz pierwszy w życiu czułam, że robię coś, co przynosi dobre, konkretne efekty i bezpośrednio wpływa na życie ludzi, a jednocześnie pozostawałam w styczności z moim miastem i kulturą. Dzięki tej pracy zrozumiałam też lepiej, jak czuł się Barack, działając w Project VOTE!, gdy z pełnym zaangażowaniem podejmował niezwykle trudne wyzwania, ponieważ tylko takie lubił i tylko takimi miał się już w przyszłości zajmować: wyczerpywało go to do cna, lecz przy tym dawało satysfakcję, jakiej nic nie dorówna.

GDY JA SKUPIAŁAM SIĘ NA DZIAŁALNOŚCI w Public Allies, Barack przeżywał okres względnego spokoju i ciszy (przynajmniej według jego standardów). Prowadził zajęcia na temat rasizmu w świetle prawa na University of Chicago Law School i pracował w kancelarii, zajmując się głównie sprawami dotyczącymi praw wyborczych i dyskryminacji w pracy. Wciąż czasami prowadził warsztaty z organizowania społeczności i kilka razy moderował piątkowe sesje mojej grupy w Public Allies. Z pozoru było to wymarzone życie dla trzydziestoparoletniego intelektualisty o społecznych instynktach, który bezpardonowo odrzucił wiele bardziej lukratywnych i prestiżowych ofert, aby pozostać wierny swoim zasadom. Z mojego punktu widzenia odniósł sukces. Odnalazł szlachetną równowagę. Był prawnikiem, wykładowcą i animatorem. Wkrótce – po publikacji książki – miał także zostać pisarzem.

Po powrocie z Bali spędził ponad rok, tworząc po godzinach drugi manuskrypt. Pracował do późnej nocy w pokoiku na tyłach mieszkania, w którym urządziliśmy mały gabinet. Był to zabałaganiony, zastawiony książkami bunkier, który czule nazywałam dziuplą. Czasami tam zaglądałam – przestępowałam nad stertami papierów, siadałam na otomanie przy jego krześle i kiedy on pracował, ja za pomocą uśmiechu lub żartu próbowałam przywołać go do rzeczywistości z odległych intelektualnych krain, które przemierzał. Traktował te moje wtargnięcia z uśmiechem, o ile nie zostawałam zbyt długo.

Zrozumiałam, że Barack należy do osób, które potrzebują kryjówki – odciętej od świata norki, gdzie można w spokoju czytać i pisać. Drzwi do niej były jak właz prowadzący bezpośrednio do krain jego umysłu. Spędzany w kryjówce czas wydawał się napełniać go energią. Dlatego w każdym domu, w którym później zamieszkaliśmy, urządzaliśmy taką dziuplę – wystarczył jakiś cichy zakątek czy alkowa. Do dziś, kiedy wynajmujemy dom na Hawajach albo na wyspie Martha's Vineyard, Barack szuka pustego pokoju, który nadawałby się na wakacyjną dziuplę. Może tam czytać na zmianę sześć czy siedem książek i rzucać gazety na podłogę. Dziupla jest dla niego świętym azylem, gdzie na człowieka zstępuje iluminacja i klarowność myśli. Dla mnie to tylko nieprzyjemny, zabałaganiony pokoik. Zawsze było ważne, by miał drzwi, które mogę za sobą zamknąć. Z oczywistych powodów.

Odziedziczone marzenia ukazały się ostatecznie latem 1995 roku. Zebrały dobre recenzje, choć nie sprzedały się w wielkim nakładzie. Nie przeszkadzało nam to jednak. Najważniejsze, że Barack zdołał przepracować historię swojego życia i za pomocą pisarstwa połączyć w całość fragmenty swojej tożsamości rozpiętej między Afryką, Kansas, Indonezją, Hawajami i Chicago. Byłam z niego dumna. Za pomocą literatury zawarł pokój z duchem ojca. Oczywiście drogę ku niemu przeszedł samodzielnie, uzupełniając luki i rozwiązując wszelkie tajemnice, które pozostawił po sobie Obama senior. Lecz tak właśnie funkcjonował. Od dzieciństwa sam radził sobie z problemami.

. . .

PO SKOŃCZENIU KSIĄŻKI miał więcej wolnego czasu, lecz – jak to on – od razu postanowił go czymś wypełnić. Dostał złe wieści: jego matka Ann zachorowała na nowotwór jajnika i przeprowadziła się z Dżakarty do Honolulu na leczenie. O ile było mi wiadomo, dobrze się nią zajmowano, a chemioterapia skutkowała. Maya i Toot pomagały jej na Hawajach, a Barack często przyjeżdżał z wizytą. Jednak diagnozę postawiono późno, nowotwór zdążył się rozwinąć i nie było wiadomo, czy uda się go powstrzymać. Wiedziałam, że Barack bardzo się tym przejmuje.

Tymczasem w Chicago znów zaczęło się robić gorąco w polityce. Wiosną 1995 roku burmistrza Daleya wybrano na trzecią kadencję, teraz zaś wszyscy szykowali się do wyborów roku 1996, w których stan Illinois miał wyznaczyć nowego senatora, a Bill Clinton zamierzał ubiegać się o kolejną kadencję. Wydarzył się też skandal – jeden z urzędujących kongresmenów został oskarżony o przestępstwa na tle seksualnym, toteż pojawiła się szansa wystawienia nowego kandydata demokratów do drugiego dystryktu stanu, który obejmował większą część dzielnicy South Side. Lubiana senator stanowa Alice Palmer, reprezentantka dzielnic Hyde Park i South Shore, którą Barack poznał, pracując w Project VOTE!, zaczęła się głośno zastanawiać nad kandydowaniem. Dzięki temu zwolniłby się jej fotel w senacie stanowym i Barack mógłby się o niego ubiegać.

Czy go to interesowało? Czy chciałby kandydować?

Wówczas tego nie wiedziałam, lecz tego rodzaju pytania miały zdominować kolejną dekadę naszego życia i jak bęben dobosza wybijać rytm niemal wszystkich jego aspektów. *Chciałby? Mógłby? Powinien?* Lecz myśląc o ubieganiu się o jakikolwiek urząd, Barack musiał zmierzyć się najpierw z innym pytaniem. Po raz pierwszy zadał mi je tego samego dnia, kiedy powiedział, że Alice Palmer zwalnia fotel. Może poza byciem prawnikiem, wykładowcą, animatorem i pisarzem mógłby zostać także członkiem stanowej legislatury? „Co o tym sądzisz, Miche?".

Odpowiedź nigdy nie wydawała mi się szczególnie trudna. Nie uważałam, by jego kandydowanie było dobrym pomysłem. Za każdym razem, kiedy ta sprawa wracała, mój tok rozumowania trochę się różnił, lecz zasadnicze argumenty pozostawały niewzruszone, choć, jak widzicie, absolutnie niczemu nie zapobiegły.

W przypadku wyborów do senatu Illinois w 1996 roku oznajmiłam, co następuje: nigdy nie ceniłam polityków zbyt wysoko i pomysł, by mój mąż został jednym z nich, nie podobał mi się. Większość wiedzy o polityce stanowej czerpałam z gazet i nie wydawała mi się dziedziną szczególnie wartościową czy produktywną. Przyjaźń z Santitą Jackson ugruntowała we mnie poczucie, że politycy często muszą przebywać z dala od domu. Ogólnie rzecz biorąc, członkowie legislatury przypominali mi opancerzone, gruboskórne żółwie, powolne i skupione na własnych interesach. Moim zdaniem Barack był zbyt uczciwy i miał zbyt wiele szlachetnych planów, by narażać się na jałowe, toksyczne utarczki, które rozgrywały się pod kopułą siedziby senatu stanowego w Springfield.

W głębi ducha uważałam po prostu, że dobry człowiek ma lepsze sposoby zmieniania świata. I szczerze mówiąc, bałam się, że zjedzą go tam żywcem.

Jednak w głębi mojej podświadomości dojrzewał już inny argument. Skoro Barack uważał, że może coś wskórać w polityce, czy miałam prawo stawać mu na przeszkodzie? Czy miałam prawo zdusić ten pomysł, nim choćby spróbował? W końcu to on jako jedyny popychał mnie naprzód, gdy chciałam rzucić karierę prawniczki, to on, mimo zastrzeżeń, wspierał mnie, kiedy myślałam o zatrudnieniu w ratuszu, i to on pracował za dwóch między innymi po to, by zrekompensować nam moje utracone zarobki, gdy zamarzyło mi się czynić dobro na pełny etat w Public Allies. Przez sześć lat naszego związku nigdy nie wątpił w moją intuicję ani zdolności. Powtarzał mi zawsze to samo: Nie przejmuj się. Dasz radę. Jakoś sobie poradzimy.

I dlatego zaaprobowałam pomysł jego kandydowania, ale udzieliłam mu przy tym żoninej przestrogi: – Myślę, że cię to zniechęci – powiedziałam. – Jeśli cię wybiorą, nic ci się nie uda zmienić, choćbyś nie wiem jak się starał. Zwariujesz od tego.

– Może – powiedział Barack, wzruszając ramionami. – A może jednak zdziałam coś dobrego. Kto wie?

– Racja – odparłam, także unosząc ramiona. Nie chciałam tłumić jego optymizmu. – Kto wie?

RACZEJ NIKOGO NIE ZASKOCZĘ WIADOMOŚCIĄ, że mój mąż jednak został politykiem. Był dobrym człowiekiem, który chciał zmienić świat, i pomimo mojego sceptycyzmu uznał, że to najlepsza droga do celu. Takie już miał przekonania.

Barack został wybrany do senatu stanu Illinois w listopadzie 1996 roku i zaprzysiężony dwa miesiące później, na początku następnego roku. Ku własnemu zaskoczeniu przebieg kampanii mnie zaciekawił. Pomagałam zbierać podpisy potrzebne do wpisania go na listę kandydatów – pukałam do drzwi mieszkańców dzielnicy w soboty i wysłuchiwałam, co mają do powiedzenia na temat stanu, jego władz i wszystkiego, co należy poprawić. Przypomniały mi się weekendy spędzane z ojcem, który zaglądał na sąsiedzkie werandy, realizując obowiązki kapitana okręgu. Poza tym Barack w zasadzie mnie nie potrzebował, co bardzo mi odpowiadało. Mogłam traktować pomoc w kampanii jako hobby, które podejmuję w wolnych chwilach, czerpiąc z niego trochę frajdy, by potem wrócić do własnych zajęć.

Matka Baracka zmarła w Honolulu krótko po tym, jak ogłosił swoją kandydaturę. Podupadła na zdrowiu tak szybko, że nie zdążył pojechać, by się z nią pożegnać. Bardzo go to przybiło. To Ann Dunham wprowadziła go w bogaty świat literatury i pokazała mu siłę dobrze uzasadnionej argumentacji. Gdyby nie ona, nie oglądałby monsunowych ulew w Dżakarcie ani wodnych świątyń na Bali. Być może nigdy nie dowiedziałby się, jak łatwe i ekscytujące są podróże z jednego kontynentu na drugi, i nie nauczyłby się mierzyć z nieznanym. Była badaczką nieustraszenie podążającą za głosem serca. Dostrzegałam jej charakter przejawiający się na różne małe i większe sposoby w Baracku. Ból po jej śmierci ugodził w nas oboje jak sztylet i utkwił obok ostrza, które zraniło nas, gdy straciliśmy mojego tatę.

Nadeszła zima, wciąż trwała sesja władz ustawodawczych i przez większą część tygodnia żyliśmy oddzieleni od siebie. W poniedziałkowe wieczory Barack wyruszał w czterogodzinną podróż samochodem do Springfield, by zameldować się w tanim hotelu, gdzie nocowało wielu stanowych senatorów, a wracał przeważnie w czwartkowy wieczór. Miał małe biuro w gmachu siedziby władz stanu i asystenta na część etatu w Chicago. Zmniejszył liczbę godzin pracy w kancelarii, lecz byśmy nadal mogli spłacać kredyty, wziął więcej kursów na uczelni – prowadził zajęcia w te dni, kiedy nie przebywał w Springfield, i brał więcej godzin w okresach przerw między sesjami senatu. Kiedy nie był w domu, codziennie rozmawialiśmy przez telefon. Wymienialiśmy się wrażeniami i historiami z minionego dnia. W piątki w Chicago umawialiśmy się po pracy na regularną randkę, zwykle w śródmiejskiej restauracji Zinfandel.

Dziś miło wspominam tamte wieczory i ciepłe światło nisko zawieszonych lamp. Ponieważ punktualność zawsze była dla mnie ważna, przeważnie przyjeżdżałam pierwsza, ale na tym etapie nie przejmowałam się już jego spóźnieniami. Wiedziałam, że w końcu dotrze, i za każdym razem serce żywiej mi biło, gdy widziałam, jak przekracza próg, oddaje zimowy płaszcz hostessie, a później z uśmiechem lawiruje między stolikami i w końcu nasze spojrzenia się spotykają. Całował mnie na powitanie, po czym zdejmował marynarkę, odwieszał ją na oparcie krzesła i siadał. *Mój mąż*. Rutyna naszych spotkań miała na mnie kojący wpływ. Prawie w każdy piątek zamawialiśmy to samo – duszone mięso z brukselką oraz ziemniakami purée – i zjadaliśmy wszystko aż do ostatniego kęsa.

To był nasz złoty okres – idealny czas, kiedy nasze małżeństwo rozwijało się stabilnie i oboje realizowaliśmy własne cele. W ciągu jednego z pierwszych tygodni pracy senatu w Springfield Barack przedłożył siedemnaście nowych projektów ustaw – pobił wówczas chyba jakiś rekord, a w każdym razie jasno wykazał swoją gorliwość dokonywania zmian. Niektóre w końcu przeszły, lecz wiele zostało szybko zatopionych przez dominujących w senacie republikanów z powodu interesów partyjnych i złośliwości skrywanej pod maską pragmatyzmu. Już w tych pierwszych miesiącach spostrzegłam, że – zgodnie z moimi przewidywaniami – polityka jest walką, wyczerpującą walką pełną patowych sytuacji, zdrad, brudnych interesików i bolesnych kompromisów. Zauważyłam jednak, że przewidywania Baracka także się sprawdziły. Zaskakująco dobrze radził sobie w senackich przepychankach, był spokojny pośrodku wichury, potrafił grać z pozycji outsidera, a z porażkami godził się z hawajską pogodą ducha. Wciąż jednak uparcie nie tracił nadziei, przekonany, że choć część jego wizji pewnego dnia uda się zrealizować. Od początku zbierał cięgi, ale go to nie zniechęcało. Wyglądało na to, że się wręcz urodził do tej pracy. Bywał poobijany, lecz wciąż lśnił niczym stary miedziany garnek.

U mnie także zachodziły zmiany. Zaczęłam nową pracę. Zaskakując sama siebie, postanowiłam odejść z Public Allies, organizacji, którą z tak wielkim zaangażowaniem pomagałam rozwijać. Poświęciłam jej trzy lata gorliwej aktywności, biorąc na siebie najróżniejsze duże i małe obowiązki, aż po uzupełnianie papieru w kserokopiarce. Teraz, gdy Public Allies świetnie się rozwinęła, a dzięki wieloletnim rządowym grantom i wsparciu darczyńców jej przetrwaniu na dłuższą metę nic nie zagrażało, uznałam, że mogę ją opuścić bez wyrzutów sumienia. Traf chciał, że jesienią 1996 roku zupełnie nieoczekiwanie pojawiła się przede mną nowa szansa. Art Sussman, prawnik z University of Chicago, z którym spotkałam się kilka lat wcześniej, zadzwonił do mnie z informacją, że na uczelni właśnie powstało nowe stanowisko.

Poszukiwano wicedziekana do spraw relacji ze społecznością, aby lepiej zintegrować uniwersytet z miastem, a zwłaszcza z South Side, gdzie się mieścił. Częścią tych działań miało być stworzenie programu wsparcia społeczności, dzięki któremu studenci mogliby uczestniczyć w lokalnych projektach jako wolontariusze. Podobnie jak stanowisko w Public Allies ta nowa praca również miała związek z rzeczywistością społeczną, w której sama żyłam. Jak powiedziałam parę lat wcześniej Artowi, University of Chicago zawsze wydawał mi się mniej przystępny niż ekskluzywne uczelnie Wschodniego Wybrzeża, gdzie ostatecznie podjęłam studia – był instytucją odwróconą plecami do własnego otoczenia. Wyzwanie, jakim było przekroczenie tych barier i zaangażowanie studentów w sprawy miasta, a mieszkańców w sprawy uczelni, wydało mi się inspirujące.

Miałam także inne powody, by zmienić pracę. Uniwersytet oferował stabilność, której nie mogłam znaleźć we wciąż dość świeżej organizacji pozarządowej. Pensja była lepsza, godziny pracy wygodniejsze, a papierem w ksero i naprawą drukarki zajmowali się wyznaczeni do tego ludzie. Miałam trzydzieści dwa lata i zaczęłam się zastanawiać, w jakim kierunku chcę ostatecznie podążyć. Podczas randek w Zinfandel często poruszaliśmy z Barackiem tematy, które powracały w naszych rozmowach od lat: jak zmienić rzeczywistość? W jaki sposób i gdzie każde z nas może dokonywać zmian na lepsze? Jak najlepiej wykorzystać nasz zasób czasu i energii?

Znów zaczęłam sobie zadawać dawne pytania o to, kim jestem i kim chcę być. Podjęłam nową pracę nie tylko po to, by trochę nam ułatwić wspólne życie, lecz także dlatego, że oferowała ubezpieczenie zdrowotne, jakiego nigdy wcześniej nie miałam. A ta sprawa mogła niebawem okazać się istotna. Gdy siedzieliśmy z Barackiem przy świecach i trzymaliśmy się za ręce, czekając, aż kelner zabierze puste talerze i poda deser, na naszym szczęściu widniała tylko jedna rysa. Staraliśmy się o dziecko i nie szło nam zbyt dobrze.

JAK SIĘ OKAZUJE, NAWET DWOJE zaangażowanych, skutecznych i bardzo w sobie zakochanych profesjonalistów o wysokiej etyce pracy nie zdoła zajść w ciążę siłą woli. Płodności nie da się wywalczyć.

W tej dziedzinie nie istnieje bezpośredni związek między wysiłkami a rezultatami, co może człowieka doprowadzić do szału. Przez pewien czas wmawiałam sobie, że to tylko kwestia terminów. Nasze próby zajścia w ciążę były uzależnione od rytmu przyjazdów Baracka ze Springfield. Zamiast dostosować je do moich miesięcznych wahań hormonalnych, zgrywaliśmy je raczej z planem prac legislatury stanu Illinois. Uznałam, że ten problem możemy spróbować jakoś rozwiązać.

Lecz nasze próby dalej spełzały na niczym, nawet gdy Barack wciskał gaz do dechy na autostradzie międzystanowej po wieczornym głosowaniu, by utrafić w moje dni płodne, i nawet po ogłoszeniu letniej przerwy senatu, kiedy przebywał w domu przez cały czas. Po wielu latach uważnego stosowania antykoncepcji teraz robiłam wszystko, by zajść w ciążę. Potraktowałam to jak wyzwanie. Jeden test ciążowy wyszedł nam pozytywnie, więc zapomnieliśmy o wszystkich troskach i oszaleliśmy ze szczęścia. Jednak kilka tygodni później poroniłam, co podkopało nasz optymizm i sprawiło, że zaczęłam czuć się źle z własnym ciałem. Widząc na ulicach szczęśliwe kobiety z dziećmi, odczuwałam tęsknotę przemieszaną z bolesnym przeświadczeniem, że coś ze mną jest nie w porządku. Otuchy dodawał mi tylko fakt, że mieszkaliśmy o jedną przecznicę od Craiga i jego żony, którzy doczekali się dwojga pięknych dzieci – Leslie'ego i Avery. Zaglądałam tam czasem, by się z nimi pobawić i poczytać im historyjki, w czym znajdowałam pociechę.

Gdybym miała sporządzić listę rzeczy, o których nikt ci nie mówi, dopóki sama nie ugrzęźniesz w nich po szyję, mogłabym zacząć od poronień. Jest to samotne, bolesne doświadczenie, które odczuwa się wręcz każdą komórką ciała. Gdy ci się przytrafia, możesz je błędnie uznać za osobistą porażkę. Nikt jednak nie wspomina, że poronienia zdarzają się nieustannie i doznaje ich więcej kobiet, niżby się mogło wydawać, biorąc pod uwagę otaczające ten problem milczenie. Dowiedziałam się tego, dopiero gdy powiedziałam o własnym poronieniu kilkorgu przyjaciołom, oni zaś zasypali mnie wyrazami współczucia i wsparcia, a także własnymi podobnymi historiami. Nie przyniosły mi co prawda ulgi w cierpieniu, ale zapewniły wewnętrzny spokój niezbędny do zmagania się z tym, przez co przechodziłam, ponieważ zrozumiałam, że chodzi o zwykłą biologiczną usterkę – zapłodnione jajeczko z jakiegoś ważnego dla siebie powodu postanowiło po prostu zrejterować.

Jedna z przyjaciółek dała mi namiar na lekarza zajmującego się sprawami płodności, z którego usług korzystali z mężem. Poszłam z Barackiem na badania, a po ich przeprowadzeniu lekarz powiedział, że u żadnego z nas nie stwierdził żadnych problemów z płodnością. Nasze kłopoty z zajściem w ciążę miały pozostać tajemnicą. Zaproponował mi przyjmowanie przez parę miesięcy leku Clomid, który miał pobudzać organizm do produkcji jajeczek. Kiedy i to nie zadziałało, zasugerował zapłodnienie metodą in vitro. Mieliśmy niesamowite szczęście, że moje uniwersyteckie ubezpieczenie zdrowotne pokryło większość jego kosztów.

Przypominało to wykupienie losu na loterii z wysokimi nagrodami, tyle że z udziałem nauki. Pech chciał, że zanim przygotowania do zabiegu dobiegły końca, legislatura rozpoczęła sesję jesienną, pochłaniając mojego cudownego, troskliwego męża, dlatego sama musiałam doprowadzić swój układ rozrodczy do stanu maksymalnej wydajności. Obejmowało to przyjmowanie codziennych zastrzyków przez kilka tygodni. Pierwszy środek wstrzymywał funkcję jajników, a następny – pobudzał, co miało wywołać potok gotowych do zapłodnienia komórek jajowych.

Wszystkie te zabiegi i związana z nimi niepewność denerwowały mnie, ale bardzo chciałam mieć dziecko. Ta potrzeba towarzyszyła mi od zawsze. Kiedy jako dziewczynka znudziłam się już całowaniem plastikowej skóry lalek, błagałam mamę, by urodziła kolejne dziecko, takie prawdziwe i tylko dla mnie. Obiecywałam, że sama będę się nim zajmować. Kiedy się na to nie zgodziła, przeszukałam jej szafkę nocną w poszukiwaniu pigułek antykoncepcyjnych, sądząc, że jeśli je skonfiskuję, może przyniesie to pożądane rezultaty. Oczywiście nie przyniosło. Bardzo długo czekałam na dziecko. Zarówno ja, jak i Barack pragnęliśmy założyć rodzinę i teraz, siedząc samotnie w łazience naszego mieszkania, próbowałam zebrać się na odwagę, by wbić sobie w udo igłę strzykawki.

To chyba wtedy po raz pierwszy poczułam niechęć do polityki i złość, że Barack tak bardzo się jej poświęca. A może przygniotło mnie jarzmo kobiecego losu. Tak czy inaczej, jego nie było i zostałam sama z odpowiedzialnością. Już wówczas zaczynałam rozumieć, że to ja będę musiała się bardziej poświęcać dla rodziny. Tydzień po tygodniu on jak zawsze zajmował się swoimi sprawami, podczas gdy ja codziennie jeździłam na USG, by sprawdzić stan swoich jajeczek. To nie jemu pobierano krew. To nie on musiał odwoływać spotkania z powodu badania szyjki macicy. Był opiekuńczy i zaangażowany ten mój mąż, i robił, co mógł. Przeczytał wszystko, co znalazł, na temat in vitro i mógł ze mną o tym rozmawiać przez całą noc, lecz do jego zadań należało tylko pokazać się w gabinecie lekarskim, by oddać trochę spermy. Gdyby zechciał, mógł potem pójść do baru na martini. Nie był to równościowy podział obowiązków, choć nie mogłam go za to winić. Jednak kobiecie dogłębnie przekonanej o ważnym znaczeniu równości płci taka sytuacja może trochę namieszać w głowie. To ja musiałam zmienić swoje życie i zawiesić pasje oraz karierę na kołku, by zrealizować ten fragment naszego marzenia. Zawahałam się – czy na pewno tego chcę? Tak, bardzo. I z tą myślą zatopiłam igłę we własnym ciele.

OKOŁO OŚMIU TYGODNI PÓŹNIEJ usłyszałam dźwięk, który usunął wszelkie wątpliwości: szumiące, niewyraźne bicie serca uchwycone przez ultrasonograf w ciepłej jamce mojego ciała. Byliśmy w ciąży. To się naprawdę działo. Raptem pojęcie odpowiedzialności i poświęcenia nabrało zupełnie nowego sensu, jak zmieniający barwy krajobraz lub mieszkanie po rearanżacji mebli, które w końcu zaczyna dobrze wyglądać. Chodziłam z tym sekretem w moim ciele. Był to mój przywilej, mój kobiecy dar. Nadzieja, którą w sobie nosiłam, sprawiała, że jaśniałam.

Czułam się w ten sposób od samego początku, mimo że w pierwszym trymestrze byłam nieustannie wyczerpana, w pracy wciąż miałam sporo obowiązków, a Barack dalej co tydzień jeździł do stolicy stanu. Żyliśmy jak dawniej wśród ludzi, lecz teraz inne życie rosło także wewnątrz mnie – malutka dziewczynka. (Barack był człowiekiem rzeczowym, a ja lubiłam mieć wszystko zaplanowane, więc poznanie płci uznaliśmy za oczywiste). Nie widzieliśmy jej, ale ona tam była – rosła ciałem i duchem, kiedy jesień przeszła w zimę i znów nastała wiosna. Moja zazdrość, że Barack nie musi uczestniczyć w ciąży, teraz zamieniła się w żal. On był na zewnątrz, podczas gdy ja mogłam przeżywać ten proces. Wręcz *byłam* tym procesem, nierozdzielnie zespolona z małym, pęczniejącym życiem, które już rozpychało się łokciami i kopało piętą w mój pęcherz. Nigdy nie byłam sama ani samotna. Ona zawsze była ze mną, gdy jechałam do pracy, siekałam warzywa na sałatkę albo leżałam wieczorem w łóżku, po raz dziewięćsetny wertując poradnik *W oczekiwaniu na dziecko*.

Lata w Chicago mają dla mnie szczególny urok. Uwielbiam długie jasne wieczory, żaglówki na jeziorze Michigan i upał tak wielki, że można całkiem zapomnieć o istnieniu srogich zim. Uwielbiam, kiedy latem zgiełk polityki stopniowo milknie, a życie zaczyna ciążyć ku rozrywkom.

Choć nie sprawowaliśmy nad przebiegiem ciąży żadnej kontroli, wszystko idealnie zgrało się w czasie. Wczesnym rankiem 4 lipca 1998 roku poczułam pierwsze skurcze. Wraz z Barackiem zameldowaliśmy się w klinice University of Chicago, zabierając ze sobą do pomocy moją mamę oraz Mayę, która przyleciała z Hawajów na tydzień, w którym przypadał mój termin. Wciąż miało upłynąć wiele godzin, nim w całym mieście zapłoną grille, a ludzie rozłożą się na kocach na brzegu jeziora i wymachując flagami, będą oczekiwać na pokaz fajerwerków nad taflą wody. W tym roku świętowanie Dnia

Niepodległości miało nas jednak ominąć – zatraciliśmy się w innych emocjach i fajerwerkach. Nie myśleliśmy o kraju, lecz o rodzinie, kiedy Malia Ann Obama, jedno z dwojga najdoskonalszych dzieci na świecie, pojawiła się wśród nas.

14.

MACIERZYŃSTWO OKAZAŁO SIĘ DLA MNIE MOTYWUJĄCE. Uzależniałam od niego moje zajęcia, decyzje i rytm każdego dnia. W ogóle nie potrzebowałam czasu ani namysłu, by całkowicie wejść w nową rolę – matki. Mam tendencję do koncentrowania się na szczegółach, a opieka nad dzieckiem w większości się z nich składa. Wraz z Barackiem studiowaliśmy małą Malię – tajemnicę jej różanych usteczek, ciemnej, szczeciniastej główki, nieostrego spojrzenia, chwiejnych ruchów miniaturowych kończyn. Kąpaliśmy ją, przewijaliśmy i tuliliśmy do piersi. Bacznie śledziliśmy, ile je i jak długo śpi, wsłuchiwaliśmy się w każdy dźwięk, który wydawała. Analizowaliśmy zawartość każdej brudnej pieluszki, jakby miała nam wyjawić wszystkie sekrety naszego dziecka.

Malia była małą osobą, którą nam powierzono. Od poczucia odpowiedzialności wirowało mi w głowie, całkowicie mną zawładnęła. Potrafiłam spędzić godzinę, obserwując, jak oddycha. Kiedy w domu pojawia się dziecko, czas rozciąga się i kurczy, nie przystając do żadnych ustalonych zasad. Jeden dzień może ciągnąć się bez końca, a nagle sześć miesięcy mija niepostrzeżenie. Wraz z Barackiem śmialiśmy się z tego, co zrobiło z nami rodzicielstwo. O ile dawniej spędzaliśmy godzinę przy obiedzie, analizując zawiłości systemu sądów dla nieletnich i porównując to, czego się nauczyłam podczas pracy w Public Allies, z ideami, które Barack starał się zapisać w jakiejś reformatorskiej ustawie, teraz z nie mniejszym zapałem debatowaliśmy, czy Malia nie uzależniła się zbytnio od smoczka, i porównywaliśmy nasze metody usypiania jej. Jak większość nowych rodziców byliśmy owładnięci obsesją i trochę nudni, ale nic nas bardziej nie uszczęśliwiało. Zabieraliśmy małą Malię w nosidełku na nasze piątkowe randki w Zinfandel, minimalizując zamówienie, by szybko wyjść, nim mała zacznie się niecierpliwić.

Kilka miesięcy po urodzeniu Malii wróciłam do pracy na University of Chicago. Wynegocjowałam, że będę pracować na pół etatu, zakładając, że dzięki takiemu rozwiązaniu skorzystam na obu frontach i uda mi się osiągnąć upragnioną równowagę między karierą w stylu Mary Tyler Moore a idealnym macierzyństwem na modłę Marian Robinson. Znaleźliśmy znakomitą, troskliwą opiekunkę Glorinę Casabal. Urodziła się na Filipinach, zdobyła wykształcenie pielęgniarskie i wychowała dwoje własnych dzieci. Glorina – w skrócie Glo – była niską, krępą kobietą starszą ode mnie o mniej więcej dziesięć lat, o krótkiej praktycznej fryzurze, w okularach ze złotymi oprawkami. Potrafiła zmienić pieluchę w dwanaście sekund. Emanowała z niej pielęgniarska energia i pewność siebie. Stała się ważną, cenioną członkinią naszej rodziny na kilka następnych lat. Największą jej zaletą było jednak to, że uwielbiała nasze dziecko.

Nie zdawałam sobie jednak sprawy – drugi punkt na liście rzeczy, których dowiadujemy się poniewczasie – że praca na część etatu, zwłaszcza jeśli ma być okrojoną wersją poprzedniej pracy w pełnym wymiarze, może stanowić nie lada pułapkę. Tak się przynajmniej zdarzyło w moim wypadku. Wciąż chodziłam na wszystkie zebrania i borykałam się z prawie wszystkimi dawnymi obowiązkami. Jedyną realną różnicą było to, że teraz zarabiałam o połowę mniej i usiłowałam zmieścić wszystkie dotychczasowe zadania w dwudziestogodzinnym tygodniu pracy. Jeśli zebranie się przeciągnęło, musiałam (spocona i zdyszana) pruć do domu na złamanie karku po Malię (rozentuzjazmowaną i szczęśliwą), by zdążyć na popołudniowe zajęcia muzyczne dla niemowląt w studiu na North Side. To było jak jakiś obłąkany impas. Miałam poczucie winy zarówno wtedy, gdy w domu odbierałam służbowe telefony, jak i wówczas, gdy w pracy nie mogłam się skoncentrować, dręczona obawą, czy Malia nie ma aby uczulenia na orzeszki ziemne. Praca na część etatu miała dawać mi więcej swobody, lecz przez większość czasu miałam wrażenie, że zajmuję się wszystkim na pół gwizdka, zaś granice między sferą prywatną a zawodową w moim życiu całkiem się zatarły.

Tymczasem Barack wciąż zdawał się iść naprzód pewnym krokiem. Kilka miesięcy po narodzinach Malii został wybrany na drugą czteroletnią kadencję do senatu stanowego, zyskując 89 procent głosów. Był popularny i odnosił sukcesy, a ponieważ odzywała się w nim natura cyrkowego magika, zaczynał już myśleć o większych wyzwaniach – konkretnie o ubieganiu się o fotel kongresmena w Izbie Reprezentantów Stanów Zjednoczonych. Miał nadzieję, że wyrzuci z siodła Bobby'ego Rusha z Partii Demokratycznej, który zasiadał w Kongresie od czterech kadencji. Czy sądziłam, że jego kandydowanie to dobry pomysł? Nie, nie sądziłam. Uważałam, że nie ma większych szans na zwycięstwo, ponieważ Rusha wszyscy świetnie znali, a Barack wciąż był właściwie nikim. Teraz był już jednak politykiem i wspinał się w hierarchii partyjnej. Miał doradców i popleczników, z których część nakłaniała go, by spróbował. Ktoś przeprowadził nawet wstępny sondaż i wyniki wskazywały, że miałby szanse. Jednego byłam pewna: gdy mój mąż spostrzeże możliwość wywierania większego wpływu na świat, nie można się spodziewać, że ją odrzuci. Nie zrobi tego. Nie potrafi.

POD KONIEC 1999 ROKU, kiedy Malia miała już prawie osiemnaście miesięcy, zabraliśmy ją na Boże Narodzenie na Hawaje do jej prababki Toot, która skończyła siedemdziesiąt siedem lat i od kilku dekad mieszkała w tym samym apartamencie w wieżowcu. Pragnęliśmy, by Toot mogła choć raz w roku zobaczyć wnuka i prawnuczkę. Zima znów zapadła nad Chicago, wysysając resztki ciepła z powietrza i błękit z nieba. Nie mogliśmy sobie znaleźć miejsca w domu ani w pracy. Zarezerwowaliśmy skromny pokój hotelowy nieopodal Waikiki Beach, po czym zaczęliśmy odliczać dni. Semestr na uczelni Baracka dobiegł końca, a ja wzięłam urlop. Lecz wtedy dopadła nas polityka.

Senat stanu Illinois ugrzązł w tasiemcowej debacie na temat przepisów pewnej dużej ustawy o przestępczości. Nie przerwano obrad na święta, lecz rozpoczęto sesję specjalną w celu zakończenia prac i przegłosowania ustawy przed Bożym Narodzeniem. Barack zadzwonił do mnie ze Springfield, mówiąc, że będziemy musieli przełożyć nasz wyjazd o kilka dni. Nie ucieszyło mnie to, ale rozumiałam, że nie ma na to wpływu. Ważne było, że w końcu pojedziemy. Nie chciałam, by Toot spędzała Boże Narodzenie samotnie, a poza tym oboje potrzebowaliśmy odprężenia. Uznałam, że wycieczka na Hawaje pozwoli nam się odciąć od pracy i po prostu odetchnąć.

W tym okresie Barack był już oficjalnie kandydatem do amerykańskiej Izby Reprezentantów, więc rzadko miewał wolne. Później udzielił wywiadu miejscowej gazecie, w którym oszacował, że podczas mniej więcej sześciomiesięcznej kampanii wyborczej spędził w domu ze mną i Malią w sumie niecałe cztery dni. Tak wyglądały bolesne realia ubiegania się o urząd. Poza wykonywaniem normalnych obowiązków nieustannie słyszał tykanie zegara przypominającego o marcowych prawyborach[9]. Sposób, w jaki wykorzysta każdą minutę, mógł przynajmniej teoretycznie zaważyć na ich wyniku. Dowiedziałam się również, że w mniemaniu sztabu wyborczego każda chwila spędzona przez kandydata z rodziną to marnowanie cennego czasu.

Byłam już na tyle zaprawiona w boju, że udawało mi się nie angażować nadmiernie w kampanijne sukcesy i porażki męża. Bez większego

[9] Powszechne wybory prezydenckie w Stanach poprzedzają partyjne prawybory, których celem jest wskazanie kandydata na prezydenta z ramienia partii. Wyborcy mogą wskazywać popierających danego kandydata delegatów, którzy ostateczną decyzję podejmują na zjeździe w toku debaty (tzw. *caucuses* organizowane np. w Iowa) lub bezpośrednio samego kandydata (jak np. w New Hampshire – tzw. *primaries*).

entuzjazmu dałam Barackowi swoje błogosławieństwo, nastawiając się do całej tej kampanii na zasadzie „miejmy to już z głowy". Niech spróbuje, pomyślałam, a jeśli poniesie porażkę w wyścigu do krajowej polityki, będzie to dla niego bodziec, by zająć się czymś zupełnie innym. W świecie doskonałym (przynajmniej moim) Barack byłby na przykład szefem fundacji zajmującej się naprawdę istotnymi sprawami i zawsze udawałoby mu się dotrzeć do domu na kolację.

Polecieliśmy na Hawaje 23 grudnia, gdy legislatura ostatecznie ogłosiła przerwę świąteczną, mimo że nie osiągnięto porozumienia. W końcu wyjechaliśmy z domu, co bardzo mnie ucieszyło. Waikiki Beach była prawdziwym objawieniem dla małej Malii. Chodziła rozkolebanym krokiem wzdłuż wybrzeża, kopiąc fale i nie posiadając się z radości. Spędziliśmy miłe, pozbawione większych wydarzeń święta z Toot w jej mieszkaniu, otwierając prezenty i podziwiając ją za wytrwałość, z jaką układała złożone z pięciu tysięcy elementów puzzle na stoliku kawowym. Ospałe zielone wody wokół O'ahu i optymistyczna ludność wyspy jak zawsze pomogły nam się oderwać od codziennych trosk. Pogrążyliśmy się w błogostanie i cieszyliśmy dotykiem ciepłego powietrza na skórze oraz naszą córką, która zachwycała się dosłownie wszystkim. Nagłówki prasowe przypominały, że szybko zbliża się świt nowego tysiąclecia. Wybraliśmy cudowne miejsce, by spędzić ostatnie dni 1999 roku.

Wszystko układało się znakomicie, dopóki Barack nie dostał telefonu z Illinois, że senat zamierza szybko wznowić obrady, by zakończyć pracę nad ustawą o przestępczości. Jeżeli zamierzał głosować, miał około czterdziestu ośmiu godzin, by stawić się z powrotem w Springfield. Zaczął tykać kolejny zegar. Z przygnębieniem patrzyłam, jak Barack natychmiast zabiera się do dzieła i przebukowuje lot na następny dzień, kończąc w ten sposób nasze wakacje. Musieliśmy jechać. Nie mieliśmy wyboru. Mogłabym pewnie zostać dłużej sama z Malią, ale co by to była za radość? Nie podobało mi się, że wyjeżdżamy, ale wiedziałam, że tak działa polityka. Głosowanie było ważne – ustawa zawierała zapisy o wzmożeniu kontroli dostępu do broni, na czym Barackowi szczególnie zależało, i była tematem tak bardzo polaryzującym scenę polityczną, że nieobecność choćby jednego senatora mogła zaważyć na jej losach. Wracaliśmy do domu.

Ale wtedy zdarzyło się coś nieoczekiwanego. Z dnia na dzień Malia dostała wysokiej gorączki. Pod koniec dnia wciąż energicznie kopała fale, lecz niecałe dwanaście godzin później zamieniła się w rozpaloną, niespokojną kupkę nieszczęścia. Miała szkliste oczy i jęczała z bólu, ale nie potrafiła jeszcze powiedzieć nam, co konkretnie jej dolega. Podaliśmy jej paracetamol, lecz nie na wiele się to zdało. Ciągnęła się za ucho, co kazało mi przypuszczać, że dostała infekcji. Zaczęło do mnie docierać, co to dla nas oznacza w praktyce. Siedzieliśmy na łóżku, przyglądając się, jak Malia zapada w niespokojny sen. Do odlotu zostało nam już tylko parę godzin. Widziałam pogłębiający się wyraz zmartwienia na twarzy Baracka postawionego wobec niedających się pogodzić zobowiązań. Decyzja, którą mieliśmy podjąć, znacznie wykraczała poza tę jedną konkretną sytuację.

– Ona nie może lecieć – powiedziałam – to oczywiste.

– Wiem.

– Musimy znowu przebukować lot.

– Wiem.

Żadne z nas nie powiedziało tego na głos, ale Barack mógł po prostu wyjechać. Mógł wyjść z hotelu, złapać taksówkę na lotnisko i zdążyć do Springfield na głosowanie. Mógł zostawić chorą córkę i przerażoną żonę na pacyficznej wyspie, by dołączyć do grona współpracowników. Miał taką możliwość. Nie zamierzałam mu jednak podsuwać takiego pomysłu i odgrywać roli męczennicy. Przyznam, że czułam się zagrożona i niepewna – nie miałam pojęcia, co się dzieje z Malią. A jeśli jej się pogorszy? Jeśli trzeba ją będzie zabrać do szpitala? Tymczasem na całym świecie bardziej paranoiczni od nas ludzie szykowali schrony przeciwatomowe, wypłacali gotówkę i napełniali kanistry wodą w oczekiwaniu na ziszczenie się najgorszych przepowiedni narosłych wokół pluskwy milenijnej, zgodnie z którymi mieliśmy zostać odcięci od prądu i komunikacji, gdy wadliwie zaprojektowane sieci komputerowe nie będą potrafiły zmienić daty i wejść w rok dwutysięczny. Twierdzono, że to przesadzone obawy, ale i tak się niepokoiłam. Czy on naprawdę chciał mnie zostawić?

Okazało się, że nie chciał. Nie zostawił. Nigdy by tego nie zrobił.

Nie przysłuchiwałam się jego rozmowie telefonicznej z asystentem w legislaturze, któremu wyjaśnił, że nie dotrze na głosowanie nad ustawą o przestępczości. Nie obchodziło mnie to. Skupiłam się na naszej córce. Barack także się nią zajął, gdy tylko odłożył słuchawkę. Była naszym małym człowieczkiem. Jej problemy uważaliśmy za priorytetowe.

Ostatecznie rok 2000 nastał bez żadnych incydentów. Po kilku dniach odpoczynku i podawania antybiotyków choroba, która okazała się infekcją ucha, ustąpiła i nasz brzdąc wrócił do normalnego, rozbrykanego stanu. Życie ruszyło naprzód. Zawsze ruszało. Pewnego bezchmurnego dnia w Honolulu wsiedliśmy w samolot do Chicago i wróciliśmy w objęcia zimy oraz sam środek zamieszania, które Barackowi wróżyło polityczną katastrofę.

USTAWA O PRZESTĘPCZOŚCI NIE PRZESZŁA PRZEZ SENAT stanowy – zabrakło pięciu głosów. Moim zdaniem cała sprawa dała się rozstrzygnąć na poziomie elementarnej matematyki: nawet gdyby Barack wrócił z Hawajów na czas, jego głos prawie na pewno niczego by nie zmienił. Mimo to dostało mu się za nieobecność. Jego przeciwnicy w zbliżających się prawyborach skorzystali z okazji, by przedstawić Baracka jako adwokata bon vivanta, który sobie wypoczywał – i to na Hawajach! – nie racząc zaszczycić senatu obecnością podczas głosowania w tak istotnej sprawie jak ograniczenie dostępu do broni.

Bobby Rush, urzędujący kongresmen, stracił członka rodziny podczas napaści z bronią w ręku w Chicago zaledwie kilka miesięcy wcześniej, co postawiło Baracka w jeszcze gorszym świetle. Nikt jakoś nie zauważył, że Hawaje były dla niego domem, że przebywał tam w odwiedzinach u owdowiałej babki i że jego córka zachorowała. Liczyło się tylko głosowanie. Prasa mieliła ten temat tygodniami. We wstępniaku w „Chicago Tribune" skrytykowano grupę nieobecnych tamtego dnia senatorów, nazywając ich „stadem pozbawionych kręgosłupa owiec". Inny przeciwnik Baracka, senator stanowy Donne Trotter, wykazał się szczególną inicjatywą, mówiąc dziennikarzowi: „Wykorzystywanie własnego dziecka jako wymówki, by nie pojawić się w pracy, kiepsko świadczy o charakterze takiego osobnika".

Nie byłam przyzwyczajona do tego typu sytuacji. Nie nawykłam do przeciwników ani rozgrzebywania mojego życia rodzinnego przez media. Nigdy wcześniej nie słyszałam, by ktoś w taki sposób kwestionował charakter mojego męża. Bolała mnie myśl, że dobra i z mojego punktu widzenia ze wszech miar słuszna decyzja tak wiele go kosztowała. W artykule napisanym do naszego dzielnicowego tygodnika Barack w spokojnym tonie bronił swojej decyzji, by zostać ze mną i Malią na Hawajach. „Z ust polityków często słyszymy, jak ważne są wartości rodzinne – pisał. – Liczę, że wykażecie się zrozumieniem wobec waszego senatora, który stara się jak najlepiej wcielać je w życie". Wyglądało na to, że jedna przypadkowa sytuacja wywołana infekcją ucha dziecka może przekreślić trzy lata pracy w senacie stanowym. Barack zrobił przegląd ustaw o finansowaniu kampanii na poziomie stanu, co zaowocowało ściślejszym kodeksem etycznym obowiązującym wybieralnych oficjeli. Wywalczył ulgi podatkowe i kredyty dla ubogich z klasy pracującej i dążył do obniżenia cen leków dla seniorów. Zyskał zaufanie legislatorów ze wszystkich części stanu, zarówno republikanów, jak i demokratów. Teraz jednak te bardzo konkretne osiągnięcia wydawały się nieważne. Wyścig wyborczy przerodził się w wymianę ciosów poniżej pasa.

Od początku kampanii oponenci Baracka wraz ze swoimi zwolennikami propagowali absurdalne wymysły, aby wzbudzić strach i nieufność do niego wśród młodych afroamerykańskich wyborców. Jego udział w wyborach miał być częścią planu upichconego przez białych mieszkańców Hyde Park – czytaj: Żydów, którzy chcieli narzucić własnego kandydata wyborcom z South Side. „W naszej społeczności Baracka postrzega się czasem jako białego człowieka upozowanego tak, by wyglądał jak czarny" – powiedział Donne Trotter pismu „Chicago Tribune". W tym samym medium zacytowano Bobby'ego Rusha: „Studiował na Harvardzie i stał się wykształconym głupcem. Takie typki z dyplomami elitarnych uczelni ze Wschodniego Wybrzeża nie robią na nas wrażenia". Innymi słowy: on nie jest jednym z nas. Nie jest prawdziwym czarnym mężczyzną podobnym do nich – człowiek, który tak się wyrażał, tak wyglądał i czytał tyle książek, po prostu nie mógł nim być.

Najbardziej martwiło mnie to, że Barack uosabiał zasady, które wielu rodziców z South Side chciało wpoić własnym dzieciom. Reprezentował wszystko to, o czym ludzie, tacy jak Bobby Rush, Jesse Jackson i wielu innych czarnych liderów, opowiadali od lat: zdobył wykształcenie i zamiast porzucić afroamerykańską społeczność, próbował jej teraz służyć. Wybory były gorącym czasem, to fakt, lecz Baracka atakowano ze złych powodów. Ze zdumieniem stwierdzałam, że nasi przywódcy traktują go wyłącznie jako zagrożenie dla ich władzy i wzbudzają nieufność, rozpowszechniając wsteczne, antyintelektualne idee rasowe i klasowe.

Mdliło mnie od tego.

Barack z kolei podchodził do sprawy znacznie spokojniej niż ja, bo już w Springfield zobaczył, jak paskudna może się stać walka polityczna i że prawda często zostaje wypaczona, kiedy w grę wchodzą partykularne interesy. Poobijany, lecz nieskłonny się poddać, kontynuował kampanię zimą i wciąż co tydzień jeździł do stolicy stanu, a przy tym starał się uspokoić burzę wokół siebie, choć strumień dotacji zmalał i coraz więcej ludzi wspierało Bobby'ego Rusha. W miarę jak wskazówka tykającego politycznego zegara zbliżała się do godziny prawyborów, ja i Malia prawie przestałyśmy widywać Baracka, choć co wieczór dzwonił, by powiedzieć nam dobranoc.

Czułam głęboką wdzięczność za tych kilka skradzionych dni na plaży. Wiedziałam, że w głębi ducha Barack myśli podobnie. Mimo zgiełku, mimo nocy spędzonych z daleka od domu nigdy nie przestał się o nas troszczyć. Nie było mu łatwo. Prawie za każdym razem, gdy kończyliśmy rozmowę, słyszałam w jego głosie nutkę cierpienia. Wyglądało to tak, jakby każdego dnia musiał znów głosować, a to na politykę, a to na rodzinę.

W marcu Barack przegrał prawybory w Partii Demokratycznej, w których zdecydowanie zwyciężył Bobby Rush.

Ja tymczasem wciąż tuliłam naszą córeczkę.

A POTEM PRZYSZŁA NA ŚWIAT nasza druga dziewczynka. Natasha Marian Obama urodziła się 10 czerwca 2001 roku w klinice University of Chicago po jednej kroplówce, fantastycznie łatwej ciąży i prostym porodzie, podczas którego Malia, wówczas trzyletnia, czekała w domu z moją mamą. Nasze kolejne dziecko było pięknym małym barankiem o gęstej czuprynie i czujnych brązowych oczach – czwartym narożnikiem naszego kwadratu. Barack i ja byliśmy wniebowzięci.

Zamierzaliśmy nazywać ją Sasha. Wybrałam to imię, bo spodobał mi się jego zawadiacki urok. Dziewczyna imieniem Sasha nie toleruje żadnych głupków. Jak wszyscy rodzice pragnęłam jak najlepszej przyszłości dla naszych dzieci i modliłam się, by nigdy nie przytrafiło im się nic złego. Miałam nadzieję, że gdy dorosną, będą bystrymi, energicznymi optymistkami po ojcu. I że – jak matka – nie będą się bały ciężkiej pracy. Przede wszystkim jednak chciałam, by były silne i niezłomne, gotowe kroczyć naprzód z podniesioną głową w każdych okolicznościach. Nie miałam pojęcia, co się z nami stanie i jak będzie wyglądać życie naszej rodziny – czy okaże się wspaniałe, czy nieszczęśliwe, a może, jak w większości przypadków, dostaniemy solidną mieszankę jednego z drugim. Do moich obowiązków należało przygotować je na wszystkie ewentualności.

Praca na uniwersytecie wyczerpywała mnie, zmuszała do ciągłej żonglerki zobowiązaniami, a jednocześnie wskutek kosztów opieki nad dziećmi nadwyrężała nasz budżet. Po urodzeniu Sashy zastanawiałam się, czy w ogóle do niej wracać – być może, zostając w domu, lepiej przysłużę się rodzinie? Glo, naszej wspaniałej opiekunce, zaproponowano pracę pielęgniarki z wyższą pensją i z żalem musiała z nas zrezygnować. Nie mogłam jej oczywiście winić, lecz jej odejście skłoniło mnie do przemyślenia moich priorytetów jako pracującej matki. Dzięki poświęceniu Glo dla naszej rodziny ja mogłam poświęcić się pracy. Glo kochała nasze dzieci jak własne. Tego wieczora, gdy poinformowała nas, że odchodzi, płakałam bez końca. Wiedziałam, że bez niej trudno będzie nam zachować w życiu równowagę. Wiedziałam, że i tak mieliśmy wielkie szczęście, ponieważ w ogóle mogliśmy sobie na nią pozwolić. Ale teraz odeszła, a dla mnie to było jak utrata ramienia.

Uwielbiałam zajmować się moimi małymi córkami. Doceniałam wartość każdej minuty i godziny spędzanej z rodziną, zwłaszcza że terminarz Baracka był bardzo nieregularny. Znów pomyślałam o wyborze mojej matki, by pozostać w domu ze mną i Craigiem. Na pewno patrzyłam na jej życie przez różowe okulary – czy naprawdę mycie okien i szycie nam ubrań było dla niej rozrywką? – ale w porównaniu z moim własnym wydawało się urokliwe, dość łatwe i chyba warte próby. Podobało mi się, że zajmując się tylko jedną rzeczą, nie będę musiała dzielić uwagi między obowiązki zawodowe i domowe. No i wydawało się, że damy sobie radę finansowo. Barack awansował na uniwersytecie ze stanowiska adiunkta na starszego wykładowcę, dzięki czemu nie musieliśmy płacić za przedszkole w przyuczelnianej Lab School, do którego Malia miała wkrótce pójść.

Ale wtedy zadzwoniła do mnie Susan Sher, moja dawna mentorka i współpracowniczka w ratuszu, obecnie szefowa działu prawnego i wiceprezeska kliniki University of Chicago Medical Center, gdzie dopiero co urodziłam Sashę. Centrum zatrudniło właśnie nowego prezesa, którym wszyscy się zachwycali, a jednym z jego priorytetów stało się nawiązanie ściślejszych więzi z miejscową społecznością. Zamierzał zatrudnić w tym celu dyrektora wykonawczego i stanowisko wydawało się dosłownie skrojone pode mnie. Czy zechciałabym przyjść na rozmowę?

Zastanawiałam się, czy w ogóle wysyłać CV. Okazja wyglądała wspaniale, lecz zdążyłam już przekonać samą siebie, że lepiej będzie się nam wszystkim wiodło, jeżeli zostanę w domu. Nie był to zresztą moment mojej największej chwały – nie potrafiłam sobie wyobrazić, bym co rano miała suszyć włosy i wkładać biznesową garsonkę. Każdej nocy kilkakrotnie wstawałam, by doglądać Sashy, chodziłam więc zaspana i na wpół przytomna. Choć wciąż niemal fanatycznie dbałam o porządek, stopniowo przegrywałam tę bitwę. Nasz apartament był wprost zasłany zabawkami, książeczkami dla niemowląt i opakowaniami wilgotnych chusteczek. Każde wyjście z domu wymagało wytachania wielkiego wózka i spakowania mnóstwa niezbędnych rzeczy do wielkiej niemodnej torby: zapasu cheerios w strunowej torebce, kilku zabawek i ubrań na zmianę. Dla każdej z nas.

Ale macierzyństwo pomogło mi też w nawiązaniu wielu cudownych przyjaźni. Udało mi się zbliżyć z kilkorgiem pracujących, wysoko wykwalifikowanych kobiet, z którymi stworzyłam rozgadaną grupę wsparcia. Większość z nas była sporo po trzydziestce i rozwijałyśmy rozmaite kariery, od bankowości i sektora rządowego po organizacje non profit. Wiele z nas urodziło dzieci w podobnym czasie. Im więcej się ich pojawiało, tym mocniej zacieśniałyśmy nasze więzi. Spotykałyśmy się prawie w każdy weekend. Opiekowałyśmy się nawzajem swoimi dziećmi, chodziłyśmy razem do zoo i kupowałyśmy grupowe bilety na rewię „Disney na lodzie". Czasem w sobotnie popołudnie pozwalałyśmy naszej dziecięcej gromadzie swobodnie się bawić w salonie którejś z nas, podczas gdy my otwierałyśmy butelkę wina.

Każda z tych kobiet była wykształcona, ambitna, oddana dzieciom i nie mniej niż ja oszołomiona próbami uchwycenia wszystkich wątków życia. Do kariery i rodzicielstwa podchodziłyśmy na najróżniejsze sposoby. Niektóre z nas pracowały, czy to na pełny etat, czy na część, niektóre zostawały w domu z dziećmi. Jedne pozwalały swoim niemowlakom jeść hot dogi i chipsy, inne miały mężów, którzy podobnie jak mój brali na siebie zbyt wiele i ciągle przebywali poza domem. Część była bardzo szczęśliwa, część próbowała dokonywać zmian i odnaleźć jakąś inną formę równowagi. Nieustannie reformowałyśmy nasze życie, reorganizując którąś z jego sfer z nadzieją, że pozwoli to lepiej radzić sobie w innej.

Nasze wspólne popołudnia nauczyły mnie, że nie ma jednej recepty na macierzyństwo. Żadnego podejścia nie można z góry uznać za dobre lub złe. Była to dla mnie cenna lekcja. Niezależnie od tego, w jaki sposób żyła dana rodzina, każde dziecko w pokoju zabaw było kochane i pięknie się rozwijało. Przy każdym spotkaniu czułam siłę tych wszystkich kobiet starających się jak najlepiej zadbać o dzieci. Wiedziałam, że cokolwiek się zdarzy, pomożemy sobie wzajemnie i wszystko będzie dobrze.

Omówiwszy sprawę z Barackiem i przyjaciółmi, postanowiłam pójść na rozmowę o pracę w klinice choćby po to, by poznać szczegóły. Miałam wrażenie, że idealnie się do niej nadaję. Wiedziałam, że mam odpowiednie umiejętności i mnóstwo zapału. Gdybym jednak miała ją przyjąć, musiałabym pertraktować z pozycji siły i wynegocjować warunki korzystne dla mojej rodziny. Uznałam, że sobie poradzę, o ile nie zostanę obciążona koniecznością chodzenia na wszystkie niepotrzebne zebrania i będę w pewnym stopniu decydować o swoim czasie. Zależało mi na okazjonalnej pracy z domu i możliwości wyjścia z biura po dziecko lub w razie nagłej wizyty u pediatry.

Nie zamierzałam już pracować na część etatu. Zamknęłam ten etap. Chciałam mieć pełnoprawną pracę z dobrą pensją, żebyśmy mogli sobie pozwolić na opiekunkę do dzieci i pomoc domową, dzięki czemu mogłabym odstawić płyn do mycia naczyń i spędzać wolny czas na zabawie z dziewczynkami. Nie zamierzałam też ukrywać, że moja sytuacja nie wygląda jak z obrazka: karmiłam niemowlę piersią, miałam trzyletnią córkę w przedszkolu, a nieuregulowany rozkład politycznych zajęć mojego męża sprawiał, że właściwie samodzielnie decydowałam o wszystkich aspektach naszego domowego życia.

Bez ogródek opowiedziałam o tym wszystkim Michaelowi Riordanowi, nowemu prezesowi szpitala, podczas rozmowy o pracę. Wzięłam na nią nawet naszą trzymiesięczną córkę Sashę. Nie pamiętam dokładnie, dlaczego to zrobiłam – może tamtego dnia nie mogłam znaleźć opiekunki, a może nawet nie próbowałam. Sasha, taka maleńka, wymagała mojej opieki. Stanowiła nieodłączną część mojego życia – uroczą, gaworzącą część – i uznałam, że warto zakomunikować to podczas rozmowy. Oto ja, mówiłam tym gestem, a to moje dziecko.

Jakimś cudem mój potencjalny nowy szef to zrozumiał. Jeśli miał jakieś zastrzeżenia, kiedy opowiadałam o potrzebie elastycznych godzin pracy, jednocześnie podrzucając Sashę na kolanie z nadzieją, że pieluszka nie przecieka, nie wyrażał ich. Wyszłam z rozmowy zadowolona i niemal pewna, że dostanę tę posadę. Lecz niezależnie od wyniku pertraktacji czułam, że zrobiłam dla siebie coś dobrego – wyraziłam na głos swoje potrzeby. Dodało mi to sił. Z klarownym umysłem i niemowlakiem, który już zaczynał grymasić, pojechałam do domu.

NOWA ARYTMETYKA NASZEJ RODZINY: dwoje dzieci, trzy etaty, dwa samochody, jeden apartament i prawie zero wolnego czasu. Przyjęłam pracę w klinice. Barack dalej wykładał i zasiadał w senacie. Oboje byliśmy członkami zarządów różnych organizacji pozarządowych, a dodatkowo Barack, choć boleśnie odczuł porażkę w prawyborach do Izby Reprezentantów, wciąż nie zarzucił pomysłu, by startować na wyższy urząd. Prezydentem był teraz George W. Bush. Nasz kraj przeżył wstrząsającą tragedię ataków terrorystycznych z 11 września 2001 roku. Trwała wojna z Afganistanem, wprowadzono nowy, oparty na kolorach system ostrzegania przed zagrożeniem, a Osama bin Laden ukrywał się gdzieś w jaskini. Barack, jak to on, pochłaniał każdy strzępek informacji. Pracował jak dawniej, a jednocześnie wyrabiał sobie opinię na temat sytuacji.

Nie pamiętam, kiedy dokładnie po raz pierwszy wspomniał o kandydowaniu do krajowego senatu. Na podjęcie ostatecznej decyzji miał jeszcze wiele miesięcy, ale pomysł zakiełkował już w jego głowie. Pamiętam jednak własną reakcję. Popatrzyłam na niego z niedowierzaniem, jakbym chciała powiedzieć: „nie wydaje ci się, że i tak masz za dużo na głowie?".

Niesmak, jaki odczuwałam do polityki, wzrósł jeszcze bardziej, choć nie tyle z powodu jakichś konkretnych wydarzeń w Springfield czy Waszyngtonie, ile raczej dlatego, że praca Baracka po pięciu latach w senacie stanowym zaczęła stawać się dla mnie bardzo uciążliwa. Sasha i Malia rosły, a jego terminarz robił się jeszcze bardziej napięty, lista spraw do załatwienia coraz dłuższa, dlatego funkcjonowałam w stanie nieustannego przeciążenia. Wspólnie robiliśmy, co się dało, by w życiu dziewczynek panował spokój i porządek. Zatrudniliśmy nową opiekunkę. Malii podobało się w Lab School przy University of Chicago, gdzie poznała wielu kolegów i zapełniła po brzegi własny dziecięcy terminarz imprezami urodzinowymi i weekendową nauką pływania. Sasha miała już rok, chwiejnie chodziła, zaczynała mówić pierwsze słowa i uśmiechała się do nas od ucha do ucha. Była szalenie ciekawska i niestrudzenie próbowała dorównać Malii oraz jej czteroletnim przyjaciółkom. W klinice szło mi dobrze, choć aby się ze wszystkim wyrobić, musiałam zwlec się z łóżka o piątej rano i posiedzieć przez parę godzin przed komputerem, zanim wszyscy pozostali domownicy się obudzili.

Wieczorami byłam więc trochę wymęczona, co czasem prowadziło do konfliktów z mężem, nocnym markiem, który przyjeżdżał ze Springfield w czwartek wieczorem i będąc w trochę lepszym stanie niż ja, od razu chciał się rzucić w wir rodzinnego życia i nadrobić stracone dni. Zarządzanie czasem stało się dla nas kością niezgody. O ile dawniej z niepunktualności Baracka robiłam sobie żarty, o tyle teraz okazywała się poważnym utrudnieniem. Wiedziałam, że cieszył się na te rodzinne czwartki. Słyszałam ekscytację w jego głosie, gdy mówił mi przez telefon, że uporał się już ze wszystkim w pracy i w końcu jedzie do domu. Rozumiałam, że kiedy mówi: „Jestem w drodze!" albo „Już prawie w domu!", kierują nim wyłącznie dobre intencje, i przez pewien czas brałam jego zapewnienia dosłownie. Kąpałam dziewczynki, ale zwlekałam z położeniem ich spać, by mogły uściskać tatę na dobranoc, albo dawałam im kolację i kładłam je do łóżek, ale sama nie jadłam, tylko zapalałam kilka świeczek i czekałam na Baracka.

Czekałam i czekałam. Mijało tyle czasu, że Sashy i Malii zaczynały się zamykać oczy, więc zanosiłam je do łóżek. Lub też siedziałam w samotności, głodna i coraz bardziej rozgoryczona, a w końcu i moje powieki robiły się coraz cięższe, wosk zaś kapał na stół. Wreszcie nauczyłam się, że zdanie „jestem w drodze" stanowi wyraz odwiecznego optymizmu Baracka oraz zapewnienie, że naprawdę chciałby być w domu, lecz nie jest bynajmniej wskazówką co do faktycznego czasu jego przyjazdu. Z kolei „już prawie w domu" nie miało związku z położeniem geograficznym – był to raczej opis stanu umysłu. Bo też czasem faktycznie był już w drodze, ale nim wsiadł do auta, musiał jeszcze tylko odbyć ostatnią czterdziestopięciominutową rozmowę ze współpracownikiem. Innym razem już prawie dotarł do domu, ale zapomniał powiedzieć, że najpierw zamierza skoczyć na siłownię i zaliczyć szybki trening.

W życiu przed dziećmi takie sytuacje nie byłyby niczym, o co warto się gniewać, ale pracując jako matka na pełny etat ze sporadycznie obecnym mężem i budzikiem nastawionym na piątą, czułam, że stopniowo tracę cierpliwość. W pewnym momencie miałam tego dość. Kiedy Barack wracał do domu, krzyczałam na niego albo w ogóle nie wychodziłam z pokoju, więc musiał powyłączać światła i iść spać w ponurym nastroju.

ORGANIZUJEMY SOBIE ŻYCIE WEDŁUG WZORCÓW, które poznaliśmy. Ojciec Baracka opuścił rodzinę, kiedy ten był dzieckiem, a matka pojawiała się i znikała. Kochała go, lecz nie była do niego przywiązana, on zaś w jej postępowaniu nie widział niczego złego. Wzgórza, plaże i własny umysł dotrzymywały mu towarzystwa. W jego świecie liczyła się niezależność. Zawsze tak było i na zawsze miało tak pozostać. Tymczasem ja wychowałam się w kokonie rodziny, w ciasnym mieszkanku, w małej dzielnicy na South Side, otoczona dziadkami, ciotkami i wujami, którzy wspólnie tłoczyli się wieczorem przy niedzielnym stole. Po trzynastu latach pełnego miłości związku musieliśmy w końcu ustalić, co rozumiemy pod tym pojęciem.

Problem polegał głównie na tym, że kiedy Baracka nie było, czułam się niepewnie. Nie dlatego, że lekko traktował nasze małżeństwo – jego oddanie zawsze było dla mnie absolutnym życiowym pewnikiem – ale dlatego, że czułam się wyjątkowo zawiedziona, kiedy nie dotrzymywał terminów. W mojej rodzinie bardzo tego pilnowano. Nie lubiłam samotności, a teraz dodatkowo miałam na barkach ciężar samotnego zaspokajania potrzeb naszych córek. Chciałam, żeby Barack był blisko. Brakowało nam go, kiedy wyjeżdżał. Martwiłam się, że nie rozumie, co to dla nas oznacza. Dręczyły mnie obawy, że ścieżka życia, którą obrał – i której najwyraźniej nie zamierzał porzucić – doprowadzi do zduszenia naszych potrzeb. Kiedy po raz pierwszy wiele lat wcześniej spytał mnie o pomysł kandydowania do senatu stanowego, rozpatrywaliśmy losy tylko nas dwojga. Nie miałam wówczas pojęcia, jak jego związek z polityką wpłynie na nasze życie, kiedy pojawią się w nim jeszcze dwie córki. Teraz jednak rozumiałam, że polityka prawie nigdy nie sprzyja stosunkom rodzinnym. Dostrzegłam to przelotnie w liceum, przyjaźniąc się z Santitą Jackson, a później – kiedy przeciwnicy polityczni Baracka wykorzystali przeciw niemu jego decyzję, by zostać na Hawajach z chorą Malią.

Bywało, że oglądając wiadomości lub czytając gazetę, patrzyłam na portrety ludzi, którzy poświęcili życie polityce – zdjęcia Clintonów, Gore'ów, Bushów czy na dawne fotografie Kennedych – i zastanawiałam się, jakie kryją się za nimi historie. Czy prowadzili normalne życie? Czy byli szczęśliwi? Czy te uśmiechy są szczere?

W domu nasze frustracje skutkowały częstymi i intensywnymi wybuchami. Bardzo się kochaliśmy, ale w samym środku naszego związku pojawił się nagle węzeł, którego nijak nie potrafiliśmy poluzować. Miałam trzydzieści osiem lat i napatrzyłam się już na wiele małżeństw w stanie rozpadu, dlatego wyjątkowo zależało mi na ochronie własnego. Przyjaciółki przechodziły przez trudne rozstania, za którymi stały drobne, lecz nierozwiązane i narastające problemy lub brak komunikacji. Przepaść, do której one wiodły, nie dawała się pokonać. Kilka lat wcześniej mój brat Craig przeprowadził się tymczasowo z powrotem do mieszkania, w którym dorastaliśmy, a jego małżeństwo powoli i boleśnie się rozpadało.

Początkowo Barack nie chciał iść na terapię małżeńską. Nawykł do rozwiązywania skomplikowanych problemów za pomocą racjonalnego namysłu. Pomysł spotykania się w tym celu z kimś obcym wydawał mu się nietrafiony, jeśli nie wręcz ekstremalny. Czy nie wystarczy pojechać do księgarni Borders i kupić kilka poradników małżeńskich? Nie wystarczą nasze prywatne rozmowy? Ale ja chciałam naprawdę rozmawiać i naprawdę słuchać - nie robić tego późnym wieczorem albo w czasie, który moglibyśmy poświęcić dziewczynkom. Te nieliczne osoby, które poddały się terapii małżeńskiej i były dość otwarte, by się do tego przyznać, powiedziały mi, że trochę im pomogła. A zatem zarezerwowałam wizytę u poleconego przez przyjaciela psychologa w śródmieściu i kilka razy wspólnie się do niego wybraliśmy.

Nasz terapeuta - nazwijmy go doktor Woodchurch - był białym mężczyzną o łagodnym głosie, miał dyplomy dobrych uczelni i zawsze ubierał się na beżowo. Zakładałam, że po wysłuchaniu moich i Baracka żalów, natychmiast przyzna mi rację. W końcu według mnie wszystkie moje pretensje były całkowicie uzasadnione. Podejrzewam, że Barack mógł myśleć podobnie o własnych.

Wtedy dowiedziałam się czegoś całkiem nieoczekiwanego na temat tego rodzaju terapii: psycholog nikomu nie przyznał racji. Nie stanął po żadnej ze stron. Nie rozstrzygnął naszych nieporozumień. Odgrywał natomiast rolę cierpliwego, pełnego empatii słuchacza, który prowadzi nas przez labirynt naszych emocji, ucząc odróżniać krzywdy od narzędzi służących do ich zadawania. Ostrzegał nas, gdy zanadto wpadaliśmy w prawniczy ton, i stawiał uważne pytania, które miały nas skłonić do refleksji: dlaczego czujemy to, co czujemy? Z upływem godzin spędzonych na rozmowach węzeł zaczął się rozluźniać. Za każdym razem po wyjściu z gabinetu terapeuty mieliśmy wrażenie, że trochę lepiej się rozumiemy.

Zaczęłam sobie uświadamiać, że moje szczęście nie musi zależeć od tego, czy Barack wycofa się z polityki i znajdzie pracę od dziewiątej do osiemnastej w jakiejś fundacji. (Nasze sesje terapeutyczne unaoczniły mi wręcz, że to nierealistyczne nadzieje). Dotąd karmiłam swoje negatywne emocje dowodami, że wszystko sprzysięgło się przeciwko mnie. Gromadziłam je ze skrupulatnością wykształconej na Harvardzie prawniczki. Teraz dostałam do przemyślenia nową hipotezę: możliwe, że sama odpowiadam za własne szczęście w większym stopniu, niż sądzę. Podsycałam w sobie żal do Baracka za to, że próbuje wpasować siłownię do swojego harmonogramu, a nawet nie przeszło mi przez myśl, by samej także regularnie ćwiczyć. Tak wiele energii poświęcałam na zastanawianie się, czy zdąży na kolację, że sama kolacja – z nim lub bez niego – przestawała mnie cieszyć.

Był to dla mnie punkt zwrotny i moment, w którym zahamowałam nad krawędzią. Niczym alpinistka ześlizgująca się po oblodzonym zboczu wbiłam w ziemię czekan. Nie oznacza to, że Barack nie dokonywał żadnych zmian – terapia pozwoliła mu dostrzec luki w sposobie komunikowania się i pracował nad tym, by je wypełnić. Tymczasem usprawnienia, które wprowadziłam we własnym życiu, dobrze mi zrobiły i korzystnie wpłynęły na nasz związek. Na dobry początek postanowiłam żyć zdrowo. Barack i ja należeliśmy do tego samego fitness clubu prowadzonego przez jowialnego, wysportowanego trenera nazwiskiem Cornell McClellan. Chodziłam do niego na zajęcia już od kilku lat, teraz jednak, odkąd urodziły mi się dzieci, robiłam to mniej regularnie.

Pomogła mi zawsze ofiarna matka, która – choć wciąż pracowała na pełny etat – zaproponowała, że będzie przychodzić do mnie o 4.45 rano parę razy w tygodniu. Dzięki temu dołączałam do przyjaciółki na treningu u Cornella o piątej i wracałam na 6.30 do domu, by przygotować dziewczynki do codziennych zajęć. Ten nowy grafik wszystko zmienił: odzyskałam spokój i siłę, które wydawało mi się, że tracę.

Jeśli chodzi o wspólne jedzenie kolacji, ustaliłam nowe zasady, lepiej dopasowane do życia mojego i dziewczynek. Stworzyłyśmy plan i się go trzymałyśmy. Kolację jadłyśmy codziennie o 18.30. O 19.00 była kąpiel, po niej czytanie i tulenie się. Punkt ósma wyłączałam światło. Ten harmonogram był nienaruszalny, więc to od Baracka zależało, czy zdąży do domu, czy nie. Z mojej perspektywy sprawdzało się to znacznie lepiej niż zwlekanie z kolacją albo wyczekiwanie z zaspanymi dziewczynkami na buziaka od taty. Zamierzałam przecież wychować je na osoby silne, stabilne, a przy tym niepoddające się żadnym formom staroświeckiego patriarchatu: nie chciałam, by kiedykolwiek doszły do przekonania, że życie zaczyna się dopiero wtedy, gdy do domu wraca mężczyzna. Nie czekałyśmy na tatę. To on musiał się starać, by zdążyć na czas.

15.

PRZY CLYBOURN AVENUE W CHICAGO, kawałeczek na północ od śródmieścia, znajdował się specyficzny raj, jakby stworzony z myślą o pracujących rodzicach albo nawet konkretnie o mnie: typowy, do kości amerykański, wszystko mający pasaż handlowy. Były tam sklepy Baby Gap z odzieżą dziecięcą, wielobranżowy Best Buy, sportowy Gymboree i drogeria CVS plus kilka innych dużych i małych sieciówek zaopatrujących klientów w to, co potrzebne, czy była to przetykaczka toaletowa, czy dojrzałe awokado albo czepek kąpielowy w dziecięcym rozmiarze. W pobliżu, dopełniając szczęścia, mieściły się też sklep z pojemnikami Container Store i restauracja Chipotle. To było moje miejsce. Parkowałam auto, szybko robiłam zakupy w dwóch, trzech sklepach, brałam miseczkę burrito i przed upływem godziny siedziałam z powrotem przy biurku. Podczas takich ekspresowych wyjść w przerwie obiadowej zastępowałam nowymi skarpetkami te zgubione, kupowałam prezenty urodzinowe na sobotnie kinderbale z terminarza pięciolatki i uzupełniałam zapas soków owocowych oraz przecierów.

Sasha i Malia miały już trzy i sześć lat, były przebojowe, bystre i szybko rosły. Energia tak je rozpierała, że nie potrafiłam złapać tchu. Dlatego wyprawy do pasażu handlowego miały dla mnie szczególny urok. Bywało, że wsiadałam do zaparkowanego samochodu, włączałam radio i z ulgą jadłam samotny lunch, będąc pod wrażeniem własnej zaradności. Tak wygląda życie z małymi dziećmi. Czasem każdy dzień zasługiwał na medal. Kupiłam przeciery w słoiczkach. Zdążyłam coś przegryźć. Wszyscy wciąż żyli.

Patrzcie tylko, jak świetnie sobie radzę, miałam ochotę powiedzieć w takich chwilach nieistniejącej publiczności. *Czy wszyscy widzą, jak mi się wszystko udaje?*

Oto ja w wieku lat czterdziestu – trochę June Cleaver, odrobinę Mary Tyler Moore. W lepsze dni sama siebie chwaliłam. Moje życie stwarzało pozór elegancko zrównoważonego, ale oglądane wyłącznie z dużej odległości i przez palce, a przynajmniej zmierzało w tę stronę. Praca w klinice okazała się naprawdę dobra – stawiała przede mną wyzwania, dawała mi satysfakcję i była zgodna z moimi przekonaniami. Zdumiewało mnie, że tak ogromną, szanowaną instytucją jak zatrudniająca dziewięć i pół tysiąca osób klinika uniwersytecka kierowali naukowcy, którzy prowadzili badania medyczne i pisali prace naukowe, lecz jednocześnie dzielnicę wokół własnego miejsca pracy uważali za przerażającą do tego stopnia, że bali się nawet przejść na drugą stronę ulicy poza granice kampusu. Mnie ten lęk mobilizował. To dzięki niemu każdego ranka wstawałam z łóżka.

Większość życia przeżyłam wśród podobnych barier. Wyczuwałam nerwowość białych ludzi w mojej dzielnicy i dostrzegałam różne subtelne metody, za pomocą których osoby mające taką możliwość dystansowały się od swojego miejsca zamieszkania i ciążyły w stronę zamożniejszych środowisk, zdających się coraz bardziej od nas oddalać. Dostałam szansę, by ten trend choćby w pewnym stopniu odwrócić i część barier przełamać, zachęcając ludzi, aby się nawzajem poznali. Mój nowy szef bardzo mnie wspierał i pozwolił mi samodzielnie tworzyć program wzmacniania więzi między szpitalem a lokalną społecznością. Początkowo pracowała dla mnie jedna osoba, lecz w końcu zbudowałam zespół liczący dwadzieścioro dwoje ludzi. Realizowałam projekty polegające na zapoznawaniu personelu i zarządu kliniki z dzielnicami South Side – odwiedzali ośrodki kultury i szkoły, zostawali tutorami, mentorami i sędziami na targach naukowych, wypróbowywali miejscowe grill-bary. Zapraszaliśmy tutejszą młodzież, by podpatrywała pracę personelu szpitalnego, stworzyliśmy program promocji wolontariatu w szpitalu dla okolicznych mieszkańców i za pośrednictwem uczelni medycznej współpracowaliśmy z letnim uniwersytetem, zachęcając miejscowych studentów do wybrania medycyny jako ścieżki kariery. Uświadomiwszy sobie, że działanie kliniki można ulepszyć, zlecając część zadań firmom prowadzonym przez osoby należące do mniejszości oraz kobiety, pomogłam także założyć Biuro Różnorodności Biznesowej.

Musieliśmy się także zmierzyć z problemem ludzi desperacko potrzebujących pomocy lekarskiej. South Side miało ponad milion mieszkańców i ogromny niedobór placówek opieki zdrowotnej. Miejscową populację w nieproporcjonalnie wielkim stopniu nękały choroby przewlekłe typowe dla rejonów ubogich: astma, cukrzyca, nadciśnienie, choroby serca. Ogromna rzesza mieszkańców nie miała ubezpieczenia, a wielu polegało tylko na podstawowych usługach rządowego programu Medicaid, toteż regularnie tłoczyli się na uniwersyteckim oddziale ratunkowym, często przychodząc z dolegliwościami wcale nie wymagającymi nagłej interwencji lub takimi, które wobec braku opieki prewencyjnej długo zaniedbywali i teraz potrzebowali pilnej pomocy. Problem ten zarówno dla personelu, jak i pacjentów był uciążliwy i stresujący, a rozwiązywano go drogo i nieefektywnie. Wizyty na ostrym dyżurze na dłuższą metę nie służyły poprawie niczyjego zdrowia. Rozwiązanie tej sprawy stało się dla mnie ważnym wyzwaniem. Zaczęliśmy między innymi szkolić i zatrudniać asystentów pacjenta – przyjacielskich, pomocnych ludzi z okolicy, którzy siadali z przybyłymi na oddział ratunkowy, pomagali im umówić się na wizytę w rejonowej przychodni oraz instruowali, dokąd mogą się zwrócić po przyzwoitą, regularną opiekę zdrowotną w przystępnej cenie.

Miałam interesującą i satysfakcjonującą pracę, lecz musiałam uważać, by nie dać się jej pochłonąć. Czułam, że jestem to winna córkom. Nasza decyzja, by Barack mógł swobodnie podążać ścieżką kariery, kształtując i realizując swoje marzenia, skutkowała tym, że musiałam ściągnąć cugle własnych aspiracji. Na poły nieświadomie przytłumiłam moje ambicje i wycofywałam się w chwilach, gdy w innych okolicznościach parłabym naprzód. Nikt raczej nie mógł mi zarzucić, że pracuję niewydajnie, ale często uświadamiałam sobie, że kiedy mogłam iść krok dalej, nie robiłam tego. Nie angażowałam się w niektóre małe projekty. Nie poświęcałam więcej czasu jako mentorka niektórym młodym pracownikom. Wciąż się słyszy, że będąc pracującą matką, trzeba nieraz przystawać na kompromisy. Tak wyglądały moje. O ile dawniej całkowicie poświęcałam się każdemu zadaniu, o tyle teraz byłam ostrożniejsza i dbałam o własny czas, wiedząc, że muszę zarezerwować część energii na życie domowe.

DĄŻYŁAM WIĘC PRZEDE WSZYSTKIM DO UTRZYMANIA normalności i stabilności, lecz Barack nigdy nie przyjąłby podobnego kursu. Nauczyliśmy się to rozumieć i akceptować. Jedno z nas było jin, drugie – jang. Ja pragnęłam rutyny i porządku, on nie. On mógł żyć w oceanie, mnie potrzebna była łódź. Kiedy przyjeżdżał do domu, był obecny w stu procentach: bawił się na podłodze z dziewczynkami, wieczorem czytał Malii na głos *Harry'ego Pottera*, śmiał się z moich żartów i mnie tulił, przypominając nam o swojej miłości i stałości uczuć, potem jednak znikał na pół tygodnia albo dłużej. Staraliśmy się jak najlepiej wykorzystać luki w jego grafiku – jadaliśmy wspólne posiłki i spotykaliśmy się z przyjaciółmi. Specjalnie dla mnie (czasami) zgadzał się na wspólne oglądanie *Seksu w wielkim mieście*, a ja specjalnie dla niego (czasami) godziłam się pooglądać *Rodzinę Soprano*. Zaakceptowałam fakt, że przebywanie z dala od domu jest po prostu częścią jego pracy. Nie podobało mi się to, ale przestałam walczyć z rzeczywistością. Barackowi nie przeszkadzało, że kończy dzień gdzieś w hotelu, wśród zgiełku politycznych bitew i niedokończonych spraw. Tymczasem dla mnie liczyło się domowe schronienie i poczucie pełni, jakiego doznawałam, gdy Sasha i Malia kładły się spać, a w kuchni szumiała zmywarka.

Nie miałam zresztą większego wyboru, niż przystosować się do nieobecności Baracka, ponieważ nie zanosiło się na zmiany. Do swoich normalnych zajęć dołączył bowiem kolejną kampanię – tym razem zamierzał wystartować w wyborach do senatu krajowego jesienią 2004 roku.

W Springfield zaczynał się czuć niespokojnie: męczył go mozolny sposób procedowania władz stanowych i był przekonany, że więcej ważnych rzeczy osiągnąłby w Waszyngtonie. Wiedząc, że mam wiele powodów, by sprzeciwić się pomysłowi jego kandydowania do Senatu, lecz zarazem że i on ma sporo mocnych argumentów, w połowie 2002 roku zorganizowaliśmy niezobowiązujący brunch w domu Valerie Jarrett z udziałem kilkanaściorga naszych przyjaciół, aby się przekonać, co myślą inni.

Valerie mieszkała w wieżowcu w Hyde Park niedaleko od nas. Miała sterylny, nowoczesny apartament o białych ścianach i białych meblach, z którymi kontrastowały jaskrawe bukiety orchidei. Była wówczas wiceprezeską firmy pośrednictwa nieruchomościami i członkinią zarządu w University of Chicago Medical Center. Wspierała mnie, kiedy wraz z Public Allies zbierałam fundusze na różne kampanie Baracka, i uruchamiała swoje szerokie sieci kontaktów, aby pomagać nam we wszystkich naszych przedsięwzięciach. Z tego powodu – a także dlatego, że była ciepłą, mądrą osobą – zajęła w naszym życiu szczególne miejsce. Nasza przyjaźń rozwijała się w równej mierze na gruncie osobistym, co zawodowym. Była przyjaciółką zarówno moją, jak i Baracka, co, jak zauważyłam, było rzadkim zjawiskiem wśród par. Ja miałam swoje grono samodzielnych mam, natomiast Barack spędzał rzadkie wolne chwile na grze w koszykówkę z gromadką kumpli. Przyjaźniliśmy się z wieloma świetnymi parami, nasze dzieci przyjaźniły się z ich dziećmi i razem jeździliśmy na wakacje. Ale Valerie była inna – odgrywała wobec każdego z nas z osobna rolę starszej siostry i pomagała nam zdystansować się od problemów, byśmy mogli je na chłodno rozważyć. Patrzyła na nas obiektywnie, wyraźnie rozumiała nasze cele i się nami opiekowała.

Wcześniej powiedziała mi na osobności, że sama nie jest pewna, czy Barack powinien startować do Senatu, więc szłam na ten poranny brunch, sądząc, że już wygrałam bitwę.

Myliłam się.

Start w tych wyborach to wyjątkowa okazja, wyjaśnił Barack na spotkaniu. Obecny senator Peter Fitzgerald był konserwatywnym republikaninem w coraz wyraźniej zdominowanym przez demokratów stanie i trudno mu było utrzymać poparcie własnej partii. Było więc prawdopodobne, że w prawyborach wystartuje wielu kandydatów, a zatem Barackowi wystarczyło tylko zdobyć najwięcej głosów z tego grona, by zyskać nominację. Jeśli chodziło o pieniądze, zapewnił mnie, że nie będzie musiał naruszać naszych rodzinnych zasobów. Spytałam go, z czego pokryje wydatki na życie, kiedy będziemy musieli opłacać dwa domy – jeden w Waszyngtonie, drugi w Chicago – na co odpowiedział: „Napiszę kolejną książkę, i to dużą, taką, która sporo zarobi".

Rozbawiło mnie to. Nie znałam nikogo innego, kto by wierzył tak jak on, że za pomocą książek można rozwiązać każdy problem. Pokpiwałam, że przypomina chłopca z bajki, który oddaje cały rodzinny dobytek za garść magicznych ziaren fasoli, wierząc całym sercem, że zyska na tej wymianie, choć nikt tej wiary nie podziela.

Na wszystkich innych frontach logika Baracka była rozczarowująco szczelna. Gdy mówił, patrzyłam na Valerie i zdawałam sobie sprawę, że z wolna zaczyna mu ulegać – Barack miał odpowiedź na każde „a co, jeśli", z którym go konfrontowaliśmy. Wiedziałam, że przedstawiony przez niego plan jest sensowny, chociaż musiałam walczyć z pokusą podliczenia wszystkich dodatkowych godzin, które spędzi z dala od nas, nie wspominając o widmie przeprowadzki do stolicy. Choć od lat zapalczywie dyskutowaliśmy o presji, jaką jego kariera polityczna wywiera na rodzinę, kochałam go i mu ufałam. Już teraz miał dwie rodziny – dzielił czas między mnie i córki a dwieście tysięcy wyborców z South Side. Czy dzielenie się nim z całym stanem Illinois naprawdę robiło jakąś różnicę? Nie znałam odpowiedzi na to pytanie, ale nie mogłam stanąć na drodze jego aspiracjom i nieustannemu dążeniu do coraz większych rzeczy.

W ten sposób owego dnia zawarliśmy układ. Valerie zgodziła się objąć funkcję skarbnika w jego sztabie. Wielu przyjaciół obiecało poświęcić swój czas na rzecz kampanii i wesprzeć nas finansowo. Zgodziłam się pod jednym istotnym warunkiem, który oznajmiłam wszem wobec: jeśli Barack przegra, wycofa się z polityki i znajdzie sobie inne zajęcie. Porażka w dniu wyborów miała zakończyć jego polityczną karierę.

Zakończyć całkowicie i bezwarunkowo.

A potem nastąpiła seria szczęśliwych zbiegów okoliczności. Na początku Peter Fitzgerald postanowił nie ubiegać się o reelekcję, co oczyściło pole dla kontrkandydatów, w tym ludzi stosunkowo nowych w tej grze, takich jak mój mąż. Następnie, co osobliwe, zarówno główny faworyt prawyborów w Partii Demokratycznej, jak i jego odpowiednik po stronie Republikanów uwikłali się w skandale z byłymi żonami w tle. Na zaledwie kilka miesięcy przed głosowaniem Barack wciąż nie miał żadnego republikańskiego przeciwnika.

Trzeba przyznać, że prowadził znakomitą kampanię, nauczywszy się wiele na błędach nieudanego startu w wyborach do Izby Reprezentantów. Pokonał siedmioro konkurentów w prawyborach, zdobywając ponad dwa razy więcej głosów, niż potrzebował do uzyskania nominacji. Gdy podróżował po stanie i rozmawiał z potencjalnymi wyborcami, był takim samym człowiekiem jak w domu – zabawnym i czarującym, inteligentnym i dobrze przygotowanym. Nadmiernie wręcz wyczerpujące odpowiedzi, jakich udzielał na pytania zadawane podczas wieców w ratuszach i debat z oponentami, dowodziły, że jego miejsce jest w amerykańskim Senacie. Nie można mu więc odmówić ogromnych wysiłków, lecz jego ścieżka do sukcesu i tak wydawała się dosłownie porośnięta czterolistnymi koniczynkami.

Działo się to niedługo przed tym, zanim John Kerry poprosił go o wygłoszenie mowy przewodniej na Narodowej Konwencji Demokratów w 2004 roku w Bostonie. Kerry, wówczas senator z Massachusetts, toczył ciężką walkę o prezydenturę z George'em W. Bushem.

W całym tym zamieszaniu mój mąż był właściwie nikim – skromnym członkiem stanowej legislatury, który nigdy nie stał przed piętnastotysięcznym tłumem, takim jak ten w Bostonie. Nigdy dotąd nie korzystał z telepromptera ani nie występował na żywo w telewizji w godzinach najwyższej oglądalności. Był nowicjuszem, czarnym człowiekiem w rozgrywce prowadzonej od zawsze przez białych, który wyłonił się znikąd ze swoim dziwnym nazwiskiem i zawiłym pochodzeniem, licząc, że uda mu się trafić do przeciętnego wyborcy demokratów. Jak później stwierdzili telewizyjni komentatorzy, wskazanie Baracka Obamy, by przemawiał przed wielomilionową widownią, było bardzo ryzykownym posunięciem.

A jednak wydaje się, że przeznaczenie prowadziło go osobliwą, okrężną drogą do tego właśnie momentu. Wiem to, ponieważ z bliska obserwowałam niestrudzoną pracę jego umysłu. Przez lata patrzyłam, jak pochłania książki, gazety i idee, ożywiając się przy każdej rozmowie z kimś, kto miał mu do zaoferowania choćby skrawek nowej wiedzy lub doświadczenia. Wszystkie te skrawki starannie przechowywał. Dziś widzę, że w ten sposób stopniowo tworzył wizję, i to bardzo szeroko zakrojoną. Chcąc nie chcąc, musiałam dla niej wygospodarować miejsce w naszym wspólnym życiu, co czasem niesłychanie mnie irytowało, lecz nie mogłam jej Baracka pozbawić. Odkąd się znaliśmy, cicho i pilnie nad nią pracował. A teraz być może rozmiar widowni był w końcu współmierny do wielkości jego idei. Barack był gotowy. Wystarczyło, by przemówił.

PRZEMÓWIENIE POSZŁO CHYBA NIEŹLE – zdanie to stało się refrenem w moim życiu. Od tamtego wieczora, 27 lipca 2004 roku, razem z Barackiem powtarzaliśmy je sobie jako żart.

Zostawiłam dziewczynki pod opieką matki i poleciałam z nim do Bostonu na przemowę. Stałam na tyłach centrum kongresowego, kiedy Barack wkraczał w gorące snopy reflektorów, ukazując się milionom Amerykanów. Zarówno on, jak i ja byliśmy trochę podenerwowani, ale postanowiliśmy tego nie okazywać. Zresztą Barack zawsze dobrze znosił stres: im większa stawała się presja, tym spokojniejszy się wydawał. Przez kilka tygodni robił notatki, pracując nad nimi w przerwach między głosowaniami senatu stanowego. Zapamiętał tekst i powtórzył go sobie tyle razy, że w ogóle nie potrzebował teleprompptera, chyba żeby zapomniał słów z nerwów. Lecz nic takiego się nie stało. Barack popatrzył na widownię i w kamery telewizyjne, jakby uruchamiał jakiś wewnętrzny mechanizm, po czym uśmiechnął się i zaczął mówić.

Przemawiał tamtego wieczora przez siedemnaście minut. Opowiedział, kim jest i skąd się wziął. Jego dziadek służył w armii Pattona, babka podczas wojny pracowała przy taśmie, a ojciec dorastał, wypasając kozy w Kenii. Jego rodzice zakochali się w sobie mimo dzielącej ich przepaści i wierzyli, że choć nie są bogaci ani ustosunkowani, zapewnią synowi dobre życie dzięki porządnemu wykształceniu. Przekonująco i szczerze przedstawiał samego siebie nie jako outsidera, lecz wręcz uosobienie amerykańskiej historii. Przypomniał widzom, że narodu nie można podzielić na czerwonych i niebieskich[10] – jednoczy nas to, że wszyscy jesteśmy ludźmi i musimy się troszczyć o całe społeczeństwo. Wzywał, by za pomocą nadziei pokonać cynizm. Mówił o nadziei, emanował nadzieją, niemal wyśpiewywał nadzieję.

Barack przez siedemnaście minut demonstrował swoją niewymuszoną elokwencję i głęboki, olśniewający optymizm. Kiedy skończył mowę, będącą ostatnim promocyjnym wystąpieniem w kampanii Johna Kerry'ego i jego współkandydata Johna Edwardsa, tłum wstał i wiwatował, a pod sufit wzlatywały gromkie brawa. Weszłam na scenę

---

[10] Współcześnie w Stanach kolor czerwony uważa się za barwę republikanów, a niebieski – demokratów. Obie partie mają także symbole zwierzęce – odpowiednio słonia i osła.

w oślepiające światła reflektorów w szpilkach i białej garsonce, aby uściskać Baracka, po czym odwróciłam się ku widowni i wraz z nim machałam rozentuzjazmowanym tłumom.

W powietrzu wibrowała energia, a huk był wprost ogłuszający. To, że Barack był dobrym człowiekiem o wspaniałym umyśle i niezachwianej wierze w demokrację, przestało być dla kogokolwiek tajemnicą. Byłam bardzo dumna z jego dokonania, choć wcale mnie ono nie zaskoczyło. W końcu wyszłam za tego faceta. Od dawna znałam jego możliwości. Gdy teraz patrzę wstecz, to chyba właśnie wtedy zaczęłam po cichu żegnać się z myślą, że kiedyś uda mi się odwrócić bieg wydarzeń i odzyskać go wyłącznie dla siebie oraz córek. Przeczył temu aplauz tłumów. *Chcemy więcej, więcej, więcej.*

Media zareagowały na mowę Baracka w przesadny wręcz sposób. „Właśnie zobaczyłem pierwszego czarnego prezydenta" – powiedział Chris Matthews do swoich kolegów komentatorów z NBC. Na pierwszej stronie „Chicago Tribune" znalazł się następnego dnia nagłówek złożony z jednego tylko słowa: „Fenomen". Komórka Baracka dzwoniła nieustannie. Komentatorzy z kablówek nazywali go „gwiazdorem" i „zwycięzcą z dnia na dzień", jakby tego momentu na scenie nie poprzedziły lata pracy i jakby to przemowa wykreowała jego, a nie odwrotnie. Niemniej stanowiła pewien przełom, i to nie tylko dla niego, lecz dla całej naszej rodziny. Nieoczekiwanie pojawiliśmy się na świeczniku i ludzie nagle zaczęli mieć wobec nas różne oczekiwania.

Wszystko to wydawało mi się surrealistyczne. Mogłam tylko na ten temat żartować.

„Przemówienie poszło chyba nieźle", rzucałam ze wzruszeniem ramion, kiedy ktoś na ulicy prosił Baracka o autograf albo mówił, że bardzo spodobały mu się jego słowa. „Przemówienie poszło chyba nieźle", powiedziałam, kiedy wychodząc z restauracji w Chicago, zastaliśmy pod drzwiami oczekujący tłum. Te same słowa wypowiadałam, gdy dziennikarze zaczęli się zwracać do Baracka o opinię na temat różnych istotnych dla kraju spraw, kontaktowali się z nim ważni stratedzy polityczni, a dziewięć lat po publikacji mało dotąd znana książka *Odziedziczone marzenia* została wznowiona w miękkiej okładce i trafiła na listę bestsellerów „New York Timesa".

„Przemówienie poszło chyba nieźle", powiedziałam, kiedy szeroko uśmiechnięta, energiczna Oprah Winfrey postanowiła spędzić dzień w naszym mieszkaniu, aby przeprowadzić z nami wywiad do jej czasopisma.

Co się z nami działo? Prawie przestałam nad tym wszystkim panować. W listopadzie Barack został wybrany do amerykańskiego Senatu, zdobywając w całym stanie 70 procent głosów – było to największe zwycięstwo w dziejach Illinois oraz, w tamtym roku, także w skali kraju. Zyskał ogromną większość wśród czarnych, białych i Latynosów, mężczyzn i kobiet, bogatych i biednych, ludzi z centrów, przedmieść i wiosek. Gdy pewnego razu pojechał do Arizony, by przez chwilę odetchnąć, otoczył go tłum zwolenników. Odczytywałam to jako prawdziwą, choć dziwną miarę jego sławy: rozpoznawali go teraz nawet biali ludzie.

POZBIERAŁAM RESZTKI NORMALNOŚCI w moim życiu i starannie je pielęgnowałam. Kiedy byliśmy w domu, wszystko toczyło się po staremu. Dzieci także nie odczuły zmian. Jednak na zewnątrz sprawy miały się już inaczej. Barack latał teraz nieustannie do Waszyngtonu i z powrotem. Miał biuro senatora oraz mieszkanie w zaniedbanym budynku na Capitol Hill – małą kawalerkę, którą od razu zabałaganił książkami i papierami, przeistaczając ją w swoją dziuplę z dala od domu. Ilekroć przyjeżdżałam z dziewczynkami w odwiedziny, nawet nie udawałam, że mogłabym tam zostać – cała nasza czwórka rezerwowała na ten okres pokój w hotelu.

W Chicago trzymałam się swojej rutyny. Sala gimnastyczna, praca, dom – i tak w kółko. Naczynia do zmywarki. Zajęcia pływania, piłka nożna, balet. Utrzymywałam swój normalny rytm. Barack pracował teraz w Waszyngtonie i jego pozycja senatora wymuszała pewną powagę, lecz ja prowadziłam takie samo zwyczajne życie. Pewnego dnia siedziałam w samochodzie przy pasażu handlowym przy Clybourn Avenue, jedząc burrito i relaksując się po szybkich zakupach w Baby Gap, kiedy zadzwoniła do mnie na komórkę moja sekretarka, pytając, czy może mnie przełączyć, bo ktoś dzwoni do biura. Była to żona jednego z senatorów z Waszyngtonu, której nigdy wcześniej nie spotkałam, lecz już kilka razy próbowała się ze mną skontaktować.

– Jasne, połącz ją – odparłam.

Usłyszałam przyjemny i ciepły głos.

– Dzień dobry! – powiedziała żona senatora. – Tak się cieszę, że w końcu panią złapałam!

Odpowiedziałam, że ja także się cieszę na rozmowę.

– Chciałam panią przywitać – wyjaśniła – i wystosować bardzo szczególne zaproszenie.

Chodziło o członkostwo w pewnej prywatnej organizacji czy też klubie, do którego, jak zrozumiałam, należały głównie żony ważnych osobistości w Waszyngtonie. Regularnie spotykały się na lunche, by omawiać bieżące sprawy.

– To dobry sposób, żeby poznać wielu ludzi, a wiem, że to nie zawsze jest łatwe, kiedy jest się nowym w mieście – powiedziała.

Nigdy wcześniej nie zaproszono mnie do żadnego klubu. W liceum widziałam, jak koledzy zrzeszeni w Jack and Jill jeżdżą razem na narty. W Princeton czekałam czasami podekscytowana i zaciekawiona na powrót Suzanne z którejś z imprez w klubie restauracyjnym. Pewnie połowa prawników z Sidley należała do różnych klubów wiejskich. Z czasem wiele z nich odwiedziłam, zbierając fundusze dla Public Allies czy na kampanie Baracka. Każdy fundraiser wie, że kluby są kopalnią pieniędzy. Członkostwo w nich jest czymś znacznie więcej niż formalnym wpisem w rejestrze.

Żona senatora składała mi uprzejmą, szczerą propozycję, lecz odrzucając ją, nie czułam żadnego zawodu.

– Dziękuję – odpowiedziałam. – Bardzo mi miło, że o mnie pomyśleliście. Podjęłam jednak decyzję, że nie będę przeprowadzać się do Waszyngtonu.

Wyjaśniłam, że moje dwie małe córki chodzą do szkoły w Chicago, a ja sama jestem bardzo przywiązana do swojej pracy. Barack organizuje sobie życie w stolicy, lecz będzie przyjeżdżał do domu, kiedy zdoła. Byliśmy tak związani z Chicago, że planowaliśmy zakup nowego domu dzięki tantiemom ze wznowienia książki oraz hojnej ofercie na drugi tytuł, czyli zaskakującemu efektowi zasiania magicznych fasolek Baracka. O tym jednak nie wspomniałam.

Żona senatora zamilkła na krótką, znaczącą chwilę, po czym odezwała się łagodnym tonem:

– Wie pani, to może bardzo źle wpłynąć na małżeństwo – powiedziała. – Rodziny się rozpadają.

A więc nie darowała sobie oceny mojego postępowania. Sama żyła w Waszyngtonie od wielu lat. Dała mi do zrozumienia, że była świadkiem trudnych sytuacji, gdy jedno z małżonków nie przeprowadzało się wraz z drugim. I że podejmuję niebezpieczną decyzję, ponieważ żoną senatora można być tylko w jeden sposób – nie taki, jaki wybrałam.

Podziękowałam raz jeszcze, rozłączyłam się i westchnęłam. Przecież ja się na to nie pisałam. Nie wybrałam takiego życia. Co prawda tak jak i ona byłam teraz żoną amerykańskiego senatora – przez całą rozmowę zwracała się do mnie *per* „pani Obama" – ale nie znaczyło to jeszcze, że wszystko rzucę, by go wspierać. Prawdę mówiąc, nie chciałam rzucać niczego.

Wiedziałam, że niektóre żony senatorów postanowiły pozostać w swoich rodzinnych miastach, zamiast przeprowadzać się do stolicy. Wiedziałam, że Senat, w którym na sto miejsc było czternaście kobiet, nie jest już instytucją tak staroświecką jak dawniej. Jednak za bezczelne ze strony mojej rozmówczyni uznałam wmawianie mi, że źle robię, pragnąc uchronić dzieci przed zmianą szkoły oraz chcąc utrzymać własną pracę.

Kilka tygodni po wyborach pojechałam z Barackiem do Waszyngtonu na całodzienny kurs przygotowawczy dla nowo wybranych senatorów i ich współmałżonków. W tym roku brało w nim udział tylko kilka osób. Po krótkim wprowadzeniu politycy poszli w swoją stronę, a ich żony poprowadzono do innego pokoju. Przygotowałam sobie wiele pytań, wiedząc, że od polityków i ich rodzin oczekuje się ścisłego przestrzegania zasad etyki federalnej, określających, od kogo można przyjmować prezenty lub jak rozliczać podróże do i z Waszyngtonu. Sądziłam, że może zostaniemy poinstruowani, jak odnajdować się w sytuacjach towarzyskich z lobbystami albo na jakie aspekty prawne pozyskiwania funduszy pod przyszłą kampanię należy zwracać uwagę.

Tymczasem ze szczegółami opowiedziano nam o historii i architekturze Kapitolu, pokazano oficjalne wzory na porcelanie produkowanej specjalnie dla Senatu i zaproszono na miły lunch oraz pogaduszki. Kurs ciągnął się godzinami. Może nawet dobrze bym się na nim bawiła, gdyby nie to, że wzięłam wolny dzień z pracy i zostawiłam dzieci pod opieką matki. Skoro miałam odgrywać rolę żony senatora, zamierzałam potraktować ją poważnie. Polityka jako taka mnie nie interesowała, ale nie chciałam niczego schrzanić.

Prawdę mówiąc, Waszyngton – jego wyszukane tradycje, nadęcie, kultura białych mężczyzn i pomysł, by ukrywać kobiety na osobnym lunchu – sprawiał, że czułam się zagubiona. U sedna tego wrażenia leżała obawa, że choć na nic z tego wszystkiego się nie pisałam, Waszyngton i tak mnie wciągnie. Panią Obama byłam już od dwunastu lat, teraz jednak pojęcie to zaczynało znaczyć coś trochę innego. Przynajmniej w pewnych kręgach taka „pani Obama" była określeniem lekceważącym i wskazującym na to, że definiuje mnie związek z moim „panem". A ja byłam żoną Baracka Obamy, politycznego gwiazdora, jedynego czarnego człowieka w Senacie, który mówił o nadziei i tolerancji tak zapalczywie i przekonująco, że teraz oczekiwania innych ścigały go niczym rój szerszeni.

Mój mąż został senatorem, ale z jakiegoś powodu ludzi interesowało głównie to, co będzie dalej. Chcieli wiedzieć, czy zamierza ubiegać się o prezydenturę w 2008 roku. Nie sposób było się uwolnić od tego pytania. Zadawał je każdy dziennikarz. Zadawali je prawie wszyscy, którzy podchodzili do niego na ulicy. Moi współpracownicy w szpitalu przystawali w drzwiach mojego gabinetu i pytali jakby od niechcenia, licząc, że może dowiedzą się czegoś wcześniej niż inni. Nawet Malia, która miała sześć i pół roku, kiedy włożyła różową satynową sukienkę i stanęła obok Baracka podczas ceremonii zaprzysiężenia do Senatu przez Dicka Cheneya, była tego ciekawa, jednak w przeciwieństwie do wielu innych osób miała dość rozumu, by wiedzieć, że na takie plany jest stanowczo za wcześnie.

– Tato, czy ty będziesz chciał zostać prezydentem? – spytała. – Nie sądzisz, że może najpierw powinieneś być wiceprezydentem czy kimś w tym rodzaju?

W tej kwestii zgadzałam się z Malią. Jako urodzona pragmatyczka zawsze opowiadałam się za powolnymi zmianami i metodycznym odhaczaniem punktów z listy. Zawsze preferowałam długie, roztropne oczekiwanie. Podobało mi się więc, kiedy Barack skromnie dziękował pytającym, lecz ucinał wszelkie dociekania na temat prezydentury, twierdząc, że obecnie planuje tylko wziąć się do dzieła i ciężko pracować w Senacie. Często przypominał ludziom, że jest zaledwie mało znaczącym członkiem mniejszościowej partii – rzec by można, graczem rezerwowym. Niekiedy dodawał, że ma jeszcze dwoje dzieci do wychowania.

Ale bębny już biły. Nie dało się ich powstrzymać. Barack pisał *Odwagę nadziei* – swoje przemyślenia i wizję kraju przelewał nocami na strony notesów. Powiedział mi, że bardzo mu odpowiada pozycja, którą zdobył, i zamierza niespiesznie umacniać swoje wpływy, a podczas kakofonicznych obrad Senatu będzie cierpliwie czekał na swoją kolej, by przemówić. Lecz wtedy nadszedł sztorm.

Pod koniec sierpnia 2005 roku w amerykańskie wybrzeże Zatoki Meksykańskiej uderzył huragan „Katrina", niszcząc tamy w Nowym Orleanie, zalewając nisko położone tereny i odcinając drogę ucieczki mieszkańcom – głównie czarnym – którzy wspięli się na dachy swoich zniszczonych domów i tam koczowali. Skutki huraganu były potworne: media pokazywały pozbawione energii szpitale, zdesperowane rodziny stłoczone na stadionie Superdome, ratowników bezsilnych wobec braku sprzętu i zapasów. Zginęło około tysiąca ośmiuset osób, a ponad pół miliona straciło dach nad głową. Tragedię wzmogła jeszcze nieudolna reakcja rządu federalnego. Był to bolesny przykład strukturalnych podziałów w naszym kraju, a zwłaszcza dotkliwej, niesprawiedliwej podatności Afroamerykanów i ludzi ubogich na wszelkie niebezpieczeństwa.

I gdzie się teraz podziała nasza nadzieja?

Oglądałam wiadomości na temat „Katriny" ze ściśniętym sercem, wiedząc, że gdyby ta katastrofa wydarzyła się w Chicago, wiele moich ciotek i wujów, kuzynów i sąsiadów spotkałby podobny los. Barack zareagował w równie emocjonalny sposób. Tydzień po huraganie poleciał do Houston, aby razem z byłymi prezydentami George'em H.W. Bushem i Billem Clintonem oraz z Hillary Clinton, która tak jak on zasiadała wówczas w Senacie, towarzyszyć dziesiątkom tysięcy ewakuowanych nowoorleańczyków szukających schronienia na stadionie Astrodome. To doświadczenie rozbudziło w nim naglące poczucie, że wciąż jeszcze nie robi tyle, ile powinien.

WRÓCIŁAM DO TEJ MYŚLI mniej więcej rok później, kiedy walenie bębnów stało się naprawdę głośne, a wywierana na nas presja – ogromna. Oboje zajmowaliśmy się swoimi normalnymi sprawami, ale pytanie, czy Barack zamierza startować w wyborach prezydenckich, wciąż wracało, by nas dręczyć. *Czy może? Czy zechce? Czy powinien?* Latem 2006 roku respondenci wymieniali go w otwartej ankiecie jako potencjalnego prezydenta, choć prym zdecydowanie wiodła Hillary Clinton. Jednak jesienią pozycja Baracka zaczęła wzrastać między innymi dzięki publikacji książki *Odwaga nadziei* oraz licznym wystąpieniom w mediach podczas jej promocji. Raptem jego notowania dorównały wynikom Ala Gore'a i Johna Kerry'ego – poprzednich dwóch kandydatów z ramienia Partii Demokratycznej – a nawet je przekroczyły, co świadczyło o potencjale Baracka. Wiedziałam, że prywatnie rozmawia z przyjaciółmi, doradcami i ewentualnymi fundatorami, sygnalizując, że rozważa pomysł startu w wyborach. Unikał tylko jednej rozmowy – ze mną.

Oczywiście wiedział, co ja o tym sądzę. Krążyliśmy wokół tego tematu na marginesie omawiania innych spraw. Żyliśmy w cieniu oczekiwań innych ludzi od tak dawna, że był obecny niemal w każdej naszej rozmowie. Potencjał Baracka siedział z nami przy stole obiadowym. Potencjał Baracka jeździł do szkoły z dziewczynkami i ze mną do pracy. Był przy nas, nawet gdy go nie chcieliśmy, napełniając wszystko dziwną energią. Według mnie mój mąż już i tak wiele robił. Jeśli w ogóle zamierzał rozważać kampanię prezydencką, liczyłam, że wybierze rozważną ścieżkę: będzie się powoli przygotowywał, rósł w siłę jako senator i czekał, aż dziewczynki podrosną – na przykład do roku 2016.

Odkąd go znałam, Barack zawsze wydawał się wpatrywać w jakiś odległy horyzont – wizję świata takiego, jaki powinien być. Chciałam jednak, by choć raz poczuł zadowolenie z życia takiego, jakie jest. Nie pojmowałam, jak to możliwe, że patrzy na Sashę i Malię, lat pięć i osiem, uczesane w kucyki, rozchichotane, pełne entuzjazmu – i wciąż czegoś mu brakuje. Czasem mnie to bolało.

Oboje siedzieliśmy teraz na huśtawce, pan po jednej stronie, pani po drugiej. Mieszkaliśmy w ładnym georgiańskim domu z cegły przy cichej uliczce w dzielnicy Kenwood. Mieliśmy szeroką werandę i wysokie drzewa na podwórzu. Właśnie na takie domostwa gapiliśmy się z Craigiem podczas sobotnich przejażdżek, na które tata zabierał nas swoim buickiem. Często myślałam o ojcu, wspominając, ile w nas zainwestował. Rozpaczliwie pragnęłam, by żył, by zobaczył, jak nam się powodzi. Craig był teraz bardzo szczęśliwy, bo w końcu zboczył z trasy i porzucił karierę w finansach na rzecz swojej pierwszej pasji – koszykówki. Po kilku latach pracy jako asystent trenera na Northwestern University został głównym trenerem na Brown University w stanie

Rhode Island. Ponownie się ożenił – tym razem z Kelly McCrum, piękną, zaradną kobietą, dziekanką koledżu ze Wschodniego Wybrzeża. Miał dwoje wysokich i pewnych siebie dzieci, jakby chodzące reklamy zdolności nowego pokolenia.

Ważniejszy niż rola żony senatora był dla mnie fakt, że robiłam satysfakcjonującą karierę. Na wiosnę otrzymałam awans na stanowisko wiceprezeski University of Chicago Medical Center. Kilka ostatnich lat spędziłam na prowadzeniu programu South Side Healthcare Collaborative, w ramach którego już ponad tysiąc pięćset pacjentów izby przyjęć skierowano do przychodni, gdzie otrzymywali regularną pomoc niezależnie od ich możliwości finansowych. Byłam osobiście zaangażowana w swoją pracę. Widziałam Afroamerykanów na oddziale ratunkowym z problemami, które bardzo długo zaniedbywali – na przykład cukrzyków, którym trzeba było amputować nogę z powodu nieleczonych zaburzeń krążenia – i myślałam o każdej wizycie lekarskiej, na którą nie poszedł mój własny ojciec, oraz o każdym objawie stwardnienia rozsianego, który zlekceważył, by nie robić wokół siebie zamieszania, nie obciążać nikogo finansowo, nie borykać się z dokumentami albo nie być traktowanym jak osoba gorszego sortu przez bogatego białego lekarza.

Lubiłam swoją pracę i swoje życie, choć nie było idealne. Sasha szła jednak właśnie do podstawówki i zaczynałam nowy etap – mogłam znów rozniecić swoje ambicje i obrać wiele nowych celów. Jak wpłynęłaby na to kampania prezydencka? Zniweczyłaby wszystkie moje zamiary. Wiedziałam już dość, by to rozumieć. Wraz z Barackiem przeżyliśmy pięć kampanii w ciągu jedenastu lat i podczas każdej kolejnej musiałam odrobinę zacieklej walczyć o własne priorytety. Każda dokonywała drobnego uszczerbku w mojej duszy i w naszym małżeństwie. Obawiałam się, że ta prezydencka bardzo nas poturbuje. Barack musiałby przebywać z dala od domu znacznie częściej, niż kiedy służył w Springfield lub Waszyngtonie – nie przez pół tygodnia, lecz cały tydzień. Nie przez cztero- czy ośmiotygodniowe okresy przeplatane przerwami, lecz wiele miesięcy z rzędu. Co by się wówczas stało z naszą rodziną? Jak rozgłos wpłynąłby na nasze córki?

Robiłam, co w mojej mocy, by ignorować zawieruchę wokół Baracka, mimo że wcale nie wydawała się słabnąć. Komentatorzy z kablówek rozważali jego szanse. David Brooks, konserwatywny publicysta z „New York Timesa", napisał zaskakujący artykuł zatytułowany *Startuj, Barack, startuj*, w którym namawiał go, by się już po prostu zdecydował. Rozpoznawano go prawie wszędzie, gdzie się pojawiał, ja jednak na szczęście wciąż pozostawałam niewidzialna. Pewnego październikowego dnia, gdy stałam w kolejce w sklepie spożywczym, mój wzrok przykuła okładka „Time'a". Widniało na niej zbliżenie twarzy mojego męża, a przy nim nagłówek: „Dlaczego Barack Obama może być następnym prezydentem".

Miałam nadzieję, że w pewnym momencie Barack sam przerwie spekulacje, oznajmiając, że nie startuje, a media zajmą się czymś innym. Ale on tego nie zrobił. Nie zamierzał. Planował start. Chciał tego, a ja nie.

Ilekroć jakiś reporter zapytał go, czy weźmie udział w kampanii, Barack wykręcał się odpowiedzią: „Wciąż o tym myślę. To rodzinna decyzja". Znaczyło to innymi słowy: „Jeśli Michelle mi pozwoli".

Kiedy Barack był w Waszyngtonie, nocą leżałam sama w łóżku, czując się tak, jakby cały świat sprzysiągł się przeciwko mnie. Ja chciałam go dla naszej rodziny. Wszyscy inni chcieli go dla kraju. Miał grono doradców, na które składali się David Axelrod i Robert Gibbs – dwaj stratedzy kampanijni, którzy okazali się kluczowi dla jego sukcesu podczas wyborów do Senatu, drugi konsultant z firmy Axelroda David Plouffe, szef sztabu Pete Rouse oraz Valerie. Wszyscy oni okazywali ostrożne poparcie dla jego pomysłu, lecz zarazem jasno mówili, że kampanii prezydenckiej nie można prowadzić na pół gwizdka. Zarówno Barack, jak i ja musielibyśmy się w nią zaangażować na sto procent. Oczekiwania wobec niego byłyby niewyobrażalne. Wciąż wzorowo wypełniając obowiązki senatora, musiałby zorganizować ogólnokrajowy sztab wyborczy, opracować program i pozyskać astronomiczne fundusze. Ja zaś nie mogłabym się ograniczać do okazywania milczącego wsparcia – musiałabym aktywnie uczestniczyć w kampanii. Oczekiwano by ode mnie i naszych dzieci, że będziemy się pokazywać, miło uśmiechać i ściskać dłoń wielu ludziom. Wszystko kręciłoby się teraz wokół niego, uświadomiłam sobie, i służyłoby większej sprawie.

Nawet Craig, który od dnia moich urodzin gorliwie mnie chronił, dał się ogarnąć gorączce kampanii. Pewnego wieczora zadzwonił, by mnie do niej zachęcić.

– Posłuchaj, Miche – zaczął i jak to miał w zwyczaju, zaraz przeszedł na terminologię koszykarską. – Wiem, że cię to wszystko martwi, ale jeśli Barack ma szansę zapunktować, musi rzucać. Rozumiesz, prawda?

Wszystko zależało teraz tylko ode mnie. Czy się bałam, czy tylko byłam zmęczona?

Na dobre i na złe zakochałam się w mężczyźnie z wizją, optymiście, lecz nie naiwniaku, człowieku, który nie bał się konfliktów i którego intrygowała złożoność świata. Co dziwne, w ogóle nie wydawał się przerażony ogromem pracy do wykonania. Powiedział, że przerażała go tylko myśl, że nie widywałby mnie i córek przez długie okresy, ale zarazem wciąż mi przypominał, że nie mam powodów wątpić w jego miłość.

– Damy sobie z tym radę, prawda? – powiedział, trzymając mnie za rękę tamtego wieczora, gdy poszliśmy na górę do jego gabinetu, żeby usiąść i w końcu poważnie porozmawiać. – Jesteśmy silni i bystrzy, nasze dzieci także. Damy radę. Stać nas na to.

Miał na myśli wysokie koszty kampanii. Musielibyśmy wiele poświęcić – czas, możliwość bycia razem, prywatność. Było zbyt wcześnie, by przewidzieć, ile będzie to od nas wymagać, ale na pewno bardzo dużo. Z mojej perspektywy było to jak wydawanie pieniędzy, kiedy nie zna się stanu konta. Na ile możemy sobie pozwolić? Jakie mamy ograniczenia? Co nam na końcu zostanie? Bałam się tej niepewności – mogła skrywać coś, co nas pogrąży. Wychowałam się wszakże w rodzinie myślącej strategicznie, która przeprowadzała w domu treningi przeciwpożarowe i na każdą imprezę przyjeżdżała z wyprzedzeniem. Dorastając w społeczności zamieszkanej przez klasę pracującą i z niepełnosprawnym ojcem, przekonałam się, jak ważne jest planowanie i przewidywanie. Mogło zadecydować o stabilnym życiu lub osunięciu się w biedę. A przestrzeni na błędy nigdy nie było zbyt wiele – jeden niezapłacony rachunek mógł pozbawić cię elektryczności. Jedno niewykonane zadanie domowe mogło poskutkować zaległościami i w końcu nawet doprowadzić do usunięcia z koledżu.

W piątej klasie straciłam kolegę w pożarze i przyglądałam się śmierci Suzanne, która nie zdążyła na dobre wejść w dorosłość. Te doświadczenia nauczyły mnie, że świat działa czasem w sposób brutalny i przypadkowy, a ciężka praca nie zawsze gwarantuje pozytywne rezultaty. Niebawem miałam umocnić się w tym przekonaniu, lecz już teraz, gdy siedziałam w cichości naszego ceglanego domu przy spokojnej uliczce, pragnęłam tylko chronić dziewczynki, nasz najcenniejszy skarb, i zapomnieć o całej reszcie, przynajmniej dopóki trochę nie podrosną.

Lecz nasz sukces pociągał za sobą także zobowiązania, o czym oboje dobrze wiedzieliśmy. Oglądaliśmy zniszczenia po „Katrinie" z bezpiecznej odległości. Widzieliśmy rodziców podnoszących dzieci nad poziom wody i afroamerykańskie rodziny próbujące się wspierać w nieludzkich warunkach powszechnych niedoborów, jakie panowały w Superdome. W swoich kolejnych miejscach pracy, od ratusza przez Public Allies po uniwersytet, zobaczyłam, jak trudno może być niektórym ludziom zaspokoić swoje podstawowe potrzeby bytowe, takie jak opieka zdrowotna i dach nad głową. Widziałam, jak cienka granica dzieli znośną egzystencję od zapaści. Barack natomiast wiele czasu spędził na rozmowach ze zwolnionymi pracownikami fabryk, z młodymi, trwale okaleczonymi weteranami wojennymi, którzy próbowali jakoś wiązać koniec z końcem, i z matkami, które miały już dość posyłania dzieci do ledwie działających szkół. Innymi słowy, dobrze wiedzieliśmy, że mamy niesamowite szczęście i nie możemy popadać w samozadowolenie.

Rozumiejąc, że w gruncie rzeczy nie mam innego wyjścia, w końcu postanowiłam poruszyć tę sprawę. Zaczęliśmy rozmawiać o pomyśle kampanii i wielokrotnie prowadziliśmy na jej temat dyskusje aż do bożonarodzeniowego wyjazdu do Toot na Hawaje, gdzie podjęliśmy rozmowy na nowo. Niektóre były ogniste i skąpane we łzach, inne szczere i pozytywne. Stanowiły przedłużenie dialogu, jaki prowadziliśmy już od siedemnastu lat. *Kim jesteśmy? Co jest dla nas ważne? Co możemy zrobić?*

Ostatecznie przekonał mnie najważniejszy argument: wierzyłam, że Barack zostanie świetnym prezydentem. Był pewny siebie jak mało kto. Miał zdolności intelektualne i dyscyplinę, by się w tej pracy sprawdzić, temperament pozwalający mu znieść wszystkie trudności, oraz szczególną dozę empatii, dzięki której nie straci z oczu potrzeb kraju. Otaczał się dobrymi, mądrymi, skorymi do pomocy ludźmi. Czy miałam prawo go powstrzymywać? Jak mogłam przedkładać własne potrzeby, a nawet potrzeby córek, nad szansę, że Barack zostanie prezydentem i polepszy życie milionów ludzi?

Zgodziłam się, bo go kochałam i wierzyłam w jego możliwości.

Zgodziłam się, choć zarazem nie podzieliłam się z nim pewnym bolesnym przeczuciem. Chociaż wspierałam jego decyzję o starcie w wyborach, byłam pewna, że mu się nie uda. Często i z entuzjazmem opowiadał o pokonaniu podziałów w naszym kraju, odwołując się do wyższych ideałów, z którymi, jak uważał, większość ludzi się urodziła. Lecz ja napatrzyłam się już na różnice między ludźmi i nie miałam złudzeń. Barack był czarnym człowiekiem w Ameryce. Uważałam, że nie wygra.

16.

NIEMAL W TEJ SAMEJ CHWILI, w której pozwoliłam mu na start w wyborach, Barack zaczął działać tak energicznie, że aż rozmazywał się w oczach – zmotywowany i pochłonięty przez to ogromne przedsięwzięcie musiał się znaleźć wszędzie jednocześnie. Do prawyborów, które zaczynały się od stanu Iowa, pozostał niecały rok. Barack musiał szybko zorganizować sztab, uwieść fundatorów skłonnych wypisać wielocyfrowe czeki i obmyślić sposób jak najgłośniejszego obwieszczenia własnej kandydatury. Ważne było, aby dał się zauważyć i pozostał widzialny aż do dnia wyborów. Kampanię można wygrać lub przegrać już od pierwszego ruchu.

Całą sprawę nadzorować miało dwóch głęboko zaangażowanych Davidów – Axelrod i Plouffe. Axe, jak go wszyscy nazywali, miał miękki głos, dystyngowane maniery i długi szczeciniasty wąs. Zanim zajął się doradztwem politycznym, był dziennikarzem w „Chicago Tribune" i teraz miał za zadanie dbać o komunikację i współpracę z mediami. Plouffe, trzydziestodziewięciolatek o chłopięcym uśmiechu i wielkim zamiłowaniu do liczb i strategii, objął stanowisko głównego szefa kampanii. Zespół szybko rósł – doświadczeni fachowcy dołączali do niego, aby doglądać finansów i zajmować się planowaniem przyszłych wydarzeń.

Ktoś mądrze zaproponował, by Barack oficjalnie zaanonsował swoją kandydaturę w Springfield. Wszyscy się zgodzili, że to miasto w centrum Ameryki dałoby odpowiednie tło dla kampanii, która miała wyglądać inaczej niż wszystkie – prowadzonej od podstaw i przez ludzi będących w większości politycznymi nowicjuszami. Był to kamień węgielny nadziei Baracka. Lata przepracowane w roli animatora inicjatyw społecznych pozwoliły mu dostrzec, jak wielu obywateli w naszej demokracji czuje się pominiętych i pozbawionych praw. Project VOTE! pomógł mu zrozumieć, co można osiągnąć, jeśli zainspiruje się tych ludzi do działania. Jego wyścig prezydencki miał sprawdzić tę koncepcję w szerokiej skali. Czy komunikat usłyszy odpowiednio dużo osób? Czy postanowią go wesprzeć? Barack wiedział, że jest nietypowym kandydatem. Zamierzał więc prowadzić nietypową kampanię.

Zaplanowano, że ogłosi kandydaturę, stojąc na stopniach Starego Kapitolu Stanowego, historycznego gmachu, który oczywiście był wizualnie ciekawszy niż jakiekolwiek centrum kongresowe czy scena. Jednak oznaczało to, że w połowie lutego w Illinois, kiedy temperatura spada poniżej zera, będzie musiał stać na dworze. Uważałam, że to decyzja podjęta w dobrej wierze, lecz niepraktyczna, nie wzbudziła więc mojego zaufania do zespołu prowadzącego kampanię, który teraz w zasadzie kierował naszym życiem. Nie podobało mi się to, że wraz z córkami musiałabym próbować się uśmiechać w śnieżnej zadymce lub omiatana lodowatym wiatrem, a Barack w takich warunkach ma sprawiać wrażenie ożywionego, nie zaś przemarzniętego. Sądziłam, że wielu ludzi postanowi zostać tego dnia w domu, zamiast godzinami wystawać na zimnie. Byłam córą Środkowego Zachodu – wiedziałam, że pogoda może wszystko zepsuć. A Barack nie mógł sobie pozwolić na niewypał na tak wczesnym etapie.

Mniej więcej miesiąc wcześniej Hillary Clinton, tryskając pewnością siebie, obwieściła własną kandydaturę. John Edwards, dawny współkandydat Kerry'ego z Północnej Karoliny, rozpoczął kampanię miesiąc przed nią, przemawiając spod zniszczonego przez huragan „Katrina” domu w Nowym Orleanie. Ogółem startowało dziewięcioro demokratów. Na torze tych wyścigów miało więc być bardzo tłoczno.

Zespół Baracka podjął ryzykowną decyzję, ale nie zamierzałam jej podważać. Nalegałam tylko, by ekipa przygotowująca wystąpienie wyposażyła podium Baracka w grzejnik, aby w krajowej telewizji nie wyglądał na zbyt udręczonego. Poza tym w ogóle się nie wtrącałam. Nie podejmowałam już większości decyzji. Planowano wiece, rozpisywano strategie, mobilizowano ochotników. Kampania rozpoczynała się na dobre i nie dało się z niej w żaden sposób wykręcić.

Chyba w ramach jakiegoś podświadomego odruchu samoobrony skupiłam się na decyzji, którą jeszcze mogłam podjąć samodzielnie, i wybrałam odpowiednie nakrycia głowy dla Malii i Sashy. Wcześniej wyszukałam im nowe płaszczyki, ale zapomniałam o czapkach i przypomniałam sobie o nich w ostatniej chwili.

Wraz ze zbliżaniem się ważnego dnia zaczęłam po pracy wykonywać pospieszne wycieczki do sklepów odzieżowych w centrum handlowym Water Tower Place – przeglądałam coraz skromniejszą ofertę zimowych ubrań i na próżno buszowałam wśród wieszaków z wyprzedażami. Wkrótce przejmowałam się już nie tyle tym, by dziewczynki wyglądały na córki przyszłego prezydenta, ile tym, by nie uznano, że nie mają matki. W końcu podczas trzeciej chyba wyprawy coś udało mi się znaleźć – kupiłam dwie włóczkowe czapki, białą dla Malii i różową dla Sashy w dorosłym rozmiarze S. Biała okazała się dobrze dopasowana, natomiast różowa opadała luźno wokół buzi mojej pięciolatki. Nie były supermodne, ale wyglądały uroczo i mogły zapewnić dziewczynkom ciepło nawet w najmroźniejszy dzień w Illinois. Odniosłam sukces: mały, ale własny.

DZIEŃ OGŁOSZENIA KANDYDATURY, 10 lutego 2007 roku, był jasny i bezchmurny – słoneczna sobota w połowie zimy, która sprawia lepsze wrażenie, niż jest w rzeczywistości. Temperatura wynosiła jedenaście stopni poniżej zera i wiał lekki wietrzyk. Nasza rodzina przyjechała do Springfield dzień wcześniej. Zatrzymaliśmy się w trzypokojowym apartamencie w hotelu w centrum miasta na piętrze wynajętym w całości na cele kampanii, gdzie ulokowało się także kilkanaście innych osób – nasze rodziny i przyjaciele z Chicago.

Już zaczynaliśmy odczuwać presję ogólnokrajowej kampanii. Wystąpienie Baracka przez nieuwagę zaplanowano na ten sam dzień, kiedy odbywało się State of the Black Union, czyli doroczne forum organizowane przez dziennikarza telewizyjnego Tavisa Smileya, którego ta zbieżność dat ewidentnie rozgniewała. Poinformował sztab o swoim niezadowoleniu, twierdząc, że takie postępowanie dowodzi braku szacunku dla społeczności Afroamerykanów i na dłuższą metę zaszkodzi kandydaturze Baracka. Zdumiało mnie to, że pierwsze ciosy zadali nam właśnie czarni. Później, zaledwie dzień przed wystąpieniem, w „Rolling Stone" opublikowano artykuł o Baracku, którego autor odwiedził chicagowski kościół Trinity. Wciąż do niego należeliśmy, choć odkąd urodziły nam się córki, bywaliśmy tam znacznie rzadziej niż kiedyś. W artykule cytowano gniewne, jątrzące kazanie na temat traktowania czarnych w naszym kraju, które tamtejszy wielebny Jeremiah Wright wygłosił wiele lat wcześniej. Twierdził w nim, że dla Amerykanów utrzymanie dominacji białych jest ważniejsze niż Bóg.

O ile artykuł ukazywał Baracka w dość pozytywnym świetle, o tyle na okładce tekst zapowiedziano zdaniem „Radykalne korzenie Baracka Obamy". Wiedzieliśmy, że konserwatywne media szybko wykorzystają to przeciw nam. Zapowiadała się prawdziwa katastrofa w przededniu uroczystości ogłoszenia kandydatury, którą miała poprzedzić religijna przemowa Wrighta. Barack musiał podjąć trudną decyzję – zadzwonił do pastora i spytał go, czy zgodziłby się usunąć w cień i udzielić nam tylko prywatnego błogosławieństwa. Zrelacjonował mi później, że wielebny Wright poczuł się urażony, lecz rozumiał, o co toczy się gra, zapewnił, że nie zamierza rozpamiętywać tej sytuacji i wciąż będzie nas wspierał.

Tego ranka zrozumiałam, że dotarliśmy do punktu bez powrotu. Dosłownie wystawialiśmy naszą rodzinę na widok wszystkich Amerykanów. Czekało nas ogromne wydarzenie z okazji inauguracji kampanii, którą wszyscy przygotowywali od wielu tygodni, jednak jak każda zestresowana gospodyni przyjęcia nie potrafiłam wyzbyć się obaw, że ostatecznie nikt nie przyjdzie. W przeciwieństwie do Baracka dręczyły mnie wątpliwości, i to wciąż te same co w dzieciństwie. A jeśli nie jestem dość dobra? Może wszystko, co nam mówiono, było przesadzone? Może Barack był mniej popularny, niż sądzili jego sztabowcy? Może po prostu nie nadszedł jego czas? Próbowałam zdusić wszystkie te obawy, kiedy wchodziliśmy bocznym wejściem na zaplecze sceny Starego Kapitolu, nie widząc jeszcze, co dzieje się od frontu. Aby wysłuchać instrukcji sztabowców, przekazałam Sashę i Malię w ręce mojej matki oraz Kaye Wilson – „mamy Kaye", dawnej mentorki Baracka, która w ostatnich latach zaczęła odgrywać rolę drugiej babci naszych córek.

Powiedziano mi, że tłum jest całkiem spory. Ludzie zaczęli się zbierać przed świtem. Zaplanowano, że Barack wejdzie na platformę pierwszy, a kilka chwil później dołączę do niego wraz z córkami. Po przejściu tych kilku stopni zwrócimy się do zgromadzonych i im pomachamy. Wcześniej zapowiedziałam, że nie zostaniemy na scenie przez całe dwudziestominutowe przemówienie. Nie można oczekiwać od dwóch małych dziewczynek, że będą siedziały nieruchomo i udawały zainteresowanie. Gdyby zaczęły wyglądać na znudzone albo gdyby któraś kichnęła czy zaczęła się wiercić, nie przysłużyłoby się to sprawie Baracka. To samo dotyczyło mnie. Znałam stereotyp, w który miałam się odtąd wpisywać – rolę idealnie zadbanej żony-lalki z namalowanym uśmiechem, wpatrzonej roziskrzonym spojrzeniem w męża, jakby chłonęła każde jego słowo. Mogłam go wspierać, ale nie mogłam być robotem.

Po raporcie sztabowców i chwili modlitwy z wielebnym Wrightem Barack wyszedł, by powitać zebranych. Tłum, gdy go zobaczył, zaczął wiwatować tak głośno, że słyszałam to we wnętrzu Kapitolu. Wróciłam po Sashę i Malię, czując narastające zdenerwowanie.

– Dziewczynki, jesteście gotowe? – spytałam.

– Mamo, gorąco mi – powiedziała Sasha, zdejmując różową czapkę.

– Kochanie, musisz mieć ją na głowie. Na zewnątrz jest bardzo zimno. – Wzięłam czapkę i umieściłam ją z powrotem na miejscu.

– Ale my nie jesteśmy na zewnątrz, tylko wewnątrz – odparła.

Cała Sasha: okrągła buzia, a na języku nagie fakty. Nie mogłam się z nią sprzeczać. Zamiast tego spojrzałam na jedną z pracowniczek sztabu, młodą dziewczynę, która z pewnością sama nie miała dzieci, starając się przekazać jej spojrzeniem: *Dobry Boże, jeśli zaraz nie ruszymy, te małe nie wytrzymają.*

Niczym w akcie miłosierdzia dziewczyna skinęła głową i poprowadziła nas do wyjścia. Nadszedł czas.

Do tej pory uczestniczyłam już w wielu politycznych wydarzeniach Baracka i nieraz widziałam, jak nawiązuje kontakt z wyborcami. Towarzyszyłam mu w inauguracjach kampanii, przyjęciach fundraiserskich i sztabowych imprezach w noc ogłoszenia wyników wyborów. Widziałam widownie wypełnione starymi przyjaciółmi i ludźmi, którzy od dawna go wspierali. Ale to, co działo się w Springfield, zupełnie mnie zaskoczyło.

Trema opuściła mnie w chwili, gdy wkroczyłyśmy na platformę. Całkowicie skupiałam się na Sashy, pilnując, by się uśmiechała i nie potknęła o sznurówki.

– Głowa do góry, kochanie – powiedziałam, trzymając ją za rękę. – Uśmiech!

Malia była już przed nami, szła ku ojcu z uniesioną brodą, a kiedy się z nim zrównała, z gigantycznym uśmiechem na ustach pomachała zgromadzonym. Dopiero gdy weszłyśmy po schodach, uniosłam wzrok i objęłam nim zebranych, a przynajmniej próbowałam to zrobić. Ujrzałam ogromny tłum. Tamtego dnia, jak się okazało, przyszło ponad piętnaście tysięcy osób. Rozłożyli się wszędzie dookoła, wysypywali z Kapitolu, otaczali nas swoim entuzjazmem.

Spędzanie sobotnich dni na wiecach politycznych nigdy nie należało do moich ulubionych zajęć. Wystawanie w sali sportowej czy licealnej auli, by wysłuchać jakichś górnolotnych obietnic i frazesów, nigdy nie miało dla mnie sensu. Zawsze się zastanawiałam, dlaczego ci wszyscy ludzie przyszli. Po co wkładali dodatkową parę skarpet i godzinami stali na zimnie? Wyobrażałam sobie, że można tak czekać na koncert zespołu, którego wszystkie teksty piosenek zna się na pamięć, albo na mecz Super Bowl w śnieżny dzień, by wesprzeć drużynę, której kibicuje się od dziecka. Ale wiec polityczny? Były to zupełnie obce mi emocje.

Przyszła mi do głowy myśl, że przecież jesteśmy zespołem. Jesteśmy drużyną, która właśnie wbiega na boisko. Przede wszystkim jednak ogarnęło mnie ogromne poczucie odpowiedzialności. Każdej z tych osób byliśmy coś winni. Prosiliśmy, by w nas uwierzyły, a teraz musieliśmy nieść ich entuzjazm przez dwadzieścia miesięcy i pięćdziesiąt stanów, aż do samego Białego Domu. Dotąd nie wierzyłam, że nam się uda, ale powoli zaczynało się to zmieniać. To była demokracja wezwania i odpowiedzi. Kontrakt zawierany z każdym z osobna. *Ty wspierasz nas, my będziemy wspierać ciebie.* Miałam piętnaście tysięcy kolejnych powodów, by życzyć Barackowi sukcesu.

Teraz zaangażowałam się już na całego. Zaangażowała się cała nasza rodzina, mimo że kampania mogła się wydawać trochę straszna. Nie potrafiłam sobie wyobrazić, co nas czeka. Lecz oto nasza czwórka stanęła przed tłumem i kamerami całkowicie obnażona, choć w zimowych płaszczach i jednej trochę za dużej różowej czapce na małej główce.

HILLARY CLINTON OKAZAŁA SIĘ groźną i godną przeciwniczką. Zdecydowanie dominowała wśród zwolenników demokratów w kolejnych sondażach przed prawyborami. Barack utrzymywał się dziesięć do dwudziestu punktów procentowych za nią, a Edwards wypadał o kilka punktów gorzej niż on. Wyborcy demokratów znali Clintonów, a Clintonowie byli głodni zwycięstwa. Tymczasem mało kto potrafił choćby poprawnie wymówić nazwisko mojego męża. Zarówno my, jak i kampanijni sztabowcy jeszcze na długo przed ogłoszeniem kandydatury zdawaliśmy sobie sprawę, że ktoś, kto się nazywa

Barack Hussein Obama, mimo wszelkich talentów politycznych zawsze będzie miał trudniej.

Również w społeczności czarnych nie szło nam najlepiej. Wiele osób podzielało moje początkowe obawy na temat kandydatury Baracka – nie wierzyli, że ma realne szanse na zwycięstwo. Uważali, że nie uda mu się wygrać na obszarach zdominowanych przez białych, więc stawiali na gorsze, choć bezpieczniejsze rozwiązanie. Barack musiał zatem czarnych głosujących odwieść od Billa Clintona, który wyjątkowo dobrze się z nimi rozumiał i nawiązał wiele sojuszy w środowisku afroamerykańskim. Jednak Barack zdołał zyskać dobrą reputację wśród różnych kręgów wyborców w Illinois, w tym na południu stanu, na obszarach wiejskich zamieszkanych przez białych. Dowiódł, że potrafi dotrzeć do wszystkich grup demograficznych, lecz wiele osób jeszcze nie zdawało sobie z tego sprawy.

Wiedzieliśmy, że będzie szczególnie skrupulatnie obserwowany i lustrowany. Jako czarny kandydat nie mógł sobie pozwolić na żadne potknięcie. Wszystko musiał robić dwa razy lepiej niż inni. Jedyną nadzieję na zdobycie nominacji pokładał – zresztą nie tylko on, ale każdy kandydat o nazwisku innym niż Clinton – w zebraniu ogromnej ilości pieniędzy i jak najszybszym ich wydawaniu. Liczył, że mocne wystąpienie w najwcześniejszych stanowych prawyborach uruchomi sprężynę, która pozwoli mu się rozpędzić i prześcignąć Clinton.

Swoje nadzieje skupiliśmy na stanie Iowa. Musieliśmy tam wygrać albo sobie odpuścić. Ten wiejski, w 90 procentach biały stan był dość osobliwym barometrem politycznych nastrojów Ameryki i raczej nie najlepszym miejscem dla czarnoskórego kandydata z Chicago na stoczenie decydującej bitwy, ale nie mieliśmy wyjścia. Od 1972 roku prawybory prezydenckie zaczynano właśnie od Iowa. W połowie zimy członkowie obu partii głosowali na szczeblu okręgów i cały kraj przyglądał się wynikom. Jeśli zauważono cię w miastach Des Moines czy Dubuque, twoja kandydatura automatycznie zaczynała się liczyć w odległych Orlando i Los Angeles. Wiedzieliśmy też, że jeśli dobrze nam pójdzie w Iowa, będzie to komunikat do wszystkich czarnych wyborców, że mogą się odważyć w nas wierzyć. Barack był senatorem w sąsiednim stanie Illinois, co sprzyjało jego rozpoznawalności i sprawiało, że znał problemy regionu. David Plouffe uznał, że daje mu to pewną drobną przewagę, i zamierzał ją wykorzystywać w kampanii.

Oznaczało to, że będę musiała jeździć do Iowa prawie co tydzień, wsiadając wczesnym rankiem w samolot linii United Airlines na lotnisku O'Hare, a później zatrzymując się w trzech czy czterech miejscach na spotkania z wyborcami. Od razu powiedziałam Plouffe'owi, że chętnie wezmę udział w kampanii, lecz chcę wracać do Chicago na tyle wcześnie, by położyć dziewczynki spać. Moja matka zgodziła się zrezygnować z części etatu, by częściej ich doglądać, gdy ja byłam w podróży. Barack także miał często przebywać w Iowa, choć rzadko mieliśmy się tam – czy gdziekolwiek indziej – pokazywać razem. Stanowiłam teraz, jak to mówią, dublera, namiastkę kandydata, i mogłam spotkać się z wyborcami w jednym z centrów społecznych w Iowa City, podczas gdy on prowadził kampanię w Cedar Falls albo zbierał fundusze w Nowym Jorku. Sztab decydował się pokazać nas razem tylko wtedy, gdy wydawało się to naprawdę ważne.

Barack podróżował teraz w otoczeniu grupy troskliwych pomocników, a mnie przydzielono fundusz pozwalający na wynajęcie dwóch osób do pomocy. Uznałam, że to wystarczy, ponieważ planowałam ochotniczo poświęcać na rzecz kampanii dwa do trzech dni w tygodniu. Nie miałam pojęcia, jakiego wsparcia będę potrzebować. Melissę Winter, którą zatrudniłam jako pierwszą i która później została szefową mojego sztabu, polecił mi planista grafiku Baracka. Melissa pracowała w biurze senatora Joe'ego Liebermana na Capitol Hill i była zaangażowana w jego kampanię wiceprezydencką w 2000 roku. Miała jasne włosy, dobiegała czterdziestki i nosiła okulary. Przeprowadziłam z nią rozmowę kwalifikacyjną w salonie naszego domu w Chicago – zrobiła na mnie wrażenie swoim bezczelnym humorem i niemal obsesją na punkcie detali, która z pewnością mogła okazać się pomocna, kiedy będę się starała pogodzić swój już i tak napięty rozkład zajęć w klinice z kampanią. Była błyskotliwa, bardzo skuteczna i szybko się poruszała. Żyła blisko polityki już na tyle długo, że jej intensywność i tempo nie robiły na Melissie wrażenia. Ponieważ byłam od niej starsza tylko o kilka lat, uważałam ją za koleżankę w większym stopniu niż znacznie młodszych zatrudnionych w kampanii ludzi, których spotykałam. Ostatecznie zaufałam jej – i ufam do dziś – w każdej dziedzinie życia.

Nasze małe trio uzupełniła Katie McCormick Lelyveld, szefowa do spraw komunikacji. Nie miała jeszcze trzydziestu lat, lecz pracowała już zarówno podczas kampanii prezydenckiej, jak i dla Hillary Clinton, kiedy ta pełniła funkcję pierwszej damy, toteż jej doświadczenia były dla nas podwójnie cenne. Energiczna, inteligentna i zawsze znakomicie ubrana Katie miała się zmagać z reporterami i ekipami telewizyjnymi, by nasze wydarzenia odpowiednio relacjonowano. Ponadto za pomocą skórzanej walizki, w której nosiła odplamiacz, miętówki, zestaw do cerowania i dodatkowe rajstopy, pilnowała, bym nie narobiła sobie wstydu, biegając z samolotu na samolot i z wydarzenia na wydarzenie.

PRZEZ LATA OGLĄDAŁAM W MEDIACH kandydatów prezydenckich, którzy jeżdżąc po Iowa, przerywali spokojnym obywatelom posiłek w przydrożnym barze, niezręcznie pozowali przed naturalnej wielkości krową wyrzeźbioną z masła czy raczyli się lokalnymi smakołykami na patyku podczas stanowych targów. Nie byłam jednak pewna, co z tego wszystkiego naprawdę liczy się dla wyborców, a w czym widzą ewidentną zagrywkę pod publiczkę.

Doradcy Baracka opowiedzieli mi o sytuacji w Iowa. Moje zadanie sprowadzało się głównie do tego, by spędzać czas z wyborcami demokratów w każdym zakątku stanu: miałam spotykać się z niewielkimi grupkami, motywować wolontariuszy i próbować zjednać sobie liderów społeczności. Mieszkańcy Iowa, powiedziano mi, poważnie traktują swoją rolę politycznych trendsetterów. Skrupulatnie zbierają informacje o kandydatach i zadają konkretne pytania o program wyborczy.

Ponieważ nawykli do wielomiesięcznego przedwyborczego uwodzenia, nie można ich sobie zjednać uśmiechem czy uściskiem dłoni. Niektórzy czekają przez kilka miesięcy na szansę osobistego spotkania z każdym z kandydatów, nim wyrobią sobie ostateczną opinię. Nie powiedziano mi jednak, jaki komunikat mają ode mnie usłyszeć. Nikt nie dał mi gotowego tekstu przemowy, listy tematów do poruszenia ani porad, jak i o czym mam mówić. Uznałam, że wszystko to muszę opracować sama.

Moje pierwsze solowe wystąpienie w ramach kampanii odbyło się na początku kwietnia w skromnym domu w Des Moines. Kilkadziesiąt osób zebrało się w salonie na sofach i składanych krzesełkach przyniesionych specjalnie na tę okazję, inni zaś siedzieli po turecku na podłodze. Przygotowując się do wygłoszenia kilku słów, przesunęłam wzrokiem po pomieszczeniu i zobaczyłam coś, co trochę mnie zaskoczyło, choć może nie powinno. Na stołach porozkładano okrągłe koronkowe serwety, takie same jak te, których w swoim domu używała moja babcia Shields. Dostrzegłam porcelanowe figurki podobne do tych, które Robbie stawiała na półkach w mieszkaniu na parterze przy Euclid Avenue. Mężczyzna w pierwszym rzędzie uśmiechał się do mnie ciepło. Byłam w Iowa, ale ogarnęło mnie przemożne uczucie, że w rzeczywistości jestem u siebie. Mieszkańcy tego stanu, uświadomiłam sobie, byli tacy sami jak Shieldsowie i Robinsonowie. Nie znosili głupców. Nie ufali bufonom. Potrafili wyczuć sztuczność na kilometr.

Zrozumiałam wtedy, że moje zadanie polegać będzie na tym, by być sobą i mówić od siebie. Tak też zrobiłam.

Pozwólcie, że się przedstawię. Nazywam się Michelle Obama i wychowałam się na South Side w Chicago w małym mieszkaniu na piętrze jednorodzinnego domu, który bardzo przypominał ten. Mój ojciec pracował przy pompie w miejskich wodociągach, a mama postanowiła zostać w domu, by wychowywać mojego brata i mnie.

. . .

Opowiadałam o wielu rzeczach: o moim bracie i o wartościach, w których nas wychowano. O błyskotliwym prawniku, którego poznałam w pracy i który skradł moje serce swoim trzeźwym spojrzeniem na rzeczywistość oraz niezwykłą wizją świata. O tym, że tego ranka zostawił na podłodze skarpetki i czasem chrapał we śnie. Powiedziałam im, że postanowiłam nadal pracować w klinice i że dzisiaj to moja matka odbierze dzieci ze szkoły.

Nie lukrowałam swojego nastawienia do polityki. Jej świat nie jest dobrym miejscem dla dobrych ludzi, powiedziałam. Opisałam, jak ścierałam się z Barackiem o to, czy powinien startować w wyborach, ponieważ perspektywa znalezienia się mojej rodziny na pierwszych stronach gazet mnie niepokoiła. Stałam tu jednak przed wyborcami, bo wierzyłam w męża i znałam jego możliwości. Widziałam, ile czytał i jak głęboko rozmyślał o wielu sprawach. Powiedziałam, że właśnie takiego inteligentnego, przyzwoitego prezydenta chciałabym widzieć na czele kraju, nawet gdybym samolubnie postanowiła trzymać Baracka w domu przez te wszystkie lata.

Tydzień po tygodniu opowiadałam tę samą historię w Davenport, Cedar Rapids i Council Bluffs, w Sioux City, Marshalltown i Muscatine. Opowiadałam ją na spotkaniach w bibliotekach, salach związków zawodowych, domu starego weterana oraz, gdy zrobiło się cieplej, na przydomowych werandach i w publicznych parkach. Im częściej ją opowiadałam, tym lepiej panowałam nad głosem. Lubiłam tę moją historię. Opowiadałam ją z chęcią. A słuchaczami byli ludzie, którzy, choć różnili się ode mnie kolorem skóry, przypominali mi moją rodzinę – pracownicy poczty snujący marzenia o lepszej przyszłości, jak niegdyś Dandy, nauczyciele fortepianu uczący miejscowe dzieci podobni do Robbie, gospodynie domowe udzielające się w szkolnych komitetach, takie jak moja mama, robotnicy poświęcający wszystko dla rodziny jak mój tata. Nie musiałam ćwiczyć przemowy ani korzystać z notatek. Mówiłam po prostu to, co naprawdę czułam.

Reporterzy, a nawet niektórzy znajomi, wciąż zadawali mi tymczasem to samo pytanie: jak to jest być wysoką czarną kobietą przemawiającą do sali pełnej w większości białych mieszkańców Iowa? Czy to nie dziwne uczucie?

Nigdy tego pytania nie lubiłam. Prawie zawsze towarzyszył mu uśmieszek zażenowania i było wypowiadane na wpół przepraszającym tonem, jakiego ludzie często używają, dotykając tematu rasy. Miałam wrażenie, że ci, którzy je zadają, mają o nas wszystkich niskie mniemanie – jakby sądzili, że potrafimy dostrzegać wyłącznie różnice.

Jeżyłam się jednak głównie dlatego, że takie rozumowanie stało w sprzeczności z tym, czego sama doświadczałam, oraz tym, co czuły osoby przybyłe na spotkania, na przykład mężczyzna z logo spółki rolniczej na kieszeni koszuli, student w czarno-złotej kurtce koledżu i emerytka, która przyniosła plastikowe wiaderko pełne ciasteczek z lukrowanym wschodzącym słońcem, symbolem naszej kampanii. Ci ludzie podchodzili do mnie po wystąpieniu, pragnąc porozmawiać o tym, co nas łączy – powiedzieć, że ich ojciec także zmaga się ze stwardnieniem rozsianym albo że mieli takich samych dziadków jak ja. Wielu twierdziło, że nigdy wcześniej nie angażowało się w politykę, ale dzięki naszej kampanii poczuli, że tym razem warto. Zamierzali wspomóc ją na ochotnika w miejscowym biurze, twierdzili, i namówić współmałżonka albo sąsiada, żeby także przyszli.

Były to szczere, autentyczne spotkania. Instynktownie obejmowałam ludzi i czułam, że odwzajemniają mój mocny uścisk.

MNIEJ WIĘCEJ W TYM CZASIE zabrałam Malię na kontrolne badania pediatryczne. Robiłam to co trzy do sześciu miesięcy, by sprawdzić, czy nie pogłębia się astma, na którą cierpiała od niemowlęctwa. Okazało się, że nie muszę się o to martwić, lecz pojawił się inny problem. Lekarz powiedział, że indeks masy ciała Malii, czyli wskaźnik zdrowotny obliczany na podstawie wzrostu, wagi i wieku dziecka, zaczyna piąć się w górę. Sytuacja nie jest jeszcze zła, stwierdził, ale należy ją poważnie potraktować. Jeśli nie zmienimy nawyków, może z czasem znacznie się pogorszyć, co zwiększy ryzyko zachorowania mojej córki na nadciśnienie oraz cukrzycę typu drugiego. Widząc przerażenie na mojej twarzy, zapewnił mnie, że problem ten jest powszechny i można mu zaradzić. Odsetek otyłych dzieci wzrastał w całym kraju. Sam widział wiele jego przypadków we własnym gabinecie, do którego przychodzili głównie Afroamerykanie z klasy pracującej.

Wiadomość trafiła mnie jak roztrzaskujący szybę kamień. Przecież tak ciężko pracowałam na to, by moje córki były szczęśliwe i zadbane. Gdzie popełniłam błąd? Czy byłam złą matką, skoro nawet nie zauważyłam tej zmiany?

Podczas dalszej rozmowy z lekarzem zaczęłam dostrzegać nieprawidłowe aspekty naszego stylu życia. Ponieważ Barack rzadko bywał w domu, podczas dokonywania codziennych wyborów zaczęłam się kierować głównie wygodą. Częściej jedliśmy na mieście. Mając mniej czasu na gotowanie, po drodze z pracy do domu kupowałam jedzenie na wynos. Rano pakowałam dziewczynkom do szkoły wysokokaloryczne przekąski Lunchables i słodkie soczki Capri Sun. W weekendy po balecie i piłce nożnej przeważnie zajeżdżałyśmy pod okienko McDonalda. Żadna z tych rzeczy, powiedział lekarz, nie jest niczym złym czy strasznym, jeśli występuje sporadycznie. Gdy jednak staje się nawykiem, przeistacza się w prawdziwy problem.

Ewidentnie musiałam zmienić nasz styl życia, ale nie wiedziałam, jak się do tego zabrać. Wyglądało na to, że każde rozwiązanie będzie pochłaniać jeszcze więcej czasu spędzanego na zakupach, w kuchni, przy siekaniu warzyw czy zdejmowaniu skórki z kurczaka. A ja już teraz miałam wrażenie, że za chwilę wszystkie padniemy i więcej nie wstaniemy.

Przypomniałam sobie wówczas rozmowę, jaką odbyłam kilka tygodni wcześniej z przyjaciółką, na którą trafiłam przypadkiem w samolocie. Powiedziała, że z mężem wynajęli młodego kucharza, niejakiego Sama Kassa, do przygotowywania jej w domu regularnych, zdrowych posiłków. Okazało się, że zbiegiem okoliczności Barack i ja poznaliśmy Sama kilka lat wcześniej za pośrednictwem jeszcze innej grupy znajomych.

Nigdy nie sądziłam, że kiedykolwiek znajdę się w gronie osób zatrudniających sobie kucharza. Wydawało mi się to trochę snobistyczne – krewni z South Side na pewno krzywo by na mnie patrzyli. Barack, człowiek od datsuna z dziurą w podłodze, też nie zapałał entuzjazmem do tego pomysłu. Nie pasował ani do jego oszczędnej natury animatora społecznego, ani do image'u, jaki chciał promować podczas kampanii. Uznałam jednak, że to jedyny rozsądny wybór. Coś za coś. Nikt poza mną nie mógł stanąć na czele moich projektów w klinice. Nikt nie mógł mnie zastąpić w roli żony Baracka Obamy podczas kampanii. Nikt inny nie utuliłby Sashy i Malii do snu. Ale może chociaż Sam Kass mógł nam czasem ugotować obiad.

Zapraszałam go kilka razy w tygodniu, aby przygotował nam w domu posiłek na bieżący i kolejny wieczór. W domostwie Obamów wyglądał dość nieoczekiwanie – był białym dwudziestosześciolatkiem o gładko ogolonej głowie i jednodniowej bródce – ale dziewczynki natychmiast równie mocno pokochały jego kiepskie żarty, jak i potrawy. Pokazał im, jak kroić marchewkę i blanszować zielone warzywa, przestawiając naszą rodzinę z pstrych supermarketowych pudełek na jedzenie w rytmie pór roku. Z nabożną czcią podchodził do spraw takich, jak pojawienie się świeżego grochu na wiosnę albo malin w czerwcu. Czekał, aż brzoskwinie dojrzeją i się zaokrąglą, zanim zaserwował je dziewczynkom, wiedząc, że dopiero wtedy będą mogły realnie konkurować z batonikami. Na sprawy jedzenia i zdrowia patrzył z perspektywy pozyskanej na ten temat wiedzy. Opowiadał nam, że przemysł spożywczy kieruje reklamę wysoko przetworzonych produktów do rodzin, podkreślając ich wygodę, co ma poważne konsekwencje dla zdrowia publicznego. Zaintrygował mnie, bo to, co mówił, odpowiadało temu, co sama widziałam w systemie opieki zdrowotnej, oraz moim doświadczeniom pracującej matki, która musi jakoś wykarmić rodzinę.

Pewnego wieczora Sam i ja spędziliśmy kilka godzin na rozmowie w kuchni, zastanawiając się, w jaki sposób – gdyby Barack został prezydentem – mogłabym wykorzystać rolę pierwszej damy, aby stawić czoła niektórym z tych problemów. Wymyślaliśmy jeden pomysł po drugim. A gdyby tak hodować warzywa w Białym Domu i w ten sposób promować świeżą żywność? A gdyby później na tym fundamencie zbudować coś większego – szeroki program promocji zdrowia dzieci pomagający rodzicom uniknąć pułapek, w które sama wpadłam?

Rozmawialiśmy do późna. Popatrzyłam na Sama i westchnęłam.

– Mamy tylko jeden problem: nasz faworyt jest o trzydzieści punktów w tyle – powiedziałam i oboje zaczęliśmy się śmiać. – Nie uda mu się wygrać.

Snuliśmy więc tylko marzenia.

TYMCZASEM NA FRONCIE KAMPANII każdy dzień był kolejnym małym wyścigiem. Wciąż starałam się utrzymywać pozory normalności oraz stabilności, i to nie tylko przez wzgląd na dziewczynki, ale także na własne zdrowie. Nosiłam dwa telefony BlackBerry – jeden do kontaktów zawodowych, drugi do spraw prywatnych i politycznych, które teraz, czy tego chciałam, czy nie, ściśle się przeplatały. Codzienne rozmowy z Barackiem były krótkie i informacyjne – co u ciebie?, jak idą sprawy?, jak tam dzieci? – bo postanowiliśmy nie wspominać o zmęczeniu ani o własnych potrzebach. Nie miało to sensu, bo i tak nie mogliśmy ich zrealizować. Żyliśmy w rytmie tykającego zegara.

W pracy robiłam, co mogłam, by być na bieżąco. Zdarzało mi się kontaktować z moim szpitalnym zespołem z tylnego siedzenia zagraconej toyoty corolli studenta antropologii, który był wolontariuszem w kampanii w Iowa, lub z cichego zakątka Burger Kinga w Plymouth w stanie New Hampshire. Kilka miesięcy po tym, jak Barack ogłosił w Springfield kandydaturę, przy wsparciu współpracowników postanowiłam przejść na część etatu, ponieważ inaczej bym sobie nie poradziła. Podróżowałam z Melissą i Katie przez dwa, trzy dni każdego tygodnia i stałyśmy się wydajną rodzinką. Spotykałyśmy się rankiem na lotnisku i przebiegałyśmy przez kontrolę bezpieczeństwa witane przez strażników po imieniu. Częściej byłam też teraz rozpoznawana, głównie przez Afroamerykanki, które wołały „Michelle! Michelle!", kiedy je mijałam, wchodząc przez bramkę.

Coś się zmieniało, lecz był to proces stopniowy i początkowo trudny do uchwycenia. Czasem miałam wrażenie, że tkwię zawieszona w dziwacznym kosmosie, w którym macham do obcych ludzi zachowujących się tak, jakby mnie znali, i wsiadam na pokłady samolotów unoszących mnie w dal z mojego normalnego świata. Zaczynałam być znana. Znana dlatego, że jestem czyjąś żoną i osobą zaangażowaną w politykę, co jeszcze bardziej pogłębiało ten mój oniryczny stan.

Witanie się z ludźmi zebranymi wzdłuż barierek przypominało próbę stania w huraganie – życzliwi, rozentuzjazmowani nieznajomi sięgali do moich rąk i dotykali włosów, próbowali wciskać mi bez ostrzeżenia długopisy, aparaty fotograficzne i małe dzieci. Uśmiechałam się, podawałam dłoń i słuchałam ludzkich historii, usiłując przesuwać się naprzód wzdłuż barierki. W końcu docierałam do końca z cudzą szminką na policzkach i odciskami dłoni na bluzce, wyglądając, jakbym uratowała się z tornada.

Nie miałam zbyt dużo czasu, by się nad tym zastanawiać, ale obawiałam się, że stając się coraz popularniejsza jako żona Baracka Obamy, pod innymi względami przestanę publicznie istnieć. Dziennikarze podczas wywiadów rzadko pytali o moją pracę. Opisując mnie, zaznaczali: „wykształcona na Harvardzie", lecz zwykle na tym się kończyło. Niektóre media spekulowały, że awansowałam w klinice nie za sprawą własnej ciężkiej pracy, lecz z powodu rosnącego znaczenia politycznego mojego męża. Czytanie takich rzeczy sprawiało mi ból. Pewnego kwietniowego dnia Melissa zadzwoniła do mnie do domu, by poinformować, że Maureen Dowd napisała na mój temat złośliwy artykuł dla „New York Timesa". Nazywała mnie w nim „księżniczką z południowego Chicago", twierdząc, że szkodzę Barackowi historiami o tym, że nie wkłada skarpetek do kosza na bieliznę albo nie chowa masła z powrotem do lodówki. Zawsze zależało mi na tym, by ludzie widzieli w nim kogoś takiego, jak oni sami, a nie zbawcę z innej planety. Maureen Dowd wolałaby zapewne, żebym chodziła z namalowanym uśmiechem i rozkochanym spojrzeniem utkwionym w mężu. Wydawało mi się dziwne i przykre, że tak ostra krytyka spotyka mnie ze strony innej wykwalifikowanej, pracującej kobiety, która nie zadała sobie trudu, by mnie naprawdę poznać, tylko postanowiła przedstawić mnie w złośliwy sposób.

Próbowałam nie przejmować się takimi rzeczami, ale czasami nie było to łatwe.

Po każdym towarzyszącym kampanii wydarzeniu, artykule prasowym albo sygnale, że zdobywamy punkty, stawaliśmy się coraz bardziej odsłonięci i narażeni na ataki. O Baracku zaczęły krążyć wariackie pogłoski: że uczył się w radykalnej muzułmańskiej madrasie, a przysięgę do Senatu składał z ręką na Koranie. Że odmówił powtórzenia jej treści. Że nie kładzie ręki na sercu, gdy grają hymn państwowy. Że od lat siedemdziesiątych blisko przyjaźni się z człowiekiem odpowiedzialnym za akty terroru w Ameryce. Te fałszywe informacje były regularnie dyskredytowane przez poważne media, lecz i tak pojawiały się w anonimowych łańcuszkach e-mailowych rozsyłanych nie tylko przez spiskowych maniaków, ale też wujów, kolegów i sąsiadów, którzy nie potrafili odróżnić faktu od fikcji w internecie.

O bezpieczeństwie Baracka nie chciałam nawet myśleć, a tym bardziej rozmawiać. Wielu z nas dorastało, pamiętając informacje o zamachach w wiadomościach. Zastrzelono Kennedych. Zastrzelono Martina Luthera Kinga. Postrzelono Ronalda Reagana. Zastrzelono Johna Lennona. Każdy, kto zwracał na siebie zbyt dużo uwagi, w pewnym stopniu ryzykował. Z drugiej strony Barack był czarnym mężczyzną. Ryzyko nie było dla niego niczym nowym. „Mógł zostać zastrzelony podczas zwykłego tankowania na stacji benzynowej", przypominałam czasem ludziom, którzy poruszali ten temat.

Na początku maja Barackowi przydzielono ochronę Secret Service. Był to najwcześniejszy możliwy termin przyznania takiej opieki – półtora roku przed ewentualnym objęciem stanowiska – co wymownie świadczyło o specyfice i powadze kierowanych pod jego adresem gróźb. Barack jeździł teraz eleganckim czarnym SUV-em z rządowego przydziału i towarzyszył mu oddział ubranych w garnitury mężczyzn i kobiet ze słuchawką w uchu. Agent służb ochrony pełnił też straż na werandzie naszego domu.

Ja sama rzadko czułam się zagrożona. Wraz z kolejnymi podróżami przyciągałam coraz większe tłumy. O ile początkowo rozmawiałam z dwudziestoma osobami podczas skromnych spotkań, o tyle teraz przemawiałam do setek zebranych w tej czy innej licealnej sali gimnastycznej. Sztab w Iowa donosił, że po moich wystąpieniach wiele osób deklaruje oddanie głosu na Baracka (co mierzyli liczbą skrupulatnie zbieranych i zliczanych „kart poparcia"). W pewnym momencie ekipa pracująca przy kampanii zaczęła mnie określać mianem „rozstrzygaczki", ponieważ moje spotkania pomagały wielu osobom podjąć ostateczną decyzję.

Każdy dzień przynosił jakąś naukę: jak sprawniej się poruszać, jak nie dać się spowolnić chorobie czy jakimkolwiek problemom. Gdy w jednym z przydrożnych barów podano mi niezbyt świeże jedzenie, zaczęłam doceniać nijakiego, lecz pewnego cheeseburgera z McDonalda. By chronić ubrania przed zaplamieniem na wyboistych małomiasteczkowych drogach, wybierałam przekąski, które się kruszą, ale nie cieknną. Wiedziałam, że nie mogę zostać sfotografowana w sukience upaćkanej hummusem. Ograniczałam spożycie wody, gdyż w trasie nie ma czasu na postój, by pójść do toalety. Przywykłam do spania przy rumorze tirów przewalających się w środku nocy międzystanowymi drogami Iowy, a raz w pewnym hotelu o wyjątkowo cienkich ścianach musiałam ignorować szczęśliwą parę, która w sąsiednim pokoju świętowała noc poślubną.

Choć bywało lepiej i gorzej, z pierwszego roku kampanii pozostały mi głównie ciepłe wspomnienia i mnóstwo śmiechu. Tak często, jak mogłam,

Oto moja rodzina około 1965 roku wystrojona przed jakąś ważną okazją. Wyraz twarzy Craiga i jego dłoń na moim nadgarstku mówią, że zawsze będzie mnie chronił.

Dorastaliśmy, żyjąc nad mieszkaniem mojej babki ciotecznej Robbie Shields, która na zdjęciu trzyma mnie na rękach. W latach, kiedy udzielała mi lekcji gry na pianinie, często i uparcie się sprzeczałyśmy, lecz zawsze potrafiła ze mnie wydobyć to, co we mnie najlepsze.

Mój ojciec Fraser Robinson przez ponad dwadzieścia lat pracował dla miasta Chicago, doglądając kotłów w stacji filtracyjnej nad brzegiem jeziora. Choć stwardnienie rozsiane coraz bardziej utrudniało mu chodzenie, nigdy nie opuścił ani jednego dnia w pracy.

Buick electra 225 mojego taty – Krążownik, jak go nazywaliśmy – był jego dumą, radością i źródłem wielu szczęśliwych wspomnień. Każdego lata jeździliśmy nim na wakacje do Dukes Happy Holiday Resort, gdzie zrobiono to zdjęcie.

Kiedy w 1969 roku poszłam do przedszkola, moja dzielnica na South Side w Chicago składała się z różnorodnych rasowo rodzin z klasy średniej. Gdy wiele lepiej sytuowanych rodzin przeprowadziło się na przedmieście w ramach tak zwanej ucieczki białych, układ demograficzny szybko się zmienił. Kiedy uczęszczałam do piątej klasy, po różnorodności nie było już śladu.

POWYŻEJ: Moja grupa przedszkolna. Stoję w trzecim rzędzie, druga od prawej.

PONIŻEJ: Moja piąta klasa. Siedzę pośrodku trzeciego rzędu.

Ja w Princeton (PO LEWEJ). Denerwowałam się przed wyjazdem do koledżu, ale poznałam tam wielu przyjaciół, w tym Suzanne Alele (POWYŻEJ), która wiele mnie nauczyła o radości życia.

Przez pewien czas Barack i ja mieszkaliśmy w tym samym mieszkaniu na piętrze przy Euclid Avenue, gdzie dorastałam. Byliśmy wówczas młodymi prawnikami. Zaczynałam już kwestionować obraną ścieżkę kariery i zastanawiałam się, jak znaleźć dobrą pracę zgodną z wyznawanymi wartościami.

Nasz ślub 3 października 1992 roku był jednym z najszczęśliwszych wydarzeń mojego życia. Craig prowadził mnie do ołtarza w zastępstwie ojca, który zmarł półtora roku wcześniej.

Od początku naszego związku wiedziałam, że Barack będzie wspaniałym ojcem. Zawsze kochał dzieci i był im bardzo oddany. Kiedy w 1998 roku urodziła się Malia, oboje byliśmy wniebowzięci. Nasze życie zmieniło się na zawsze.

Trzy lata po Malii urodziła się Sasha, która ze swoimi pulchnymi policzkami i nieustraszonym charakterem dopełniła naszą rodzinę. Bożonarodzeniowe wyjazdy na Hawaje stały się naszą ważną tradycją. Spotykaliśmy się wówczas z rodziną ze strony Baracka i cieszyliśmy się ciepłą pogodą.

Malia i Sasha zawsze były ze sobą mocno związane. Są tak urocze, że do dziś czuję ciepło w sercu na ich widok.

Przez trzy lata pracowałam jako dyrektorka chicagowskiej filii organizacji Public Allies wspierającej młodych ludzi w budowaniu kariery w służbie publicznej. Na zdjęciu stoję po prawej z grupą liderów społeczności i burmistrzem Chicago Richardem M. Daleyem.

Później zaczęłam pracę w szpitalu University of Chicago, gdzie starałam się polepszyć relacje placówki ze społecznością lokalną i tworzyłam usługi dające tysiącom mieszkańców South Side dostęp do taniej opieki zdrowotnej.

Jako matka na pełny etat z często nieobecnym mężem stanęłam przed wyzwaniem znanym wielu kobietom: jak zrównoważyć potrzeby rodziny i obowiązki zawodowe.

Poznałam Valerie Jarrett w 1991 roku, kiedy była zastępczynią szefa sztabu burmistrza Chicago. Wkrótce została naszą zaufaną przyjaciółką i doradczynią. Zdjęcie przedstawia nas podczas kampanii do amerykańskiego Senatu w 2004 roku.

Od czasu do czasu nasze dzieci przyjeżdżały odwiedzić ojca na szlaku wyścigu wyborczego. Na zdjęciu (rok 2004) Malia ogląda z okna autobusu kampanii swojego tatę wygłaszającego jedno z przemówień.

Barack ogłosił swoją kandydaturę na prezydenta w Springfield w stanie Illinois pewnego mroźnego dnia w lutym 2007 roku. Kupiłam Sashy na tę okazję zbyt dużą różową czapkę i obawiałam się, że zsunie się jej z głowy, ale jakimś cudem pozostała na miejscu.

My na szlaku kampanii – jak zawsze towarzyszy nam kilkunastu dziennikarzy.

Lubiłam pomagać w kampanii – więź, jaką nawiązałam z wyborcami w całej Ameryce, dodawała mi sił. Jednak tempo wydarzeń czasem mocno się na mnie odbijało. Podkradałam minuty odpoczynku, gdy tylko mogłam.

W miesiącach przed wyborami powszechnymi dostałam do użytku samolot kampanii. Zwiększyło to moją wydajność i sprawiło, że podróże stały się znacznie weselsze. Na zdjęciu mój zżyty zespół (od lewej): Kristen Jarvis, Katie McCormick Lelyveld, Chawn Ritz (nasza stewardesa tamtego dnia) i Melissa Winter.

Joe Biden był znakomitym współkandydatem dla Baracka między innymi dlatego, że obie nasze rodziny natychmiast się polubiły. Wraz z Jill od razu zaczęłyśmy ustalać, jak najlepiej pomóc rodzinom wojskowych. Na zdjęciu z 2008 roku w Pensylwanii odpoczywamy po kampanijnych trudach.

Po trudnej wiośnie i lecie na szlaku kampanii przemawiałam w 2008 roku na Narodowej Konwencji Demokratów w Denver, gdzie po raz pierwszy podzieliłam się swoją historią przed ogromną publicznością i w godzinie najwyższej oglądalności. Później Sasha i Malia przyszły do mnie na scenę, by pozdrowić Baracka za pośrednictwem telewizji.

4 listopada 2008 roku – w wieczór wyborczy – moja mama Marian siedzi obok Baracka i oboje w milczeniu obserwują napływające wyniki.

Malia miała dziesięć lat, a Sasha zaledwie siedem w styczniu 2009 roku, kiedy ich tata został zaprzysiężony na prezydenta. Sasha była tak mała, że musiała stanąć na specjalnym podwyższeniu, by było ją widać podczas ceremonii.

Już oficjalnie jako prezydent i pierwsza dama inaugurujemy kolejne bale, tańcząc na scenie. Byłam skonana po uroczystościach tego dnia, lecz wspaniała suknia zaprojektowana przez Jasona Wu dodała mi sił, a mój mąż – najlepszy przyjaciel i partner we wszystkich przedsięwzięciach – potrafi każdej wspólnej chwili dodać intymności.

Laura Bush ugościła mnie i dziewczynki podczas jednej z pierwszych wizyt w Białym Domu. Jej własne córki, Jenna i Barbara, pokazały Sashy i Malii co bardziej rozrywkowe miejsca rezydencji, w tym skośny korytarz, z którego można było zrobić sobie zjeżdżalnię.

Wciąż mam w pamięci to zdjęcie małej twarzyczki Sash spoglądającej przez kuloodporną szybę w drodze do szk na pierwszy dzień zajęć. Wówczas wciąż się zamartwiał jak życie w charakterze pierwszej rodziny zmieni moje dzieci.

Przez jakiś czas musieliśmy się przyzwyczajać do ciągłej obecności agentów Secret Service, lecz z czasem wielu z nich stało się naszymi przyjaciółmi.

Wilson Jerman (na pierwszym planie) zaczął pracować w Białym Domu w 1957 roku. Jak wielu kamerdynerów i pracowników rezydencji służył z godnością wielu prezydentom.

Warzywnik Białego Domu powstał po to, by być symbolem zdrowego żywienia i stylu życia. Służył za punkt wyjścia większej inicjatywy Let's Move!, lecz uwielbiałam go także za to, że dawał mi okazję, bym wraz z dziećmi, kopiąc w ziemi, mogła czasem ubrudzić sobie ręce.

Chciałam, by w Białym Domu każdy czuł się jak u siebie i by dzieci mogły zachowywać się tu swobodnie. Miałam nadzieję, że w historii naszej rodziny ujrzą swoją własną, a przy tym będą miały okazję poskakać na skakance z pierwszą damą.

Barack i ja bardzo polubiliśmy królową Elżbietę II, która mojemu mężowi przypominała jego twardo stąpającą po ziemi babkę. Podczas naszych wizyt nauczyła mnie, że ludzkie odruchy są ważniejsze niż protokoły czy formalności.

Spotkanie z Nelsonem Mandelą po kilku latach przygody z prezydenturą pozwoliło mi ujrzeć pewne sprawy w odpowiedniej perspektywie – prawdziwa zmiana zachodzi powoli, nie w ciągu miesięcy czy lat, lecz dekad i pokoleń.

Uścisk to dla mnie najlepszy sposób, by pozbyć się sztuczności i nawiązać więź z drugą osobą. Na zdjęciu: w Oksfordzie z dziewczynkami z londyńskiej szkoły im. Elizabeth Garrett Anderson.

Nigdy nie zapomnę niezłomnego ducha demonstrowanego przez weteranów i ich rodziny, które spotykałam podczas odwiedzin w szpitalu im. Waltera Reeda.

Matka Hadii Pendleton, Cleopatra Cowley-Pendleton, mimo wysiłków wychowawczych nie uchroniła córki przed potworną przypadkową śmiercią od kuli. Spotkałam się z nią przed pogrzebem w Chicago i byłam poruszona tą niesprawiedliwą tragedią.

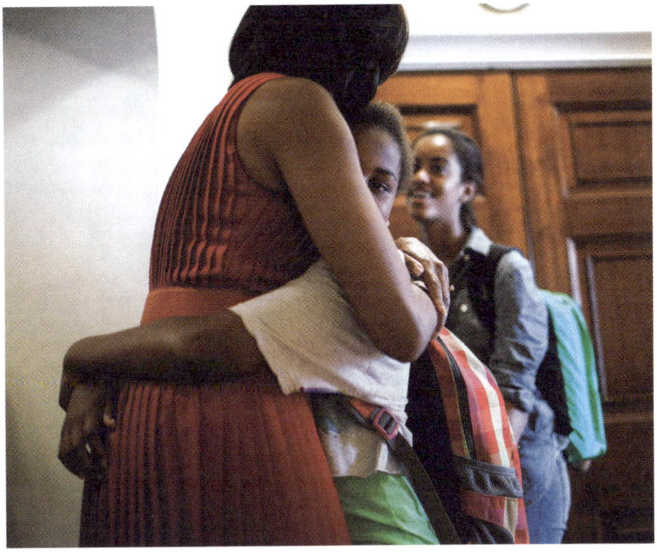

Kiedy tylko mogłam, starałam się przywitać wracające ze szkoły do domu córki. Była to jedna z korzyści mieszkania nad biurem.

Barack zawsze utrzymywał zdrowy rozdział między czasem poświęcanym na pracę i sprawy rodzinne. Prawie codziennie przychodził na górę na kolację i wówczas był z nami na sto procent. W 2009 roku z okazji jego urodzin naruszyłyśmy tę zasadę i zaskoczyłyśmy go w Gabinecie Owalnym.

Spełniliśmy obietnicę daną Malii i Sashy, że jeśli Barack zostanie prezydentem, sprawimy sobie psa. Ostatecznie zamieszkały z nami nawet dwa. Bo (na zdjęciu) i Sunny zawsze potrafiły rozluźnić atmosferę.

Każdej wiosny podczas przemówień z okazji rozdania dyplomów starałam się zainspirować absolwentów i pokazać im siłę tkwiącą w ich indywidualnej historii. Na zdjęciu: przygotowuję się do przemówienia na Virginia Tech w 2012 roku. W tle Tina Tchen, szefowa mojego sztabu przez pięć lat, jak zwykle robi tysiąc rzeczy jednocześnie przez telefon.

Psy mogły swobodnie chodzić po większej części Białego Domu. Szczególnie upodobały sobie ogród i kuchnię. Na zdjęciu: w spiżarni z kamerdynerem Jorgem Davilą – pewnie mają nadzieję na pokątnie przemyconą przekąskę.

Jesteśmy głęboko wdzięczni personelowi Białego Domu, który przez osiem lat dbał o to, by nasze życie toczyło się sprawnie. Pytaliśmy pracowników o dzieci i wnuki, świętowaliśmy wraz z nimi ważne okazje – na zdjęciu: z odźwiernym Reggie'em Dixonem obchodzimy jego urodziny w 2012 roku.

Pierwsza rodzina ma wyjątkowe przywileje i staje przed wyjątkowymi wyzwaniami. Barack i ja próbowaliśmy zapewnić córkom poczucie normalności. POWYŻEJ Z LEWEJ: Barack, Malia i ja dopingujemy Viperów, koszykarską drużynę Sashy. POWYŻEJ Z PRAWEJ: Dziewczynki odpoczywają w Jasnej Gwieździe – taki kryptonim nosi samolot pierwszej damy.

Dopilnowaliśmy, by nasze córki mogły żyć jak typowe nastolatki, w tym uczyć się jazdy samochodem, nawet jeśli instruktorami mieli być agenci Secret Service.

Czwartego lipca mieliśmy podwójną okazję do świętowania, ponieważ przypadają wtedy również urodziny Malii.

Jeśli czegoś się w życiu nauczyłam, to tego, że głos ma siłę. Starałam się jak najczęściej głosić prawdę i przedstawiać historie tych, których często się ignoruje.

W 2015 roku moja rodzina przyłączyła się do kongresmena Johna Lewisa i innych ikon ruchu walki o prawa obywatelskie podczas obchodów pięćdziesiątej rocznicy marszu przez most Edmunda Pettusa w Selmie w stanie Alabama. Przypomniało mi to, jak daleko zaszliśmy i ile drogi jeszcze przed nami.

zabierałam w trasę Sashę i Malię. Były wytrawnymi, wesołymi podróżniczkami. Pewnego dnia na jarmarku w New Hampshire, gdy poszłam powiedzieć kilka słów i przywitać się z wyborcami, zostawiłam dziewczynki pod opieką jednej z pracowniczek sztabu. Razem oglądały stragany i korzystały z atrakcji w wesołym miasteczku. Później miałyśmy się spotkać i wspólnie pójść na sesję fotograficzną. Po około godzinie zobaczyłam Sashę i wpadłam w panikę. Policzki, nos i czoło miała starannie, dokładnie pokryte czarną i białą farbą do skóry. Została przeobrażona w pandę i bardzo jej się to podobało. Natychmiast pomyślałam o ludziach z czasopisma, którzy na nas czekają, i że teraz trzeba będzie cały nasz plan wyrzucić do kosza. Ale później raz jeszcze popatrzyłam na drobną twarzyczkę pandy i się uspokoiłam. Moja córka była urocza i szczęśliwa. Mogłam tylko się roześmiać i poszukać jakiejś toalety, by zetrzeć farbę.

Od czasu do czasu podróżowaliśmy we czworo, całą rodziną. Sztab wynajął kampera na kilka dni, dzięki czemu mogliśmy zrobić objazd małych miasteczek stanu Iowa, zbierając opinie wyborców. W międzyczasie grywaliśmy w *Uno*, spędziliśmy też popołudnie na targu stanowym – jeździliśmy zderzającymi się autkami i strzelaliśmy z pistoletów na wodę, wygrywając pluszowe zwierzaki, a fotografowie biegali dookoła nas, szukając najlepszych ujęć i podtykając nam pod twarz obiektywy. Najlepsza zabawa zaczęła się, kiedy Barack musiał ruszyć do następnego punktu na trasie, dzięki czemu uwolnił mnie i dziewczynki od nawałnicy prasy, ochrony i sztabowców, którzy pociągnęli za nim niczym rój szarańczy. Gdy zostałyśmy same, mogłyśmy na własną rękę pozwiedzać targ, a powietrze świstało nam w uszach, gdy pędziłyśmy na płóciennych workach w dół ogromnej żółtej zjeżdżalni.

Tydzień po tygodniu wracałam do Iowa i przez okna samolotu oglądałam zmieniające się pory roku – ziemia powoli zieleniała, a soja i kukurydza wzrastały równymi rzędami. Lubiłam schludną geometrię tych pól, cętki koloru w miejscu stodół i równinne autostrady ciągnące się prosto aż po horyzont. Pokochałam ten stan, choć wyglądało na to, że mimo całej włożonej pracy nie uda nam się tam wygrać.

Zespół Baracka inwestował zasoby w Iowa już od prawie roku, ale według większości sondaży wciąż zajmowaliśmy drugą lub trzecią pozycję, za Hillary i Johnem Edwardsem. Między kandydatami nie było wielkich różnic, ale Barack przegrywał. W skali kraju sprawy wyglądały jeszcze gorzej: od Hillary dzieliło nas od piętnastu do dwudziestu punktów – ta informacja dopadała mnie, gdy tylko mijałam wyświetlający wiadomości telewizor na lotnisku czy w restauracji podczas postoju na trasie.

Kilka miesięcy wcześniej tak bardzo miałam dość bezlitosnych, szczekliwych komentarzy w CNN, MSNBC i Fox News, że trwale usunęłam te stacje z listy oglądanych i przerzuciłam się na strawniejszą dietę lifestylowych kanałów E! oraz HGTV. Muszę przyznać, że pod koniec pracowitego dnia nie ma nic lepszego, niż zobaczyć, jak para młodych ludzi kupuje wymarzony dom w Nashville lub jakaś młoda dziewczyna wybiera suknię ślubną.

Szczerze mówiąc, nie wierzyłam telewizyjnym mędrcom i nie byłam pewna, czy warto ufać sondażom. W głębi ducha byłam przekonana, że się mylą. Klimat panujący w sterylnych studiach telewizyjnych wielkich miast miał się nijak do atmosfery, jaką czułam w salach kościelnych i centrach społecznych w Iowa. Komentatorzy nie spotykali licealnych drużyn – „Gwiazdorów Baracka" – które ochotniczo pomagały nam po treningu futbolowym albo spotkaniu kółka teatralnego. Nie ściskali dłoni staruszki, która wyobrażała sobie lepszą przyszłość dla swoich multietnicznych wnuków. Nie byli też świadomi istnienia coraz większego olbrzyma, jakim stały się nasze struktury terenowe. Budowaliśmy gigantyczną oddolną sieć, która ostatecznie miała liczyć dwieście osób w trzydziestu siedmiu biurach. W historii prawyborów w Iowa nie było większej.

Mieliśmy po swojej stronie młodych. Naszą organizację zasilał idealizm i energia ludzi w wieku od dwudziestu dwóch do dwudziestu pięciu lat, którzy rzucili wszystko i przyjechali, aby włączyć się do kampanii. Każdy z nich miał jakąś odmianę genu, który wiele lat temu skłonił Baracka do podjęcia pracy animatora w Chicago. Mieli wielką motywację i umiejętności, których nie wykazywały sondaże. Czułam to za każdym razem, gdy przyjeżdżałam do Iowa. Ogarniała mnie fala nadziei, której źródłem były rozmowy z ludźmi głęboko wierzącymi w sukces. Każdego popołudnia spędzali cztery czy pięć godzin, chodząc od drzwi do drzwi, dzwoniąc do wyborców i rozwijając sieci wsparcia nawet w najmniejszych i najbardziej konserwatywnych miasteczkach, a jednocześnie uczyli się na pamięć, co dokładnie mój mąż myśli na temat zagród dla świń czy planów uzdrowienia systemu przyjmowania imigrantów.

W moich oczach młodzi ludzie zarządzający naszymi biurami terenowymi byli przyszłym pokoleniem liderów. Nie skaził ich cynizm. Działali zmotywowani i zjednoczeni. Skracali dystans dzielący wyborców od demokracji, czy to prowadząc oddział biura na rogu, czy poprzez stronę internetową, za pośrednictwem której organizowali własne spotkania i utrzymywali bazy danych telefonicznych. Jak często powtarzał Barack, nie chodziło nam tylko o wygranie jednych wyborów. Chcieliśmy ulepszyć przyszłą politykę – zmniejszyć jej wymiar finansowy, zbliżyć ją do ludzi i sprawić, by dawała nadzieję. Nawet gdybyśmy nie wygrali, dokonaliśmy istotnego postępu. Tak czy inaczej, praca sztabowców nie szła na marne.

GDY ZNÓW ZACZĘŁO SIĘ ROBIĆ ZIMNO, Barack zrozumiał, że ma w zasadzie ostatnią szansę na zmianę wyniku wyborów w Iowa – musiał się świetnie zaprezentować podczas kolacji upamiętniającej Jeffersona i Jacksona, czyli na dorocznym rytuale Partii Demokratycznej, który obchodzono w każdym stanie. W Iowa w roku wyborów prezydenckich kolacja przypadała na początek listopada, około ośmiu tygodni przed miejscowymi prawyborami, i była pokazywana w ogólnokrajowych mediach. Każdy kandydat wygłaszał wówczas przemówienie bez notatek ani telepromptera i starał się sprowadzić jak najwięcej zwolenników. Była to w gruncie rzeczy jedna wielka impreza promocyjna z udziałem konkurentów.

Od wielu miesięcy komentatorzy z telewizji kablowych powątpiewali, czy mieszkańcy Iowa poprą Baracka w dniu prawyborów. Twierdzili, że choć jest dynamicznym, nietypowym kandydatem, nie uda mu się przekuć entuzjazmu mas na głosy. Tłum przybyły na kolację pamięci Jeffersona i Jacksona był naszą odpowiedzią na te tezy. Z całego stanu zjechały ponad trzy tysiące naszych zwolenników, co dowiodło, że jesteśmy dobrze zorganizowani i aktywni – silniejsi, niż ktokolwiek mógł sądzić.

Tamtego wieczora na scenie John Edwards zaatakował Clinton, kąśliwie podkreślając wagę szczerości i wiarygodności. Joe Biden z uśmiechem zwrócił się do wielkiego, hałaśliwego tłumu wyborców Obamy sardonicznym zawołaniem: „Czołem, Chicago!". Walcząca z przeziębieniem Hillary także wykorzystała ten moment, by zaatakować Baracka. „Zmiana pozostanie tylko słowem – powiedziała – jeśli nie ma się siły ani doświadczenia, by ją zaprowadzić".

Tamtego wieczora Barack przemawiał jako ostatni. W poruszający sposób bronił głównego przekazu swojej kampanii – że nasz kraj stoi przed przełomowym momentem, jakim jest szansa nie tylko na otrząśnięcie się z lęków i porażek rządu Busha, lecz także na porzucenie dwubiegunowej polityki, którą od dawna uprawiało wielu prezydentów, w tym oczywiście Clinton. „Nie chcę przez kolejny rok lub cztery lata walczyć w tych samych bitwach co w latach dziewięćdziesiątych – powiedział. – Nie zamierzam szczuć Ameryki czerwonej na niebieską – chcę być prezydentem Stanów Zjednoczonych Ameryki".

Zebrani zareagowali hukiem braw. Przepełniona wielką dumą obserwowałam wystąpienie z widowni.

„Ameryko, nadeszła nasza chwila – powiedział Barack. – Nadeszła nasza chwila".

Wygłoszone tamtego wieczora przemówienie było dokładnie tym, czego potrzebowała kampania – Barack wystrzelił naprzód w wyścigu. Połowa przeprowadzonych w Iowa sondaży pokazywała, że objął prowadzenie, a wraz ze zbliżaniem się terminu lokalnych prawyborów jego przewaga jeszcze się zwiększała.

Po świętach Bożego Narodzenia w ostatnim tygodniu kampanii w Iowa można było odnieść wrażenie, że do skutego lodem Des Moines zjechała połowa South Side. Pojawiły się moja matka i „mama Kaye". Przyjechał mój brat wraz z Kelly i dziećmi. Zjawił się Sam Kass. Valerie, która dołączyła do kampanii jeszcze jesienią i została jedną z doradczyń Baracka, przyjechała razem z Susan i moją gromadką przyjaciółek z mężami i dziećmi. Wzruszyłam się, gdy zobaczyłam współpracowników ze szpitala, znajomych nas obojga z Sidley & Austin oraz wykładowców z wydziału Baracka. I zgodnie z zasadami kampanii, które nakazywały wykorzystać każdą chwilę, wszyscy oni postanowili pomóc w wykonaniu ostatniego ruchu – zgłosili się do lokalnego biura terenowego, chodzili od drzwi do drzwi w temperaturze poniżej zera, reklamowali Baracka i przypominali mieszkańcom, by poszli głosować. Kampanię wzmocniły dodatkowe setki ludzi przybyłych do Iowa z całego kraju na ostatni tydzień. Zatrzymywali się w domach naszych mieszkających na miejscu zwolenników i codziennie wyruszali nawet do najmniejszych wiosek, przemieszczając się niekiedy bocznymi żwirowanymi dróżkami.

Ja sama prawie w ogóle nie przebywałam w Des Moines – każdego dnia miałam pięć czy sześć zaplanowanych wydarzeń, na które jeździłam po całym stanie z Melissą i Katie wynajętym vanem prowadzonym na zmianę przez ekipę wolontariuszy. Barack także jeździł, aż ochrypł od wystąpień.

Niezależnie jednak od tego, ile pokonaliśmy kilometrów, zawsze o dwudziestej wracałam do hotelu Residence Inn w West Des Moines, gdzie mieszkaliśmy, by położyć Malię i Sashę spać. Dziewczynki prawie nie zauważały mojej nieobecności, ponieważ wokół miały mnóstwo kuzynów, przyjaciół oraz opiekunek i całymi dniami bawiły się w pokoju hotelowym albo jeździły na wycieczki po mieście. Pewnego wieczora, gdy po powrocie miałam ochotę tylko paść na łóżko i zaznać kilku chwil ciszy, po otwarciu drzwi zobaczyłam utensylia kuchenne porozkładane po całym pokoju. Na narzucie leżały wałki, na stoliku – brudne deski do krojenia, na podłodze – kuchenne nożyczki. Abażury nocnych lampek i telewizor pokrywał jakiś jasny pył… czy to mąka?

– Sam uczył nas robić makaron! – oznajmiła Malia. – Trochę nas poniosło.

Roześmiałam się. Do tej pory martwiłam się o to, jak dziewczynki zniosą pierwsze święta z dala od prababki i Hawajów, lecz na szczęście torba mąki w Des Moines znakomicie zastąpiła plażowy ręcznik w Waikiki.

Kilka dni później, w czwartek, odbyły się prawybory. Barack i ja pojechaliśmy do śródmieścia Des Moines, zjedliśmy lunch w barze w centrum handlowym, a później odwiedziliśmy kilka lokali wyborczych, by przywitać jak największą liczbę głosujących. Tego wieczora urządziliśmy kolację dla przyjaciół i rodziny, by podziękować im za wsparcie podczas tych szalonych jedenastu miesięcy, które upłynęły od ogłoszenia kandydatury Baracka w Springfield. Wyszłam z przyjęcia wcześniej, by przygotować się na wystąpienie męża, które miało się odbyć w nocy, niezależnie od wyników. Kilka chwil później Katie i Melissa wpadły do pokoju z najnowszymi wiadomościami z gabinetu wojennego kampanii: „Wygraliśmy!".

Z radości zaczęłyśmy krzyczeć tak głośno, że agenci Secret Service zapukali do drzwi, by sprawdzić, czy nic się nie stało.

W jeden z najzimniejszych wieczorów roku do miejscowych lokali wyborczych przyszła rekordowa liczba mieszkańców Iowa, niemal podwajając frekwencję sprzed czterech lat. Na Baracka postawili ludzie biali, czarni i młodzi. Ponad połowa wyborców nigdy wcześniej nie głosowała w lokalnych prawyborach i to pewnie właśnie ta grupa zapewniła Barackowi zwycięstwo. Prezenterzy stacji kablowych dotarli w końcu do Iowa i teraz wychwalali politycznego gwiazdora, który bez trudu pokonał maszynę Clinton, a także Edwardsa, niegdyś kandydata na wiceprezydenta.

Tej nocy wszyscy czworo staliśmy na scenie, gdy Barack wygłaszał zwycięską mowę w Hy-Vee Hall. Czułam się wspaniale, choć miałam też wrażenie, że utarto mi nosa. Może wszystko, o czym Barack mówił przez ostatnie cztery lata, było jednak możliwe? Wszystkie te wyjazdy do Springfield, ciągłe poczucie zniecierpliwienia, że wciąż nie ma dość wpływu na rzeczywistość, cały jego idealizm i niezwykła, szczera wiara w to, że ludzie potrafią pokonywać dzielące ich różnice, a polityka może być skuteczna... Może od samego początku miał rację?

Dokonaliśmy czegoś historycznego i monumentalnego. Nie tylko Barack, nie tylko ja, lecz także Melissa i Katie, Plouffe, Axelrod i Valerie, każdy młody sztabowiec, każdy ochotnik, każdy nauczyciel, rolnik, emeryt i licealista, który tego wieczora zagłosował za czymś nowym.

Było już po północy, kiedy pojechaliśmy na lotnisko, by opuścić Iowa ze świadomością, że upłynie wiele miesięcy, nim tu wrócimy. Wraz z dziewczynkami leciałam do Chicago, by znów posłać je do szkoły i samej wrócić do pracy. Barack zmierzał do New Hampshire, gdzie za niecały tydzień miały się odbyć prawybory.

Iowa nas zmieniła. Zwłaszcza mnie napełniła wiarą. Dostaliśmy upoważnienie, by podzielić się nią z resztą kraju. W kolejnych dniach nasi pracownicy terenowi rozjechali się do wszystkich stanów – Nevady i Południowej Karoliny, Nowego Meksyku, Minnesoty i Kalifornii – by dalej rozpowszechniać przekaz, który właśnie znalazł pokrycie w rzeczywistości: że zmiana naprawdę jest możliwa.

17.

KIEDY ZACZYNAŁAM PODSTAWÓWKĘ, pewien chłopiec z mojej klasy uderzył mnie w twarz. Jego pięść nadciągnęła jak meteoryt – z wielką siłą i zupełnie nieoczekiwanie. Staliśmy w kolejce po lunch, dyskutując o jakichś ważnych dla sześcio- i siedmiolatków sprawach – kto najszybciej biega albo dlaczego kolory kredek mają takie dziwne nazwy – i nagle *bam!*, dostałam. Nie wiem dlaczego. Zapomniałam już, jak się nazywał, pamiętam tylko, że wpatrywałam się w niego oszołomiona i obolała, z dolną wargą już podbiegającą opuchlizną i oczami pełnymi łez. Byłam zbyt zszokowana, by się rozgniewać, więc pobiegłam do domu do mamy.

Nauczycielka porządnie zmyła mu głowę. Moja matka przyszła do szkoły, by osobiście go sobie obejrzeć i ocenić, jakie stanowi zagrożenie. Southside, który tamtego dnia akurat był u nas z wizytą, postanowił wykazać się w roli dziadka i pójść razem z nią. Dorośli odbyli rozmowę, lecz nie znam jej szczegółów. Tamtego chłopca w jakiś sposób ukarano. Przeprosił mnie zawstydzony i usłyszałam, że nie muszę się go już więcej obawiać.

„Tego chłopca po prostu wystraszyło i rozeźliło coś, co nie miało z tobą nic wspólnego – powiedziała mi później matka w kuchni, mieszając obiad na kuchence. Pokręciła głową na znak, że wie więcej, ale woli o tym nie mówić. – Mierzy się z własnymi problemami".

W taki właśnie sposób rozmawiało się u nas o dręczycielach. Kiedy byłam dzieckiem, sprawa wydawała się prosta: dręczyciele są przerażający, bo przerażeni. Taka była DeeDee, zaczepna dziewczyna z sąsiedniego osiedla, taki był Dandy, mój własny dziadek, nieuprzejmy i agresywny nawet wobec własnej żony. Atakowali innych, bo sami sobie nie radzili. Należało ich unikać, kiedy się dało, i stawiać im opór, jeśli było trzeba. Według mojej matki, której credo życiowe brzmiałoby pewnie „żyj i daj żyć innym", zniewag czy ataków dręczycieli przede wszystkim nie należało brać do siebie.

W przeciwnym razie mogły cię naprawdę zranić.

Dopiero po latach okazało się to dla mnie prawdziwym wyzwaniem. Mając nieco ponad czterdzieści lat i pomagając mężowi w wyścigu prezydenckim, wróciłam myślą do tamtej kolejki po obiad i przypominałam sobie, jak zaskakująca jest taka napaść i jak bolesne może być nagłe uderzenie bez żadnego ostrzeżenia.

Przez większość 2008 roku próbowałam nie przejmować się ciosami.

ZACZNĘ OD PRZYJEMNEGO WSPOMNIENIA z tamtego roku, ponieważ mam ich wiele. Czwartego lipca, w Dzień Niepodległości, odwiedziliśmy Butte w Montanie – poza świętem narodowym wypadały wtedy też dziesiąte urodziny Malii, zaś do wyborów powszechnych pozostało około czterech miesięcy. Butte to historyczne miasteczko zamieszkane przez zahartowanych ludzi, w którym wydobywa się rudę miedzi. Leży w porośniętym krzewami południowo-zachodnim zakątku Montany, skąd widać odległe ciemne granie Gór Skalistych. Wynik wyborów był tam bardzo niepewny, podobnie jak w całym stanie. Montana głosowała w poprzednich wyborach na George'a W. Busha, lecz zarazem wybrała demokratycznego gubernatora. Wydawała się dobrym miejscem na odwiedziny Baracka.

Tym razem ze szczególną starannością planowano każdą minutę jego czasu. Był obserwowany, oceniany, szacowany. Ludzie przyglądali się, które stany odwiedza, do którego baru idzie na śniadanie, jakie mięso zamawia do jajek. Około ćwierci setki dziennikarzy podróżowało z nim teraz nieustannie, zajmując tylną część kampanijnego samolotu, wypełniając korytarze i jadalnie małomiasteczkowych hoteli, śledząc jego poczynania na każdym postoju i unieśmiertelniając każdą chwilę na piśmie. Jeśli kandydat na prezydenta się przeziębił, donoszono o tym w prasie. Jeśli poszedł do drogiego fryzjera albo poprosił o musztardę Dijon w barze TGI Fridays (jak kilka lat temu naiwnie postąpił Barack, co doczekało się nagłówka w „New York Timesie"), informowano o tym, a później na sto różnych sposobów komentowano w internecie. Czy kandydat jest słaby? Czy jest snobem? Czy jest pozerem? Czy jest prawdziwym Amerykaninem?

Rozumieliśmy, że to część sprawdzianu mającego rozstrzygnąć, kto ma dość charakteru, by być nie tylko przywódcą, ale i symbolem kraju. Było to jak rentgenowskie prześwietlenie duszy wykonywane dzień po dniu, by wykryć najdrobniejszy ślad skazy. Nie mogłeś zostać wybrany, jeśli nie poddałeś się uważnej obserwacji Amerykanów, którzy badali całą twoją przeszłość, w tym relacje towarzyskie, wybory zawodowe i zwroty podatkowe. Lecz ich spojrzenie, choć wnikliwe, było zarazem wyjątkowo podatne na manipulacje. Wchodziliśmy w erę pomiaru i monetyzacji kliknięć. Facebook dopiero niedawno upowszechnił się na szeroką skalę. Twitter był zjawiskiem dość nowym. Większość dorosłych Amerykanów miała telefon komórkowy, a większość telefonów wyposażono w aparat fotograficzny. Staliśmy na skraju zmian, których chyba żadne z nas wówczas jeszcze w pełni nie rozumiało.

Barack nie próbował już tylko zyskać poparcia wyborców Partii Demokratycznej, lecz uwodził całą Amerykę. Po prawyborach w Iowa Barack i Hillary rozpoczęli zmagania, które były równie wyniszczające i paskudne, co pokrzepiające i budujące. Przez całą zimę i wiosnę 2008 roku walczyli w każdym stanie i regionie o każdy głos, próbując zyskać opinię kandydata przekraczającego podziały. (John Edwards, Joe Biden i inni rywale wycofali się z rywalizacji pod koniec stycznia). Nie oszczędzali się wzajemnie, a w końcu Barack w połowie lutego zdobył niewielką, lecz ostatecznie decydującą przewagę. „Czy już jest prezydentem?" – pytała mnie czasem Malia w ciągu tych miesięcy, gdy wchodziliśmy na tę czy inną scenę w akompaniamencie głośnej, triumfalnej muzyki, ponieważ swoim młodym umysłem nie potrafiła ogarnąć zbyt wiele z tego, co się dzieje, poza najogólniejszym celem kampanii.

– No dobrze, a teraz już jest prezydentem?

– Nie, kochanie, jeszcze nie.

Dopiero w czerwcu Hillary przyznała, że nie zdobędzie dość głosów delegatów, by uzyskać partyjną nominację. Ta zwłoka w rezygnacji z wyścigu kosztowała kampanię cenne zasoby i nie pozwalała Barackowi przegrupować sił, by mógł wreszcie skupić się na walce ze swym republikańskim przeciwnikiem Johnem McCainem. Ten wieloletni senator z Arizony otrzymał nominację swojej partii już w marcu i w kampanii promował się jako odważny bohater wojenny z historią współpracy z obiema partiami oraz wielkim doświadczeniem w sprawach bezpieczeństwa narodowego, co mogło oznaczać, że zamierza poprowadzić kraj inaczej niż George W. Bush.

Do Butte przyjechaliśmy z myślą o realizacji dwóch celów, bo teraz wszystko miało więcej niż jeden cel. Barack przez minione cztery dni prowadził kampanię w Missouri, Ohio, Kolorado i Północnej Dakocie. Nie chcieliśmy zaburzać ustalonej trasy jego spotkań, by razem świętować urodziny Malii, a jednocześnie nie mogliśmy sobie pozwolić na to, by zejść z widoku wyborców w dniu święta narodowego o największym ładunku symbolicznym. W tej sytuacji to my poleciałyśmy do niego, by upiec dwie pieczenie na jednym ogniu – spędzić dzień w rodzinnym gronie i zrobić to na oczach publiki. Przyjechała z nami przyrodnia siostra Baracka, Maya, wraz z mężem Konradem i słodką czteroletnią córką Suhailą.

Każdy rodzic dziecka urodzonego w dniu ważnego święta wie, że musi umiejętnie łączyć jego prywatną uroczystość z powszechną celebracją. Dobrzy mieszkańcy Butte najwyraźniej to rozumieli. W witrynach sklepów przy Main Street poprzyklejano kartki z napisem

„Wszystkiego najlepszego, Malia!". Gdy siedzieliśmy na odkrytych trybunach i oglądaliśmy miejską paradę z okazji Dnia Niepodległości, przypadkowe osoby wykrzykiwały ku nam życzenia, nie dając się zagłuszyć dudniącym bębnom i piskowi fletów grających *Yankee Doodle*. Ludzie, których spotykaliśmy, odnosili się do dziewczynek uprzejmie, a do nas z szacunkiem, choć przyznawali, że głosowanie na jakiegokolwiek demokratę byłoby dla nich wariackim odejściem od tradycji.

Później tego dnia sztab kampanii zorganizował piknik na łąkach, z których rozciągał się widok na zębate góry wznoszące się na linii wododziału kontynentalnego. Miał to być wiec dla kilkuset miejscowych zwolenników Baracka, a przy tym nieformalna impreza urodzinowa Malii. Poruszyło mnie to, jak wielu ludzi przyszło się z nami spotkać, lecz jednocześnie ogarnęły mnie głębsze, intensywniejsze uczucia, które nie miały nic wspólnego z imprezą. Zalała mnie nagła zaskakująca fala czułości, jaką odczuwa rodzic, który raptem zauważa, że jego dzieci są już całkiem duże, ich pulchne rączki wysmuklały, a oczy błyszczą mądrością.

Dla mnie data 4 lipca 2008 roku była szczególnie znacząca: dziesięć lat wcześniej wraz z Barackiem zgłosiliśmy się na porodówkę, sądząc, że wiemy już sporo na temat świata, choć tak naprawdę nie wiedzieliśmy nic.

Przez znaczną część minionej dekady próbowałam wypracować równowagę między życiem rodzinnym a pracą – być kochającą, obecną matką Malii i Sashy, a zarazem dobrze wypełniać swoje obowiązki zawodowe. Teraz jednak moje priorytety się zmieniły: starałam się pogodzić rodzicielstwo ze sprawami całkiem innymi i znacznie bardziej zagmatwanymi – polityką, Ameryką, aspiracjami Baracka do dokonywania ważnych zmian. Ogrom związanych z tym wydarzeń, kampanijne stresy i uwaga skupiona na naszej rodzinie wydawały się szybko rosnąć. Po prawyborach w Iowa postanowiłam wziąć urlop od pracy w szpitalu. Wiedziałam, że w tych warunkach nie będę mogła skutecznie jej wykonywać. Kampania z wolna pochłaniała całe moje życie. Po

Iowa byłam zbyt zajęta, aby choć spakować swoje rzeczy do pudełek lub porządnie się ze wszystkimi pożegnać. Teraz byłam matką i żoną na pełny etat, choć jako żona służyłam większej sprawie, a jako matka strzegłam dzieci przed jej zachłannym wpływem. Odejście z pracy było przykre, lecz nie miałam wyboru. Rodzina mnie potrzebowała i to liczyło się przede wszystkim.

I oto byłam teraz na zorganizowanym przez kampanię pikniku w stanie Montana, przewodząc grupie głównie nieznajomych ludzi śpiewających „Sto lat" dla Malii, która siedziała uśmiechnięta na trawie z hamburgerem na stojącym przed nią talerzyku. Wiedziałam, że wyborcy uważają nasze córki za przesłodkie, a bliskość między nami – za uroczą. Często się jednak zastanawiałam, jak tę sytuację postrzegają same dziewczynki i co widzą, patrząc na zewnątrz. Starałam się stłumić poczucie winy. Zaplanowaliśmy w naszym domu w Chicago prawdziwe przyjęcie urodzinowe na następny weekend, takie z wielką gromadą przyjaciół i przyjaciółek Malii połączone z nocnym piżama party i bez najmniejszego związku z polityką. Tego wieczora zamierzaliśmy też zorganizować bardziej prywatne urodziny w naszym hotelu. Niemniej po południu, gdy nasze córki biegały po piknikowym trawniku, a Barack i ja podawaliśmy dłonie potencjalnym wyborcom, zastanawiałam się, czy zapamiętają to wyjście jako radosne.

W tych dniach zaczęłam się przyglądać Sashy i Malii z nową troską w sercu. Obcy ludzie wykrzykiwali nie tylko moje imię, lecz także ich. Chcieli je dotknąć albo sfotografować. Zimą rząd uznał, że ja i moje córki jako osoby publiczne również jesteśmy narażone na ryzyko, w związku z czym należy nam się ochrona Secret Service. Odtąd, gdy Sasha i Malia jeździły do szkoły albo na letnie obozy samochodem prowadzonym najczęściej przez moją matkę, agenci we własnym aucie podążali za nimi.

Na pikniku każdemu z nas towarzyszył jeden agent, który rozglądał się w poszukiwaniu oznak niebezpieczeństwa i ostrożnie interweniował, kiedy któryś ze zwolenników ogarnięty nadmiernym entuzjazmem brał się do zbyt intensywnych uścisków. Na szczęście dziewczynki widziały w agentach nie tyle ochroniarzy, ile dorosłych kolegów – nowe twarze z coraz dłuższej listy towarzyszących nam w podróżach przyjaznych osób. Odróżniali się od innych tylko słuchawką przy uchu i milczącą, czujną postawą. Sasha najczęściej mówiła o nich „sekretni ludzie".

Dzięki dziewczynkom prowadzenie kampanii nie było tak stresujące, choćby dlatego, że nie przejmowały się zanadto wynikiem wyborów. Ich obecność napawała mnie i Baracka otuchą – przypominała nam, że nasza rodzina zawsze będzie ważniejsza niż liczba zwolenników czy wahania sondaży. Żadna z naszych córek nie przejmowała się harmidrem wokół taty. Nie skupiały się na ulepszaniu demokracji czy walce o miejsce w Białym Domu. Tym, czego naprawdę chciały (bardzo, bardzo chciały), był szczeniak. W spokojniejszych momentach lubiły też grać w berka albo karty z ludźmi z naszej ekipy, a w każdym nowym miejscu domagały się odszukania lodziarni. Reszta była tylko szumem tła.

Do dziś Malia i ja wciąż wybuchamy śmiechem na wspomnienie pewnej chwili, kiedy ona miała osiem lat, a Barack, kierowany najwyraźniej swoistym poczuciem odpowiedzialności, układając ją do snu, zapytał:

– Czy chciałabyś, żeby tata wystartował w wyborach na prezydenta? Myślisz, że to dobry pomysł?

– Pewnie, tato! – odpowiedziała i cmoknęła go w policzek. Jego decyzja o kandydowaniu miała zmienić całe jej życie, ale skąd mogła o tym wiedzieć? Po prostu przekręciła się na drugi bok i zapadła w sen.

Tamtego dnia w Butte zwiedziliśmy miejscowe muzeum górnictwa, stoczyliśmy bitwę na pistolety na wodę i pokopaliśmy trochę piłkę po trawie. Barack wygłosił krótką mowę i jak zawsze uścisnął wiele dłoni, ale potem zdołał wycofać się do świata naszej czwórki. Sasha i Malia obłaziły go ze wszystkich stron, chichocząc i dzieląc się z nim przemyśleniami. Widziałam, jak radośnie się uśmiecha, i podziwiałam go za umiejętność odcięcia się od rozpraszających bodźców – kiedy tylko miał taką możliwość, potrafił być wyłącznie ojcem. Gawędził z Mayą i Konradem, otaczając mnie ramieniem podczas spacerów po miasteczku.

Nigdy nie byliśmy sami. Towarzyszyli nam sztabowcy, agenci ochrony, oczekująca na wywiad prasa czy gapie pstrykający zdjęcia z oddali. Ale tak teraz wyglądała codzienność. W toku kampanii przyglądaliśmy się, jak powoli znika nasza prywatność i możliwość samodecydowania. Barack i ja powierzyliśmy kontrolę nad prawie każdym aspektem życia grupie dwudziestoparolatków – ludzi co prawda bardzo inteligentnych i utalentowanych, lecz mimo wszystko niezdolnych wyobrazić sobie, jak bolesna może być utrata panowania nad własnym losem. Jeśli chciałam coś ze sklepu, musiałam poprosić, by ktoś mi to przyniósł. Gdy chciałam porozmawiać z Barackiem, zwykle musiałam przekazać mu wiadomość przez jednego z młodszych sztabowców. W moim terminarzu pojawiały się wydarzenia i obowiązki, o których nie miałam pojęcia.

Powoli jednak, by nie zwariować, uczyliśmy się normalnie żyć pod okiem publiki i akceptować naszą nową rzeczywistość.

Późnym popołudniem w Butte udzieliliśmy wywiadu telewizyjnego całą czwórką – ja, Barack i dziewczynki – co wcześniej nam się nie zdarzyło. Przeważnie trzymaliśmy dziennikarzy z daleka od naszych dzieci, których udział w kampanii ograniczaliśmy do sesji zdjęciowych, i to wyłącznie podczas oficjalnych wydarzeń. Nie pamiętam już, dlaczego tamtego dnia postąpiliśmy inaczej. To chyba sztabowcy uznali, że dobrze będzie pokazać Baracka jako ojca, a ja w tamtej chwili pomyślałam, że przecież nie może nam to zaszkodzić. Barack kochał swoje dzieci. Uwielbiał zresztą wszystkie. To między innymi dlatego tak dobrze nadawał się na prezydenta.

Wywiad z Marią Menounos dla *Access Hollywood* trwał około piętnastu minut i wypowiadała się cała nasza czwórka. Siedzieliśmy w parku na ławce przykrytej płachtą, by wyglądała bardziej elegancko. Malia miała warkocz, a Sasha nosiła czerwoną sukienkę. Jak zawsze były rozbrajająco słodkie. Menounos zachowywała się bardzo wdzięcznie i nadawała rozmowie lekki ton, natomiast Malia, mała profesorka naszej rodziny, poważnie zastanawiała się nad każdym pytaniem. Powiedziała, że tata czasem robi jej obciach, kiedy próbuje podawać rękę jej znajomym, a kiedyś, wracając z jakiegoś wydarzenia, swoimi walizkami zatarasował drzwi do naszego domu. Sasha przez cały czas pozostawała skupiona i przerwała wywiad tylko raz, kiedy odwróciła się do mnie i spytała: „Mamo, kiedy pójdziemy na lody?". Poza tym słuchała słów siostry i czasem dorzucała jakiś bardziej czy mniej istotny detal, który przyszedł jej do głowy. „Tata miał kiedyś afro!" – pisnęła w pewnym momencie pod koniec rozmowy i wszyscy wybuchnęliśmy śmiechem.

Kilka dni później wywiad wyemitowano w czterech częściach w telewizji ABC. Spotkał się z ożywionym przyjęciem i doczekał relacji w innych mediach, które opatrzyły go banalnymi nagłówkami w stylu *Córki Obamy wychodzą w ukrycia w wywiadzie dla TV* albo *Dwie dziewczynki Obamów zdradzają sekrety*. Raptem dziecięce komentarze Malii i Sashy pojawiły się w gazetach na całym świecie.

Natychmiast wraz z Barackiem pożałowaliśmy naszej decyzji. W wywiadzie nie było niczego skandalicznego, nie padły żadne nieprzyjemne pytania ani nie pojawiły się szczególnie odkrywcze detale. Mimo to jednak poczuliśmy, że nie powinniśmy byli umieszczać wypowiedzi dziewczynek w sferze publicznej na długo przedtem, zanim same zdołały dobrze zrozumieć sens rozgrywających się wokół wydarzeń. Nic w tym wywiadzie nie mogło zaszkodzić Sashy ani Malii. Był to jednak fragment naszego świata, który teraz miał trwać na wieki w internecie. Nasze dwie córki, które przecież same nie wybrały takiego życia, bez większego namysłu wrzuciliśmy w paszczę bestii.

ZDOŁAŁAM SIĘ JUŻ NA TEMAT TEJ BESTII sporo dowiedzieć. Wciąż nas obserwowano, przez co nawet zwykłe czynności nabierały dziwnego charakteru. Oprah Winfrey wysyłała mi pokrzepiające

SMS-y. Stevie Wonder, mój idol z dzieciństwa, przyjeżdżał, by grać na imprezach podczas kampanii, żartując i zwracając się do mnie po imieniu, jakbyśmy się znali od wieków. Ogrom skupianej na nas uwagi był oszałamiający, zwłaszcza że nie uważałam, byśmy na nią zasługiwali. Staliśmy się popularni za sprawą siły przekazu Baracka, nadziei, jaką przynosił ten ważny moment dziejowy, i symbolicznego wymiaru wydarzeń. Gdyby Ameryka wybrała pierwszego czarnego prezydenta, świadczyłoby to nie tylko o nim, lecz także o całym kraju. Dla wielu osób i z wielu powodów była to bardzo istotna sprawa.

Barack oczywiście rozumiał przyczyny tej publicznej fascynacji oraz nieuchronnie z nią związanej ciągłej kontroli. A im bardziej popularny się stajesz, tym więcej nienawistników cię atakuje. Wygląda to niemal na jakieś niepisane prawo, zwłaszcza w polityce, w której konkurenci przeznaczają specjalny budżet na prześwietlanie przeciwników i wynajmują detektywów, by przebadali każdy moment ich historii w poszukiwaniu czegokolwiek, co choćby przypomina brudy.

Mój mąż i ja mamy odmienne charaktery, dlatego też tylko jedno z nas wybrało politykę. Barack był świadom rozpowszechnianych plotek i przekłamań, które zatruwają atmosferę kampanii jak toksyczne opary, lecz zwykle się nimi nie przejmował. Nie był to jego pierwszy start wyborczy. Studiował ponadto historię polityki i uzbroił się w znajomość jej mechanizmów. Ogólnie rzecz biorąc, nie należał do ludzi, którzy się łatwo denerwują lub pozwalają sprowadzić z ustalonego kursu z powodu rzeczy tak ulotnych jak wątpliwości czy urazy.

Ja natomiast wciąż uczyłam się publicznego życia. Uważałam się za pewną siebie kobietę sukcesu, lecz w rzeczywistości wciąż byłam tym samym dzieckiem, które mówiło dorosłym, że zostanie pediatrą, i nigdy nie opuściło ani jednej lekcji. Innymi słowy, przejmowałam się zdaniem innych. Przez całą młodość poszukiwałam akceptacji, sumiennie zbierałam złote gwiazdki i unikałam zagmatwanych sytuacji społecznych. Z czasem przestałam mierzyć własną wartość wyłącznie według ustalonych kryteriów i podręcznikowych osiągnięć, lecz wciąż wierzyłam, że jeśli będę pracować pilnie i uczciwie, uniknę agresji dręczycieli i zawsze będę postrzegana jako osoba, którą faktycznie jestem.

To przekonanie miało się jednak wkrótce rozwiać.

Po zwycięstwie Baracka w Iowa moje wypowiedzi na kampanijnym szlaku stały się jeszcze bardziej płomienne, niemal proporcjonalne do rozmiaru tłumów przychodzących na nasze wiece. O ile początkowo na spotkaniach witało mnie najwyżej kilkaset osób, o tyle teraz pojawiał się tysiąc lub więcej. Pamiętam, jak pewnego dnia wraz z Melissą i Katie przyjechałyśmy na event w Delaware i zobaczyłyśmy pięciokrotnie zawiniętą wokół budynku kolejkę ludzi, którzy chcieli się dostać do już i tak wypełnionej auli. Oszołomiło mnie to i uszczęśliwiło. Na każdym spotkaniu opowiadałam o swoich emocjach. Entuzjazm i zaangażowanie, z jakimi ludzie wspierali kampanię Baracka, bardzo mnie poruszały. Ich poświęcenie i codzienna praca na rzecz wygranej budziły moją pokorę.

Przy opracowywaniu wystąpień korzystałam z rozwiązań zastosowanych w Iowa, które dobrze się wówczas sprawdziły – stworzyłam luźną strukturę przemówienia, lecz nie korzystałam z teleprompterа i nie przejmowałam się, kiedy zdarzyła mi się dygresja. Nie cyzelowałam każdego słowa i choć nie dorównywałam pod względem elokwencji mężowi, mówiłam od serca. Opowiadałam o tym, że moje początkowe wątpliwości co do politycznej pragmatyki rozwiewały się z tygodnia na tydzień zastępowane motywacją i nadzieją. Uświadomiłam sobie, że wielu z nas toczy podobne zmagania, mówiłam, i tak samo niepokoi się o dzieci oraz przyszłość. I wielu wierzy, że Barack jest jedynym kandydatem zdolnym dokonać realnej zmiany.

Barack chciał wyprowadzić wojska z Iraku. Zamierzał cofnąć ulgi podatkowe dla najbogatszych wprowadzone przez George'a W. Busha. Planował zbudować system taniej opieki zdrowotnej dla wszystkich Amerykanów. Był to bardzo ambitny program, lecz ilekroć wchodziłam do sali pełnej rozentuzjazmowanych zwolenników, ogarniało mnie poczucie, że naród jest gotowy, by go zrealizować, przekraczając wszelkie różnice światopoglądowe. Zgromadzonych, niezależnie od koloru skóry, łączyły duma i duch jedności. Wielki optymizm dodawał nam sił. Płynęłam na jego fali. „Powraca nadzieja!" – wołałam na każdym wystąpieniu.

Pewnego dnia w lutym w stanie Wisconsin Katie dostała telefon od człowieka z zespołu Baracka do spraw komunikacji, który zasygnalizował, że mamy problem. Najwyraźniej kilka godzin wcześniej podczas przemówienia w teatrze w Milwaukee powiedziałam coś kontrowersyjnego. Katie, podobnie jak ja, nie miała pojęcia, o co chodzi. To, co mówiłam w Milwaukee, nie różniło się zbytnio od mowy, którą dopiero co zakończyłam w Madison, ani żadnego innego wystąpienia przed tłumami ludzi z ostatnich paru miesięcy. Nigdy nie było żadnych problemów. Skąd się teraz wzięły?

Jeszcze tego samego dnia zrozumiałyśmy, w czym rzecz. Ktoś przemontował film z mojego czterdziestominutowego przemówienia, zostawiając z niego dziesięciosekundowy, wyjęty z kontekstu fragment.

Nagle w mediach zaczął krążyć urywek mojego wystąpienia z Milwaukee i Madison, w którym opowiadam o swoim optymizmie. Pełniejsza wersja tego, co wówczas mówiłam, brzmi tak:

„W tym roku zobaczyliśmy powrót nadziei! Wyznam wam, że po raz pierwszy w moim dorosłym życiu jestem naprawdę dumna z własnego kraju. Nie dlatego, że Barackowi tak dobrze poszło, ale dlatego, że ludzie są głodni zmiany. Rozpaczliwie pragnęłam, by nasze państwo zaczęło zmierzać w tym kierunku, bo czułam się osamotniona, bezsilna i rozczarowana. Spotkałam ludzi pragnących się zjednoczyć wokół podstawowych wartości i napawa mnie to dumą. To wielki zaszczyt, że mogę choćby przyglądać się tym zmianom".

Jednak większość wypowiedzi, w tym odniesienia do nadziei, jedności i moich poruszonych emocji, wycięto. Zniknęły wszelkie niuanse, a czujne spojrzenie publiki skierowało się na jeden szczegół. W wycinkach – które, jak nam powiedziano, emitowały już konserwatywne rozgłośnie i zaczynały wałkować talk-shows – znalazło się tylko jedno zdanie: „Po raz pierwszy w moim dorosłym życiu jestem naprawdę dumna z własnego kraju".

Nie musiałam oglądać wiadomości, by wiedzieć, jakich komentarzy doczeka się ta wypowiedź. *Ona nie jest patriotką. Zawsze nienawidziła Ameryki. Oto, kim naprawdę jest. Cała reszta jest tylko na pokaz.*

To był pierwszy cios. Najwyraźniej sama go na siebie sprowadziłam. Próbując zachować swobodę wypowiedzi, zapomniałam, że każde słowo może nieść wielki ładunek znaczeń. Nieświadomie dałam nienawistnikom pożywkę złożoną z trzynastu słów. I podobnie jak w pierwszej klasie podstawówki uderzenie kompletnie mnie zaskoczyło.

Tamtego wieczora poleciałam do Chicago z poczuciem winy i zniechęcenia. Widziałam, że Melissa i Katie na swoich BlackBerry w milczeniu śledzą negatywne doniesienia medialne, lecz mi ich nie pokazują, wiedząc, że to tylko pogorszyłoby sprawę. Cała nasza trójka pracowała już razem od prawie roku – przebyłyśmy niezliczone kilometry i wciąż ścigałyśmy się z czasem, abym każdego wieczora mogła wrócić do swoich dzieci. Odwiedzałyśmy wypełnione sale w całym kraju, zjadłyśmy więcej śmieciowego jedzenia, niżbyśmy chciały, i gościłyśmy na imprezach fundraisingowych w domach tak bogatych, że opadały nam szczęki. O ile Barack i jego ekipa podróżowali wyczarterowanymi samolotami i luksusowymi autokarami, my wciąż musiałyśmy zdejmować buty podczas kontroli bezpieczeństwa i kupowałyśmy miejsca w klasie ekonomicznej linii United czy Southwest, a by dotrzeć z jednego wydarzenia na drugie, niekiedy oddalone o kilkaset kilometrów, musiałyśmy polegać na uprzejmości wolontariuszy.

Miałam wrażenie, że ogólnie rzecz biorąc, idzie nam świetnie. Widziałam, jak Katie, stojąc na krześle, wykrzykuje polecenia do dwa razy od niej starszych fotografów i ochrzania dziennikarzy zadających zbyt wścibskie pytania. Patrzyłam, jak Melissa finezyjnie układa każdy detal mojego harmonogramu, każdego dnia fachowo zgrywając ze sobą liczne wydarzenia kampanijne, i ślęczy nad swoim BlackBerry, by zdusić w zarodku wszelkie problemy, jednocześnie pilnując, bym nie opuściła żadnego przedstawienia szkolnego, urodzin przyjaciela lub okazji do treningu w fitness clubie. Obie poświęciły wszystko na rzecz kampanii i zrezygnowały z osobistego życia, abym mogła zachować choć cząstkę własnego.

Siedziałam w samolocie w snopie światła górnej lampki, martwiąc się, że tymi trzynastoma głupimi słowami wszystko popsułam.

Po powrocie do domu, ułożeniu dziewczynek do snu i odesłaniu mamy do domu przy Euclid Avenue, aby trochę odpoczęła, zadzwoniłam na komórkę Baracka. Działo się to tuż przed prawyborami w Wisconsin i według sondaży wynik był bardzo niepewny. Barack miał niewielką, lecz rosnącą przewagę wśród delegatów na zgromadzenie ogólnokrajowe, lecz Hillary publikowała materiały krytykujące wszystkie jego posunięcia i zamierzenia, począwszy od planów reformy opieki zdrowotnej po to, że nie chce częściej umawiać się z nią na debaty. Stawka wydawała się wysoka. Kampania nie mogła sobie pozwolić na potknięcie. Przeprosiłam za to, jak wykorzystano moje przemówienie.

– Nie miałam pojęcia, że robię coś złego – powiedziałam. – Mówię te same rzeczy od miesięcy.

Barack tej nocy leciał z Wisconsin do Teksasu. Niemal usłyszałam, jak po drugiej stronie linii wzrusza ramionami.

– To dlatego, że zaczęłaś przyciągać takie tłumy – powiedział. – Stałaś się w tej kampanii ważnym graczem, a to znaczy, że niektórzy będą ci trochę dokuczać. Tak już po prostu jest.

Jak zawsze, gdy rozmawialiśmy, podziękował mi za czas, który poświęcałam, i dodał, że jest mu przykro, że muszę się borykać ze skutkami ubocznymi.

– Kocham cię – powiedział, zanim się rozłączył. – Wiem, że ci ciężko, ale ta sprawa przewali się i ucichnie. Zawsze tak jest.

MIAŁ TROCHĘ RACJI, ALE I TROCHĘ SIĘ POMYLIŁ. 19 lutego 2008 roku Barack wygrał prawybory w Wisconsin sporą większością głosów, co mogłoby świadczyć o tym, że moja wypowiedź mu tam nie zaszkodziła. Tego samego dnia Cindy McCain postanowiła wziąć mnie na celownik podczas wystąpienia na wiecu, mówiąc: „Jestem dumna z mojego kraju. Pewnie już wcześniej słyszeliście ode mnie te słowa – jestem bardzo dumna z mojego kraju". CNN stwierdził, że toczymy „bitwę na patriotyzmy", a blogerzy robili swoje. Jednak przed upływem tygodnia harmider ucichł. Barack i ja wygłosiliśmy oświadczenia dla prasy, wyjaśniając, że czułam dumę na widok tak wielu Amerykanów, którzy wykonywali telefony na rzecz kampanii, rozmawiali z sąsiadami i uwierzyli we własną rolę w procesie demokratycznym, co było dla mnie nowe. A potem zajęliśmy się kolejnymi sprawami. Podczas kampanijnych przemówień próbowałam ostrożniej dobierać słowa, ale mój zasadniczy przekaz pozostał niezmieniony. Wciąż byłam dumna i zmotywowana. Nic się pod tym względem nie zmieniło.

Zostało jednak zasiane jakieś trujące ziarno – zaczęto mnie postrzegać jako osobę niezadowoloną, niemal nieprzyjazną, pozbawioną należytej dozy wdzięku. Nie potrafiliśmy określić, czy pogłoski te pochodzą od politycznych oponentów Baracka, czy z jakiegoś innego źródła, lecz zawsze towarzyszył im wypaczony, aluzyjny komentarz na temat rasy, którego celem było poruszenie najgłębszych i najohydniejszych ludzkich lęków. *Nie pozwólcie czarnym przejąć władzy. Oni nie są tacy jak wy. Ich wizja nie jest waszą wizją.*

Sprawy nie polepszyło to, że dziennikarze ABC News przesłuchali dwadzieścia dziewięć godzin kazań Jeremiaha Wrighta i zaprezentowali skandaliczny montaż, który przedstawiał pastora wyrzucającego z siebie w atakach szału obcesowe i niestosowne uwagi na temat białej Ameryki, jakby uważał, że biali ludzie ponoszą odpowiedzialność za każde nieszczęście. Bardzo nas to zniesmaczyło – ujrzeliśmy najgorsze, najbardziej paranoidalne oblicze człowieka, który udzielił nam ślubu i ochrzcił nasze dzieci. Oboje dorastaliśmy w otoczeniu krewnych, którzy postrzegali sprawy rasowe w sposób wypaczony i nieufny. Sama doświadczyłam efektów narastającej przez dziesięciolecia frustracji

Dandy'ego, którego z powodu koloru skóry dyskryminowano pod względem zawodowym, i nasłuchałam się gadania Southside'a o tym, że jego wnuki nie są bezpieczne w białych dzielnicach. Barack natomiast słuchał swojej białej babki Toot, która czyniła bezceremonialne rasowe uogólnienia i raz przyznała nawet przed swym czarnoskórym wnukiem, że czasem ogarnia ją strach, gdy czarny człowiek przechodzi obok niej ulicą. Przez wiele lat borykaliśmy się z umysłową ciasnotą starszych członków naszych rodzin i nauczyliśmy się, że nikt – zwłaszcza ludzie, którzy dorastali w epoce segregacji rasowej – nie jest doskonały. Być może dlatego nie zwróciliśmy uwagi na co bardziej niedorzeczne fragmenty płomiennych kazań wielebnego Wrighta, zwłaszcza że nie wygłaszał ich w naszej obecności. Jednak obejrzenie tych ekstremalnych, jadowitych nagrań nas poraziło. Uświadomiło nam raz jeszcze, że przekłamania rasowe występują w naszym kraju po obu stronach, a podejrzliwość i stereotypy mogą się upowszechniać zarówno wśród białych, jak i czarnych.

W międzyczasie ktoś odkopał moją pracę licencjacką napisaną dwadzieścia lat wcześniej na Princeton. Była oparta na badaniach ankietowych przeprowadzonych wśród afroamerykańskich absolwentów tej uczelni, którzy dzielili się swoimi przeżyciami z okresu studiów w kontekście rasy i tożsamości. Z powodów, których nigdy nie pojmę, konserwatywne media rzuciły się na mój licencjat, jakby stanowił jakiś manifest czarnej bojówki czy też wydobyte na światło dzienne zagrożenie. Wyglądało to tak, jakbym w wieku dwudziestu jeden lat, zamiast starać się o piątkę z socjologii i wstęp na Harvard, szykowała terrorystyczne plany obalenia białej większości, które teraz za pośrednictwem męża dane mi będzie wreszcie zrealizować. *Czy Michelle Obama odpowiada za zamieszanie wokół Wrighta?* – pytał w podtytule internetowego felietonu pisarz Christopher Hitchens. Rzucił się przy tym do gardła Michelle z czasu studiów, twierdząc, że dała się omamić radykalnym czarnym myślicielom, a w dodatku ma beznadziejny styl. „Powiedzieć, że trudno się to czyta, byłoby nieporozumieniem – pisał. – Tej pracy w ogóle nie da się »przeczytać« w tradycyjnym sensie tego słowa, ponieważ nie została napisana w żadnym znanym języku". Odmalowywał mnie nie tylko jako outsiderkę, ale wręcz osobę zupełnie obcą, tak oderwaną, że nie sposób rozpoznać języka, jakim się posługuje. Było to z pewnością małostkowe i absurdalne, lecz kpienie z mojego intelektu i lekceważenie mnie z czasów młodości wpisywało się w ogólniejszy krytyczny ton. Barack i ja staliśmy się zbyt znani, by nas całkiem ignorować, lecz gdyby ludzie uznali nas za obcych i wywrotowców, może to mogłoby nas wykończyć? Materiałom takim często towarzyszył podtekst, który nie zawsze wyrażano wprost: *Oni od was odstają*. Opublikowane na portalu Drudge Report zdjęcie Baracka w turbanie i tradycyjnej somalijskiej szacie, w którą go odziano, gdy odbywał oficjalną senatorską wizytę w Kenii, ożywiło stare teoryjki, że w skrytości ducha jest muzułmaninem. Kilka miesięcy później internet wypluł z siebie kolejną anonimową, bezpodstawną pogłoskę, że Barack nie posiada nawet amerykańskiego obywatelstwa, ponieważ nie urodził się wcale na Hawajach, tylko w Kenii, w związku z czym nie ma prawa ubiegać się o urząd prezydenta.

Prowadząc kampanię w kolejnych stanach - Ohio i Teksasie, Vermont i Missisipi - nadal mówiłam o sile optymizmu i jedności. Czułam podczas wystąpień pozytywne emocje bijące od ludzi skupionych wokół idei zmiany. Jednocześnie przez cały ten czas rozwijała się krytyczna kontrnarracja na mój temat. Na kanale Fox News dyskutowano o mojej „agresywnej postawie". Internet wyprodukował kolejną pogłoskę: miała ponoć istnieć taśma wideo, na której o białych ludziach mówię „białasy", co było absurdalne i zwyczajnie nieprawdziwe. W czerwcu, gdy Barack w końcu wywalczył nominację Partii Demokratycznej, podczas wystąpienia w Minnesocie powitałam go na scenie „żółwikiem", co trafiło na pierwsze strony gazet i zostało zinterpretowane przez pewnego komentatora z Foxa jako „terrorystyczne powitanie pięścią" dwojga groźnych ludzi. Na pasku ekranowym w tej samej sieci nazwano mnie „mamuśką", co miało przywoływać stereotypowe wizje czarnego amerykańskiego getta i wskazywać, że jestem obca nawet we własnym małżeństwie.

Czułam coraz większe wypalenie – nie fizyczne, lecz emocjonalne. Ciosy mnie raniły, chociaż rozumiałam, że te ataki nie mają nic wspólnego z tym, kim naprawdę jestem. Wyglądało na to, że powstała jakaś komiksowa, siejąca zniszczenie wersja mojej osoby: żona polityka, o której ciągle słyszę, lecz jej nie znam – wysoka, silna, gotowa cię wypatroszyć Godzilla imieniem Michelle Obama. Bolesne było również to, że kiedy przyjaciele dzwonili do mnie, by podzielić się swoimi wątpliwościami albo udzielić porad, które ich zdaniem powinnam przekazać szefowi kampanii Baracka, pragnęli też czasem, bym ich zapewniła, że negatywne donosy medialne o mnie, Baracku lub stanie kampanii są fikcją. Kiedy wypłynęły plotki o tak zwanej taśmie białasa, zadzwoniła do mnie pewna przyjaciółka zaniepokojona, czy w tym kłamstwie nie ma ziarna prawdy. Przez dobre trzydzieści minut przekonywałam ją, że nie zamieniłam się w rasistkę, a gdy w końcu odwiesiłam słuchawkę, czułam się kompletnie pokonana.

Ogólnie rzecz biorąc, odniosłam wrażenie, że nie jestem w stanie wygrać, nieważne, ile dobrej wiary albo ciężkiej pracy wkładam w to, by przebić się przez tłum próbujących mnie zdyskredytować ludzi. Byłam kobietą, Afroamerykanką i okazywałam siłę, co w rozumieniu osób o określonym światopoglądzie przekłada się wyłącznie na epitet „agresywna". Był to kolejny niszczący stereotyp stosowany od wieków, aby zepchnąć pochodzące z mniejszości kobiety na margines i podświadomie przekonać innych, że nie warto słuchać tego, co mają do powiedzenia.

Teraz zresztą faktycznie zaczynałam czuć gniew, co dodatkowo mnie przygnębiało – wydawało mi się, że spełniam jakieś sprokurowane przez nienawistników proroctwo i poddaję się ich wizji. To niezwykłe, jak stereotyp potrafi uwięzić człowieka. Ile już „agresywnych czarnych kobiet" zostało ofiarami tej samospełniającej się przepowiedni? Kiedy cię nie słuchają, zaczynasz mówić głośniej. A wtedy twierdzą, że jesteś agresywna lub histeryczna, i koło się zamyka.

Byłam wyczerpana ludzką złośliwością i zdumiona tym, jak bardzo osobiste stały się ataki na mnie. Odnosiłam wrażenie, że odcięto mi wszystkie drogi ucieczki. Pewnego dnia w maju oddział Partii Republikańskiej w Tennessee opublikował internetowy filmik, w którym znów puszczono moje słowa z Wisconsin, po nich zaś wmontowano ujęcia wyborców, którzy mówią rzeczy w rodzaju: „Niemożliwe! Ja to byłem dumny z Ameryki od dziecka". Na stronie publicznego radia zamieszczono tekst pod tytułem *Michelle Obama: jeszcze pomaga czy już szkodzi?* Poniżej pogrubionym krojem wyliczono punkty radiowej debaty na mój temat, a wśród nich takie: „Odświeżająco szczera czy zbyt bezpośrednia?" oraz: „Wygląd: majestatyczny czy groźny?".

Mówię wam, takie rzeczy naprawdę mnie raniły.

Czasami obwiniałam sztab Baracka o to, że znalazłam się w takim położeniu. Wiedziałam, że jestem bardziej aktywna niż inni współmałżonkowie kandydatów i to dlatego staję się celem ataków. Odruchowo pragnęłam oddawać ciosy – zaprzeczać kłamstwom, demaskować nieuczciwe uogólnienia albo prosić Baracka o komentarz, lecz jego ludzie mówili mi, że lepiej nie reagować, robić swoje i po prostu się nie przejmować. „To tylko polityka" – powtarzali te słowa niczym mantrę, tak jak byśmy nic nie mogli zrobić, jak byśmy przenieśli się do innego miasta czy na inną planetę zwaną Polityka, gdzie nie obowiązują żadne normalne zasady.

Ilekroć popadałam w gorszy nastrój, dodatkowo dołowałam się przygnębiającymi myślami: nie pisałam się na to. Nigdy nie lubiłam polityki. Porzuciłam pracę i oddałam własną tożsamość w ręce sztabu kampanijnego, a teraz niby jeszcze szkodzę? Gdzie się podziała cała moja siła?

Pewnej soboty w naszej kuchni w Chicago, kiedy Barack przyjechał z trasy do domu na jedną noc, zalałam go moimi frustracjami.

– Nie muszę tego robić – powiedziałam mu. – Skoro szkodzę kampanii, to po jakie licho wystawiają mnie na widok publiczny?

Wyjaśniłam, że Melissa, Katie i ja nie radzimy sobie z rzeką pytań od mediów i wymagającymi podróżami przy tak skromnym budżecie. Nie chciałam niczego schrzanić, chciałam służyć wsparciem, ale brakowało nam czasu i zasobów, by robić cokolwiek więcej, niż tylko doraźnie reagować na bieżące wydarzenia. A co do ciągłej lustracji mojej osoby, byłam zmęczona bezbronnością, zmęczona upatrywaniem we mnie kogoś, kim w żadnym wypadku nie jestem.

– Jeśli to miałoby pomóc, może lepiej zostanę w domu i zajmę się dziećmi – powiedziałam Barackowi. – Będę normalną żoną, która pokazuje się tylko na najważniejszych wydarzeniach i zawsze się uśmiecha. Może tak będzie lepiej dla każdego.

Barack słuchał mnie ze współczuciem. Widziałam, że jest zmęczony i chciałby tylko pójść na górę, żeby trochę pospać. Czasem naprawdę nie znosiłam tego, że życie polityczne i rodzinne tak nam się przemieszały. Barack nieustannie musiał podejmować decyzje w ułamku sekundy i uczestniczyć w setkach drobnych spotkań. Nie chciałam być dla niego kolejnym brzemieniem, lecz z drugiej strony moje życie całkowicie zlało się z kampanią.

– Nie można stwierdzić, że albo pomagasz, albo szkodzisz, Michelle, bo odgrywasz znacznie ważniejszą rolę i powinnaś o tym pamiętać – powiedział z poważnym wyrazem twarzy. – Ale jeśli chcesz z tym skończyć albo trochę przystopować, ja to całkowicie zrozumiem. Możesz postąpić, jak tylko chcesz.

Zapewnił, że nigdy nie powinnam czuć się uwiązana do niego lub maszynerii kampanijnej. Jeżeli jednak chciałabym dalej pomagać, lecz potrzebowałam w tym celu większego wsparcia i zasobów, wymyśli, jak to zorganizować.

Pocieszył mnie, ale tylko trochę. Wciąż czułam się jak uderzona pierwszoklasistka w kolejce obiadowej.

Jednak po tych słowach zostawiliśmy politykę i zmęczeni poszliśmy do łóżka.

. . .

NIEDŁUGO POTEM WYBRAŁAM SIĘ DO CHICAGOWSKIEGO biura Davida Axelroda i wraz z Valerie obejrzeliśmy filmowy zapis niektórych moich publicznych wystąpień. Dziś rozumiem, że było to coś w rodzaju interwencji kryzysowej – próba pokazania mi, nad którymi choćby drobnymi zachowaniami mogę jeszcze sprawować kontrolę. Oboje pochwalili mnie za ciężką pracę i za to, jak skutecznie przeciągam ludzi na stronę Baracka. Potem jednak Axe wyciszył dźwięk i raz jeszcze odtworzył pewien fragment przemówienia, byśmy lepiej przyjrzeli się mojej mowie ciała, a zwłaszcza wyrazowi twarzy.

Co zobaczyłam? Mówiłam gorliwie, z przekonaniem i bez wytchnienia. Na każdym spotkaniu opowiadałam o ciężkiej sytuacji, w jakiej znajduje się dziś wielu Amerykanów, oraz o nierównościach w systemie edukacyjnym i opiece zdrowotnej. Moja twarz odzwierciedlała doniosłość tematu oraz wyboru, przed którym stał nasz naród.

Lecz byłam zbyt poważna i surowa, przynajmniej jeśli wziąć pod uwagę to, czego ludzie podświadomie spodziewają się po kobiecie. Zobaczyłam swój wyraz twarzy tak, jak mógłby go postrzegać obcy człowiek, zwłaszcza gdyby materiał został opatrzony nieprzychylnym komunikatem. Zrozumiałam, czemu przeciwnikom udaje się tak łatwo poszatkować te filmy i przedstawić mnie w montażu jako coś w rodzaju rozjuszonej harpii. Był to oczywiście kolejny stereotyp, kolejna pułapka. Najłatwiej zlekceważyć głos kobiety, ukazując ją jako jędzę.

Nikt nie krytykował Baracka za to, że wydaje się zbyt poważny lub że nie dość się uśmiecha. Ja byłam, rzecz jasna, żoną, nie kandydatką, więc pewnie spodziewano się po mnie lżejszych, swobodniejszych wypowiedzi. Jeśli jednak ktoś chciałby wiedzieć, jak ogólnie rzecz biorąc powodziło się kobietom na planecie Polityka, wystarczyło pomyśleć o Nancy Pelosi, inteligentnej, energicznej spikerce Izby Reprezentantów, którą często ukazywano jako awanturnicę, lub Hillary

Clinton, która musiała przejść prawdziwą gehennę, gdy komentatorzy prywatnych telewizji i rozmaici publicyści analizowali i wywracali na nice każdy krok jej kampanii. Jej płeć bezustannie wykorzystywano przeciwko niej, posługując się wszystkimi najgorszymi stereotypami. Nazywano ją despotką, zrzędą, suką. Twierdzono, że ma skrzekliwy głos i gdaczący śmiech. Hillary była przeciwniczką Baracka, toteż wówczas nie byłam do niej szczególnie ciepło usposobiona, ale nie mogłam nie podziwiać jej dumy i waleczności w morzu mizoginii.

Przeglądając tamtego dnia taśmę wraz z Axe'em i Valerie, poczułam wzbierające łzy. Ogarnęło mnie przygnębienie. Okazało się, że nie opanowałam w wystarczającym stopniu aktorskiego wymiaru polityki. A przecież wygłaszałam przemowy już od ponad roku. Uświadomiłam sobie, że najlepiej szło mi w małych grupach, takich jak te w Iowa. Dużym widowniom trudniej było przekazać ciepłe emocje. W większym tłumie trzeba je wyrażać klarowniej i musiałam nad tym popracować. Martwiłam się jednak, czy nie jest już za późno.

Valerie, moja droga przyjaciółka od ponad piętnastu lat, ścisnęła mi dłoń.

– Dlaczego nie porozmawialiście o tym ze mną wcześniej? – zapytałam. – Czemu nikt nie próbował mi pomóc?

Okazało się, że tak naprawdę nikt nie zwracał na to większej uwagi. W sztabie Baracka panowało przekonanie, że dobrze sobie radzę – aż przestałam. Dopiero kiedy zaczęłam sprawiać problem, wezwano mnie do biura Axe'a.

Był to dla mnie punkt zwrotny. Aparat kampanijny miał służyć wyłącznie kandydatowi, a nie jego żonie czy rodzinie. Choć sztabowcy Baracka szanowali mnie i doceniali mój wkład, nie udzielali mi zbyt wielu wskazówek. Aż do tego momentu nikt z kampanii nie pojechał ze mną w trasę ani nie pofatygował się na żadne z moich spotkań. Nie przeszłam szkolenia z występów medialnych ani przemawiania. Uświadomiłam sobie, że nie zamierzają udzielać mi pomocy, jeśli jej sobie nie wywalczę.

. . .

PONIEWAŻ ROZUMIELIŚMY, ŻE SKUPIONA na mnie uwaga może się jeszcze zwiększyć podczas rozpoczynającego się finałowego półrocza kampanii, doszliśmy w końcu do wniosku, że potrzebna mi jest prawdziwa pomoc. Jeżeli mam występować jak kandydat, muszę być wspierana jak kandydat: lepsza organizacja oraz większe zasoby zmniejszą ryzyko wpadki i pozwolą mi lepiej wykonywać tę pracę. W ostatnich tygodniach prawyborów sztabowcy Baracka postanowili rozbudować mój zespół i przydzielili mi w charakterze planistki oraz osobistej asystentki niejaką Kristen Jarvis, członkinię sztabu Baracka w czasach kampanii do Senatu, której ciepła, stoicka postawa pozwalała mi zachować trzeźwość umysłu w wysoce stresujących sytuacjach. Dostałam też konkretną, politycznie zahartowaną specjalistkę do spraw komunikacji – Stephanie Cutter – która we współpracy z Katie i Melissą pomogła mi wyostrzyć przekaz oraz sposób prezentacji, szykując mnie na poważne przemówienie podczas Narodowej Konwencji Demokratów pod koniec lata. W końcu zyskaliśmy także dostęp do kampanijnego samolotu, co pozwoliło mi się znacznie efektywniej przemieszczać. Teraz podczas podróży lotniczych między wydarzeniami mogłam udzielać wywiadów albo zrobić sobie fryzurę czy makijaż. Mogłam też zabierać ze sobą Sashę i Malię, nie ponosząc dodatkowych kosztów.

To była wielka, realna ulga. Sądzę, że dzięki tym zmianom naprawdę zaczęłam się więcej uśmiechać i trochę się odprężyłam.

Gdy planowałyśmy wystąpienia publiczne, Stephanie radziła mi, bym wykorzystywała swoje mocne strony i opowiadała o tym, o czym najbardziej lubiłam mówić, czyli o miłości do męża i dzieci, poczuciu więzi z pracującymi matkami oraz dumie z chicagowskich korzeni. Zauważyła, że lubię sobie pożartować z ludźmi, radziła więc, bym nie powstrzymywała się od humoru. Innymi słowy, uznała, że powinnam bez obaw być sobą. Krótko po zakończeniu prawyborów współprowadziłam talk-show *The View*, w którym przez godzinę w radosnej atmosferze i z ożywieniem rozmawiałam przed publicznością na żywo z Whoopi Goldberg, Barbarą Walters i innymi zaproszonymi osobami. Mówiłyśmy o atakach na mnie, lecz także o moich córkach, żółwiku na powitanie i niewygodach noszenia rajstop. Znowu odetchnęłam i odnalazłam własny głos. Show zebrał w większości pozytywne komentarze. Założyłam sukienkę za 148 dolarów, po którą Amerykanki zaraz pobiegły do sklepów.

Zaczynałam mieć wpływ na rzeczywistość, a jednocześnie dobrze się bawiłam. Czułam większą swobodę i optymizm. Starałam się też czegoś uczyć od spotykanych Amerykanów. Organizowałam okrągłe stoły na temat zachowywania równowagi między pracą a życiem rodzinnym, czym sama się bardzo interesowałam. Natomiast lekcjami pokory, które najmocniej zapamiętałam, okazały się spotkania z małżonkami personelu wojskowego – głównie kobietami, ale sporadycznie pojawiali się też mężczyźni.

„Opowiedzcie mi o swoim życiu" – prosiłam. Słuchałam historii kobiet, niekiedy wręcz nastolatek z dzieckiem na kolanach. Niektóre opowiadały, że przeprowadzają się z bazy do bazy osiem lub więcej razy w roku i przy każdej okazji muszą od nowa zapisywać dzieci na zajęcia, takie jak lekcje muzyki czy programy dokształcające. Wyjaśniały, jak trudno utrzymać ścieżkę kariery podczas tylu przeprowadzek: nauczycielka nie może na przykład znaleźć pracy, bo w nowym stanie nie uznają uprawnień, które były ważne w poprzednim. Na podobne kłopoty związane z respektowaniem kwalifikacji narzekały manikiurzystki i fizykoterapeutki. Wielu młodych rodziców nie było w stanie znaleźć w przystępnej cenie opieki do dzieci. Te problemy pogłębiał jeszcze organizacyjny i emocjonalny ciężar rozłąki z ukochaną osobą, którą wysyłano na dwanaście lub więcej miesięcy do miejsca takiego jak Kabul czy Mosul lub na lotniskowiec pływający po Morzu Południowochińskim. Poznanie tych ludzi natychmiast kazało mi inaczej spojrzeć na moje własne rozterki. Oni poświęcili znacznie więcej niż ja. Siedziałam na spotkaniach pochłonięta opowiadanymi historiami i zdumiona, że tak mało wiem o życiu wojskowych. Przysięgłam sobie, że jeśli Barackowi dopisze szczęście i zostanie wybrany, znajdę sposób, by wspomóc te rodziny.

Wszystko to dodało mi energii na ostatniej prostej i zmotywowało do pomocy Barackowi oraz Joe'emu Bidenowi, sympatycznemu senatorowi z Delaware, który wkrótce miał zostać ogłoszony kandydatem na wiceprezydenta. Otoczona wspierającymi mnie ludźmi odważyłam się znów słuchać głosu instynktu. Podczas publicznych wydarzeń skupiałam się na osobistym kontakcie z przybyłymi, niezależnie od tego, czy mówiłam do niewielkiej grupy, wielotysięcznego tłumu czy grona osób zebranych na zapleczu albo w kolejce przy barierkach. Kiedy wyborcy mieli okazję mnie spotkać, zaczynali rozumieć, że moje karykatury są nieprawdziwe. Dowiedziałam się, że nienawidzić z bliska jest znacznie trudniej.

Latem 2008 roku parłam naprzód szybciej i pracowałam ciężej niż dotąd, przekonana, że potrafię realnie pomóc Barackowi. Wraz ze zbliżaniem się konwencji po raz pierwszy pracowałam z autorką przemów, utalentowaną młodą kobietą Sarą Hurwitz, która pomogła mi przeobrazić moje pomysły w siedemnastominutową mowę. Po kilku tygodniach starannych przygotowań pod koniec sierpnia wkroczyłam na scenę Pepsi Center w Denver i stanęłam przed publicznością liczącą około dwudziestu tysięcy osób plus kilka milionów przed telewizorami gotowa opowiedzieć światu, kim naprawdę jestem.

Tamtego wieczora mój brat Craig przedstawił mnie publiczności. Mama siedziała w pierwszym rzędzie w przeszklonym pomieszczeniu dla VIP-ów i wyglądała na nieco oszołomioną rozmiarem słuchającej nas widowni. Opowiadałam o moim ojcu – człowieku, którego skromność i wytrwałość ukształtowały mnie i Craiga. Starałam się jak najuczciwiej ukazać Amerykanom Baracka i jego szlachetne serce. Kiedy skończyłam, tłum długo klaskał, a ja poczułam potężną falę ulgi – może w końcu udało mi się zrobić coś, co zmieni mój obraz w oczach ludzi.

Było to bez wątpienia wielkie wydarzenie – podniosłe, publiczne i po dziś dzień łatwo dostępne na YouTubie. Lecz zarazem z tych samych powodów wydawało mi się osobliwie nieznaczne. Mój ogląd rzeczywistości zaczął się odwracać niczym sweter przekładany z wolna na drugą stronę. Sceny, widownie, reflektory, aplauz... Te sprawy zaczęły się dla mnie stawać zdumiewająco zwyczajne – bardziej niż mogłabym się tego spodziewać. Teraz liczyły się dla mnie przede wszystkim momenty nieprzećwiczone, niesfotografowane, te chwile pomiędzy, kiedy nikt niczego nie udawał i nikt nikogo nie osądzał, a świat wciąż mógł cię naprawdę zaskoczyć. To wtedy mogłaś poczuć, jak bez ostrzeżenia otwierają się malutkie drzwiczki prowadzące wprost do twojego serca.

By lepiej to zilustrować, musimy wrócić do świątecznego czwartego lipca w miasteczku Butte w Montanie. Dzień miał się ku końcowi, letnie słońce w końcu skryło się za górami na zachodzie, z dali zaczynały dobiegać wystrzały fajerwerków. Zatrzymaliśmy się na noc w hotelu Holiday Inn Express niedaleko drogi międzystanowej. Następnego dnia Barack miał wyruszyć do Missouri, natomiast ja z dziewczynkami – do domu w Chicago. Wszyscy byliśmy zmęczeni. Zaliczyliśmy paradę i piknik. Czuliśmy się tak, jakbyśmy porozmawiali chyba z każdym mieszkańcem Butte. A teraz wreszcie zebraliśmy się na naszym małym przyjęciu tylko dla Malii.

Gdyby mnie wówczas o to spytano, powiedziałabym, że jej urodziny wyglądają raczej blado – jak dodatek do burzliwego, wypełnionego polityką dnia. Zebraliśmy się w niskiej, oświetlonej jarzeniówkami sali konferencyjnej w hotelowym przyziemiu z Konradem, Mayą i Suhailą, garstką bliskich Malii sztabowców, oraz oczywiście agentami Secret Service, którzy towarzyszyli nam zawsze i wszędzie. Mieliśmy baloniki, torcik ze sklepu, dziesięć świeczek i pojemnik z lodami. Ktoś, nie ja, w ostatniej chwili kupił i zapakował kilka prezentów. Urodziny nie sprawiały może wrażenia przypadkowo skleconych, ale też nie byliśmy w przesadnie imprezowym nastroju. Po prostu mieliśmy za sobą zbyt długi dzień. Wymieniliśmy z Barackiem smutne spojrzenia, wiedząc, że zawiedliśmy.

Jednak ostatecznie wszystko sprowadzało się do naszego nastawienia – wystarczyło trochę inaczej spojrzeć na sprawy. Barack i ja skupialiśmy się tylko na naszych błędach i niedociągnięciach, których symbolem miał być ten przygnębiający pokój i pospiesznie zorganizowane przyjęcie. Ale Malia szukała czegoś innego i to zobaczyła. Dostrzegła przyjazne twarze, kochających ją ludzi, torcik z grubą polewą, młodszą siostrzyczkę i kuzynkę u boku, nowy rok życia, który właśnie się zaczynał. Cały dzień spędziła na dworze. Następnego miała lecieć samolotem.

Podeszła do krzesła Baracka i wskoczyła mu na kolana.

– To najlepsze urodziny na świecie! – powiedziała.

Nie zauważyła, że oczy jej rodziców wezbrały łzami ani że połowa zgromadzonych stała ze ściśniętym gardłem. A przecież miała rację. Nagle wszyscy to dostrzegliśmy. Skończyła dziesięć lat i wszystko było najlepsze.

18.

CZTERY MIESIĄCE PÓŹNIEJ, 4 listopada 2008 roku, oddałam swój głos na Baracka. Poszliśmy wcześnie do naszego lokalu wyborczego w sali gimnastycznej szkoły podstawowej imienia Beulah Shoesmith kilka przecznic od naszego domu w Chicago. Zabraliśmy ze sobą Sashę i Malię, obie ubrane i wyszykowane jak do szkoły. Nawet – a może zwłaszcza – w dzień wyborów nawiązanie do szkolnych realiów wydawało mi się właściwe. Szkoła oznaczała ustalony porządek. Szkoła oznaczała znajome otoczenie. Kiedy mijaliśmy rzędy fotografów i kamer telewizyjnych po drodze do sali gimnastycznej, a ludzie wokół nas opowiadali o historycznym wymiarze wydarzeń, cieszyłam się, że spakowałam pudełka z lunchem.

Jaki będzie ten dzień? Na pewno długi. Poza tym żadne z nas nie miało pojęcia.

Jak zawsze, gdy rosła presja, Barack był bardziej wyluzowany niż kiedykolwiek. Przywitał się z komisją, odebrał kartę i uścisnął dłoń wszystkim, których spotkał, całkowicie odprężony. Bo też nerwy nie były już potrzebne. Za chwilę wszystko miało przestać od niego zależeć.

Staliśmy ramię w ramię przy urnach, a dziewczynki, nachylone, przypatrywały się bacznie, co robimy.

Głosowałam na Baracka już wiele razy, zarówno w prawyborach, jak i wyborach powszechnych, na poziomie stanu oraz kraju, i tym razem wyglądało to podobnie. Głosowanie było dla mnie nawykiem, zdrowym rytuałem odprawianym sumiennie i przy każdej okazji. Rodzice zabierali mnie na wybory, gdy byłam dzieckiem, a ja brałam Sashę i Malię z nadzieją, że dzięki temu zobaczą, jakie to łatwe, ale i ważne.

Kariera męża pozwoliła mi z bliska przyglądać się mechanizmom polityki i władzy. Widziałam, że garstka głosów oddanych w każdym okręgu może zaważyć nie tylko na tym, czy przejdzie ten czy tamten kandydat, lecz także na tym, który system wartości zatriumfuje. Jeśli w każdej dzielnicy kilkoro ludzi postanowi zostać w domu, ich decyzja może wpłynąć na to, czego nasze dzieci będą się uczyć w szkołach, jakie możliwości leczenia otrzymamy albo czy poślemy żołnierzy na wojnę. Głosowanie było zarówno proste, jak i niesamowicie skuteczne.

Tego dnia dłuższą chwilę wpatrywałam się w zaokrągloną kratkę przy nazwisku męża wymienionego jako potencjalny prezydent Stanów Zjednoczonych. Po prawie dwudziestu jeden miesiącach kampanii, ataków i zmęczenia stało przede mną ostatnie zadanie.

Barack spojrzał na mnie i się zaśmiał.

– Ciągle jeszcze się nie zdecydowałaś? – spytał. – Potrzeba ci więcej czasu?

Gdyby nie nerwowy nastrój, dzień wyborów można by uznać za miniurlop, surrealistyczną przerwę między wszystkim, co się dotąd stało, a tym, co się wydarzy. Wykonaliśmy skok, ale jeszcze nie wylądowaliśmy. Wciąż nie wiedzieliśmy, jaki smak będzie mieć przyszłość. Po błyskawicznie mijających miesiącach czas zwolnił i nabrał ślimaczego tempa. Po powrocie z głosowania udawałam panią domu, zabawiając rozmową rodzinę i przyjaciół, którzy przyszli, by pomóc nam jakoś przeczekać te godziny.

W pewnym momencie tego ranka Barack wyszedł pograć w koszykówkę z Craigiem i kolegami w pobliskiej sali gimnastycznej, co stało się jego rytuałem w dzień wyborów. Nic tak nie koiło jego nerwów jak ostra sesja kosza.

– Tylko nie pozwól nikomu złamać mu nosa – pouczyłam Craiga, kiedy wychodzili. – Pamiętaj, że potem występuje w telewizji.

– Jak zawsze potrafisz zwalić na mnie odpowiedzialność za wszystko – odparł tak, jak tylko brat potrafi. Chwilę później już ich nie było.

Gdyby wierzyć sondażom, Barack powinien wygrać, ale wiedziałam, że pracował nad dwoma przemówieniami – jednym zwycięskim, drugim na wypadek przegranej. Dowiedzieliśmy się już dość na temat polityki i procesu wyborów, by niczego nie uważać za oczywiste. Pamiętaliśmy o zjawisku zwanym efektem Bradleya od nazwiska afroamerykańskiego kandydata Toma Bradleya, który na początku lat osiemdziesiątych brał udział w wyścigu wyborczym o fotel gubernatora Kalifornii i zaskakująco przegrał, choć sondaże regularnie wskazywały jego przewagę. Był to rażący przykład ludzkiej hipokryzji, który dało się zaobserwować później wielokrotnie podczas wielu wyborów wyższego szczebla w naszym kraju. Zjawisko to wyjaśniano w taki sposób, że wyborcy wolą ukrywać swoje uprzedzenia rasowe przed ankieterami i wyrażają je dopiero bez świadków przy urnie.

Podczas kampanii nieustannie zadawałam sobie pytanie, czy Ameryka jest gotowa wybrać czarnego prezydenta oraz czy naród jest dość silny, by zlekceważyć kwestię rasy i wznieść się ponad uprzedzenia. Niebawem mieliśmy się przekonać.

Kampania przed wyborami powszechnymi okazała się mniej wyczerpująca niż zaciekła bitwa o prawybory. John McCain sam sobie zaszkodził, wybierając na współkandydatkę Sarę Palin, gubernatorkę Alaski. Niedoświadczona i nieprzygotowana wkrótce stała się obiektem narodowych żartów. Co więcej, w połowie września pojawiły się katastrofalne wiadomości. Amerykańska gospodarka zaczęła się pogrążać w kryzysie po nieoczekiwanej plajcie Lehman Brothers, jednego z największych krajowych banków inwestycyjnych. Świat dowiedział się, że tytani Wall Street latami robili majątek na ryzykownych kredytach mieszkaniowych. Ceny akcji poleciały w dół. Zamarły rynki kredytowe. Wyparowały fundusze emerytalne.

Barack okazał się odpowiednim człowiekiem na ten moment dziejowy – właściwym kandydatem do pracy, która z pewnością nie miała być łatwa, a teraz, z powodu kryzysu finansowego, stała się nieopisanie trudniejsza. Od ponad półtora roku obwieszczałam całej Ameryce: mój mąż jest pewny siebie i przygotowany. Złożone problemy go nie odstraszają. Jest zdolny rozwikłać wszelkie zawiłości. Oczywiście byłam stronnicza, a w dodatku nie miałam nic przeciwko, by przegrał wybory, być może odzyskując w ten sposób choć część naszego dawnego życia. Czułam jednak także, że nasz kraj potrzebuje pomocy. Nadszedł czas, by przestać się skupiać na rzeczy tak nieistotnej jak kolor skóry. Gdybyśmy nie wybrali Baracka, byłoby to przejawem głupoty. Ale gdyby wygrał, jasne było, że odziedziczy po poprzedniku spory bałagan.

Wraz ze zbliżaniem się wieczoru poczułam, że drętwieją mi palce, a całe ciało przechodzą nerwowe dreszcze. Nie mogłam jeść. Nie potrafiłam dłużej zabawiać rozmową mamy i przyjaciół, którzy wpadli z wizytą. W pewnej chwili poszłam na górę, żeby uspokoić się w samotności.

Spotkałam tam Baracka, który najwyraźniej także potrzebował chwili dla siebie.

Siedział przy biurku w swojej sąsiadującej z sypialnią, zarzuconej książkami dziupli i przeglądał tekst zwycięskiego przemówienia. Podeszłam i zaczęłam masować mu barki.

– Wszystko w porządku? – spytałam.

– Tak jest.

– Zmęczony?

– Ani trochę. – Uśmiechnął się do mnie jakby na potwierdzenie tych słów. Zaledwie dzień wcześniej otrzymaliśmy wiadomość, że osiemdziesięcioszescioletnia babka Baracka, Toot, zmarła na Hawajach po wielomiesięcznej walce z rakiem. Barack żałował, że nie zdążył pożegnać się z matką, i postanowił za wszelką cenę zobaczyć się z Toot.

Pojechaliśmy do niej wraz z dziećmi pod koniec lata, a dziesięć dni temu już w pojedynkę Barack zboczył z trasy kampanii i wybrał się tam ponownie, by posiedzieć przy babce i potrzymać ją za rękę. Stwierdziłam, że to bardzo smutny zbieg okoliczności. Barack stracił matkę na samym początku swojej kariery politycznej, zaledwie dwa miesiące po ogłoszeniu kandydatury do senatu stanowego. Teraz, gdy ta kariera sięgała zenitu, jego babka nie mogła już tego zobaczyć. Wszyscy, którzy go wychowywali, odeszli.

– Jestem z ciebie dumna, nieważne, co się stanie – powiedziałam. – Zrobiłeś tyle dobrego.

Uniósł się z krzesła i mnie objął.

– Ty także – powiedział, przyciągając mnie do siebie. – Oboje poradziliśmy sobie całkiem nieźle.

Myślałam tylko o tym, jak ciężkie brzemię będzie musiał dźwigać.

Po rodzinnej kolacji w domu elegancko się ubraliśmy i pojechaliśmy z małym gronem przyjaciół i krewnych do centrum, by śledzić napływające cząstkowe wyniki w apartamencie wynajętym nam na tę okazję w hotelu Hyatt Regency. Sztabowcy zaszyli się w innej części hotelu, by zapewnić nam trochę prywatności. Joe i Jill Bidenowie wraz z przyjaciółmi i rodzinami zajęli apartament po drugiej stronie korytarza.

Pierwsze wyniki zaczęły spływać około osiemnastej czasu centralnego: Kentucky wybrało McCaina, Vermont – Baracka. Następnie Zachodnia Wirginia postawiła na McCaina, później podobnie postąpiła Południowa Karolina. Podkopało to odrobinę moją pewność siebie, choć żaden z tych wyników nie był zaskakujący. Według Axe'a i Plouffe'a, którzy co chwilę pojawiali się w pokoju i znikali, przekazując nam każdy skrawek pozyskanej informacji, wszystko szło zgodnie z przewidywaniami. Choć nowiny były ogólnie dobre, nie miałam ochoty słuchać politycznego trajkotania. I tak nic już nie mogliśmy zrobić, więc jaki w tym sens? Wykonaliśmy skok, a za chwilę – w ten czy inny sposób – wylądujemy. W telewizji zobaczyliśmy, że tysiące ludzi gromadzą się jakieś dwa kilometry od nas na brzegu jeziora w Grant Park, gdzie transmitowano wieczór wyborczy na ogromnych ekranach Jumbotron i skąd Barack miał później wygłosić jedno z dwóch przemówień. Prawie na każdym rogu stali policjanci, jezioro patrolowały łodzie straży wybrzeża, latały helikoptery. Wydawało się, że całe Chicago wstrzymuje oddech w oczekiwaniu na nowiny.

Connecticut zagłosowało na Baracka. Następnie New Hampshire. Potem Massachusetts, Maine, Delaware i stołeczny Dystrykt Kolumbii. Kiedy ogłoszono, że Illinois wybrało Baracka, z ulic dobiegły mnie klaksony samochodów i podniecone okrzyki. Usiadłam na krześle przy drzwiach do apartamentu i chłonęłam rozgrywającą się przede mną scenę. W pokoju zrobiło się teraz prawie cicho – nerwowe aktualizacje sztabowców zamilkły i zapanowała atmosfera pełna spokoju i czujnego wyczekiwania. Po mojej prawej na sofie siedziały dziewczynki w sukienkach czerwonej i czarnej, a po lewej Barack bez marynarki, którą pewnie powiesił na jakimś krześle w pokoju, siedział na innej sofie przy mojej matce, wystrojonej na tę okazję w elegancki czarny kostium i srebrne kolczyki.

– Jesteś na to gotowa, babciu? – usłyszałam, jak do niej mówi.

Mama, nigdy przesadnie emocjonalna, tylko spojrzała na niego z ukosa i wzruszyła ramionami, co sprawiło, że oboje się uśmiechnęli. Później powiedziała mi jednak, że w tamtej chwili bardzo ją poruszyła jego kruchość. Mnie ogarnęły podobne uczucia. Ameryka widziała w Baracku człowieka pewnego siebie i potężnego, lecz moja matka dostrzegła także, przez jak poważną zmianę przechodzi i jak samotna praca go czeka. Człowiek, który stracił już ojca i matkę, miał zostać wybrany na przywódcę wolnego świata.

Chwilę później spojrzałam na nich ponownie i zobaczyłam, że trzymają się za ręce.

DOKŁADNIE O DZIESIĄTEJ WIECZOREM telewizje zaczęły pokazywać zdjęcia mojego uśmiechniętego męża, oznajmiając, że Barack Hussein Obama został czterdziestym czwartym prezydentem Stanów Zjednoczonych Ameryki. Zerwaliśmy się na równe nogi i zaczęliśmy krzyczeć z radości. Sztabowcy oraz Bidenowie wpadli do pokoju, wszyscy ściskali się wzajemnie. Panowała surrealistyczna atmosfera. Miałam wrażenie, że jakaś siła wyrwała mnie z mojego ciała i przyglądam się własnym reakcjom, stojąc z boku.

Udało mu się. Wszystkim nam się udało. Zdawało się to prawie niemożliwe, ale odnieśliśmy pełne zwycięstwo.

Wtedy poczułam się tak, jakby ktoś naszą rodzinę wystrzelił z armaty wprost w dziwaczny podmorski świat. Rzeczywistość zwolniła, jakby wszystko działo się pod wodą i było lekko zniekształcone, mimo że poruszaliśmy się szybko, precyzyjnie, kierowani przez agentów Secret Service, którzy poprowadzili nas do windy towarowej i tylnym wyjściem z hotelu do czekającego SUV-a. Czy wzięłam głębszy oddech po wyjściu z budynku? Czy podziękowałam osobie, która przytrzymała mi drzwi? Czy się uśmiechałam? Nie wiem. Wciąż usiłowałam przebić się z powrotem do rzeczywistości. Przypuszczam, że zadziałało zmęczenie. Jak przewidywałam, był to naprawdę długi dzień. Widziałam po dziewczynkach, że są oszołomione. Wcześniej próbowałam przygotować je na tę część wieczoru i wyjaśniłam, że niezależnie od tego, czy tata wygra, czy przegra, w parku odbędzie się huczna impreza.

Sunęliśmy chronioną przez policję kolumną przez Lake Shore Drive do parku Granta. Jeździłam tą drogą setki razy do Whitney Young i na treningi przed świtem. To było moje miasto, znałam je od podszewki, a jednak tej nocy wydawało się inne, przeobrażone, dziwnie ciche. Czułam się, jakbyśmy utkwili poza czasem i przestrzenią – trochę jak we śnie.

Malia patrzyła przez okno SUV-a, uważnie wszystko obserwując.

– Tato – powiedziała niemal współczującym tonem. – Na drodze nikogo nie ma. Na twoją imprezę chyba nikt nie przyjedzie.

Popatrzyliśmy na siebie z Barackiem i zaczęliśmy się śmiać. Dopiero wtedy uświadomiliśmy sobie, że nasze samochody są faktycznie jedynymi na drodze. Barack został prezydentem elektem. Secret Service oczyściło trasę przejazdu, zamknęło cały odcinek Lake Shore Drive i zablokowało na nim każde skrzyżowanie – wkrótce mieliśmy się przekonać, że to standardowa procedura w przypadku podróży prezydenta. Ale dla nas było to nowe.

Wszystko było nowe.

Objęłam Malię ramieniem.

– Ludzie już tam są, kochanie – powiedziałam. – Nie obawiaj się, będą na nas czekać.

I faktycznie byli. Ponad dwieście tysięcy osób stłoczyło się w parku, żeby nas zobaczyć. Wysiadając z samochodu, usłyszeliśmy pełen wyczekiwania pomruk tłumu. Poprowadzono nas przez ustawiony z przodu parku tunel z białych namiotów wiodący na scenę. Zebrała się tam już grupa naszych przyjaciół i krewnych, by nas powitać, lecz teraz, zgodnie z protokołem obowiązującym Secret Service, musieli stać za barierką ze sznura. Barack objął mnie ramieniem, jakby chciał się upewnić, czy wciąż jestem obok niego.

Kilka minut później wkroczyliśmy we czworo na scenę – ja trzymałam za rękę Malię, a Barack Sashę. W oczy rzuciło mi się kilka rzeczy jednocześnie. Zobaczyłam, że wokół sceny wzniesiono panel z grubego kuloodpornego szkła. Zobaczyłam morze ludzi, z których wielu machało małymi amerykańskimi flagami. Mój mózg nie potrafił tego objąć. Wydarzenia mnie przerastały.

Nie pamiętam zbyt dobrze przemówienia Baracka z tamtego wieczora. Wraz z Sashą i Malią przyglądałam się z boku, jak mówi otoczony pancernym szkłem, naszym miastem i bezpiecznym kokonem sześćdziesięciu dziewięciu milionów głosów. Pamiętam komfort i niezwykły spokój tamtej wyjątkowo ciepłej listopadowej nocy nad jeziorem w Chicago. Po wielu miesiącach organizowania żywiołowych wieców wyborczych, na których specjalnie zagrzewaliśmy tłum do okrzyków i skandowania, atmosfera panująca w Grant Park była zupełnie inna. Staliśmy przed ogromnym zbiorowiskiem Amerykanów uradowanych, lecz jakby zamyślonych. Panowała względna cisza. Wydawało mi się, że mogę wyróżnić niemal każdą twarz w tłumie. W wielu oczach widziałam łzy.

Może tę ciszę tylko sobie wyobrażałam, a może na ludzi tak wpłynęła późna godzina. Była już przecież prawie północ. I wszyscy czekali. Czekaliśmy bardzo, bardzo długo.

Większa historia

19.

NIE ISTNIEJE ŻADEN PODRĘCZNIK dla nowych pierwszych dam Ameryki. Oficjalnie rzecz biorąc, nie jest to ani praca, ani stanowisko rządowe. Nie wiąże się z nią żadne wynagrodzenie ani spisana lista obowiązków. To dziwny wagonik doczepiony do prezydentury, w którym dotąd jechały już czterdzieści trzy inne kobiety, a każda we własnym stylu.

Wiedziałam niewiele o poprzednich pierwszych damach oraz o tym, jak odnalazły się w tej roli. Pamiętałam, że Jackie Kennedy poświęciła się zmianie wystroju wnętrz Białego Domu. Rosalynn Carter brała udział w naradach gabinetu, Nancy Reagan narobiła sobie kłopotów, przyjmując za darmo suknie od projektantów, a Hillary Clinton szykanowano za objęcie stanowiska w administracji męża. Pewnego razu kilka lat wcześniej podczas lunchu dla współmałżonków amerykańskich senatorów przyglądałam się – wstrząśnięta i zachwycona jednocześnie – jak Laura Bush pogodnie i z uśmiechem pozuje chyba setce fotografów do oficjalnych zdjęć, ani razu nie wychodząc z roli ani nie prosząc o przerwę. Pierwsze damy pojawiały się w mediach, piły herbatkę z małżonkami zagranicznych dygnitarzy, wygłaszały oficjalne życzenia świąteczne i ubierały się w ładne suknie na oficjalne kolacje.

Wiedziałam też, że przeważnie wybierały jedną czy dwie sprawy warte wsparcia.

Rozumiałam już jednak, że ja oceniana będę według innych kryteriów. Jako jedyna afroamerykańska pierwsza dama w Białym Domu niemal automatycznie byłam „inna". O ile moje poprzedniczki z definicji uważano za osoby pełne gracji, o tyle mnie samej z pewnością nie miało to dotyczyć. W toku kampanii i na własnych błędach nauczyłam się, że muszę być lepsza, szybsza, mądrzejsza i silniejsza niż kiedykolwiek. Nikt nie dostrzeże we mnie gracji, jeśli na to nie zapracuję. Obawiałam się, że wielu Amerykanów nie będzie potrafiło się identyfikować ze mną lub z moją historią. Nie będę miała luksusu stopniowego wchodzenia w rolę ani taryfy ulgowej. Byłam też tak samo jak dawniej narażona na oddziaływanie bezpodstawnych lęków i stereotypów rasowych czających się tuż pod powierzchnią zbiorowej świadomości i gotowych ożyć pod wpływem plotki czy pomówienia.

Rola pierwszej damy budziła mój entuzjazm i pokorę, lecz ani przez chwilę nie sądziłam, że będzie łatwa czy urocza. Zresztą nikt, w odniesieniu do kogo używano jednocześnie słów „pierwsza" i „czarna", nie byłby w stanie tak pomyśleć. Stałam u stóp góry i wiedziałam, że będę musiała wejść na szczyt, aby wkraść się w łaski publiki.

Przypomniałam sobie wówczas pytania, które zadawałam sobie skrycie, kiedy wątpiłam we własne możliwości jeszcze w liceum Whitney Young, oraz odpowiedzi, jakich udzielałam. Nauczyłam się wówczas, że pewność siebie trzeba czasem odnaleźć w głębi własnej duszy. Powtarzałam sobie te same słowa już wiele razy, podczas wielu wspinaczek.

Czy jestem dość dobra? Tak, jestem.

Okres siedemdziesięciu sześciu dni, które miały upłynąć między dniem wyborów a inauguracją, wydawał się krytyczny dla określenia, jakiego rodzaju pierwszą damą zamierzam zostać. Ponieważ tak wiele wysiłku włożyłam w porzucenie prawa korporacyjnego i zaangażowanie się w bardziej pożyteczną pracę na rzecz społeczności, wiedziałam, że będę najszczęśliwsza, działając aktywnie i wyznaczając mierzalne cele. Planowałam spełnić obietnicę złożoną żonom i mężom wojskowych poznanym na kampanijnym szlaku: nagłośnić ich historie i zapewnić im wsparcie. Był jeszcze pomysł założenia ogrodu i polepszenia zdrowia oraz standardów żywienia dzieci na szerszą skalę.

Nie chciałam jednak zabierać się do realizacji tych planów w sposób przypadkowy. Zamierzałam wejść do Białego Domu ze starannie przemyślaną strategią i mocnym zespołem, który będzie mnie wspierał. Jeśli nauczyłam się czegoś po kampanijnych przejściach, kiedy mnóstwo ludzi próbowało mnie zaszufladkować jako agresywną czy nieprzyjemną, to tego, że osąd publiki natychmiast wypełnia każdą pustą przestrzeń. Jeśli sama publicznie nie określisz własnego charakteru, szybko i nietrafnie zrobią to inni. Nie chciałam przyjmować biernej postawy i czekać, aż zespół Baracka wyznaczy mi kierunek. Po przebrnięciu przez całoroczny magiel nigdy więcej nie zamierzałam pozwolić, by znów mnie tak poturbowano.

W MOIM UMYŚLE KOTŁOWAŁO SIĘ mnóstwo spraw do załatwienia. Nie mogłam zawczasu przygotować się do nowej roli. Gdybym zaczęła przed ogłoszeniem wyników, uznano by to za przejaw pychy. Planistce takiej jak ja trudno było siedzieć i czekać, teraz jednak wrzuciliśmy szósty bieg. Przede wszystkim chciałam się zająć Sashą i Malią. Chciałam, by weszły w nowe środowisko tak szybko i łagodnie, jak to możliwe. Musiałam więc dopiąć szczegóły przeprowadzki i znaleźć dziewczynkom w Waszyngtonie nową szkołę, w której będą szczęśliwe.

Sześć dni po wyborach poleciałam do stolicy, umówiwszy się na spotkania z kilkoma dyrektorami różnych szkół. W normalnych okolicznościach skupiłabym się na jakości nauczania i kulturze panującej w każdej z nich, lecz teraz nasze życie nieodwracalnie wykroczyło poza normę. Trzeba było wziąć pod uwagę mnóstwo nowych, zawikłanych czynników, takich jak protokoły Secret Service, plany ewakuacyjne czy strategie ochrony prywatności naszych dzieci przed okiem publiki. Wszystkie zmienne ogromnie się skomplikowały. W nasze sprawy angażowało się teraz wiele osób i trzeba było omówić z nimi podjęcie nawet drobnych decyzji.

Na szczęście mogłam zatrzymać przy sobie najważniejsze członkinie mojego sztabu – Melissę, Katie i Kristen – które pomagały mi w okresie przejściowym. Natychmiast zaczęłyśmy ustalać logistykę przeprowadzki naszej rodziny, jednocześnie zatrudniając pracowników mojego biura we Wschodnim Skrzydle – planistów, ekspertów do spraw programu politycznego czy fachowców od komunikacji – oraz personel obsługi rodzinnej rezydencji. Jedną z pierwszych osób, które zatrudniłam, była Jocelyn Frye, moja dawna przyjaciółka ze studiów prawniczych obdarzona fenomenalnym analitycznym umysłem. Jocelyn zgodziła się objąć funkcję mojej dyrektorki do spraw polityki, czyli osoby nadzorującej planowane do wdrożenia inicjatywy.

Tymczasem Barack pracował nad rozdzieleniem funkcji we własnym gabinecie i naradzał się z wieloma specjalistami, jak uratować gospodarkę – ponad dziesięć milionów Amerykanów było bezrobotnych, a przemysł motoryzacyjny przeżywał groźne załamanie. Widząc mocno zaciśnięte szczęki męża, kiedy wychodził z tych spotkań, wiedziałam, że sytuacja jest jeszcze poważniejsza, niż sądziła większość ludzi. Otrzymywał też codzienne skróty informacji wywiadowczych i nagle dostał wgląd do najściślej strzeżonych sekretów państwa. Dowiedział się o utajnionych zagrożeniach, potajemnych sojuszach i niejawnych operacjach, których ogół obywateli pozostawał niemal nieświadomy.

Secret Service, które odtąd miało nas ochraniać przez najbliższe lata, przydzieliło nam oficjalne nazwy kodowe. Barack otrzymał kryptonim „Renegat", ja – „Renesans". Dziewczynkom pozwolono wybrać własne kody z uprzednio zatwierdzonej listy wyrazów na R. Malia została „Rozbłyskiem", a Sasha – „Różyczką". (Moja matka później nadała jej własny nieoficjalny kryptonim „Raindance", czyli Deszczowy Taniec).

Agenci Secret Service zawsze zwracali się do mnie *per* „proszę pani". „Tędy, proszę pani. Pozwoli pani zrobić krok w tył". Oraz: „Proszę pani, zaraz podstawimy samochód".

Kim jest ta pani? – miałam ochotę zapytać. To określenie przywoływało mi na myśl starszą kobietę z elegancką torebką, sztywno wyprostowaną, w wygodnych, lecz stosownie dobranych butach, która może siedzi gdzieś tu obok.

Ale chodziło o mnie. Ja byłam tą panią. Przechodziliśmy naprawdę wielką, wariacką zmianę.

Rozmyślałam o tych sprawach, jadąc na spotkanie z dyrektorami szkół. Po jednej z wizyt udałam się na lotnisko imienia Reagana, by spotkać się z Barackiem, który przylatywał czarterowym lotem z Chicago. Zgodnie z protokołem prezydent elekt został zaproszony przez urzędującego prezydenta Busha wraz z małżonką na wizytę do Białego Domu i umówił jej datę na dzień mojego rekonesansu szkół. Stałam w sali przylotów prywatnego terminalu i patrzyłam na lądowanie samolotu Baracka. Obok stał Cornelius Southall, jeden z agentów dowodzących moim zespołem ochrony. Był to szeroki w barkach mężczyzna, dawniej zawodnik futbolu amerykańskiego, który służył już w ekipie chroniącej prezydenta Busha. Jak wszyscy pracujący dla mnie agenci dowodzący był inteligentny i wyszkolony do nieustannej czujności jak chodzący wykrywacz zagrożeń. Gdy staliśmy we dwoje, patrząc, jak samolot Baracka kołuje po pasie startowym i zatrzymuje się jakieś dwadzieścia metrów od nas, on miał już nowe informacje, choć ja nawet się nie zorientowałam, że coś się dzieje.

– Proszę pani – powiedział, słuchając głosu w słuchawce – pani życie zaraz zmieni się na zawsze.

Spojrzałam na niego pytająco, na co odparł:

– Zaraz pani zobaczy.

Po chwili wskazał w prawo, a ja podążyłam wzrokiem za jego gestem. Jak na komendę zza rogu wynurzył się masywny cień: wielki wąż pojazdów, cała ich armia, w której ujrzałam falangę aut i motocykli policyjnych, szereg czarnych SUV-ów, dwie opancerzone limuzyny z amerykańskimi flagami na zderzakach, ciężarówkę likwidacji zagrożeń chemicznych, wóz drużyny antyterrorystycznej z widocznymi karabinkami szturmowymi, ambulans, wóz łączności zdolny wykrywać nadlatujące pociski rakietowe, kilka vanów pasażerskich i kolejną grupę policyjnych radiowozów. Kolumna prezydencka. Liczyła co najmniej dwadzieścia pojazdów i poruszała się w ustalonym szyku, samochód za samochodem. Wreszcie cała ta flota znieruchomiała, a limuzyny zatrzymały się dokładnie przed stojącym na pasie samolotem Baracka.

Zwróciłam się do Corneliusa:

– Jest tam jeszcze samochód pełen klaunów? – spytałam. – On naprawdę będzie teraz przemieszczał się w taki sposób?

Uśmiechnął się.

– Tak jest. Każdego dnia do końca prezydentury – odparł. – Tak to będzie teraz wyglądać.

Obserwowałam ten spektakl: setki ton stali, drużyna komandosów, wszystko kuloodporne. Wtedy jeszcze nie wiedziałam, że widzę zaledwie część ochrony Baracka. Nie wiedziałam, że zawsze w pobliżu czeka helikopter gotowy go ewakuować, snajperzy zajmują dachy wzdłuż tras jego przejazdu, osobisty lekarz podróżuje wraz z nim w razie problemów zdrowotnych, a w aucie, w którym jedzie, znajduje się zapas krwi na wypadek konieczności transfuzji. Kilka tygodni później, nieco przed inauguracją Baracka, prezydencką limuzynę wymieniono na nowszy model trafnie nazywany Bestią – był to siedmiotonowy czołg udający luksusowy samochód, wyposażony w ukryte rozpylacze gazu łzawiącego, opony odporne na rozdarcie i zamknięty obieg powietrza, dzięki któremu pasażer mógł przetrwać atak biologiczny lub chemiczny.

Mój mąż był najściślej strzeżonym człowiekiem na Ziemi. Dodawało mi to jednocześnie otuchy i mnie przerażało.

Spojrzałam na Corneliusa, który dał mi znak, bym ruszyła ku limuzynie.

– Teraz już może pani podejść – powiedział.

. . .

BYŁAM W BIAŁYM DOMU TYLKO RAZ, kilka lat wcześniej. Za pośrednictwem senackiego biura Baracka zapisałam się wraz z Malią i Sashą na specjalne oprowadzanie podczas jednej z naszych wizyt w Waszyngtonie, sądząc, że będzie to miła rozrywka. Goście przeważnie zwiedzają Biały Dom na własną rękę, lecz tę wycieczkę prowadził kurator, który pokazywał naszej małej grupie wspaniałe korytarze i różne publiczne sale.

Gapiłyśmy się na kandelabry z rżniętego szkła wiszące u wysokiego sufitu Sali Wschodniej, gdzie tradycyjnie urządzano wystawne bale oraz przyjęcia, i badawczo przyglądałyśmy się różowym policzkom oraz uważnym oczom Jerzego Waszyngtona uwiecznionym na ogromnym, oprawionym w złoconą ramę portrecie wiszącym na jednej ze ścian. Przewodnik poinformował nas, że pod koniec XVIII wieku pierwsza dama Abigail Adams w tej ogromnej przestrzeni rozwieszała pranie, zaś kilka dekad później podczas wojny secesyjnej zakwaterowano tam tymczasowo żołnierzy sił Północy. W Sali Wschodniej wiele pierwszych córek odbywało wesela. Wystawiono tam również trumny Abrahama Lincolna i Johna F. Kennedy'ego.

Przypominałam sobie tamtego dnia to, co zapamiętałam z lekcji historii na temat poszczególnych prezydentów, próbując dopasować wiedzę do obrazu ich rodzin przemierzających oglądane właśnie korytarze. Malia, wówczas ośmioletnia, zdumiewała się głównie ogromem wnętrz, podczas gdy Sasha, lat pięć, z całej siły próbowała powstrzymać się przed dotykaniem wszystkiego, czego nie wolno tknąć. Trzymała się dzielnie, gdy z Sali Wschodniej przeszłyśmy do Zielonego Pokoju o szmaragdowych jedwabnych tkaninach na ścianach, gdzie usłyszałyśmy historię o Jamesie Madisonie i wojnie brytyjsko-amerykańskiej z 1812 roku, a następnie do Niebieskiego Pokoju pełnego francuskich mebli, z którym wiązała się historia wesela Grovera Clevelanda. Gdy jednak przewodnik poprosił, byśmy ruszyli za nim do Czerwonego

Pokoju, Sasha uniosła na mnie wzrok i jęknęła niezbyt cicho, jak to rozeźlony przedszkolak potrafi: „O nieee, tylko nie kolejny pokój!". Szybko ją uciszyłam i posłałam matczyne spojrzenie spod znaku „nie rób mi wstydu".

Ale prawdę mówiąc, kto mógłby ją winić? Biały Dom to ogromny gmach: 132 pokoje, 35 łazienek i 28 kominków na sześciu piętrach, a przy tym więcej historii niż jest w stanie przekazać najlepszy przewodnik podczas jednego oprowadzania. Trudno było sobie wręcz wyobrazić, że ktoś w tym miejscu naprawdę żył. Poniżej pracownicy administracji wchodzili i wychodzili z budynku, a gdzieś u góry prezydent i pierwsza dama mieszkali ze swoimi terierami szkockimi w rodzinnej rezydencji. My jednak znajdowałyśmy się w innej części budynku - zamrożonym w czasie muzeum, gdzie najbardziej liczyły się symbole i spod którego przezierał stary kościec kraju.

Dwa lata później znów tam zawitałam, weszłam jednak innymi drzwiami i w towarzystwie Baracka. Tym razem przyjeżdżaliśmy oglądać to miejsce jako dom, w którym niebawem zamieszkamy.

Prezydent i pani Bush przywitali nas w Pokoju Spotkań Dyplomatycznych obok Południowego Trawnika. Pierwsza dama serdecznym gestem ujęła moją dłoń. „Proszę, mów mi Laura" - powiedziała. Jej mąż był równie gościnny - okazywał teksaską wielkoduszność, która zdawała się przekraczać wszelkie polityczne różnice. Podczas kampanii Barack krytykował jego przywództwo regularnie i w szczegółach, obiecując wyborcom naprawić skutki wielu jego decyzji, które uważał za błędne. Bush jako republikanin naturalnie popierał kandydaturę Johna McCaina. Obiecał jednak doprowadzić do najsprawniejszego w historii przekazania władzy i nakazał wszystkim departamentom egzekutywy przygotować dla nowej administracji teczki ze skrótem ich działań. Nawet personel pierwszej damy przygotował spis kontaktów, kalendarze wydarzeń i przykładowe listy, abym szybko mogła rozpocząć wykonywanie obowiązków towarzyskich związanych z moją rolą. Taka postawa wynikała z uprzejmości i autentycznej miłości do kraju, którą zawsze będę cenić i podziwiać.

Choć prezydent Bush nie powiedział niczego w tym tonie, mogłabym przysiąc, że w jego twarzy dostrzegłam ulgę – wiedział, że jego kadencja już prawie dobiegła końca, że dotarł do mety i zaraz będzie mógł wrócić do swojego teksaskiego domu. Nadszedł czas, by jego miejsce zajął następca.

Kiedy nasi mężowie poszli porozmawiać do Gabinetu Owalnego, Laura zaprowadziła mnie do prywatnej, wyłożonej boazerią windy zarezerwowanej dla pierwszej rodziny, którą obsługiwał kurtuazyjny Afroamerykanin w smokingu.

Gdy wjeżdżałyśmy dwa piętra wyżej do rezydencji rodzinnej, Laura spytała mnie, jak sobie radzą Sasha i Malia. Miała wówczas sześćdziesiąt dwa lata i była matką dwóch córek, znacznie starszych niż moje. Jako była nauczycielka i bibliotekarka wykorzystała swoją pozycję pierwszej damy, by promować edukację i wspierać nauczycieli. Skierowała na mnie spojrzenie ciepłych niebieskich oczu.

– Jak się czujesz? – zapytała.

– Trochę oszołomiona – przyznałam.

Uśmiechnęła się i dostrzegłam w wyrazie jej twarzy autentyczne współczucie.

– Wiem coś o tym, możesz mi wierzyć.

W tamtej chwili nie zdawałam sobie w pełni sprawy z istoty jej słów, lecz później często do nich wracałam: Barack i ja weszliśmy właśnie do bardzo wąskiego grona osób, na które składali się Clintonowie, Carterowie, dwie pary Bushów, Nancy Reagan i Betty Ford. Tylko oni spośród wszystkich ludzi na świecie wiedzieli, z czym przyjdzie nam się mierzyć, i osobiście doświadczyli zarówno unikalnych rozkoszy, jak i trudów życia w Białym Domu. Choć bardzo się między sobą różniliśmy, ta jedna sprawa już zawsze miała nas łączyć.

Laura oprowadziła mnie po rezydencji, pokazując kolejne pokoje. Prywatna część mieszkalna Białego Domu zajmuje przestrzeń niemal

1900 metrów kwadratowych i rozlokowana jest na dwóch piętrach ponad główną historyczną częścią budynku, łatwo rozpoznawalną na zdjęciach z uwagi na charakterystyczne białe kolumny. Obejrzałam jadalnię, gdzie pierwsza rodzina spożywała posiłki, i wsunęłam głowę do schludnej kuchni, w której personel już przygotowywał kolację. Pokoje gościnne na najwyższym piętrze oglądałam z myślą o urządzeniu tam mieszkania mojej matce, gdyby udało nam się ją namówić do przeprowadzki. (Była tam także mała salka gimnastyczna – pomieszczenie, którym Barack i prezydent Bush ekscytowali się najbardziej podczas ich osobnego męskiego zwiedzania). Mnie najbardziej zainteresowały dwie sypialnie nieopodal sypialni pary małżeńskiej, które mogłyby zająć Sasha i Malia.

Zależało mi przede wszystkim na tym, by dziewczynkom było tu wygodnie i by czuły się jak w domu. Bo jeśli odjąć całą pompę i nietypowe okoliczności – bajkowy surrealizm przeprowadzki do wielkiego domostwa z kucharzami, kręgielnią i pływalnią – na dobrą sprawę robiliśmy coś, czego każdy rodzic wolałby uniknąć: zabieraliśmy nasze dzieci w środku roku z ich ukochanej szkoły, odrywaliśmy je od przyjaciół i bez ostrzeżenia przenosiliśmy do nowego domu i nowej szkoły. Martwiłam się tym, choć jednocześnie pokrzepiałam się myślą, że inne matki wraz z dziećmi już wcześniej przez to przeszły i im się udało.

Laura zabrała mnie do ładnego, jasnego pokoju obok głównej sypialni, tradycyjnie używanego jako garderoba pierwszej damy. Wskazała na widoczny przez okno Ogród Różany i Gabinet Owalny, mówiąc, że czasami dodawało jej otuchy to, że może stąd wyjrzeć i zobaczyć, co robi jej mąż. Hillary Clinton, powiedziała, pokazała jej ten sam widok podczas jej pierwszej wizyty w Białym Domu przed ośmioma laty. A kolejne osiem lat wcześniej jej teściowa Barbara Bush odkryła go przed Hillary. Popatrzyłam przez okno ze świadomością, że teraz i ja wpisuję się w ten skromny łańcuch kobiet.

W kolejnych miesiącach poczułam siłę więzi z nimi. Hillary uprzejmie podzieliła się ze mną przez telefon swoimi doświadczeniami na temat wyboru szkoły dla Chelsea. Odbyłam spotkanie z Rosalynn Carter i rozmowę telefoniczną z Nancy Reagan – obie okazały mi ciepłe uczucia i zaoferowały wsparcie. Laura zaprosiła mnie ponownie z Sashą i Malią kilka tygodni po pierwszej wizycie na dzień, kiedy będą jej córki Jenna i Barbara, aby pokazały moim dzieciom „wesołe kawałki" Białego Domu, od miękkich foteli w sali kinowej po pochyłą podłogę w korytarzu na górnym piętrze, po której można się ślizgać.

OSTATECZNIE PRZEPROWADZILIŚMY SIĘ DO WASZYNGTONU zaraz po świętach Bożego Narodzenia, które tradycyjnie spędziliśmy na Hawajach, tak by Sasha i Malia zaczęły lekcje wraz z powrotem ich nowych kolegów i koleżanek po zimowej przerwie. Inauguracja miała się odbyć za trzy tygodnie, a więc musieliśmy znaleźć tymczasowe mieszkanie. Wynajęliśmy górne piętro hotelu Hay-Adams w centrum miasta. Z pokoi widzieliśmy plac Lafayette oraz Północny Trawnik Białego Domu, na którym ustawiano już podium i metalowe trybuny, szykując uroczystość inauguracyjną. Na budynku naprzeciw hotelu ktoś wywiesił wielki transparent z napisem „Witamy, Malia i Sasha", co trochę mnie wzruszyło.

Po długich poszukiwaniach, dwóch wizytach i wielu rozmowach postanowiliśmy zapisać córki do Sidwell Friends, prywatnej szkoły kwakierskiej o znakomitej reputacji. Sasha miała uczęszczać do drugiej klasy w filii szkoły na przedmieściu Bethesdy w stanie Maryland, a Malia – do piątej klasy na głównym kampusie mieszczącym się w cichym kwartale kilka kilometrów na północ od Białego Domu. Obie miały dojeżdżać do szkół w kolumnie samochodów, eskortowane przez grupę uzbrojonych agentów, z których kilkoro miało czuwać także pod drzwiami klas i towarzyszyć Malii i Sashy podczas przerw, zabaw z innymi dziećmi i treningów sportowych.

Zamieszkaliśmy w bańce przynajmniej częściowo oddzielonej od reszty świata. Nie mogłam sobie przypomnieć, kiedy sama wyskoczyłam, by coś załatwić, albo przeszłam się po parku dla relaksu. Każde wyjście musiało zostać omówione i wpisane w harmonogram. Bańka formowała się wokół nas z wolna podczas kampanii wraz ze wzrostem rozpoznawalności Baracka. Stopniowo konieczne stało się wyznaczenie coraz ściślejszej granicy między nami a zwykłymi ludźmi - czasem nawet naszymi przyjaciółmi i rodziną. Przebywanie w tym kokonie było dziwne i niezbyt mi się podobało, rozumiałam jednak, że tak trzeba. Nasze samochody, eskortowane zawsze przez policję, nie zatrzymywały się już na światłach. Rzadko kiedy wchodziliśmy do budynków i wychodziliśmy z nich frontowym wejściem, jeśli można było nas poprowadzić tylnymi drzwiami lub przez rampę załadunkową w bocznej uliczce. Z punktu widzenia Secret Service im mniej rzucaliśmy się w oczy, tym lepiej.

Liczyłam na to, że bańka Sashy i Malii będzie mieć inny charakter - zapewni im nie tylko bezpieczeństwo, lecz też większą dozę swobody niż nam. Chciałam, żeby zawierały prawdziwe przyjaźnie i znalazły osoby, które lubią je nie dlatego, że są córkami Baracka Obamy. Chciałam, by się uczyły, przeżywały przygody, popełniały błędy i się po nich podnosiły. Miałam nadzieję, że szkoła okaże się dla nich przyjaznym azylem, miejscem, gdzie będą mogły być sobą. Sidwell Friends spodobała nam się z wielu powodów, między innymi dlatego, że to do niej uczęszczała Chelsea Clinton, kiedy jej ojciec pełnił urząd prezydenta. Personel wiedział, jak zapewnić prywatność uczniom z VIP-owskich rodzin, i był przygotowany na wdrożenie procedur bezpieczeństwa wymaganych z uwagi na Malię i Sashę, co oznaczało, że nie będziemy stanowić nadmiernego obciążenia dla placówki. Przede wszystkim spodobała mi się jednak panująca tam atmosfera. Filozofia kwakierska ceniła wspólnotę, którą budowano w przekonaniu, że żadnej osoby nie należy wywyższać nad pozostałe, co stanowiło korzystną przeciwwagę dla zamieszania panującego wokół ojca dziewczynek.

Pierwszego dnia szkoły we czworo zjedliśmy wczesne śniadanie w apartamencie hotelowym, po czym wraz z Barackiem pomogłam córkom ubrać się w zimowe kurtki. Barack nie mógł się powstrzymać od udzielenia kilku porad, jak przetrwać pierwszy dzień w nowej szkole (dużo się uśmiechajcie, bądźcie miłe, słuchajcie nauczycieli), a na koniec, kiedy nasze córki zakładały fioletowe plecaki, dodał: „I za żadne skarby nie dłubcie w nosie!".

Moja matka spotkała się z nami w korytarzu i razem zjechaliśmy na dół.

Przed hotelem Secret Service postawiło namiot bezpieczeństwa, żeby chronić nas przed fotografami i ekipami telewizyjnymi czyhającymi przy wyjściu, by zrobić zdjęcia naszej przechodzącej rodzinie. Barack, który przybył poprzedniego wieczora z Chicago, chciał pojechać z dziewczynkami do szkoły, ale wiedział, że narobiłby tym zbyt wiele zamieszania. Jego kolumna była zbyt wielka, a obecność – zbyt rzucała się w oczy. Dostrzegłam cień bólu w jego twarzy, gdy Sasha i Malia obejmowały go na pożegnanie.

Moja mama i ja towarzyszyłyśmy więc dziewczynkom w podróży nową wersją ich szkolnego autobusu – czarnym SUV-em o przyciemnianych kuloodpornych szybach. Starałam się tego ranka okazywać pewność siebie, uśmiechając się i żartując z dziećmi, lecz wewnątrz czułam nerwowe drżenie niczym swędzące miejsce, którego nie da się podrapać. Najpierw przyjechaliśmy na główny kampus, gdzie wraz z Malią, oflankowana przez dwóch agentów Secret Service, przedarłam się przez kordon kamer telewizyjnych do budynku. Gdy oddałam Malię w ręce nowej nauczycielki, kolumna zabrała nas do Bethesdy, gdzie powtórzyliśmy ten sam zabieg z Sashą. Zostawiłam ją w uroczej klasie z niskimi stolikami i wielkimi oknami, modląc się, by okazała się bezpiecznym i radosnym miejscem.

Wróciłam do ochronnej bańki naszej samochodowej kawalkady i pojechałam z powrotem do hotelu Hay-Adams. Miałam przed sobą pracowity dzień, którego każdą minutę wypełniały zaplanowane spotkania, lecz nie umiałam oderwać myśli od córek. Co robią? Co jedzą? Czy inni się na nie gapią, a może dbają, by czuły się jak w domu? Później zobaczyłam zdjęcie Sashy z porannej podróży do szkoły, które doprowadziło mnie do łez. Zrobiono je pewnie, kiedy odprowadzałam Malię, a Sasha czekała w samochodzie z moją mamą. Okrągłą buzię przyciskała do szyby SUV-a i patrzyła szeroko otwartymi, bystrymi oczami na fotografów i gapiów. Nie dało się ze zdjęcia wyczytać, o czym myśli, lecz spojrzenie miała czujne.

Tak wiele od nich wymagaliśmy. Ta myśl towarzyszyła mi nie tylko przez cały dzień, ale również przez kolejne miesiące i lata.

PROCES PRZEKAZANIA WŁADZY nie zwalniał tempa. Bombardowano mnie setkami pytań, a każde z nich wymagało oczywiście pilnej odpowiedzi. Musiałam wybierać wszystko, począwszy od ręczników kąpielowych i pasty do zębów, skończywszy na detergencie do mycia naczyń i piwie do części mieszkalnej Białego Domu. Wybierałam kreacje na ceremonię inauguracyjną i wykwintne bale, które miały po niej nastąpić. Opracowywałam plany przyjęcia około 150 przyjaciół i krewnych, naszych gości, którzy mieli zjechać do miasta. Co mogłam, złożyłam na barki Melissy i innych członków mojego zespołu pomagających mi wdrożyć się do nowej roli. Wynajęliśmy także Michaela Smitha, wysoko uzdolnionego dekoratora wnętrz, którego znaleźliśmy przez przyjaciół z Chicago, aby pomógł nam w umeblowaniu i zaprojektowaniu wystroju pomieszczeń mieszkalnych oraz Gabinetu Owalnego.

Dowiedziałam się, że prezydent elekt otrzymuje sto tysięcy dolarów z federalnego funduszu na przeprowadzkę i zmianę wystroju, lecz Barack nalegał, byśmy te koszty pokryli sami, korzystając z resztek tantiem za jego książkę. Był taki, odkąd go znałam: bardzo skrupulatnie podchodził do spraw pieniędzy i etyki, stosując wobec samego siebie jeszcze ostrzejsze kryteria niż te narzucane przez prawo. W społeczności czarnych istnieje starodawne powiedzenie: „musisz być dwa razy lepszy, by przebyć połowę tej samej drogi". Jako pierwsza afroamerykańska rodzina w Białym Domu byliśmy postrzegani przez pryzmat naszej rasy. Wiedzieliśmy, że każdy błąd lub zły wybór zostanie wyolbrzymiony i będzie mu się dopisywać dodatkowe znaczenia.

Ogólnie rzecz biorąc, zmiana wystroju wnętrz i planowanie ceremonii inauguracyjnej interesowało mnie znacznie mniej niż podjęcie decyzji, jak powinnam wykorzystać swoją nową rolę. W rzeczywistości nie musiałam robić niczego. Brak opisu stanowiska pracy oznacza brak wymagań, mogłam więc sama określać własne cele. Zależało mi jednak na tym, by wszelkie moje działania pomagały w realizacji szerszej wizji nowego rządu.

Ku mojej wielkiej uldze obie dziewczynki wróciły zadowolone po pierwszym dniu szkoły, a także po drugim i trzecim. Sasha dostała zadanie domowe – coś, z czym się wcześniej nie zetknęła. Malię zapisano do udziału w koncercie chóru gimnazjalnego. Powiedziały, że dzieci z innych klas czasem się za nimi oglądały, ale wszyscy byli dla nich mili. Z dnia na dzień przejazd kolumną do Sidwell Friends stawał się coraz bardziej rutynowy. Po mniej więcej tygodniu dziewczynki poczuły się na tyle pewnie, że zaczęły jeździć beze mnie – w roli ich towarzyszki zastąpiła mnie matka – dzięki czemu przejazdy w obie strony przestały być tak wielkim wydarzeniem, ponieważ wymagały użycia mniejszej liczby agentów, pojazdów i karabinów.

Moja matka nie chciała przeprowadzać się z nami do Waszyngtonu, ale ją do tego skłoniłam. Dziewczynki jej potrzebowały. Ja również. Chciałam wierzyć, że ona także potrzebowała nas. Przez ostatnich kilka lat towarzyszyła nam niemal codziennie, a jej pragmatyczne podejście do życia często dodawało nam otuchy w trudnych chwilach. Jednak choć miała siedemdziesiąt jeden lat, nigdy nie mieszkała poza Chicago. Nie miała ochoty rozstawać się z South Side i domem przy Euclid Avenue. („Kocham tych ludzi, ale kocham też własny dom – powiedziała bez ogródek pewnemu dziennikarzowi po wyborach. – Biały Dom przypomina mi muzeum. Jak człowiek miałby spać w takim miejscu?").

Starałam się ją przekonać, że po przeprowadzce do Waszyngtonu spotka mnóstwo ciekawych ludzi, nie będzie już musiała sama gotować ani sprzątać, a na ostatnim piętrze Białego Domu zyska więcej przestrzeni niż miała przy Euclid Avenue. Żaden z tych argumentów do niej nie przemawiał. Mama pozostawała obojętna na wszelkie przejawy splendoru i medialnej sławy.

W końcu zadzwoniłam do Craiga.

– Musisz w moim imieniu pogadać z mamą – powiedziałam. – Proszę cię, namów ją do tego.

I jakimś cudem się udało. Craig potrafi człowieka przycisnąć, kiedy trzeba.

Moja matka pozostała z nami w Waszyngtonie przez kolejne osiem lat, lecz wciąż twierdziła, że to tymczasowa przeprowadzka i wyjedzie, gdy tylko dziewczynki bardziej się usamodzielnią. Nie pozwalała też zamknąć się w żadnej bańce. Nie zgodziła się na ochronę Secret Service i unikała mediów, aby nie rzucać się w oczy i móc się swobodnie poruszać. Oczarowała personel pomocniczy Białego Domu, upierając się, że sama będzie sobie prać, a przez kolejne lata wychodziła z rezydencji i do niej wracała, kiedy tylko miała na to ochotę. Przekraczała bramę i szła do najbliższej drogerii CVS albo domu towarowego Filene's Basement, gdy czegoś stamtąd potrzebowała. Nawiązywała nowe przyjaźnie i regularnie spotykała się ze znajomymi na lunch. Gdy tylko ktoś obcy zauważył, że wygląda dokładnie jak matka Michelle Obamy, skromnie wzruszała ramionami i mówiła: „Tak, ciągle to słyszę", po czym szła w swoją stronę. Moja matka jak zawsze postępowała po swojemu.

NA INAUGURACJI BYŁA CAŁA MOJA RODZINA. Przyjechały ciotki, wujowie i kuzyni. Przybyli nasi przyjaciele z Hyde Park, w tym moje koleżanki z mężami. Wszyscy zabrali swoje dzieci. Na tydzień po inauguracji zaplanowaliśmy dwa niezależne rodzaje imprez – dla dużych i małych – w tym dziecięcy koncert, osobny dziecięcy lunch odbywający się w tym samym czasie co tradycyjny obiad na Kapitolu zaraz po zaprzysiężeniu oraz polowanie na ukryte nagrody połączone z kinderbalem na terenie Białego Domu podczas inauguracyjnych balów dla dorosłych.

Jedną z nieoczekiwanych korzyści, jakie przyniosły nam ostatnie miesiące kampanii, była ta, że nasza rodzina harmonijnie połączyła się z rodziną Joe'ego Bidena. Choć Barack i Joe zaledwie kilka miesięcy wcześniej, podczas prawyborów, byli politycznymi rywalami, od razu złapali ze sobą kontakt i potrafili bez trudu przełączać się między powagą pracy a lekką atmosferą spraw rodzinnych.

Od razu polubiłam Jill, żonę Joe'ego, i podziwiałam ją za łagodność połączoną z hartem ducha oraz etykę zawodową. Wyszła za Joe'ego i została przybraną matką dwójki jego dzieci w 1977 roku, pięć lat po tym, jak jego pierwsza żona i mała córka zginęły tragicznie w wypadku samochodowym. Później urodziła im się jeszcze jedna córka. Jill niedawno obroniła doktorat z pedagogiki i zdołała utrzymać pracę w koledżu publicznym w Delaware nie tylko podczas senatorskiej kadencji męża, lecz także w trakcie jego dwóch kampanii prezydenckich. Jej także zależało na udzieleniu wsparcia rodzinom wojskowych, jednak w przeciwieństwie do mnie była w tę sprawę osobiście emocjonalnie zaangażowana. Beau Biden, starszy syn Joe'ego, służył w Gwardii Narodowej w Iraku. Dostał krótki urlop na podróż do Waszyngtonu, by mógł być świadkiem zaprzysiężenia ojca na wiceprezydenta.

Poznałam także wnuki Bidenów – piątkę dzieci równie swobodnych i skromnych jak ich dziadkowie. Pojawiły się na Narodowej Konwencji Demokratów w Denver i natychmiast wciągnęły Sashę i Malię do swojego rozkrzyczanego grona. Zaprosiły je na piżama party w hotelowym apartamencie Joe'ego i radośnie ignorując politykę, zapoznawały się z nowymi przyjaciółkami. Zawsze bardzo się cieszyliśmy, kiedy wnuki Bidenów pojawiały się w pobliżu.

Dzień inauguracji był wyjątkowo zimny, temperatura spadła nieco poniżej zera, lecz silny wiatr sprawiał wrażenie, że jest dobre minus dwadzieścia stopni. Tego ranka Barack i ja poszliśmy do kościoła z dziewczynkami, moją mamą i Craigiem oraz Kelly, Mayą,

Konradem i „mamą Kaye". Dochodziły nas informacje, że ludzie od świtu zbierali się na terenie plant National Mall naprzeciwko Białego Domu i kuląc się z zimna, czekali na rozpoczęcie uroczystości. Tamtego dnia bardzo wymarzłam, lecz na zawsze zapamiętam te rzesze osób stojących na dworze przez wiele godzin, znacznie dłużej niż ja, z przekonaniem, że warto jakoś to znieść. Później dowiedzieliśmy się, że ocean prawie dwóch milionów różnorodnych, energicznych, przepełnionych nadzieją ludzi z całego kraju zapełnił planty, rozlewając się prawie na dwa kilometry od Kapitolu, daleko za pomnik Waszyngtona.

Po wizycie w kościele Barack i ja ruszyliśmy do Białego Domu, by spotkać się z Joe'em i Jill oraz prezydentem Bushem i wiceprezydentem Dickiem Cheneyem wraz z żonami. Spędziliśmy jakiś czas przy kawie, a następnie pojechaliśmy wspólnie jedną kolumną do Kapitolu na ceremonię zaprzysiężenia. Nieco wcześniej Barackowi przekazano kody autoryzacyjne dające dostęp do amerykańskiego arsenału atomowego wraz z krótkimi instrukcjami, jak ich użyć. Od tej chwili wszędzie miał mu towarzyszyć wojskowy adiutant z dwudziestokilogramową walizką zawierającą kody pozwalające na odpalenie rakiet oraz skomplikowane urządzenia telekomunikacyjne, nazywaną czasem „nuklearną futbolówką". To także było ciężkie brzemię.

Ceremonia zaprzysiężenia była dla mnie kolejnym dziwnym wydarzeniem odbywającym się jak w zwolnionym tempie i tak ogromnym, że z trudem ogarniałam je umysłem. Przed uroczystością poprowadzono nas do prywatnego pokoju na Kapitolu, gdzie dziewczynkom podano przekąski, a Barack mógł przez parę minut poćwiczyć ze mną gest kładzenia dłoni na małej czerwonej Biblii, która sto pięćdziesiąt lat wcześniej należała do Abrahama Lincolna. W tym samym czasie wielu naszych przyjaciół, krewnych i kolegów z pracy zajmowało miejsca na trybunach na zewnątrz. Później przyszło mi do głowy, że była to chyba pierwsza inauguracja, kiedy na widowni przed kamerami zasiadło tak wielu czarnoskórych VIP-ów.

Barack i ja wiedzieliśmy, co ten moment znaczy w oczach wielu Amerykanów, zwłaszcza tych, którzy angażowali się w ruch walki o prawa obywatelskie. Specjalnie pamiętał o zaproszeniu pilotów z Tuskegee, afroamerykańskich lotników i członków obsługi naziemnej, którzy zapisali się w historii II wojny światowej. Zaprosił także grupę zwaną Dziewiątką z Little Rock, czyli dziewięcioro czarnych uczniów, którzy w 1957 roku, korzystając z wyroku Sądu Najwyższego w sprawie Brown przeciw kuratorium oświaty, postanowili zapisać się do przeznaczonego wyłącznie dla białych liceum w Arkansas, przez co w imię wyższych ideałów musieli znosić wiele szykan i upokorzeń. Dziś ludzie ci byli starszymi siwowłosymi obywatelami, pochylonymi wskutek upływu czasu, lecz może także brzemienia, które nieśli na barkach dla przyszłych pokoleń. Barack często mawiał, że pragnął wejść po schodach Białego Domu, ponieważ Dziewiątka z Little Rock miała śmiałość wchodzić po schodach Liceum Centralnego. Spośród wszystkich grup, których teraz byliśmy kontynuatorami, ta miała z pewnością największe znaczenie.

Prawie w samo południe tego dnia stanęliśmy przed narodem wraz z naszymi dwoma córkami. Zapadły mi w pamięć tylko najdrobniejsze detale – jaskrawe promienie słońca na czole Baracka i pełna szacunku cisza tłumu, gdy prezes Sądu Najwyższego John Roberts rozpoczynał uroczystość. Pamiętam małą Sashę, która stała dumnie wyprostowana na taboreciku, by nie pozostać niezauważona w morzu dorosłych. Pamiętam rześkie powietrze. Uniosłam Biblię Lincolna, a Barack położył na niej lewą dłoń, przyrzekając strzec amerykańskiej konstytucji. W kilku krótkich zdaniach uroczyście ślubował doglądać wszelkich spraw kraju. Był to podniosły, lecz zarazem radosny moment, a towarzyszące nam wówczas emocje Barack trafnie wyraził w przemówieniu inauguracyjnym wygłoszonym krótko po przysiędze.

– Zebraliśmy się dzisiaj – powiedział – ponieważ wybraliśmy nadzieję zamiast strachu, jedność celów zamiast walki i niezgody.

Dostrzegłam tę prawdę w twarzach wielu ludzi, którzy, choć drżeli z zimna, chcieli być świadkami uroczystości. Gdziekolwiek spojrzałam, widziałam morze ludzi. Zapełniali każdy skrawek National Mall i trasy parady. Miałam wrażenie, że nasza rodzina pada im w ramiona. Wszyscy zawieraliśmy pakt. Wy wspieracie nas, a my – was.

MALIA I SASHA SZYBKO PRZEKONYWAŁY SIĘ, co oznacza życie osoby publicznej. Ja sama dowiedziałam się tego, gdy wsiedliśmy do prezydenckiej limuzyny, by powoli ruszyć ku Białemu Domowi na czele parady inauguracyjnej. Wówczas pożegnaliśmy się już z George'em i Laurą Bushami, którzy odlecieli śmigłowcem marynarki wojennej. Zjedliśmy też obiad – pierś kaczki – w oficjalnej marmurowej sali Kapitolu w towarzystwie kilkuset gości, w tym nowych członków gabinetu, członków Kongresu i sędziów Sądu Najwyższego. Tymczasem dziewczynkom, dzieciom Bidenów i grupce kuzynów w sąsiednim pokoju podano ich ulubione przysmaki – paluszki z kurczaka oraz cheeseburgery.

Byłam pod wrażeniem tego, jak świetnie moje córki zachowywały się podczas inauguracji – w ogóle się nie wierciły, nie garbiły i nie zapominały o uśmiechu. Wciąż tysiące ludzi oglądało nas z chodników oraz w telewizorach, kiedy kolumna prezydencka jechała łączącą Kapitol z Białym Domem Pennsylvania Avenue, choć przyciemnione szyby utrudniały obserwację wnętrz samochodów. Kiedy wraz z Barackiem wysiedliśmy, by na krótkim pieszym odcinku parady pomachać do zgromadzonych, Malia i Sasha pozostały w ciepłym kokonie jadącej limuzyny. Wtedy właśnie zrozumiały, że w końcu zostały prawie same i nikt na nie nie patrzy.

Gdy wsiedliśmy z powrotem do samochodu, dziewczynki śmiały się do rozpuku, pozbawione resztek uroczystej godności. Zerwały z głów czapki, zmierzwiły sobie nawzajem włosy i prowadziły zaciętą walkę na łaskotki. Kiedy się w końcu zmęczyły, rozłożyły się wygodnie na siedzeniach i puściły głośno Beyoncé z samochodowych głośników, jakby to był kolejny zwykły dzień.

Wówczas poczuliśmy falę przyjemnej ulgi. Byliśmy odtąd pierwszą rodziną, lecz przecież wciąż pozostawaliśmy sobą.

O zachodzie słońca w dniu zaprzysiężenia temperatura zaczęła spadać. Barack i ja wraz z niezmordowanym Joe'em Bidenem spędziliśmy kolejne dwie godziny na trybunie pod gołym niebem przed Białym Domem, oglądając orkiestry i platformy z artystami ze wszystkich pięćdziesięciu stanów przemierzające Pennsylvania Avenue. W pewnym momencie przestałam czuć palce u stóp i nie pomógł mi nawet zaoferowany przez kogoś koc, którym owinęłam nogi. Nasi goście jeden po drugim żegnali się i wychodzili, by przygotować się na wieczorne przyjęcia.

Była już prawie dziewiętnasta, gdy przemaszerowały ostatnie orkiestry, a Barack i ja ruszyliśmy spacerem w półmroku do Białego Domu, do którego po raz pierwszy wkroczyliśmy jako jego mieszkańcy. Przez całe popołudnie personel energicznie się uwijał, całkowicie rearanżując wnętrze rezydencji – zabrano rzeczy Bushów i wniesiono nasze. W ciągu około pięciu godzin wyczyszczono parą dywany, by resztki sierści psów byłego prezydenta nie sprowokowały ataku alergii u Malii. Wniesiono i porozstawiano meble, ustawiono bukiety kwiatów. Kiedy jechaliśmy windą na górę, nasze ubrania czekały na nas równiutko złożone w szafach i szufladach. Spiżarnię wypełniono naszymi ulubionymi przysmakami. Kamerdynerzy Białego Domu, głównie Afroamerykanie w naszym wieku lub starsi, stali wyprostowani, by służyć nam pomocą, jeśli będziemy czegokolwiek potrzebować.

Było mi za zimno, żeby się tym wszystkim zachwycać. Pierwszy z dziesięciu balów inauguracyjnych miał się rozpocząć za niecałą godzinę. Pamiętam, że poza kamerdynerami zobaczyłam na górze bardzo niewiele osób i nikogo znajomego. Poczułam się wręcz trochę samotna, gdy szłam długim korytarzem wzdłuż rzędu zamkniętych drzwi. Przez minione dwa lata nieustannie otaczali mnie ludzie i zawsze towarzyszyły mi Melissa, Katie i Kristen. Teraz nagle zostałam całkiem sama. Dzieci poszły już do innej części domu na ich własną wieczorną imprezę. Moja mama, Craig i Maya mieli co prawda zostać na noc w naszej rezydencji, lecz zapakowano ich już do samochodów i odwieziono na wieczorne uroczystości. Czekała na mnie fryzjerka, by wystylizować mi włosy, a suknia wisiała na wieszaku. Barack zniknął, by wziąć prysznic i przebrać się w smoking.

Był to niesamowity, symboliczny dzień dla naszej rodziny i – mam nadzieję – dla całego kraju, lecz zarazem ultramaraton. Miałam może pięć minut, by pomoczyć się w ciepłej kąpieli i odetchnąć przed resztą wieczoru. Później przegryzłam kawałek steku z ziemniakami, który przygotował mi Sam Kass. Poprawiono mi włosy i makijaż, a potem wślizgnęłam się w jedwabną szyfonową suknię w kolorze kości słoniowej, którą wybrałam na tę okazję, uszytą specjalnie dla mnie przez młodego projektanta Jasona Wu. Miała tylko jedno ramiączko z naszytymi na nim subtelnymi jedwabnymi kwiatami, każdy z kryształkiem pośrodku, a jej dolna część spływała bujną kaskadą na podłogę.

Do tej pory rzadko nosiłam eleganckie suknie, lecz kreacja Jasona Wu dokonała małego cudu: poczułam się subtelna, piękna i gotowa wyjść w świat, choć jeszcze niedawno sądziłam, że nie zostało ze mnie już nic, co można by pokazać ludziom. Suknia na nowo roznieciła we mnie poczucie niezwykłości i ekscytacji na myśl o metamorfozie naszej rodziny. Jeśli nie przeobraziła mnie w pełnoprawną, gotową na bal księżniczkę, to z pewnością stałam się dzięki niej kobietą zdolną stanąć na jeszcze jednej scenie. Zostałam pierwszą damą Stanów Zjednoczonych przy prezydencie kraju. Nadszedł czas, by świętować.

Tego wieczora z Barackiem udaliśmy się na Bal Dzielnicowy, pierwszą imprezę inauguracyjną w dziejach, która była powszechnie dostępna i na którą każdego było stać. Beyoncé – prawdziwa, żywa Beyoncé – zaśpiewała na niej swoim oszałamiającym głosem klasyczny utwór rhythm-and-bluesowy *At Last*, który wybraliśmy na pierwszy taniec pary prezydenckiej. Stamtąd udaliśmy się na Bal Rodzinnych Stanów, później na Bal Naczelnego Dowódcy, następnie na Bal Młodych, a potem jeszcze sześć kolejnych. Na każdym zostaliśmy dość krótko, a wydarzenia przebiegały bardzo podobnie: orkiestra grała prezydencki hymn *Hail to the Chief*, Barack mówił kilka słów, staraliśmy się zasygnalizować zebranym, jak bardzo jesteśmy im wdzięczni za przybycie, a potem pod ich okiem powoli tańczyliśmy do dźwięków *At Last*.

Za każdym razem czule obejmowałam męża i odnajdywałam spokój w jego oczach. Wciąż, od dwudziestu lat, byliśmy tą samą parą na huśtawce – jin i jang – połączeni instynktowną, głęboką miłością. Tego nigdy nie wahałam się publicznie okazywać.

Gdy jednak zaczęło się robić późno, poczułam, że opadam z sił. Najlepsza część wieczoru miała nastąpić dopiero na końcu w postaci zamkniętej imprezy w Białym Domu dla kilkuset przyjaciół i znajomych. Dopiero tam mieliśmy się odprężyć, wypić trochę szampana i przestać przejmować prezencją. Wiedziałam, że na pewno zdejmę buty.

Dotarliśmy tam dopiero około drugiej w nocy. Wraz z Barackiem przeszłam marmurowymi korytarzami do Sali Wschodniej i zobaczyłam przyjęcie w pełnym rozkwicie: płynął alkohol, a elegancko ubrani ludzie wirowali pod roziskrzonymi żyrandolami. Wynton Marsalis i jego zespół grali jazz na małej scenie w głębi sali. Ujrzałam przyjaciół z prawie wszystkich etapów życia: ludzi z Princeton i Harvardu, bliskich z Chicago, mnóstwo Robinsonów i Shieldsów. To były osoby, z którymi chciałam się śmiać, powiedzieć im: *Jak myśmy się tu, u licha, wszyscy znaleźli?*

Ale nie miałam już sił. Rozładowałam akumulatory. Myślałam tylko o tym, że następnego ranka – dosłownie za parę godzin – idziemy na nabożeństwo inauguracyjne, a później będziemy na stojąco witać dwieście osób przybyłych na zwiedzanie Białego Domu. Barack popatrzył na mnie, czytając mi w myślach.

– Nie musisz zostawać – powiedział. – Nic się nie stanie.

Imprezowicze zmierzali już ku mnie, żeby porozmawiać. Zbliżał się ważny darczyńca. Nadchodził burmistrz wielkiego miasta. „Michelle! Michelle!" – słyszałam. Byłam tak wycieńczona, że z trudem hamowałam płacz.

Kiedy Barack przestąpił próg i został szybko pochłonięty przez zebrany tłum, ja zamarłam na ułamek sekundy, po czym obróciłam się na pięcie i uciekłam. Nie miałam już sił, by zdobyć się na jakąś elegancką wymówkę czy choćby pomachać przyjaciołom. Po prostu szybko odeszłam po grubym czerwonym dywanie, nie zwracając uwagi na agentów, którzy kroczyli tuż za mną, ignorując wszystko poza windą, która zabrała mnie do części mieszkalnej, a tam ruszyłam nieznajomym korytarzem do nieznajomego pokoju, gdzie zdjęłam buty i suknię, po czym padłam na nasze obce nowe łóżko.

20.

LUDZIE PYTAJĄ MNIE, JAK SIĘ ŻYJE W BIAŁYM DOMU. Czasem odpowiadam, że to trochę jak mieszkanie w luksusowym hotelu, w którym nie ma żadnych innych gości poza tobą i twoją rodziną. Wszędzie stoją bukiety kwiatów i codziennie donoszone są świeże. Sam gmach sprawia wrażenie starego i trochę groźnego. Ściany są tak masywne, a deski podłogowe tak grube, że każdy dźwięk wydaje się natychmiast zanikać. Okna są wysokie, ozdobne, wyposażone w szyby odporne na eksplozję i zawsze pozamykane z powodów bezpieczeństwa, co wzmaga wrażenie bezruchu. Wnętrza utrzymane są w nieskazitelnej czystości. Personel składa się z odźwiernych, kucharzy, pokojówek, florystek, a także elektryków, malarzy i hydraulików, którzy poruszają się uprzejmie i cicho, tak by nie zwracać na siebie uwagi – czekają, aż wyjdziesz z pokoju, nim wślizną się do niego, by wymienić ręczniki albo włożyć świeżą gardenię do wazonika obok łóżka.

Każdy pokój bez wyjątku jest wielki. Nawet łazienki i garderoby zbudowano w skali, jakiej w życiu nie widziałam. Zaskoczyło mnie i Baracka, jak wiele mebli musieliśmy wybrać, aby każdemu pomieszczeniu nadać domowy charakter. W sypialni mieliśmy nie tylko wielkie, piękne małżeńskie łoże z czterema kolumnami narożnymi i kremowym sukiennym baldachimem, ale także kominek i strefę bawialnianą, w której stały sofa, stolik kawowy i kilka wyściełanych krzeseł. Nasza piątka miała do dyspozycji pięć łazienek oraz dziesięć zapasowych. Ja zaś mogłam korzystać nie tylko z pomieszczenia na ubrania, lecz też z sąsiadującej z nim przestronnej garderoby – to w niej Laura Bush pokazała mi widok na Ogród Różany. Z czasem urządziłam tam sobie prywatny gabinecik, w którym mogłam w ciszy usiąść i poczytać, popracować albo pooglądać telewizję ubrana w dres i podkoszulek, przez nikogo nieoglądana.

Rozumiałam, jakie to szczęście mieszkać w takich warunkach. Główny pokój w rezydencji był większy niż całe mieszkanie na piętrze przy Euclid Avenue, w którym dorastałam. Za drzwiami mojej sypialni wisiał obraz Moneta, a brązowa rzeźba Degasa zdobiła jadalnię. Ja, dziecko South Side, wychowywałam teraz córki, które sypiały w pokojach zaprojektowanych przez znakomitego dekoratora wnętrz, a szef kuchni mógł im przyrządzić na śniadanie, co tylko chciały.

Gdy o tym czasem pomyślałam, kręciło mi się w głowie.

Na swój sposób próbowałam trochę rozluźnić obowiązujący tu protokół. Poinformowałam pokojówki, że nasze córki będą każdego ranka same słać sobie łóżka, tak jak to robiły w Chicago. Poinstruowałam też Malię i Sashę, że mają zachowywać się jak zawsze – być grzeczne i uprzejme i nie prosić o nic, czego absolutnie nie potrzebują lub nie mogą same sobie przynieść. Wydawało mi się też jednak ważne, by nie czuły się skrępowane oficjalną atmosferą rezydencji. *Tak, możecie rzucać piłkę w korytarzu* – mówiłam im. *Tak, możecie przeglądać spiżarkę w poszukiwaniu przekąsek.* Dopilnowałam, by wiedziały, że nie muszą pytać o pozwolenie, czy mogą się pobawić na dworze. Pewnego popołudnia podczas burzy śnieżnej ucieszyłam się, widząc przez okno, że zjeżdżają po stoku Południowego Trawnika na plastikowych tackach wypożyczonych z kuchni.

Prawda wyglądała jednak tak, że w całej tej sytuacji dziewczynki i ja pełniłyśmy funkcję graczy wspomagających. Korzystałyśmy z luksusów przydzielonych Barackowi i byłyśmy ważne, ponieważ od naszego szczęścia zależało jego samopoczucie. Chroniono nas, ponieważ gdyby coś nam zagrażało, mogłoby to zaburzyć jego zdolność oceny sytuacji i przewodzenia narodowi. Człowiek szybko się uczy, że Biały Dom funkcjonuje w jednym celu: by zwiększyć dobrostan, skuteczność i władzę jednej osoby – prezydenta. Baracka otaczali teraz ludzie, których jedynym zadaniem było traktowanie go jak drogocenny klejnot. Czasem czułam się tak, jakby wróciła dawno zapomniana era, gdy całe domostwo skupiało się na potrzebach mężczyzny, a przecież był to sposób życia całkowicie przeciwny temu, który chciałam przekazać moim córkom. Barack także nie czuł się komfortowo, pozostając w centrum uwagi, lecz nie mógł tego w żaden sposób zmienić.

Miał teraz około pięćdziesięciu sztabowców do czytania poczty i odpowiadania na nią. Śmigłowiec marynarki wojennej czekał zawsze w gotowości, by zabrać go wszędzie, dokąd potrzebował się dostać, a sześcioosobowy zespół przygotowywał mu grube teczki ze skrótem bieżących wydarzeń, by mógł podejmować decyzje na podstawie rzetelnych informacji. Grupa kucharzy czuwała nad jego dietą, a grono ludzi wyznaczonych do robienia zakupów chroniło nas przed ewentualnym celowym zatruciem żywności – chodzili do różnych sklepów i uzupełniali zapasy, nie ujawniając, dla kogo pracują.

Odkąd go znałam, robienie zakupów, gotowanie czy wykonywanie jakichkolwiek prac domowych nigdy nie sprawiało Barackowi przyjemności. Nie należy do ludzi, którzy trzymają w piwnicy zestaw elektrycznych narzędzi i relaksują się, gotując risotto lub przycinając żywopłot. Uwolnienie się od zobowiązań i zmartwień związanych z prowadzeniem domu tylko go uszczęśliwiło – teraz mógł poświęcić całą uwagę poważniejszym sprawom, których miał przed sobą bardzo wiele.

Szalenie bawiło mnie to, że teraz trzej wojskowi lokaje czuwali nad jego odzieżą i pilnowali, by zawsze miał lśniące buty, wyprasowane koszule i świeże, złożone ubrania treningowe. Życie w Białym Domu bardzo się różniło od życia w dziupli.

– Widzisz, jaki mam teraz porządek? – powiedział do mnie pewnego dnia przy śniadaniu z oczami błyszczącymi humorem. – Zaglądałaś do mojej szafy?

– Zaglądałam – odparłam, także się uśmiechając. – I to nie jest ani trochę twoja zasługa.

PODCZAS PIERWSZYCH MIESIĘCY URZĘDOWANIA Barack podpisał tzw. ustawę Lilly Ledbetter o sprawiedliwych wynagrodzeniach, która pomogła chronić pracowników przed dyskryminacją płacową z uwagi na płeć, rasę czy wiek. Zakazał stosowania tortur podczas przesłuchań i zaczął proces likwidowania więzienia w Guantánamo, który miał trwać rok (i ostatecznie się nie powiódł). Przepracował regulacje etyczne obowiązujące pracowników Białego Domu podczas kontaktów z lobbystami i – co najważniejsze – przepchnął przez Kongres dużą ustawę mającą na celu pobudzenie gospodarki, choć nie poparł jej w głosowaniu ani jeden republikanin. Z mojego punktu widzenia – ostro wziął się do pracy. Zmiana, którą obiecywał, zaczynała przybierać realny kształt.

A w dodatku pojawiał się na kolację na czas.

Dla mnie i dla dziewczynek była to zadziwiająca, pozytywna zmiana spowodowana przeprowadzką do Białego Domu, gdzie żyliśmy z ojcem prezydentem, który nie musiał już służyć w odległym senacie albo nieustannie ścigać się o wyższy urząd z dala od Chicago. W końcu mieliśmy tatę przy sobie. Jego życie także było teraz bardziej uporządkowane. Pracował absurdalnie długo – zresztą jak zawsze – ale punkt osiemnasta trzydzieści wsiadał do windy i jechał na kolację z rodziną, nawet jeśli zaraz po niej musiał wracać do Gabinetu Owalnego. Czasem na posiłek przychodziła także moja matka, choć wypracowała już sobie własny rytm życia: schodziła na dół, by powiedzieć nam dzień dobry przed odwiezieniem Malii i Sashy do szkoły, wieczorami jednak zwykle nam nie towarzyszyła, lecz zjadała kolację na oszklonej werandzie przyległej do jej sypialni, oglądając w telewizji teleturniej *Vabanque*.

Nawet gdy prosiliśmy, żeby została, tylko machała na nas ręką: „E tam, potrzebujecie czasu dla siebie" – mówiła.

Przez pierwszych kilka miesięcy w Białym Domu czułam wyjątkową potrzebę kontrolowania wszystkiego, co się wokół nas dzieje. Szybko okazało się, że mieszkanie tu mogło być dość kosztowne. Nie opłacaliśmy co prawda czynszu ani mediów czy personelu, ale musieliśmy pokrywać pozostałe koszty bieżące, które szybko rosły, zwłaszcza że za wszystko płaciliśmy jak w szykownym hotelu. Co miesiąc dostawaliśmy rachunek z wyszczególnieniem każdej przekąski i rolki papieru toaletowego. Płaciliśmy za każdego gościa, który zostawał na noc lub jadł z nami posiłek. A ponieważ personel kuchenny spełniał najwyższe restauracyjne kryteria i bardzo chciał zadowolić prezydenta, musieliśmy zwracać uwagę na to, co nam podawano. Kiedy Barack rzucił przypadkiem, że chętnie zjadłby na śniadanie jakiś egzotyczny owoc albo sushi na kolację, kucharze to zapamiętywali i dana rzecz pojawiała się regularnie w menu. Dopiero później, podczas analizy rachunków, okazywało się, że sprowadzano ją specjalnie zza oceanu wielkim kosztem.

Jednak podczas tych pierwszych miesięcy uwagę skupiałam głównie na Malii i Sashy. Przyglądałam się, w jakim są nastroju, pytałam, jak się czują i czy dobrze im się układa z kolegami i koleżankami. Próbowałam nie okazywać ekscytacji, gdy mówiły, że mają nową przyjaciółkę, choć po cichu bardzo się cieszyłam. Wiedziałam już, że nie ma żadnych sprawdzonych metod organizowania wspólnych dziecięcych zabaw w Białym Domu albo wyjść z innymi dziećmi, ale powoli zaczynaliśmy wypracowywać odpowiedni system.

Pozwalano mi korzystać z osobistego telefonu BlackBerry, lecz poradzono, żeby ograniczyć listę kontaktów do dziesięciu najbardziej zażyłych przyjaciół – osób, które mnie bezinteresownie kochają i wspierają. Większość moich relacji z innymi przechodziła przez Melissę, która pełniła teraz funkcję wiceszefowej mojego sztabu i znała moje życie lepiej niż ktokolwiek inny. Rozpoznawała wszystkich moich kuzynów i przyjaciół z koledżu. Podawałam ludziom jej telefon i e-mail zamiast własnego, aby to do niej kierowali wszelkie pytania. Teraz bowiem nieoczekiwanie zaczęli pojawiać się jak spod ziemi różni dawni znajomi i odlegli krewni, którzy zasypywali mnie prośbami: czy Barack mógłby powiedzieć kilka słów na czyjejś uroczystości wręczenia dyplomów? Czy mogłabym wygłosić mowę na rzecz jakiejś organizacji pozarządowej? Może przyszlibyśmy na to przyjęcie czy tamtą akcję charytatywną? Większość tych pytań zadawano w dobrej wierze, ale było ich zbyt wiele, bym mogła każde rozważyć.

By uporać się ze sprawami organizacyjnymi związanymi z życiem naszych córek, często musiałam polegać na pomocy młodych sztabowców. Moi ludzie spotkali się z nauczycielami i administracją Sidwell, by odnotować daty ważnych szkolnych wydarzeń, omówić sposób odpowiadania na pytania mediów i rozwiać wątpliwości nauczycieli co do omawiania w klasie tematów dotyczących polityki lub bieżących wydarzeń dnia. Kiedy dziewczynki zaczęły organizować sobie własne pozaszkolne wyjścia, przekazywały namiar na moją osobistą asystentkę (czy też, jak to się mówi w żargonie politycznym, „przyboczną"), która zbierała numery telefonów innych rodziców, by zorganizować transport na wspólną zabawę oraz powrót do domu. Podobnie jak w Chicago starałam się poznać rodziców nowych przyjaciół moich córek – zaprosiłam kilka mam na lunch, a innym przedstawiłam się podczas szkolnych imprez. Oczywiście te spotkania bywały niezręczne. Czasem nowo poznane osoby potrzebowały paru chwil, by zestawić różne przekonania na mój temat, które wyrobiły sobie na podstawie telewizji czy wiadomości, z tym, że mogę być po prostu mamą Malii i Sashy.

Niezręcznie jest wyjaśniać, że zanim Sasha będzie mogła wziąć udział w imprezie urodzinowej Julii, Secret Service musi obejrzeć dom. Niezręcznie jest prosić o podanie numerów ubezpieczenia społecznego wszystkich rodziców i opiekunów, którzy przywiozą do twojego domu dzieci na zabawę. Tak, to było niezręczne, ale konieczne. Nie podobała mi się konieczność przekraczania dziwnej małej bariery, ilekroć poznawałam kogoś nowego, lecz z ulgą zauważyłam, że Sasha ani Malia takich przeszkód nie napotykają – wybiegały, by przywitać przyjaciół ze szkoły w Pokoju Przyjęć Dyplomatycznych (na który zaczęliśmy mówić „dyplosalon"), po czym chwytały ich za rękę i z chichotem znikały w głębi domu. Okazało się, że sława robi wrażenie na dzieciach najwyżej przez parę minut. Później liczy się tylko zabawa.

SZYBKO SIĘ DOWIEDZIAŁAM, że wraz ze swoim personelem powinnam zaplanować i zorganizować wiele tradycyjnych przyjęć i kolacji, z których pierwszy był Bal Gubernatorów – elegancka gala urządzana w lutym każdego roku we Wschodniej Sali. To samo dotyczyło Toczenia Jajeczka Wielkanocnego, czyli rodzinnej imprezy na wolnym powietrzu dla tysięcy osób, której tradycję zapoczątkowano w 1878 roku. Odbywały się też wiosenne lunche, w których powinnam uczestniczyć, dla uhonorowania żon i mężów senatorów. Podobne były do tego, podczas którego oglądałam Laurę Bush perfekcyjnie pozującą do zdjęcia z każdym zaproszonym gościem.

Te towarzyskie wydarzenia wydawały mi się początkowo niepotrzebnym obowiązkiem odwodzącym od istotniejszych zajęć, zaczęłam się jednak zastanawiać, co mogłabym do nich dodać lub jak je unowocześnić, by choć trochę obniżyć poprzeczkę tradycji. Sądziłam, ogólnie rzecz biorąc, że życie w Białym Domu może się toczyć w postępowym duchu, nie tracąc swego historycznego i tradycyjnego wymiaru. Z czasem Barack i ja poczyniliśmy pewne kroki w tym kierunku – powiesiliśmy na przykład na ścianach kilka abstrakcyjnych obrazów afroamerykańskich malarzy, a wśród zabytkowych mebli rozstawiliśmy trochę nowoczesnych. Z Gabinetu Owalnego Barack usunął popiersie Winstona Churchilla, zastępując je Martinem Lutherem Kingiem, a odzianym w smokingi kamerdynerom pozwoliliśmy się ubierać swobodniej w dni, kiedy nie odbywały się żadne publiczne wydarzenia – odtąd nosili beżowe spodnie i golfy.

Barackowi i mnie zależało na zdemokratyzowaniu Białego Domu, by nabrał mniej elitarnego, a bardziej otwartego charakteru. Kiedy organizowaliśmy jakieś wydarzenie, chciałam, by przychodzili na nie także zwykli ludzie, a nie tylko osoby nawykłe do wieczorowych eleganckich strojów. Ważna też była dla mnie obecność dzieci, bo one uatrakcyjniają każde wydarzenie. Zamierzałam wpuścić na Toczenie Jajeczka Wielkanocnego więcej ludzi, aby poza gwarantowanymi biletami dla dzieci i wnuków członków Kongresu i innych VIP-ów rozdać także przepustki dla uczniów z miejskich szkół i rodzin wojskowych. I wreszcie, skoro już miałam siedzieć na lunchu z (głównie) żonami reprezentantów i senatorów, czy nie mogłam ich przy okazji zaprosić do współudziału w jakimś miejskim projekcie na rzecz społeczności lokalnej?

Wiedziałam, co jest dla mnie ważne. Nie chciałam odgrywać roli ładnie ubranej ozdoby, która uświetnia przyjęcia i przecina wstęgi. Chciałam robić rzeczy istotne i pozostawiające trwały ślad. Postanowiłam, że pierwszym takim konkretnym przedsięwzięciem będzie założenie ogrodu.

Nie znałam się na ogrodnictwie i nigdy wcześniej się nim nie zajmowałam, lecz dzięki Samowi Kassowi oraz wysiłkom mojej rodziny, by lepiej się odżywiać, wiedziałam, że truskawki są najsłodsze w czerwcu, ciemniejsze liście sałaty mają najwięcej wartości odżywczych, a zrobienie czipsów jarmużowych w piekarniku nie jest niczym trudnym. Widząc, jak moje córki jedzą sałatkę z groszku czy kalafiorowego cheeseburgera, uświadomiłam sobie, że większość informacji na temat żywienia czerpiemy z reklam pakowanego, mrożonego albo jeszcze inaczej przetworzonego jedzenia, czy to pokazywanych w telewizji, czy na kolorowych pudełkach, które rzucają się w oczy roztargnionym rodzicom przemykającym w pośpiechu przez sklep spożywczy. Nikt natomiast nie reklamował świeżej, zdrowej żywności – cudownie chrupkiej marchewki czy zadziwiająco słodkiego pomidora zerwanego bezpośrednio z gałązki.

Założenie ogrodu w Białym Domu stanowiło moją odpowiedź na ten problem i miałam nadzieję, że okaże się początkiem większego ruchu. Rząd Baracka skupiał się na poszerzaniu dostępu obywateli do niedrogiej opieki zdrowotnej, dla mnie zaś ogród warzywny stanowił możliwość przekazania równoległego komunikatu na temat zdrowego stylu życia. W jego założeniu upatrywałam pierwszą przymiarkę do tego, co chcę osiągnąć jako pierwsza dama – sposób na dosłowne zapuszczenie korzeni na nowym stanowisku. Wyobrażałam je sobie jako coś w rodzaju klasy pod gołym niebem, w której dzieci mogą uczyć się o uprawie żywności. Ogród warzywny sprawiał też wrażenie nieszkodliwej, niewinnej i apolitycznej zabawy damulki ze szpadlem, co podobało się doradcom Baracka z Zachodniego Skrzydła, którzy nieustannie martwili się o „optykę" wydarzeń, czyli ich publiczny odbiór.

Ale moje przedsięwzięcie miało poważniejszy cel. Na przykładzie naszego ogrodu warzywnego planowałam pobudzić publiczną debatę na temat żywienia, zwłaszcza w szkołach i wśród rodziców, która, miałam nadzieję, doprowadzi do dalszej dyskusji na temat sposobów wytwarzania, etykietowania i promowania produktów żywnościowych oraz ich wpływu na zdrowie publiczne. Wypowiadając się o tych sprawach z serca Białego Domu, rzucałabym jawne wyzwanie ogromnym korporacjom przemysłu spożywczego, podważając ich ugruntowane od dziesięcioleci metody zarabiania pieniędzy.

Szczerze mówiąc, nie miałam pojęcia, jakie skutki odniesie moja inicjatywa, lecz polecając Samowi, który tymczasem dołączył do personelu Białego Domu, by rozpoczął tworzenie ogródka, wiedziałam, że nie spocznę, póki się nie przekonam.

Mój optymizm w tych pierwszych miesiącach podkopywała głównie jedna sprawa – polityka. Mieszkaliśmy teraz w Waszyngtonie w samym środku zmagań czerwonych z niebieskimi, których od lat starałam się unikać, mimo że Barack postanowił brać w nich udział. Teraz, gdy został prezydentem, siły te nadawały kształt każdej chwili jego pracy. Kilka tygodni wcześniej, przed inauguracją, konserwatywny dziennikarz radiowy Rush Limbaugh oznajmił butnie: „Mam nadzieję, że Obama zawiedzie". Z niesmakiem przyglądałam się, jak republikanie w Kongresie przyjmują tę samą postawę: torpedowali każdą podejmowaną przez Baracka próbę wyjścia z kryzysu gospodarczego, odmawiając poparcia dla ustaw, które dzięki cięciom podatkowym doprowadziłyby do ocalenia lub stworzenia milionów miejsc pracy. Według niektórych wskaźników w dniu, w którym Barack objął urząd, amerykańska gospodarka kurczyła się równie szybko lub nawet szybciej niż podczas Wielkiego Kryzysu w latach dwudziestych. W samym tylko styczniu 750 tysięcy osób straciło pracę. I gdy Barack upowszechniał ideę, że porozumienie między partiami jest możliwe, a Amerykanie w głębi ducha są bardziej zjednoczeni niż podzieleni, Partia Republikańska świadomie starała się storpedować jego wysiłki, i to w czasie narodowej katastrofy.

Pamiętałam o tym 24 lutego, kiedy Barack przemawiał podczas połączonej sesji izb Kongresu. Wydarzenie to jest czymś w rodzaju przemówienia o stanie państwa w wykonaniu nowo zaprzysiężonego prezydenta. Zarysowuje on w nim główne cele swojej polityki na najbliższy rok, wygłaszając transmitowaną w godzinach najwyższej oglądalności przemowę w sali Izby Reprezentantów w obecności sędziów Sądu Najwyższego, członków gabinetu, generalicji i członków Kongresu. Tradycja pozwala wówczas legislatorom na teatralne wyrażanie aprobaty lub sprzeciwu: wielokrotnie zrywają się do owacji lub siedzą w ponurym milczeniu.

Tamtego wieczora usiadłam między czternastolatką, która napisała szczery list do prezydenta, a dystyngowanym weteranem wojny z Irakiem. Czekaliśmy na pojawienie się mojego męża. Ze swojego miejsca widziałam większość sali na dole. Miałam wyjątkowy widok z góry na przywódców naszego kraju – ocean bieli i testosteronu, morze ciemnych garniturów. Jak na nowoczesny, wielokulturowy kraj brak różnorodności w tym obrazie był porażający, wręcz zawstydzający. Jednorodność panowała szczególnie po stronie republikanów. W owym czasie z ramienia tej partii zasiadało w Kongresie zaledwie siedem niebiałych osób (żadna z nich nie była Afroamerykaninem) i tylko jedna kobieta. Ogółem natomiast czterech na pięciu członków Kongresu było mężczyznami.

Kilka minut później zaczął się spektakl. Usłyszeliśmy stukanie drewnianego młotka i zawołanie marszałka. Zebrani wstali i klaskali przez ponad pięć minut, a wybrani przywódcy przepychali się między rzędami na swoje miejsca. W środku tej burzy otoczony pierścieniem agentów ochrony przed cofającym się kamerzystą szedł Barack. Ściskał dłonie i szeroko się uśmiechał, z wolna zmierzając w stronę podium.

Wielokrotnie oglądałam ten rytuał w telewizji z udziałem innych prezydentów, lecz kiedy zobaczyłam w tym tłumie swojego męża, nagle z wielką mocą uderzyła mnie doniosłość jego pracy oraz świadomość, że aby cokolwiek zrobić, będzie musiał zyskać poparcie ponad połowy Kongresu.

Przemówienie Baracka było szczegółowe i konkretne. Mówił o złym stanie gospodarki, prowadzonych wojnach, ciągłym zagrożeniu atakami terrorystycznymi i gniewie odczuwanym przez wielu Amerykanów, którzy uważają, że wsparcie upadających banków publicznymi pieniędzmi to niesprawiedliwa pomoc rządu dla sprawców kryzysu finansowego. Pilnował, by przemówienie było realistyczne, lecz zarazem, by wybrzmiewały w nim nuty nadziei. Przypominał zebranym o naszej wytrzymałości jako narodu i zdolności do podnoszenia się po trudnych przejściach.

Patrzyłam z balkonu na republikańskich członków Kongresu, którzy przez większość przemówienia siedzieli w fotelach z zawziętym, gniewnym wyrazem twarzy. Założyli ramiona i marszczyli brwi jak dzieci, które nie dostały tego, czego chciały. Uświadomiłam sobie, że będą sprzeciwiać się każdemu posunięciu Baracka, nieważne, czy będzie ono dobre dla kraju, czy nie. Zapomnieli chyba, że to republikański prezydent doprowadził do tych problemów. Przede wszystkim zależało im na tym, by Barack poniósł porażkę. Muszę wyznać, że w tamtej chwili, widząc to, co widziałam, zaczęłam się zastanawiać, czy w ogóle istnieje jakiś sposób, by ruszyć naprzód.

JAKO DZIEWCZYNKA MIAŁAM DOŚĆ niejasne wyobrażenia na temat tego, w jaki sposób moje życie mogłoby ulec poprawie. Gdy chodziłam do sióstr Gore, zazdrościłam im przestrzeni – ich rodzina miała cały dom tylko dla siebie. Dla mnie to było już dużo, kiedy mogliśmy sobie pozwolić na trochę lepszy samochód. Nie mogłam nie dostrzegać, która z koleżanek ma więcej bransoletek albo lalek Barbie ode mnie albo kto kupuje ubrania w sklepie, zamiast dostawać je od mamy, uszyte po taniości według wykrojów z czasopism. W dzieciństwie uczymy się porównywać na długo przed tym, zanim zrozumiemy prawdziwą wielkość czy wartość rzeczy. A jeśli nam się poszczęści, dowiadujemy się w końcu, że porównywaliśmy nie to, co trzeba.

Teraz mieszkaliśmy w Białym Domu. Powoli zaczynałam się z nim oswajać, lecz nie dlatego, że przyzwyczajałam się do wielkich przestrzeni czy wystawnego stylu życia. Po prostu to tutaj moja rodzina teraz spała, jadła, śmiała się i żyła. W pokojach dziewczynek zrobiliśmy wystawkę rozmaitych pamiątek, które Barack miał zwyczaj przywozić z podróży – szklanych śnieżnych kul dla Sashy, breloczków dla Malii. Zaczęliśmy dokonywać subtelnych zmian w rezydencji – tradycyjne żyrandole uzupełniliśmy bardziej nowoczesnym oświetleniem i zapalaliśmy zapachowe świeczki, by stworzyć bardziej domowy klimat. Doceniałam komfort, w jakim przyszło nam żyć, lecz teraz chciałam przede wszystkim nadać temu miejscu trochę ciepła.

Nawet moja matka, która obawiała się muzealnej, oficjalnej atmosfery Białego Domu, wkrótce spostrzegła, że ona także robiła nietrafione porównania. Żyło tam wielu ludzi nieróżniących się zbytnio od nas. Wielu kamerdynerów od wielu lat pracowało w Białym Domu, opiekując się każdą kolejną rodziną. Ich godna, cicha postawa przypominała mi dziadka wujecznego Terry'ego, który mieszkał piętro niżej w okresie mojego dorastania na Euclid Avenue i kosił trawnik z podwiniętymi rękawami i w szelkach. Pilnowałam, by zawsze okazywać personelowi szacunek i doceniać jego pracę. Zależało mi na tym, by ci ludzie nie czuli się niewidzialni. Jeżeli kamerdynerów interesowała polityka i skłaniali się ku tej czy innej partii, zachowywali te poglądy dla siebie. Szanowali naszą prywatność, lecz byli ludźmi otwartymi i serdecznymi, a z biegiem czasu zbliżyliśmy się do siebie. Instynktownie wyczuwali, kiedy potrzebuję chwili prywatności, a kiedy mam ochotę trochę pożartować. Często w kuchni, kiedy przeglądałam tam poranne nagłówki, psioczyli na swoje ulubione drużyny i dzielili się ze mną najnowszymi plotkami o personelu albo historiami psot ich wnuków. Jeśli wieczorem oglądali mecz koszykówki między zespołami z koledżów, Barack niekiedy się przysiadał i zostawał na chwilę. Sasha i Malia z czasem pokochały żywiołową atmosferę panującą w kuchni i wpadały tam po szkole, by zrobić sobie smoothie albo popcorn. Wielu członków personelu szczególnie polubiło moją matkę - zachodzili czasem na górę, by z nią porozmawiać, gdy siedziała na przeszklonej werandzie.

Jakiś czas zajęło mi nauczenie się głosów operatorów centrali telefonicznej, którzy dzwonili rankiem, by mnie obudzić albo łączyli rozmowy z gabinetami Wschodniego Skrzydła kilka pięter niżej, lecz wkrótce ich także poznałam i polubiłam. Gawędziliśmy o pogodzie albo półżartem narzekałam, że często muszę wstawać kilka godzin przed Barackiem, by fryzjer zdążył mnie uczesać przed jakimś oficjalnym wydarzeniem. Były to krótkie pogawędki, ale pomagały odrobinkę oswoić to miejsce.

Jeden z bardziej doświadczonych kamerdynerów, siwowłosy Afroamerykanin James Ramsey, służył w Białym Domu od czasów Cartera. Regularnie wręczał mi najnowszy numer magazynu „Jet" i z dumnym uśmiechem mówił: „Dostawa do rąk własnych, pani Obama".

Życie zawsze jest lepsze, gdy tym, co porównujemy, są ciepłe serca.

• • •

MYŚLAŁAM, ŻE NASZ NOWY DOM jest wręcz przesadnie wielki i wspaniały, a potem w kwietniu poleciałam do Anglii na spotkanie z jej królewską mością.

Była to pierwsza wizyta zagraniczna, w jaką udaliśmy się wraz z Barackiem po wyborach. Polecieliśmy tam na pokładzie prezydenckiego samolotu Air Force One na spotkanie grupy liderów dwudziestu najbogatszych państw świata – G20. Odbywało się ono w niezwykle ważnym momencie, ponieważ kryzys gospodarczy w Stanach Zjednoczonych wywołał niszczycielskie fale, które objęły cały glob i zdestabilizowały wiele rynków finansowych. Szczyt G20 był przy tym debiutanckim występem Baracka jako prezydenta na scenie międzynarodowej. I jak to często miało miejsce w ciągu tych pierwszych miesięcy urzędowania, do jego głównych zadań należało uprzątnięcie bałaganu, czyli – w tym wypadku – wysłuchanie żalów innych światowych przywódców, którzy twierdzili, że Stany przegapiły niepowtarzalną okazję ujarzmienia beztroskich bankierów i zapobieżenia katastrofie, z którą teraz wszyscy musieli się zmagać.

Ponieważ przekonałam się, że Sasha i Malia dobrze się czują w szkole, zostawiłam je pod opieką mamy na czas pobytu za granicą. Wiedziałam, że ta natychmiast poluźni ustalone przeze mnie reguły dotyczące godziny chodzenia spać czy zjadania wszystkich zaserwowanych na obiad warzyw. Mama uwielbiała rolę babci – lubiła zwłaszcza zastępować moje surowe zasady swoimi luźniejszymi i niezobowiązującymi, które, gdy wychowywała Craiga i mnie, wcale takie nie były. Kiedy babcia przejmowała dziewczynki pod swoją kuratelę, były wniebowzięte.

Gordon Brown, premier Wielkiej Brytanii, pełnił funkcję gospodarza szczytu G20, czyli serii całodniowych spotkań ekonomicznych w centrum konferencyjnym, lecz jak to się często zdarzało, gdy do Londynu w oficjalnych sprawach przybywali światowi przywódcy, królowa zaprosiła wszystkich do pałacu Buckingham na uroczyste powitanie.

Z powodu bliskich relacji łączących Amerykę z Wielką Brytanią oraz, jak sądzę, ponieważ byliśmy nowi w towarzystwie, otrzymaliśmy wcześniejsze zaproszenie na prywatną audiencję.

Nie trzeba dodawać, że nie miałam żadnego doświadczenia w zakresie spotkań z monarchami. Poinstruowano mnie, że mogę albo się ukłonić, albo podać królowej rękę. Wiedziałam, że należy się do niej zwracać „Wasza Królewska Mość", zaś do jej męża księcia Filipa, diuka Edynburga – „Wasza Królewska Wysokość". Poza tym nie miałam pojęcia, czego się spodziewać, kiedy nasza kolumna jechała przez żelazne bramy do pałacu, mijając przyciśniętych do płotów gapiów, grupę strażników i królewskiego trębacza, a następnie pod wewnętrznym łukiem i na dziedziniec, gdzie majordomus czekał już, by nas powitać.

Pałac Buckingham jest wielki – tak wielki, że niemal nie sposób go opisać. Ma 775 pokojów i jest piętnaście razy większy od Białego Domu. W kolejnych latach mieliśmy z Barackiem szczęście powracać tam jeszcze kilkakrotnie w charakterze gości. Podczas kolejnych wizyt sypialiśmy w okazałym apartamencie na parterze pałacu, obsługiwani przez lokajów w liberiach i damy dworu. Uczestniczyliśmy w formalnym bankiecie w Sali Balowej, na którym jedliśmy pozłacanymi sztućcami. W pewnym momencie podczas oprowadzania przewodnik powiedział: „Oto nasz Niebieski Pokój" i wskazał na ogromną salę, w której nasz pokój o tej samej nazwie zmieściłby się pięciokrotnie. Główny odźwierny królowej pewnego dnia zabrał mnie, moją matkę oraz dziewczynki do Ogrodu Różanego, gdzie ujrzałam tysiące idealnie kwitnących kwiatów na czterdziestu arach ziemi, i tych kilka krzaczków, które tak dumnie pielęgnowaliśmy przy Gabinecie Owalnym, zaczęło odtąd robić na mnie troszkę mniejsze wrażenie. Buckingham Palace zapierał dech w piersiach i jednocześnie był nie do ogarnięcia.

Podczas pierwszej wizyty zabrano nas do prywatnego apartamentu królowej i wprowadzono do bawialni, w której gospodyni czekała już na nas w towarzystwie księcia Filipa. Królowa Elżbieta II miała wówczas osiemdziesiąt dwa lata, była drobna i wdzięczna, uśmiechała się delikatnie i miała kręcone siwe loki, sczesane po królewsku na bok z czoła. Nosiła bladoróżową suknię i sznur pereł, a czarną torebkę trzymała przewieszoną elegancko przez jedno ramię. Powitaliśmy się uściskiem dłoni i zapozowaliśmy do zdjęcia. Królowa kurtuazyjnie spytała nas, czy nie jesteśmy zmęczeni zmianą czasu, i poprosiła, byśmy usiedli. Nie pamiętam już dokładnie, o czym później rozmawialiśmy – na pewno trochę o gospodarce, stanie spraw w Anglii i różnych spotkaniach Baracka.

Niemal każde oficjalne, zaaranżowane spotkanie wywołuje poczucie nienaturalności, lecz nauczyłam się, że można je zniwelować świadomym wysiłkiem. Siedząc obok królowej, musiałam się dyscyplinować, by nie paraliżowały mnie splendor wnętrz oraz świadomość, że siedzę obok najprawdziwszej ikony. Widziałam oblicze jej królewskiej mości setki razy w podręcznikach do historii, w telewizji i na banknotach, a teraz miałam ją przed sobą – patrzyła na mnie uważnie i zadawała pytania. Była ciepła i ujmująca, na co starałam się odpowiadać tym samym. Królowa bardzo sprawnie radziła sobie z własnym statusem żywego symbolu, lecz była takim samym człowiekiem jak my wszyscy. Natychmiast ją polubiłam.

Później tego popołudnia Barack i ja krążyliśmy wśród gości na przyjęciu w pałacu, jedząc kanapeczki wśród innych liderów państw grupy G20 i ich współmałżonków. Pogawędziłam z kanclerz Niemiec Angelą Merkel i francuskim prezydentem Nicolasem Sarkozym. Poznałam króla Arabii Saudyjskiej, prezydent Argentyny, premierów Japonii i Etiopii. Starałam się zapamiętać, kto pochodzi z którego kraju i czyim jest mężem lub żoną, i nie odzywałam się zbyt wiele z obawy, że coś pomieszam. Ogólnie rzecz biorąc, było to dystyngowane i przyjacielskie spotkanie, podczas którego przekonałam się, że nawet głowy państw mogą rozmawiać o dzieciach i żartować z brytyjskiej pogody.

W pewnym momencie przyjęcia obróciłam głowę i ujrzałam królową Elżbietę tuż obok siebie. Raptem w tej pełnej ludzi sali znalazłyśmy się w kameralnym odosobnieniu. Miała na dłoniach śnieżnobiałe rękawiczki i zdawała się równie świeża jak kilka godzin wcześniej, kiedy się poznałyśmy. Uśmiechnęła się do mnie.

– Jest pani taka wysoka! – zauważyła, przechylając głowę.

– Te buty – odpowiedziałam z chichotem – dodają mi parę cali, ale to fakt, jestem wysoka.

Królowa zerknęła w dół na moje czarne szpilki od Jimmy'ego Choo i pokręciła głową.

– Muszą być niewygodne, prawda? – powiedziała. Wskazała też z frustracją na własne czarne pantofle.

Wtedy wyznałam królowej, że bardzo bolą mnie stopy. Odparła, że ma ten sam problem. Popatrzyłyśmy na siebie z identycznym wyrazem twarzy: *Kiedy wreszcie skończy się to całe stojące spotkanie z przywódcami świata?* I wtedy wybuchła czarującym śmiechem.

Nie miało to znaczenia, że czasem zakładała diamentową koronę ani że ja przyleciałam do Londynu prezydenckim odrzutowcem – byłyśmy po prostu dwoma zmęczonymi kobietami, którym doskwierały buty. Instynktownie zrobiłam coś, co robię zawsze, kiedy poczuję więź z nowo poznaną osobą, aby szczerze wyrazić uczucia: położyłam jej czułym gestem dłoń na ramieniu.

Nie wiedziałam tego w tamtej chwili, lecz właśnie popełniłam nieprawdopodobne *faux pas*. Dotknęłam królowej Anglii, a to coś, czego – jak się miałam wkrótce dowiedzieć – nigdy się nie robi. Scenę tę uchwycono na zdjęciu, które w następnych dniach przedrukowano w mediach na całym świecie: „Pogwałcenie protokołu!", „Michelle Obama śmiała objąć królową!". Ożyły stare spekulacje z czasu kampanii, że jestem nieokrzesana i brakuje mi elegancji, jakiej należałoby się spodziewać po pierwszej damie. Zmartwiłam się, sądząc, że być może w ten sposób odciągnęłam uwagę od osiągnięć Baracka podczas szczytu. Postanowiłam jednak nie pozwolić krytykom zbić się z tropu. Jeśli nie zachowałam się właściwie w pałacu Buckingham, to przynajmniej postąpiłam po ludzku. Mogę też chyba stwierdzić, że królowej to nie przeszkadzało, ponieważ, gdy jej dotknęłam, ona zbliżyła się do mnie i delikatnie położyła mi urękawiczoną dłoń na plecach.

Następnego dnia, gdy Barack udał się na maraton rozmów o gospodarce, ja pojechałam obejrzeć szkołę dla dziewcząt. Było to publicznie finansowane liceum w śródmiejskiej dzielnicy Islington położone niedaleko osiedla komunalnego. Ponad 90 procent spośród jego dziewięciuset uczennic było czarnych lub należało do mniejszości etnicznych, a jedna piąta była potomkiniami imigrantów lub osób ubiegających się o azyl. Ta placówka mnie zainteresowała, ponieważ była zróżnicowana etnicznie i słabo finansowana, a mimo to ceniono ją za wybitne osiągnięcia edukacyjne. Zależało mi też na tym, by moje wizyty w charakterze pierwszej damy były jak najbardziej autentyczne – chciałam poznawać ludzi, którzy żyli na miejscu, a nie tylko tych, którzy nimi rządzą. Podczas wyjazdów zagranicznych miałam możliwości, jakich nie miał Barack: mogłam uniknąć zaaranżowanych wielostronnych spotkań i posiedzeń z przywódcami i spróbować nadać trochę ludzkiego wymiaru tym sformalizowanym podróżom. Zamierzałam tak postępować podczas każdego zagranicznego wyjazdu, poczynając od Anglii.

Okazało się jednak, że nie byłam do końca przygotowana na to, co spotkało mnie w szkole imienia Elizabeth Garrett Anderson. Wprowadzono mnie do sali, w której zebrały się dwie setki uczennic, aby obejrzeć występ swoich koleżanek oraz posłuchać, co mam im do powiedzenia. Szkoła za patronkę miała lekarkę, która została także pierwszą kobietą na stanowisku burmistrza w Anglii. Sam gmach niczym się nie wyróżniał – ot, kanciasty ceglany budynek przy nijakiej ulicy. Kiedy jednak usiadłam na składanym krzesełku na scenie i zaczęłam oglądać występ, na który składała się scena z Szekspira, taniec nowoczesny oraz chóralne wykonanie piosenki Whitney Houston, poczułam, że coś we mnie pęka. Miałam wrażenie, że osuwam się we własną przeszłość.

Wystarczyło się rozejrzeć, by wiedzieć, że mimo swych zalet te dziewczynki będą musiały ciężko zapracować na dostrzeżenie. Były tam uczennice w hidżabie i takie, dla których angielski był drugim językiem. Kolor skóry wielu z nich należał do szerokiej gamy odcieni brązu. Wiedziałam, że czeka je walka ze stereotypami, przez pryzmat których ludzie będą je widzieć i określać, nim one same zdołają się określić. Czeka je walka z niewidzialnością, którą toczy każdy, kto jest ubogi i innej rasy niż biała, a do tego jest kobietą. Będą musiały odnaleźć swój głos i nie dać się zlekceważyć ani stłamsić. Będą musiały ciężko pracować choćby po to, by móc się uczyć.

Lecz w ich twarzach wyczytałam nadzieję, która przepełniała teraz także mnie. Poczułam dziwne, milczące objawienie: te dziewczynki to ja z dawnych lat. A dziś ja byłam tą, którą i one mogą się stać. Energia buzująca w tej szkole była energią dziewięciuset walczących dziewcząt.

Kiedy przedstawienie dobiegło końca i podeszłam do podium, by przemówić, z trudem hamowałam emocje. Popatrzyłam na przygotowane notatki, ale uznałam, że przestały się nadawać na tę okazję. Uniosłam wzrok, popatrzyłam na dziewczynki i po prostu zaczęłam mówić: wyjaśniłam, że choć przyjechałam z daleka, obarczona tym dziwnym tytułem pierwszej damy Stanów Zjednoczonych, jestem do nich bardziej podobna, niżby się mogły spodziewać. Ja także pochodziłam z dzielnicy ludzi pracy i wychowywałam się w rodzinie o skromnych środkach, lecz przepełnionej miłością. I wcześnie w życiu zrozumiałam, że to w szkole mogę zacząć sama się definiować, że edukacja jest warta wysiłku, że jest trampoliną w świat.

W tamtej chwili byłam pierwszą damą od nieco ponad dwóch miesięcy. W różnych momentach pełnienia tej funkcji czułam się przytłoczona tempem wydarzeń, niegodna otaczającego mnie przepychu, pełna obaw o dzieci i niepewna własnego celu. Niektóre aspekty życia publicznego – egzystencji, która odbiera człowiekowi prywatność, czyniąc z niego chodzący, mówiący symbol narodu – wydają się specjalnie tak pomyślane, by odrzeć go z części tożsamości. Lecz gdy przemawiałam do zebranych dziewczynek, ogarnęły mnie inne, czyste uczucia – moja dawna tożsamość zlała się z narzuconą mi nową rolą. *Czy jesteś dość dobra? Tak, jesteś, wszystkie jesteście.* Powiedziałam uczennicom liceum Elizabeth Garrett Anderson, że chwyciły mnie za serce. Powiedziałam, że są wartościowe, ponieważ faktycznie takie były. A kiedy skończyłam mówić, dałam się ponieść instynktowi: uściskałam każdą dziewczynkę, do której zdołałam podejść.

TYMCZASEM W WASZYNGTONIE NASTAŁA WIOSNA. Słońce wschodziło wcześniej i zostawało na niebie coraz dłużej każdego dnia. Przyglądałam się, jak Południowy Trawnik stopniowo nabiera soczyście zielonej barwy. Z okien rezydencji widziałam czerwone tulipany i lawendowe szafirki wokół fontanny u podstawy wzgórza. Mój sztab i ja przez minione dwa miesiące nadawaliśmy realną formę mojej wizji ogrodu warzywnego, co nie było łatwe. Musieliśmy na przykład przekonać Służbę Parków Narodowych oraz personel ogrodniczy Białego Domu, że przekopanie fragmentu jednego z najbardziej rozpoznawalnych trawników świata to niezła myśl. Początkowo sama wzmianka na ten temat spotykała się z oporem. Minęło kilka dekad od czasów, gdy pod okiem Eleanor Roosevelt założono w Białym Domu Ogródek Zwycięstwa[11] i nikogo nie interesowało powtórzenie podobnej inicjatywy. „Oni myślą, że zwariowaliśmy", powiedział mi pewnego dnia Sam Kass.

Ostatecznie postawiliśmy na swoim. Najpierw wydzielono nam malutką działeczkę za kortami tenisowymi obok szopy na narzędzia. Sam postanowił się wystarać o lepszą lokalizację i w końcu wywalczył dobrze nasłonecznioną parcelę w kształcie litery L o powierzchni jednego ara na Południowym Trawniku, niedaleko Gabinetu Owalnego i kilku huśtawek, które zamontowaliśmy dla dziewczynek. Położenie ogródka uzgodniliśmy z Secret Service, aby nasze wykopki nie uruchomiły żadnych czujników ani nie zasłoniły widoku na istotne punkty. Przebadaliśmy ziemię, by sprawdzić, czy zawiera odpowiednio dużo związków odżywczych i żadnych toksycznych pierwiastków, takich jak ołów lub rtęć.

[11] Ogródek warzywny założony podczas II wojny światowej w celu promowania prywatnej uprawy roślin jadalnych przez obywateli, aby odciążyć skoncentrowaną na wysiłku wojennym gospodarkę.

A potem mogliśmy zacząć kopać.

Kilka dni po powrocie z Europy zaprosiłam gromadkę dzieci z podstawówki imienia George'a Bancrofta, dwujęzycznej szkoły w północno-zachodniej części miasta. Parę tygodni wcześniej za pomocą szpadli i motyk wspólnie spulchniliśmy glebę. Teraz te same dzieci wróciły, by pomóc mi posadzić rośliny. Nasz spłachetek ziemi znajdował się nieopodal południowego ogrodzenia od strony E Street, gdzie często zbierali się turyści, aby poprzyglądać się Białemu Domowi. Cieszyłam się, że teraz będą oglądać nasz ogródek.

A przynajmniej miałam nadzieję, że w pewnym momencie zacznę się cieszyć. W końcu z ogródkami nigdy nic nie wiadomo – nie można być pewnym, czy cokolwiek wyrośnie. Zaprosiliśmy media, by sfilmowały i opisały sadzenie. Poprosiliśmy o pomoc wszystkich kucharzy z Białego Domu, a także Toma Vilsacka, sekretarza rolnictwa w gabinecie Baracka. Każdego, kogo się dało, prosiliśmy, żeby oglądał, co wyczyniamy. Przed przyjściem dzieci tego ranka powiedziałam do Kassa: „Mówię serio, lepiej, żeby nam się to udało".

Później w towarzystwie grupy piątoklasistów na klęczkach starannie umieszczałam sadzonki w dołkach, by następnie ostrożnie uklepać ziemię wokół ich delikatnych łodyżek. Po pobycie w Europie, gdzie prasa rozpisywała się na temat każdej mojej kreacji (na spotkanie z królową założyłam kardigan, co było niemal równie skandaliczne jak dotknięcie jej ramienia), teraz z ulgą ubrałam się w wiatrówkę i spodnie robocze. Dzieci zadawały mi różne pytania – niektóre na temat warzyw i co należy jeszcze zrobić w ogródku, inne odbiegające od tematu: „A gdzie prezydent?", „Dlaczego nam nie pomaga?". Jednak wystarczyło parę minut, by przestały się mną przejmować i zamiast tego skupiły na dopasowywaniu gumowych rękawic i oglądaniu dżdżownic w glebie. Uwielbiałam przebywać z dziećmi. Przez cały czas, który spędziłam w Białym Domu, ich obecność była jak balsam dla mojej duszy. Dzięki nim mogłam na chwilę uciec od zmartwień pierwszej damy czy świadomości, że jestem nieustannie oceniana. Przy dzieciach znów czułam się sobą. Dla nich nie byłam nikim wyjątkowym. Po prostu sympatyczną, dość wysoką panią.

Ranek upływał, a my sadziliśmy sałatę i szpinak, koper włoski i brokuły. Umieściliśmy w ziemi marchew, kapustę i groszek. Zasadziliśmy krzaczki borówek i mnóstwo ziół. Co z tego wyjdzie? Nie wiedziałam, podobnie jak nie miałam pojęcia, jaka przyszłość czeka nas w Białym Domu, co stanie się z krajem ani jakie życie przypadnie w udziale zebranym wokół mnie dzieciom. Mogliśmy więc tylko wierzyć, że nasze wysiłki miały sens i dzięki działaniu słońca, deszczu oraz czasu przez warstewkę gleby przecisną się jako takie rośliny.

21.

PEWNEGO SOBOTNIEGO WIECZORA pod koniec maja Barack zaprosił mnie na randkę. Przez cztery miesiące od zaprzysiężenia całymi dniami pracował nad tym, by spełnić obietnice złożone wyborcom podczas kampanii. Teraz postanowił wywiązać się z obietnicy złożonej mnie. Wybieraliśmy się do Nowego Jorku na kolację i do teatru.

Przez wiele lat w Chicago nasze cotygodniowe randki były nienaruszalnym rytuałem, który chroniliśmy za wszelką cenę. Uwielbiałam rozmowy z mężem przy małym stoliku i delikatnym oświetleniu. Zawsze tak było i zawsze będzie. Barack to znakomity, cierpliwy i uważny słuchacz. Uwielbiam, jak przechyla głowę, gdy się śmieje. Uwielbiam blask w jego oczach i życzliwość charakteru. Lampka wina i leniwy posiłek zawsze pozwalały nam wrócić do korzeni związku, do tamtego pierwszego upalnego lata, kiedy wszystko między nami zdawało się naelektryzowane.

Na naszą nowojorską randkę postanowiłam elegancko się ubrać – założyłam sukienkę koktajlową, pomalowałam usta i wystylizowałam włosy. Czułam ekscytację na myśl o ucieczce z Białego Domu i spędzeniu wieczoru sam na sam z mężem. Przez kilka minionych miesięcy organizowaliśmy kolacje i wspólnie chodziliśmy na przedstawienia w Kennedy Center, lecz prawie zawsze były to imprezy oficjalne i towarzyszyło nam mnóstwo ludzi. Ten wieczór miał być tylko dla nas.

Barack założył ciemny garnitur bez krawata. Późnym popołudniem pocałowaliśmy dziewczynki i moją mamę na pożegnanie, po czym ruszyliśmy, trzymając się za ręce, przez Południowy Trawnik do czekającego na nas prezydenckiego śmigłowca Marine One, który zabrał nas do bazy sił powietrznych Andrews. Później wsiedliśmy na pokład małego wojskowego samolotu, polecieliśmy na lotnisko JFK, a stamtąd kolejnym śmigłowcem na Manhattan. Wszystkie etapy podróży z wyprzedzeniem starannie zaplanowało Secret Service, aby przebiegała jak najsprawniej i najbezpieczniej.

Barack (przy pomocy Sama Kassa) wybrał restaurację niedaleko Washington Square Park – Blue Hill, niewielki lokal w bocznej uliczce, o którym wiedział, że mi się spodoba, ponieważ korzystano w nim z miejscowych odmian roślin. Kiedy kolumna przemierzała ostatni odcinek drogi z lądowiska na dolnym Manhattanie do Greenwich Village, dostrzegłam światła radiowozów, którymi odcięto wszystkie przecznice na naszej trasie, i poczułam ukłucie winy, że sama nasza obecność w mieście zaburza rytm sobotniego wieczoru. Nowy Jork zawsze budził we mnie poczucie wspaniałości – był tak wielki i ruchliwy, że potrafił stłumić nawet najbardziej rozdęte ego. Pamiętam, jak oglądałam go szeroko otwartymi oczami podczas pierwszej podróży z Czerny, moją mentorką z Princeton. Wiedziałam, że Barack odczuwa jeszcze głębszą więź z tym miastem. Nieokiełznana energia i różnorodność Nowego Jorku okazały się idealną glebą, na której wzrastały jego intelekt i wyobraźnia, kiedy studiował na Columbia University.

W restauracji poprowadzono nas do cichego stolika w rogu, a ludzie próbowali powstrzymać się od ciekawskich spojrzeń. Nie dało się jednak ukryć faktu naszego przybycia. Każdy, kto wchodził po nas, musiał zostać zbadany ręcznym magnetometrem przez agenta Secret Service, co trwało tylko chwilę, ale i tak stanowiło pewną dokuczliwość. Za to również czułam się winna.

Zamówiliśmy martini. Rozmawialiśmy o lekkich sprawach. Po czterech miesiącach życia jako prezydent i pierwsza dama wciąż dostosowywaliśmy się do naszych nowych tożsamości – próbowaliśmy ustalić, jak oddziałują na nasze małżeństwo. Ostatnimi czasy niemal żaden aspekt skomplikowanego życia Baracka nie pozostawał bez pewnego wpływu na moje, było więc sporo spraw, o których moglibyśmy dyskutować – na przykład o decyzji jego ekipy, by ustalić datę zagranicznej wizyty na okres letnich wakacji dziewczynek, albo o tym, że moja szefowa sztabu czuje się ignorowana podczas porannych spotkań sztabowych w Zachodnim Skrzydle – ale starałam się tego unikać, i to nie tylko tego wieczora, lecz każdego. Jeśli nie podobało mi się coś, o czym zadecydowano w Zachodnim Skrzydle, przeważnie przekazywałam to swoim ludziom, którzy informowali sztab Baracka. Starałam się, by sprawy Białego Domu nie pochłaniały naszego osobistego czasu.

Bywało, że Barack chciał jednak porozmawiać o pracy, choć częściej wolał unikać tego tematu. Większość problemów, którymi się zajmował, była bardzo wyczerpująca – stawał przed ogromnymi, niemal nierozwiązywalnymi wyzwaniami. Firmę General Motors dzieliło kilka dni od ogłoszenia bankructwa. Korea Północna przeprowadziła próbę jądrową, a Barack miał niebawem wyjechać do Egiptu, aby wygłosić ważne przemówienie i wyciągnąć dłoń do muzułmanów na całym świecie. Ziemia wokół niego nigdy nie przestawała się trząść. Ilekroć starzy przyjaciele przyjeżdżali w odwiedziny do Białego Domu, bawiło ich, jak łapczywie wypytujemy o pracę, dzieci, zainteresowania i wszystko inne. Nie lubiliśmy zbytnio opowiadać o zawiłościach naszej nowej egzystencji – zamiast tego woleliśmy chłonąć każdy strzęp plotek i codziennych wiadomości z rodzinnego miasta. Wyglądało na to, że obojgu nam brakuje mgnień zwykłego życia.

Tego wieczora w Nowym Jorku jedliśmy, piliśmy i rozmawialiśmy przy świecach, ciesząc się poczuciem – choćby iluzorycznym – że udało nam się uciec. Biały Dom był wyjątkowo pięknym, wygodnym miejscem, fortecą upozowaną na domostwo, i z punktu widzenia agentów Secret Service byłoby idealnie, gdybyśmy go w ogóle nie opuszczali. Nawet w murach gmachu woleli, byśmy jechali windą, zamiast schodzić po schodach, bo minimalizowało to ryzyko potknięcia. Jeżeli Barack czy ja mieliśmy spotkanie w Blair House po drugiej stronie już i tak zamkniętej dla ruchu Pennsylvania Avenue, prosili nas czasem, byśmy pojechali kolumną zamiast iść na piechotę. Docenialiśmy ich czujność, lecz czasem sprawiała wrażenie więzienia. Nierzadko musiałam przemyśleć, czy spełnienie jakiejś potrzeby nie będzie zanadto uciążliwe dla innych. Jeśli na przykład ktoś z naszej rodziny chciał wyjść na Balkon Trumana – cudowny zaokrąglony taras z widokiem na Południowy Trawnik, będący jedyną półprywatną przestrzenią na świeżym powietrzu w Białym Domu – najpierw musieliśmy poinformować Secret Service, które zamykało wówczas odcinek E Street, skąd można było dostrzec balkon, wypraszając zebranych tam o każdej porze dnia i nocy turystów. Wielokrotnie miałam ochotę spędzić trochę czasu na balkonie, ale z tego rezygnowałam, wiedząc, że moja zachcianka, by posiedzieć przy herbacie na świeżym powietrzu, spowoduje mnóstwo zamieszania i popsuje niejeden urlop.

Ponieważ ściśle kontrolowano wszystkie nasze ruchy, odległość, którą przechodziliśmy każdego dnia, znacznie zmalała. Dlatego oboje często korzystaliśmy z małej siłowni na górnym piętrze rezydencji mieszkalnej. Barack codziennie przez prawie godzinę biegał na bieżni, próbując zaspokoić nieustannie dręczącą go potrzebę ruchu. Ja natomiast ćwiczyłam każdego ranka, często pod okiem Cornella, który pełnił funkcję naszego trenera w Chicago, a teraz na naszą prośbę pomieszkiwał w Waszyngtonie i przychodził kilka razy w tygodniu, by nas katować ćwiczeniami plyometrycznymi i ciężarkami.

Nawet jeśli nie dyskutowaliśmy spraw państwa, nigdy nie brakowało nam tematów do rozmowy. Tamtego wieczora przy kolacji rozmawialiśmy o lekcjach fletu Malii i przywiązaniu Sashy do jej poszarganego Kocyka, który w nocy nakładała sobie na głowę. Kiedy opowiedziałam zabawną historyjkę o tym, jak makijażystka próbowała niedawno przyczepić mojej mamie sztuczne rzęsy przed sesją zdjęciową, lecz poniosła sromotną klęskę, Barack odchylił głowę i zaśmiał się dokładnie tak, jak się tego spodziewałam. Teraz mieliśmy też w domu nowe zabawne dziecko: siedmiomiesięcznego żywiołowego szczeniaka rzadkiej rasy portugalski pies dowodny, którego nazwaliśmy Bo. Nasza rodzina otrzymała go w prezencie od senatora Teda Kennedy'ego i był spełnieniem obietnicy złożonej dziewczynkom podczas kampanii. Bawiły się z nim w chowanego na Południowym Trawniku – chowały się za drzewami, wołały jego imię, a on biegał po trawie w ślad za ich głosem. Wszyscy pokochaliśmy Bo.

Gdy skończyliśmy posiłek i wstaliśmy, by wyjść, ludzie zebrani w restauracji podnieśli się i zaczęli bić brawo, co wydało mi się tyleż uprzejme, co niepotrzebne. Przypuszczam, że przynajmniej niektórzy z ulgą potraktowali nasze wyjście.

Barack i ja byliśmy utrapieniem, czynnikiem zakłócającym każdą normalną sytuację. Nie dało się zignorować tego faktu. Poczuliśmy to wyraźnie, gdy nasza kolumna podążała Szóstą Aleją ku Times Square, gdzie kilka godzin wcześniej policja odgrodziła kordonem cały kwartał, w którym mieścił się teatr. W efekcie inni widzowie stali teraz w kolejce do wykrywaczy metali, czego nigdy wcześniej nie kazano im robić, aktorzy musieli zaś czekać dodatkowe czterdzieści pięć minut na rozpoczęcie spektaklu z powodu trwających kontroli bezpieczeństwa.

Sztuka była cudowna. Obejrzeliśmy dramat Augusta Wilsona, którego akcja rozgrywa się w szkole z internatem w Pittsburghu podczas Wielkiej Migracji, kiedy miliony Afroamerykanów opuściły południe kraju, zalewając środkowy zachód – byli wśród nich moi przodkowie zarówno ze strony ojca, jak i matki. Siedząc w mroku obok Baracka, byłam przejęta i trochę wzruszona. Na jakiś czas zupełnie zatraciłam się w przedstawieniu i odczuwałam miłą satysfakcję, ponieważ miałam wolne i zdołałam wyrwać się na chwilę z domu.

Lecąc tego wieczora z powrotem do Waszyngtonu, wiedziałam już, że nieprędko powtórzymy podobne wyjście. Przeciwnicy polityczni Baracka mieli go krytykować za to, że zabrał mnie do Nowego Jorku na przedstawienie. Jeszcze zanim dotarliśmy do domu, Partia Republikańska wystosowała oświadczenie dla prasy, w którym twierdziła, że nasza randka była przejawem ekstrawagancji i dużo kosztowała podatników, co podchwycono i komentowano w telewizjach kablowych. Zespół Baracka ostrożnie zwrócił naszą uwagę na to, byśmy bardziej zważali na polityczny wymiar naszych działań. Poczułam się winna i samolubna, że skradłam wyjątkową chwilę sam na sam z mężem.

Ale na tym się nie skończyło. Krytycy zawsze czekali w gotowości. Republikanie nie zamierzali odpuścić. „Optyka" zawsze miała rządzić naszym życiem.

Wyglądało na to, że wraz z Barackiem przetestowaliśmy pewną teorię i zgodnie z naszymi przewidywaniami udowodniliśmy jej najlepsze i najgorsze tezy. Dobre było to, że wciąż mogliśmy się wybrać na romantyczne spotkanie, tak jak to robiliśmy lata temu przed zaangażowaniem się w politykę. Nawet jako pierwsza para mogliśmy poczuć bliskość i więź czy nacieszyć się posiłkiem i przedstawieniem teatralnym w mieście, które oboje kochaliśmy. Trudniej było się mierzyć z nieodłącznym egoizmem takiej decyzji, wiedzieliśmy bowiem, że organizacja podobnego wydarzenia wymaga wielogodzinnych uprzednich spotkań naszych agentów z miejscową policją. Mnóstwo ludzi musiało poświęcić dla nas dodatkowe godziny – nasi sztabowcy, pracownicy teatru, kelnerzy, kierowani na objazdy kierowcy, policjanci na ulicach. Musieliśmy żyć z tym nowym ciężarem. Nie mogliśmy już swobodnie wykonać żadnego ruchu – wymagało to zaangażowania zbyt wielu ludzi i uprzykrzenia życia wielu innym.

Z BALKONU TRUMANA WIDZIAŁAM, jak w południowo-zachodnim narożniku trawnika nasz ogród nabiera kształtu. Był to dla mnie radosny widok – powstawał miniaturowy Eden pełen poskręcanych młodych pędów i krótkich źdźbeł, pnących się w górę łodyżek marchwi i cebuli oraz gęstych, zielonych spłachetków szpinaku otoczonych jaskrawoczerwonymi i żółtymi kwiatami. Uprawialiśmy żywność.

Pod koniec czerwca nasz pierwotny zespół pomocników z podstawówki imienia Bancrofta przyłączył się do mnie z okazji zbiorów. Klęczeliśmy na ziemi, wyrywając główki sałaty i odzierając łodygi fasoli ze strączków. Tym razem zabawiał nas dodatkowo nasz szczeniak Bo, który okazał się wielkim wielbicielem ogródka – biegał wokół drzewek, a potem rozkładał się brzuchem do góry między rabatkami.

Po zbiorach Sam i dzieci zrobili w kuchni sałatkę ze świeżo zerwanej sałaty i groszku, którą później zjedliśmy z pieczonym kurczakiem, na deser zaś pochłonęliśmy po kubku borówek z ogródka. W ciągu dziesięciu tygodni warzywnik dał nam ponad czterdzieści kilogramów produktów, a zainwestowaliśmy w niego tylko dwieście dolarów na sadzonki, nasiona i ściółkę.

Ogródek był lubiany i zdrowy, ale wiedziałam, że niektórym to nie wystarczy. Obserwujący mnie ludzie – szczególnie kobiety, i chyba zwłaszcza wykwalifikowane kobiety pracujące – mieli wobec mnie określone oczekiwania. Obawiali się, że postanowiłam zlekceważyć swoje wykształcenie i doświadczenie w zarządzaniu, by osiąść w roli pierwszej damy, która popija herbatkę i śpi w różowej pościeli. Ludzie martwili się, że nie realizuję w pełni swoich możliwości.

Wiedziałam, że niezależnie od podjętych decyzji zawsze kogoś rozczaruję. Podczas kampanii nauczyłam się, że każdy mój ruch i wyraz twarzy będą odczytywane na dziesiątki sposobów. Uważano mnie za ostrą i agresywną albo – jak gdy założyłam ogród i zaczęłam poruszać temat zdrowego odżywiania – pozbawioną wyrazu, co rozczarowało feministki. Kilka miesięcy przed zwycięstwem Baracka powiedziałam pewnemu dziennikarzowi podczas wywiadu, że w Białym Domu zamierzam nadal koncentrować się na roli „pierwszej mamy" w naszej rodzinie. Rzuciłam to zdanie swobodnym tonem, lecz użyte przeze mnie sformułowanie się przyjęło i zaczęło być powtarzane przez media. Część Amerykanów dobrze mnie zrozumiała, wiedząc, ile zdolności organizacyjnych i motywacji wymaga wychowywanie dzieci. Innych te słowa z jakiegoś niejasnego powodu oburzyły, ponieważ uznali, że jako pierwsza dama zajmować się będę wyłącznie pomaganiem swoim dzieciom w robieniu robótek ręcznych na lekcje plastyki.

A w rzeczywistości zamierzałam zajmować się wszystkim – zarówno przedsięwzięciami o dużym znaczeniu, jak i uważnym rodzicielstwem – tak jak to robiłam zawsze. Jedyna różnica polegała na tym, że teraz przyglądało mi się wiele osób.

Jako pierwsza dama wolałam pracować w ciszy i metodycznie tworzyć szeroko zakrojone plany dopóty, dopóki zyskam stuprocentową pewność, że można je pokazać publicznie. Jak powiedziałam swojemu sztabowi, wolę stawiać na jakość niż na ilość. Czasem czułam się trochę jak łabędź na tafli jeziora – wiedziałam, że muszę elegancko wyglądać i dostojnie płynąć, lecz pod wodą energicznie przebierałam nogami. Zainteresowanie i entuzjazm, jakie wzbudził mój ogródek, objawiające się w pozytywnych doniesieniach prasowych i napływających z całego kraju listach, upewniło mnie, że potrafię nadać rozgłos dobremu pomysłowi. Teraz chciałam wskazać na ogólniejszy problem i postarać się znaleźć jego rozwiązanie.

W chwili gdy Barack obejmował urząd, prawie jedna trzecia amerykańskich dzieci miała nadwagę lub otyłość. Przez trzy dekady liczba otyłych dzieci wzrosła trzykrotnie. Diagnozowano u nich bezprecedensowo wiele przypadków nadciśnienia i cukrzycy typu drugiego. Nawet dowódcy wojskowi donosili, że otyłość stała się jednym z głównych czynników dyskwalifikujących do służby.

Przyczyny tego problemu obejmowały każdy aspekt życia rodzin, począwszy od wysokich cen świeżych owoców po cięcia w finansowaniu sportu i rekreacji w szkołach. Telewizor, komputer i gry wideo pochłaniały czas dzieci, a w niektórych dzielnicach pozostawanie w domu było po prostu bezpieczniejsze niż wyjście, by się pobawić, jak to robiliśmy z Craigiem jako dzieci. Wiele rodzin w zaniedbanych rejonach wielkich miast nie miało w okolicy domu żadnego sklepu spożywczego. Również we wsiach na obszernych połaciach kraju konsumenci nie mogli kupić świeżych płodów rolnych. Tymczasem wciąż rosły porcje w restauracjach. Reklamy dosładzanych płatków śniadaniowych, dań do odgrzania w mikrofalówce i przekąsek w rozmiarze jumbo ładowano dzieciom prosto do głów na kanałach z kreskówkami.

Jednak próba ulepszenia choć jednej części systemu mogła wywołać niekorzystny efekt domina. Gdybym wypowiedziała wojnę słodzonym napojom, których reklama skierowana była do dzieci, sprzeciwiłyby mi się nie tylko wielkie koncerny produkujące napoje, ale także rolnicy dostarczający kukurydzę do wytwarzania słodzików. Gdybym promowała zdrowe obiady w szkołach, wzięliby mnie na celownik lobbyści korporacji, które często dyktowały, jakie jedzenie trafia na talerz czwartoklasisty w szkolnej stołówce. Od lat specjaliści do spraw zdrowia publicznego i promotorzy zdrowego stylu życia zmagali się z lepiej zorganizowanym i opłacanym kompleksem koncernów żywnościowo-napojowych. Dostarczanie obiadów szkolnych było w Ameryce biznesem wartym sześć miliardów dolarów rocznie.

Niemniej uznałam, że nadszedł właściwy czas na podjęcie próby zmian. Nie byłam ani pierwszą, ani jedyną osobą, która zajęła się tym problemem. W Stanach rósł w siłę ruch zdrowego odżywiania. Miejscy rolnicy eksperymentowali z uprawą roślin jadalnych w miastach całego kraju. Zarówno republikanie, jak i demokraci zajmowali się tą problematyką na poziomie stanów i miast, inwestując w zdrowy styl życia, tworząc więcej chodników i publicznych ogrodów. Dowodziło to, że istniał w tym zakresie pewien obszar porozumienia.

W połowie 2009 roku mój mały zespół i ja zaczęliśmy koordynować nasze działania z politykami z Zachodniego Skrzydła oraz spotykać się z ekspertami rządowymi i pozarządowymi, aby stworzyć plan. Postanowiliśmy się skupić na dzieciach. Trudno jest zmusić dorosłych do zmiany nawyków, a ponadto rodzi to problemy polityczne. Doszliśmy do przekonania, że nasze szanse powodzenia wzrosną, jeśli to dzieciom postanowimy pomóc w zmianie myślenia o odżywianiu i ćwiczeniach fizycznych. Czy ktoś mógł się nam przeciwstawić, skoro autentycznie walczyliśmy o dobro dzieci?

Moje córki miały właśnie letnią przerwę wakacyjną. Postanowiłam przez trzy dni w tygodniu pełnić obowiązki pierwszej damy, a resztę czasu rezerwować dla rodziny. Zamiast wysyłać dziewczynki na kolonie, stworzyłam inicjatywę, którą nazwałam Obóz Obamów – zaprosiwszy do współudziału kilkoro przyjaciół, organizowaliśmy krótkie wycieczki, aby zapoznać się z okolicą, w której mieszkaliśmy. Pojechaliśmy na plantację Jeffersona Monticello i plantację Waszyngtona – Mount Vernon. Zbadaliśmy jaskinie w dolinie Shenandoah. Odwiedziliśmy Biuro Grawerowania i Druku, by zobaczyć, jak powstają nowe banknoty dolarowe, i udaliśmy się na zwiedzanie domu Fredericka Douglassa w południowo-wschodniej części Waszyngtonu, gdzie zobaczyliśmy, jak człowiek żyjący w niewoli mógł zostać uczonym i bohaterem. Przez pewien czas prosiłam dziewczynki, by po każdej wycieczce pisały krótką notatkę na temat tego, czego się nauczyły, ale później zaczęły protestować, więc nie naciskałam.

Gdy tylko mogliśmy, planowaliśmy nasze wyjazdy na wczesny ranek lub późne popołudnie, aby jak najmniej przeszkadzać ludziom, ponieważ Secret Service musiało opróżnić teren ze zwiedzających lub odgrodzić go przed naszym przyjazdem. Wiedziałam, że i tak uprzykrzamy innym życie, ale bez Baracka stanowiliśmy przynajmniej trochę mniejszy problem. W dodatku, ponieważ chodziło o dziewczynki, starałam się całkowicie wyzbyć poczucia winy. Pragnęłam, by nasze dzieci mogły poruszać się równie swobodnie jak wszystkie inne.

Pewnego dnia nieco wcześniej w ciągu roku doszło do spięcia między mną a Secret Service, kiedy grupka uczniów chciała zabrać Malię na spontaniczne wyjście na lody. Ponieważ z powodów bezpieczeństwa nie pozwolono jej jechać w samochodzie innej rodziny, a Barack i ja mieliśmy czas zaplanowany co do minuty z wielotygodniowym wyprzedzeniem, powiedziano Malii, że musi zaczekać, aż szef drużyny ochrony przyjedzie z przedmieść, co stało się oczywiście przyczyną sporego opóźnienia wycieczki i wielu telefonów z przeprosinami.

Takiego właśnie jarzma chciałam oszczędzić córkom. Nie potrafiłam ukryć irytacji. Nie miało to dla mnie żadnego sensu. Agenci stali prawie w każdym korytarzu Białego Domu. Gdy wyjrzałam przez okno, widziałam samochody Secret Service zaparkowane na okrągłym podjeździe. Z jakiegoś jednak powodu nie wystarczyło, że sama pozwoliłam córce wyjść z przyjaciółmi. Nie można było niczego zrobić bez szefa jej drużyny ochrony.

– Życie rodzinne ani wyjścia na lody tak nie wyglądają – powiedziałam. – Jeśli chcecie chronić dziecko, musicie umieć się poruszać jak dziecko.

Nalegałam na rewizję protokołów, tak by w przyszłości Sasha i Malia mogły opuszczać Biały Dom bezpiecznie, lecz zarazem bez tworzenia ogromnych planów z długim wyprzedzeniem. Z mojego punktu widzenia był to kolejny drobny sprawdzian granic naszej swobody. Barack i ja dawno temu pożegnaliśmy się z myślą o spontaniczności. Pogodziliśmy się z faktem, że nie możemy już sobie pozwolić na impulsywne decyzje czy kaprysy w naszym życiu. Lecz zamierzałam walczyć o to, by tego rodzaju restrykcje nie dotyczyły naszych córek.

Na jakimś etapie kampanii Baracka ludzie zaczęli zwracać uwagę na moje ubrania. Najpierw zainteresowały się nimi media, później blogerzy modowi, to zaś wywołało lawinę komentarzy w całym internecie. Nie wiem, dlaczego do tego doszło – może dlatego, że jestem wysoka i nie boję się śmiałych wzorów.

Gdy założyłam buty na płaskim obcasie zamiast szpilek, mówiono o tym w wiadomościach. Moje perły, paski, kardigany, sukienki z sieciówek czy podobno odważny wybór bieli jako głównego koloru sukni na inaugurację – wszystko to wywoływało potok opinii i natychmiastową reakcję. Założyłam fioletową suknię bez rękawów na przemówienie przed połączonymi izbami Kongresu i czarną ołówkową sukienkę bez rękawów na oficjalną sesję zdjęciową w Białym Domu – i nagle temat moich ramion pojawił się w gazetach. Późnym latem 2009 roku pojechaliśmy na rodzinną wycieczkę do Wielkiego Kanionu, a wówczas zmieszano mnie z błotem za brak dostojeństwa, ponieważ na zdjęciu wysiadam z Air Force One (w czterdziestostopniowym upale) ubrana w szorty.

Wyglądało na to, że moje ubrania liczą się dla ludzi bardziej niż to, co mam do powiedzenia. W Londynie zeszłam ze sceny poruszona prawie do łez po spotkaniu w szkole imienia Elizabeth Garrett Anderson, by się później dowiedzieć, że pierwsze pytanie skierowane do jednego z moich sztabowców przez dziennikarza rejestrującego całe wydarzenie brzmiało: „Kto zaprojektował jej sukienkę?".

Przygnębiało mnie to, ale próbowałam maksymalnie wykorzystać te przypadkowe sytuacje, aby się czegoś nauczyć. Jeśli ktoś otwierał czasopismo głównie po to, by zobaczyć, w co jestem ubrana, miałam nadzieję, że przy okazji zobaczy stojącą obok mnie żonę wojskowego albo przeczyta, co mam do powiedzenia na temat zdrowia dzieci. Kiedy „Vogue" krótko po wyborze Baracka zaproponował umieszczenie mojego zdjęcia na okładce, zastanawiałam się z moim zespołem, czy nie będzie to sprawiało wrażenia, że w czasach kryzysu gospodarczego bryluję w snobistycznych czasopismach, ale ostatecznie postanowiliśmy się zgodzić. Należało skorzystać z każdej okazji pokazania niebiałej kobiety na okładce czasopisma. Przy okazji uparłam się, że sama wybiorę sobie stroje, i na sesję zdjęciową założyłam sukienki zaprojektowane przez Jasona Wu oraz Narciso Rodrigueza, uzdolnionego latynoskiego projektanta.

Wiedziałam co nieco o modzie, lecz niewiele. Jako pracująca matka nie miałam po prostu czasu rozmyślać o tym, w co się ubrać. Podczas kampanii większość odzieży kupowałam w pewnym butiku w Chicago, gdzie miałam szczęście poznać młodą asystentkę do spraw sprzedaży Meredith Koop. Wychowana w St. Louis Meredith była bystra, wiele wiedziała o różnych projektantach i potrafiła bawić się połączeniami różnych faktur i barw. Po wyborze Baracka udało mi się ją przekonać, by przeprowadziła się do Waszyngtonu i została moją osobistą asystentką i stylistką. Bardzo szybko odnalazłam w niej także zaufaną przyjaciółkę.

Kilka razy w miesiącu wtaczała do mojej garderoby w rezydencji kilka dużych wieszaków z ubraniami i przez godzinę czy dwie przymierzałam różne połączenia, wybierając je pod kątem nadchodzących wydarzeń. Sama płaciłam za swoje ubrania i akcesoria – wyjątkiem były najbardziej ekskluzywne suknie, które zakładałam na oficjalne wydarzenia. Projektanci wypożyczali mi je, przekazując później w darze Archiwom Narodowym, co było zgodne z zasadami etycznymi obowiązującymi w Białym Domu. W swoich odzieżowych wyborach lubiłam być odrobinę nieprzewidywalna, aby nikt nie stwierdził, że stylem coś jednoznacznie komunikuję. Było to delikatne zadanie. Musiałam się wyróżniać, lecz nikogo nie przyćmiewać, pasować do tła, lecz się z nim nie stapiać. Ponadto wiedziałam, że jako czarna kobieta spotkam się ze szczególną krytyką, jeśli moja odzież zostanie uznana za nazbyt efekciarską czy ekskluzywną, i że podobny efekt wywołają ubrania zbyt swobodne. A więc mieszałam style. Do eleganckiej sukienki od Michaela Korsa zakładałam podkoszulek firmy Gap. Jednego dnia zakładałam coś z sieci Target, następnego – projekt Diane von Furstenberg. Chciałam zwrócić uwagę na amerykańskich projektantów, zwłaszcza tych mniej rozpoznawalnych, nawet jeśli budziło to niezadowolenie uznanych nazwisk, takich jak Oscar de la Renta, który ponoć się gniewał, że nie noszę jego kreacji. Moje wybory odzieżowe były po prostu sposobem na wykorzystanie własnej burzliwej relacji z publiką w celu wypromowania młodych talentów o różnorodnym pochodzeniu.

„Optyka" rządzi wszystkim w politycznej rzeczywistości, więc brałam to pod uwagę, wybierając każdy zestaw odzieży. Wymagało to jednak czasu i pieniędzy – więcej niż kiedykolwiek wydawałam na ubrania. Konieczne było także staranne rozeznanie w temacie, zwłaszcza przed podróżami zagranicznymi: Meredith spędzała wiele godzin, upewniając się, czy wybrane projekty, kolory i style nie naruszą zasad szacunku wobec ludów i krajów, które mieliśmy odwiedzić. Przed publicznymi wydarzeniami kupowała także ubrania Sashy i Malii, co powiększało moje wydatki, ale na nich także skupiało się teraz oko publiki. Czasem wzdychałam z zazdrością, patrząc, jak Barack wyjmuje z szafy ten sam ciemny garnitur i rusza do pracy. Nie potrzebował nawet przeczesać włosów. Jego największym problemem modowym w sytuacjach publicznych było to, czy powinien pozostać w marynarce, czy ją zdjąć. I czy założyć krawat.

Meredith i ja zawsze pilnowałyśmy, by być przygotowane na wszystko. W garderobie po założeniu nowej sukienki kucałam, robiłam wykrok i zataczałam krąg ramionami, by się upewnić, że mam swobodę ruchów. Ubrania nazbyt ją ograniczające odwieszałam. W podróż zabierałam zapasowe zestawy na wypadek zmiany pogody i planów, nie mówiąc nawet o takich katastrofach jak plama z wina lub zepsuty suwak. Dowiedziałam się również, że zawsze trzeba mieć ze sobą sukienkę odpowiednią na pogrzeb, ponieważ Baracka czasami niemal bez uprzedzenia wzywano na uroczystość pożegnania żołnierza, senatora lub światowego przywódcy.

Zaczęłam w wielkiej mierze polegać na Meredith, lecz równie mocno na Johnnym Wrighcie, szybko mówiącym, śmiejącym się głośno fryzjerze, oraz Carlu Rayu, dokładnym makijażyście o łagodnym głosie. Cała trójka (nazwana przez resztę zespołu *trifecta*) dbała o to, bym mogła każdego dnia bez obaw prezentować się publicznie, wiedząc, że jakakolwiek wpadka wywoła lawinę kpin i paskudnych komentarzy. Szybko odkryłam coś, o czym nikt nie mówi: dziś dosłownie każda kobieta mająca udział w życiu publicznym – czy to polityk, czy celebrytka – ma własnych Meredith, Johnny'ego i Carla. Nie da się funkcjonować inaczej i jest to cena podwójnych standardów, jaką kobiety płacą w naszym społeczeństwie.

Jak inne pierwsze damy rozwiązywały sprawę włosów, makijażu i garderoby? Nie mam pojęcia. Kilka razy podczas pierwszego roku w Białym Domu sięgałam po książki napisane przez nie lub o nich, lecz w końcu każdą odkładałam. Stwierdziłam, że właściwie nie zależy mi na tym, by się dowiedzieć, w czym byłyśmy podobne, a co nas różniło.

We wrześniu odbyłam przyjemny, długo odkładany lunch z Hillary Clinton w jadalni rezydencji mieszkalnej. Po wyborze i ku mojemu lekkiemu zdziwieniu Barack obsadził ją na stanowisku sekretarza stanu - oboje zdołali przejść do porządku dziennego nad bitewnymi ranami zadanymi sobie podczas kampanii i wypracowali produktywną relację zawodową. Hillary wyznała mi szczerze, że źle oceniła gotowość narodu do zaakceptowania aktywnej, wykwalifikowanej kobiety w roli pierwszej damy. Jako pierwsza dama stanu Arkansas utrzymała swoją karierę prawniczą, jednocześnie pomagając mężowi reformować opiekę zdrowotną i edukację. Jednak po przybyciu do Waszyngtonu z taką samą werwą i pasją do pracy została odrzucona i napiętnowana za próbę zajęcia się reformą służby zdrowia. Otrzymała jednoznaczny, brutalnie szczery komunikat: wyborcy zagłosowali na jej męża, a nie na nią. Pierwsze damy nie mają czego szukać w Zachodnim Skrzydle. Najwyraźniej próbowała zrobić zbyt wiele i zbyt wcześnie, dlatego napotkała mur.

Starałam się pamiętać o istnieniu tego muru, ucząc się z doświadczeń innych pierwszych dam i uważając, by nie mieszać się zbyt bezpośrednio czy otwarcie w sprawy Zachodniego Skrzydła. Zamiast tego polegałam na moim sztabie, który komunikował się ze sztabem Baracka w celu wymiany porad, zsynchronizowania terminarzy i uzgodnienia wszystkich planów. Moim zdaniem doradcy prezydenta czasem zanadto przejmowali się zachowywaniem pozorów. Kiedy kilka lat później postanowiłam przyciąć grzywkę, mój sztab uznał, że lepiej uzgodnić to z ludźmi Baracka, aby się upewnić, czy nie mają nic przeciwko.

Ponieważ kraj był w kryzysie gospodarczym, sztab Baracka pilnował, by nie posłać żadnego sygnału, który mógłby zostać odebrany jako frywolny czy lekki, zważywszy na powagę sytuacji. Nie zawsze mi się to podobało. Wiedziałam z doświadczenia, że nawet w trudnych czasach dobrze jest się pośmiać. Zwłaszcza z uwagi na dzieci warto szukać okazji do radości. Na tym polu mój zespół starł się ze sztabem do spraw komunikacji Baracka o organizację imprezy halloweenowej dla dzieci w Białym Domu. Zachodnie Skrzydło – zwłaszcza David Axelrod, obecnie starszy doradca w administracji, oraz sekretarz prasowy Robert Gibbs – uznało, że będzie to zbyt krzykliwe i kosztowne wydarzenie, które może zaszkodzić publicznemu image'owi Baracka. „Chodzi po prostu o optykę" – mówili. Nie zgadzałam się z nimi, twierdząc, że przyjęcie halloweenowe dla miejscowych dzieci i rodzin wojskowych, które nigdy wcześniej nie były w Białym Domu, będzie jak najwłaściwszym sposobem wykorzystania drobniutkiej cząstki rozrywkowego budżetu Biura Spraw Socjalnych.

Axe i Gibbs do końca pozostali nieprzekonani, ale w pewnym momencie przestali z nami walczyć. Pod koniec października z radością powitałam pięćsetkilogramową dynię na trawniku Białego Domu. Zespół szkieletów grał jazz, a po północnym portyku piął się ogromny czarny pająk. Stałam przed gmachem w przebraniu drapieżnego kota – miałam na sobie czarne spodnie, lamparcią marynarkę i kocie uszy na opasce – natomiast Barack, który nie był wielkim fanem zabaw kostiumowych jeszcze zanim „optyka" zaczęła się liczyć, stał przy mnie w nudnym czarnym swetrze. (Trzeba oddać Gibbsowi, że ostatecznie postanowił dobrze się bawić i przyszedł jako Darth Vader). Tego wieczora rozdawaliśmy torebki pełne ciasteczek, suszonych owoców i M&M-sów w pudełku z pieczęcią prezydencką, podczas gdy ponad dwa tysiące księżniczek, ponurych żniwiarzy, piratów, superbohaterów, duchów i futbolistów wędrowało po trawniku w oczekiwaniu na okazję, by do nas podejść. Z mojego punktu widzenia „optyka" była idealna.

OGRÓD ZMIENIAŁ SIĘ WRAZ Z PORAMI ROKU, ucząc nas najróżniejszych rzeczy. Wyhodowane przez nas melony okazały się blade i pozbawione smaku. Przetrwaliśmy ciężkie deszcze, które zmyły wierzchnią warstwę gleby. Ptaki ucztowały na naszych borówkach, a żuki zawzięły się na ogórki. Za każdym razem, gdy coś nie szło jak należy, przy pomocy Jima Adamsa, eksperta do spraw ogrodów w Służbie Parków Narodowych, oraz Dale'a Haneya, nadzorcy terenów zielonych Białego Domu, dokonywaliśmy drobnych poprawek, by nadal cieszyć się bogactwem owoców i warzyw. Teraz nasze posiłki w rezydencji często zawierały brokuły, marchew i jarmuż wyhodowane na Południowym Trawniku. Zaczęliśmy oddawać część każdych zbiorów Miriam's Kitchen, miejscowej organizacji pozarządowej wspierającej bezdomnych. Część warzyw peklowaliśmy i rozdawaliśmy w charakterze podarunków odwiedzającym nas dygnitarzom, dołączając do tego słoiczki miodu z naszych nowych uli. Ogród stał się źródłem dumy personelu. Osoby początkowo sceptyczne szybko go polubiły. Dla mnie stanowił symbol prostoty życia, bogactwa i zdrowia, lecz także sumienności i wiary. Przynosił ludziom radość.

Przez kilka miesięcy mój sztab ze Wschodniego Skrzydła i ja rozmawialiśmy z ekspertami w dziedzinie zdrowia dzieci oraz edukatorami, by stworzyć fundamenty pod szerzej zakrojone działania prozdrowotne. Zamierzaliśmy wyposażyć rodziców w pełniejsze informacje, aby dokonywali lepszych wyborów na rzecz swoich rodzin, walczyć o zdrowsze szkoły, polepszyć dostęp ludzi do wartościowej żywności i wymyślić więcej sposobów skłonienia młodzieży do aktywności fizycznej. Wiedząc, że sposób przedstawienia naszych celów będzie miał kolosalne znaczenie, znów zwerbowałam Stephanie Cutter, która objęła funkcję konsultantki Sama i Jocelyn Frye, pomagając nadać kształt całej inicjatywie. Tymczasem mój zespół do spraw komunikacji zajął się konstruowaniem pozytywnego oblicza kampanii. Zachodnie Skrzydło było pełne obaw co do moich planów. Martwili się, że zostanę uznana za wcielenie państwowej niani, która grozi ludziom palcem, gdy tymczasem kontrowersyjne subwencje dla firm motoryzacyjnych sprawiły, że Amerykanie nabrali ogromnej podejrzliwości wobec wszystkiego, co choćby kojarzyło się z interwencją rządu.

Moim celem było jednak stworzenie inicjatywy wykraczającej poza administrację. Po lekcji otrzymanej od Hillary postanowiłam zostawić politykę w rękach Baracka i skupić się na czymś innym. Uznałam, że rozmawiając z dyrektorami koncernów produkujących napoje i dostawcami jedzenia dla szkół, warto odwołać się do ludzkich wartości, zamiast sięgać po środki prawne, czyli raczej współpracować, niż walczyć. Jeśli zaś chodziło o styl życia rodzin, zamierzałam przemówić bezpośrednio do matek, ojców, a zwłaszcza dzieci.

Nie interesowały mnie kulisy świata polityki i nie chciałam się pojawiać w niedzielnych porannych programach publicystycznych. Zamiast tego udzielałam wywiadów czasopismom o zdrowiu, kierując swój komunikat do rodziców i dzieci. Ćwiczyłam z hula-hop na Południowym Trawniku, by pokazać, że ćwiczenia mogą sprawiać frajdę, i pojawiłam się jako gość w *Ulicy Sezamkowej*, gdzie rozmawiałam z Elmo i Wielkim Ptakiem o warzywach. Za każdym razem, gdy rozmawiałam z dziennikarzami w ogrodzie Białego Domu, wspominałam, że wielu Amerykanów ma trudności z dostępem do świeżych płodów rolnych, i starałam się poruszyć temat kosztów opieki zdrowotnej związanych ze wzrostem otyłości. Chciałam być pewna, że mamy na pokładzie wszystkich, od których zależeć będzie sukces mojej inicjatywy, i przewidzieć wszelkie obiekcje, które ktokolwiek mógłby zgłosić. Dlatego przez wiele tygodni po cichu odbywaliśmy spotkania z biznesem i grupami interesu oraz członkami Kongresu. Prowadziliśmy badania fokusowe, by przetestować markę przedsięwzięcia, a do pomocy pro bono i wycyzelowania przekazu zatrudniliśmy profesjonalistów od public relations.

W lutym 2010 roku w końcu byłam gotowa przedstawić swoją wizję. W zimne wtorkowe popołudnie, kiedy stolica wciąż odkopywała się spod hałd naniesionego przez historyczną burzę śniegu, stanęłam przy podium w Jadalni Stanowej Białego Domu w otoczeniu dzieci, ministrów, sław sportu i burmistrzów, liderów świata medycyny, edukacji i produkcji żywności oraz gromadki mediów, by z dumą ogłosić naszą nową inicjatywę, której postanowiłam nadać nazwę Let's Move! – Ruszmy się! Była skoncentrowana na jednym celu: by w ciągu pokolenia zwalczyć epidemię dziecięcej otyłości.

Nie chciałam ogłaszać jakiejś życzeniowej fikcji – mieliśmy realny i już dość zaawansowany plan. Wcześniej tego dnia Barack podpisał notatkę o powołaniu pierwszego w historii federalnego zespołu do przeciwdziałania dziecięcej otyłości, a trzech dużych dostawców szkolnego jedzenia ogłosiło, że zmniejszą ilość soli, cukru i tłuszczu w posiłkach. Amerykańskie Stowarzyszenie Producentów Napojów zobowiązało się wyraźniej oznaczać produkty. Zwróciliśmy się do Amerykańskiej Akademii Pediatrycznej, by do zasad ogólnego badania dzieci włączyła określenie indeksu masy ciała. Przekonaliśmy Disneya, NBC oraz Warner Bros., by emitowały publiczne ogłoszenia i zainwestowały w specjalne programy mające na celu zachęcenie dzieci do wyboru zdrowego stylu życia. Szefowie dwunastu zawodowych lig sportowych zgodzili się promować kampanię 60 Minut Zabawy Dziennie, by pomóc rozruszać dzieciaki.

A to był dopiero początek. Planowaliśmy sprowadzić sprzedawców świeżej żywności do miejskich dzielnic oraz obszarów wiejskich określanych mianem „pustyń żywnościowych", wprowadzić nakaz zamieszczania dokładniejszych informacji o wartości odżywczej produktów na opakowaniach i przeprojektować starzejącą się piramidę żywienia, by była bardziej przystępna i zgodna z wynikami najnowszych badań.

Wiedziałam, że aby to wszystko się udało, potrzeba wiele wysiłku i dobrej organizacji, ale właśnie taką pracę lubiłam. Podjęliśmy ogromne wyzwanie, lecz teraz miałam do dyspozycji wielkie moce organizacyjne. Zaczęłam sobie uświadamiać, że wszystko, co w moim nowym życiu wydawało mi się obce – dziwny smak sławy, jastrzębią uwagę, którą poświęcano mojemu wizerunkowi, niedookreśloną specyfikę mojej funkcji – można wykorzystać do realizacji konkretnych celów. Napełniło mnie to energią. Wreszcie mogłam zademonstrować mój cały potencjał.

22.

PEWNEGO WIOSENNEGO PORANKA BARACKA, dziewczynki i mnie poproszono z rezydencji na Południowy Trawnik. Na podjeździe czekał na nas jakiś mężczyzna, którego nigdy wcześniej nie widziałam. Miał przyjazny wyraz twarzy i siwiejący wąs, który dodawał mu dostojeństwa. Przedstawił się jako Lloyd.

– Panie prezydencie, pani Obama – powiedział – uznaliśmy, że zarówno państwu, jak i dziewczynkom przyda się trochę rozrywki, więc urządziliśmy dla was minizoo. – Uśmiechnął się szeroko. – Żadna pierwsza rodzina nigdy wcześniej nie miała nic podobnego.

Mężczyzna wskazał w lewo i popatrzyliśmy w tamtym kierunku. Jakieś trzydzieści metrów od nas w cieniu cedrów siedziały cztery piękne wielkie koty – lew, tygrys, zgrabny czarny jaguar i smukły cętkowany gepard. Nie dostrzegłam żadnych ogrodzeń ani łańcuchów. Wyglądało na to, że zwierzęta nie są w żaden sposób skrępowane. Wydawało mi się to dziwne. Nie byle jaka rozrywka.

– Dziękuję. To miłe z pana strony – powiedziałam, mając nadzieję, że w moim głosie słychać wdzięczność. – Czy dobrze widzę, panie... Lloyd, tak?... że tam nie ma żadnego ogrodzenia ani pęt? Czy to nie będzie trochę niebezpieczne dla dzieci?

– Wzięliśmy to oczywiście pod uwagę – odparł Lloyd. – Uznaliśmy, że pani rodzina będzie wolała cieszyć się obecnością zwierząt, które chodzą swobodnie po ogrodzie, tak jak robiłyby to w naturze. Więc daliśmy im środki uspokajające dla bezpieczeństwa. Nic złego wam nie zrobią. – Zachęcająco kiwnął ręką. – Śmiało, podejdźcie. Dobrej zabawy!

Barack i ja wzięliśmy Malię i Sashę za ręce, po czym ruszyliśmy wciąż jeszcze wilgotnym od rosy Południowym Trawnikiem. Zwierzęta były większe, niż się spodziewałam, ospałe i muskularne. Poruszały ogonami i śledziły nas wzrokiem, gdy podchodziliśmy. Nigdy wcześniej nie widziałam czterech tak wielkich kotów siedzących w równym rzędzie i zupełnie niegroźnych. Lew drgnął lekko, gdy podeszliśmy. Jaguar wodził za nami spojrzeniem, tygrys lekko położył uszy. Nagle bez ostrzeżenia gepard wyskoczył naprzód i z prędkością błyskawicy ruszył prosto na nas.

W panice chwyciłam Sashę za ramię i rzuciłam się biegiem z powrotem do Białego Domu, mając nadzieję, że Barack i Malia zrobią to samo. Sądząc po dźwiękach, wszystkie bestie zerwały się na równe nogi i nas ścigały.

Lloyd stał w drzwiach zupełnie nieprzejęty.

– Ponoć daliście im środki! – krzyknęłam.

– Nie ma powodu do obaw, proszę pani – odparł. – Mamy plan awaryjny na taką sytuację! – Usunął się na bok, a wtedy naprzeciw nam wybiegli agenci Secret Service z pistoletami na strzałki usypiające. Nagle dłoń Sashy wyślizgnęła mi się z ręki.

Odwróciłam się w stronę trawnika i z przerażeniem obserwowałam, jak moją rodzinę gonią dzikie koty, same z kolei ścigane przez strzelających agentów.

– To ten plan awaryjny?! – wrzasnęłam. – Pan oszalał?!

W tym momencie gepard ryknął i skoczył na Sashę z wyciągniętymi pazurami. Jeden z agentów w niego strzelił – nie trafił, ale wystraszył zwierzę na tyle, że zboczyło z kursu i odbiegło w dół zbocza. Przez ułamek sekundy poczułam ulgę, ale nagle zobaczyłam biało-pomarańczową strzałkę usypiającą wbitą w ramię Sashy.

Usiadłam gwałtownie w łóżku z łomocącym sercem i zlana potem. Obok mnie spokojnie leżał mój śpiący mąż. Miałam naprawdę paskudny sen.

WCIĄŻ CZUŁAM SIĘ TAK, jakby cała nasza rodzina wykonała kontrolowany upadek, ufając, że ktoś nas złapie. Wierzyłam w skuteczność opiekującej się nami machiny, którą zainstalowano w Białym Domu, lecz i tak nie mogłam się pozbyć poczucia zagrożenia: wszystkie aspekty naszego życia, od bezpieczeństwa naszych córek po organizację wyjść, spoczywały w rękach innych ludzi, z których wielu było o dobre dwadzieścia lat młodszych ode mnie. Dorastając na Euclid Avenue, nauczyłam się, że samowystarczalność to podstawa. Wychowywano mnie tak, bym potrafiła sama załatwiać swoje sprawy, co teraz było wręcz niemożliwe. Wszystko robiono za mnie. Przed podróżą personel ustalał trasy, którymi będę się poruszać, określał czas ich przebycia z dokładnością do minuty, a nawet planował przerwy na pójście do toalety. Agenci zawozili moje córki na spotkania z koleżankami. Pokojówki odbierały pranie. Nie prowadziłam już samochodu ani nie nosiłam przy sobie rzeczy, takich jak pieniądze czy klucze do domu. Asystenci odbierali moje telefony, chodzili za mnie na zebrania i tworzyli szkice moich przemówień.

Dzięki tej cudownej pomocy mogłam się skupić na tym, co najważniejsze. Czasem jednak, jako perfekcjonistka, miałam wrażenie, że straciłam wszelką kontrolę nad detalami życia. I to wtedy zaczęły na mnie czyhać lwy i gepardy.

W dodatku wielu rzeczy nie dało się zaplanować, a w każdy dzień zawsze wkradała się pewna doza nieładu. Jako żona prezydenta szybko się uczysz, że światem rządzi chaos, a katastrofy uderzają bez zapowiedzi. Widzialne i niewidzialne siły wciąż szykują się do zburzenia twojego spokoju. Nie można było zignorować napływających wiadomości: trzęsienie ziemi dewastuje Haiti. U wybrzeży Luizjany półtora kilometra pod wodą pęka uszczelka i miliony baryłek ropy wypływają z platformy wiertniczej prosto do Zatoki Meksykańskiej. Rewolucje wstrząsają Egiptem. Człowiek strzela na parkingu pod supermarketem w Arizonie, zabijając sześć osób i okaleczając kongresmenkę.

Każde wydarzenie było wielkie, każde było ważne. Co rano czytałam wycinki prasowe podsyłane przez sztab i wiedziałam, że Barack musi zapoznać się z każdą zaistniałą sytuacją i na nią zareagować. Będzie obwiniany za rzeczy, na które nie ma wpływu, zmuszany do rozwiązywania trudnych problemów w odległych krajach, pytany, czemu jeszcze nie zatkał dziury na dnie oceanu. Jego praca polegała na tym, by jakoś ten chaos ogarnąć i przeobrazić w stateczne przywództwo. Musiał to robić każdego dnia, każdego tygodnia, przez cały rok.

Starałam się nie dopuszczać do tego, by niepewność świata wpływała na moje codzienne obowiązki pierwszej damy, lecz czasem nie dało się tego uniknąć. Ważne było to, jak Barack i ja zachowamy się w nadzwyczajnych okolicznościach. Rozumieliśmy, że reprezentujemy naród i musimy z nim być, kiedy dochodzi do tragedii, nastają ciężkie czasy albo ludzie nie wiedzą, co robić. Częścią naszych zadań, tak jak je pojmowaliśmy, było prezentowanie rozsądnej, współczującej i konsekwentnej postawy. Gdy wyciek ropy z platformy British Petroleum - najgorsza tego typu katastrofa w dziejach Stanów Zjednoczonych - został ostatecznie opanowany, wielu Amerykanów było wciąż tak roztrzęsionych, że obawiali się pojechać nad Zatokę Meksykańską na urlop, co miało negatywny wpływ na miejscową gospodarkę. Wybraliśmy się więc całą rodziną na Florydę i Barack poszedł się kąpać wraz z Sashą w oceanie. W mediach pojawiło się zdjęcie ich dwojga chlapiących się beztrosko w falach. Za tym małym gestem szedł większy komunikat: *jeśli on wierzy, że woda jest bezpieczna, ty też możesz się nie obawiać.*

Kiedy któreś z nas lub oboje jechaliśmy w obszar dotknięty katastrofą, robiliśmy to często po to, aby przypomnieć Amerykanom, że nie należy zbyt szybko zapominać o cudzym cierpieniu. Przy każdej nadarzającej się okazji podkreślałam wysiłki zespołów ratunkowych, instruktorów i lokalnych ochotników – wszystkich tych osób, które służyły pomocą w trudnych sytuacjach. Pojechałam na Haiti z Jill Biden trzy miesiące po trzęsieniu ziemi, które dotknęło ten kraj w 2010 roku. Żal ścisnął mi serce na widok piramid gruzów w miejscu domów, gdzie zginęły pogrzebane żywcem dziesiątki tysięcy ludzi – matek, dziadków, dzieci. Odwiedziłyśmy kilka przerobionych autobusów, w których miejscowi artyści prowadzili terapię przez sztukę. Zajmowali się pozbawionymi dachu nad głową dziećmi, które pomimo tragedii dzięki opiece dorosłych wciąż nie traciły ducha.

Żałoba i wytrwałość często idą w parze. Jako pierwsza dama zauważyłam to niejednokrotnie.

Gdy tylko mogłam, odwiedzałam szpitale dla wojskowych, w których amerykańscy żołnierze leczyli wojenne rany. Moja pierwsza wizyta w Walter Reed National Military Medical Center, szpitalu położonym niecałe piętnaście kilometrów od Białego Domu, miała trwać najwyżej dziewięćdziesiąt minut, lecz zostałam tam cztery godziny.

Szpital imienia Waltera Reeda był drugą lub trzecią z kolei placówką, do której trafiali ranni wojskowi ewakuowani z Iraku i Afganistanu. Stan wielu z nich oceniano na miejscu, po czym przewożono ich do szpitala w niemieckim Landstuhl, skąd następnie byli transportowani do Stanów. Niektórzy zostawali w Walter Reed tylko kilka dni. Inni – wiele miesięcy. Szpital ten zatrudniał najlepszych wojskowych chirurgów i oferował znakomite usługi rehabilitacyjne dla nawet najciężej okaleczonych w bitwie. Dzięki najnowszym wynalazkom w dziedzinie opancerzenia amerykańscy wojskowi mogli przeżyć wybuch bomby, który dawniej by ich zabił. I to była dobra wiadomość. Zła brzmiała tak, że po dziesięciu latach zaangażowania w dwa konflikty, w których często stosowano zasadzki i ukryte ładunki wybuchowe, takich ciężko okaleczonych żołnierzy mieliśmy wielu.

O ile zawsze starałam się przygotować do każdego wydarzenia, o tyle było to niemożliwe w przypadku spotkań, które odbywałam w wojskowych szpitalach oraz domach fundacji Fisher House, gdzie rodziny mogły za darmo mieszkać wraz z rannymi bliskimi podczas ich rekonwalescencji. Jak już mówiłam, dorastając, dowiedziałam się bardzo niewiele na temat wojska. Mój ojciec służył przez dwa lata w siłach lądowych, lecz działo się to, zanim się urodziłam. Przed rozpoczęciem kampanii Baracka nigdy wcześniej nie widziałam zdyscyplinowanej krzątaniny w bazie wojskowej ani skromnych szeregowych bloków, w których mieszkali żołnierze z rodzinami. Dla mnie wojna zawsze była rzeczą straszną i abstrakcyjną, rozgrywającą się w krajach, których nie potrafiłam sobie wyobrazić, i toczoną rękami nieznanych mi ludzi. Takie oddalenie od spraw wojny, o czym dziś już wiem, jest luksusem.

Kiedy przyjeżdżałam do szpitala, zwykle witała mnie siostra przełożona. Wręczała mi fartuch i instruowała, by przed wejściem do każdej sali przemyć ręce środkiem dezynfekcyjnym. Nim otworzono drzwi, informowano mnie pokrótce, kto leży w danym pokoju i w jakiej jest kondycji. Każdego pacjenta pytano przedtem, czy życzy sobie, bym go odwiedziła. Niektórzy odmawiali – może nie czuli się dość dobrze, a może robili to z powodów politycznych. Tak czy inaczej, rozumiałam ich. Nie chciałam nikomu być brzemieniem.

Moje wizyty w każdej sali trwały tak długo, jak chcieli pacjenci. Wszystkie rozmowy odbywałam prywatnie, nie było przy nich mediów ani członków mojego sztabu. Czasem toczyły się w lekkim, czasem w poważnym nastroju. Jeśli na ścianie zobaczyłam sztandar drużyny sportowej albo zdjęcia rodzinne, rozmawialiśmy o sporcie, o naszych rodzinnych stanach albo o dzieciach. Czasem o Afganistanie i wydarzeniach, które tam zaszły. Niekiedy pacjent mówił, co by mu się przydało, lecz także, czego nie potrzebuje. Do tej drugiej kategorii często zaliczała się litość innych osób. Pewnego razu na drzwiach zobaczyłam naklejoną czerwoną kartkę z tekstem wypisanym czarnym markerem, który głosił:

DO WSZYSTKICH, KTÓRZY TU WCHODZĄ:
Jeśli otwierasz te drzwi, żeby mnie żałować i się nade mną litować, idź gdzie indziej. Rany otrzymałem, wykonując pracę, którą uwielbiam, na rzecz ludzi i kraju, który kocham. Jestem niesamowicie twardy i w pełni wyzdrowieję.

Prawdziwa wytrwałość. Odzwierciedlał się w niej duch wojskowej samodzielności i dumy. Pewnego razu spotkałam się z mężczyzną, który wyjechał na zamorską misję jako młody i zdrowy człowiek, zostawiając w domu ciężarną żonę, a wrócił z porażeniem czterokończynowym, sparaliżowany od szyi w dół. Kiedy rozmawialiśmy, ich dziecko – noworodek o różowej buzi – leżało w kocyku na jego piersi. Spotkałam też innego mężczyznę z amputowaną nogą, który zadawał mi wiele pytań o służbę w Secret Service. Wyjaśnił mi wesołym tonem, że zamierzał wstąpić do tej formacji po zakończeniu kariery w wojsku, ale po stracie nogi musiał wymyślić jakiś nowy plan.

Spotykałam też rodziny i bliskich wojskowych. Przedstawiałam się żonom i mężom, matkom i ojcom, kuzynom i przyjaciołom, na których natykałam się przy łóżku pacjenta. Wielu z tych ludzi rezygnowało z własnych planów, by móc być blisko rannego. Czasem mogłam porozmawiać tylko z nimi, ponieważ ich ukochany leżał nieruchomo po podaniu środków znieczulających lub pogrążony we śnie. Rodziny rannych żołnierzy dźwigały szczególny ciężar. W jednych służba wojskowa była wielopokoleniową tradycją, w innych – dziewczyna wychodziła za chłopaka tuż przed jego wyjazdem na misję i ich wspólna przyszłość raptem bardzo się komplikowała. Nie pomnę już wszystkich matek, z którymi płakałam, pogrążonych w rozpaczy tak wielkiej, że jedyne, co mogłyśmy zrobić, to chwycić się za ręce i cicho modlić z oczami pełnymi łez.

To, czego się dowiedziałam o życiu wojskowych, napełniło mnie pokorą. Nigdy wcześniej nie spotkałam się z tak wielkim hartem ducha i poczuciem lojalności jak w tamtych szpitalnych salach.

Pewnego dnia w San Antonio w Teksasie podczas odwiedzin w szpitalu wojskowym usłyszałam jakieś poruszenie na korytarzu. Pielęgniarki szybko wchodziły i wychodziły z sali, którą miałam odwiedzić. „On nie chce zostać w łóżku" – usłyszałam czyjś szept. Wewnątrz zobaczyłam szerokiego w barkach młodzieńca z teksaskiej wsi, który odniósł wiele ran i został dotkliwie poparzony. Z ogromnym cierpieniem zrywał z siebie prześcieradło i próbował postawić stopy na podłodze.

Dłuższą chwilę zajęło nam zorientowanie się, dlaczego to robi. Pomimo bólu, usiłował wstać i zasalutować żonie zwierzchnika sił zbrojnych.

NA POCZĄTKU 2011 ROKU BARACK wspomniał nazwisko Osamy bin Ladena. Skończyliśmy właśnie kolację, Sasha z Malią poszły odrabiać zadania domowe, a my zostaliśmy sami przy stole.

– Chyba wiemy, gdzie on jest – powiedział Barack. – Możemy spróbować ruszyć w teren i go wyeliminować, ale nic nie jest pewne.

Bin Laden był najbardziej poszukiwanym człowiekiem na świecie, którego bezskutecznie tropiliśmy od lat. Jego ujęcie lub zabicie należało do priorytetów Baracka, gdy obejmował urząd. Wiedziałam, że będzie to sukces ważny dla narodu, dla tysięcy wojskowych, którzy od wielu lat bronili nas przed Al-Kaidą, a zwłaszcza dla tych, którzy stracili bliskich w atakach z 11 września.

Sądząc po niewesołym tonie Baracka, zrozumiałam, że będzie musiał podjąć w tej sprawie jeszcze wiele decyzji. Zmagał się z licznymi niewiadomymi, lecz nie zamierzałam go o nic wypytywać ani nalegać na ujawnienie szczegółów. Często radziliśmy się nawzajem w różnych zawodowych sprawach, lecz wiedziałam, że teraz doradza mu grono ekspertów. Miał dostęp do różnych ściśle tajnych informacji i nie potrzebował moich porad. Wolałam, by czas spędzany ze mną i dziewczynkami był czasem wytchnienia, choć praca zawsze czaiła się tuż obok. W końcu dosłownie mieszkaliśmy nad zakładem.

Barack, który dobrze sobie radził z oddzielaniem życia prywatnego od zawodowego, zawsze był obecny na sto procent, kiedy miał dla nas czas. Z biegiem lat, gdy ilość naszych obowiązków wzrosła, a praca zaczęła nas coraz bardziej pochłaniać, nauczyliśmy się wznosić bariery i dbać o ich nienaruszalność. Nie zapraszaliśmy na obiad Bin Ladena, kryzysu humanitarnego w Libii ani republikanów z Partii Herbacianej. Mieliśmy dzieci, a dzieci potrzebują przestrzeni na ekspresję i rozwój. W chwilach poświęconych rodzinie wielkie zmartwienia i pilne problemy natychmiast bezwzględnie usuwaliśmy z pola widzenia, aby oddać się naszym drobniutkim sprawom. Siedzieliśmy przy kolacji, słuchając historii z placu zabaw w Sidwell albo szczegółów zadania domowego Malii na temat zagrożonych gatunków zwierząt i nie było dla nas nic ważniejszego na świecie. Bo rzeczywiście nie było. Dzieci zasługiwały na to, by być najważniejsze.

Jednak nawet podczas posiłków pracy przybywało. Zerkając Barackowi nad ramieniem, widziałam, jak asystenci składają na małym stoliku w korytarzu przygotowane do nocnej lektury teczki z opisem najważniejszych wydarzeń. Robili to przeważnie, gdy byliśmy w połowie jedzenia. Był to rytuał w Białym Domu: co wieczór dostarczano dwa segregatory – jeden dla mnie, drugi, znacznie grubszy, oprawiony w skórę, dla Baracka. Każdy zawierał istotne z punktu widzenia naszej pracy materiały do przeczytania w nocy.

Po położeniu dzieci do łóżek Barack przeważnie znikał w Gabinecie Traktatowym ze swoim skoroszytem, ja zaś szłam do strefy bawialnianej we własnej garderobie, gdzie co wieczór lub rano poświęcałam godzinę albo dwie na zapoznanie się z przygotowanymi dla mnie informacjami. Były to głównie notatki od sztabu, szkice przemówień i decyzje do podjęcia w związku z moimi inicjatywami.

Rok po wdrożeniu programu Let's Move! zaczynaliśmy dostrzegać jego rezultaty. Przy pomocy różnych fundacji i dostawców żywności zainstalowaliśmy w stołówkach szkolnych sześć tysięcy barów sałatkowych i werbowaliśmy lokalnych szefów kuchni, by pomogli szkołom w przyrządzaniu nie tylko zdrowych, ale i smacznych posiłków. Sieć hipermarketów Walmart, wówczas największy sprzedawca żywności w kraju, postanowiła wspierać nasze wysiłki, zmniejszając ilość cukru, soli i tłuszczu w swoich produktach żywnościowych oraz obniżając ceny warzyw i owoców. Przekonaliśmy burmistrzów pięciuset miast i miasteczek z całego kraju, by na szczeblu lokalnym zaangażowali się w walkę z dziecięcą otyłością.

Co jednak najważniejsze, w 2010 roku sporym nakładem sił pomogłam w przegłosowaniu w Kongresie nowej ustawy na temat żywienia dzieci, dzięki której polepszył się dostęp do zdrowego jedzenia wysokiej jakości w szkołach publicznych i po raz pierwszy od trzydziestu lat zwiększyły się państwowe dotacje na posiłki. O ile z zasady wolałam nie mieszać się w politykę, o tyle ta sprawa była moim oczkiem w głowie i zamierzałam walczyć o nią wszelkimi sposobami. Spędziłam wiele godzin na rozmowach telefonicznych z senatorami i reprezentantami, przekonując, że nasze dzieci zasługują na lepsze żywienie niż obecnie. Bez końca rozmawiałam o tym z Barackiem, jego doradcami i każdym, kto się nawinął. Dzięki nowej ustawie w czterdziestu trzech milionach porcji codziennie podawanych dzieciom znalazło się więcej owoców i warzyw, wypieków pełnoziarnistych oraz odtłuszczonego nabiału. Spadła natomiast liczba pakowanych przekąsek sprzedawanych uczniom w automatach na terenie szkoły, a ponadto przyznano szkołom środki na zakładanie ogródków działkowych oraz kupowanie płodów rolnych z lokalnych upraw. Był to według mnie spory sukces – stworzyliśmy solidny grunt pod walkę z dziecięcą otyłością.

Barack wraz z doradcami także wspierał tę ustawę. Jej uchwalenie uczynił priorytetem swojej administracji, wiedząc, że wkrótce jego możliwości dokonywania ważnych zmian w prawie się zmniejszą, ponieważ w odbywających się w połowie kadencji prezydenckiej wyborach do Kongresu zwyciężyli republikanie. Na początku grudnia, jeszcze przed rozpoczęciem obrad nowego Kongresu, dopięto ostatnie szczegóły związane z ustawą. Jedenaście dni później w pobliskiej podstawówce stałam w otoczeniu dzieci u boku Baracka, który podpisywał ustawę.

– Gdybym nie doprowadził do jej uchwalenia – żartował, zwracając się do dziennikarzy – musiałbym spać na kanapie.

Znów, tak jak w przypadku ogródka, próbowałam coś wyhodować: sieć osób mówiących w imieniu dzieci i walczących o ich zdrowie. Swoją pracę postrzegałam jako działanie pomocnicze, wspomagające ustawę z 2010 roku o przystępnej opiece zdrowotnej, która zwiększyła dostępność ubezpieczeń zdrowotnych dla wszystkich Amerykanów. Rozpoczynałam także nowy program pod nazwą Joining Efforts – Łączymy Siły – we współpracy z Jill Biden, której syn Beau niedawno wrócił szczęśliwie z misji w Iraku. Działania te miały wspierać Baracka w jego roli naczelnego zwierzchnika sił zbrojnych.

Przekonane, że jesteśmy winne żołnierzom i ich rodzinom coś więcej niż zdawkowe „dziękuję", Jill i ja wraz z grupą naszych sztabowców obmyśliłyśmy konkretne sposoby wsparcia środowiska wojskowego i nagłośnienia jego problemów. Barack poruszał tę tematykę od początku roku – przeprowadził ogólnowydziałowy audyt, nakazując każdej agencji rządowej opracowanie nowych sposobów wsparcia rodzin żołnierzy. Tymczasem ja skontaktowałam się z najbardziej wpływowymi prezesami przedsiębiorstw w kraju, którzy zobowiązali się zatrudnić znaczną liczbę weteranów i współmałżonków wojskowych. Jill uzyskała obietnicę od wielu koledżów i uniwersytetów, że rozpoczną programy szkoleniowe dla wykładowców, aby ci lepiej zrozumieli potrzeby dzieci wojskowych. Zamierzaliśmy też walczyć z piętnem, jakim jest sposób postrzegania problemów psychicznych dotykających część żołnierzy po powrocie do domu, i planowaliśmy zachęcać scenarzystów oraz producentów hollywoodzkich, by w swoich filmach i serialach umieszczali historie wojskowych.

Sprawy, którymi się zajmowałam, nie były proste, ale ostatecznie dało się je rozgryźć, czego nie można powiedzieć o wielu sprawach trzymających mojego męża nocą przy biurku. Odkąd go znałam, jego umysł najsprawniej pracował po zmroku. W tych cichych godzinach potrafił inaczej spojrzeć na problem lub przyswoić nowe informacje, wbijając kolejne pinezki w swoją ogromną mentalną mapę danych. Asystenci przychodzili do Gabinetu Traktatowego kilkakrotnie w ciągu wieczora, donosząc następne skoroszyty z kolejnymi dokumentami generowanymi na bieżąco przez pracujących do późna sztabowców w biurach na dole. Jeśli Barack robił się głodny, lokaj przynosił mu przekąskę złożoną z fig i orzechów. Na szczęście już nie palił, choć często żuł gumę nikotynową. Przez większość nocy siedział przy biurku do pierwszej lub drugiej, czytając notatki, poprawiając teksty przemówień i odpisując na e-maile, podczas gdy w rogu pokoju ściszony telewizor wyświetlał wiadomości na kanale ESPN. Zawsze robił sobie przerwę, by pocałować mnie i dzieci na dobranoc.

Zdołałam już przywyknąć do jego zaangażowania w syzyfowy trud rządzenia. Przez wiele lat dziewczynki i ja musiałyśmy się dzielić Barackiem z wyborcami, a teraz było ich ponad 300 milionów. Zostawiając go samego nocą w Gabinecie Traktatowym, zastanawiałam się czasem, czy ludzie zdają sobie sprawę, jakie mają szczęście.

Na sam koniec, przeważnie już po północy, zostawiał sobie czytanie listów od amerykańskich obywateli. Na początku prezydentury Barack poprosił zespół zajmujący się korespondencją, by do skoroszytu dołączał dziesięć takich listów wybranych z około piętnastu tysięcy, które codziennie przychodziły. Każdy z nich uważnie czytał i nanosił na marginesie notatki, aby na ich podstawie sztabowiec mógł przygotować odpowiedź lub przekazać problem do odpowiedniego sekretarza gabinetu. Czytał listy od żołnierzy. Od więźniów. Od chorych na raka, którzy nie byli w stanie pokryć dodatkowych kosztów ubezpieczeń, i od ludzi pozbawionych domów wskutek zajęcia nieruchomości przez wierzycieli. Od osób LGBT marzących o legalnym ślubie i od republikanów, którzy uważali, że rujnuje kraj. Od mam, dziadków i małych dzieci. Czytał listy od ludzi, którzy go doceniali, i tych, którzy chcieli go zwyzywać od idiotów.

Czytał je wszystkie, ponieważ uważał, że należy to do obowiązków, które przysięgał wypełniać. Miał trudną, samotną pracę – najtrudniejszą i najsamotniejszą na świecie, jak często mi się wydawało – lecz wiedział, że musi pozostawać otwarty, od niczego się nie izolować. Kiedy my spaliśmy, on opuszczał gardę i przyjmował to wszystko.

W PONIEDZIAŁKI I ŚRODY WIECZOREM Sasha, która miała teraz dziesięć lat, jeździła na treningi pływackie w klubie sportowym przy American University mieszczącym się kilka kilometrów od Białego Domu. Czasem jej towarzyszyłam, by popatrzeć, jak ćwiczy. Wchodziłam ukradkiem do małego pokoju obok basenu, skąd rodzice mogli obserwować treningi dzieci przez okno.

Poruszanie się po zatłoczonym centrum sportowym w godzinach najwyższego ruchu stanowiło dla agentów ochrony nie lada wyzwanie, ale dobrze dawali sobie z nim radę. Ja z kolei wyspecjalizowałam się w szybkim chodzeniu z pochyloną głową, sprawnie przemierzając miejsca publiczne. Przemykałam obok studentów zajętych dźwiganiem ciężarów i grupek zapamiętale ćwiczących zumbę. Bywało, że nikt mnie nie zauważał. Innym razem, nawet nie patrząc, wyczuwałam zamieszanie – ludzie zaczynali szeptać, a czasem ktoś nawet zawołał: „Hej, to Michelle Obama!". Nigdy jednak nie powodowałam większych zakłóceń i szybko uciekałam. Przypominałam widmo, które się pojawia i znika, nim ktokolwiek zdąży się uważniej przyjrzeć.

W wieczory treningowe krzesełka przy basenie były zwykle puste – siedziała na nich tylko garstka rodziców gawędzących o tym i owym albo wpatrzonych w smartfony w oczekiwaniu na koniec zajęć. Znajdowałam sobie ciche miejsce i skupiałam się na pływających dzieciach.

Bardzo lubiłam przyglądać się moim córkom w ich świecie – wolnym od Białego Domu, wolnym od rodziców, w ich własnej przestrzeni i wśród przyjaciół, których same poznały. Sasha dobrze pływała – uwielbiała żabkę i zamierzała opanować delfina. Nosiła granatowy czepek i jednoczęściowy strój pływacki, wytrwale pokonywała kolejne długości i zatrzymywała się tylko po to, by wysłuchać uwag trenerów, zaś podczas przerw wesoło rozmawiała z koleżankami z drużyny.

Nie było dla mnie nic bardziej satysfakcjonującego niż obserwowanie takich momentów z oddali: siedzieć niemal niezauważona i przyglądać się cudowi, jakim jest dziecko – nasze dziecko – które uniezależnia się i zamienia w kompletnego człowieka. Wrzuciliśmy córki prosto w dziwaczne, burzliwe życie Białego Domu, nie mając pojęcia, jak to doświadczenie na nie wpłynie ani co z niego wyniosą. Starałam się sprawić, by ich spotkania ze światem odbywały się w jak najbardziej pozytywnej atmosferze, a jednocześnie rozumiałam, że wraz z Barackiem mamy teraz wyjątkową możliwość pokazania im historii z bliska. Kiedy daty zagranicznych podróży Baracka zbiegały się z terminami wakacji szkolnych, jechaliśmy całą rodziną, aby wykorzystać szansę i czegoś się nauczyć. Latem 2009 roku zabraliśmy córki w podróż, podczas której zobaczyły między innymi moskiewski Kreml oraz Watykan. W ciągu siedmiu dni poznały rosyjskiego prezydenta, zwiedziły Panteon i rzymskie Koloseum, i przeszły przez Bramę bez Powrotu w Ghanie, gdzie niezliczone ilości Afrykanów zostały sprzedane w niewolę.

Na pewno miały dużo wrażeń do przepracowania, lecz zauważyłam, że każda z moich córek zapamiętuje, ile potrafi, i skupia się na innych elementach. Sasha po naszych letnich podróżach zaczęła trzecią klasę. Jesienią, chodząc w Sidwell po klasie jej rocznika podczas jesiennej wywiadówki, natknęłam się na napisane przez nią wypracowanie „Co robiłam podczas wakacji", przyczepione do ściany obok wypracowań jej koleżanek i kolegów. „Pojechałam do Rzymu i spotkałam się z papieżem – wspominała. – Brakowało mu kawałka kciuka".

Nie wiem, jak wygląda kciuk Benedykta XVI ani czy nosi ślady okaleczenia, ale nasza uważna, rzeczowa ośmiolatka z podróży do Rzymu, Moskwy i Akry przywiozła taką właśnie obserwację. Historię oglądała wówczas z wysokości nieco ponad metra.

Choć próbowaliśmy chronić córki przed co bardziej stresującymi aspektami pracy Baracka, Sasha i Malia i tak musiały wiele znosić. Tylko nieliczne dzieci stykały się tak jak one ze światowymi wydarzeniami, które niekiedy nabierały kształtu niemal pod naszym dachem. Ojca czasem wzywano do kryzysów narodowych, a ponadto zawsze, cokolwiek by zrobił, jakaś część obywateli gorąco go nienawidziła. Dla mnie była to kolejna wersja snu o lwach i gepardach czyhających gdzieś tuż obok.

Zimą 2011 doszły nas wieści, że Donald Trump, nowojorski deweloper i prowadzący reality show, zaczyna publicznie rozważać możliwość ubiegania się o republikańską nominację do wyścigu prezydenckiego w 2012 roku, w którym Barack postanowił walczyć o reelekcję. Przede wszystkim jednak celem Trumpa było robienie zamieszania: pojawiał się w różnych programach telewizji kablowych, gdzie jazgotał, w dyletancki sposób krytykując politykę zagraniczną Baracka i otwarcie kwestionując jego amerykańskie obywatelstwo. Podczas poprzedniej kampanii tak zwani urodzeniowcy próbowali podsycać teorię spiskową, według której hawajski akt urodzenia Baracka jest sfałszowany i tak naprawdę mój mąż urodził się w Kenii. Trump zaczął gorliwie podgrzewać te tezy, opowiadając coraz bardziej niedorzeczne historie w telewizji – ponoć zapis z rubryki urodzin zamieszczony w wydawanej w Honolulu gazecie z 1961 roku został spreparowany, a żadna z osób, które miały chodzić z Barackiem do przedszkola, go nie pamięta. Media, zwłaszcza konserwatywne, głodne kliknięć i wysokich notowań radośnie dolewały oliwy do ognia, rozpowszechniając podobne bezpodstawne tezy.

Te działania były oczywiście absurdalne i złośliwe, a Trump niemal nie ukrywał stojącej za nimi hipokryzji i ksenofobii. Głównym problemem było jednak to, że celowo podgrzewał emocje skrajnych prawicowców i różnych szaleńców. Obawiałam się, jak zareagują. Od czasu do czasu Secret Service informowało mnie o poważniejszych groźbach i dobrze wiedziałam, że niektórych ludzi wystarczy tylko odpowiednio nakręcić, by przeszli do czynów. Starałam się nie martwić, ale było to trudne. A co, jeśli jakiś niezrównoważony człowiek z pistoletem postanowi pojechać do Waszyngtonu? A jeśli zechce dopaść nasze córki? Donald Trump swoimi hałaśliwymi, bezmyślnymi pomówieniami narażał bezpieczeństwo mojej rodziny. Nigdy mu tego nie wybaczę.

Nie mieliśmy jednak innego wyjścia, jak tylko odsunąć od siebie lęki, wierzyć w skuteczność stworzonego do naszej ochrony systemu i żyć jak dawniej. Ci, którzy próbowali ukazać nas jako „innych", zajmowali się tym już od lat. Robiliśmy wszystko, co w naszej mocy, by wznieść się ponad ich kłamstwa i wypaczenia, wierząc, że samym naszym sposobem życia pokażemy ludziom prawdę o nas. Niemal od chwili, gdy Barack ogłosił start w kampanii prezydenckiej, wiele osób autentycznie i szczerze martwiło się o nasze bezpieczeństwo. „Modlimy się, by nikt was nie skrzywdził" – mówili mi wyborcy podczas kampanijnych wydarzeń. Słyszałam podobne słowa od ludzi różnych ras, różnego pochodzenia, w różnym wieku. Dzięki temu wciąż pamiętałam, że w naszym kraju żyje wiele dobrych, wielkodusznych osób. „Codziennie modlimy się za was i waszą rodzinę".

Ich słowa podnosiły mnie na duchu. Czułam pancerz wiary milionów przyzwoitych ludzi modlących się o nasze bezpieczeństwo. Polegaliśmy też na naszej własnej wierze. Wówczas dość rzadko chodziliśmy do kościoła, głównie dlatego, że zrobił się z tego prawdziwy spektakl – kiedy my szliśmy się modlić, reporterzy wykrzykiwali ku nam pytania. Odkąd podczas pierwszej kampanii prezydenckiej Baracka lustrowano Jeremiaha Wrighta, a przeciwnicy próbowali używać wiary jako broni, twierdząc, że Barack jest „ukrytym muzułmaninem", postanowiliśmy modlić się prywatnie codziennie przed kolacją i zorganizowaliśmy kilka spotkań szkółki niedzielnej dla naszych córek w Białym Domu. Nie przystąpiliśmy do żadnej parafii w Waszyngtonie, ponieważ nie chcieliśmy narażać żadnego zgromadzenia na takie złośliwe ataki, jakie spotkały Trinity, nasz kościół w Chicago. Brakowało mi ciepła duchowej wspólnoty. Każdego wieczora widziałam, jak Barack leży w łóżku obok mnie i z przymkniętymi oczami cicho odmawia modlitwę.

Kilka miesięcy po upowszechnieniu się pogłosek „urodzeniowców" w piątkową listopadową noc pewien człowiek zatrzymał samochód na zamkniętym dla ruchu odcinku Constitution Avenue i zaczął strzelać przez okno z samopowtarzalnego karabinu w górne piętra Białego Domu. Jeden pocisk trafił w szybę Żółtego Gabinetu Owalnego, gdzie czasem lubiłam posiedzieć przy herbacie, inny wbił się we framugę okna, zaś kilka zrykoszetowało od dachu. Baracka, mnie i Malii tego dnia nie było w Białym Domu, lecz Sasha i moja mama znajdowały się w środku. O niczym jednak nie wiedziały i nic im się nie stało. Minęło parę tygodni, nim wymieniono kuloodporne szyby w Żółtym Gabinecie Owalnym, i przez ten czas często patrzyłam na okrągły krater po kuli, myśląc, jak niebezpieczne jest nasze życie.

Wiedziałam oczywiście, że lepiej dla nas wszystkich byłoby nie zwracać uwagi na nienawiść i nie zastanawiać się nadmiernie nad codziennym ryzykiem, mimo że inni często uważali za stosowne nam o nim przypominać. Z czasem Malia wstąpiła do licealnej drużyny tenisowej w Sidwell, która trenowała na otwartych kortach przy Wisconsin Avenue. Podczas treningu podeszła do niej matka jednego z uczniów i wskazując na ruchliwą ulicę nieopodal kortów, zapytała:

– Czy ty nie boisz się tu ćwiczyć?

Moja córka, dorastając, uczyła się korzystać z siły własnego głosu i samodzielnie decydować o tym, na ile chce pozwolić innym wtrącać się w jej życie.

– Jeśli pyta mnie pani, czy codziennie zastanawiam się nad własną śmiercią – odpowiedziała tak uprzejmie, jak potrafiła – to odpowiedź brzmi „nie".

Kilka lat później ta kobieta podeszła do mnie na zebraniu rodziców w szkole i serdecznie mnie przeprosiła, dodając, że szybko zrozumiała swój błąd – obarczyła ciężarem zmartwień dziecko, które na to nie zasługiwało. Wiele dla mnie znaczyło, że to przemyślała. W odpowiedzi

Malii usłyszała zarówno pewność siebie, jak i lęk – echo wszystkim niepokojów, z którymi musieliśmy żyć i które staraliśmy się trzymać na wodzy. Zrozumiała także, że jedyne, co mogła zrobić nasza córka, i to nie tylko tamtego dnia, ale i każdego następnego, to wyjść na kort i odbić kolejną piłkę.

PROBLEMY, Z JAKIMI SIĘ ZMAGAMY, są oczywiście względne. Wiedziałam, że moje dzieci dorastają w uprzywilejowanych warunkach, dysponując zasobami, o jakich większość rodzin nawet nie marzy. Miały piękny dom, jedzenie w lodówce, grono troskliwych dorosłych oraz mnóstwo wsparcia edukacyjnego. Rozwój Malii i Sashy był dla mnie priorytetowy, lecz jako pierwsza dama musiałam także pamiętać o moich ogólniejszych zobowiązaniach wobec narodu. Uważałam, że jestem coś winna wszystkim dzieciom, zwłaszcza dziewczynkom. To przekonanie zrodziło się we mnie pod wpływem reakcji ludzi na historię mojego życia. Często byli zaskoczeni, że dziewczynie z czarnej dzielnicy udało się skończyć uczelnię z Ivy League, objąć kierownicze stanowiska i wylądować w Białym Domu. Wiedziałam, że ścieżka mojej kariery jest nietypowa, ale przecież wcale nie musiała taka być. Wiele razy byłam jedyną niebiałą kobietą – lub wręcz w ogóle jedyną kobietą – przy stole konferencyjnym, na zebraniu zarządu czy VIP-owskiej imprezie. Jeżeli w niektórych tego rodzaju sytuacjach przecierałam szlaki, zależało mi na tym, by w ślad za mną poszli inni. Kiedy ktoś zaczyna wychwalać mnie i Craiga oraz różne nasze osiągnięcia, moja matka – otwarty wróg wszelkiej przesady – mawia: „Oni wcale nie są wyjątkowi. Na South Side jest pełno takich dzieci". Po prostu musimy pomóc im trafić na te VIP-owskie salony.

Zrozumiałam, że warte podkreślenia elementy mojej historii składają się nie tyle na listę moich sukcesów, ile raczej wszystkich drobnych, oddziałujących latami czynników, które je umożliwiły, jak również ludzi, którzy pomagali mi zyskać pewność siebie. Pamiętam ich wszystkich, zwłaszcza tych, którzy popychali mnie naprzód, starając się z całych sił, by mnie uodpornić na obrazy i obelgi, ponieważ wiedzieli, że z pewnością usłyszę je na różnych etapach mojej drogi - w tych wszystkich miejscach, których nie stworzono ani z myślą o Afroamerykanach, ani o kobietach.

Pomyślałam o mojej babci ciotecznej Robbie - jej surowych wymaganiach i o tym, jak uczyła mnie z pasją i dumą grać na fortepianie salonowym, choć do tej pory znałam wyłącznie pianino z poszczerbionymi klawiszami. Pomyślałam o ojcu, który nauczył zarówno mnie, jak i Craiga chwytać i rzucać futbolówkę. Wspomniałam pana Martineza i pana Bennetta, moich nauczycieli z Bryn Mawr, którzy nigdy nie lekceważyli mojego zdania. Wspomniałam mamę, od której otrzymałam największe wsparcie - jej czujność ocaliła mnie od piekielnej drugiej klasy. W Princeton poznałam Czerny Bushnell, która popychała mnie naprzód i na różne sposoby stymulowała mój intelekt. Już jako młoda profesjonalistka spotkałam na swojej drodze Susan Sher i Valerie Jarrett - moje dobre przyjaciółki od lat - które pokazały mi, jak wygląda życie pracującej matki, i nieustannie otwierały przede mną różne drzwi, przekonane, że mam wiele do zaoferowania.

Większość tych osób nie znała się wzajemnie i nigdy nie miała się poznać. Nawet ja straciłam z wieloma kontakt. Lecz w mojej głowie układają się w wyraźną konstelację. Motywowali mnie, wierzyli we mnie, byli niczym chór głosów, który nieustannie powtarza: *Tak, dziewczyno, dasz radę!*

Nigdy o tym nie zapomniałam. Już jako młodsza prawniczka starałam się spłacić ten dług - podsycałam w ludziach ciekawość, gdy ją dostrzegałam, i angażowałam młodzież do rozmów na istotne tematy. Jeśli asystentka w kancelarii spytała mnie, co powinna robić w przyszłości, zapraszałam ją do gabinetu i opowiadałam o swojej przebytej dotąd drodze lub służyłam radą. Jeśli ktoś potrzebował mentoringu albo chciał, bym go komuś przedstawiła, robiłam, co mogłam, by pomóc. Później, pracując w Public Allies, z bliska przyglądałam się korzystnym efektom, jakie przynosi taka działalność w bardziej sformalizowanym wydaniu. Wiedziałam z doświadczenia, że jeśli ktoś choć na dziesięć minut w ciągu swojego zajętego dnia wykaże autentyczne zainteresowanie rozwojem innej osoby, będzie to miało dla niej duże znaczenie. Zwłaszcza dla kobiet, członków mniejszości i wszystkich tych, których społeczeństwo pomija.

Z takim nastawieniem rozpoczęłam program doradztwa i mentoringu w Białym Domu. Zaprosiłam dwadzieścioro dziewcząt z pierwszej i drugiej klasy liceów z Dystryktu Kolumbii na comiesięczne spotkania, podczas których odbywały się swobodne rozmowy, wyjazdy w teren i sesje szkoleniowe w takich dziedzinach jak rozumienie danych finansowych czy wybór kariery. Utrzymywaliśmy ten program raczej za zamkniętymi drzwiami, by nie rzucić dziewcząt na pożarcie mediom.

Każdej nastolatce przypisaliśmy mentorkę, z którą nawiązywała osobistą więź i poznawała jej historię. Mentorkami zostały Valerie, Cris Comerford – pierwsza szefowa kuchni w Białym Domu – oraz Jill Biden i wiele innych kobiet zatrudnionych na wyższych stanowiskach ze Wschodniego i Zachodniego Skrzydła. Uczennice, które nominowali do programu dyrektorzy szkół lub doradcy edukacyjni, miały się z nami spotykać aż do ukończenia liceum. Znalazły się wśród nich dziewczyny z rodzin wojskowych i imigranckich, nastoletnia mama i osoba mieszkająca w schronisku dla bezdomnych. Były to bystre, ciekawe świata młode kobiety. Nie różniły się ode mnie. Nie różniły się od moich córek. Przyglądałam się, jak z czasem zawiązują przyjaźnie między sobą i z otaczającymi ich dorosłymi. Wiele godzin spędziłyśmy razem, siedząc w szerokim kręgu, chrupiąc popcorn i rozmawiając o podaniach do koledżu, wizerunku ciała i chłopakach. Nie było tematów tabu. Dużo się śmiałyśmy. Przede wszystkim jednak miałam nadzieję, że z naszych spotkań zabiorą w przyszłość to nieskrępowanie, to poczucie wspólnoty, tę odwagę wypowiadania się i siłę głosu.

Życzyłam im tego samego co Sashy i Malii – by poczuły się w Białym Domu swobodnie, a później tę swobodę i pewność siebie prezentowały w każdym pokoju, przy każdym stole i w każdym gronie, w którym postanowią zabrać głos.

JUŻ OD PONAD DWÓCH LAT ŻYLIŚMY W BAŃCE prezydenckiego świata. Starałam się poszerzać jej zakres na wszelkie sposoby. Wraz z Barackiem przyjmowałam w Białym Domu coraz więcej zwykłych ludzi, zwłaszcza dzieci, aby ten okazały gmach stał się bardziej przystępny i by ożywić tradycyjną, oficjalną atmosferę. Ilekroć zagraniczni dygnitarze przyjeżdżali z wizytą, zapraszaliśmy dzieci z miejscowych szkół, by napawały się pompą oficjalnej ceremonii powitalnej i spróbowały potraw serwowanych na państwowej kolacji. Gdy umawialiśmy muzyków na wieczorny występ, prosiliśmy ich, by przyjechali nieco wcześniej i przeprowadzili warsztaty z młodzieżą. Pragnęliśmy podkreślić, jak ważne jest to, by dzieci obcowały ze sztuką, i przekonywaliśmy, że to nie fanaberia, lecz nieodzowna część procesu edukacyjnego. Uwielbiałam patrzeć, jak licealiści rozmawiają ze współczesnymi artystami, takimi jak John Legend, Justin Timberlake czy Alison Krauss, oraz legendami w rodzaju Smokey Robinsona i Patti La Belle. Przypominało mi się wówczas własne dorastanie: jazz w domu Southside'a, recitale fortepianowe i warsztaty operetkowe babki Robbie, rodzinne podróże do muzeów w centrum... Wiedziałam, jak doniosłą rolę odgrywa kultura i sztuka w rozwoju dziecka. W dodatku czułam się wówczas jak w domu. Wraz z Barackiem kołysałam się w rytm muzyki, siedząc w pierwszym rzędzie na każdym koncercie. Nawet moja matka, która raczej trzymała się z dala od publicznych okazji, kiedy usłyszała muzykę, zawsze schodziła na piętro państwowe.

Zadbaliśmy także o pokazy tańca i innych sztuk, zapraszając młodych artystów, by zaprezentowali swoje nowe dokonania. W 2009 roku zorganizowaliśmy pierwsze w dziejach Białego Domu wydarzenie poetycko-recytatorskie. Byłam świadkiem tego, jak młody kompozytor Lin-Manuel Miranda zaskoczył wszystkich utworem z płyty, nad którą właśnie pracował. Opisał ją jako „eksperymentalny album opowiadający o życiu człowieka, który według mnie stanowi uosobienie hip-hopu – sekretarza skarbu Alexandra Hamiltona".

Pamiętam, że uścisnęłam mu dłoń i powiedziałam: „Powodzenia z tym projektem o Hamiltonie".

Każdego dnia dowiadywaliśmy się o bardzo wielu nowych wydarzeniach. Przepych, doskonałość, katastrofy, nadzieja. Wszystkie te rzeczy mieszały się ze sobą, a przecież nasze dwie córki starały się jednocześnie prowadzić własne życie, niezwiązane z wydarzeniami w domu. Robiłam, co mogłam, byśmy wszystkie, zarówno dziewczynki, jak i ja, czuły więź ze światem zwykłych ludzi. Moje cele pozostały takie jak dawniej – dążyć do normalności, kiedy tylko mogłam, i chronić fragmenty zwyczajnego życia. W sezonie piłki nożnej i lacrosse'a chodziłam na mecze, w których grały Sasha i Malia. Stawałam na skraju boiska wśród innych rodziców i uprzejmie odmawiałam każdemu, kto prosił o zdjęcie, choć zawsze chętnie zamieniałam kilka słów. Kiedy Malia zaczęła trenować grę w tenisa, by nie robić zamieszania, najczęściej oglądałam jej mecze przez szybę samochodu Secret Service zaparkowanego dyskretnie nieopodal kortów. Dopiero po meczu wysiadałam, by ją uściskać.

W przypadku Baracka jednak przestaliśmy walczyć o choćby strzęp normalności czy swobody ruchu. Przyjeżdżał do szkoły i na wydarzenia sportowe córek, kiedy mógł, lecz miał bardzo ograniczone możliwości spotykania się z innymi, a jego drużyna ochrony nigdy nie wtapiała się w tło. Tak to zresztą specjalnie aranżowano, aby każdy wiedział, że prezydenta Stanów Zjednoczonych nie można skrzywdzić. Oczywiście cieszyłam się, że jest bezpieczny, lecz w zestawieniu z realiami życia rodzinnego taka obstawa bywała trudna do zniesienia.

Podobna myśl przyszła pewnego dnia do głowy Malii, kiedy wraz z Barackiem jechaliśmy na mecz Sashy w szkole Sidwell. Przechodziliśmy we troje przez otwarte podwórze, gdzie grupa przedszkolaków na przerwie bawiła się na drabinkach i biegała po sfatygowanym placu zabaw. Nie wiem, czy małe dzieci dostrzegły drużynę snajperów Secret

Service ubranych na czarno i rozstawionych na dachach szkolnego kompleksu, ale Malia ich zauważyła.

Patrzyła to na strzelców, to na przedszkolaki, to na ojca. Posłała mu zadziorne spojrzenie.

– Poważnie, tato? – spytała. – Serio?

Barack mógł się tylko uśmiechnąć i wzruszyć ramionami. Tej części pracy nie dało się uniknąć.

Faktem jest, że nigdy nie wychodziliśmy poza bańkę. Każde z nas miało własną, która przesuwała się wraz z nim. Po naszych wcześniejszych negocjacjach z Secret Service Sasha i Malia mogły teraz na przykład pójść na bar micwę kolegi, uczestniczyć w charytatywnych akcjach szkoły, myjąc samochody, czy nawet chodzić ze znajomymi po galerii handlowej. Zawsze towarzyszyli im agenci i niekiedy moja mama, ale przynajmniej teraz mogły poruszać się równie swobodnie jak ich rówieśnicy. Agenci Sashy, w tym Beth Celestini i Lawrence Tucker, czyli L.T., byli wprost uwielbiani w Sidwell. Uczniowie błagali L.T., żeby popychał ich huśtawkę, gdy bawili się na przerwach. Ich rodzice często pakowali dzieciom dodatkowe muffinki dla agentów, kiedy ktoś w klasie obchodził urodziny.

W ten sposób z biegiem czasu zbliżyliśmy się do nich. Początkowo szefem mojego zespołu ochrony był Preston Fairlamb, później jego miejsce zajął Allen Taylor, który ochraniał mnie jeszcze podczas kampanii. W miejscach publicznych byli milczący i niesamowicie czujni, ale na zapleczu albo na pokładzie samochodu trochę się rozluźniali – opowiadali różne historie i dowcipy. „Mięczaki o kamiennych twarzach", mówiłam czasem, drocząc się z nimi. Spędziliśmy razem niezliczone godziny i przebyliśmy wiele kilometrów, stając się prawdziwymi przyjaciółmi. Razem z nimi opłakiwałam ich bliskich zmarłych i świętowałam ważne osiągnięcia dzieci. Zawsze byłam świadoma, jak poważną pracę wykonują i ile są skłonni poświęcić dla mojego bezpieczeństwa. Nigdy nie uważałam tego za oczywistość.

Podobnie jak moje córki równolegle z pełnieniem oficjalnych funkcji prowadziłam życie osobiste. Odkryłam, że kiedy trzeba, dzięki elastycznemu podejściu agentów potrafię poruszać się niezauważona. Pozwalali mi czasem zrezygnować z kolumny i podróżować nieoznakowanym vanem z mniejszą drużyną. Od czasu do czasu mogłam więc wybrać się na błyskawiczne zakupy - wchodziłam do sklepu i go opuszczałam, nim ktokolwiek zdołał się zorientować, że tam byłam. Po tym jak Bo fachowo wypatroszył albo rozczłonkował każdą kupioną mu przez naszych speców od zakupów zabawkę, pewnego ranka sama zabrałam go do sklepu dla zwierząt Pet Smart w Alexandrii. Przez parę chwil cieszyłam się anonimowością, wyszukując trwalsze gryzaki i szarpaki z towarzyszącym mi na smyczy Bo, który tak samo jak ja rozkoszował się nietypowymi chwilami.

Gdy tylko udało mi się gdzieś pójść, nie robiąc zamieszania, było to dla mnie jak małe zwycięstwo, triumf wolnej woli. W końcu byłam perfekcjonistką. Nie zapomniałam satysfakcji, jaką daje odhaczanie kolejnych drobiazgów z listy zakupów. Jakieś sześć miesięcy po wycieczce do Pet Smart wybrałam się pod wpływem impulsu do lokalnego sklepu sieci Target w czapce z daszkiem i okularach przeciwsłonecznych. Moi agenci mieli na sobie szorty i sportowe buty, nie zabrali słuchawek i robili, co w ich mocy, żeby się nie wyróżniać, chodząc za mną i moją asystentką Kristin Jones po sklepie. Przeszłyśmy każdą alejkę. Wzięłam krem do twarzy Oil of Olay i nowe szczoteczki do zębów. Kupiliśmy ściereczki do kurzu i płyn do prania dla Kristin. Sashy i Malii sprawiłam kilka gier. W dodatku po raz pierwszy od lat samodzielnie wybrałam kartkę dla Baracka z okazji rocznicy ślubu.

Wróciłam do domu uszczęśliwiona. Czasem najdrobniejsza rzecz może tak wiele zmienić.

Z biegiem czasu decydowałam się na kolejne przygody. Zaczęłam - co prawda rzadko - umawiać się na kolacje z przyjaciółkami w restauracjach lub u nich. Niekiedy wychodziłam do parku lub na długie spacery wzdłuż rzeki Potomac. Agenci szli za mną podczas tych wycieczek, ale nie rzucali się w oczy i trzymali dość daleko w tyle. W następnych latach zaczęłam chodzić na treningi do klubów fitnessowych Soul Cycle i Solidcore w centrum miasta – wchodziłam do sali w ostatniej chwili i opuszczałam ją tuż po zakończeniu zajęć, żeby nie powodować zamieszania. Najbardziej wyzwalającą aktywnością okazało się dla mnie narciarstwo, sport, w którym nie miałam wcześniej żadnego doświadczenia, a który szybko stał się moją pasją. Postanowiłam wykorzystać wyjątkowo srogie zimy w pierwszych latach naszego pobytu w Waszyngtonie i kilka razy wybrałam się z dziewczynkami na całodzienne wycieczki do malutkiego, trafnie nazwanego kurortu Liberty Mountain – Góra Wolności – opodal Gettysburga, gdzie, jak się okazało, po założeniu kasków, chust i gogli mogłyśmy się wmieszać w każdy tłum. Szusując po stoku, zażywałam jednocześnie natury, ruchu i anonimowości – czułam się, jakbym latała.

Możliwość wtopienia się w tło była dla mnie ważna. Można by rzec, najważniejsza – wówczas znowu mogłam być sobą, Michelle Robinson z South Side, którą porwała fala historii. Splatałam swoje stare życie z nowym, prywatne zmartwienia z publicznymi problemami. W Waszyngtonie nawiązałam kilka nowych przyjaźni z matkami koleżanek Sashy i Malii oraz ludźmi, których poznałam, pełniąc obowiązki w Białym Domu. Te kobiety w mniejszym stopniu przejmowały się moim nazwiskiem czy adresem zamieszkania niż tym, kim naprawdę jestem. Zabawne, jak szybko można stwierdzić, kto czuje do ciebie autentyczną sympatię, a kto się tylko podlizuje. Barack i ja rozmawialiśmy czasem z Sashą i Malią przy kolacji o tym, że niektórzy ludzie, czy to dzieci, czy dorośli, kręcą się w pobliżu nas ze szczególną gorliwością. Mówiliśmy na nich „złaknieni".

Już wiele lat wcześniej nauczyłam się, że należy dbać o bliski kontakt z prawdziwymi przyjaciółmi. Wciąż łączyły mnie zażyłe więzi z gronem kobiet z Chicago, z czasów, kiedy jeszcze chodziłam z wózkiem i umawiałyśmy się co sobotę na wspólne zabawy dzieci, które beztrosko rzucały się jedzeniem, siedząc w swoich wysokich krzesełkach, a my patrzyłyśmy na to tak zmęczone, że chciało nam się płakać. Te dziewczyny pomogły mi przetrwać – podrzucały zakupy, kiedy nie miałam czasu sama ich zrobić, i odbierały dziewczynki z baletu, gdy nadrabiałam zaległości w pracy albo po prostu potrzebowałam przerwy. Wiele z nich, łapiąc to jeden, to drugi samolot, towarzyszyło mi w niezbyt atrakcyjnych momentach między spotkaniami na trasie i wspierało emocjonalnie, kiedy tego potrzebowałam. Przyjaźnie między kobietami, o czym każda z nas może zaświadczyć, składają się z tysięcy drobnych wzajemnych przysług.

W 2011 roku postanowiłam zainwestować w moje relacje i je umocnić. Zaczęłam poznawać dawne przyjaciółki i przyjaciół z nowymi. Co kilka miesięcy zapraszałam kilkanaścioro najbliższych przyjaciół na weekend do Camp David, lesistego prezydenckiego ośrodka rekreacyjnego około stu kilometrów od Waszyngtonu w górach na północy stanu Maryland. Zaczęłam nazywać te spotkania „obozem treningowym" między innymi dlatego, że zmuszałam wszystkich, by ćwiczyli ze mną kilka razy dziennie (raz nawet próbowałam zakazać wina i przekąsek, ale ten pomysł szybko storpedowano). Jednak co ważniejsze, spodobało mi się to zdyscyplinowane podejście do przyjaźni.

Większość moich przyjaciół była fachowcami o nazbyt wielu zobowiązaniach, intensywnym życiu rodzinnym i trudnych wyzwaniach zawodowych. Rozumiałam, że nie zawsze łatwo im się wyrwać. Lecz na tym polegał cały pomysł. Nawykliśmy poświęcać się dla dzieci, współmałżonków, pracy. Poszukując latami równowagi życiowej, odkryłam, że czasami warto zmienić priorytety i przez chwilę zadbać wyłącznie o siebie. Z entuzjazmem zawiesiłam więc sztandar, pod którym mogły się zbierać moje przyjaciółki. Dzięki temu spora grupa kobiet zyskała dobry powód – mogła wręcz powołać się na siłę tradycji – by powiedzieć swoim dzieciom, mężom i współpracownikom: „Nic z tego, moi drodzy, teraz muszę się zająć sobą".

Weekendy na „obozie treningowym" pozwalały nam schronić się przed światem, odnowić więź i naładować baterie. Mieszkałyśmy w przytulnych, wykładanych boazerią leśnych domkach, jeździłyśmy meleksami i na rowerach. Grałyśmy w dwa ognie, uprawiałyśmy fitness i ćwiczyłyśmy jogę. Czasami zabierałam kilka młodszych dziewczyn ze sztabu - oglądanie, jak Susan Sher, pani sporo po sześćdziesiątce, kroczy w pozycji pająka w stronę dwudziestoparoletniej planistki, która w koledżu trenowała piłkę nożną, było kompletnie surrealistycznym doświadczeniem. Jadłyśmy zdrowe posiłki przygotowywane przez kucharzy z Białego Domu. Mój trener Cornell wraz z kilkoma żołnierzami marynarki o chłopięcych buziach, którzy zwracali się do nas „proszę pani", prowadzili sesje treningowe. Mnóstwo ćwiczyłyśmy i mnóstwo rozmawiałyśmy. Wymieniałyśmy się przemyśleniami i doświadczeniami, udzielałyśmy sobie porad, opowiadałyśmy śmieszne historie, a czasem po prostu zapewniałyśmy tę z nas, która postanowiła wylać swoje żale, że nie jest pierwszą ani ostatnią matką wariującego nastolatka albo podwładną szefa idioty. Niekiedy wystarczyło po prostu wysłuchać drugą osobę. Żegnając się pod koniec każdego z takich weekendów, przyrzekałyśmy sobie, że wkrótce znowu to zrobimy.

Przyjaciele dawali mi poczucie pełni - zawsze tak było i zawsze będzie. Podnosili mnie na duchu, kiedy czułam się przybita albo bezsilna, albo nie mogłam spędzać z Barackiem tyle czasu, ile chciałam. Przywracali mi właściwą perspektywę, gdy czułam presję nieustannej oceny, ponieważ wszystko, od koloru mojego lakieru do paznokci po rozmiar bioder, było publicznie analizowane. Pomagali mi surfować wśród wielkich, wściekłych fal, które często uderzały bez żadnej zapowiedzi.

W pierwszą niedzielę maja 2011 roku pojechałam na kolację z dwiema przyjaciółkami do restauracji w śródmieściu, zostawiając dziewczynki pod opieką Baracka i mamy. Mieliśmy wyjątkowo pracowity weekend. W niedzielne popołudnie Barack miał mnóstwo spotkań informacyjnych, a sobotni wieczór spędziliśmy na kolacji dla korespondentów Białego Domu, podczas której rzucił kilka dowcipów na temat kariery Donalda Trumpa w show *The Celebrity Apprentice* oraz jego teorii o sfałszowanym akcie urodzenia. Wiem, że Trump był wówczas na sali, choć nie widziałam go ze swojego miejsca. Podczas przemówienia Baracka kamery telewizyjne wyłowiły go z tłumu i pokazywały jego kamienne oblicze, pod którym ukrywał wściekłość.

Nasze niedzielne wieczory przeważnie upływały spokojnie i na luzie. Dziewczynki były zwykle zmęczone po weekendzie pełnym treningów i spotkań towarzyskich. Jeśli Barackowi dopisało szczęście, zdołał wcisnąć w grafik rundkę golfa za dnia na polu nieopodal bazy lotnictwa Andrews, co bardzo go relaksowało.

Tego wieczora po spotkaniu z przyjaciółkami przyjechałam do domu około dziesiątej i jak zawsze przy drzwiach przywitał mnie jeden z odźwiernych. Od razu wiedziałam, że coś się dzieje – aktywność na parterze Białego Domu wykraczała poza normę. Zapytałam odźwiernego, czy wie, gdzie jest prezydent.

– Najprawdopodobniej na górze, proszę pani – odparł. – Szykuje się, by przemówić do narodu.

W tym momencie zrozumiałam, że to się w końcu stało. Operacja trwała od dawna, ale nie wiedziałam, kiedy i jak się zakończy. Przez minione dwa dni próbowałam zachowywać się zupełnie normalnie i udawałam, że nic nie wiem o żadnych niebezpiecznych i ważnych wydarzeniach, które mają nadejść. Po wielu miesiącach gromadzenia danych wywiadowczych i tygodniach starannych przygotowań, po odprawach bezpieczeństwa, po ocenie ryzyka, po ostatecznej nerwowej decyzji dziesięć tysięcy kilometrów od Białego Domu elitarna drużyna Navy SEALs zaatakowała tajemniczy kompleks budynków w pakistańskim Abbottabadzie, aby dopaść Osamę bin Ladena.

Barack wychodził z naszej sypialni, kiedy przechodziłam korytarzem rezydencji mieszkalnej. Był ubrany w garnitur z czerwonym krawatem i wydawał się nabuzowany adrenaliną. Presja tej decyzji ciążyła na nim miesiącami.

– Dopadliśmy go – powiedział. – I nikomu nic się nie stało.

Objęliśmy się. Osama bin Laden zginął. W czasie operacji nie poległ żaden Amerykanin. Barack podjął ogromne ryzyko – tak wielkie, że mogło go kosztować prezydenturę – ale wszystko poszło dobrze.

Wieść już niosła się po świecie. Ludzie zakorkowali ulice wokół Białego Domu, wylewali się z restauracji, hoteli i bloków, wznosili okrzyki radości w nocne niebo. Wołania stawały się coraz głośniejsze i coraz radośniejsze, aż w końcu zbudziły Malię w jej sypialni, choć kuloodporne szkło powinno tłumić wszelkie dźwięki.

Ale tamtej nocy nie obowiązywały żadne bariery. Mieszkańcy amerykańskich miast wylegli na ulice, kierując się impulsem, by być blisko innych, połączeni nie tylko poczuciem patriotyzmu, lecz także żałobą, która rozpoczęła się 11 września 2001 roku i podczas której przez lata wciąż obawialiśmy się kolejnego ataku.

Przypomniała mi się każda baza wojskowa, którą odwiedziłam, wszyscy żołnierze walczący o powrót do zdrowia, rzesze ludzi, którzy posłali bliskich w odległe miejsca w imię obrony kraju, oraz tysiące dzieci, które tamtego okrutnego, smutnego dnia straciły rodziców. Wiedziałam, że nie da się odzyskać tego, co stracone. Śmierć jednego człowieka nie przywróci nikomu życia. Nie wiem też, czy zabicie kogoś powinno być w jakichkolwiek okolicznościach powodem do świętowania. Ale tej nocy Ameryka odetchnęła z ulgą i celebrowała własną niezłomność.

23.

CZAS ZAPĘTLAŁ SIĘ I WYKONYWAŁ SKOKI, nie dało się za nim nadążyć ani go zmierzyć. Każdego dnia mnóstwo wydarzeń. Każdego tygodnia, miesiąca i roku w Białym Domu mnóstwo nowych sytuacji. W piątek musiałam wytężać umysł, by przypomnieć sobie, jak upłynął poniedziałek i wtorek. Siadałam do kolacji i dziwiłam się, że przecież przed chwilą był lunch. Do dziś trudno mi sobie poradzić z tymi wspomnieniami. Wszystko działo się zbyt szybko, czasu na refleksję było zbyt mało. W jedno popołudnie mogło się odbyć kilka oficjalnych wydarzeń, kilka spotkań i sesja zdjęciowa. Jednego dnia mogłam odwiedzić kilka różnych stanów albo przemawiać do dwunastu tysięcy ludzi, albo z czterema setkami dzieci skakać w workach na Południowym Trawniku, by wieczorem ubrać się w szykowną suknię i pójść na przyjęcie. Dni o niskiej intensywności, te wolne od spraw oficjalnych, poświęcałam Sashy i Malii, by wkrótce znów wskoczyć na wysokie obroty – fryzjer, makijaż, strój. Z powrotem w wir zajęć na oczach wszystkich.

Wraz ze zbliżaniem się terminu reelekcji Baracka w 2012 roku czułam, że nie mogę i nie powinnam odpoczywać. Wciąż musiałam pracować na sympatię ludzi. Często się zastanawiałam, co i komu jestem winna. Niosłam brzemię historii, lecz nie były to dzieje prezydentów ani pierwszych dam. Nigdy nie czułam tak silnego związku z postacią Johna Quincy'ego Adamsa jak z Sojourner Truth, a Woodrow Wilson nie poruszał mnie równie mocno jak Harriet Tubman. Trudne losy Rosy Parks i Coretty Scott King[12] były mi bliższe niż życie Eleanor Roosevelt czy Mamie Eisenhower. Dźwigałam ich historie wraz z historiami mojej matki i dziadków. Żadna z tych kobiet nie wyobrażała sobie takiego życia, jakie stało się moim udziałem, lecz wierzyły, że ich wytrwałość zaowocuje w końcu lepszą przyszłością dla takich jak ja. Chciałam prezentować się światu w taki sposób, by je uhonorować.

Ta myśl mnie motywowała i zawsze kazała mieć się na baczności, by czegoś nie schrzanić. Choć uważano mnie za lubianą pierwszą damę, czasem czułam się wręcz prześladowana przez krytyków, którzy oceniali mnie na podstawie koloru skóry. Z tego powodu raz za razem poprawiałam swoje przemówienia, korzystając z teleprompitera zamontowanego w rogu gabinetu. Naciskałam moich planistów i zespoły przygotowawcze, by każde wydarzenie organizowali sprawnie i terminowo. Jeszcze większą presję wywierałam na doradców politycznych, by nieustannie zwiększać zasięg oddziaływania programów Let's Move! i Joining Forces. Koncentrowałam się na tym, by nigdy nie tracić żadnej nadarzającej się teraz okazji, lecz bywało, że musiałam sobie przypominać o oddychaniu.

Barack i ja wiedzieliśmy, że nadchodzące miesiące kampanii dołożą nam podróży, planowania i zmartwień. Nie dało się nie przejmować reelekcją. Koszty były monstrualne. (Barack i Mitt Romney, były gubernator Massachusetts, który ostatecznie został kandydatem republikanów, zebrali po miliard dolarów na swoje kampanie, by pozostać w grze). Odpowiedzialność także była ogromna. Wybory miały

[12] John Quincy Adams (1767–1848) – szósty prezydent Stanów Zjednoczonych. Sojourner Truth (~1797–1883) – afroamerykańska abolicjonistka i aktywistka na rzecz praw kobiet. Harriet Tubman (~1822–1913) – afroamerykańska abolicjonistka, aktywistka i sufrażystka. Rosa Parks (1913–2005) – afroamerykańska aktywistka na rzecz praw człowieka i zniesienia segregacji rasowej. Coretta Scott King (1927–2006) – afroamerykańska pisarka, działaczka na rzecz praw obywatelskich i równości rasowej, piosenkarka; żona Martina Luthera Kinga.

zadecydować o wszystkim, począwszy od losów nowej ustawy zdrowotnej po udział Ameryki w globalnej strategii przeciwdziałania zmianom klimatu. Wszyscy pracownicy Białego Domu funkcjonowali w stanie zawieszenia, nie wiedząc, czy zostaną na drugą kadencję. Nie chciałam nawet myśleć o tym, że Barack mógłby przegrać wybory, ale trzeba było się liczyć z taką ewentualnością. Wizja porażki dręczyła zarówno jego, jak i mnie niczym uwierający kamyk, lecz woleliśmy o tym nie wspominać.

Lato 2011 roku okazało się dla Baracka wyjątkowo trudne. Grupa zawziętych republikanów w Kongresie odmówiła zgody na emisję nowych obligacji skarbowych w ramach dość rutynowego procesu znanego jako podwyższanie limitu zadłużenia publicznego, jeśli nie zostaną przeprowadzone szerokie drastyczne cięcia w rządowych programach ubezpieczenia społecznego, Medicaid i Medicare. Barack się temu sprzeciwił, ponieważ wówczas ucierpiałyby osoby w najtrudniejszej sytuacji. Tymczasem comiesięczne raporty o rynku pracy publikowane przez Departament Pracy informowały o stałym, lecz powolnym wzroście, co oznaczało, że kraj wciąż jeszcze nie podniósł się w pełni po kryzysie z 2008 roku. Wielu ludzi obwiniało za to Baracka. Na fali ulgi po śmierci Osamy bin Ladena jego notowania gwałtownie wzrosły do poziomu, jakiego nie widzieliśmy od dwóch lat, lecz zaledwie kilka miesięcy później spadły rekordowo nisko.

Gdy w Ameryce zaczynało się wyborcze zamieszanie, poleciałam do RPA z kurtuazyjną wizytą zaplanowaną wiele miesięcy wcześniej. Rok szkolny Sashy i Malii właśnie się skończył, mogły więc pojechać razem ze mną, podobnie jak moja matka oraz dzieci Craiga, Leslie i Avery, które były teraz nastolatkami. Miałam wygłosić główne przemówienie na finansowanym przez Stany forum młodych afrykańskich liderek z całego kontynentu, lecz poza tym mój grafik wypełniono lokalnymi wydarzeniami promującymi zdrowie i edukację, spotkaniami z miejscowymi liderami oraz pracownikami amerykańskiego konsulatu. Na koniec czekała nas krótka wizyta w Botswanie, gdzie miałam zaplanowane spotkanie z prezydentem kraju i wizytę w lokalnej klinice dla pacjentów z HIV, a następnie krótkie safari i powrót do domu.

Natychmiast ogarnęła nas południowoafrykańska energia. W Johannesburgu zwiedziliśmy Muzeum Apartheidu, a potem tańczyliśmy i czytaliśmy książki z dziećmi w ośrodku kultury w jednej z czarnych dzielnic na północy miasta. Na stadionie piłkarskim w Kapsztadzie spotkaliśmy się z animatorami społeczności i pracownikami opieki zdrowotnej, którzy w ramach programów promocji sportu mówili dzieciom o profilaktyce HIV/AIDS. Przedstawił mi ich arcybiskup Desmond Tutu, legendarny teolog i aktywista, który pomógł w demontażu południowoafrykańskiego apartheidu. Miał siedemdziesiąt dziewięć lat, potężną pierś, jasne spojrzenie i gromki śmiech. Gdy się dowiedział, że celem mojej wizyty jest promowanie zdrowia fizycznego, namówił mnie do wspólnego robienia pompek przed grupą kibicujących nam dzieci.

Przez tych kilka dni w RPA czułam się tak, jakbym się unosiła w przestworzach. Ta wizyta w niczym nie przypominała odwiedzin w Kenii w 1991 roku, kiedy razem z Barackiem jeździliśmy *matatu* i popychaliśmy psującego się volkswagena na pylistych drogach. To, co teraz czułam, wynikało pewnie odrobinę z dezorientacji wskutek różnicy czasu, lecz w większości zostało wywołane znacznie głębszymi, euforycznymi doznaniami. Było tak, jakbyśmy wkroczyli na skrzyżowanie wielkich dróg kultury i historii, uświadamiając sobie własną znikomość w dziejach świata. Na widok twarzy siedemdziesięciorga sześciorga młodych kobiet, które zajmowały się istotną pracą w swoich społecznościach, dzięki czemu wybrano je do uczestnictwa w forum liderek, tłumiłam łzy. Dały mi nadzieję. Poczułam się przy nich stara w najlepszy możliwy sposób. Wówczas 60 procent populacji Afryki miało poniżej dwudziestu pięciu lat. Miałam przed sobą kobiety – wszystkie przed trzydziestką, część była znacznie młodsza, nawet szesnastoletnia – które tworzyły organizacje pozarządowe, szkoliły inne kobiety w przedsiębiorczości i ryzykowały więzienie, donosząc o korupcji urzędników. A teraz tworzyły sieci, szkoliły się i motywowały. Miałam nadzieję, że to da im jeszcze więcej siły do działania.

Najbardziej nieprawdopodobne zdarzenie nastąpiło jednak na początku drugiego dnia naszej podróży. Moja rodzina i ja odwiedziliśmy siedzibę Fundacji imienia Nelsona Mandeli w Johannesburgu. Podczas spotkania z Graçą Machel, żoną Mandeli i znaną działaczką humanitarną, otrzymaliśmy informację, że sam Mandela chętnie się z nami zobaczy w swoim domu nieopodal.

Oczywiście natychmiast się tam udaliśmy. Nelson Mandela miał wówczas dziewięćdziesiąt dwa lata. Wcześniej w ciągu roku był hospitalizowany w związku z chorobą płuc. Powiedziano mi, że rzadko przyjmuje gości. Barack poznał go sześć lat wcześniej jako senator, kiedy Mandela odwiedził Waszyngton. Od tamtego czasu na ścianie jego biura wisiało oprawione w ramkę zdjęcie z tego spotkania. Nawet moje dzieci – dziesięcioletnia Sasha i Malia, która niebawem miała skończyć trzynaście lat – rozumiały, jak wielki spotkał nas zaszczyt. Ba, nawet moja nigdy nieporuszona matka wydawała się nieco oszołomiona.

Nikt z żyjących ludzi nie miał równie wielkiego wpływu na świat jak Nelson Mandela, przynajmniej według moich kryteriów. W latach czterdziestych, gdy wstępował do Afrykańskiego Kongresu Narodowego, był młodym człowiekiem. Zaczął odważnie krytykować złożony wyłącznie z białych rząd Południowej Afryki i jego głęboko zakorzenioną rasistowską politykę. Miał czterdzieści cztery lata, kiedy zakuto go w kajdany i wtrącono do więzienia za działalność, a siedemdziesiąt dwa, kiedy został zwolniony w 1990 roku. Przez dwadzieścia siedem lat żył w więziennej nędzy i izolacji, a apartheidowy reżim torturował i zabił wielu jego przyjaciół. Pomimo to w zakrawający na cud sposób zdołał bez zbrojnej walki wynegocjować z rządem pokojową zmianę władzy, a RPA przeobraziła się w kraj prawdziwie demokratyczny z Mandelą jako jego pierwszym prezydentem.

Mandela mieszkał na przedmieściu przy zielonej ulicy w domu zbudowanym w śródziemnomorskim stylu i otoczonym murem kremowej barwy. Graça Machel poprowadziła nas w cieniu drzew przez podwórze do wnętrza, gdzie w obszernym jasnym pokoju siedział w fotelu jej mąż. Miał rzadkie, siwe włosy i nosił brązową batikową koszulę. Ktoś położył mu na kolanach biały koc. Otaczało go kilka pokoleń krewnych, którzy powitali nas entuzjastycznie. Ten jasny pokój, rozgadana rodzina i skrzywiony uśmiech patriarchy przypomniały mi zgromadzenia w domu Southside'a, w których brałam udział jako dziecko. Wcześniej denerwowałam się na myśl o tym spotkaniu, lecz teraz się odprężyłam.

Prawdę mówiąc, nie jestem pewna, czy sam gospodarz w pełni rozumiał, kim jesteśmy i dlaczego przyszliśmy. Był już starym człowiekiem – nie potrafił na dłużej skupić uwagi i niedosłyszał.

– To jest Michelle Obama! – zawołała Graça Machel, nachylając mu się do ucha. – Żona prezydenta USA!

– Och, cudownie – wymamrotał Nelson Mandela. – Cudownie.

Popatrzył na mnie z autentycznym zainteresowaniem, choć pewnie na moim miejscu mógłby stać ktokolwiek inny. Było jasne, że równie serdecznie odnosił się do wszystkich ludzi, którzy się przed nim pojawili. Moje spotkanie z Mandelą odbyło się w ciszy i dlatego odebrałam je jako szczególnie znaczące. Większość słów, które miał w życiu do wypowiedzenia, już wypowiedział, a jego przemowy i listy, książki i hasła protestacyjne zaważyły nie tylko na jego własnej biografii, lecz zapisały się w historii ludzkości. W tej krótkiej chwili, którą z nim spędziłam, poczułam emanującą od niego godność i siłę ducha. To właśnie te cechy sprawiły, że traktowano go jak równego w miejscu, gdzie równości nigdy nie było.

Wciąż myślałam o Mandeli pięć dni później, gdy wracaliśmy do Stanów, lecąc na północny zachód nad Afryką, a później długą ciemną nocą przez Atlantyk. Sasha i Malia leżały pod kocami obok kuzynów. Mama drzemała na sąsiednim fotelu. Na tyłach samolotu członkowie personelu i agenci Secret Service oglądali filmy lub nadrabiali stracone godziny snu. Szumiały silniki. Byłam sama, choć nie samotna.

Zmierzaliśmy do domu - do obco-swojskiego Waszyngtonu, stolicy pełnej białych marmurów, zderzających się ideologii i wielu spraw, o które wciąż trzeba było walczyć. Myślałam o młodych Afrykankach, które spotkałam na forum liderek, a które wróciły już do swoich społeczności i na nowo podjęły pracę, zmagając się z własnymi wyzwaniami.

Mandela poszedł do więzienia za zasady, które wyznawał. Nie widział, jak dorastają jego dzieci, a nawet wiele z jego wnuków. Nie wywołało to w nim zgorzknienia. Niezłomnie wierzył, że w jego kraju lepsza strona charakteru w końcu zwycięży. Pracował i czekał, aż to się stanie, pełen tolerancji i przekonania.

Leciałam do domu natchniona jego postawą. Świat uczył mnie, że postęp i zmiana zachodzą powoli. Nie wystarczą dwa czy cztery lata, może nawet całe życie. Zasiewaliśmy nasiona zmiany, których owoców być może nigdy nie ujrzymy. Musieliśmy uzbroić się w cierpliwość.

Jesienią 2011 roku Barack trzykrotnie proponował ustawy, których celem było stworzenie tysięcy miejsc pracy dla Amerykanów, między innymi dzięki zatrudnieniu większej liczby nauczycieli i personelu ratowniczego. Republikanie trzykrotnie je blokowali, nie dopuszczając nawet do głosowania.

„Naszym naczelnym i najważniejszym celem - powiedział dziennikarzowi przywódca opozycji senackiej Mitch McConnell rok wcześniej, jasno wykładając program własnej partii - jest niedopuszczenie do wyboru prezydenta Obamy na drugą kadencję". Ot, i tyle. Zdominowany przez republikanów Kongres nade wszystko pragnął porażki Baracka. Sprawa rządzenia krajem albo miejsc pracy dla bezrobotnych nie była najważniejsza. Na pierwszym miejscu stawiali własną władzę.

Uważałam taką postawę za demoralizującą, irytującą, a czasem druzgocącą. Owszem, tak nieraz działa polityka, lecz w tym wypadku przybrała skrajnie rozłamową, złośliwą postać, zupełnie oddalając się od wszelkiego poczucia misji. Ogarniały mnie emocje, na które Barack prawdopodobnie nie mógłby sobie pozwolić. Otaczał się pracą i przeważnie niczym nie zrażał – rozwiązywał konflikty, zawierał kompromisy, jeśli tylko się dało, i jak zawsze w życiu kierował się trzeźwą, optymistyczną dewizą: „ktoś musi wziąć to na siebie". Siedział w polityce już od piętnastu lat. Wciąż myślałam o nim jak o miedzianym garnku: zahartowanym przez ogień, poobijanym, lecz wciąż lśniącym.

Powrót na szlak kampanii jesienią 2011 roku w jakimś sensie nas wyzwolił. Mogliśmy wyjechać z Waszyngtonu, powrócić do miast i miasteczek Ameryki, takich jak Richmond i Reno, gdzie ściskaliśmy dłonie zwolenników, słuchając ich pomysłów i zmartwień. Czuliśmy energię oddolnych działań obywateli, które zawsze stanowiły rdzeń wizji demokracji Baracka, i znów mogliśmy się przekonać, że większość Amerykanów jest znacznie mniej cyniczna niż ich wybrani liderzy. Chcieliśmy ich zachęcić, by wyszli z domów i zagłosowali. Rozczarowało mnie to, że miliony ludzi nie poszły na wybory w 2010 roku, oddając w ręce Baracka podzielony, niemal niezdolny do stanowienia prawa Kongres.

Mimo wyzwań mieliśmy też wiele powodów do optymizmu. Pod koniec 2011 roku ostatni amerykański żołnierz opuścił Irak i stopniowo wycofywaliśmy wojska z Afganistanu. Weszły w życie główne części ustawy o przystępnej opiece zdrowotnej – młodzi ludzie mogli odtąd pozostawać dłużej objęci ubezpieczeniem rodziców, a firmom zabroniono wprowadzania limitów w dożywotnich ubezpieczeniach. Idziemy naprzód, mówiłam sobie. Wszystko to są kroki na drodze postępu.

Choć cała Partia Republikańska sprzysięgła się przeciwko Barackowi, nie mieliśmy innego wyboru, jak zachować optymizm i nadal robić swoje. Przypomniało mi się, jak jedna z matek z Sidwell podczas treningu tenisa zapytała Malię, czy nie boi się o życie. Ale co właściwie innego Malia mogła zrobić poza odbiciem kolejnej piłki?

Więc pracowaliśmy. Pracowaliśmy oboje. Rzuciłam się w wir własnych inicjatyw. Pod sztandarem Let's Move! osiągaliśmy coraz więcej. Mój zespół i ja przekonaliśmy Darden Restaurants, firmę-matkę takich sieci restauracji jak Olive Garden i Red Lobster, by wprowadziła zmiany w ofercie i sposobie przygotowania żywności. Obiecali przejrzeć menu, zmniejszyć kaloryczność dań i zawartość sodu oraz zaproponować zdrowsze zestawy dla dzieci. Zaapelowaliśmy do dyrektorów tych firm – zarówno do ich sumienia, jak i instynktu biznesowego – przekonując, że kultura jedzenia w Ameryce ulega zmianom i z punktu widzenia interesów najlepiej byłoby stanąć na ich czele. Darden co roku sprzedawało Amerykanom 400 milionów posiłków. Przy takiej skali działalności nawet drobne decyzje – na przykład usunięcie z menu dla dzieci kuszących zdjęć schłodzonych szklanek ze słodkimi napojami – mogły wywrzeć poważny wpływ społeczny.

Sprawcza moc pierwszej damy ma dość osobliwy charakter – jest równie miękka i niedookreślona jak cała jej rola. Uczyłam się z niej korzystać. Nie miałam żadnej władzy wykonawczej. Nie dowodziłam żołnierzami, nie angażowałam się oficjalnie w dyplomację. Tradycyjnie oczekiwano, że będę niczym łagodne światło przewodnie, że moje oddanie przyda blasku postaci prezydenta i że przede wszystkim uświetnię cały naród, nie podważając jego zasad. Zaczynałam się jednak przekonywać, że to łagodne światło może mieć znacznie większą moc, jeśli umiejętnie się z nim obchodzić. Źródłem mojej siły było to, że stanowiłam coś w rodzaju ciekawostki – czarna pierwsza dama, wysoko wykwalifikowana kobieta pracująca, matka młodych dziewczynek. Ludzie zaczęli naśladować mój styl ubierania, czesali się jak ja, nosili buty podobne do moich. Jednocześnie chciałam, żeby postrzegali mnie przez pryzmat tego, co i dlaczego robię. Uczyłam się wiązać swój komunikat z image'em i w ten sposób sterować spojrzeniem Amerykanów. Mogłam włożyć ciekawą kreację, rzucić żart, po czym opowiedzieć o zawartości sodu w dziecięcych posiłkach, nie zanudzając nikogo na śmierć. Mogłam publicznie pochwalić jakąś firmę za to, że proaktywnie zatrudnia osoby ze środowiska wojskowego, albo założyć się z Ellen DeGeneres, która z nas zrobi więcej pompek (wygrałam i do końca życia mogę się tym chwalić), szerząc jednocześnie inicjatywę Let's Move!

Pochodziłam ze zwykłej rodziny i to był mój kapitał. Barack czasem mówił o mnie „typowa Amerykanka". Prosił, żebym oceniała kampanijne slogany lub strategie, bo wiedział, że lubię pozostawać na bieżąco z popkulturą. Chociaż miałam w życiorysie prestiżowe instytucje, takie jak Princeton czy Sidley & Austin, i choć czasami zakładałam diamenty oraz balową suknię, nigdy nie przestałam czytać magazynu „People" ani kochać dobrych sitcomów. Oglądałam Oprah i Ellen znacznie częściej niż publicystykę polityczną, taką jak *Meet the Press* czy *Facethe Nation*, i do dziś nic nie cieszy mnie bardziej niż schludnie przeprowadzony remont w programie o rearanżacji mieszkania.

Znałam więc takie sposoby dotarcia do Amerykanów, jakich Barack i jego doradcy z Zachodniego Skrzydła do końca nie pojmowali, przynajmniej początkowo. Zamiast udzielać wywiadów wielkim gazetom czy programom informacyjnym telewizji kablowych, zaczęłam rozmawiać z popularnymi blogerkami-mamami docierającymi do ogromnej, zaangażowanej rzeszy kobiet. Przyglądając się, w jaki sposób dziewczyny z mojego personelu korzystają z telefonów, i patrząc na własne córki, które zaczęły czerpać wiadomości i rozmawiać z przyjaciółmi z liceum za pośrednictwem mediów społecznościowych, zrozumiałam, że tkwi w nich spory potencjał do wykorzystania. Jesienią 2011 roku wysłałam pierwszego tweeta promującego program Joining Forces i patrzyłam, jak wpada w ten dziwny, bezkresny eter, w którym ludzie spędzali coraz więcej czasu.

Było to dla mnie jak objawienie. Jedno z wielu. Moja miękka siła okazała się mieć wielką moc.

Skoro dziennikarze i ekipy telewizyjne chciały wszędzie za mną chodzić, postanowiłam je zabrać tu i ówdzie. Oglądały więc na przykład, jak razem z Jill Biden maluję ścianę w pospolitym szeregowym domu w północno-zachodniej części Waszyngtonu. Dwie panie z malarskimi wałkami mogły nie wydawać się szczególnie interesującym tematem, lecz była to tylko przynęta.

Zaprosiłam media przed dom sierżanta Johnny'ego Agbiego, dwudziestopięcioletniego sanitariusza, który służył na misji w Afganistanie. Helikopter transportowy, którym leciał, ostrzelano, a kule rozerwały mu kręgosłup i uszkodziły mózg. Musiał odbyć długą rehabilitację w szpitalu Waltera Reeda. Dzięki działaniom organizacji non profit Building Together oraz korporacji, do której należały sieci Sears i Kmart, parter jego domu przystosowywano do wózka inwalidzkiego. Był to jeden z tysiąca budynków wyremontowanych dla weteranów w potrzebie. Kamery wszystko nagrały: żołnierza, jego dom, dobrą wolę i energię wielu ludzi. Dziennikarze rozmawiali nie tylko ze mną i Jill, ale także z sierżantem Agbim oraz pracownikami, którzy odwalali najcięższą robotę. I tak to właśnie powinno wyglądać. To tam należało skierować spojrzenie.

W DNIU WYBORÓW – 6 LISTOPADA 2012 ROKU – starałam się uspokoić emocje. Barack, dziewczynki i ja wróciliśmy do naszego chicagowskiego domu przy Greenwood Avenue, gdzie wylądowaliśmy w czyśćcu oczekiwania na decyzję całego narodu, czy nas zatrzymać, czy zwolnić. Te wybory okazały się dla mnie bardziej stresujące niż wszystkie poprzednie. Stanowiły ocenę nie tylko politycznej sprawności Baracka i kondycji kraju, lecz także jego charakteru i samej naszej obecności w Białym Domu. Nasze córki nawiązały mnóstwo relacji i wypracowały poczucie normalności, którego nie chciałam ponownie zaburzać. Wiele zainwestowałam w Waszyngton, oddałam mu cztery lata życia naszej rodziny i trudno mi było nie traktować wyników głosowania osobiście.

Kampania nas wyczerpała, i to chyba bardziej, niż się spodziewałam. Pracowałam nad własnymi inicjatywami, chodziłam na wywiadówki i sprawdzałam zadania domowe dziewczynek, a jednocześnie przemawiałam na kampanijnych wydarzeniach w średnio trzech miastach dziennie przez trzy dni w tygodniu. Intensywność działań Baracka była jeszcze bardziej wyczerpująca. Sondaże pokazywały, że ma jedynie niewielką przewagę nad Mittem Romneyem. Co gorsza, podczas ich pierwszej debaty w październiku nie wypadł zbyt dobrze, co u darczyńców i doradców wywołało falę paniki za pięć dwunasta. W twarzach naszych ciężko pracujących sztabowców widać było zmęczenie. Choć nie chcieli tego okazywać, na pewno niepokoiła ich perspektywa, że zaledwie za kilka miesięcy Barack może stracić pozycję w Białym Domu.

On sam pozostawał w tej zawierusze spokojny, ale widziałam, że dręczy go presja. Przez ostatnie tygodnie kampanii wyglądał na osłabionego i jeszcze szczuplejszego niż zazwyczaj. Z wielkim wigorem żuł pastylki Nicorette. Przyglądałam się zatroskana, jak próbuje ogarnąć wszystko naraz – uspokoić zaniepokojonych, doprowadzić do końca kampanię, lecz także na bieżąco rządzić krajem, a więc między innymi odpowiedzieć na atak terrorystyczny na amerykańskich dyplomatów w libijskim Bengazi czy zarządzać wielką pomocą federalną dla obszarów Wschodniego Wybrzeża dotkniętych zaledwie tydzień przed wyborami huraganem „Sandy".

Tego wieczora, po spłynięciu ostatnich wyników sondaży, poszłam na drugie piętro naszego domu, gdzie urządziliśmy salon kosmetyczno-fryzjerski, aby przygotować się na publiczną część wieczoru. Meredith prasowała i szykowała ubrania dla mnie, mojej mamy i dziewczynek. Johnny i Carl zajmowali się moimi włosami i makijażem. By tradycji stało się zadość, Barack zaliczył mecz koszykówki, a teraz siedział w biurze i cyzelował przemówienia.

Mieliśmy na drugim piętrze telewizor, ale specjalnie go nie włączałam. Wszelkie nowiny, czy to dobre, czy złe, chciałam usłyszeć bezpośrednio od Baracka, Melissy lub innej bliskiej mi osoby. Paplanina prezenterów na tle interaktywnych map wyborczych zawsze działała mi na nerwy. Nie interesowały mnie detale – chciałam po prostu wiedzieć, jak się czuć.

Było już po dwudziestej czasu wschodniego, co znaczyło, że powinny zacząć napływać pierwsze wyniki. Wzięłam blackberry i wysłałam e-maile do Valerie, Melissy i Tiny Tchen, która w 2011 roku została moją nową szefową sztabu, pytając, czy coś wiedzą.

Czekałam piętnaście minut, czekałam pół godziny, ale nikt nie odpowiadał. W pokoju zrobiło się dziwnie cicho. Mama siedziała w kuchni na dole i czytała jakieś pismo. Meredith szykowała dziewczynki na wieczór. Johnny przesuwał mi prostownicą po włosach. Ogarniała mnie paranoja – czy ludzie zaczęli mnie unikać? Czy dowiedzieli się czegoś, o czym ja nie wiedziałam?

Gdy upłynęło jeszcze trochę czasu, poczułam pulsowanie w głowie. Wpadałam w panikę. Nie śmiałam włączyć wiadomości, bo nagle naszła mnie pewność, że będą złe. Nawykłam już do odsuwania nieprzyjemnych faktów i zachowywania optymizmu. Swoją pewność siebie we własnym sercu otoczyłam grubym murem na szczycie wzgórza. Lecz z każdą minutą milczenia mojego blackberry czułam, że ten mur kruszeje pod naporem wątpliwości. Może nie pracowaliśmy dość ciężko? Może nie zasłużyliśmy na drugą kadencję? Zaczęły mi drżeć dłonie.

Byłam na skraju omdlenia z nerwów, gdy Barack wbiegł truchtem na górę z dobrze mi znanym wielkim, pewnym siebie uśmiechem. On już dawno zostawił zmartwienia za sobą.

– Dajemy im popalić – powiedział, zaskoczony, że jeszcze o niczym nie wiem. – Już prawie wszystko wiadomo.

Okazało się, że na dole panowała radosna atmosfera, a z telewizora płynęła rzeka dobrych wiadomości. Problem polegał na tym, że mój blackberry z niewyjaśnionych przyczyn stracił zasięg – nie wysyłał moich wiadomości ani żadnych nie odbierał. Na własne życzenie uwięziłam się we wnętrzu własnej głowy. Nikt, nawet osoby przebywające ze mną w pokoju, nie wiedział, jak bardzo się martwię.

Tamtej nocy Barack wygrał we wszystkich wahających się stanach poza jednym. Zdobył większość wśród młodych, mniejszości i kobiet, podobnie jak w 2008 roku. Pomimo wszelkich wysiłków republikanów, aby go pogrążyć i utrudnić mu prezydenturę, wizja Baracka zwyciężyła. Poprosiliśmy Amerykanów o zgodę, by dalej działać i zakończyć, co zaczęliśmy, a oni ją wyrazili. Ulga była natychmiastowa. *Czy jesteśmy dość dobrzy? Tak, jesteśmy.*

Późno w nocy Mitt Romney zadzwonił, by zrzec się kandydatury[13]. I raz jeszcze, wystrojeni, machaliśmy ze sceny – czworo Obamów i mnóstwo konfetti. Cieszyliśmy się, że dostaliśmy kolejne cztery lata.

Reelekcja dała mi pewność siebie i poczucie stabilności. Mieliśmy teraz więcej czasu na realizację własnych celów. Mogliśmy walczyć o postęp z większą rozwagą. Mogliśmy planować przyszłość, co napawało mnie radością. Nie musieliśmy zabierać Sashy i Malii ze szkoły. Nasz personel nie musiał szukać nowej pracy. Nasze idee wciąż się liczyły. A kiedy te kolejne cztery lata dobiegną końca, na dobre zejdziemy ze sceny, co cieszyło mnie najbardziej ze wszystkiego. Żadnych więcej kampanii, żadnych gorączkowych sesji strategicznych, sondaży, debat i rankingów poparcia. Kres naszego politycznego życia był już w zasięgu wzroku.

Przyszłość miała przynieść nam jeszcze wiele niespodzianek – tych radosnych i tych niewymownie tragicznych. Kolejna kadencja w Białym Domu oznaczała cztery lata publicznego życia pod postacią chodzących symboli. Cztery lata absorbowania i reagowania na wszystko, co przytrafi się naszemu krajowi. Barack i ja prowadziliśmy kampanię przekonani, że wciąż mamy siłę i dyscyplinę niezbędne do tej pracy, że się nie załamiemy pod jej ciężarem. A teraz przyszłość gnała nam na spotkanie, i to chyba szybciej, niż się spodziewaliśmy.

PIĘĆ TYGODNI PÓŹNIEJ UZBROJONY CZŁOWIEK wszedł do szkoły podstawowej Sandy Hook w Newtown w stanie Connecticut i zaczął zabijać dzieci. Właśnie skończyłam krótkie przemówienie niedaleko Białego Domu i miałam jechać z wizytą do szpitala dziecięcego, kiedy Tina wzięła mnie na bok i powiedziała, co się stało. Kiedy ja

---

[13] Podczas nocy wyborczej w Stanach Zjednoczonych jeszcze przed zakończeniem liczenia głosów ten kandydat, którego porażka jest już pewna lub niemal pewna, może kurtuazyjnie zadzwonić do przeciwnika, by ustąpić oraz pogratulować wygranej.

przemawiałam, ona wraz z kilkorgiem innych osób z mojego personelu zaczęła czytać na ekranach telefonów spływające nagłówki i próbowała opanować emocje, czekając, aż skończę wygłaszać mowę. Wiadomości, które mi przekazała, były tak wstrząsające i potworne, że z trudem rozumiałam, co do mnie mówi.

POWIEDZIAŁA, ŻE JEST W KONTAKCIE z Zachodnim Skrzydłem. Barack był sam w Gabinecie Owalnym.

– Prosi, żebyś przyszła – powiedziała. – Jak najszybciej.

Mąż mnie potrzebował. Był to jedyny raz w ciągu ośmiu lat, kiedy poprosił mnie o przybycie w środku dnia pracy. Oboje pozmienialiśmy plany, aby się spotkać tylko we dwoje i dać sobie odrobinę pokrzepienia. Zwykle oddzielaliśmy pracę od domu, ale tragedia w Newtown strzaskała wszelkie bariery nie tylko w naszej rodzinie, lecz i w wielu innych. Weszłam do Gabinetu Owalnego i w milczeniu się objęliśmy. Nie było nic do powiedzenia. Nie było na to słów.

Nie każdy wie, że prezydent widzi prawie wszystko, a przynajmniej ma dostęp do niemal każdej istotnej dla stanu państwa informacji. Barack, miłośnik faktów, zawsze domagał się ich raczej więcej niż mniej. Chciał poznać każdą sytuację zarówno w szerokiej perspektywie, jak i w szczegółowym zbliżeniu, aby decyzje, które podejmuje, były mocno ugruntowane w rzeczywistości. Uważał, że należy to do jego obowiązków i że wybrano go po to, by kierował wzrok na problemy, zamiast go od nich odwracać. By stać prosto, kiedy wszyscy inni mieli ochotę upaść.

Gdy więc się z nim spotkałam, został już poinformowany ze szczegółami o strasznych wydarzeniach w Sandy Hook. Usłyszał o kałużach krwi na podłodze klas i ciałach dwudzieściorga pierwszoklasistów oraz sześciorga nauczycieli rozerwanych pociskami z półautomatycznego karabinu. Szoku i żalu, jakiego doświadczył, nie sposób porównać ze wstrząsem, jaki przeżyli pierwsi policjanci, którzy pospieszyli do budynku, by go zabezpieczyć i ewakuować ocalałych z miejsca masakry.

Nie da się go porównać ze strachem rodziców, którzy czekali w mrozie przed szkołą, modląc się, by jeszcze ujrzeć twarz własnego dziecka. I nie sposób go zestawić z rozpaczą tych, którzy czekali na próżno.

Obrazy rzezi wypaliły trwałe piętno na jego psychice. Widziałam w jego oczach, jak głęboko się załamał i jak bardzo podupadła jego wiara. Zaczął mi o tym opowiadać, ale po chwili przerwał, dochodząc do wniosku, że lepiej oszczędzić mi dodatkowych cierpień.

Barack, podobnie jak ja, głęboko i szczerze kochał dzieci. Miał bzika na punkcie własnych córek. Regularnie oprowadzał też dziecięce grupy po Gabinecie Owalnym. Pytał, czy może potrzymać niemowlaka. Cieszył się, gdy miał okazję odwiedzić szkolne targi nauki albo młodzieżowe zawody sportowe. Poprzedniej zimy sprawił sobie wielką frajdę, zgłaszając się na ochotnika do funkcji asystenta trenera Viperów, gimnazjalnej drużyny koszykówki, w której grała Sasha.

Wśród dzieci czuł się lekko. Bardzo dobrze rozumiał, jak wiele straciliśmy wraz z tymi dwudziestoma istnieniami.

Nie upaść, lecz pozostać wyprostowanym po Newtown, należało prawdopodobnie do największych wyzwań w jego karierze. Kiedy Malia i Sasha wróciły tamtego dnia ze szkoły, Barack i ja uściskaliśmy je. Nie mogliśmy opanować naglącego pragnienia, by dotknąć własne dzieci. Nie bardzo wiedzieliśmy, co powiedzieć, a czego nie mówić dziewczynkom o tragedii. Podobne rozterki przeżywali rodzice w całym kraju.

Później tego dnia Barack zorganizował na dole konferencję prasową. Próbował znaleźć jakieś słowa pocieszenia. Ocierał łzy wśród pstrykających aparatów fotograficznych, rozumiejąc, że tak naprawdę nic, co mógłby powiedzieć, nikogo nie pocieszy. Zrobił więc coś, co mógł zrobić: złożył obietnicę – którą, jak sądził, poprą obywatele i członkowie legislatur w całym kraju – że zapobiegnie kolejnym masakrom, uchwalając zręby rozsądnego prawa regulującego sprzedaż broni.

Patrzyłam, jak staje przed ludźmi, wiedząc, że ja sama nie jestem na to gotowa. Przez cztery lata w roli pierwszej damy często pocieszałam innych. Modliłam się wraz z mieszkańcami Tuscaloosa w Alabamie, którym tornado zniszczyło domy, w jednej chwili obracając całe połacie terenu w ruiny. Obejmowałam mężczyzn, kobiety i dzieci, którzy stracili ukochanych podczas wojny w Afganistanie lub w teksaskiej bazie wojskowej ostrzelanej przez ekstremistę, czy też w aktach przemocy na ulicach nieopodal ich własnych domostw. Przez minione cztery miesiące odwiedzałam ocalałych z masakry w kinie w Colorado oraz w świątyni Sikhów w Wisconsin. Każde z tych wydarzeń było druzgocące. Na spotkaniach zawsze starałam się być spokojna i otwarta, użyczyć swojej siły, okazywać troskę i opiekę, siedzieć w milczeniu na brzegu rzeki cudzego cierpienia. Lecz dwa dni po masakrze w Sandy Hook, kiedy Barack pojechał do Newtown, aby przemówić na modlitewnym czuwaniu w intencji ofiar, nie mogłam się zmusić, by pojechać wraz z nim. Byłam tak wstrząśnięta tragedią, że nie pozostała mi ani odrobina siły, którą mogłabym się podzielić. Pełniłam funkcję pierwszej damy od prawie czterech lat i było już w tym czasie zbyt wiele zabijania – zbyt wiele bezsensownych, niepotrzebnych śmierci i za mało działań, by im zapobiec. Nie wiedziałam, jak dodać otuchy ludziom, których sześcioletnie dzieci zostały zastrzelone w szkole.

Zamiast tego, jak wielu rodziców, tuliłam własne córki z mieszaniną strachu i miłości. Zbliżały się święta Bożego Narodzenia i Sasha znalazła się w grupie dzieci wybranych do dwukrotnego wykonania wraz z Baletem Moskiewskim *Dziadka do orzechów*. Oba występy odbywały się w ten sam dzień co czuwanie modlitewne w Newtown. Barack zdążył jeszcze obejrzeć próbę generalną z tylnego rzędu, nim poleciał do Connecticut. Ja natomiast poszłam na wieczorne przedstawienie.

Opowiedziana baletem historia była jak zawsze piękna i niesamowita. Książę stał skąpany światłem księżyca w lesie wśród wirujących słodkości. Sasha grała mysz przebrana w czarny kostium z kosmatymi uszami i ogonem. Gdy odgrywała swoją partię, ozdobne sanie sunęły przy akompaniamencie narastającej orkiestrowej muzyki wśród opadających kaskad sztucznego śniegu. Obserwowałam ją nieustannie.

Byłam wdzięczna z całej duszy, że ją mam. Sasha stała na scenie z roziskrzonymi oczami, jakby w pierwszej chwili nie dowierzała, gdzie się znalazła, i jakby wszystko wokół wydawało się jej olśniewające i nierealne. Takie zresztą faktycznie było. Wciąż, dzięki sile swojej młodości, mogła przynajmniej na moment zapamiętać się w spektaklu i ruszyć przez tę niebiańską krainę, gdzie nikt nie mówił, wszyscy tańczyli, a święta były za pasem.

POZOSTAŃCIE JEDNAK ZE MNĄ, bo dalej niestety nie robi się lepiej. Gdyby tylko Ameryka była prostym krajem o prostej historii. Gdybym tylko mogła opowiedzieć o swoim udziale w jej dziejach wyłącznie za pomocą sympatycznych, miłych anegdot. Gdybyśmy się nigdy nie cofali. I gdyby na końcu każdej żałoby następowało odkupienie...

Ale ani Ameryka, ani ja takie nie jesteśmy. Nie będę próbowała nagiąć historii tak, by przybrała jakąś wyidealizowaną formę.

Druga kadencja Baracka pod wieloma względami okazała się łatwiejsza od pierwszej. Przez cztery lata wiele się nauczyliśmy i umieściliśmy odpowiednich ludzi na właściwych stanowiskach wokół siebie, tworząc systemy, które przeważnie dobrze działały. Wiedzieliśmy już dość, by uniknąć różnych nieskutecznych rozwiązań i drobnych pomyłek, które zdarzyły nam się za pierwszym razem. Zaczęliśmy od dnia inauguracji w styczniu 2013 roku, kiedy poprosiłam o montaż ogrzewania tym razem na całych trybunach, abyśmy nie odmrozili sobie stóp. By zachować siły, urządziliśmy tamtej nocy tylko dwa bale inauguracyjne zamiast dziesięciu, w których braliśmy udział w 2009 roku. Czekały nas jeszcze cztery lata i jeśli czegoś się nauczyliśmy, to tego, by się odprężyć i próbować robić wszystko we własnym tempie.

Siedząc obok Baracka na paradzie po powtórnym ślubowaniu, przyglądałam się rzece platform i maszerującym w zmiennych formacjach orkiestrom. Tym razem byłam w stanie naprawdę cieszyć się pokazem. Z miejsca, gdzie siedziałam, ledwie mogłam rozróżnić poszczególne twarze wykonawców – były ich tysiące, każda z własną historią. Kolejne tysiące artystów przybyły do stolicy, by występować w wydarzeniach odbywających się w dniach poprzedzających inaugurację, a dziesiątki tysięcy osób przyjechały, by ich oglądać.

Później ogarnęła mnie głęboka nadzieja, że być może zdołałam jednak ujrzeć w tym tłumie jedną konkretną postać – szczupłą czarną dziewczynę w złocistej opasce na włosach i granatowym uniformie mażoretki maszerującą w orkiestrze King College Prep z South Side w Chicago, która występowała podczas pobocznych wydarzeń. Pragnęłam wierzyć, że udało mi się ją dostrzec w rzece ludzi płynącej w tamtych dniach przez miasto. Hadiya Pendleton – dziewczyna u progu życia, piętnastolatka przeżywająca wielkie chwile, która przejechała autobusem kawał drogi do Waszyngtonu razem z resztą orkiestry. W rodzinnym Chicago mieszkała z rodzicami i młodszym bratem około trzech kilometrów od naszego domu przy Greenwood Avenue. Dostała świadectwa z wyróżnieniem i często opowiadała, że zamierza kiedyś dostać się na Harvard. Zaczęła planować szesnaste urodziny. Uwielbiała chińskie jedzenie, cheeseburgery i wyjścia na lody z przyjaciółmi.

Dowiedziałam się tego wszystkiego kilka tygodni później na jej pogrzebie. Osiem dni po inauguracji Hadiya Pendleton została zastrzelona w miejskim parku w Chicago niedaleko szkoły. Stała w grupie przyjaciół pod metalową wiatą, czekając, aż ustąpi ulewa. Należący do gangu osiemnastolatek uznał ich za członków innego gangu i ostrzelał. Trafił Hadiyę w plecy, kiedy uciekała, próbując się ukryć. Dwóch jej kolegów zostało rannych. Wydarzyło się to o czternastej dwadzieścia w zwykłe wtorkowe popołudnie.

Żałowałam, że jej nie zobaczyłam za życia, choćby po to, by móc się podzielić tymi wspomnieniami z jej matką, skoro stały się teraz tak cenne i warte uwiecznienia.

Poszłam na pogrzeb Hadii, bo uznałam, że powinnam. Nie towarzyszyłam Barackowi w uroczystościach w Newtown, lecz teraz nadszedł mój czas, by służyć wsparciem. Miałam nadzieję, że moja obecność pomoże zwrócić uwagę na wiele niewinnych dzieci, które prawie codziennie giną w ulicznych strzelaninach, co z kolei w połączeniu ze wspomnieniem tragedii w Newtown pomoże skłonić Amerykanów, by zaczęli się domagać rozsądnego prawa regulującego dostęp do broni. Hadiya Pendleton pochodziła ze zżytej, pracującej rodziny z South Side, bardzo podobnej do mojej. Innymi słowy, mogłam ją znać. Kiedyś mogłam nawet nią być. A gdyby tamtego dnia wybrała inną drogę ze szkoły do domu lub nawet przesunęła się o pięć centymetrów w lewo zamiast w prawo, kiedy padły pierwsze strzały, ona mogłaby zostać mną.

– Robiłam wszystko, co powinnam – powiedziała mi jej matka z oczami pełnymi łez, kiedy spotkałyśmy się krótko przed pogrzebem. Cleopatra Cowley-Pendleton była ciepłą kobietą o łagodnym głosie i krótko przystrzyżonych włosach, pracującą w dziale obsługi klienta firmy finansowej. W dniu pogrzebu córki wpięła sobie w klapę ogromny różowy kwiat. Wraz z mężem Nathanielem czuwała nad wychowaniem Hadii, zachęciła ją do nauki w prestiżowym publicznym liceum imienia Martina Luthera Kinga, i dokładała starań, by córka nie miała zbyt wiele czasu na włóczenie się po ulicach – zapisała ją na siatkówkę, do drużyny cheerleaderek oraz na przykościelne zajęcia z tańca religijnego. Rodzice Hadii, podobnie jak dawniej moi, wiele poświęcali, by zaznała życia poza własną dzielnicą. Wiosną miała wyjechać do Europy z orkiestrą marszową, a w Waszyngtonie bardzo jej się podobało.

„Tu jest tak czysto, mamo – opowiadała Cleopatrze po powrocie. – Chyba pójdę w politykę".

Zamiast tego padła ofiarą jednego z trzech różnych zabójstw z bronią w ręku, które wydarzyły się w tamten styczniowy dzień w Chicago. Była trzydziestą szóstą osobą zastrzeloną w tym mieście od początku roku, który wówczas liczył dopiero dwadzieścia dziewięć dni. Nie trzeba dodawać, że prawie wszystkie ofiary były czarne. Pełna nadziei, ciężko pracująca Hadiya stała się symbolem niewłaściwej sprawy.

Na jej pogrzeb przyszły tłumy – kolejna pęknięta społeczność, która próbowała jakoś znieść widok nastolatki w trumnie wyściełanej fioletowym jedwabiem. Cleopatra wstała i opowiedziała o swojej córce. Przyjaciele Hadii opowiadali o niej różne historie, każdą z nich kończąc wyznaniem gniewu i bezsilności. Byli dopiero nastolatkami, lecz nie pytali już „dlaczego?", ale „dlaczego tak często?". W sali tego dnia znalazło się wielu wpływowych ludzi – poza mną także między innymi burmistrz miasta, gubernator stanu, Jesse Jackson senior i Valerie Jarrett. Siedzieliśmy w ławkach i każde z nas na własny sposób przeżywało żałobę oraz poczucie winy, podczas gdy chór śpiewał z taką mocą, że drżała kościelna podłoga.

NIE CHCIAŁAM JEDNAK WYŁĄCZNIE ODGRYWAĆ ROLI pocieszycielki. W życiu słyszałam mnóstwo pustych słów wypowiadanych przez ważnych ludzi – gadaninę czasów kryzysu bez pokrycia w działaniach. Postanowiłam, że będę mówić szczerze, udzielać własnego głosu ludziom, którzy są go pozbawieni, i nie znikać, kiedy ktoś mnie potrzebuje. Wiedziałam, jak spektakularne wrażenie sprawiają moje wizyty: nagłe, szybkie tornado, kolumna samochodów, asystenci, media, a w środku tego wszystkiego ja. Pojawialiśmy się i wkrótce znikaliśmy. Nie podobało mi się, że spotkania stają się przez to powierzchowne, a skonfrontowani ze mną ludzie jąkają się albo milkną, niepewni, jak się zachować. Dlatego często witałam się z nimi objęciem i próbowałam na chwilę zwolnić tempo, odrzucić grę pozorów, sprawić, byśmy poczuli się na powrót sobą.

Starałam się nawiązać więź ze spotykanymi ludźmi, zwłaszcza tymi, którzy normalnie nie mieli dostępu do świata, w jakim teraz mieszkałam. Chciałam się z nimi dzielić jego dostojeństwem. Zaprosiłam rodziców Hadii Pendleton, by usiedli obok mnie podczas uroczystości wygłoszenia przez Baracka orędzia o stanie państwa kilka dni po pogrzebie, później zaś ugościłam ich rodzinę w Białym Domu przy okazji imprezy Toczenia Jajeczka Wielkanocnego. Cleopatra, która stała się aktywną działaczką na rzecz zapobiegania przemocy, wracała jeszcze kilkakrotnie, aby wziąć udział w różnych spotkaniach na ten temat. Pamiętałam, by napisać listy do dziewczynek ze szkoły imienia Elizabeth Garrett Anderson w Londynie, które tak głęboko mnie poruszyły - zachęcałam je, by nie traciły nadziei i nadal pracowały pomimo braku uprzywilejowanej pozycji. W 2011 roku zabrałam grupę trzydzieściorga siedmiorga dziewcząt z tej szkoły na zwiedzanie Oksfordu. Nie wybrałam najlepszych uczennic, lecz te, o których nauczyciele mówili, że wciąż jeszcze nie rozwinęły swoich możliwości. Chciałam im pokazać, co może je czekać i jakie efekty mogą przynieść starania. W 2012 roku gościłam uczennice z tej szkoły w Białym Domu podczas oficjalnej wizyty brytyjskiego premiera. Uważałam za ważne, by spotykać się z dziećmi wiele razy i przy różnych okazjach, aby się przekonały, że to wszystko jest realną częścią ich życia.

Moje wczesne życiowe sukcesy zawdzięczałam nieustającej miłości, jaką mnie otaczano, oraz wysokim oczekiwaniom, które w dzieciństwie wysuwano wobec mnie zarówno w domu, jak i w szkole. Moje własne doświadczenia leżały u podstaw programu mentoringu w Białym Domu oraz nowej inicjatywy edukacyjnej Reach Higher (Sięgaj Wyżej), którą rozwijałam właśnie z moim sztabem. Chciałam zmotywować dzieci, by walczyły o miejsce w koledżu, a gdy się dostaną, by nie rezygnowały. Wiedziałam, że w nadchodzących latach wykształcenie przynajmniej na poziomie koledżu stanie się szczególnie ważne dla młodych ludzi wkraczających na globalny rynek pracy. Program Reach Higher miał im pomóc na tej drodze dzięki wsparciu szkolnych doradców edukacyjnych oraz zwiększeniu dostępu do subsydiów rządowych.

Poszczęściło mi się, że miałam rodziców, nauczycieli i mentorów, którzy nieustannie powtarzali ten sam jasny komunikat: *Jesteś ważna*. Już jako dorosła chciałam przekazać te słowa kolejnemu pokoleniu i wpoiłam je swoim córkom, które miały to szczęście, że codziennie słyszały je w szkole, a z racji uprzywilejowanej pozycji łatwo je sobie przyswoiły. Byłam zdeterminowana powtarzać podobny przekaz w tej czy innej postaci każdej napotkanej młodej osobie. Chciałam być przeciwieństwem doradczyni edukacyjnej w moim liceum, która lekceważąco powiedziała mi, że nie nadaję się do Princeton.

– Wszyscy wierzymy, że tu jest wasze miejsce – powiedziałam uczennicom liceum imienia Elizabeth Garrett Anderson, kiedy siedziały – niektóre dość oszołomione – w gotyckiej starodawnej sali jadalnej w Oksfordzie otoczone profesorami i studentami, którzy przyszli tego dnia, by pełnić funkcję ich mentorów. Podobne słowa wypowiadałam, kiedy w odwiedziny do Białego Domu przychodziły dzieci: nastolatki z Rezerwatu Siuksów Standing Rock, uczniowie z miejscowych szkół do pomocy w ogródku, licealiści zainteresowani dniami kariery albo warsztatami z dziedziny mody, muzyki i poezji czy choćby te dzieci, które miałam okazję tylko szybko, lecz mocno uściskać w kolejce przed barierką. Komunikat zawsze był jednakowy: *Tu jest twoje miejsce. Jesteś ważna. Uważam cię za wartościową osobę.*

Jakiś czas później pewien ekonomista z brytyjskiego uniwersytetu opublikował badania na temat wyników testów uczennic z liceum Anderson. Okazało się, że znacznie wzrosły po tym, gdy zaczęłam współpracować ze szkołą – ze średnich ocen na poziomie trójki do poziomu piątkowego. Wszelką zasługę za ten wzrost należy przypisać samym dziewczętom, ich nauczycielom i codziennej wspólnej pracy, lecz znalazła tu także potwierdzenie teza, że dzieci bardziej się starają, kiedy widzą, że ktoś w nie inwestuje. Rozumiałam, że okazanie dzieciom zainteresowania może dać im siłę.

DWA MIESIĄCE PO POGRZEBIE HADII Pendleton znów pojechałam do Chicago. Poprosiłam Tinę, szefową mojego sztabu i prawniczkę, która przez wiele lat mieszkała w tym mieście, by dołożyła starań w celu zorganizowania wsparcia dla chicagowskich programów przeciwdziałania przemocy. Tina, kobieta wielkiego serca, znawczyni polityki, miała zaraźliwy śmiech i potrafiła zaciekle walczyć o swoje. Wiedziała, za które sznurki pociągnąć w rządzie i poza nim, by dostać tak duże wsparcie, jakiego potrzebowałam do realizacji swojej wizji. Co więcej, miała charakter i doświadczenie, dzięki którym nigdy nie dawała się zagłuszyć, zwłaszcza przy stołach zdominowanych przez mężczyzn. Podczas drugiej kadencji Baracka zmagała się z Pentagonem i wieloma gubernatorami stanowymi, by pokonać przeszkody biurokratyczne i wesprzeć weteranów wraz z rodzinami w budowaniu kariery. Pomogła także stworzyć wielki nowy, międzyresortowy program wsparcia edukacji dziewcząt na całym świecie.

Po śmierci Hadii Tina uruchomiła swoje lokalne powiązania, skłaniając chicagowskich liderów biznesu oraz filantropów do współpracy z burmistrzem Rahmem Emanuelem w celu rozszerzenia dzielnicowych programów wsparcia zagrożonej młodzieży w całym mieście. W ciągu kilku tygodni zdobyła deklaracje pomocy na ogólną sumę 33 milionów dolarów. W pewien chłodny kwietniowy dzień poleciałyśmy razem na spotkanie liderów społeczności i dyskusję o wsparciu dla młodzieży. Przy okazji poznałyśmy nową grupę dzieciaków.

Wcześniej, w zimie, poświęcono dwugodzinny odcinek programu radiowego *This American Life* na opowiedzenie historii uczniów i personelu liceum imienia Williama R. Harpera w Englewood, dzielnicy South Side. W ciągu roku dwadzieścioro dziewięcioro obecnych i byłych uczniów tej szkoły zostało postrzelonych, z czego ośmioro ze skutkiem śmiertelnym. Ja i mój sztab uznaliśmy te liczby za zatrważająco wysokie. Śródmiejskie szkoły w całym kraju zmagały się z epidemią przemocy z użyciem broni palnej. Pragnąc wspierać młodych ludzi, należało przede wszystkim siąść z nimi do rozmowy i ich wysłuchać.

Gdy dorastałam, Englewood było faktycznie nieprzyjemną dzielnicą, lecz nie tak zabójczo niebezpieczną jak obecnie. W gimnazjum jeździłam tam co tydzień na zajęcia z biologii w miejscowym koledżu publicznym. Teraz, wiele lat później, kiedy moja kolumna jechała wzdłuż zaniedbanych bungalowów i zatrzaśniętych witryn, pustych parceli i spalonych budynków, miałam wrażenie, że jedynym kwitnącym biznesem są tu sklepy monopolowe.

Przypomniałam sobie własne dzieciństwo i własną dzielnicę, w której słowo „getto" brzmiało jak wyrok. Pod wpływem najmniejszej sugestii, że osiedle zamienia się w getto, spokojne rodziny z klasy średniej decydowały się uciec na przedmieście, zanim spadną ceny nieruchomości. „Getto" oznaczało miejsce czarne i zarazem pozbawione nadziei. Była to etykietka przepowiadająca porażkę i przyspieszająca jej nadejście. Pod jej wpływem zamykały się sklepy spożywcze i stacje paliw, podupadały szkoły i morale nauczycieli próbujących wzmocnić w miejscowych dzieciach poczucie własnej wartości. Od tego słowa każdy uciekał – mogło szybko zdewastować całą społeczność.

Pośrodku zachodniej części Englewood stało liceum Harpera – wielki gmach o kilku skrzydłach zbudowany z piaskowej cegły. Spotkałam się z jego dyrektorką Leonettą Sanders, żwawą Afroamerykanką, która pracowała tam od sześciu lat, oraz dwojgiem pracowników socjalnych, którzy udzielali życiowego wsparcia pięciuset dziesięciorgu uczniom szkoły pochodzącym w większości z rodzin o niskich dochodach. Jedna z pracownic socjalnych, Crystal Smith, często przemierzała korytarze szkoły Harpera podczas przerw, zasypując uczniów pozytywnymi komentarzami i mówiąc im, że ich docenia. Wołała: „Jestem z ciebie bardzo dumna!", albo: „Widzę, że się starasz!". Każdą dobrą decyzję, którą dopiero zamierzali podjąć, komentowała: „Ja już z góry ci gratuluję!".

Tamtego dnia w szkolnej bibliotece spotkałam się z gronem dwadzieściorga dwojga uczniów – samych Afroamerykanów z trzeciej i czwartej klasy – którzy rozsiedli się na krzesłach i sofach ubrani w luźne spodnie i koszule. Wielu bardzo chętnie się wypowiadało. Mówili o swoim strachu przed gangami i przemocą, który odczuwali nieustannie każdego dnia. Niektórzy tłumaczyli, że ich rodzice są nieobecni albo uzależnieni. Kilkoro miało za sobą pobyt w poprawczaku. Trzecioklasista imieniem Thomas zeszłego lata widział, jak jego przyjaciółka, szesnastoletnia dziewczyna, ginie od kuli. Podczas tego samego zdarzenia jego starszy, sparaliżowany wskutek postrzału brat został ponownie postrzelony, gdy siedział przed domem w wózku inwalidzkim. Prawie każdemu ze zgromadzonych dzieci kule kogoś zabrały – przyjaciela, krewnego, sąsiada. Nieliczni odwiedzili natomiast centrum miasta, by zobaczyć wybrzeże jeziora albo pełne atrakcji molo Navy Pier.

W pewnym momencie jedna z pracownic społecznych wtrąciła się do rozmowy i powiedziała do uczniów:

– Dwadzieścia pięć stopni i dużo słońca! – Wszyscy zgromadzeni zaczęli ponuro kiwać głowami. Nie wiedziałam dlaczego. – Powiedzcie pani Obamie, co przychodzi wam na myśl, kiedy się budzicie i słyszycie tak dobrą prognozę pogody.

Ewidentnie znała odpowiedź, ale chciała, żebym usłyszała ją z ich ust.

Taki dzień, wyjaśnili mi uczniowie ze szkoły Harpera, nie zapowiadał nic dobrego. Przy dobrej pogodzie gangi się uaktywniały i dochodziło do częstszych strzelanin.

Te dzieci przywykły do kierowania się postawioną na głowie logiką: w słoneczny dzień zostawały w domu, a trasę do szkoły i z powrotem uzależniały od codziennie zmieniających się granic stref gangów oraz ich sojuszy. Czasami, mówiły, najbezpieczniejsza droga wiodła środkiem ulicy, gdzie idącego ucznia z obu stron mijały samochody. Można było wówczas spostrzec rozpoczynającą się strzelaninę lub potencjalnie niebezpiecznych ludzi z bronią. A to dawało kilka dodatkowych chwil na ucieczkę.

Ameryka nie jest prostym miejscem. Jej kontrasty przyprawiają mnie o zawrót głowy. Czasem bywałam na urządzanych przez Partię Demokratyczną imprezach fundraisingowych w ogromnych apartamentach na Manhattanie i popijałam wino w towarzystwie bogatych kobiet, które opowiadały mi o swoim wielkim zainteresowaniu sprawami edukacji i wychowania dzieci, później zaś nachylały się ku mnie i informowały konspiracyjnym szeptem, że ich pracujący na Wall Street mężowie nigdy nie zagłosują na nikogo, kto choćby pomyśli o podniesieniu podatków.

A teraz byłam w szkole Harpera i słuchałam, jak dzieci opowiadają o swoich metodach przetrwania. Podziwiałam ich wytrwałość i rozpaczliwie żałowałam, że tak bardzo muszą na nią liczyć.

Jeden z uczniów posłał mi szczere spojrzenie i wzruszając ramionami, powiedział:

– To bardzo miłe, że pani przyjechała i w ogóle, ale co właściwie zamierza pani z tym zrobić?

W ich oczach w równym stopniu reprezentowałam Waszyngton, jak i dzielnicę South Side. Poczułam, że jestem im winna prawdę o działaniach władz.

– Wiem, że jest wam tu ciężko – zaczęłam – ale nikt was nie uratuje. Większość ludzi w Waszyngtonie nawet się nie stara. Wielu nie wie o waszym istnieniu.

Powiedziałam tym uczniom, że postęp zachodzi powoli – nie mogą siedzieć i czekać na zmiany. Wielu Amerykanów sprzeciwia się podnoszeniu podatków, a Kongres nie potrafił nawet uchwalić budżetu, nie mówiąc o wzniesieniu się ponad drobne partyjne niesnaski, w związku z czym nie szykowały się żadne wielomiliardowe inwestycje w edukację ani magiczne przeobrażenie ich dzielnicy. Nawet po potwornych wydarzeniach w Newtown Kongres zaciekle nie dopuszczał do uchwalenia jakichkolwiek ustaw, które mogłyby odciąć dostęp do broni niewłaściwym ludziom. Członkowie legislatury woleli otrzymywać darowizny na prowadzenie kampanii od Narodowego Stowarzyszenia Strzeleckiego, niż chronić dzieci. Polityka to bagno, stwierdziłam. Na ten temat nie miałam do powiedzenia nic szczególnie pokrzepiającego.

Postanowiłam jednak zmotywować ich inaczej – tak jak sama siebie motywowałam w czasach, gdy mieszkałam na South Side. Wykorzystajcie szkołę, powiedziałam.

Uczniowie przez godzinę opowiadali mi tragiczne, niepokojące historie. Wynikało z nich jednak także i to, że się nie zrażają, są samodzielni i potrafią pokonywać trudności. Przypomniałam im o tym. Zapewniłam ich, że już teraz mają wszystko, czego potrzeba do osiągnięcia sukcesu. Siedzieliśmy wszyscy w szkole, w której mogli uczyć się za darmo pod opieką grona troskliwych dorosłych, dla których byli ważni. Około sześciu tygodni później dzięki darowiźnie lokalnych biznesmenów grupa uczniów z liceum Harpera przyjechała do Białego Domu, by spotkać się ze mną i z Barackiem. Spędzili też trochę czasu na Howard University, by zobaczyć, jak wygląda nauka w koledżu. Miałam nadzieję, że zechcą kontynuować edukację na uczelni.

Nie będę udawać, że same słowa czy uścisk pierwszej damy mogą zmienić czyjeś życie albo że przed uczniami z takiej szkoły jak liceum Harpera jest jakaś łatwa ścieżka, na której ominą wszelkie problemy, z jakimi się borykają. Żadna historia nie jest tak prosta. Oczywiście każde z nas zebranych tamtego dnia w bibliotece dobrze o tym wiedziało. Moim celem było jednak obalenie starej, pogardliwej narracji o życiu czarnej młodzieży w Ameryce, która przepowiada porażkę, przyspieszając jej nadejście. Mogłam tylko wskazać tym uczniom ich mocne strony i pchnąć ich naprzód. Tyle byłam w stanie zmienić.

24.

WIOSNĄ 2015 ROKU MALIA oznajmiła, że pewien chłopak, który jej się podoba, zaprosił ją na studniówkę. Miała wówczas szesnaście lat i kończyła trzecią klasę w Sidwell. Dla nas wciąż była tym samym długonogim, energicznym dzieckiem jak dawniej, choć z dnia na dzień coraz wyraźniej doroślała. Już prawie dorównywała mi wzrostem i zaczynała myśleć o aplikacji do koledżu. Dobrze się uczyła, była ciekawa świata i zaradna, uwielbiała zagłębiać się w szczegóły, tak jak jej tata. Fascynowały ją filmy i proces ich powstawania – zeszłego lata wypatrzyła Stevena Spielberga na wieczornym przyjęciu w Białym Domu i zadała mu tyle pytań, że w końcu zaproponował jej staż w ekipie serialu telewizyjnego, który produkował. Nasza córka powoli wchodziła w życie.

W normalnych okolicznościach z powodów bezpieczeństwa Sashy i Malii nie pozwalano wsiadać do samochodów innych ludzi. Malia miała już wówczas tymczasowe prawo jazdy i sama mogła jeździć po mieście, choć zawsze jechali za nią agenci w swoim samochodzie. Ponieważ jednak przeprowadziła się do Waszyngtonu w wieku dziesięciu lat, nigdy nie jechała autobusem ani metrem i nigdy nie wsiadła do auta żadnej osoby, która nie pracowałaby w Secret Service. Postanowiliśmy jednak zrobić wyjątek z okazji studniówki.

W dniu imprezy chłopak, który ją zaprosił, przyjechał po nią samochodem – przeszedł kontrolę bezpieczeństwa przy południowo-wschodniej bramie Białego Domu, skąd ruszył drogą w górę i wokół Południowego Trawnika, którą przemierzały zwykle głowy państw i inni zaproszeni dygnitarze. Następnie, wystrojony w czarny garnitur, odważnie wkroczył do „dyplosalonu".

– Tylko proszę, zachowujcie się normalnie, okej? – powiedziała Malia do mnie i Baracka, nieco zażenowana, kiedy jechaliśmy na dół windą. Ja byłam boso, Barack w klapkach. Malia miała na sobie długą czarną spódnicę i elegancki top z odkrytymi plecami. Wyglądała pięknie i na co najmniej dwadzieścia trzy lata.

Moim zdaniem zachowywaliśmy się normalnie, ale dziś Malia wciąż się śmieje, wspominając tamten moment jako dość żenujący. Barack i ja uścisnęliśmy dłoń młodego człowieka, zrobiliśmy sobie kilka wspólnych fotek, przytuliliśmy córkę i pozwoliliśmy im jechać. Dość chyba niesprawiedliwą ulgę przynosiła nam świadomość, że drużyna ochrony będzie podążać zderzak w zderzak za nimi przez całą drogę aż do restauracji, gdzie mieli zjeść kolację przed potańcówką, a później agenci będą niezauważenie obserwować ich przez resztę nocy.

Z punktu widzenia rodziców czujni ludzie, którzy obserwują twoje nastoletnie dzieci i mają zadanie wyciągnąć je z wszelkich tarapatów, to świetna pomoc wychowawcza. Z punktu widzenia nastolatków jest to, co zrozumiałe, niewyobrażalnie ciężka kula u nogi. Jak wiele innych aspektów życia w Białym Domu, tak i ten musieliśmy jakoś dopasować do naszej rodziny, uzgadniając, gdzie wytyczyć granice i jak zrównoważyć wymogi prezydentury z potrzebami dwojga dziewcząt, które na własną rękę uczą się dorosłości.

Kiedy dziewczynki poszły do liceum, ustaliliśmy godzinę, o której miały wracać do domu (początkowo była to dwudziesta trzecia, później północ), i zdaniem Sashy oraz Malii trzymaliśmy się tej zasady ściślej niż wielu rodziców ich przyjaciółek. Jeżeli chciałam wiedzieć, gdzie są lub czy są bezpieczne, zawsze mogłam skontaktować się z którymś z agentów, ale starałam się tego nie robić. Chciałam, by moje córki miały pełne zaufanie do swoich ochroniarzy. Zamiast tego polegałam więc, jak wielu innych rodziców, na rodzicielskiej sieci wymiany informacji – wraz z innymi matkami i ojcami powiadamialiśmy się wzajemnie, dokąd wybierają się nasze dzieci i czy będzie z nimi ktoś dorosły. Oczywiście na naszych córkach spoczywała szczególna odpowiedzialność, zważywszy na to, kim był ich ojciec i że niewłaściwe zachowanie może trafić na pierwsze strony gazet. I Barack, i ja rozumieliśmy, że to nie *fair*. Oboje, będąc nastolatkami, przeciągaliśmy strunę i robiliśmy różne głupie rzeczy, lecz nas na szczęście nie obserwował cały naród.

Malia miała osiem lat, gdy Barack usiadł na brzegu jej łóżka w Chicago i spytał, czy nie ma nic przeciw jego kandydowaniu na prezydenta. Dziś myślę o tym, jak nieświadoma, co ją czeka, wówczas była. Jak bardzo nieświadomi wszyscy musieliśmy być. Dzieciństwo w Białym Domu to jedno. Czymś całkiem innym jest wychodzenie z niego w dorosłość. Skąd Malia mogła wiedzieć, że uzbrojeni mężczyźni będą odprowadzać ją na studniówkę? Lub że gdy zechce ukradkiem zapalić papierosa, ktoś ją sfotografuje i sprzeda zdjęcie portalom plotkarskim?

Nasze dzieci dorastały w wyjątkowych czasach. Apple zaczął sprzedawać iPhone'y w czerwcu 2007 roku, około czterech miesięcy po ogłoszeniu przez Baracka kandydatury. W mniej niż trzy miesiące sprzedały się ich cztery miliony. Przed końcem jego drugiej kadencji był to już miliard. Jego prezydentura przypadała na nową erę, w której pogwałceniu i demontażowi uległy wszelkie normy dotyczące prywatności, czego symbolem stały się selfie, kradzieże danych, Snapchat i Kardashianki. Nasze córki były mocniej osadzone w tych realiach między innymi dlatego, że media społecznościowe rządzą życiem nastolatków, ale też dlatego, że w ciągu dnia częściej niż my miały poza domem kontakt z ludźmi. Kiedy wraz z przyjaciółmi po lekcjach lub w weekendy jeździły po Waszyngtonie, widziały, jak obcy kierują na nie obiektywy smartfonów, lub borykały się z dorosłymi mężczyznami i kobietami, którzy prosili – wręcz się domagali – by zrobiły sobie z nimi selfie.

„Wy rozumiecie, że ja jestem dzieckiem, prawda?" – mówiła czasem Malia, odmawiając tego typu prośbie.

Barack i ja robiliśmy, co w naszej mocy, by chronić dzieci przed nadmiernym wścibstwem – odrzucaliśmy prośby mediów o wywiad z nimi i dokładaliśmy starań, by ich codzienne sprawy pozostały prywatne. Agenci Secret Service nam w tym pomagali. Próbowali jak najmniej rzucać się w oczy, ochraniając dziewczynki w miejscach publicznych – nosili szerokie szorty i podkoszulki zamiast garniturów, a słuchawkę douszną zastąpili mikrofonem przy nadgarstku i zestawem zwykłych słuchawek, aby lepiej wtapiać się w tło w środowisku nastolatków. Zdecydowanie sprzeciwialiśmy się publikacji jakichkolwiek zdjęć naszych dzieci, które zrobiono poza oficjalnymi wydarzeniami, a biuro prasowe Białego Domu jednoznacznie poinformowało o tym media. Gdy w plotkarskim portalu pojawiło się zdjęcie którejś z naszych córek, Melissa i inne osoby z mojego zespołu z policyjną zapalczywością wydzwaniały do redakcji tak długo, aż zostało usunięte.

Pragnąc chronić prywatność dziewczynek, musieliśmy znaleźć jakiś inny sposób, by nasycić ludzką ciekawość naszej rodziny. Na początku drugiej kadencji Baracka sprawiliśmy sobie nowego psa – charakterną suczkę Sunny, która biegała swobodnie po korytarzach, nie widząc sensu w załatwianiu się na zewnątrz, skoro wokół miała tyle miejsca. Obecność psów rozluźniała atmosferę. Stanowiły żywy, leniuchujący dowód, że Biały Dom może naprawdę stać się domem. Wiedząc, że Sasha i Malia są niedostępne dla prasy, zespół do spraw komunikacji zaczął prosić o udział psów w oficjalnych wydarzeniach. Wieczorami znajdowałam w teczce z raportami notatki z prośbą o „akceptację udziału Bo i Sunny" w tym czy innym wydarzeniu, aby psy mogły towarzyszyć w Białym Domu mediom lub dzieciom ze szkolnej wycieczki. Wysyłaliśmy je między dziennikarzy, którzy przyszli dowiedzieć się czegoś o amerykańskim handlu i eksporcie lub by wysłuchać mowy poparcia Baracka dla wyboru Merricka Garlanda na stanowisko sędziego w Sądzie Najwyższym. Bo występował w filmiku promującym

Toczenie Jajeczka Wielkanocnego. Ja natomiast wraz z oboma psami pozowałam do zdjęć do kampanii internetowej zachęcającej ludzi do wykupienia ubezpieczenia zdrowotnego. Psy były wspaniałymi ambasadorami – nie przejmowały się krytyką i nie były świadome własnej sławy.

SASHA I MALIA JAK WSZYSTKIE DZIECI z czasem wyrastały z dawnych uciech. Od początku prezydentury Baracka każdej jesieni stawały wraz z nim przed kamerami i brały udział w prawdopodobnie najbardziej niedorzecznym ze wszystkich oficjalnych rytuałów – ułaskawieniu żywego indyka przed Świętem Dziękczynienia. Przez pierwsze pięć lat uśmiechały się i chichotały, gdy ich tata rzucał kiepskie żarty. Lecz za szóstym razem, gdy miały trzynaście i szesnaście lat, były już za duże, by choćby udawać, że je to bawi. Kilka godzin po ceremonii internet obiegły zdjęcia moich niezadowolonych córek. Sasha z kamiennym obliczem, a Malia ze skrzyżowanymi ramionami stoją przy prezydencie i niczego nieświadomym indyku. Nagłówek w „USA Today" dość trafnie to podsumował: *Malia i Sasha Obama mają dość ułaskawiania indyka przez tatę*.

Ich uczestnictwo zarówno w tym, jak i niemal wszystkich innych wydarzeniach w Białym Domu stało się całkowicie nieobowiązkowe. Były szczęśliwymi, zrównoważonymi nastolatkami i prowadziły własne życie, bogate w aktywności oraz intrygi towarzyskie, niemające nic wspólnego z życiem ich rodziców. Zresztą przecież nie da się w pełni zapanować nad nastolatkami. Nasze córki miały własne sprawy i nawet te bardziej imprezowe z naszych planów nie robiły na nich większego wrażenia.

– Chciałybyście przyjść na dół i posłuchać, jak gra Paul McCartney?

– Mamo, no proszę cię. Nie.

Z pokoju Malii często dobiegała głośna muzyka. Sasha pokochała z kolei programy kulinarne na kanałach kablowych i czasem wraz z przyjaciółkami zajmowała kuchnię w rezydencji, by przyozdobić ciasteczka albo upichcić jakiś wyszukany, wielodaniowy posiłek. Obie nasze córki cieszyły się niemal anonimowym statusem, kiedy jeździły na wycieczki szkolne lub wybierały się z rodzinami przyjaciół na wakacje (zawsze w towarzystwie agentów). Sasha uwielbiała kupować sobie przekąski na lotnisku Dulles International przed komercyjnym lotem, ponieważ było to po prostu coś całkiem innego niż sztywna procedura w bazie lotniczej Andrews, do której przywykła nasza rodzina.

Podróżowanie z nami miało pewne zalety. Nim prezydentura Baracka dobiegła końca, nasze córki mogły obejrzeć mecz koszykówki w Hawanie, przejść się po Wielkim Murze Chińskim, a wieczorem zobaczyć figurę Chrystusa Odkupiciela w Rio w magicznym, mglistym zmierzchu. Lecz mogło być także bardzo dokuczliwe, zwłaszcza gdy chcieliśmy się zająć czymś niezwiązanym z obowiązkami prezydenckimi. Gdy Malia była w trzeciej klasie, we dwie spędziłyśmy dzień, wizytując nowojorskie koledże, między innymi New York University i Columbię. Przez jakiś czas dobrze nam szło. Po kampusie NYU poruszałyśmy się szybko i skutecznie dzięki temu, że było wcześnie i wielu studentów nie przyszło jeszcze na zajęcia. Oglądałyśmy sale wykładowe, zerknęłyśmy do pokoju w akademiku i porozmawiałyśmy z dziekanem, po czym zjadłyśmy wczesny lunch w mieście i ruszyłyśmy do kolejnego punktu wycieczki.

Problem w tym, że nie sposób ukryć kolumny samochodów pierwszej damy, zwłaszcza na wyspie takiej jak Manhattan i w środku roboczego dnia. Zanim skończyłyśmy jeść, jakaś setka ludzi stłoczyła się na chodniku przed restauracją – tłum przyciągał jeszcze większy tłum. Wyszłyśmy na zewnątrz wprost pod dziesiątki smartfonowych obiektywów i otoczył nas chór powitalnych okrzyków. Zainteresowanie ludzi było dobroduszne – „Malia, studiuj na Columbii!", wołali – ale w niczym nie pomagało dziewczynie, która próbuje w ciszy namyślić się nad własną przyszłością.

Od razu wiedziałam, co powinnam zrobić. Usiadłam na ławce i pozwoliłam Malii zwiedzić kampus na własną rękę, jedynie w towarzystwie

Kristin Jones, mojej osobistej asystentki. Beze mnie ryzyko, że ktoś ją rozpozna, znacznie spadło. Poruszała się szybciej i pod ochroną dużo mniejszej grupy agentów. Mogła pewnie wyglądać jak zwykła dziewczyna, która raźnym krokiem przemierza dziedziniec. W każdym razie musiałam pozwolić jej choćby spróbować załatwić to samodzielnie.

Kristin, Kalifornijka przed trzydziestką, była dla Malii i Sashy niczym starsza siostra. Trafiła do mojego biura jako młoda stażystka i obok Kristen Jarvis, która do niedawna zajmowała się planowaniem moich podróży, odgrywała kluczową rolę w naszym życiu rodzinnym. Zszywała je tam, gdzie przeładowane harmonogramy i uciążliwa natura sławy tworzyły przerwy w życiorysie. „Duet Kristin", jak je nazywaliśmy, często nas reprezentował. Pośredniczył w kontaktach ze szkołą Sidwell: ustalał spotkania i rozmawiał z nauczycielami, trenerami oraz innymi rodzicami, kiedy Barack i ja nie mieliśmy na to czasu. Chronił też nasze córki, kochał je i w ich oczach był znacznie bardziej na czasie niż ja czy Barack. Malia i Sasha bezwarunkowo ufały obu Kristen i radziły się ich we wszystkich sprawach, od garderoby i mediów społecznościowych po coraz większe zainteresowanie chłopaków.

Kiedy Malia zwiedzała Columbię tego popołudnia, ja czekałam w wyznaczonej przez Secret Service bezpiecznej przestrzeni – czyli piwnicy jednego z akademickich budynków na kampusie – gdzie siedziałam samotna i niezauważona, żałując, że nie zabrałam sobie książki, aż nadszedł czas wyjazdu. Przyznam, że takie oczekiwanie było dość bolesne. Samotność, którą poczułam, miała prawdopodobnie mniej wspólnego z faktem, że musiałam zabijać czas w pozbawionym okien pokoiku, a więcej ze świadomością, że – czy tego chcę, czy nie – przyszłość nadchodzi, a nasze pierwsze dziecko wkrótce dorośnie i opuści dom.

NIE BYLIŚMY JESZCZE NA MECIE, lecz już zaczęłam pierwsze podsumowania. Szacowałam zyski i straty, myślałam o tym, co poświęciliśmy, a co mogliśmy uznać za postęp w naszym kraju i w naszej rodzinie. Czy zrobiliśmy wszystko, co mogliśmy? Czy wyjdziemy z tego bez szwanku?

Sięgałam myślą wstecz i próbowałam sobie przypomnieć, jak to się stało, że moje życie zboczyło ze starannie zaplanowanej drogi do regularnej pensji, domu, w którym będę już zawsze mieszkać, i wypełnionych rutyną dni. W którym momencie podjęłam decyzję, by to wszystko porzucić? Kiedy wpuściłam do środka chaos? Czy zdarzyło się to tamtego letniego wieczora, gdy poszliśmy z Barackiem na lody i nachyliłam się, by go po raz pierwszy pocałować? A może w dniu, w którym ostatecznie porzuciłam uporządkowane sterty dokumentów oraz karierę prowadzącą wprost do pozycji partnera w kancelarii, przekonana, że znajdę pracę, w której się lepiej spełnię?

Czasami wracałam myślą do salki w przyziemiu kościoła w Roseland na chicagowskiej Far South Side, gdzie dwadzieścia pięć lat wcześniej towarzyszyłam Barackowi, gdy przemawiał do grona miejscowych, którzy zmagali się z beznadzieją i obojętnością władz. Przysłuchując się tamtego popołudnia rozmowie, usłyszałam znajome idee wyrażone w nowy sposób. Wiedziałam, że można żyć na dwóch płaszczyznach jednocześnie – stąpać mocno po ziemi, lecz być zorientowanym na postęp. Tak właśnie robiłam, dorastając na Euclid Avenue, tak zawsze robiła moja rodzina i tak też często robiło wielu innych marginalizowanych ludzi. Możesz dokądś dotrzeć tylko wówczas, jeśli stworzysz sobie lepszy świat, choćby początkowo tylko we własnym umyśle. Lub, jak to ujął Barack tamtego wieczora, możesz żyć w świecie takim, jaki jest, lecz wciąż pracować na rzecz świata, jaki powinien być.

Znałam go wtedy dopiero od kilku miesięcy, ale gdy patrzę wstecz, widzę, że to właśnie był moment, w którym zboczyłam z drogi. To wówczas bez choćby jednego słowa zdecydowałam się na całe nasze wspólne życie, na życie takie jak to.

Wiele lat później z wdzięcznością obserwowałam postęp, jakiego dokonaliśmy. W 2015 roku wciąż odwiedzałam szpital imienia Waltera Reeda, lecz za każdym razem widziałam tam coraz mniej rannych żołnierzy. Stany Zjednoczone utrzymywały teraz w obcych krajach mniej wojsk, mniej rannych potrzebowało pomocy, mniej zrozpaczonych matek przeżywało cierpienia. I to nazywałam postępem.

Był nim także raport Centrów Kontroli i Prewencji Chorób informujący, że otyłość, zwłaszcza wśród dzieci w wieku od dwóch do pięciu lat, przestała wzrastać. Postępem były dwa tysiące uczniów liceów w Detroit, którzy przyszli na obchody Dnia Zapisów, czyli święta, które promowaliśmy w ramach programu Reach Higher, kiedy to licealiści decydują się na konkretny koledż. Postępem była decyzja Sądu Najwyższego o odrzuceniu sprzeciwu wobec zasadniczej części ustawy o opiece zdrowotnej, co zagwarantowało, że najważniejsze osiągnięcie Baracka w sferze polityki wewnętrznej - ubezpieczenie zdrowotne dostępne dla każdego Amerykanina - pozostanie silne i nienaruszone po tym, jak on opuści urząd. Postęp był też w gospodarce, która w chwili pojawienia się Baracka w Białym Domu traciła osiemset tysięcy miejsc pracy miesięcznie, lecz teraz od pięciu lat notowała ich nieustanny przyrost.

Uważałam wszystkie te zjawiska za dowód, że jako naród potrafimy zmieniać rzeczywistość na lepsze. Niemniej żyliśmy w świecie takim, jaki jest.

Półtora roku po Newtown Kongres nie uchwalił nawet jednej ustawy w celu ograniczenia dostępu do broni palnej. Bin Laden zginął, ale pojawiło się ISIS. Liczba zabójstw w Chicago rosła, zamiast spadać. Michael Brown, czarny nastolatek, został zastrzelony przez policjanta w Ferguson w stanie Missouri, a jego ciało leżało przez wiele godzin pośrodku drogi. Inny czarny nastolatek, Laquan McDonald, zginął postrzelony szesnaście razy przez policję, z czego dziewięć razy w plecy. Czarny chłopiec Tamir Rice został zastrzelony przez policjanta w Cleveland podczas zabawy zabawkowym pistoletem. Czarny mężczyzna, Freddie Gray, zmarł wskutek nieudzielenia pomocy po zatrzymaniu przez policję w Baltimore. Eric Garner, inny czarny mężczyzna, zginął zaduszony przez policjanta podczas aresztowania na nowojorskiej Staten Island. Wszystkie te wydarzenia świadczyły o istnieniu jakiegoś groźnego i niezmiennego aspektu Ameryki. Kiedy po raz pierwszy wybrano Baracka, różni komentatorzy naiwnie deklarowali wejście naszego kraju w erę „postrasową", w której kolor skóry przestał mieć znaczenie. Oto dowód, jak bardzo się mylili. Amerykanie obsesyjnie bali się teraz zagrożenia terrorystycznego i wielu z nich przestało zauważać rasizm oraz plemienne instynkty rozdzierające nasz naród.

Pod koniec czerwca 2015 roku wraz z Barackiem poleciałam do Charleston w Południowej Karolinie, by wesprzeć kolejną pogrążoną w żałobie społeczność podczas pogrzebu pastora Clementy Pinckneya, jednej z dziewięciu osób zabitych podczas rasowo motywowanej masakry z użyciem broni palnej w Afrykańskim Kościele Metodystyczno-Episkopalnym znanym po prostu jako kościół Matki Emanuel. Ofiary, sami Afroamerykanie, przyjęły do dyskusyjnego kółka biblijnego nieznanego im białego dwudziestojednolatka. Siedział z nimi przez chwilę, a kiedy pochylili głowy w modlitwie, wstał i zaczął strzelać. W trakcie masakry miał powiedzieć: „Muszę to zrobić, bo gwałcicie nasze kobiety i odbieracie nam kraj".

Po wygłoszeniu poruszającej mowy pogrzebowej na cześć wielebnego Pinckneya i wyrażeniu głębokiego ubolewania z powodu tragedii Barack wszystkich zaskoczył, powoli i ze smutkiem w głosie intonując pieśń *Amazing Grace*. Był to prosty gest nadziei, wezwanie, by się nie poddawać. Przyłączyli się niemal wszyscy obecni w sali. Od ponad sześciu lat Barack i ja żyliśmy ze świadomością, że niektórzy uważają samo nasze istnienie za prowokację. Mniejszości w całym kraju zaczynały stopniowo zajmować ważne stanowiska w sferze polityki, biznesu i rozrywki, a nasza rodzina była najlepszym tego przykładem. Nasze wejście do Białego Domu celebrowały miliony Amerykanów, lecz innych ogarnął zabobonny lęk i gniew. Żywili starą, głęboką i równie niebezpieczną jak zawsze nienawiść.

Żyliśmy w jej cieniu jako rodzina i jako naród. Lecz szliśmy naprzód krokiem tak pewnym, jak potrafiliśmy.

. . .

TEGO SAMEGO DNIA, kiedy odbywał się pogrzeb w Charleston – 26 czerwca 2015 roku – Sąd Najwyższy Stanów Zjednoczonych wydał historyczny wyrok, przyznając we wszystkich pięćdziesięciu stanach parom jednopłciowym prawo do małżeństwa. W ten sposób dobiegła końca batalia prawna, którą prowadzono od wielu dekad w różnych stanach i sądach. Jak to zwykle bywa z walką o prawa obywatelskie, także i ta sprawa wymagała uporu i odwagi wielu ludzi. W ciągu dnia regularnie docierały do mnie informacje o radujących się Amerykanach. Na schodach Sądu Najwyższego rozentuzjazmowany tłum skandował: „Miłość wygrała!". Do ratuszy i sądów hrabstw napływały pary, aby skorzystać ze swojego nowego konstytucyjnego prawa. Bary dla gejów otwarto wcześniej. Na ulicach w całym kraju powiewały tęczowe flagi.

Te wiadomości podtrzymywały nas na duchu podczas smutnego dnia w Południowej Karolinie. Po powrocie do Białego Domu zmieniliśmy żałobne ubrania i zjedliśmy szybką kolację z dziewczynkami, po czym Barack zniknął w Gabinecie Traktatowym, gdzie włączył kanał ESPN i zajął się nadganianiem zaległych obowiązków. Idąc do garderoby, zauważyłam błękitnawą poświatę, która sączyła się zza wychodzących na północ okien rezydencji. Przypomniałam sobie wówczas, że nasz sztab zaplanował podświetlenie Białego Domu na tęczowe kolory flagi LGBT.

Wyjrzałam przez okno i za bramą przy Pennsylvania Avenue zobaczyłam wielki tłum zebrany w letnim zmierzchu, by oglądać iluminację. Północny podjazd zapełniał personel rządowy, który został do późna, chcąc zobaczyć Biały Dom przekształcony w pomnik równości małżeńskiej. Decyzja sądu poruszyła wielu ludzi. Z mojego miejsca widziałam ich entuzjazm, ale niczego nie słyszałam. Biały Dom ma tę dziwną cechę, że jego grube ściany i szyby niemal zupełnie tłumią dźwięk, zamieniając gmach w cichą, zamkniętą fortecę. Prezydencki helikopter Marine One mógł wylądować obok kompleksu, wzbudzając łopatami wirnika potężny, smagający drzewa wiatr, a my w rezydencji mieszkalnej niczego nie słyszeliśmy. Zwykle orientowałam się, że Barack wrócił do domu z podróży, dopiero czując zapach spalin, który jakimś cudem przenikał do wnętrza.

Często chętnie zaszywałam się w chronionym, cichym wnętrzu rezydencji pod koniec długiego dnia. Jednak ten wieczór wydawał się inny, paradoksalny niczym cały nasz kraj. Choć spędziłam go, opłakując zmarłego w Charleston, teraz przyglądałam się wielkiej imprezie tuż za oknem. Setki ludzi wpatrywały się w nasz dom. Chciałam go zobaczyć ich oczami. Nagle zapragnęłam dołączyć do świętowania.

Wsunęłam głowę do Gabinetu Traktatowego.

– Chciałbyś wyjść i popatrzeć na oświetlenie? – spytałam Baracka. – Mnóstwo ludzi jest na zewnątrz.

Barack się roześmiał.

– Wiesz przecież, że gdzie mnóstwo ludzi, tam mi nie wolno.

Sasha siedziała w swoim pokoju pochłonięta iPadem.

– Chciałabyś wyjść ze mną na dwór i zobaczyć tęczowe światła? – spytałam.

– Nie bardzo.

A więc została mi tylko Malia, która trochę mnie zaskoczyła, natychmiast się zgadzając. Znalazłam partnerkę w zbrodni. Ruszałyśmy na przygodę – na zewnątrz, między ludzi – i nie zamierzałyśmy pytać kogokolwiek o pozwolenie.

W normalnej sytuacji, jeśli chciałyśmy opuścić rezydencję mieszkalną, czy po to, by obejrzeć film na dole, czy aby wyprowadzić psy, powinnyśmy powiadomić agentów Secret Service nieustannie pełniących straż przy windzie. Ale nie dzisiaj. Razem z Malią po prostu przeszłyśmy obok nich szybkim krokiem, nie patrząc im w oczy. Minęłyśmy windę i sprawnie podążyłyśmy w dół zatłoczonymi schodami. Usłyszałam stukot obcasów, kiedy agenci próbowali za nami nadążyć. Malia uśmiechnęła się do mnie łobuzersko. Nie była przyzwyczajona do tego, że jej mama łamie reguły.

Po dotarciu na piętro państwowe pobiegłyśmy ku wysokim drzwiom wiodącym do północnego portyku. Wtedy usłyszałyśmy głos:

– Halo, proszę pani! Czy mogę pomóc?

To była Claire Faulkner, kamerdynerka nocnej zmiany, przyjacielska kobieta o łagodnym głosie, którą o naszym przybyciu poinformowali zapewne przez swoje nadgarstkowe mikrofony podążający za nami agenci.

Obejrzałam się, nie zwalniając tempa.

– Nie ma potrzeby – powiedziałam. – My tylko idziemy na dwór, żeby zobaczyć oświetlenie.

Claire uniosła brwi. Nie zwracałyśmy już na nią uwagi. Podeszłyśmy do drzwi, chwyciłam ciężką złotą klamkę i pociągnęłam. Nic się nie stało. Dziewięć miesięcy wcześniej intruz z nożem jakimś cudem zdołał przeskoczyć ogrodzenie i wbiec przez to właśnie wejście – agent Secret Service powstrzymał go dopiero w głębi korytarza. W związku z tym incydentem ochrona zaczęła zamykać drzwi na klucz.

Odwróciłam się do stojącej za nami grupki osób, w której znalazł się już oficer Secret Service w mundurze, koszuli i krawacie.

– Jak się je otwiera? – rzuciłam w przestrzeń. – Gdzieś musi być klucz.

– Proszę pani – powiedziała Claire – na pewno chce pani teraz wyjść? Na północną fasadę skierowane są teraz wszystkie kamery.

Miała rację. Stałam tam ze zmierzwionymi włosami, w klapkach, szortach i podkoszulku. Nie wyglądałam zbyt reprezentacyjnie.

– No dobrze – powiedziałam. – A nie możemy wyjść jakoś tak, żeby nikt nas nie zobaczył?

Malię i mnie ogarnęło już poczucie misji. Nie zamierzałyśmy odpuścić. Musiałyśmy wyjść na zewnątrz za wszelką cenę.

Ktoś wtedy zasugerował, żeby spróbować wyjść przez nierzucającą się w oczy rampę załadunkową na parterze, którędy ciężarówki dostarczają jedzenie oraz artykuły biurowe. Cała nasza grupka ruszyła w tamtym kierunku. Malia ujęła mnie pod ramię. Zrobiło nam się wesoło.

– Wychodzimy na zewnątrz! – powiedziałam.

– Tak jest! – odparła.

Zeszłyśmy marmurową klatką schodową, po czym ruszyłyśmy po czerwonych dywanach, mijając popiersia Jerzego Waszyngtona i Benjamina Franklina. Przeszłyśmy przez kuchnię i nagle znalazłyśmy się na dworze. Wilgotne letnie powietrze uderzyło nas w twarz. Zobaczyłam błyszczące w trawie świetliki. Przede wszystkim usłyszałam jednak odległy huk wiwatujących i świętujących ludzi za żelazną bramą. Dziesięć minut zajęło nam wyjście z własnego domu, ale w końcu się udało. Stałyśmy na spłachetku zieleni z boku gmachu, niewidoczne dla publiki, lecz z pięknym bezpośrednim widokiem na Biały Dom oświetlony kolorami dumy.

Malia przytuliła się do mnie i stałyśmy, szczęśliwe, że udało nam się tu dotrzeć.

JAK TO ZWYKLE BYWA W POLITYCE, nowy wiatr przybierał na sile. Jesienią 2015 roku kolejna kampania prezydencka trwała już w najlepsze. Po stronie republikanów zrobiło się tłoczno – udział w wyścigu brali między innymi gubernatorzy John Kasich i Chris Christie oraz senatorowie Ted Cruz i Marco Rubio plus jeszcze kilkunastu innych. Demokraci tymczasem szybko przerzedzali szeregi swoich kandydatów, aż na placu boju zostali Hillary Clinton i Bernie Sanders, wieloletni niezależny senator z Vermont o liberalnych poglądach.

Donald Trump zapowiedział swoją kandydaturę na początku lata, stojąc w wieżowcu Trump Tower na Manhattanie i pomstując na meksykańskich imigrantów, których nazywał gwałcicielami. Powiedział, że krajem rządzą „ofermy". Uznałam, że się popisuje i skupia na sobie uwagę mediów, bo ma taki kaprys. W jego postawie nie dostrzegałam nic, co miałoby świadczyć, że na serio zamierza rządzić.

Przyglądałam się kampanii, lecz nie tak uważnie jak w dawnych latach. Bardziej zajmowała mnie praca nad moją czwartą inicjatywą w roli pierwszej damy nazwaną Let Girls Learn – Dziewczyny do

Nauki – którą wspólnie z Barackiem zapoczątkowaliśmy wiosną. Był to ambitny, wieloresortowy program mający na celu ułatwienie dorastającym dziewczętom z całego świata dostępu do edukacji. Pełniłam funkcję pierwszej damy już od niemal siedmiu lat i w tym czasie wielokrotnie zdumiewało mnie, jak wielki potencjał mają młode dziewczęta w naszym świecie, a przy tym jak bardzo niepewna jest ich pozycja, począwszy od córek imigranckich rodzin, które poznałam w szkole imienia Elizabeth Garrett Anderson, po Malalę Yousafzai, nastolatkę z Pakistanu brutalnie zaatakowaną przez talibów, która przyjechała do Białego Domu, by porozmawiać ze mną, Barackiem i Malią o jej działaniach na rzecz edukacji dziewcząt. Byłam przerażona, kiedy sześć miesięcy po jej wizycie ekstremistyczne ugrupowanie Boko Haram porwało 276 nigeryjskich uczennic, aby inne rodziny w Nigerii ze strachu nie wysyłały córek do szkoły. Zmotywowało mnie to, by po raz pierwszy i jedyny w dziejach prezydentury Baracka zastąpić go podczas cotygodniowego przemówienia do narodu. W swoim emocjonalnym wystąpieniu mówiłam o tym, że musimy zdwoić wysiłki na rzecz ochrony i wspierania dziewcząt na całym świecie.

Była to dla mnie sprawa osobista. W moim własnym życiu edukacja okazała się najważniejszym narzędziem zmiany, dźwignią, która wywindowała mnie ku światu. Oburzało mnie to, że tak wiele dziewcząt – 98 milionów według danych UNESCO – nie miało do niej dostępu. Niektóre z nich nie mogły chodzić do szkoły, bo musiały pracować na rzecz rodziny. Dla innych szkoła była zbyt odległa bądź kosztowna albo też dotarcie do niej wiązało się ze zbyt wielkim ryzykiem napaści. W wielu przypadkach splot opresyjnych norm genderowych i sił ekonomicznych odcinał dziewczętom dostęp do edukacji, a zatem i życiowych możliwości.

W niektórych częściach świata utrzymywał się zdumiewająco trwały pogląd, że dziewczynek nie warto posyłać do szkoły, choć badania regularnie wykazywały, że kształcenie dziewcząt i kobiet oraz dopuszczenie ich do rynku pracy podnosi PKB kraju.

Barack i ja postanowiliśmy zmienić to, w czym upatruje się społecznej wartości młodych kobiet. Barack zdołał pozyskać zasoby warte setki milionów dolarów od różnych rządowych instytucji, takich jak USAID, Korpus Pokoju oraz departamenty Stanu, Pracy i Rolnictwa. We dwoje namawialiśmy rządy innych krajów, by pomogły w sfinansowaniu programu edukacji dziewcząt, jednocześnie zachęcając firmy prywatne i think tanki do wsparcia naszej sprawy.

Ja także nauczyłam się już, jak skutecznie nagłaśniać inicjatywy. Zauważyłam, że Amerykanie nie przejmują się zwykle problemami ludzi w odległych krajach, więc postanowiłam im je przybliżyć. Pozyskałam pomoc celebrytów, takich jak Stephen Colbert, by uświetnili związane z inicjatywą wydarzenia i strony mediów społecznościowych. Zebrałam grono artystek, między innymi Janelle Monáe, Zendayę i Kelly Clarkson, które nagrały chwytliwą piosenkę pop napisaną przez Diane Warren pod tytułem *This Is for My Girls*. Wszelkie dochody z jej dystrybucji zasiliły fundusz wsparcia edukacji dziewcząt na świecie.

Na koniec zrobiłam coś, co mnie zawsze przerażało: zaśpiewałam. Wystąpiłam w przezabawnym nocnym programie Jamesa Cordena *Carpool Karaoke*. Jeździliśmy we dwoje czarnym SUV-em, okrążając Biały Dom, i śpiewaliśmy *Signed, Sealed, Delivered, I'm Yours*, *Single Ladies* i wreszcie powód mojego uczestnictwa w programie – *This Is for My Girls*, w czym gościnnie towarzyszyła nam Missy Elliott, która wślizgnęła się na tylne siedzenie i rapowała razem z nami. Ćwiczyłam karaoke wiele tygodni, zapamiętując każdą nutę każdej piosenki. Mój występ miał wyglądać wesoło i lekko, ale jak zawsze poprzedzało go wiele pracy i służył wyższemu celowi – zwróceniu uwagi ludzi na ważny problem. Mój odcinek *Carpool Karaoke* przez pierwsze trzy miesiące zyskał czterdzieści pięć milionów wyświetleń na YouTubie, a więc wysiłki naprawdę się opłaciły.

POD KONIEC 2015 ROKU BARACK, dziewczynki i ja tradycyjnie polecieliśmy na święta na Hawaje. Wynajęliśmy duży dom z wielkimi oknami wychodzącymi na plażę. Jak zwykle towarzyszyło nam grono złożone z przyjaciół rodziny. Tak jak przez minione sześć lat w pierwszy dzień świąt poszliśmy odwiedzić żołnierzy z rodzinami w pobliskiej bazie marynarki. Dla Baracka jak zawsze święta były urlopem tylko po części – właściwie jego namiastką. Wykonywał telefony, odbierał notatki służbowe i konsultował się z podstawowym składem swojego sztabu – doradcami, pomocnikami i autorami przemówień, którzy mieszkali w hotelu nieopodal. Zastanawiałam się, czy będzie jeszcze pamiętał, jak się porządnie zrelaksować, kiedy w końcu przyjdzie na to czas, i czy oboje będziemy potrafili przestać gonić naprzód, gdy to wszystko się skończy. Jak się poczujemy, myślałam, kiedy w końcu przestanie za nami chodzić facet z nuklearną futbolówką?

Chociaż czasem śniłam na jawie, wciąż nie potrafiłam sobie wyobrazić końca prezydentury.

Po powrocie do Waszyngtonu, zaczynając nasz ostatni rok w Białym Domu, zrozumieliśmy, że teraz zegar tyka najgłośniej. Zaczęła się dla mnie seria „rzeczy ostatnich". Odbył się ostatni Bal Gubernatorów, ostatnie Toczenie Jajeczka Wielkanocnego, ostatnia kolacja dla korespondentów Białego Domu. Barack i ja udaliśmy się też wspólnie z ostatnią oficjalną wizytą do Wielkiej Brytanii, podczas której zajrzeliśmy do naszej przyjaciółki królowej.

Barack pałał szczególną sympatią do królowej Elżbiety, twierdząc, że przypomina mu jego konkretną babkę Toot. Na mnie robiła wrażenie jej skuteczność, którą bez wątpienia szlifowała przez dziesięciolecia życia na widoku publicznym. Pewnego dnia kilka lat wcześniej wraz z królową i księciem Filipem witaliśmy długi ogonek ludzi. Przyglądałam się z uznaniem, jak Elżbieta sprawnie pozbywa się kolejnych osób z kolejki ekonomicznym, przyjacielskim powitaniem, nie dając nikomu szans na nawiązanie dłuższej rozmowy, podczas gdy Barack, emanując ciepłem i swobodą, wprost zachęcał ludzi do pogawędki, a potem z namysłem odpowiadał na pytania, przez co po jego stronie tworzył się zator. Znałam go od tylu lat i wciąż miałam ochotę go poganiać.

Pewnego kwietniowego popołudnia w 2016 roku polecieliśmy śmigłowcem z rezydencji amerykańskiego ambasadora w Londynie do zamku Windsor na wiejskich terenach na zachód od stolicy. Nasz zespół przygotowawczy poinformował nas, że królowa i książę Filip zamierzają nas przywitać po wylądowaniu i osobiście podwieźć do zamku na obiad. Otrzymaliśmy też jak zawsze instrukcje co do protokołu: najpierw oficjalnie się przywitamy, po czym wsiądziemy wraz z nimi do samochodu, by odbyć tę krótką przejażdżkę. Ja miałam usiąść z przodu obok dziewięćdziesięcioczteroletniego księcia, który będzie prowadził, a Barack z tyłu wraz z królową.

Pierwszy raz od ośmiu lat mieliśmy jechać samochodem nie tylko prowadzonym przez kogoś innego niż agent Secret Service, lecz bez żadnego agenta na pokładzie. Miało to najwyraźniej spore znaczenie dla naszego zespołu ochrony, tak jak sprawy protokołu były ważne dla zespołu przygotowawczego, który starannie planował każdy nasz krok i każdą rozmowę, żeby wszystko przebiegało i wyglądało doskonale w najdrobniejszych szczegółach.

Jednak gdy tylko wylądowaliśmy nieopodal pałacu i powiedzieliśmy „dzień dobry", królowa od razu sypnęła piachem w tryby tej maszynerii, gestem zapraszając mnie na tylne siedzenie range rovera. Zamarłam, próbując sobie przypomnieć, czy ktoś wspominał o takiej możliwości i czy bardziej stosowne będzie spełnienie prośby, czy naleganie, by to Barack zajął przeznaczone mu miejsce.

Królowa natychmiast dostrzegła moje wahanie. I nie zamierzała ustąpić.

– Pewnie powiedzieli pani, że obowiązują w tej sprawie jakieś reguły – powiedziała, zbywając całą tę kwestię machnięciem ręki. – Bzdury. Proszę siadać, gdzie pani ma ochotę.

WYGŁASZANIE PRZEMÓWIEŃ Z OKAZJI rozdania dyplomów było dla mnie ważnym, niemal uświęconym wiosennym rytuałem. Co roku robiłam to kilkakrotnie, wybierając takie licea i koledże, do których zwykle nie trafiały ważne persony. (Princeton, Harvard - przykro mi, ale dacie sobie radę beze mnie). W 2015 roku wróciłam do chicagowskiej South Side, by wygłosić mowę na ceremonii rozdania świadectw w King College Prep, czyli liceum, które skończyłaby Hadiya Pendleton, gdyby żyła. Jej postać upamiętniono, ustawiając puste krzesło, które koledzy i koleżanki z klasy ozdobili słonecznikami i fioletową tkaniną.

Na ostatnią serię przemówień dyplomowych w roli pierwszej damy udałam się najpierw do Jackson State University w stanie Missisipi, tradycyjnie czarnej szkoły, gdzie mówiłam o dążeniu do doskonałości. Przemawiałam też w City College w Nowym Jorku, podkreślając wartość różnorodności i imigracji. A 26 maja, czyli - traf chce - tego samego dnia, kiedy Donald Trump wygrał republikańską nominację do wyścigu prezydenckiego, byłam w Nowym Meksyku, przemawiając do klasy uczniów będących rdzennymi Amerykanami, którzy kończyli małe liceum z internatem i prawie wszyscy planowali studia w koledżu. Im dłużej pełniłam funkcję pierwszej damy, tym śmielej i bardziej otwarcie mówiłam o marginalizacji na tle rasowym i płciowym. Postanowiłam wyjaśnić młodym ludziom, skąd się bierze nienawiść płynąca z mediów i dyskursu politycznego, lecz jednocześnie dać im powody do nadziei.

Starałam się opowiedzieć o sobie i swojej historii jedną rzecz, która mogła naprawdę coś dla nich znaczyć. Wiedziałam, czym jest niewidzialność. Sama żyłam jako niewidzialna. Moi przodkowie byli niewidzialni. Chętnie opowiadałam, że jestem prapraprawnuczką niewolnika nazwiskiem Jim Robinson, który prawdopodobnie spoczywa w nieoznakowanym grobie gdzieś na plantacji w Południowej Karolinie. Stojąc na podium przed studentami zastanawiającymi się nad przyszłością, stanowiłam żywy dowód, że przynajmniej pod pewnymi względami można zostać dostrzeżonym.

Ostatnia uroczystość rozdania dyplomów, w której uczestniczyłam, była ważna dla mnie osobiście. Pewnego ciepłego czerwcowego dnia Malia skończyła liceum Sidwell Friends. Nasza bliska przyjaciółka Elizabeth Alexander, poetka, która napisała wiersz z okazji pierwszej inauguracji Baracka, przemawiała teraz do klasy, dzięki czemu Barack i ja mogliśmy usiąść i podziwiać wydarzenie. Byłam dumna z Malii, która wkrótce ruszała z przyjaciółmi na kilkutygodniową podróż po Europie. (Później zrobiła sobie rok przerwy i poszła na Harvard). Byłam dumna z Sashy, która tego samego dnia skończyła piętnaście lat i odliczała godziny do koncertu Beyoncé w ramach imprezy urodzinowej. Większą część lata miała spędzić na wyspie Martha's Vineyard u przyjaciół rodziny, do których planowaliśmy później dołączyć z Barackiem. Nawiązała wiele nowych przyjaźni i dostała pierwszą pracę w snack barze. Byłam też dumna ze swojej matki, która siedziała nieopodal w promieniach słońca ubrana w czarną sukienkę i buty na obcasie – choć mieszkała w Białym Domu i podróżowała z nami po całym świecie, pozostała w pełni sobą.

Byłam dumna z nas wszystkich, że zdołaliśmy dotrzeć już prawie do mety.

Barack siedział obok mnie na składanym krzesełku. Widziałam łzy w jego oczach ukrytych za okularami przeciwsłonecznymi, kiedy patrzył, jak Malia przechodzi przez scenę i odbiera dyplom. Wiedziałam, że jest zmęczony. Trzy dni wcześniej wygłosił mowę pogrzebową dla przyjaciela z uczelni prawniczej, który pracował dla niego w Białym Domu. Dwa dni później ekstremista otworzył ogień do bywalców gejowskiego night clubu w Orlando na Florydzie, zabijając czterdzieści dziewięć osób, a pięćdziesiąt trzy raniąc. Brzemię jego pracy nigdy nie miało stać się lżejsze.

Był dobrym ojcem – zaangażowanym i konsekwentnym, zupełnie różnym od własnego taty. Musiał jednak wiele poświęcić. Wszedł w rodzicielstwo jako polityk. Jego wyborcy i ich potrzeby były przez cały czas obecne w życiu naszej rodziny.

Zapewne sprawiała mu ból świadomość, że kiedy on wreszcie zyska więcej swobody i wolnego czasu, jego córki właśnie zaczną się od nas oddalać.

Ale musieliśmy im na to pozwolić. Przyszłość należała do nich i tak być powinno.

POD KONIEC LIPCA, gdy leciałam na swoje ostatnie przemówienie podczas konwencji Partii Demokratycznej, samolot wpadł w obszar wyjątkowo silnej burzy – podczas podchodzenia do lądowania w Filadelfii rzucało nim i trzęsło. Chyba nigdy nie doświadczyłam podobnych turbulencji i podczas gdy Caroline Adler Morales, moja bardzo ciężarna szefowa do spraw komunikacji, martwiła się, że ze stresu zacznie rodzić, a Melissa, która nie lubiła latać nawet w normalnych warunkach, piszczała ze strachu w swoim fotelu, ja pragnęłam tylko, żebyśmy wylądowali na tyle wcześnie, bym zdążyła przećwiczyć przemowę. Choć już od dawna nawykłam do przemawiania przed nawet największymi tłumami, możliwość dobrego przygotowania się zawsze dodawała mi pewności siebie.

W 2008 roku, kiedy Barack po raz pierwszy brał udział w kampanii prezydenckiej, tak długo ćwiczyłam przemówienie, które miałam wygłosić na konwencji, aż zapamiętałam każdy przecinek. Raz, że nigdy wcześniej nie występowałam w takich okolicznościach przed kamerami, a dwa – sprawa była dla mnie osobiście ważna. Wkraczałam na scenę po tym, jak zrobiono ze mnie agresywną czarną kobietę, która nie kocha własnego kraju. W przemówieniu miałam szansę ukazać swoje ludzkie oblicze, własnym głosem wyjaśnić, kim jestem, własnymi słowami zadać kłam karykaturom i stereotypom. Cztery lata później na konwencji w Charlotte w Karolinie Północnej otwarcie opowiadałam o pierwszej kadencji Baracka. Mówiłam, że pozostał tym samym człowiekiem z zasadami, którego poślubiłam, i że „prezydentura nie zmienia człowieka, lecz ujawnia prawdę o nim".

Tym razem przemawiałam na rzecz Hillary Clinton, rywalki Baracka w brutalnych prawyborach z 2008 roku, która z czasem została jego lojalną i skuteczną sekretarz stanu. Żaden kandydat nie budził we mnie tak wielkiej pasji jak mój mąż, więc czasem niełatwo mi było wspierać inne osoby. Przyjęłam jednak ścisłą zasadę dotyczącą publicznych przemówień na temat ludzi lub spraw w sferze polityki: mówiłam tylko to, w co absolutnie wierzyłam i co faktycznie czułam.

Wylądowaliśmy w Filadelfii i pospieszyłam do centrum kongresowego. Miałam akurat dość czasu, by się przebrać i dwa razy przeczytać przemówienie. Później weszłam na scenę i wyraziłam swoje myśli. Mówiłam o początkowych obawach na temat tego, w jaki sposób życie w Białym Domu wpłynie na dorastanie moich córek i jak bardzo jestem dumna z inteligentnych młodych kobiet, którymi się stały. Mówiłam, że ufam Hillary, ponieważ rozumie wyzwania prezydentury, ma charakter przywódczyni i jest równie wykwalifikowana jak wszyscy inni kandydaci w historii. Przedstawiłam także dramatyczny wybór, przed jakim stanął naród.

Od dzieciństwa uważałam, że trzeba stawiać czoła prześladowcom, nie zniżając się do ich poziomu. I należy to powiedzieć wprost: zmagaliśmy się z prześladowcą, człowiekiem, który poniżał mniejszości i gardził więźniami wojennymi, szargając godność naszego kraju praktycznie każdą swoją wypowiedzią. Pragnęłam, by Amerykanie zrozumieli, że słowa mają znaczenie: nienawistny język, który słyszeli w telewizji, nie odzwierciedlał prawdziwego ducha naszego narodu i mogliśmy przeciw niemu zagłosować. Apelowałam o poszanowanie godności – najważniejszej wartości, na której moja rodzina od wielu pokoleń opierała swoje przetrwanie. Godność nigdy nas nie zawiodła. Była wyborem. Wyborem nie zawsze łatwym, lecz ludzie, których najbardziej szanowałam, dokonywali go każdego dnia. Tamtego wieczora wypowiedziałam ze sceny motto, którym kierowaliśmy się wraz z Barackiem: „Gdy oni sięgają dna, my kroczymy wyprostowani".

Dwa miesiące później, zaledwie na kilka tygodni przed wyborami, wypłynęła taśma z 2005 roku, na której Donald Trump w chwili szczerości chwali się prowadzącemu program telewizyjny, że napastował seksualnie wiele kobiet. Mówił przy tym w sposób tak sprośny i wulgarny, że media nie wiedziały, czy cytowanie jego słów nie zostanie uznane za pogwałcenie uznanych kryteriów przyzwoitości. W końcu, by głos kandydata mógł wybrzmieć, kryteria te po prostu obniżono.

Gdy usłyszałam to nagranie, wydało mi się niemal niewiarygodne. Jednak w tonie wypowiedzi Trumpa, groźnych i rubasznych zarazem, pobrzmiewała boleśnie znajoma nuta. *Mogę cię skrzywdzić i nikt mi nic nie zrobi.* W uprzejmym towarzystwie zwykle nie okazujemy nienawiści, ale ona wciąż płynie w żyłach naszego rzekomo oświeconego społeczeństwa i jest tolerowana w wystarczającym stopniu, by osobnik pokroju Donalda Trumpa mógł się z nią nonszalancko obnosić. Od razu dostrzegła ją w tym nagraniu każda znana mi kobieta i każdy, komu kiedykolwiek dano do zrozumienia, że jest „inny". Wielu z nas miało nadzieję, że nasze dzieci nigdy już nie będą musiały się spotykać z podobnymi poglądami, a jednak okazały się one płonne. Dominacja – nawet jej groźba – jest formą odczłowieczenia. To najgorsza odmiana władzy.

Gdy usłyszałam to nagranie, zatrzęsłam się z wściekłości. Za tydzień miałam przemówić podczas kampanijnego wiecu Hillary, lecz zamiast wychwalać jej zdolności, poczułam, że powinnam bezpośrednio odnieść się do wypowiedzi Trumpa i jego słowom przeciwstawić własne.

Pracowałam nad tekstem przemówienia w sali szpitala Waltera Reeda, gdzie moja matka przechodziła operację kręgosłupa, i w głowie mi się kotłowało. Wiele razy kpiono ze mnie, grożono mi, pogardzano mną za to, że jestem czarna, że jestem kobietą, że nie siedzę cicho. Niektórzy drwili z mojego ciała, a więc dosłownie z miejsca, które zajmuję w świecie. Przyglądałam się, jak Donald Trump prześladuje Hillary Clinton podczas debaty – chodzi za nią, gdy ona przemawia, staje zbyt blisko, próbuje pomniejszyć jej obecność, narzucając własną. *Mogę cię skrzywdzić i nikt mi nic nie zrobi.* Kobiety muszą nieustannie znosić upokorzenia w postaci gwizdów, obmacywania, molestowania, opresji. To rzeczy, które nas kaleczą. Pozbawiają sił. Niektóre rany są tak drobne, że ledwie je widać. Inne, głębokie i ziejące, pozostawiają dożywotnie blizny. Rany się kumulują. Zabieramy je ze sobą wszędzie: do szkoły, do pracy, do domu, gdzie wychowujemy dzieci, do miejsc kultu. Niesiemy je, ilekroć próbujemy postąpić naprzód.

Wypowiedzi Trumpa były dla mnie kolejnym ciosem. Nie mogłam pozostawić ich bez odpowiedzi. Przy pomocy Sary Hurwitz, utalentowanej autorki przemówień, z którą współpracowałam od 2008 roku, przekułam wściekłość w słowa, a następnie, gdy moja matka pomyślnie przeszła operację, wygłosiłam je pewnego październikowego dnia w Manchesterze w stanie New Hampshire. Jasno wyraziłam swoje uczucia przed rozemocjonowanym tłumem. „To nie jest normalne – powiedziałam. – To nie jest polityczna codzienność. To haniebne. Nie można tego tolerować". Wyraziłam swój gniew i strach, lecz także nadzieję, że Amerykanie dobrze rozumieją wybór, przed jakim stoją.

A później wróciłam do Waszyngtonu z żarliwą nadzieją, że mnie wysłuchano.

ZBIEGIEM JESIENI ZACZĘLIŚMY Z BARACKIEM planować styczniową przeprowadzkę do nowego domu. Postanowiliśmy zostać w Waszyngtonie, by Sasha mogła skończyć naukę w liceum Sidwell. Malia zażywała tymczasem przygód w RPA, korzystając z roku wolnego i możliwie jak najbardziej dystansując się od politycznej zawieruchy. Prosiłam swoich ludzi ze Wschodniego Skrzydła, by pod koniec nie tracili werwy, choć musieli szukać nowej pracy, a walka między Hillary Clinton a Donaldem Trumpem z dnia na dzień nabierała intensywności i absorbowała uwagę.

7 listopada 2016 roku, dzień przed wyborami, Barack i ja wybraliśmy się do Filadelfii, by wraz z Hillary i jej rodziną wziąć udział w ostatnim wiecu w parku Independence Mall, na który przyszły ogromne tłumy. Panował nastrój optymizmu i wyczekiwania. Pozytywna postawa Hillary tej nocy oraz liczne sondaże, które wskazywały jej niewielką przewagę, napawały mnie optymizmem. Pocieszałam się też przekonaniem, że pewnych cech Amerykanie nie będą skłonni tolerować u przywódcy. Niczego nie zakładałam, ale byłam dobrej myśli.

Po raz pierwszy od wielu lat Barack i ja nie mieliśmy żadnej roli do odegrania w wieczór wyborczy. Nie zarezerwowano nam apartamentu, w którym moglibyśmy czekać na wyniki, nie było tac z kanapeczkami czy telewizorów ryczących z każdego rogu. Nie musieliśmy korzystać z fryzjera czy kosmetyczki ani się przebierać, dyrygować dziećmi ani szykować przemówienia na późną noc. Nie mieliśmy nic do roboty i bardzo nam się to podobało. Był to początek naszego zejścia ze sceny – przedsmak czekającej nas przyszłości. Oczywiście wybory nas emocjonowały, ale bohaterami nadchodzących chwil byli inni. My odgrywaliśmy tylko rolę świadków.

Wiedząc, że jeszcze trochę poczekamy na pierwsze wyniki, zaprosiliśmy Valerie do kina w Białym Domu, by wspólnie obejrzeć film.

Nie pamiętam ani jednego związanego z nim szczegółu, nawet tytułu czy gatunku. W gruncie rzeczy tylko zabijaliśmy czas w ciemności. Wciąż myślałam o tym, że kadencja Baracka już się prawie skończyła. Przede mną były teraz głównie pożegnania – dziesiątki pożegnań, wszystkie pełne emocji, ponieważ personel, który pokochaliśmy i docenialiśmy, zaczynał stopniowo odpływać z Białego Domu. Zamierzaliśmy postąpić tak, jak George i Laura Bushowie postąpili wobec nas, czyli przekazać władzę w jak najsprawniejszy sposób. Nasze sztaby już zaczęły przygotowywać zeszyty odpraw i listy kontaktów dla następców. Wielu pracowników Wschodniego Skrzydła przed odejściem zostawiło na biurku dla swego następcy odręcznie napisany liścik z przyjacielskim powitaniem i bezterminową ofertą pomocy w razie potrzeby.

Wciąż absorbowały nas bieżące wydarzenia, lecz jednocześnie zaczęliśmy na dobre planować przyszłość. Cieszyliśmy się, że będziemy mieszkać w Waszyngtonie, lecz nasza spuścizna miała pozostać w chicagowskim South Side, gdzie powstanie Prezydenckie Centrum imienia Baracka Obamy. Planowaliśmy także założenie fundacji, której misja polegać będzie na wspomaganiu i dopingowaniu nowego pokolenia liderów. Mieliśmy wiele pomysłów na przyszłość, jednak najważniejsze było zapewnienie przestrzeni i wsparcia młodym ludziom oraz ich ideom. Wiedziałam też, że potrzebujemy wakacji. Zaczęłam szukać jakiegoś ustronnego miejsca na kilka dni w styczniu, gdzie będziemy mogli odsapnąć zaraz po zaprzysiężeniu nowego prezydenta.

Teraz trzeba go było tylko wybrać.

Film się skończył, zapalono światła i wtedy zabrzęczała komórka Baracka. Widziałam, jak rzucił na nią okiem, a później spojrzał ponownie, lekko marszcząc brwi.

– Hm… – mruknął. – Wyniki z Florydy są trochę dziwne.

W jego głosie nie słyszałam paniki, może odrobinę niepokoju. Żarzący się węgielek w trawie. Telefon znów bzyknął. Serce zaczęło mi żywiej bić. Wiedziałam, że to powiadomienia od Davida Simasa, doradcy politycznego Baracka, który w Zachodnim Skrzydle obserwował wyniki i dobrze rozumiał algebrę podzielonej na hrabstwa mapy wyborczej. Gdyby miało dojść do kataklizmu, Simas wypatrzyłby go jako pierwszy.

Przyglądałam się uważnie twarzy męża, nie wiedząc, czy chcę usłyszeć, co ma do powiedzenia. Cokolwiek to było, nie zapowiadało się dobrze. Poczułam, jak mój żołądek zamienia się w ołowianą kulę, a niepokój przerodził się w przerażenie. Gdy Barack zaczął dyskutować o pierwszych wynikach z Valerie, oznajmiłam, że idę na górę. Podeszłam do windy z nadzieją, że zdołam to wszystko od siebie odsunąć i zasnąć. Domyślałam się, co się dzieje, ale nie byłam gotowa mierzyć się z faktami.

Kiedy spałam, potwierdzono nowiny: amerykańscy wyborcy wskazali Trumpa jako następcę Baracka na urzędzie prezydenta Stanów Zjednoczonych.

Nie dopuszczałam tego faktu do siebie tak długo, jak mogłam.

Ranek wstał wilgotny i brzydki. Nad Waszyngtonem zawisło szare niebo. Wydało mi się wyjątkowo posępne. Czas pełznął jak ślimak. Sasha wyszła do szkoły w milczeniu, sama porażona szokiem niedowierzania. Wstrząśnięta Malia zadzwoniła z Boliwii. Powiedziałam obu córkom, że je kocham i wszystko będzie dobrze. Sobie próbowałam powtarzać to samo.

Hillary Clinton zdobyła prawie trzy miliony więcej głosów niż jej przeciwnik, ale Trump wygrał w Kolegium Elektorów dzięki osiemdziesięciu tysiącom głosów oddanych w Pensylwanii, Wisconsin i Michigan[14]. Nie siedzę głęboko w polityce, nie będę więc próbowała analizować tego wyniku ani spekulować, czy był niesprawiedliwy lub kto do niego doprowadził. Żałuję tylko, że więcej ludzi nie poszło głosować. I zawsze będę się dziwić, że tak wiele kobiet odrzuciło inną, znakomicie wykwalifikowaną kobietę, a zamiast niej na prezydenta wybrało mizogina. Lecz teraz musieliśmy jakoś z tym wynikiem żyć.

Barack nie spał przez większą część nocy, analizował napływające dane, potem zaś, jak wiele razy wcześniej, musiał wystąpić publicznie jako symbol stabilności, aby pomóc narodowi uporać się ze wstrząsem. Rankiem wygłosił pocieszającą mowę do swojego sztabu w Gabinecie Owalnym, a później, około południa, powiedział z Ogrodu Różanego kilka trzeźwych, lecz krzepiących zdań do narodu. Jak zawsze wzywał do zachowania jedności i godności, prosząc Amerykanów, by szanowali siebie nawzajem oraz instytucje stworzone przez naszą demokrację.

Po południu zebrałam cały swój sztab w moim gabinecie we Wschodnim Skrzydle. Stłoczyłyśmy się w sali na sofach oraz krzesłach przyniesionych z innych pokojów. Mój personel składał się głównie z kobiet oraz osób z mniejszości, w tym pochodzących z rodzin imigranckich. Wiele z nich płakało w poczuciu bezradności i zagrożenia. Głęboko angażowały się w pracę, ponieważ wierzyły we wspierane przez nas sprawy. Mówiłam im, że powinny być dumne z tego, kim

[14] W Stanach Zjednoczonych obywatele w wyborach powszechnych na poziomie stanu głosują na elektorów, których liczba jest proporcjonalna do populacji stanu, decyzję podejmując w oparciu o deklarację polityczną danego elektora (np. zwolennik republikanów zagłosuje na prorepublikańskiego elektora). Następnie wszyscy elektorzy z danego stanu głosują w Kolegium Elektorów Stanów Zjednoczonych na tego kandydata na prezydenta, którego wskazała większość elektorów w stanie (jeśli np. w Kalifornii wybrano 35 prodemokratycznych i 20 prorepublikańskich elektorów, mający przewagę kandydat demokratów otrzymuje wszystkie 55 głosów z Kalifornii). Możliwe jest zatem przegranie wyborów powszechnych, lecz uzyskanie większej liczby głosów elektorskich i co za tym idzie, zdobycie urzędu. Zdarzyło się to co najmniej czterokrotnie.

są, że ich dokonania się liczą i że żadne wybory nie wymażą ośmiu lat zmian.

Nie wszystko stracone. Ten komunikat musieliśmy nieść dalej. Szczerze w niego wierzyłam. Nie żyliśmy w utopii, lecz w realnym świecie – świecie takim, jaki jest. Teraz musieliśmy zachować wiarę i wciąż kierować się drogą postępu.

NAPRAWDĘ NADCHODZIŁ JUŻ KONIEC. Często łapałam się na tym, że spoglądam to wstecz, to w przód, wciąż zadając sobie jedno pytanie: co trwałego pozostawiliśmy?

Byliśmy czterdziestą czwartą pierwszą rodziną, choć dopiero jedenastą, która spędziła w Białym Domu pełne dwie kadencje. Byliśmy i na zawsze pozostaniemy pierwszą czarną. Miałam nadzieję, że kiedy w przyszłości rodzice będą przyprowadzać dzieci na oprowadzanie, tak jak ja przyprowadziłam Malię i Sashę, gdy ich tata był senatorem, zdołają wskazać coś, co po nas pozostało. Uznałam za ważne, by jakoś odnotować naszą obecność w dziejach tego miejsca.

Nie każdy prezydent zamawia na przykład oficjalną zastawę z porcelany, lecz my to zrobiliśmy. Podczas drugiej kadencji Baracka postanowiliśmy także zmienić wystrój Starej Jadalni Rodzinnej położonej zaraz obok Jadalni Państwowej – odświeżyliśmy i unowocześniliśmy jej wygląd, po raz pierwszy otwierając ją do zwiedzania. Na północnej ścianie tej sali powiesiliśmy oszałamiający obraz abstrakcyjny w żółciach, czerwieniach i błękitach autorstwa Almy Thomas zatytułowany *Zmartwychwstanie* – pierwsze dzieło sztuki stworzone przez czarną kobietę włączone do zbiorów stałych Białego Domu.

Najtrwalszy ślad po nas pozostał jednak poza murami gmachu. Warzywnik istniał już od siedmiu i pół roku, dając rocznie prawie tonę żywności. Przetrwał ciężkie śniegi, ulewne deszcze i siekący grad. Gdy parę lat wcześniej potężny wicher wywrócił choinkę bożonarodzeniową, ogródek zniósł go bez uszczerbku. Przed opuszczeniem Białego Domu postanowiłam utrwalić go na dobre. Powiększyliśmy jego obszar ponaddwukrotnie, do dwóch i pół ara. Wytyczyliśmy kamienne ścieżki, ustawiliśmy drewniane ławki i zbudowaliśmy przyjemną altanę z drewna pozyskanego w rezydencjach prezydentów Jeffersona, Madisona i Monroego, a także w domu, w którym w dzieciństwie mieszkał Martin Luther King. A później, pewnego jesiennego popołudnia, ruszyłam przez Południowy Trawnik, by oficjalnie zadedykować ogródek potomności.

Przyłączyli się do mnie tego dnia ci, którzy przez lata wspierali i promowali nasze starania na rzecz poprawy żywienia i zdrowia dzieci, a także para dawnych piątoklasistów z podstawówki imienia Bancrofta, którzy teraz byli już prawie dorośli. Pojawiła się większość mojego personelu, w tym Sam Kass, który opuścił Biały Dom w 2014 roku, ale przyjechał specjalnie na tę okazję.

Patrząc na zatłoczony ogródek, poczułam wzruszenie. Byłam wdzięczna wszystkim ludziom z mojego zespołu, którzy tak bardzo oddali się tej pracy – przesiewali odręcznie napisane listy, weryfikowali fakty w moich przemówieniach i latali samolotami po całym kraju, przygotowując nasze wydarzenia. Wielu z nich, choć nieustannie działało w ostrym świetle krytyki, dojrzewało zarówno na gruncie zawodowym, jak i osobistym, biorąc na siebie coraz poważniejsze obowiązki. Nasza rodzina nie dźwigała brzemienia pierwszeństwa samodzielnie. Przez osiem lat ci pełni optymizmu młodzi ludzie – oraz kilkoro zaprawionych w bojach profesjonalistów – niezawodnie nas wspierali. Melissa, którą prawie dziesięć lat temu zatrudniłam jako pierwszą pracowniczkę mojego kampanijnego zespołu i która została moją przyjaciółką, wytrwała przy mnie do samego końca kadencji, podobnie jak Tina, wyjątkowa szefowa mojego sztabu. Kristen Jarvis została zastąpiona przez Chynnę Clayton, zaangażowaną młodą kobietę z Miami, która szybko weszła w rolę kolejnej starszej siostry naszych córek i dbała o to, by moje życie biegło płynnie.

Wszystkich tych ludzi, byłych i obecnych członków mojego personelu, uważałam za rodzinę. Byłam bardzo dumna z naszych dokonań.

Kiedy jakiś filmik z moim udziałem zaczynał krążyć po internecie – na przykład gdy z Jimmym Fallonem pokazywałam ewolucję tańca mamusiek, zapakowałam piłkę do minikosza z pomocą LeBrona Jamesa i rapowałam z Jayem Pharoah – staraliśmy się wykorzystać tę okazję do ważniejszych celów niż tylko parogodzinna sława na Twitterze. I mogliśmy się pochwalić osiągnięciami. Czterdzieści pięć milionów dzieci jadło dziś zdrowsze śniadania i obiady, a jedenaście milionów uczniów miało codziennie sześćdziesiąt minut ruchu dzięki programowi aktywizacji szkół Let's Move! Dzieci w całym kraju spożywały dziś więcej zbóż, warzyw i owoców. Zbliżał się koniec ery ogromnych porcji.

Dzięki staraniom moim i Jill Biden w ramach inicjatywy Joining Forces pomogłyśmy przekonać sektor prywatny do zatrudnienia lub przeszkolenia ponad półtora miliona weteranów i ich małżonków. Zajęłam się też jedną z pierwszych skarg, które usłyszałam na trasie kampanii – wszystkie pięćdziesiąt stanów uregulowało kwestie uprawnień zawodowych, dzięki czemu współmałżonkowie wojskowych nie musieli przerywać kariery po każdej przeprowadzce.

W sferze edukacji Barack i ja pozyskaliśmy miliardy dolarów na to, by dziewczęta z całego świata otrzymały wykształcenie, na jakie zasługują. Ponad 2800 wolontariuszy z Korpusu Pokoju zdobyło kwalifikacje, by wdrażać programy edukacyjne dla dziewcząt w różnych krajach. W Stanach mój zespół i ja pomagaliśmy studentom w uzyskiwaniu zapomóg federalnych, wspieraliśmy doradców edukacyjnych, a z Dnia Zapisów uczyniliśmy ogólnokrajowe święto.

Tymczasem Barack zdołał zażegnać najpoważniejsze załamanie gospodarcze od czasów Wielkiego Kryzysu. Pomógł wynegocjować porozumienie paryskie w sprawie zmian klimatu, sprowadził dziesiątki tysięcy żołnierzy do domu z Iraku oraz Afganistanu i przewodził staraniom o skuteczne zamknięcie irańskiego programu atomowego. Dodatkowe dwadzieścia milionów osób zyskało ubezpieczenie zdrowotne. Dwie kadencje upłynęły bez żadnego większego skandalu. Zarówno my, jak i pracujący dla nas ludzie utrzymywaliśmy najwyższe standardy etyczne i nie obniżyliśmy ich aż do końca.

Niektóre zmiany trudniej było zmierzyć, lecz wydawały się równie doniosłe. Sześć miesięcy przed dedykacją ogródka Lin-Manuel Miranda, młody kompozytor, którego poznałam podczas jednego z naszych pierwszych eventów muzycznych, powtórnie zawitał w Białym Domu. Jego hiphopowy musical o Alexandrze Hamiltonie stał się sensacją na Broadwayu, czyniąc zeń światową gwiazdę. *Hamilton* był muzycznym hołdem złożonym amerykańskiej historii i różnorodności. Zmieniał nasze spojrzenie na rolę mniejszości w dziejach narodu i podkreślał rolę kobiet, które dotąd pozostawały w cieniu możnych mężczyzn. Widziałam ten spektakl poza Broadwayem i tak mi się spodobał, że poszłam obejrzeć go jeszcze raz, gdy wszedł na wielką scenę. Był chwytliwy i zabawny, budził poczucie dumy i wzruszał – to najlepsze dzieło sztuki, jakie znam.

Lin-Manuel sprowadził do Waszyngtonu większość swojej obsady, wieloetniczne grono utalentowanych artystów. Spędzili popołudnie z młodzieżą z okolicznych liceów – początkującymi dramatopisarzami, tancerzami i raperami. Licealiści włóczyli się po Białym Domu w towarzystwie swoich idoli, pisząc teksty piosenek i zapodając bity. Późnym popołudniem zebraliśmy się na występ we Wschodniej Sali. Barack i ja siedzieliśmy w pierwszym rzędzie otoczeni młodzieżą różnych ras i różnego pochodzenia. Wzruszyliśmy się, gdy Christopher Jackson i Lin-Manuel na koniec zaśpiewali balladę *One Last Time*. Oto dwóch artystów, jeden czarny, drugi z Portoryko, stało pod stupiętnastoletnim żyrandolem wśród portretów Jerzego i Marthy Waszyngtonów, śpiewając, że czują się „jak w domu w tym kraju, który stworzyliśmy". Wciąż wyraźnie pamiętam, jak podniosła i autentyczna atmosfera zapanowała na sali.

Hamilton tak mnie poruszył, ponieważ opowiadał historię podobną do tej, jaką sama przeżyłam. Były to dzieje Ameryki, która pozwoliła sobie na różnorodność. Później sporo o tym rozmyślałam: tak wielu z nas idzie przez życie, ukrywając swoją historię ze wstydu czy obawy, że nie jest zgodna z jakimś wyidealizowanym, ustalonym wzorcem. Dorastając, dajemy sobie wmówić, że Amerykaninem można być tylko w jeden sposób. Że jeśli mamy ciemną skórę lub szerokie biodra, jeśli nie kochamy w określonym stylu, jeśli mówimy w innym języku albo pochodzimy z innego kraju, to nie ma dla nas miejsca. I wierzymy w to dopóty, dopóki pojawi się ktoś, kto opowie tę historię zupełnie inaczej.

Wychowałam się przy niepełnosprawnym ojcu w zbyt małym domu, bez większych pieniędzy, w dzielnicy, która zaczynała podupadać. A jednocześnie wychowałam się otoczona miłością i muzyką w różnorodnym mieście, w kraju, gdzie wykształcenie może dać ci przyszłość. Nic nie miałam – a może miałam wszystko? Zależy od tego, w jaki sposób opowie się moją historię.

Wraz ze zbliżaniem się końca prezydentury Baracka tak właśnie myślałam o Ameryce. Kochałam swój kraj za to, że można opowiedzieć jego dzieje na tyle różnych sposobów. Przez prawie dekadę miałam przywilej go przemierzać, będąc świadkiem jego rażących sprzeczności i zaciekłych konfliktów, cierpienia i upartego idealizmu, a przede wszystkim wytrzymałości. Niewykluczone, że oglądałam go z nietypowego punktu widzenia, lecz myślę, że przez te lata doznawałam podobnych emocji co wielu Amerykanów – poczucia postępu, krzepiącego współczucia, radości, że pomijani i niewidzialni wychodzą na światło dzienne. Ujrzałam mgnienie świata takiego, jaki powinien być. To tu upatrywaliśmy trwałego efektu naszych wysiłków: nadchodziło nowe pokolenie, które dobrze rozumie, co jest możliwe i że dziś może dokonać więcej niż przodkowie. Cokolwiek kryła przyszłość, wchodziliśmy w nią z naszą historią.

Epilog

BARACK I JA PO RAZ OSTATNI wyszliśmy z Białego Domu 20 stycznia 2017 roku, towarzysząc Donaldowi i Melanii Trumpom w drodze na ceremonię inauguracyjną. Tamtego dnia odczuwałam mnóstwo rzeczy jednocześnie: zmęczenie, dumę, rozpacz, entuzjazm. Przede wszystkim jednak starałam się zachowywać, jak należy, ponieważ kamery śledziły każdy nasz krok. Oboje postanowiliśmy przekazać władzę elegancko i z godnością, by zakończyć ośmioletni okres rządów bez naruszania własnych ideałów i zasad ogłady. Czekała nas już tylko ostatnia godzina.

Tego ranka Barack po raz ostatni wszedł do Gabinetu Owalnego, by zostawić odręczną notatkę dla następcy. Zebraliśmy się też na piętrze państwowym, by pożegnać stały personel Białego Domu – kamerdynerów, lokajów, kucharzy, pokojówki, florystki i innych, którzy w przyjazny, profesjonalny sposób opiekowali się nami, a teraz mieli okazać podobną kurtuazję rodzinie szykującej się do zamieszkania w tym miejscu jeszcze tego samego dnia. Pożegnania były szczególnie trudne dla Sashy i Malii, ponieważ wiele z tych osób widywały prawie codziennie przez połowę życia. Uściskałam się z każdym i próbowałam powstrzymać łzy, kiedy pracownicy rezydencji ofiarowali nam w prezencie pożegnalnym dwie flagi Stanów Zjednoczonych – jedną, która powiewała pierwszego dnia prezydentury Baracka, i drugą z ostatniego dnia – niczym symboliczne nawiasy, w jakich zamykał się okres życia naszej rodziny w Białym Domu.

Zasiadając po raz trzeci na trybunach sceny inauguracyjnej przed Kapitolem, starałam się powstrzymać emocje. Żywa różnorodność dwóch poprzednich inauguracji zniknęła zastąpiona bezduszną jednorodnością ekipy białych mężczyzn podobnej do tych, jakie widziałam tak wiele razy w życiu, zwłaszcza w miejscach co bardziej uprzywilejowanych i na rozmaitych salonach władzy, gdzie trafiałam tym czy innym sposobem po opuszczeniu domu dzieciństwa. Doświadczenie, które wyniosłam z pracy zawodowej, począwszy od rekrutowania nowych prawników w Sidley & Austin po zatrudnianie członków sztabu w Białym Domu, mówiło mi, że jednorodność rodzi jeszcze więcej jednorodności, chyba że dołoży się świadomych starań, by temu przeciwdziałać.

Gdy patrzyłam na blisko trzysta osób zebranych tego ranka na podium, szacownych gości nowego prezydenta, było dla mnie jasne, że w nowym Białym Domu nikt takich starań nie podejmie. Ktoś z administracji Baracka mógłby powiedzieć, że „optyka" w tym miejscu była zła – że to, co zobaczyła publiczność, nie odzwierciedlało realiów życia czy ideałów prezydenta. Lecz w tym wypadku ewidentnie było z nimi zgodne. Gdy to sobie uświadomiłam, sama wyregulowałam własną „optykę" – przestałam choćby próbować się uśmiechać.

PRZEKAZANIE WŁADZY TO POCZĄTEK czegoś nowego. Dłoń na Biblii, powtarzane słowa przysięgi. Meble jednego prezydenta zostają wyniesione, a następnego – wniesione w ich miejsce. Szafy zostają opróżnione i napełnione ponownie. I tak po prostu nowi lokatorzy – ludzie o innym temperamencie, innych marzeniach – kładą głowy na nowych poduszkach. A gdy kadencja się kończy, gdy ostatniego dnia opuszczasz Biały Dom, musisz pod wieloma względami odnaleźć siebie na nowo.

Teraz stoję przed nowym początkiem, nowym etapem życia. Po raz pierwszy od wielu lat nie mam żadnych obowiązków związanych z rolą żony polityka i nie ciążą na mnie niczyje oczekiwania. Mam dwie prawie dorosłe córki, które nie potrzebują mnie już tak bardzo jak dawniej. Mam męża, który nie dźwiga już na barkach brzemienia narodu. Moje obowiązki - związane z Sashą i Malią, z Barackiem, z moją karierą i krajem - przybrały teraz inny charakter, dzięki czemu mogę inaczej myśleć o najbliższej przyszłości. Mam więcej czasu na refleksję i zwyczajne bycie sobą. W wieku pięćdziesięciu czterech lat wciąż idę naprzód i mam nadzieję, że zawsze tak będzie.

Według mnie stawanie się nie polega na dotarciu dokądś czy osiągnięciu celu. Widzę je raczej jako ruch w przód, ewolucję, ciągłe zmierzanie ku własnej lepszej naturze. Podróż się nie kończy. Zostałam matką, lecz wciąż mogę się wiele nauczyć od swoich dzieci i wiele im dać. Zostałam żoną, ale nadal dostosowuję się do tej roli i głęboko wzrusza mnie świadomość tego, czym jest prawdziwa miłość i układanie sobie życia z drugim człowiekiem. Stałam się pod pewnymi względami osobą u władzy, a mimo to wciąż czasem czuję się onieśmielona lub pominięta.

Stawanie się jest procesem, szeregiem kroków na ścieżce. Stawanie się wymaga tyle samo cierpliwości, ile dyscypliny. Stawanie się to świadomość, że zawsze można jeszcze trochę wzrosnąć.

Ponieważ ludzie często mnie o to pytają, udzielę jasnej odpowiedzi: nigdy nie zamierzam kandydować. Nigdy nie lubiłam polityki i moje doświadczenia z minionej dekady tego nie zmieniły. Wciąż odstręcza mnie plemienny podział na czerwonych i niebieskich oraz przekonanie, że musimy wybrać jedną stronę i się jej trzymać, niezdolni do słuchania się nawzajem, podejmowania kompromisów, a czasem nawet cywilizowanego zachowania. Wierzę, że dobrze prowadzona polityka może być narzędziem zmiany na lepsze, ale ta sfera życia jest po prostu nie dla mnie.

Nie znaczy to, że nie przejmuję się losem naszego kraju. Odkąd Barack opuścił urząd, czytam wiadomości, od których robiło mi się niedobrze. Nieraz leżałam bezsennie w nocy, kipiąc ze złości, że spotkało nas coś takiego. Irytowałam się, widząc, że zachowanie i program polityczny obecnego prezydenta kazały wielu Amerykanom zwątpić we własne siły, a co gorsza – zacząć także wątpić w innych i bać się siebie nawzajem. Trudno było patrzeć, jak starannie budowane, oparte na współczuciu inicjatywy są niszczone, jak odpychamy od siebie naszych najbliższych sojuszników, jak rzucamy na pastwę losu i odczłowieczamy ludzi, którym najgorzej się wiedzie. Czasem się zastanawiam, kiedy sięgniemy dna.

Nie pozwalam sobie jednak na cynizm. W chwilach najgorszego zmartwienia biorę oddech i przypominam sobie o godności i przyzwoitości, które widziałam u różnych ludzi w ciągu mojego życia. Myślę o wielu barierach, które już udało nam się pokonać. Mam nadzieję, że inni także biorą to pod uwagę. Wszyscy odgrywamy rolę w naszej demokracji. Powinniśmy pamiętać o sile każdego głosu. Polegam także na sile potężniejszej niż jedne wybory, jeden przywódca czy jedna wiadomość medialna – to siła optymizmu. Jest dla mnie formą wiary, odtrutką na strach. Optymizm panował w małym mieszkaniu naszej rodziny przy Euclid Avenue. Widziałam go u ojca, który żył tak, jakby z jego ciałem było wszystko w porządku, a choroba, która miała go pewnego dnia zabić, w ogóle nie istniała. Widziałam go u matki, która uparcie wierzyła w naszą dzielnicę i pozostała tam, gdzie zapuściła korzenie, kiedy strach kazał wielu jej sąsiadom spakować się i uciec. Optymizm był tym, co od samego początku spodobało mi się w Baracku, kiedy pojawił się w moim biurze w Sidley z pełnym nadziei uśmiechem. Mnie samej także pomógł na tyle pokonać własne wątpliwości i słabości, bym uwierzyła, że uda nam się wieść bezpieczne i szczęśliwe życie, nawet jeśli pozwolę, by toczyło się na oczach wszystkich.

Optymizm pomaga mi także dziś. Jako pierwsza dama widziałam go w zaskakujących miejscach. Emanował z rannego żołnierza w szpitalu Waltera Reeda, który nie chciał litości i przyczepił do drzwi kartkę, przypominając wszystkim, że jest twardy i pełen nadziei. Miała go Cleopatra Cowley-Pendleton, która część żalu po stracie córki przekuła w siłę do walki o lepsze regulacje dostępu do broni. Widziałam go u pracownicy społecznej w liceum Harpera, która za każdym razem, gdy przechodziła korytarzem, wołała do uczniów, że ich uwielbia i docenia. Zawsze można go wyczuć w dziecięcych sercach. Dzieci budzą się każdego dnia, wierząc, że świat jest dobry, a przyszłość magiczna. Nie zakaził ich cynizm i wciąż mają zdolność głębokiej wiary. To dla nich powinniśmy pozostawać silni i pracować na rzecz bardziej sprawiedliwego, ludzkiego świata. Dla nich musimy żyć wytrwale i z nadzieją, pamiętając, że wciąż możemy jeszcze trochę wzrosnąć.

Barackowi i mnie schlebia to, że w waszyngtońskiej National Portrait Gallery zobaczyć dziś można nasze portrety. Wątpię, czy gdyby ktoś dawno temu przyjrzał się naszemu dzieciństwu i sytuacji życiowej, zdołałby przewidzieć, że trafimy do sal tej galerii. Te obrazy są cudowne, najważniejsze jest jednak to, że kiedy nasze twarze oglądają młodzi ludzie, dostrzegają, jak błędne jest przekonanie, że aby zapisać się w historii, trzeba wyglądać w określony sposób. Jeśli my mamy tu swoje miejsce, wielu innych także może je mieć.

Jestem zwykłą kobietą, która wyruszyła w niezwykłą podróż. Dzieląc się moją historią, mam nadzieję stworzyć przestrzeń, w której będą mogły wybrzmieć inne historie i głosy; poszerzyć grono ludzi, którzy mogą czuć się tutaj na swoim miejscu. Spotkało mnie wielkie szczęście, że mogłam odwiedzać kamienne pałace, klasy miejskich szkół i kuchnie mieszkańców Iowa, pozostając sobą i nawiązując zwykłe relacje. Ilekroć otwierano przede mną drzwi, ja w zamian starałam się przed innymi otworzyć własne. I wreszcie na koniec mam ostatnią prośbę: otwórzmy przed sobą nawzajem drzwi. Może dzięki temu będzie mniej lęku, mniej fałszywych założeń, mniej uprzedzeń i stereotypów, które nas niepotrzebnie dzielą. Może będziemy mogli wyraźniej dostrzegać to, co nas łączy. Nie chodzi o to, by być doskonałym. Pozwólcie, by was poznano i usłyszano, nie wstydźcie się własnej historii, przemawiajcie swoim autentycznym głosem – to daje siłę. Elegancja zaś rodzi się wtedy, gdy decydujecie się poznać i usłyszeć innych. Właśnie tym jest dla mnie stawanie się.

Podziękowania

Ten pamiętnik, jak i wszystko, czego w życiu dokonałam, nie powstałby, gdyby nie miłość i wsparcie wielu osób.

Nie byłabym tym, kim jestem dzisiaj, gdyby nie stateczne przewodnictwo i bezwarunkowa miłość mojej matki Marian Shields-Robinson. Zawsze była mi opoką i dawała wolność, bym mogła poznawać samą siebie, a jednocześnie sprowadzała mnie na ziemię, gdy zanadto odlatywałam. Jej bezgraniczna miłość do moich córek i gotowość, by nasze potrzeby przedkładać nad własne, dały mi komfort psychiczny i pewność siebie, dzięki którym mogłam mierzyć się ze światem, wiedząc, że dziewczynki pozostają pod dobrą opieką w domu.

Mój mąż Barack, moja miłość, mój partner od dwudziestu pięciu lat, człowiek absolutnie zakochany w naszych córkach i całkowicie im oddany, jest towarzyszem życia, jakiego nie mogłabym sobie wymarzyć. Nasza historia trwa i nie mogę się doczekać przygód, jakie nas jeszcze spotkają. Dziękuję ci za pomoc i przewodnictwo przy pisaniu tej książki. Za uważne, cierpliwe czytanie kolejnych rozdziałów i subtelne pokierowanie na właściwą drogę, kiedy trzeba.

Dziękuję mojemu starszemu bratu Craigowi. Od czego mogłabym zacząć? Byłeś moim obrońcą, odkąd się urodziłam. Dawałeś mi więcej powodów do śmiechu niż ktokolwiek na tym świecie. Jesteś najwspanialszym bratem, jakiego siostra mogłaby sobie życzyć, a przy tym kochającym i troskliwym synem, mężem i ojcem. Dziękuję za wszystkie godziny, które spędziłeś z moimi współpracownikami, odkrywając kolejne warstwy naszego dzieciństwa. Wspólny czas spędzony na pisaniu tej książki, kiedy siedzieliśmy razem z mamą w kuchni i wracaliśmy do mnóstwa starych historii, należy do moich najlepszych wspomnień.

Na pewno nie udałoby mi się napisać tej książki do końca życia bez pomocy utalentowanego zespołu współpracowników, których dosłownie uwielbiam. Kiedy nieco ponad rok temu poznałam Sarę Corbett, wiedziałam o niej tyle, że mój wydawca bardzo ją szanuje i że ona prawie nie ma pojęcia o polityce. Dziś powierzyłabym w jej ręce własne życie nie tylko dlatego, że ma cudowny, dociekliwy umysł, lecz także dlatego, że jest życzliwą osobą szczodrego serca. Mam nadzieję, że to dopiero początek długiej przyjaźni.

Tyler Lechtenberg był ważnym mieszkańcem świata Obamów przez ponad dekadę. Pojawił się w naszym życiu jako jeden z setek optymistycznych młodych pracowników terenowych w Iowa i od tamtego czasu stał się naszym zaufanym doradcą. Przyglądałam się, jak zostaje świetnym pisarzem o niezwykle obiecującej przyszłości.

Wreszcie muszę wspomnieć o mojej redaktor Molly Stern, której entuzjazm, energia i pasja natychmiast wzbudziły we mnie sympatię. Jej niezachwiana wiara w moją wizję tej książki była dla mnie podporą. Będę jej zawsze wdzięczna, podobnie jak całemu zespołowi z grupy wydawniczej Crown, w którego skład wchodzą: Maya Mavjee, Tina Constable, David Drake, Emma Berry i Chris Brand od samego początku wspierający ten projekt. Amanda D'Acierno, Lance Fitzgerald, Sally Franklin, Carisa Hays, Linnea Knollmueller, Matthew Martin, Donna Passanante, Elizabeth Rendfleisch, Anke Steinecke, Christine Tanigawa i Dan Zitt także pomogli urzeczywistnić tę książkę.

Pragnę też podziękować Markusowi Dohle'owi, który z pasją pracował nad moją książką, korzystając ze wszystkich mocy przerobowych wydawnictwa Penguin Random House.

Nie mogłabym skutecznie funkcjonować w tym świecie jako matka, żona, przyjaciółka i profesjonalistka bez mojego zespołu. Każdy, kto dobrze mnie zna, wie, że Melissa Winter jest drugą półkulą mojego mózgu. Mel, dziękuję ci, że byłaś przy mnie na każdym etapie tego procesu. Co ważniejsze, dziękuję, że tak bardzo kochasz mnie i moje córki. Nie ma mnie bez ciebie.

Melissa stoi na czele mojego osobistego zespołu. Ta niewielka, lecz silna grupa bystrych, ciężko pracujących kobiet pilnuje, bym zawsze była na bieżąco. Składają się na nią: Caroline Adler Morales, Chynna Clayton, MacKenzie Smith, Samantha Tubman i Alex May Sealey.

Bob Barnett i Deneen Howell z kancelarii Williams & Connolly służyli mi nieocenionym przewodnictwem po procesie wydawniczym – dziękuję im za rady oraz wsparcie.

Szczególne podziękowania kieruję do wszystkich, którzy na różne inne sposoby doprowadzili do powstania tej książki. W gronie tym są: Pete Souza, Chuck Kennedy, Lawrence Jackson, Amanda Lucidon, Samantha Appleton, Kristin Jones, Chris Haugh, Arielle Vavasseur, Michele Norris i Elizabeth Alexander.

Dodatkowo pragnę podziękować niesamowicie zaradnej Ashley Woolheater za jej wyczerpujący *research* oraz Gillian Brassil za drobiazgowe sprawdzanie faktów. Wiele osób z mojego poprzedniego sztabu także pomogło mi w potwierdzeniu ważnych szczegółów i dat – to bardzo wiele nazwisk i każdemu jestem wdzięczna.

Dziękuję wszystkim niezwykłym kobietom w moim życiu, które zawsze mnie podtrzymywały. Same wiecie, że to o was, i wiecie, ile dla mnie znaczycie – jesteście moimi przyjaciółkami, mentorkami, „drugimi córkami". Zwłaszcza serdecznie dziękuję „mamie Kaye". Wszystkie mnie wspierałyście podczas pisania i pomogłyście mi zostać lepszą kobietą.

Gorączkowe tempo życia pierwszej damy nie zostawiało mi wiele czasu na pisanie pamiętników. Dlatego jestem bardzo wdzięczna mojej drogiej przyjaciółce Vernie Williams, obecnie dziekan i profesor prawa na College of Law w University of Cincinnati. W wielu wypadkach polegałam na liczącym prawie 1100 stron zapisie rozmów, które prowadziłyśmy co dwa lata podczas mojego pobytu w Białym Domu.

Jestem bardzo dumna ze wszystkiego, co osiągnęliśmy we Wschodnim Skrzydle. Pragnę podziękować wielu mężczyznom i kobietom, którzy poświęcili życie, aby pomagać krajowi, członkom Biura Pierwszej Damy – osobom zajmującym się strategią, planowaniem wydarzeń, administracją, komunikacją, pisaniem przemówień, sprawami towarzyskimi i korespondencją. Dziękuję sztabom, członkom programu White House Fellows i ludziom wyznaczonym z różnych agencji, którzy pomogli zorganizować każdą z moich inicjatyw: Let's Move!, Reach Higher, Let Girls Learn i oczywiście Joining Forces.

Ten ostatni program zawsze będzie zajmował szczególne miejsce w moim sercu, ponieważ dał mi wyjątkową możliwość przyglądania się sile i wytrwałości naszych znakomitych żołnierzy. Wszystkim wojskowym i weteranom oraz ich rodzinom dziękuję za służbę i poświęcenie na rzecz kraju, który wszyscy kochamy. Dziękuję doktor Jill Biden i jej całemu zespołowi – praca z tobą nad tą bardzo ważną inicjatywą była prawdziwym błogosławieństwem i radością.

Dziękuję promotorom zdrowego odżywiania i edukacji za ich niewdzięczną codzienną, ciężką pracę pilnowania, by nasze dzieci miały miłość, wsparcie i zasoby niezbędne do realizowania marzeń.

Dziękuję wszystkim członkom United States Secret Service, a także ich rodzinom, których codzienne poświęcenia pozwalają oficerom agencji tak dobrze wykonywać pracę. Dziękuję zwłaszcza tym, którzy służyli przy mojej rodzinie i robią to nadal – będę wam zawsze wdzięczna za oddanie i profesjonalizm.

Dziękuję setkom mężczyzn i kobiet, którzy ciężko pracują każdego dnia, by Biały Dom mógł stać się prawdziwym domem dla rodzin mających przywilej zamieszkiwania w jednym z najcenniejszych pomników historii – portierom, kucharzom, kamerdynerom, florystom, ogrodnikom, pokojówkom i technikom. Zawsze pozostaną ważną częścią naszej rodziny.

Na koniec pragnę podziękować każdej młodej osobie, którą spotkałam na swojej drodze pierwszej damy. Wszystkim obiecującym młodym duszom, które dotknęły mojego serca – tym, którzy pomogli mi założyć ogródek; którzy ze mną tańczyli, śpiewali, gotowali i łamali się chlebem; tym, którzy otwarli się na miłość i przewodnictwo, jakie miałam do zaoferowania; i którzy tysiące razy mnie obejmowali i ściskali, co dodawało mi otuchy i pozwalało iść naprzód nawet w najtrudniejszych chwilach. Dziękuję, że dajecie mi powód, by zachować nadzieję.

Noty copyrightowe do zdjęć

PRZEDNIA WYKLEJKA: Wszystkie zdjęcia za pozwoleniem Archiwum Rodziny Obama-Robinson

TYLNA WYKLEJKA: (*od lewej*) Za pozwoleniem Archiwum Rodziny Obama-Robinson (3 zdjęcia); © Callie Shell/Aurora Photos; © Susan Watts/New York Daily News/Getty Images; © Brooks Kraft LLC/Corbis/Getty Images; fot. Ida Mae Astute © ABC/Getty Images

SKŁADKA, S. 1–4: Wszystkie zdjęcia za pozwoleniem Archiwum Rodziny Obama-Robinson

SKŁADKA, S. 5: (*od góry*) © Public Allies, za pozwoleniem Phila Schmitza; za pozwoleniem University of Chicago Medicine; za pozwoleniem Archiwum Rodziny Obama-Robinson

SKŁADKA, S. 6: (*od góry*) © David Katz 2004; © David Katz 2004; © Anne Ryan 2007

SKŁADKA, S. 7: (*od góry*) © Callie Shell/Aurora Photos; © Callie Shell/Aurora Photos; za pozwoleniem Archiwum Rodziny Obama-Robinson

SKŁADKA, S. 8: (*od góry*) © David Katz 2008; © Spencer Platt/Getty Images; © David Katz 2008

SKŁADKA, S. 9: (*od góry*) fot. Chuck Kennedy, McClatchy/Tribune; © Mark Wilson/Getty Images

SKŁADKA, S. 10: (*górne lewe*) Oficjalne Archiwum Białego Domu, fot. Joyce N. Boghosian; (*górne prawe*) © Karen Bleier/AFP/Getty Images; (*dolne lewe*) Oficjalne Archiwum Białego Domu, fot. Lawrence Jackson; (*dolne prawe*) Oficjalne Archiwum Białego Domu, fot. Samantha Appleton

SKŁADKA, S. 11: (*od góry*) Oficjalne Archiwum Białego Domu, fot. Samantha Appleton; Oficjalne Archiwum Białego Domu, fot. Chuck Kennedy; Oficjalne Archiwum Białego Domu, fot. Pete Souza; Oficjalne Archiwum Białego Domu, fot. Samantha Appleton

SKŁADKA, S. 12: (*od góry*) Oficjalne Archiwum Białego Domu, fot. Lawrence Jackson; Oficjalne Archiwum Białego Domu, fot. Samantha Appleton; Oficjalne Archiwum Białego Domu, Chuck Kennedy

SKŁADKA, S. 13: (*od góry*) Oficjalne Archiwum Białego Domu, fot. Pete Souza; Oficjalne Archiwum Białego Domu, fot. Pete Souza; Oficjalne Archiwum Białego Domu, fot. Chuck Kennedy

SKŁADKA, S. 14: (*od góry*) Oficjalne Archiwum Białego Domu, fot. Lawrence Jackson; Oficjalne Archiwum Białego Domu, fot. Amanda Lucidon; Oficjalne Archiwum Białego Domu, fot. Pete Souza

SKŁADKA, S. 15: (*górne lewe*) Oficjalne Archiwum Białego Domu, fot. Pete Souza; (*górne prawe*) Oficjalne Archiwum Białego Domu, fot. Samantha Appleton; (*pośrodku*) Oficjalne Archiwum Białego Domu, fot. Pete Souza; (*dolne*) za pozwoleniem Archiwum Rodziny Obama-Robinson

SKŁADKA, S. 16: (*od góry*) Oficjalne Archiwum Białego Domu, fot. Amanda Lucidon; Oficjalne Archiwum Białego Domu, fot. Lawrence Jackson

Tytuł oryginału: *BECOMING – Michelle Obama*

Redakcja: Paweł Sajewicz
Korekta: Teresa Kruszona
Projekt graficzny okładki: Christopher Brand
Opracowanie graficzne: Elżbieta Wastkowska

Zdjęcie na okładce: Miller Mobley

Wydawnictwo Agora

ul. Czerska 8/10, 00-732 Warszawa

WYDAWNICTWO KSIĄŻKOWE:
Dyrektor wydawniczy: Małgorzata Skowrońska
Redaktor naczelny: Paweł Goźliński
Koordynacja projektu: Magdalena Kosińska

Warszawa 2019

ISBN oprawa twarda: 978-83-268-2630-6
ISBN oprawa miękka: 978-83-268-2773-0

Druk
Drukarnia Perfect

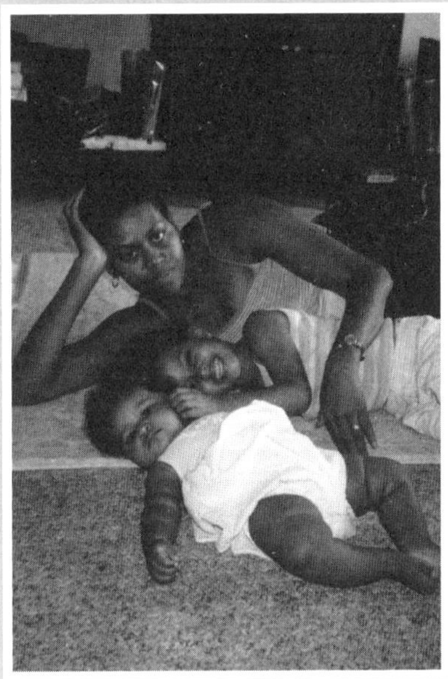